Jens Hacker
Deutsche Irrtümer

Jens Hacker

DEUTSCHE IRRTÜMER

Schönfärber und Helfershelfer
der SED-Diktatur
im Westen

Ullstein

© 1992 Verlag Ullstein GmbH, Berlin · Frankfurt/Main
Alle Rechte vorbehalten
Satz: Dörlemann-Satz, Lemförde
Druck und Verarbeitung: Wiener Verlag, Himberg
Printed in Austria 1992
ISBN 3 550 07207 4

Die Deutsche Bibliothek – CIP-Einheitsaufnahme

Hacker, Jens:
Deutsche Irrtümer: 1949–1989 / Jens Hacker. –
Berlin; Frankfurt/Main: Ullstein, 1992
ISBN 3-550-07207-4

Gedruckt auf Papier mit chlorfrei gebleichtem Zellstoff

Inhalt

7

Vorwort

Der 3. Oktober 1990 beendete die Zweistaatlichkeit Deutschlands. Darüber hinaus markiert er den Schlußpunkt der 45jährigen Nachkriegsepoche und das weitgehende Ende des Ost-West-Konflikts. Wer ein Jahr zuvor, unmittelbar vor dem vierzigjährigen Jubiläum der DDR am 7. Oktober 1989, diese Perspektive entwickelt hätte, wäre als politischer Träumer oder Phantast apostrophiert worden. Politik und Wissenschaft wird noch lange die Frage beschäftigen, wie es in so kurzer Zeit zur Selbstaufgabe des zweiten Staates in Deutschland und zur Preisgabe nahezu aller überkommenen Dogmen der sowjetischen Deutschland-Politik kommen konnte.

In dieser Studie wird versucht darzulegen, warum die dramatischen Ereignisse und Veränderungen in der DDR, die das Ausmaß einer friedlichen Revolution angenommen haben, die Öffentlichkeit in West und Ost gleichermaßen unvorbereitet getroffen haben. Das hat zahlreiche Gründe. Es versteht sich von selbst, daß angesichts der vielen Fragestellungen und der Materialfülle nur ein unvollständiger Überblick vermittelt werden kann.

Bei der Vorbereitung und Erarbeitung dieser Studie haben mir viele geholfen, denen ich zu großem Dank verpflichtet bin. Zahlreiche Politiker, vornehmlich Mitglieder des Deutschen Bundestages, waren so freundlich, mir Hinweise zu geben und nicht publizierte Vortrags-Manuskripte zur Verfügung zu stellen. Mehrere Kollegen halfen mir, die einschlägigen, vor allem in Zeitschriften erschienenen Beiträge zum Thema zu erfassen. Wertvolle Unterstützung gewährten mir die Archive der Wochenzeitungen *Die Zeit* und des

9

Rheinischen Merkur/Christ und Welt; Herr Roland Vida hat mit viel Geduld meinen Bitten entsprochen, mir einschlägige Kommentare aus dem *Deutschen Allgemeinen Sonntagsblatt* zusammenzustellen.

Zu danken habe ich den Presse- und Informationsabteilungen der Parteien. Das gilt vor allem für das Referat Archiv/Dokumentation beim Parteivorstand und die Informationsabteilung der SPD sowie die Friedrich-Ebert-Stiftung in Bonn; wichtige Materialien der FDP machten mir die Abteilung Politik und Internationale Beziehungen der Bundesgeschäftsstelle in Bonn und die Friedrich-Naumann-Stiftung in Gummersbach zugänglich.

Das Generalsekretariat des Zentralkomitees der deutschen Katholiken in Bonn überließ mir eine umfassende Dokumentation von Stellungnahmen zur Frage der Einheit Deutschlands in der Zeit von 1953 bis 1990. Das von mir verarbeitete Material der Evangelischen Kirche verdanke ich weitgehend den Redaktionen des Evangelischen Pressedienstes in Frankfurt/M. und des Informationsdienstes *idea* der Evangelischen Allianz in Wetzlar. Vom Bundesvorstand des Deutschen Gewerkschaftsbundes in Düsseldorf erhielt ich gleichfalls wichtige Dokumente.

Einen ständigen und anregenden Gedankenaustausch führte ich mit Frau Margit Ziske und Herrn Ulrich Bartosch, wissenschaftlichen Mitarbeitern des Instituts für Politikwissenschaft der Universität Regensburg. Bei der Beschaffung des notwendigen Materials in der Bibliothek der Universität waren Frau Silke Schoennagel und Herr Helge Staude, wissenschaftliche Hilfskräfte am Institut, sehr behilflich.

Um die Niederschrift der ersten Entwürfe des Manuskripts hat sich Frau Hildegard Meinhardt vom Institut für Politikwissenschaft der Universität Regensburg ebenso verdient gemacht wie um die Betreuung meiner umfangreichen Korrespondenz. Die Endfassung des Manuskripts hat Frau Ingrid Jung geschrieben. Ohne Frau Jungs Einsatzfreude, Zuverlässigkeit und Bereitschaft, Änderungen und Ergänzungen zu berücksichtigen, hätte die Untersuchung nicht abgeschlossen werden können.

Mein weiterer Dank gebührt dem Verlag Ullstein, der spontan entschied, mein Manuskript in sein Programm aufzunehmen. Außerordentlich gut und produktiv war die Zusammenarbeit mit Herrn Christian Seeger vom Lektorat Zeitgeschichte.

Regensburg, im März 1992   Jens Hacker

Einleitung

Die Tatsache, daß Politik und Wissenschaft, Publizistik und Öffentlichkeit auf die revolutionären Vorgänge in der DDR und den raschen Zusammenbruch des zweiten Staates in Deutschland 1989/90 so wenig vorbereitet waren, hat zahlreiche Ursachen. Zum einen hatte man sich mit dem territorialen und politischen Status quo in Europa und damit auch der Teilung Deutschlands weitgehend abgefunden, und zum anderen wurden der politische und ökonomische Zustand der DDR, die Stimmung und der Grad des Freiheitsbewußtseins der Bürger falsch eingeschätzt.

In dieser Studie wird versucht, grundlegende deutschlandpolitische Linien und Entwicklungen nachzuzeichnen. Dabei werden zuerst die wichtigsten Stadien des Einigungsprozesses skizziert, bei dem zwischen den Voraussetzungen für die sich abzeichnende staatliche Vereinigung Deutschlands, dem Weg von der wirtschaftlichen zur politischen Einheit des Landes und dem Zwei-plus-Vier-Prozeß zu unterscheiden ist.

Um die Kontinuität und Diskontinuität der offiziellen Deutschland-Politik aufzuzeigen, ist es erforderlich, die Bonner Grundpositionen seit 1949 zumindest knapp zu schildern. Dabei wird herausgearbeitet, daß neben dem 13. August 1961, dem Tag des Beginns des Mauerbaus in Berlin, das Jahr 1969, als die SPD/FDP-Bundesregierung ihre »neue Deutschland-Politik« verkündete, eine wichtige Zäsur bildet. Der Rahmen jeder Bonner Politik gegenüber der SBZ/DDR war seit 1949 bis zum 3. Oktober 1990, dem Tag der Herstellung der staatlichen Einheit Deutschlands, durch bestimmte völkerrechtliche und verfassungsrechtliche Prämissen abgesteckt: völkerrechtlich durch die fortbestehenden Rechte und Verantwortlichkeiten der drei Westmächte und der Sowjetunion, verfassungsrechtlich durch einige zentrale Aussagen des Grundgesetzes und das vom Bundesverfassungsgericht aus der Präambel der Verfassung entwickelte Wiedervereinigungsgebot.

Nach der Darstellung der offiziellen Deutschland-Politik und der völker- und verfassungsrechtlichen Rahmenbedingungen kann die Frage beantwortet werden, wie es die politischen Parteien und wichtige gesellschaftliche Institutionen, die betroffenen Wissenschaften, Publizistik und öffentliche Meinung mit der Problematik der Einheit Deutschlands gehalten haben. Die Analyse beschränkt sich nicht darauf, die relevanten Aussagen der jeweiligen Parteiprogramme zu »Deutschland« herauszuarbeiten, sondern will darüber hinaus die Wandlungen des Deutschland-Bildes namhafter Politiker – wie Franz Josef Strauß, Willy Brandt und Egon Bahr – verdeutlichen. Es werden aber auch jene politischen Repräsentanten gewürdigt, die in keiner Phase ihres Wirkens an der Wiederherstellung der staatlichen Einheit Deutschlands gezweifelt haben. Zu aufschlußreichen Ergebnissen gelangt man, wenn man die deutschlandpolitischen Positionen wichtiger gesellschaftlicher Organisationen analysiert.

Der zentralen Frage, warum die revolutionären Ereignisse in der DDR, der Zusammenbruch des Staates und der rasche Einigungsprozeß die Bundesrepublik Deutschland so unvorbereitet getroffen haben, müssen sich neben den Medien auch die wissenschaftlichen Disziplinen stellen, die sich mit der staats- und völkerrechtlichen wie auch zeithistorischen Situation Deutschlands und mit den inneren Verhältnissen der DDR befaßt haben. Zahlreiche prominente Historiker und Politikwissenschaftler erachteten aus unterschiedlichen Motiven den Fortbestand der widernatürlichen Teilung Deutschlands als richtig und unumstößlich und lehnten die Wiederherstellung eines deutschen Nationalstaates ab. Entweder bezog man sich dabei auf die jüngere deutsche Geschichte und verwies darauf, daß die kurze Phase der nationalstaatlichen Existenz es nicht rechtfertigte, einen deutschen Nationalstaat, wenn auch territorial wesentlich verkleinert, wiedererstehen zu lassen.

Nach einer anderen Argumentationslinie war die Teilung Deutschlands die richtige Antwort auf die verheerenden Folgen, die die Politik des Dritten Reiches gezeitigt hat. Eine dritte Position wertete die Besiegelung der Zweistaatlichkeit Deutschlands als Ergebnis des Kalten Krieges und der Status-quo-Politik. Für sie war die fortbestehende Teilung des Landes ein entscheidender und stabilisierender Faktor für die Sicherheit Europas. Dabei machte man geltend, daß die übrigen europäischen Staaten und Völker mehrheitlich einer staatlichen Vereinigung Deutschlands ablehnend gegenüberstehen würden. Die deutschen Politiker, Wissenschaftler und Publizisten, die so argumentierten, übersahen geflissentlich, daß nur einzelne westliche Politiker, nicht jedoch die Völker außerhalb des Warschauer-Pakt-Bereiches mehrheitlich für die Aufrechterhaltung der Teilung Deutschlands plädiert haben.

Bei den Status-quo-Verfechtern sind wiederum zwei Argumentationslinien voneinander zu unterscheiden. Die eine konzedierte wenigstens, am Postulat der fortexistierenden Nation im geteilten Deutschland festhalten zu sollen, während die andere die These von der Existenz zweier Staaten einer Nation mit dem Hinweis verwarf, damit würde man nur die DDR herausfordern und deren eigene Existenz in Frage stellen.

Nicht nur die Medien, sondern auch die DDR- und vergleichende Deutschland-Forschung müssen sich fragen lassen, ob und inwieweit sie ein unzureichendes und zu positives Bild von der DDR gezeichnet haben. Eine kritische Prüfung der westlichen DDR-Literatur zeigt, daß nicht erst ab Herbst 1969, sondern bereits zuvor die innere Situation des »ersten Arbeiter- und Bauern-Staates auf deutschem Boden« falsch beurteilt worden ist.

Schon in der zweiten Hälfte der sechziger Jahre war in der Bundesrepublik jene Tendenz zu beobachten, die 1969 Richtschnur der von offizieller Seite geförderten vergleichenden Deutschland-Forschung werden sollte: die Abkehr vom herkömmlichen Totalitarismus-Begriff. Sieht man von den Juristen und einigen Politologen ab, die weiterhin mit einem modifizierten Totalitarismus-Konzept arbeiteten, dann setzte sich weitgehend die »systemimmanente Methode« durch, mit der sich die Forscher vorwiegend am Selbstverständnis der SED/DDR orientierten. Die empirisch-deskriptive Vorgehensweise und die immanente Interpretation verzichteten bewußt auf Wertungen. Dieses wissenschaftliche Vorgehen kam der im Herbst 1969 proklamierten »neuen Deutschland-Politik« sehr entgegen.

Nicht übersehen werden darf, daß die bundesdeutschen Medien – vor allem Fernsehen und Funk – überwiegend ein geschöntes DDR-Bild vermittelt haben. Aus der positiven Bewertung des DDR-»Systems« und aus der Behauptung, die DDR-Bevölkerung habe es mehrheitlich akzeptiert und zeichne sich durch ein hohes Staatsbewußtsein aus, folgte logischerweise, daß eine nationalstaatliche Lösung der deutschen Frage nur einer theoretischen Überlegung wert sei.

Die Frage, warum die bundesdeutsche Öffentlichkeit von der Dynamik und dem Ausmaß der Akzeptanzkrise in der DDR so überrascht worden ist, bedarf eines weiteren Hinweises. Der SPD/FDP-Bundesregierung ist es in den siebziger Jahren hervorragend gelungen, die Leitungen wichtiger Bildungsinstitutionen nicht nur von der Richtigkeit ihrer Ost- und Deutschland-Politik, sondern auch von dem vermeintlichen Gebot zu überzeugen, dem Status quo in Europa und der inneren Konsolidierung der DDR soweit wie möglich Rechnung zu tragen. Kritische Analytiker, die das politische Herrschaftssystem der DDR nach wie vor als illegitim betrachteten, das Ausmaß von Reglementierung und Repression beim Namen nannten und demgegenüber die politische, wirtschaftliche und gesellschaftliche Ordnung der Bundesrepublik als vorbildlich ansahen, hatten einen schweren Stand.

An dieser Situation hat sich auch nach der politischen »Wende« im Herbst 1982 wenig geändert. Die von CDU/CSU und FDP getragene Bundesregierung hat sich nicht dazu entschließen können, die DDR- und vergleichende Deutschland-Forschung kritisch zu prüfen und eine umfassende Bestandsaufnahme vorzunehmen, auch wenn ihr zu attestieren ist, daß sie eine ungewohnte Diskussionsbreite im Bereich der Deutschland-Politik zuzulassen und auch zu ertragen in der Lage war. Den wissenschaftlichen Pluralismus in der DDR- und vergleichenden Deutschland-Forschung hat sie jedoch nur unzureichend wiederhergestellt.

1.
Der Einigungsprozeß
(1989/90)

Neben dem 13. August 1961 bildet der Abend des 9. November 1989, als die Grenzübergänge in Berlin und zwischen der DDR und der Bundesrepublik Deutschland geöffnet wurden, die tiefste Zäsur in der Entwicklung der »deutschen Frage« nach 1945. Der 9. November 1989 markiert, was für viele Beobachter in West und Ost damals noch nicht erkennbar war, das Ende des SED-Regimes. Der sich abzeichnende schnelle und totale Zusammenbruch der DDR forcierte den Prozeß der Wiederherstellung der staatlichen Einheit Deutschlands, der mit dem Beitritt der DDR zur Bundesrepublik Deutschland mit Wirkung vom 3. Oktober 1990 zum Abschluß kam. Der rasche Einigungsprozeß erscheint auch insofern bemerkenswert, als alle politisch verantwortlichen Kräfte in der Bundesrepublik Deutschland wußten, daß die »deutsche Frage« nicht isoliert gelöst werden konnte, sondern in den fortbestehenden Ost-West-Konflikt eingebettet war. Die Teilung Deutschlands war zugleich Bestandteil der Teilung Europas.

Die Voraussetzungen für die staatliche Vereinigung Deutschlands

Eine Prüfung der Voraussetzungen für die sich anbahnende staatliche Vereinigung Deutschlands muß zwischen der Entwicklung bis zum 9. November 1989, den deutschlandpolitischen Positionen der

Übergangsregierung unter Ministerpräsident Hans Modrow und der aufgrund der ersten freien Wahl zur Volkskammer am 18. März 1990 legitimierten Regierung unter Ministerpräsident Lothar de Maizière, Michail Gorbatschows Einlenken in der »deutschen Frage« und dem »Zwei-plus-Vier-Prozeß« differenzieren. Dabei sind die Bonner Deutschland-Vorstellungen und -Vorschläge in die Betrachtung einzubeziehen.

Die Entwicklung bis zum 9. November 1989

Der eruptive Aufbruch in der DDR hat vor allem jene westlichen Beobachter überrascht, die bisher gemeint hatten, ein guter Teil der Bevölkerung habe sich mit dem Staat arrangiert und wisse die materiellen Vorteile der »entwickelten sozialistischen Gesellschaft« – im Vergleich mit den »Bruderländern« – ebenso zu schätzen wie den vom SED-Regime widerwillig tolerierten Rückzug in die Privatsphäre, in die »Nische«.

Kritische Analytiker, die die diktatorische Herrschaftspraxis bis zum 9. November 1989 nicht aus den Augen verloren und aus der Resignation der DDR-Bevölkerung nicht auf deren Akzeptanz des »Systems« geschlossen hatten, wurden der Realitätsferne und des »totalitären Antikommunismus«[1] bezichtigt. Weit verbreitet war auch die Vorstellung, daß die in den vergangenen Jahren verstärkte innerdeutsche Kommunikation und die Möglichkeit, unter bestimmten Voraussetzungen mehrfach in die Bundesrepublik Deutschland zu reisen, ein Ventil gebildet hätten, um aufgestaute Unzufriedenheit mit den Zuständen im eigenen Land abzubauen oder wenigstens zu verdrängen. Schließlich glaubte man, das weitgehende Sichabfinden des Westens mit dem territorialen und politischen Status quo in Europa und damit auch der Teilung Deutschlands habe seine Wirkung drüben nicht verfehlt. Nicht nur ein Staats-, sondern sogar ein wachsendes eigenständiges Nationalbewußtsein wurde der DDR-Bevölkerung unterstellt.

Für die überwiegende Mehrheit der Bevölkerung in der DDR bildete zu keinem Zeitpunkt der frühere »große Bruder«, die Sowjetunion, sondern immer die Bundesrepublik Deutschland Fixpunkt,

Maßstab und Gegenmodell zum eigenen System, das sich nie der von oben behaupteten Legitimation und breiten Zustimmung der Betroffenen erfreut hat. Nach dem ausdrücklichen Verzicht auf die im Westen als »Breschnew-Doktrin« bezeichnete sowjetische Interventions-Doktrin durch Gorbatschow und einem Beschluß des Politischen Beratenden Ausschusses, des höchsten politischen Organs des Warschauer Paktes, vom 8. Juli 1989 in Bukarest[2] sowie der Rede des Kreml-Chefs anläßlich der Jubiläums-Feierlichkeiten in Ost-Berlin am 6. Oktober 1989 konnten die Menschen in der DDR davon ausgehen, daß die dort stationierten rund 380 000 sowjetischen Soldaten dem angeschlagenen Staats- und Parteichef Erich Honecker nicht helfen würden, ihr selbstbewußtes Aufbegehren im Keim zu ersticken.

Obwohl die sowjetische Führung bis zum Sommer 1989 in zahlreichen Dokumenten ihren Willen bekundet hatte, die überkommene Vorstellung von der »Ordnungsmacht« UdSSR zu überwinden und das Prinzip der Selbstbestimmung auch im Warschauer-Pakt-Bereich zuzulassen, war sie bestrebt, den Status quo in Deutschland möglichst unangetastet zu lassen. Erinnert sei daran, wie Gorbatschow auf den Hinweis des Bundespräsidenten bei dessen Besuch am 6. Juli 1987 in Moskau, »die Deutschen, die heute in Ost und West getrennt leben, haben nicht aufgehört und werden nicht aufhören, sich als eine Nation zu fühlen . . .«[3], reagiert hat. Der TASS-Bericht stellte fest, der Bundespräsident »berührte die Frage der deutschen Nation«, und gab Gorbatschows Einlassung wie folgt wieder: »Michail Gorbatschow antwortete, er sei nicht geneigt, in diesem Zusammenhang über diesen Begriff zu theoretisieren. Der politische Aspekt ist jetzt wichtig. Es gibt zwei deutsche Staaten mit unterschiedlicher Gesellschaftsordnung. Sie haben ihre eigenen Werte. Beide haben sie Lehren aus der Geschichte gezogen, und jeder kann seinen Beitrag zu den Angelegenheiten Europas und der Welt leisten. Und was in hundert Jahren sein wird, wird die Geschichte entscheiden. Ein anderes Herangehen ist unannehmbar . . .«[4]

Bundespräsident von Weizsäcker gebührt das Verdienst, den Kreml-Chef erstmals veranlaßt zu haben, dezidiert zu »Deutschland« Stellung zu beziehen. Gorbatschow, der die Formel »Wiedervereinigung« und »Vereinigung« ausdrücklich vermied, vermochte sich auch die

Perspektive eines staatlich vereinten Deutschlands mit kommunistischer Ordnung nicht auszumalen. Als Bundeskanzler Kohl vom 24. bis 27. Oktober 1988 zu Besprechungen in Moskau weilte, zog sich Gorbatschow auf die Formel zurück: »Über die sogenannte ›deutsche Frage‹ habe ich in letzter Zeit mehrmals gesprochen. Die derzeitige Situation ist ein Ergebnis der Geschichte. Die Versuche, diese umzustoßen oder eine unrealistische Politik voranzutreiben, sind ein unberechenbares und sogar gefährliches Unterfangen.«[5]

Mit seiner nochmaligen scharfen Absage, über die »deutsche Frage« auch nur zu diskutieren, verdeutlichte der Kreml-Chef unmißverständlich, daß er das zuvor von ihm postulierte Prinzip der »Freiheit der Wahl« auf die deutsche Situation nicht anzuwenden gewillt war. Als er die Bundesrepublik Deutschland besuchte, war er immerhin bereit, in der mit Bundeskanzler Helmut Kohl unterzeichneten Gemeinsamen Erklärung vom 13. Juni 1989 festzustellen, das Recht aller Völker und Staaten, ihr Schicksal frei zu bestimmen und ihre Beziehungen zueinander auf der Grundlage des Völkerrechts souverän zu gestalten, müsse sichergestellt werden: »Der Vorrang des Völkerrechts in der inneren und internationalen Politik muß gewährleistet werden.«[6]

Diese Formulierung konnte insofern nicht überraschen, als Gorbatschow seine international beachtete Rede vor der UNO-Vollversammlung am 7. Dezember 1988 auch dazu benutzt hatte, sein Bekenntnis zum Prinzip der freien Wahl weltweit zu verbreiten: »Für uns ist . . . die Verbindlichkeit des Prinzips der freien Wahl über jeden Zweifel erhaben. Dessen Nichtanerkennung kann für den allgemeinen Frieden die schlimmsten Folgen haben . . . Die Freiheit der Wahl ist ein allgemeingültiges Prinzip, das keine Ausnahmen kennen soll.«[7]

Gorbatschows Bekenntnis zum Primat des Völkerrechts und zum Recht der Völker auf Selbstbestimmung deutete eine Abkehr von der bisherigen starren Position der UdSSR in der »deutschen Frage« an, auch wenn er in seiner Ansprache am 12. Juni 1989 in Bonn nicht dem in beiden Staaten Deutschlands lebenden Volk, sondern nur »dem Volk der Bundesrepublik Deutschland Wohlergehen und Gedeihen« wünschte[8].

Obgleich sich die SED-Führung seit Herbst 1987 mit wachsenden Protesten und einem verstärkten Widerstand konfrontiert sah und es ihr nicht mehr gelang, mit repressiven Maßnahmen die oppositionellen Kräfte in die Schranken zu weisen, konnte man Mitte Juni 1989 noch nicht ahnen, daß sich innerhalb kurzer Zeit die innere Situation der DDR dramatisch zuspitzen sollte. Jetzt rächte sich die Tatsache, daß Honecker und seine Mitstreiter der »Glasnost«- und »Perestroika«-Politik Gorbatschows in den Jahren zuvor – und teilweise in einem unangebracht überheblichen Ton – immer nur Erfolg gewünscht hatten, ohne deutsche Varianten des »neuen Denkens« zu entwickeln oder gar zu praktizieren. Angesichts der Reformpolitik Gorbatschows, der weitreichenden innenpolitischen Veränderungen in Ungarn und Polen und der Unfähigkeit der SED-Führung, auf diese Entwicklungen angemessen zu reagieren, entschlossen sich Tausende von Bürgern der DDR, über die Ständige Vertretung Bonns in Ost-Berlin und die deutschen Botschaften in Prag, Warschau und Budapest das Land zu verlassen.

Als die ungarische Regierung ohne Abstimmung mit der DDR-Führung am 10. September 1989 allen Fluchtwilligen aus der DDR die Ausreise in den Westen erlaubte und einen Tag später für die Flüchtlinge die Grenze nach Österreich öffnete, wußte Ost-Berlin, daß es nicht mehr lange mit der Solidarität Prags und Warschaus rechnen konnte. Die oppositionellen Kräfte in der DDR kannten die prekäre Lage der Führung, die mit großem propagandistischem Aufwand die vierzigjährige Wiederkehr der Ausrufung der DDR am 7. Oktober 1989 vorbereitete. So stimmte Honecker mit Blick auf die Jubiläums-Feierlichkeiten der Ausreise der Flüchtlinge aus Warschau und Prag am 1. Oktober zu. Die Nachrichtenagentur der DDR, ADN, meinte dazu, die Flüchtlinge hätten »durch ihr Verhalten die moralischen Werte mit Füßen getreten und sich selbst aus unserer Gesellschaft ausgegrenzt. Man sollte ihnen deshalb keine Träne nachweinen.«[9]

Daß die SED-Führung nicht mehr in der Lage war, das Ausmaß der Krise, vor allem den Umfang der Massenbewegung und des Protestes gegen das »System« und Regime zu erkennen, offenbarte Honecker mit seiner Rede anläßlich der Festveranstaltung am 6. Oktober, als er die DDR als einen »Vorposten des Friedens und des Sozialismus in Europa« bezeichnete. Vierzig Jahre DDR – so Honecker –, »das waren vierzig Jahre heroische Arbeit, vierzig Jahre erfolgreicher Kampf für den Aufstieg unserer sozialistischen Republik, für das Wohl des Volkes«[10].

Hingegen bewies Gorbatschow in seiner Grußansprache in Ost-Berlin, daß er die »Zeichen der Zeit« besser erkannt und keine Skrupel hatte, der SED- Führung zu empfehlen, »in Zusammenarbeit mit allen gesellschaftlichen Kräften Antwort auf die Fragen zu finden, die durch die Entwicklung der Republik auf die Tagesordnung gestellt worden sind und die ihre Bürger bewegen . . .« Wichtig war auch sein Hinweis: ».. . vor allen Dingen sollten unsere westlichen Partner davon ausgehen, daß die Fragen, die die DDR betreffen, nicht in Moskau, sondern in Berlin entschieden werden.« Die Sowjetunion wolle sich »natürlich ihrer Verantwortung für die Lösung der europäischen Probleme nicht entziehen. Gemeint ist die Verantwortung, die auf internationalen Abkommen aufbaut und von der Rolle bestimmt wird, die die Siegerstaaten des Zweiten Weltkrieges spielen.«[11]

Großen Wert legte Gorbatschow auf die Feststellung, »die Versuche der Unifizierung und Standardisierung in den Fragen der gesellschaftlichen Entwicklung, einerseits der Nachahmung, andererseits der Aufzwingung von irgendwelchen verbindlichen Mustern«, gehörten der Vergangenheit an. »Die Palette der schöpferischen Möglichkeiten wächst, die Idee des Sozialismus an sich bekommt einen unvergleichlich reicheren Inhalt . . . Anders ausgedrückt ist die Mannigfaltigkeit nicht nur kein Hindernis, sondern im Gegenteil ein weiteres gewichtiges Argument für die Entwicklung der Zusammenarbeit . . . Gleichberechtigung, Eigenständigkeit, Solidarität – das bestimmt heute den Inhalt dieser Beziehungen.«[12]

Nachdem es der SED-Führung noch gelungen war, Demonstrationen von Tausenden von DDR-Bewohnern für Reformen am 7. Oktober gewaltsam aufzulösen, verlangten bei einer friedlichen Demonstration in Leipzig zwei Tage später 70 000 Teilnehmer Reformen, und am 11. Oktober erklärte das SED-Politbüro, es wolle die Ursachen für die Massenflucht auch bei sich selbst suchen; außerdem kündigte es Neuerungen an und rief die DDR-Bewohner zur Diskussion auf. Am 13. Oktober gab die Generalstaatsanwaltschaft der DDR die Freilassung fast aller festgenommenen Demonstranten bekannt, und Ost-Berlin stimmte zugleich der Ausreise neuer DDR-Flüchtlinge aus Warschau zu. Einen Tag später veröffentlichte nach anderen Zeitungen erstmals auch das Parteiorgan der SED, das *Neue Deutschland*, kritische Leserbriefe[13].

Trotz der großen Protest-Demonstrationen in der DDR und der Massenflucht von Bürgern in die Bundesrepublik schien die sowjetische Führung zu erwarten, daß Egon Krenz, der am 18. Oktober zum Nachfolger Honeckers als SED-Chef gewählt worden war und am 24. Oktober auch die Ämter des Vorsitzenden des Staatsrates und des Nationalen Verteidigungsrates der DDR übernommen hatte[14], die Situation meistern werde. So sagte Gorbatschow gegenüber Krenz bei dessen Besuch am 1. November, als »starke marxistisch-leninistische Partei« sei die SED in der Lage, mit »Unterstützung des Volkes« den »Prozeß der Erneuerung kühn zu führen«. Krenz meinte zum Thema Wiedervereinigung, diese Frage stehe »nicht auf der Tagesordnung«[15].

Deutschlandpolitische Positionen der Regierung Modrow

Die Hoffnungen der sowjetischen Führung waren jedoch trügerisch. Nach den Massendemonstrationen in Ost-Berlin und überall in der DDR trat am 7. November der Ministerrat, die Regierung der DDR, geschlossen zurück, und zwei Tage später öffnete die DDR die Grenzübergänge nach West-Berlin und zur Bundesrepublik Deutschland. Am 13. November wählte die Volkskammer der DDR Hans Modrow (SED) als Nachfolger Willi Stophs zum Vorsitzenden des Ministerrates; gleichzeitig wurde er mit der Bildung einer neuen Regierung beauftragt, die die DDR-Volkskammer fünf Tage später, am 18. November, bestätigte. Zum Stellvertreter des Vorsitzenden des Ministerrates für Wirtschaft wurde Frau Prof. Dr. Christa Luft (SED) und zum Stellvertreter für Kirchenfragen Lothar de Maizière (CDU) gewählt. Minister für Auswärtige Angelegenheiten blieb Oskar Fischer (SED); Minister für nationale Verteidigung wurde Theodor Hoffmann (SED)[16].

In seiner Regierungserklärung vom 17. November bezeichnete Ministerpräsident Modrow die Stabilität der DDR als »eine Bedingung für Stabilität in Mitteleuropa, ja in Europa, und deshalb ist es im wohlverstandenen Interesse zumindest aller Nachbarn der DDR, den Wandel in unserem Staat nicht nur wohlwollend zu betrachten, sondern auch politisch und wirtschaftlich zu fördern«[17]. In seiner Rede verwandte Modrow erstmals den Terminus »Vertragsgemeinschaft«: »Wir sind dafür, die Verantwortungsgemeinschaft beider deutscher Staaten durch eine Vertragsgemeinschaft zu untersetzen, die weit über den Grundlagenvertrag und die bislang geschlossenen Verträge und Abkommen zwischen beiden Staaten hinausgeht. Dafür ist die Regierung gesprächsbereit.«

Am Schluß seiner Rede fügte Modrow hinzu: ». . . indem sich beide deutsche Staaten uneingeschränkt respektieren, können sie zugleich ein wertvolles Beispiel kooperativer Koexistenz schaffen. Die Regierung der DDR ist bereit, die Zusammenarbeit mit der BRD umfassend auszubauen und auf eine neue Stufe zu heben. Dies gilt für alle Fragen: Sicherung des Friedens, Abrüstung, für Wirtschaft, Wissenschaft und Technik, Umweltschutz, Verkehr, Post- und Fernmeldewesen, für die Kultur, den Tourismus und den umfangreichen humanitären Bereich.«

Die neue nicht-legitimierte DDR-Regierung ging also davon aus, die vertraglichen Beziehungen zwischen beiden Staaten in Deutschland auf der Grundlage der fortbestehenden Teilung des Landes zu verstärken. Nachdem sich Bundeskanzler Kohl und SED-Generalsekretär Krenz am 11. November in einem Telefongespräch für eine Intensivierung der Zusammenarbeit auf vielen Gebieten ausgesprochen und sich grundsätzlich auf eine baldige persönliche Begegnung in der DDR geeinigt hatten[18], gab Kohl am 16. November eine Erklärung der Bundesregierung zur Lage in der DDR vor dem Bundestag ab[19], und am 20. November traf Rudolf Seiters, Bundesminister für besondere Aufgaben und Chef des Bundeskanzleramtes, in Ost-Berlin mit Partei- und Staatschef Krenz und Ministerpräsident Modrow zu einem Gespräch zusammen. Themen des Meinungsaustausches, an dem auch DDR-Außenminister Fischer und der Staatssekretär im DDR-Außenwirtschaftsministerium Alexander Schalk-Golodkowski teilnahmen, waren unter anderem der Reise- und Besucherverkehr, die Wirtschafts- und Handelsbeziehungen, die Zusammenarbeit im Umweltschutz, die Erweiterung der Post- und Fernmelde-Beziehungen und Verkehrsfragen. Auf »entsprechenden Ebenen« sollten Verhandlungen aufgenommen oder fortgeführt werden, um so schnell wie möglich konkrete Ergebnisse zu erreichen. Seiters erklärte anschließend, es habe sich um ein erstes Sondierungsgespräch gehandelt[20].

Auch wenn sich nach Ansicht der DDR-Führung der Ausbau der deutsch-deutschen Beziehungen auf der Basis der fortbestehenden staatlichen Teilung des Landes vollziehen sollte, wurde nicht nur in Deutschland, sondern auch im Ausland immer intensiver die Frage diskutiert, ob die angestrebte Kooperation nicht möglicherweise zur Wiederherstellung der staatlichen Einheit Deutschlands führen könnte. Während auf den Massendemonstrationen in der DDR vornehmlich eine demokratische Erneuerung und weitreichende gesellschaftliche Veränderungen gefordert worden waren, demonstrierten am 27. November in Leipzig rund 200 000 Menschen, die nicht mehr allein freie Wahlen, Meinungsfreiheit und die Bestrafung ehemals führender SED-Funktionäre forderten, sondern in riesigen Sprechchören erstmals auch nach »Deutschland einig Vaterland« verlangten. Auf Transparenten war diesmal zu lesen: »Einigkeit und Recht und Freiheit«, »Europa – gemeinsames Haus« sowie »Wiedervereinigung – der Anfang ist gemacht«[21].

In jenen Tagen vollzog sich die entscheidende Wende, da Aufschriften wie »Wir sind das Volk« kaum noch zu entdecken waren. Von nun an hieß es: »Wir sind *ein* Volk«. Michael Arnold vom »Neuen Forum« wurde ausgepfiffen, als er seine Ängste vor einer staatlichen Wiedervereinigung Deutschlands äußerte. Bei Demonstrationen in anderen Städten der DDR vollzog sich die Wende zu gesamtdeutschen Parolen langsamer[22].

Bundeskanzler Kohls »Zehn-Punkte-Programm« vom 28. November und das deutsch-deutsche Treffen in Dresden vom 19./20. Dezember 1989

Angesichts des Ausmaßes der internationalen Diskussion und des Hervortretens von Wiedervereinigungs-Parolen in der DDR war es richtig, daß Bundeskanzler Kohl am 28. November sein »Zehn-Punkte-Programm zur Überwindung der Teilung Deutschlands und Europas«

vor dem Bundestag unterbreitet und Modrows Gedanken einer »Vertragsgemeinschaft« aufgegriffen hat. In Punkt 5 seines Programms erklärte Kohl die Bereitschaft der Bundesregierung, »noch einen entscheidenden Schritt weiterzugehen, nämlich konföderative Strukturen zwischen beiden Staaten in Deutschland zu entwickeln mit dem Ziel, eine Föderation, das heißt eine bundesstaatliche Ordnung in Deutschland zu schaffen. Das setzt aber eine demokratisch-legitimierte Regierung in der DDR zwingend voraus.«[23]

Kohl fügte hinzu: »Stufenweise können neue Formen institutioneller Zusammenarbeit entstehen und ausgeweitet werden . . . Staatliche Organisation in Deutschland hieß in unserer Geschichte fast immer auch Konföderation und Föderation. Wir können doch auf diese historischen Erfahrungen zurückgreifen.« Wichtig war auch die weitere Feststellung des Bundeskanzlers: »Wie ein wiedervereinigtes Deutschland schließlich aussehen wird, das weiß heute niemand. Daß aber die Einheit kommen wird, wenn die Menschen sie wollen, dessen bin ich sicher.« Er vergaß nicht, auf die von Staats- und Parteichef Gorbatschow und ihm am 13. Juni 1989 unterzeichnete Gemeinsame Erklärung hinzuweisen, die von den Bauelementen eines »gemeinsamen europäischen Hauses« sprach[24].

Ost-Berlin zeigte sich vom Zehn-Punkte-Plan Bundeskanzler Kohls nicht nur überrascht, sondern auch irritiert. Wolfgang Meyer, Regierungssprecher und Leiter des Presseamtes (SED), kommentierte ihn so: »Solche Erklärungen gehen nicht nur an den Realitäten vorbei, sondern können sehr leicht zu Irritationen führen, da sie sowohl die im Grundlagenvertrag als auch in der Schlußakte von Helsinki festgeschriebene Souveränität und Unabhängigkeit der beiden deutschen Staaten außer acht lassen.« Hingegen bezeichnete der Vorsitzende der DDR-CDU und Stellvertreter des Vorsitzenden des Ministerrates für Kirchenfragen, de Maizière, Kohls Zehn-Punkte-Programm als interessantes Konzept, das auch wesentliche Elemente eigener Vorstellungen enthalte[25].

Die SED und jene Medien, die ihr zu diesem Zeitpunkt noch gewogen waren, verbreiteten mit Freude und Genugtuung jene Kommentare aus der Bundesrepublik und dem Ausland, die den Kohl-Plan kritisch betrachtet oder sogar strikt verworfen hatten. Erinnert sei daran, daß sich vornehmlich der französische Staatspräsident

François Mitterrand von dem Vorstoß des Bundeskanzlers in der »deutschen Frage« überrascht gezeigt hatte, was zu einer Verstimmung zwischen ihm und Kohl führte[26].

Daß auch die UdSSR Kohls Zehn-Punkte-Plan ablehnte, war nicht erstaunlich. So erörterte Bundesaußenminister Hans-Dietrich Genscher am 4. und 5. Dezember mit Außenminister Eduard Schewardnadse und Partei- und Staatschef Gorbatschow internationale Fragen, Abrüstung, vornehmlich aber Stand und Aussichten der innerdeutschen Beziehungen. Schewardnadse warnte, auch im Zusammenhang mit den »Zehn Punkten« Bundeskanzler Kohl, vor Bestimmungen, die »hart an ein direktes Diktat grenzen«. Gorbatschow äußerte die Absicht, der DDR gegenüber »Solidarität und Unterstützung an den Tag zu legen«[27].

Außenminister Schewardnadse hat in seinem im Juni 1991 erschienenen Buch »Die Zukunft gehört der Freiheit« eine, wenn auch knappe »Chronik der deutschen Wiedervereinigung« verfaßt und darauf hingewiesen, daß nach der Öffnung der Mauer am 9. November 1989 »die Tendenz zu einer Blitzvereinigung in den beiden deutschen Staaten« zugenommen habe: »Das wäre halb so schlimm gewesen, wenn diese Euphorie nur in der Bevölkerung geherrscht hätte; doch sie erfaßte auch einige politische Kreise in der BRD. Ungeachtet der rauhen politischen Realitäten gingen sie von Appellen zum ›Selbstbestimmungsrecht‹ der DDR recht bald zu Ratschlägen über, wie und zu welchen Terminen man dort die Gesellschaftsordnung zu wandeln habe – Ratschläge, die Vorschriften recht nahe kamen. Dabei wurden die legitimen Interessen der UdSSR und der anderen europäischen Staaten ignoriert, und es wurde die Absicht erkennbar, die deutsche Frage durch einseitige Schritte und nach eigenem Ermessen zu lösen.«[28]

Schewardnadse betont, die Sowjetunion habe das Recht auf Selbstbestimmung den Deutschen nie versagt und sei gegen Äußerungen über das Selbstbestimmungsrecht nicht allergisch gewesen. Nicht richtig ist seine weitere Feststellung, in jenen Tagen habe die Rhetorik unverkennbar das Bestreben durchblicken lassen, »die Beteiligung der UdSSR an der Erörterung und der Entscheidung der äußeren Aspekte der deutschen Einheit in Frage zu stellen oder uns zumindest dazu zu zwingen, uns mit vollendeten Tatsachen abzufinden«[29].

Weder dem Bundeskanzler noch dem Außenminister der Bundesrepublik Deutschland kann in irgendeiner Phase des Zusammenbruchs der DDR und des sich anbahnenden Vereinigungsprozesses der Vorwurf gemacht werden, sie hätten die internationale Dimension in jenen Wochen und Monaten aus den Augen verloren. Aus der Einsicht heraus, sich das Mitspracherecht bei der Lösung der »deutschen Frage« soweit wie möglich zu sichern und sich der nahezu zwangsläufigen Entwicklung in Deutschland nicht entgegenzustellen, wurden im Kreml Überlegungen angestellt, »wie sich aus einem allfälligen Gesamtdeutschland der beste bilaterale Nutzen ziehen ließe. Vor allem in Außenwirtschaftskreisen mehren sich die Stimmen derer, die in einem Deutschland vom Rhein bis zur Oder einen lukrativen und bei Zugeständnissen in der Wiedervereinigungsfrage auch anbindbaren Partner sehen. Der Kremlführung ihrerseits ist klar, daß sie den nationalen Einheitsprozeß nicht weiter blockieren könne, wenn 1990 freie Wahlen oder ein entsprechendes Plebiszit in der DDR den Wiedervereinigungswillen der Bevölkerung eindrucksvoll signalisiere. Manche interpretieren Gorbatschows immer wiederkehrende Hinweise auf die ›Entscheidung der Geschichte‹, daß dann eben die Geschichte gesprochen habe.«[30]

Die *Neue Zürcher Zeitung* fügte in ihrem Kommentar über den Genscher-Besuch in Moskau hinzu: »Dabei steht allerdings fest, daß eine solche historische Liquidierung der DDR einzig auf dem Willen ihrer eigenen Bevölkerung beruhen darf. Nur damit und mit dem von Gorbatschews ›neuem Denken‹ propagierten uneingeschränkten Selbstbestimmungsrecht der Völker ließe sich eine Preisgabe des ostdeutschen Satelliten den innersowjetischen Betonköpfen gegenüber rechtfertigen. Daher könnte jeder Druck vom Westen her, wie etwa der Kohl-Plan, als Argument herhalten, ein Votum für die Wiedervereinigung zwischen Elbe und Oder sei manipuliert. Bonns Außenminister Genscher hat dieses Risiko in Moskau mit viel Fingerspitzengefühl behandelt, indem er, wie es Gorbatschew zuletzt mit seiner Malteser-Warnung vor ›künstlichem Anheizen‹ nahegelegt hat, die Meinungsbildung erneut allein in das Ermessen der Bevölkerung in der DDR und – wie immer sie ausfalle – unter den übergeordneten Gesichtspunkt der Stabilität gestellt hat.«

Trotz der Ablehnung des Zehn-Punkte-Programms Bundeskanzler

Kohls begann sich nun auch im Kreml allmählich die Einsicht durchzusetzen, daß er den sich anbahnenden Vereinigungsprozeß der beiden Staaten in Deutschland nicht aufhalten und dem deutschen Volk die Selbstbestimmung nicht verwehren könne. Wie schwierig für Gorbatschow dieser Umdenkprozeß war, hatte er noch am 3. Dezember 1989 bei seinem Treffen von Malta mit dem amerikanischen Präsidenten George Bush bezeugt. Wiederum hatte er gesagt, der KSZE-Prozeß habe die Ergebnisse des Zweiten Weltkriegs festgeschrieben; die beiden deutschen Staaten seien eine »Realität«, über die die Geschichte »entschieden« habe[31].

Am 6. Dezember erörterte anläßlich eines Arbeitsbesuches in Kiew der französische Staatspräsident Mitterrand mit Partei- und Staatschef Gorbatschow auf der anschließenden gemeinsamen Pressekonferenz die Entwicklung der Lage in beiden Teilen Europas. Auf eine Frage zur Vereinigung der beiden deutschen Staaten antwortete der Kreml-Chef, die neue Etappe von Veränderungen in Europa entwickle sich auf Grundlage der »Errungenschaften und Realitäten, die nach dem Kriege entstanden sind und die von den Helsinki-Vereinbarungen gefestigt wurden«. Die vor sich gehenden Veränderungen sollten diese Realität nicht ändern. Die Geschichte solle darüber befinden, wie die Zukunft dieses Kontinents aussehen soll. Heute sei dieses Problem nicht aktuell. Mitterrand sagte zu dieser Frage, es könne nur demokratische und nur friedliche Veränderungen geben. Keines der europäischen Länder könne handeln, ohne die historische Situation zu berücksichtigen[32].

Mit Recht betonte die *Neue Zürcher Zeitung*, Gorbatschows »Standardantwort, die er bis vor kurzem auf die Frage nach dem Abbruch der Berliner Mauer und einer möglichen Wiedervereinigung immer geben konnte – die Geschichte müsse entscheiden –, ist überholt. Und die Berufung beider Präsidenten auf die Helsinki-Akte von 1975, welche die Unverletzlichkeit der Grenzen bestätigt – gemeint war diesmal nicht nur die deutsch-polnische, sondern auch die innerdeutsche Grenze –, als Sperrklausel gegen eine Wiedervereinigung war nur halb korrekt. Denn die Helsinki-Akte schließt eine friedliche Einigung über Grenzfragen keinesfalls aus.«[33]

Daß Ministerpräsident Modrow das Ausmaß der politischen und wirtschaftlichen Krise der DDR nicht zu erkennen bereit war, verdeutlichte er in seinem Referat auf dem Außerordentlichen Parteitag der SED am 8. Dezember 1989: »Die sozialistischen Partner erwarten von uns, und damit sind alle Kräfte gemeint, die eine erneuerte sozialistische Gesellschaft zu tragen bereit sind, eine Stabilisierung dieses Staates in voller Souveränität, also keinen Ausverkauf an die BRD. Unsere Verbündeten sagen ebenso wie meine Regierung, daß eine Vereinigung der beiden deutschen Staaten zu einem Staat nicht auf der Tagesordnung steht. Und von Wiedervereinigung sollte man richtigerweise überhaupt nicht reden, weil das Wort ›wieder‹ ein Anachronismus ist und berechtigte Bedenken, ja Ängste vor groß-deutschem Chauvinismus weckt.«[34]

Immerhin bemerkte er, wenn Bundeskanzler Kohl den Gedanken einer »Vertragsgemeinschaft der beiden deutschen Staaten« aufge-griffen »und mit dem Hinweis auf konföderative Schritte ausgebaut hat, so ist dies, meine ich, ein maßvoller Ansatz für bevorstehende Erörterungen, wobei die DDR vor allem an dem interessiert ist, was man für 1990 und das folgende Jahr konkret einleiten könnte«. Eine Vereinigung von DDR und BRD sei »keine Frage der aktuellen Poli-tik, und niemand, dem eine gesunde und friedliche Entwicklung am Herzen liegt, sollte sie künstlich beschleunigen oder gar zur Wahl-kampfmunition machen. Davor warne ich mit Eindringlichkeit.« Das Protokoll vermerkt hier »Beifall«[35].

Die innere Entwicklung der DDR und die Erkenntnis, daß die wirtschaftliche Misere nur mit beachtlicher Hilfe der Bundesrepublik behoben werden kann und daß weder die sowjetische Führung noch andere »Bruderländer« oder der krisengeschüttelte Rat für Gegen-seitige Wirtschaftshilfe (RGW) wirksame Unterstützung zu geben vermögen, dürften entscheidend dazu beigetragen haben, daß Mini-sterpräsident Modrow bei seinem Arbeitstreffen mit Bundeskanzler Kohl am 19. und 20. Dezember 1989 in Dresden in zentralen Punk-ten den Vorstellungen der Bundesregierung gefolgt ist. In der Ge-meinsamen Mitteilung war von dem Einvernehmen die Rede – ausgehend vom Grundlagenvertrag vom 21. Dezember 1972 –, die Zusammenarbeit zwischen beiden Staaten »umfassender auszu-bauen, die Beziehungen auf eine neue Stufe zu heben und sie enger und langfristiger zu gestalten ... Über die bestehenden Verträge hinaus soll eine Vertragsgemeinschaft entwickelt werden mit Institu-

tionen zur Behandlung der gemeinsamen Probleme des gesellschaftlichen Lebens.«[36]

Von der DDR-Regierung war zu diesem Zeitpunkt ein Einschwenken
auf die Position der Bundesregierung, mit der geplanten »Vertragsgemeinschaft« langfristig die Überwindung der staatlichen Teilung
Deutschlands anzustreben, noch nicht zu erwarten. Immerhin brachten Kohl und Modrow in ihrer Gemeinsamen Mitteilung von Dresden
die Hoffnung zum Ausdruck, »daß die Teilung Europas überwunden
und gemäß den Zielsetzungen der Schlußakte von Helsinki und der
anderen KSZE-Dokumente eine europäische Friedensordnung gestaltet werden kann, die getragen wird von der uneingeschränkten
Achtung der Grundsätze und Normen des Völkerrechts, insbesondere
des Selbstbestimmungsrechts der Völker sowie der Menschenrechte.
Die europäischen Völker sollten in Wahrnehmung ihres Selbstbestimmungsrechtes in souveräner, demokratischer Entscheidung und
bei freier Wahl des Entwicklungsweges das gemeinsame europäische
Haus errichten.«

Gorbatschows Einlenken in der »deutschen Frage«

Die politischen Führungen in Moskau und Ost-Berlin mußten um
die Jahreswende 1989/90 immer mehr einsehen, daß sie den sich
anbahnenden Prozeß der staatlichen Vereinigung Deutschlands
nicht aufzuhalten vermögen. Als Kanzleramtsminister Seiters in der
Deutschland-Debatte im Bundestag vom 18. Januar 1990 einen Zwi-
schenbericht über die laufenden Gespräche und Verhandlungen mit
der DDR gab, betonte er, nach Ansicht der Bundesregierung werde
als angestrebter Inhalt einer »Vertragsgemeinschaft« mit der DDR
die Verankerung des Ziels der Einheit Deutschlands in einem solchen, erst nach freien Wahlen in der DDR abzuschließenden Abkommen genannt. Unmißverständlich führte er aus, daß die Vertragsgemeinschaft nicht die Festschreibung des heutigen Zustands
der Teilung sein könne, sondern eine Durchgangsstation auf dem
Weg vom geregelten Nebeneinander über ein wirkliches Miteinander bis zur Einheit bilde[37]. Zutreffend wiesen westliche Kommentatoren darauf hin, der Wunsch nach Festschreibung dieser Perspektive

schon in diesem Vertrag gehe über den ursprünglichen Vorschlag Modrows hinaus und sei auch den Ausführungen Kohls in Dresden noch nicht zu entnehmen gewesen[38].

Inzwischen war die innere Situation der DDR für die Übergangsregierung unter Ministerpräsident Modrow immer prekärer geworden. So hatte sich Bundeskanzler Kohl am 10. Januar veranlaßt gesehen, darauf hinzuweisen, er habe in seinem Zehn-Punkte-Programm vom 28. November 1989 den Weg aufgezeigt, wie das deutsche Volk in freier Selbstbestimmung seine Einheit wiedererlangen könne: »Der Prozeß der Demokratisierung mit dem Ziel freier Wahlen in der DDR muß jetzt ohne durchsichtige Manöver und ohne Behinderungen fortgeführt werden. Dies erfordert, daß das neue Wahlrecht auch die Zustimmung der Opposition findet. Diese Zustimmung ist unverzichtbar ... Ich sage aber auch deutlich – wie schon in Dresden –, daß eine Vertragsgemeinschaft unter den gegenwärtigen Bedingungen in der DDR die Zustimmung aller politischen Kräfte dort, das heißt auch der Opposition, finden muß.«[39]

Nachdem Ministerpräsident Modrow bei seinem Arbeitstreffen mit Bundeskanzler Kohl am 19./20. Dezember 1989 in Dresden in zentralen Punkten den Vorstellungen Bonns gefolgt war, die Bundesregierung immer wieder erklärt hatte, mit der angestrebten »Vertragsgemeinschaft« wolle sie die Wiederherstellung der staatlichen Einheit Deutschlands erreichen, und sich die innere Entwicklung der DDR mit dem weiteren Erstarken der Oppositionsgruppen und den personellen und sachlichen Veränderungen weiter zugespitzt hatte, blieb der sowjetischen Führung gar nichts anderes übrig, als sich flexibler und realistischer zur »deutschen Frage« zu äußern. Offensichtlich hat der Kreml Ende Januar 1990 der DDR-Führung signalisiert, daß er das Ende der Existenz zweier Staaten in Deutschland nur noch für eine Frage der Zeit halte[40].

Am 29. Januar verkündete Ministerpräsident Modrow vor der Volkskammer in Ost-Berlin die deutschlandpolitische Wende nicht nur der DDR, sondern auch Moskaus. Er »zeichnete das Bild eines in Auflösung begriffenen Staats- und Wirtschaftssystems und schlug folgende Notmaßnahmen vor: Vorziehen der Volkskammer-Wahlen vom 6. Mai auf den 18. März, Bildung einer ›Regierung der nationalen Verantwortung‹ mit acht Ministern ohne Geschäftsbereich aus den Reihen der Opposition, die bis zu den Wahlen amtiert. Die Volkskammer stimmte zu.«[41]

Ministerpräsident Modrow führte aus, es bestehe Konsens darin, »die Wahlen zu den Volksvertretungen sämtlicher Städte und Gemeinden wie vorgesehen am 6. Mai abzuhalten . . . Wenn wir eine stabile DDR gestalten und dafür sorgen, dienen wir einem übergeordneten nationalen Interesse, schaffen wir Voraussetzungen für eine Vertragsgemeinschaft und eine weitergehende Annäherung beider deutscher Staaten, erweisen wir uns aber zugleich der europäischen Verantwortung würdig.«[42]

Einen Tag später, am 30. Januar, gab Gorbatschow den grundlegenden Positionswechsel des Kreml in der »deutschen Frage« bekannt, bevor er Ministerpräsident Modrow zu Besprechungen empfing. Er sagte, »daß die Vereinigung der Deutschen niemals und von niemandem prinzipiell in Zweifel gezogen wurde. Wir haben immer gesagt . . ., daß die Geschichte den Gang der Dinge beeinflußt. So wird es auch in Zukunft sein, wenn sich die deutsche Frage praktisch stellt . . . Auf keinen Fall darf man die Interessen der Deutschen schmälern, denn ich bin für einen realistischen Prozeß. Wenn wir sagen, die Geschichte wird die Dinge entscheiden, und ich habe das viele Male getan, dann wird das auch so sein, und ich glaube, daß sie bereits ihre Korrekturen einbringt.«[43]

Nach dem weitreichenden Einlenken des Kreml-Chefs in der »deutschen Frage« am 30. Januar konnten Bonn und Ost-Berlin davon ausgehen, daß sich die gemeinsame Vorstellung, zunächst eine »Vertragsgemeinschaft« zwischen beiden Staaten mit dem Ziel zu schaffen, über »konföderative Strukturen« zu einem Bundesstaat Deutschland zu gelangen, als überholt erwies. Festzuhalten gilt dennoch, daß Ministerpräsident Modrow mit dem nach der Rückkehr von seinem Moskau-Besuch am 1. Februar vorgetragenen Deutschland-Plan in Ost-Berlin bemüht war, den Anschluß an die so rasche Entwicklung nicht zu verpassen. So setzte er sich jetzt für die »Bildung einer Konföderation von DDR und BRD mit gemeinsamen Organen und Institutionen, wie z. B. parlamentarischer Ausschuß, Länderkammer, gemeinsame Exekutivorgane für bestimmte Bereiche«, für die »Übertragung von Souveränitätsrechten beider Staaten an Machtorgane der Konföderation« und die »Bildung eines einheitlichen deutschen

Staates in Form einer Deutschen Föderation oder eines Deutschen Bundes durch Wahlen in beiden Teilen der Konföderation, Zusammentreten eines einheitlichen Parlaments, das eine einheitliche Verfassung und eine einheitliche Regierung mit Sitz in Berlin beschließt«[44], ein.

In völliger Abkehr von der früheren Position der UdSSR und DDR, nach der sich die Vier-Mächte-Rechte nur noch auf den Status West-Berlins bezögen[45], nannte Modrow als eine notwendige Voraussetzung für diese Entwicklung die »Wahrung der Interessen und Rechte der vier Mächte sowie der Interessen aller Völker Europas an Frieden, Souveränität und sicheren Grenzen. Die vier Mächte sollten ihre Absicht erklären, nach Bildung eines einheitlichen deutschen Staates alle aus dem Zweiten Weltkrieg und der Nachkriegsperiode entstandenen Fragen abschließend zu regeln, einschließlich der Anwesenheit ausländischer Truppen auf deutschem Boden und der Zugehörigkeit zu Militärbündnissen.«

Als letzte Voraussetzung für diese Entwicklung bezeichnete Modrow die »militärische Neutralität von DDR und BRD auf dem Weg zur Föderation«. Das Interesse der Bundesregierung am Deutschland-Plan Modrows wurde dadurch beeinträchtigt, daß er einer nichtlegitimierten Übergangsregierung vorstand, die – wie bereits festgestellt – nach den vorgezogenen Volkskammer-Wahlen am 18. März durch eine neue Regierung ersetzt worden ist.

Obgleich der Kreml den von Modrow am 1. Februar in Ost-Berlin vorgetragenen Deutschland-Plan positiv beschied, wußte er, daß die Übergangsregierung der DDR in der »deutschen Frage« nicht mehr viel ausrichten konnte. Wenige Tage später, am 10. Februar, konnte daher Bundeskanzler Kohl, der mit Bundesaußenminister Genscher nach Moskau gereist war, verkünden, Gorbatschow habe den Weg zur Einheit Deutschlands frei gemacht und festgestellt, »daß die Deutschen selbst die Frage der Einheit der deutschen Nation lösen und selbst ihre Wahl treffen müssen, in welchen staatlichen Formen, in welchen Fristen, mit welchem Tempo und unter welchen Bedingungen sie diese Einheit verwirklichen werden«[46].

In seiner Erklärung vor der Presse in Moskau am 10. Februar sagte Bundeskanzler Kohl, Generalsekretär Gorbatschow und er »stimmen darin überein, daß es das alleinige Recht des deutschen Volkes ist, die

Entscheidung zu treffen, ob es in einem Staat zusammenleben will. Generalsekretär Gorbatschow hat mir unmißverständlich zugesagt, daß die Sowjetunion die Entscheidung der Deutschen, in einem Staat zu leben, respektieren wird, und daß es Sache der Deutschen ist, den Zeitpunkt und den Weg der Einigung selbst zu bestimmen.«

Außerdem betonte der Bundeskanzler: »Generalsekretär Gorbatschow und ich waren uns ebenfalls einig, daß die deutsche Frage nur auf der Grundlage der Realität zu lösen ist: das heißt, sie muß eingebettet sein in die gesamteuropäische Architektur und in den Gesamtprozeß der West-Ost-Beziehungen. Wir müssen die berechtigten Interessen unserer Nachbarn und unserer Freunde und Partner in Europa und in der Welt berücksichtigen. Es liegt jetzt an uns Deutschen in der Bundesrepublik und in der DDR, daß wir diesen gemeinsamen Weg mit Augenmaß und Entschlossenheit gehen.«[47]

Nachdem am 5. Februar in Ost-Berlin eine »Regierung der nationalen Verantwortung« gebildet worden war und die DDR-Volkskammer acht Mitglieder oppositioneller Parteien und Vereinigungen als Minister ohne Ressort in den Ministerrat gewählt und dem Staatsrat empfohlen hatte, die Wahlen zur Volkskammer für den 18. März auszuschreiben[48], erklärte sich die Bundesregierung am 7. Februar bereit, »mit der DDR unverzüglich in Verhandlungen über eine Währungsunion mit Wirtschaftsreform einzutreten«[49]. Am 12. und 13. Februar weilte Ministerpräsident Modrow mit siebzehn Ministern zu Regierungsgesprächen in Bonn, die allerdings ohne konkrete Ergebnisse hinsichtlich der Verwirklichung der geplanten Währungsunion blieben. Vor allem in der Frage des Zeitpunktes einer Währungsunion kam es zu keiner Festlegung. Man beschloß, eine gemeinsame Kommission zu bilden, die ihre Gespräche über die Wirtschafts- und Währungsunion »unverzüglich« aufnehmen solle[50].

Die Erwartungen an den Gegenbesuch Modrows in Bonn waren sehr viel geringer als beim ersten Arbeitstreffen Bundeskanzler Kohls am 19. und 20. Dezember 1989 in Dresden, da sich »das Ansehen des Hoffnungsträgers der SED/PDS in beiden Teilen Deutschlands seit dem Dezember 1989 dramatisch verschlechtert« hatte: »Insbesondere ständig neue Enthüllungen über ungebrochene Stasi-Aktivitäten und das offene Eintreten Modrows für ein Fortbestehen dieses Unterdrückungsapparats ließen Hoffnungen, Modrow arbeite wirklich auf freiheitlich-demokratische Veränderungen in der DDR hin, rasch zunichte werden.«[51]

Mit Recht schreibt Wolfgang Schäuble in seinem Buch »Der Vertrag«, von Modrow selbst, von seiner inzwischen umgetauften Partei und auch von seiner Übergangsregierung erwarteten »wir substantielle Beiträge zur Lösung der Probleme in der DDR wie der deutschen Frage nicht mehr. Die anhaltend hohen Übersiedlerzahlen belegten, daß auch in der DDR das Vertrauen in Modrow, am Anfang seiner Regierungszeit zumindest dem Schein nach teilweise vorhanden, dramatisch geschwunden war. Deswegen konzentrierten wir unsere Erwartungen auf die ersten freien Wahlen zur Volkskammer am 18. März und die sich daraus ergebende demokratisch legitimierte Vertretung für die DDR.«[52]

Ministerpräsident Modrow berichtete am 20. Februar 1990 vor der Volkskammer über seine Beratungen mit der Bundesregierung in Bonn. Nochmals bedauerte er, daß sich die Bundesregierung nicht habe entschließen können, einen Solidarbeitrag in Höhe von 15 Milliarden Mark der DDR zuzusagen. Seiner Regierung sei es nicht um Bargeld, sondern um die Lieferung von Konsumgütern, Material und Maschinen und um die Unterstützung bei kommunalen und anderen Maßnahmen in dem entsprechenden Umfang gegangen. Diese solidarische Hilfe für die DDR solle »nach unserer Auffassung« eine Einheit bilden mit Währungsunion, Wirtschaftsunion und sozialer Absicherung, solle also das Zusammenführen der beiden Staaten erleichtern. Nachdrücklich sagte Modrow, die DDR habe »in die Vereinigung nicht wenig einzubringen, große geistige und kulturelle Werte, große materielle Werte, die in Jahrzehnten vom Volk erarbeitet worden sind . . .« Trotz der Meinungsverschiedenheiten mit der Bundesregierung halte er das Treffen in Bonn für eine »Ausgangsbasis für weitere sachbezogene Zusammenarbeit auf vielen Gebieten: Es hat Weichen gestellt für den Weg zum Deutschland einig Vaterland.«[53]

Nachdem der DDR-Staatsrat am 8. Februar die Wahl zur Volkskammer ausgeschrieben hatte, verabschiedete diese am 20. Februar die für die ersten freien Wahlen in der DDR am 18. März erforderlichen Verfassungsänderungen, das Wahlgesetz, die Wahlordnung sowie das Parteien- und Vereinigungsgesetz[54].

In den Wochen zwischen dem 10. Februar, als Bundeskanzler Kohl verkünden konnte, Gorbatschow habe den Weg zur Wiederherstellung der staatlichen Einheit Deutschlands frei gemacht, und der ersten freien Volkskammer-Wahl am 18. März sollte sich immer deutlicher zeigen, daß sich der Kreml genötigt sah, die DDR als einen der wichtigsten politischen Verbündeten im Warschauer-Pakt-Bereich allmählich abzuschreiben. Dazu trugen auch und gerade die Art des Wahlkampfes in der DDR und die massive Unterstützung bundesdeutscher Parteien bei. Erinnert sei daran, daß der Kreml-Chef noch am 7. Oktober 1989 bei seinem Treffen mit Honecker in Ost-Berlin die DDR als einen »strategischen Verbündeten und Partner« für die UdSSR bezeichnet hatte[55].

Die Formel, die DDR sei ein »strategischer Verbündeter der UdSSR«, verwandten führende sowjetische Politiker noch bis Anfang Februar 1990. So berief sich der sowjetische Außenminister Schewardnadse in seiner Rede vor dem Politischen Ausschuß des Europäischen Parlaments am 19. Dezember 1989 auf die Ausführungen Gorbatschows auf dem Plenum des Zentralkomitees der KPdSU vom 9. Dezember 1989. Gorbatschow hatte dort erklärt: »Wir unterstreichen mit aller Entschiedenheit, daß wir die DDR nicht zu Schaden kommen lassen. Sie ist unser strategischer Bündnispartner und ein Mitglied des Warschauer Vertrags. Es ist notwendig, von den nach dem Krieg entstandenen Realitäten auszugehen – der Existenz zweier souveräner deutscher Staaten, die Mitglieder der UNO sind. Bei einer Abweichung hiervon droht eine Destabilisierung in Europa.«[56]

Schewardnadse betonte in Brüssel, es sei charakteristisch, daß die europäischen Verbündeten der UdSSR »ihre Bündnisverpflichtungen gegenüber dem Warschauer Vertrag bestätigt haben. Unserer Ansicht nach ist dies eine wichtige Voraussetzung für die Bewahrung der Stabilität unter den heutigen Bedingungen. Es versteht sich, daß die Zeit Korrekturen am System der gegenseitigen Beziehungen innerhalb unserer Allianz erfordert. Die Modernisierung ihrer Struktur wird allein unseren gemeinsamen Interessen Nutzen bringen. Unserer Ansicht nach muß sich ihr Charakter selbst ändern, wobei die politischen Züge vor dem militärischen Inhalt die Oberhand gewinnen.«[57]

Auch in dem Deutschland-Kapitel seines Buches »Die Zukunft

gehört der Freiheit« bezieht sich Eduard Schewardnadse ausführlich auf seine Darlegungen in Brüssel, die er im Auftrag von Michail Gorbatschow vorgetragen habe. Allerdings fügt er nun hinzu, im großen und ganzen sei von Anfang an klar gewesen, »daß die Vereinigung Deutschlands ein nicht allzu langfristiges Anliegen war. Und wir, die wir uns unserer Verantwortung bewußt waren, hatten natürlich nicht die Absicht, dabei abseits zu stehen. Unser Ziel war im Grunde genommen ebenfalls klar: Die Sicherheitsgarantien für die UdSSR und ganz Europa in diesen Prozeß einzubinden.«[58]

Und Julij Kwizinskij, Botschafter der UdSSR in der Bundesrepublik Deutschland, meinte noch in einem Interview in der Zeitung der Deutschen Kommunistischen Partei *Unsere Zeit* vom 2. Februar 1990, die DDR »ist unser Verbündeter, ist unser strategischer Verbündeter, ist unser Freund. Sie können wir, sie dürfen wir nicht im Stich lassen. Die deutsche Zweistaatlichkeit hat sich herausgebildet im Lauf von Jahrzehnten, sie ist mit das tragende Element der jetzigen Situation in Europa. Und da würde ich sagen, daß man doch von dieser Interessenlage ausgehen muß. Die sehr stark vertretene These in der hiesigen Presse über das Selbstbestimmungsrecht hat natürlich ihre Daseinsberechtigung. Es gibt kein Prinzip des Völkerrechts, das allein für sich, sozusagen selbstherrlich, im luftleeren Raum steht. Jedes Prinzip ist in das System von anderen Prinzipien eingebettet.«

Kwizinskij fügte hinzu, man müsse auch noch berücksichtigen, »daß es bestimmte Viermächterechte gibt aus der Kriegs- und Nachkriegszeit. Es gibt auch Dokumente, die bei der Aufnahme der DDR und der Bundesrepublik in die UNO hinterlegt wurden mit Einverständnis der beiden deutschen Staaten.« Immerhin erkannte er das Recht der DDR auf freie Wahl ihres Weges an, schränkte jedoch ein: ». . . aber diese Wahl soll erstens unverfälscht sein. Und zweitens soll sie sich im Rahmen der Gegebenheiten vollziehen, und die sind, wie ich sie beschrieben habe.«[59]

Auch zahlreiche andere Stellungnahmen prominenter sowjetischer Politiker dokumentierten Ende 1989/Anfang 1990 das Dilemma der Moskauer Deutschland-Politik, seit Gorbatschow mit seiner Rede vor der UNO-Vollversammlung vom 7. Dezember 1988 endgültig das Prinzip der freien Wahl für alle Völker anerkannt hatte[60]. Noch am 18. Januar 1990 bemerkte Außenminister Schewardnadse in einem

Beitrag in den *Iswestija*, es bestehe »wohl kaum Zweifel daran, daß eine künstliche Beschleunigung des ›zwischendeutschen‹ Prozesses, seine Lostrennung von den Realitäten in Europa zu ernsten Mißhelligkeiten führen könne, die allen zum Schaden gereichen werden ... Zugleich aber werden die Stimmen jener immer lauter, die das Problem durch die Einverleibung der DDR, durch ihre mechanische Eingliederung in westliche Strukturen lösen möchten ... Nimmt man an, daß sich der militärpolitische Status der beiden deutschen Staaten mit der Zeit verändern wird, so ist das nur unter Berücksichtigung der Interessen der gesamtdeutschen Stabilität möglich. Das gleiche läßt sich auch hinsichtlich der Herabsetzung der Präsenz ausländischer Truppen auf dem Territorium der DDR und der Bundesrepublik Deutschland sagen ...«[61]

Verständlicherweise hat sich Schewardnadse in seinem Buch auf diesen Beitrag nicht mehr bezogen. Ebenso war es verständlich – um es noch einmal zu wiederholen –, daß die sowjetische Führung die von Ministerpräsident Modrow am 1. Februar vorgetragene »Konzeption für ›Deutschland – einig Vaterland‹« beifällig aufgenommen hat. In den Moskauer Kommentaren wurde nachdrücklich »die Wahrung der Interessen der vier Siegermächte, des Rechts aller Völker Europas auf Frieden, Souveränität und sichere Grenzen« betont. Die Sowjetunion wolle sich »natürlich ihrer Verantwortung für die Lösung der europäischen Probleme nicht entziehen. Gemeint ist die Verantwortung, die auf internationalen Abkommen aufbaut und von der Rolle bestimmt wird, die die Siegerstaaten des Zweiten Weltkrieges spielen.«[62]

Spätestens mit dem 10. Februar 1990 stand für Staats- und Parteichef Gorbatschow fest, daß die Wiederherstellung der staatlichen Einheit Deutschlands unumstößlich ist. Als er am 6. März DDR-Ministerpräsident Modrow mit einer Regierungsdelegation zu Gesprächen in Moskau empfing, erklärte Gorbatschow, wenn sich der Prozeß der deutschen Vereinigung in den europäischen Prozeß einordne und dadurch schließlich ein neues Europa mit neuen Beziehungen entstehe, werde das auf allen Seiten Verständnis finden. DDR-Regierungssprecher Meyer sagte in Moskau, zwischen Modrow und Gorbatschow habe Einigkeit darüber bestanden, daß die deutsche Einigung in Etappen erreicht werden müsse[63].

Prüft man die sowjetischen Stellungnahmen zur »deutschen Frage« in den Tagen vor der Wahl zur Volkskammer am 18. März, dann fällt auf, daß sie sich davor hüteten, den Eindruck einer Einmischung hervorzurufen. Kennzeichnend war beispielsweise das Interview, das Gorbatschow am 6. März den Korrespondenten der ARD und des DDR-Fernsehens gegeben und in dem er ausgeführt hat: »Ich sehe, wieviele Besucher aus der Bundesrepublik kommen und wie sie sich in die Angelegenheiten der DDR einmischen. Als ob die DDR bereits kein souveräner Staat mehr wäre, als ob die DDR kein unabhängiger und allseits anerkannter Staat mehr wäre. Doch das sollen die Deutschen untereinander ausmachen.«[64]

Selbst das überraschende Ergebnis der Wahl zur Volkskammer vom 18. März war für den Kreml kein Grund, sich nach den Erfahrungen mit freien und demokratischen Wahlen in Ungarn und Polen über die Entscheidung der wahlberechtigten Bevölkerung der DDR negativ zu äußern oder gar zu entrüsten. Nach der Öffnung der Mauer und dem Massenexodus aus der DDR war die sowjetische Führung realistisch genug, nur noch zu verlangen, daß die Selbstaufgabe des zweiten Staates in Deutschland vom Willen der dort verbliebenen Bevölkerung getragen werde. Für die sowjetische Führung war es nur wichtig, soweit wie möglich ihre Vorstellungen über den künftigen militärischen und sicherheitspolitischen Status eines vereinigten Deutschlands in einem neu zu ordnenden Europa durchzusetzen[65].

Von der wirtschaftlichen zur politischen Einheit Deutschlands

Bei der Wahl zur Volkskammer am 18. März 1990 errang die am 5. Februar aus der DDR-CDU, DSU und dem Demokratischen Aufbruch gebildete »Allianz für Deutschland« einen überwältigenden Sieg. In der Volkskammer ergab sich folgende Sitzverteilung: Allianz für Deutschland 192 (CDU 163, DSU 25, DA 4), SPD 88, PDS 66, Bund Freier Demokraten 21, Bündnis 90 12, DBD 9, Grüne Partei und

UFV 8, NDPD 2, Vereinigte Linke 1, DFD 1[66]. Am 12. April wählten die Abgeordneten der DDR-Volkskammer den CDU-Vorsitzenden Lothar de Maizière zum neuen Vorsitzenden des Ministerrates der DDR und die 23 Mitglieder der Regierung, in der Markus Meckel (SPD) das Ministerium für Auswärtige Angelegenheiten und Rainer Eppelmann (DA) das Ministerium für Abrüstung und Verteidigung übernahmen[67].

Das Wahlergebnis »belegte zunächst, daß die Union, entgegen vielen Legenden seit der Adenauer-Zeit, auch in der DDR unter günstigen Vorzeichen wie in der Bundesrepublik in die Größenordnung von bis zu 50 Prozent der Wählerstimmen vordringen konnte. Es belegte zum zweiten, daß die Sozialdemokraten unter Oskar Lafontaine keine für die Menschen in der DDR nachvollziehbare Konzeption für die Probleme der Menschen und für das Anliegen der deutschen Einheit hatten; sie mußten bei dem Versuch, Ängste und Neid, die sich bei vielen Menschen im Zusammenhang mit dem Prozeß der deutschen Einheit auch regten, für sich zu nutzen, die Stimmenanteile mit der SED-Nachfolgerin PDS teilen. Und drittens zeigte das Wahlergebnis, daß die Wähler der ›Allianz für Deutschland‹ im wesentlichen die CDU nach westdeutschem Vorbild und den Bundeskanzler Helmut Kohl wollten.«[68]

Mit der Volkskammer-Wahl vom 18. März und der Bildung einer demokratisch-legitimierten Regierung waren endgültig die Voraussetzungen geschaffen, den wirtschaftlichen und politischen Einigungsprozeß in Deutschland zu vollziehen.

Deutschlandpolitische Grundlinien der Regierung de Maizière

Mit der deutschlandpolitischen Wende des Kreml vom 10. Februar 1990 hatte sich die verfassungsrechtliche und -politische Diskussion in Deutschland auf die Frage konzentriert, wie die künftige Verfassung eines gesamtdeutschen Bundesstaates ausgestaltet werden soll. Während zahlreiche bundesdeutsche Staatsrechtler die Frage erörterten, ob sich die Vereinigung Deutschlands über Artikel 23 Grundgesetz (GG), also über einen Beitritt der DDR oder von Teilen der DDR zum Grundgesetz, oder über Artikel 146 GG, das heißt über eine verfassunggebende Versammlung mit anschließender gesamtdeutscher Volksabstimmung über eine neue Verfassung, vollziehen sollte, konnte sich diese Debatte seit dem 12. April auf die Problematik des Artikels 23 GG beschränken. Die Parteien der »Allianz für Deutschland«, ferner die SPD und die liberalen Parteien in der DDR stellten ihrem Koalitionsvertrag vom gleichen Tag eine Präambel voran, die die deutschlandpolitischen Grundlinien der Großen Koalition umriß und den Rahmen der gemeinsamen Regierungsarbeit festlegte. Als Ziel der Koalition wurde darin unter anderem genannt: ». . . die Einheit nach Verhandlungen mit der BRD auf der Grundlage des Artikels 23 GG zügig und verantwortungsvoll für die gesamte DDR gleichzeitig zu verwirklichen und damit einen Beitrag zur europäischen Friedensordnung zu leisten . . .«[69]

In seiner ersten Regierungserklärung vom 19. April sagte Ministerpräsident de Maizière vor der Volkskammer: ». . . beide Anliegen, Tempo und Qualität, lassen sich am besten gewährleisten, wenn wir die Einheit über einen vertraglich zu vereinbarenden Weg gemäß Artikel 23 des Grundgesetzes verwirklichen«[70].

Eine weitere wichtige Entscheidung traf die Volkskammer der DDR im Rahmen ihrer Aussprache über die Regierungserklärung am 26. April, als sie einen Antrag der Fraktion Bündnis 90/Grüne ablehnte, der DDR für die Übergangszeit bis zur Vereinigung mit der Bundesrepublik Deutschland eine neue Verfassung zu geben. Die mit zwanzig Abgeordneten in der Volkskammer vertretene Fraktion hatte vorgeschlagen, den Verfassungsentwurf des »Zentralen Runden Tisches« als eine neue Verfassung für die DDR zugrunde zu legen und einen Volksentscheid darüber einzuleiten. Während sich 179 Abgeordnete vor allem aus dem Parteibündnis »Allianz für Deutschland« und der Fraktion der Liberalen gegen den Antrag aussprachen, votierten 167 Abgeordnete für ihn[71].

Die Bundesregierung hatte frühzeitig die These vertreten, das Grundgesetz wäre eine gute gesamtdeutsche Verfassung. Trotzdem sah sie sich veranlaßt, von Anfang an aufgrund der in der Bundesrepublik geführten Diskussion nachdrücklich dem Eindruck entgegenzuwirken, als läge es im Ermessen der Bundesrepublik, den verfassungsrechtlichen Weg zur staatlichen Vereinigung Deutschlands zu bestimmen[72]. Die seit dem 12. April 1990 amtierende DDR-Regierung war sich von Beginn an bewußt, daß Voraussetzung für die Wiederherstellung der staatlichen Einheit Deutschlands »die Schaffung kompatibler Länderstrukturen zur BRD« ist, »die Länderparlamente, Länderverfassung, vorbereitende Maßnahmen für eine Länderkammer erforderlich machen«[73]. Auch in seiner ersten Regierungserklärung betonte Ministerpräsident de Maizière am 19. April, die Länderstruktur sei eine Grundbedingung für die deutsche Einheit, eine Grundbedingung für Demokratie und eine Bedingung für eine erfolgreiche Umstrukturierung unserer Wirtschaft[74].

Daher war es nur folgerichtig, daß der am 1. Juli 1990 in Kraft getretene Vertrag über die Schaffung einer Währungs-, Wirtschafts- und Sozialunion zwischen den beiden Staaten in Deutschland in der Erkenntnis geschlossen wurde, »daß mit der Herstellung der staatlichen Einheit die Entwicklung föderativer Strukturen in der Deutschen Demokratischen Republik einhergeht.« In Artikel 2 bekennen sich die Vertragsparteien »zur freiheitlichen, demokratischen, föderativen, rechtsstaatlichen und sozialen Grundordnung«.

Außerdem hat sich die DDR darin verpflichtet, entgegenstehende Vorschriften der Verfassung über die Grundlagen ihrer bisherigen sozialistischen Gesellschafts- und Staatsordnung nicht mehr anzuwenden[75]. Mit der Modifizierung der noch geltenden DDR-Verfassung von 1968/1974 hatte bereits die DDR-Regierung unter Ministerpräsident Modrow am 1. Dezember 1989 begonnen, als mit dem Gesetz zur Änderung der Verfassung der DDR in Artikel 1, Absatz 1 der Satzteil »unter Führung der Arbeiterklasse und ihrer marxistisch-leninistischen Partei« gestrichen wurde[76]. Nach zahlreichen weiteren Änderungen und Ergänzungen der Verfassung sowie der Verkündung neuer Gesetze und Verordnungen verabschiedete die Volkskammer am 17. Juni mit Zweidrittel-Mehrheit »bis zur Inkraftsetzung eines Grundgesetzes« ein »Verfassungsgesetz«, das in Artikel 1 bestimmte: »Die DDR ist ein freiheitlicher, demokratischer, föderativer, sozialer und ökologisch orientierter Rechtsstaat. Hinsichtlich der föderativen Ordnung gilt dies nach Maßgabe einer besonderen Ergänzung der Verfassung und noch zu erlassender gesetzlicher Vorschriften. Der Staat gewährleistet die kommunale Selbstverwaltung.«[77]

Die Volkskammer und die Große Koalition unter Ministerpräsident de Maizière setzten von Anfang an wichtige neue Akzente auch in der Außenpolitik. So stellte Ministerpräsident de Maizière in seiner ersten Regierungserklärung vom 19. April das Verhältnis der DDR gegenüber der UdSSR auf eine neue Ebene: »Wir bitten die Bürger der Sowjetunion, die Politik der DDR und ihr Streben nach der Einheit Deutschlands nicht als bedrohlich anzusehen. Wir sind uns unserer historischen Schuld gegenüber der Sowjetunion bewußt, und wir möchten als freier Staat mit einer Sowjetunion, in der das neue Denken gesiegt hat, freundschaftlich zusammenarbeiten. Glasnost und Perestroika haben der Welt neue, lange Zeit nicht für möglich gehaltene historische Horizonte erschlossen. Sie förderten auch in der DDR eine Bürgerbewegung, die alle gesellschaftlichen Sektoren erfaßte.«[78]

Mit Vollzug der Vereinigung der beiden deutschen Staaten, führte de Maizière aus, solle die künftige deutsche Verfassung unter anderem den Artikel 23 des Grundgesetzes nicht mehr enthalten: »Deutschland hat keine Gebietsansprüche gegenüber anderen Staaten und wird sie auch in Zukunft nicht erheben.«

Da Mitte April 1990 die künftige bündnis- und militärpolitische Lösung der »deutschen Frage« noch nicht abzusehen war, sah Ministerpräsident de Maizière die Aufgabe der Regierung der DDR darin, »eine Politik zu verfolgen, die den Prozeß der Ablösung der Militärbündnisse mit bündnisübergreifenden Strukturen als Beginn eines gesamteuropäischen Sicherheitssystems fördert. Ein europäisches Sicherheitssystem mit immer weniger militärischen Funktionen ist dabei unser Verhandlungsziel.« Darüber hinaus setzte er sich für die Ablösung der Rechte der Alliierten des Zweiten Weltkrieges für Berlin und Deutschland als Ganzes ein, die im Rahmen der »Zweiplus-Vier-Gespräche« erfolgen solle. Eine besondere Bedeutung wies er der KSZE zu.

Nach der Entscheidung der Regierungsparteien der DDR vom 3. Juli, die ersten gesamtdeutschen Wahlen am 2. Dezember stattfinden zu lassen, und der Zustimmung durch die Bonner Koalition verstärkte Ost-Berlin seine Bemühungen, das »Ländereinführungsgesetz« zu beraten. Als Termin für Landtagswahlen in den wiedererstehenden fünf Ländern auf dem Territorium der DDR wurde der 14. Oktober vorgesehen[79]. In ihrer Sitzung am 22. Juli beschloß die

Volkskammer die Wiederherstellung der alten Länder Mitteldeutschlands mit einigen geringfügigen Grenzänderungen. So wurde die DDR für den Rest ihres Bestehens »ein Bundesstaat, in dem die Gewaltenteilung garantiert ist«. Das Verfassungsgesetz zur Bildung von Ländern in der DDR bestimmte, die verfassungsmäßige Ordnung in den Ländern müsse den Grundsätzen des republikanischen, freiheitlichen, demokratischen, sozialen und ökologisch orientierten Rechtsstaates entsprechen[80].

So wurden mit Wirkung vom 14. Oktober die fünf Länder Mecklenburg-Vorpommern (aus den Bezirken Neubrandenburg, Schwerin und Rostock), Brandenburg (aus den Bezirken Cottbus, Frankfurt/Oder und Potsdam), Sachsen-Anhalt (aus den Bezirken Halle und Magdeburg), Sachsen (aus den Bezirken Dresden, Chemnitz und Leipzig) und Thüringen (aus den Bezirken Erfurt, Gera und Suhl) wiederhergestellt. Ost-Berlin erhielt Landesbefugnisse, die von der Stadtverordneten-Versammlung und vom Magistrat wahrgenommen wurden[81].

Nach einer wochenlang geführten Diskussion und heftigen Kontroversen in der Ost-Berliner Koalition beschloß die DDR-Volkskammer am 23. August mit den Stimmen von 294 Abgeordneten von CDU/DA, DSU, FDP und SPD gegen 72 Stimmen der PDS und Bündnis 90/Grüne sowie 6 Enthaltungen, den Beitritt zur Bundesrepublik Deutschland mit Wirkung vom 3. Oktober 1990 zu vollziehen. Damit war die letzte Hürde auf dem Weg zur Verständigung über den zweiten deutsch-deutschen Staatsvertrag aus dem Wege geräumt[82].

Der wenige Tage später, am 31. August, unterzeichnete »Vertrag zwischen der Bundesrepublik Deutschland und der Deutschen Demokratischen Republik über die Herstellung der Einheit Deutschlands – Einigungsvertrag« enthält wichtige verfassungsrechtliche Aussagen. Darin werden die Präambel und der Artikel 146 neu gefaßt und Artikel 23 GG aufgehoben. Außerdem legt er eine neue Stimmen-Gewichtung im Bundesrat fest (Artikel 51, Absatz 2 GG). Die Regierungen der beiden Vertragsparteien »empfehlen den gesetzgebenden Körperschaften des vereinten Deutschlands, sich innerhalb von zwei Jahren mit den im Zusammenhang mit der deutschen Einigung aufgeworfenen Fragen zur Änderung oder Ergänzung des Grundgesetzes zu befassen, insbesondere . . . mit den Überlegungen zur Aufnahme von Staatszielbestimmungen in das Grundgesetz sowie mit der Frage der Anwendung des Artikels 146 des Grundgesetzes und in deren Rahmen einer Volksabstimmung«[83].

Nach der Beratung des Einigungsvertrages in Bundestag und Bundesrat sowie in der Volkskammer trat er am 29. September 1990 in Kraft. Mit dem Wirksamwerden des Beitritts der Deutschen Demokratischen Republik zum Geltungsbereich des Grundgesetzes gemäß Artikel 23 am 3. Oktober 1990 endete die Zweistaatlichkeit Deutschlands.

Der Zwei-plus-Vier-Prozeß

Erstaunlich bleibt nicht nur, in welchem Tempo Bonn und Ost-Berlin die komplizierten inneren Aspekte der Wiedervereinigung des Landes geregelt haben. Erleichtert wurde dies – wie dargelegt – insofern, als die aus den Wahlen zur Volkskammer am 18. März 1990 hervorgegangene erste legitime Regierung der DDR unter Ministerpräsident de Maizière sofort entschied, den Beitritt der DDR zum Grundgesetz gemäß Artikel 23 zu vollziehen. Großen Respekt verdienen darüber hinaus die Verhandlungen, die auf der Zwei-plus-Vier-Ebene geführt wurden und Mitte Februar 1990 in Ottawa ihren Ausgang nahmen. Vom 12. bis 14. Februar konferierten dort die Außenminister der NATO- und der Warschauer-Pakt-Staaten über militärische vertrauensbildende Maßnahmen im Zeichen eines »offenen Himmels«. Während die NATO-Vertreter den Plan Außenminister Genschers einer Einbindung Deutschlands in die westliche Allianz unterstützten, machten mehrere Warschauer-Pakt-Staaten deutlich, daß sie ein neutrales und demilitarisiertes Gesamtdeutschland vorzögen. Außenminister Genscher hatte zunächst die Außenminister der drei Westmächte, Baker, Hurd und Dumas, über die Ergebnisse der Moskau-Reise des Bundeskanzlers am 10. Februar unterrichtet. Im Anschluß daran informierten Baker und Genscher die übrigen NATO-Partner, die dem Genscher-Plan, der einen Verbleib der Bundesrepublik in der militärischen Struktur der NATO, aber keine Ausweitung auf das Gebiet der DDR vorsah, zustimmten. Auch die US-Regierung schien sich inzwischen dieser Variante angeschlossen zu haben. So äußerte Baker dem Vernehmen nach, daß nicht an eine praktische Ausdehnung des Geltungsbereichs der NATO »über die Elbe hinaus« gedacht sei[84].

NATO-Generalsekretär Manfred Wörner, der zuvor in Camp David mit Präsident Bush zusammengetroffen war, erklärte in Ottawa, die NATO-Minister hätten sich gegen ein neutrales Deutschland ausgesprochen. Mit Bezug auf Bush fügte er hinzu, auch der Präsident sehe ein wiedervereinigtes Deutschland als Teil der westlichen Allianz, ohne daß die heutige DDR militärisch integriert werden müsse. Wörner versicherte, daß die »legitimen Sicherheitsinteressen« der UdSSR und der übrigen mittel- und osteuropäischen Staaten berücksichtigt werden müßten[85]. Aus unterschiedlichen Äußerungen führender sowjetischer Diplomaten ging nicht hervor, mit welcher Entschlossenheit der Kreml, der zuvor die Wiedervereinigung auf dem Wege der Selbstbestimmung der Deutschen akzeptiert hatte, tatsächlich auf Neutralisierung oder Demilitarisierung bestehen würde[86].

Nicht nur der 10., sondern auch der 13. Februar 1990 markiert einen tiefen Einschnitt in der Entwicklung der Deutschland-Frage, auch wenn die Sowjetunion mit der Unterzeichnung des »Zwei-plus-Vier-Kommuniqués« von Ottawa kein Risiko eingegangen war, künftig die sicherheitspolitischen Vorstellungen der Bundesregierung und der drei Westmächte akzeptieren zu müssen. In der kanadischen Hauptstadt einigten sich die Außenminister der beiden Staaten in Deutschland, der drei Westmächte und der UdSSR darauf, die äußeren Aspekte der Herstellung der deutschen Einheit, einschließlich der Fragen der Sicherheit der Nachbarstaaten, zu besprechen[87]. Damit hatte die vor allem von der Bundesregierung propagierte Formel »Zwei-plus-Vier« auch internationale Anerkennung gefunden.

Allerdings wußte die sowjetische Führung schon zu diesem Zeitpunkt, daß das Konzept einer Neutralität Gesamtdeutschlands, wie es auch Ministerpräsident Modrow in seinem am 1. Februar unterbreiteten Plan entwickelt hatte, nicht die Zustimmung aller Partner in der Warschauer Allianz finden würde. So haben die Außenminister mehrerer osteuropäischer Staaten dem britischen Außenminister Hurd schon in Ottawa versichert, sie sähen »lieber ein Deutschland, das klar im Westen und im atlantischen Bündnis eingebunden ist«. Nach seiner Rückkehr aus Ottawa sagte Hurd, die »Idee eines vereinigten neutralisierten Deutschlands verliert an Zugkraft«[88]. Auch der französische Staatspräsident Mitterrand lehnte strikt eine Neutralisierung Gesamtdeutschlands ab[89].

Die Ost-Berliner Agentur ADN berichtete daher schon am 14. Februar aus Ottawa, nach Ansicht Außenminister Genschers sei die Frage der NATO-Mitgliedschaft dort nicht zur Sprache gekommen. Die Außenminister Polens, Ungarns und der Tschechoslowakei hätten ihm jedoch schon vorher signalisiert, daß sie keine Neutralisierung Deutschlands befürworteten[90]. Und der sowjetische Deutschland-Experte und Berater von Staats- und Parteichef Gorbatschow, Valentin Falin, erklärte am 14. Februar in Straßburg, die sowjetische Führung habe noch nicht ihre endgültige Haltung zum militärischen Status eines vereinten Deutschlands festgelegt. Die UdSSR stehe auf dem Standpunkt, daß von einem vereinten Deutschland keine direkte oder indirekte Bedrohung für die Staaten inner- und außerhalb Europas ausgehen dürfe. Die Sowjetunion sei überzeugt, daß ein vereintes Deutschland gewisse Verpflichtungen übernehmen müsse, weder militärische Aktivitäten zu unternehmen noch seine Grenzen zu ändern. Die Verpflichtungen müßten Bestandteil eines Friedensvertrages sein, in dem die Rechte und Pflichten Deutschlands definiert würden, »womit wir einen Schlußstrich unter die Periode des Krieges ziehen könnten«[91].

Einen Tag später, am 15. Februar, relativierte der sowjetische Außenminister Schewardnadse, der in seinem Buch »Die Zukunft gehört der Freiheit« die Zwei-plus-Vier-Konferenz von Ottawa nur äußerst knapp behandelt[92], erstmals die Forderung nach einer Neutralität und Entmilitarisierung eines wiedervereinigten Deutschlands. Das sei »die Idealvorstellung der UdSSR«: »Aber ist sie realistisch, das ist die Frage«, fuhr er fort. Dennoch fügte er nach einem Treffen mit dem kanadischen Außenminister Clark hinzu: ». . . ich denke nicht, daß wir die Ereignisse schon jetzt vorwegnehmen sollten.« Er wies auf die »historische Bedeutung« der in Ottawa erzielten Vereinbarung einer Sechser-Konferenz zur Einheit Deutschlands hin. Die »noch zwei Tage zuvor formulierte Ablehnung des Vorschlags Außenminister Genschers, nach dem ein vereintes Deutschland Mitglied der NATO sein solle, ohne daß NATO-Truppen jedoch auf DDR-Gebiet stationiert würden, wiederholte Schewardnadse jedoch nicht«[93].

Wie schwer es zumindest Teilen der sowjetischen Führung fiel, sich mit der Entscheidung Michail Gorbatschows vom 10. Februar abzufinden, die Deutschen selbst über die staatliche Vereinigung entscheiden zu lassen, verdeutlichte die Erklärung des sowjetischen Außenministeriums am Beginn der Zwei-plus-Vier-Verhandlungen vom 14. März 1990. Darin hieß es: »Einen Schlüssel zur Durchsetzung dieses Zieles sehen einige CDU/CSU-Politiker darin, Artikel 23 des Grundgesetzes der BRD anzuwenden, der es ermöglicht, die DDR an die BRD in Teilstücken, als einzelne Länder oder als ganze Republik anzuschließen. Anders gesagt ist man im Grunde genommen auf die Usurpation eines deutschen Staates durch den anderen aus. In diesem Fall rechnet man anscheinend in Bonn damit, die DDR um ihre souveränen Prärogativen zu bringen, als gleichberechtigter Partner die Rechte und Interessen der Bürger der DDR, ihre sozialen Errungenschaften, jene Werte zu verteidigen, die seit Bestehen der Republik beharrlich geschaffen worden sind.«[94]

Die Erklärung des sowjetischen Außenministeriums scheute sich nicht, nach langer Zeit daran zu erinnern, »daß die Sowjetunion, Frankreich, Großbritannien und die USA laut Potsdamer Abkommen ihre Rechte und die Verantwortung für Deutschland als Ganzes und dafür, daß von deutschem Boden nie mehr eine Gefahr für den Frieden ausgeht, nach wie vor bewahren ... Später wurde diese grundsätzliche Bestimmung auch in entsprechenden Verträgen der BRD mit den drei Westmächten bzw. der DDR mit der Sowjetunion verankert, die besagen, daß die vier Mächte ihre Rechte und Verantwortung gegenüber Deutschland als Ganzes in vollem Maße bewahren. Das gilt auch für Westberlin mit seinem besonderen Status, der durch das vierseitige Abkommen bestimmt ist.«[95] Eduard Schewardnadse läßt den Leser seiner Studie auch in diesem Punkt im unklaren darüber, ob diese Erklärung seines Ministeriums von ihm zuvor autorisiert worden war.

Das erste Zwei-plus-Vier-Treffen fand am 5. Mai in Bonn statt. Die sechs Außenminister einigten sich auf die Tagesordnung der künftigen Begegnungen. Während der erste Punkt Grenzfragen betraf, lautete der zweite: Politisch-militärische Fragen unter Berücksichtigung von Ansätzen geeigneter Sicherheitsstrukturen in Europa. Der dritte Punkt war »Berlin-Probleme« überschrieben, und der vierte betraf die »Abschließende völkerrechtliche Regelung unter Ablösung der Vier-Mächte-Rechte und -Verantwortlichkeiten«[96].

Am Vortag hatten in Bonn intensive Kontakte unter den sechs Außenministern und ihren Delegationen stattgefunden. In einer Begegnung mit Bundeskanzler Kohl lehnte der sowjetische Außenminister Schewardnadse die Mitgliedschaft eines vereinigten Deutschlands in der NATO erneut ab und nannte die Zugehörigkeit Deutschlands zu einem militärischen Bündnis eine Gefahr für die Stabilität Europas. Ein vereinigtes Deutschland müsse bündnisfrei sein; doch man suche in dieser Frage nach einem Kompromiß. Aus sowjetischer Sicht müsse der Prozeß der Einheit synchron mit der Gestaltung der gesamteuropäischen Sicherheitsstrukturen verlaufen[97].

Zur Überraschung der Bundesregierung und auch der drei Westmächte »entkoppelte« der sowjetische Außenminister am 5. Mai in Bonn die inneren – also Termin und Weg – und die äußeren – die sicherheitspolitischen – Aspekte der deutschen Einheit. Er machte das Zugeständnis, daß die Lösung der inneren und der äußeren Aspekte nicht unbedingt zeitgleich erfolgen müsse, und brachte den Gedanken einer Übergangsperiode nach der Vollziehung der deutschen Einheit bis zur Aufgabe der Rechte der Vier Mächte auf: »Demnach sollen nach der Bildung eines gesamtdeutschen Parlaments die Siegermächte noch ›mehrere Jahre lang‹ in bezug auf die Regelung über die äußeren Aspekte Rechte behalten. Die Erhaltung der Rechte der Vier Mächte und der Präsenz der alliierten Truppen in Deutschland kann nach sowjetischer Auffassung den Prozeß der Einigung stabilisieren und ruhige Rahmenbedingungen dafür schaffen. Die Aufhebung der Vier-Mächte-Rechte sei schließlich der abschließende Schritt der deutschen Regelung.«[98]

Außenminister Schewardnadse bemerkt dazu, zum Stein des Anstoßes sei am 5. Mai in Bonn die Frage nach dem künftigen militärisch-politischen Status Deutschlands geworden: »Am Vorabend des Treffens hatten die Zeitungen geschrieben, in dieser Frage bilde sich zwar eine Konstellation heraus, doch hieß die nicht ›Zwei-plus-Vier‹, sondern ›Eins-plus-Fünf‹. Das Verhältnis eins zu fünf war wirklich eine Tatsache geworden, und wie unschwer zu erraten ist, war es der sowjetische Vertreter, der allein dastand.«[99]

Angesichts der bis dahin zögernden Haltung der britischen Regie-

rung gegenüber dem Vereinigungsprozeß in Deutschland sollte festgehalten werden, daß das britische Außenministerium am 8. Mai
erklärte, es bestehe »eine feste Vereinbarung mit dem westlichen
Bündnis über eine fortdauernde deutsche NATO-Mitgliedschaft. Wir
hoffen, die Russen werden sich dazu bereit finden können, dies im
größeren Zusammenhang der Rüstungskontrolle, der Stärkung des
KSZE-Prozesses und des sich wandelnden Charakters des Bündnisses
selber zu sehen.«[100]

Vor dem zweiten Zwei-plus-Vier-Treffen am 22. Juni in Ost-Berlin
hatte die sowjetische Seite erstmals zu erkennen gegeben, daß sie die
auch von den drei Westmächten unterstützte Bonner Formel einer
»abschließenden völkerrechtlichen Regelung« anstelle eines förmlichen Friedensvertrages bei Verwirklichung der Einheit Deutschlands
akzeptieren könne. Allerdings verbinde man damit ein Abkommen
über politische Bedingungen. Die Bundesregierung und die drei Westmächte machten nach Beendigung des ersten Zwei-plus-Vier-Tref-
fens vom 5. Mai klar, bei der weiteren Diskussion an ihrer Position
festhalten zu wollen, daß ein Friedensvertrag oder eine quasi-frie-
densvertragliche Regelung 45 Jahre nach Beendigung des Krieges
aus völkerrechtlichen und politischen Gründen gegenüber Deutschland nicht mehr vertretbar sei. Es gebe im Verkehr zwischen zivilisier-
ten Staaten kein Beispiel dafür, daß so lange nach der Beendigung
eines Kriegszustandes und der Herstellung geregelter Beziehungen
zwischen den einstigen Kriegsgegnern noch ein Friedensvertrag geschlossen worden sei[101].

Zum gleichen Zeitpunkt erklärte sich die UdSSR erstmals bereit,
nicht mehr auf dem Abschluß eines Friedensvertrages zu beharren,
sondern sich mit einer »Friedensurkunde« zu begnügen, in der das
vereinte Deutschland Garantien aussprechen müsse, die vor allem
dessen militärisches Potential begrenzten und den Verzicht auf nu-
kleare Waffen bekräftigten[102].

Während der sowjetische Außenminister Schewardnadse am
26. Mai die Einbeziehung eines künftigen Gesamtdeutschlands in
die NATO erneut kategorisch abgelehnt hatte[103], vertrat der bekannte sowjetische Deutschland-Experte Wjatscheslaw Daschitschew einen Tag später die Ansicht, eine Mitgliedschaft des vereinten Deutschlands in der NATO stelle keine Gefahr für die UdSSR

dar. Dafür seien jedoch Kompromisse von beiden Seiten notwendig. Außerdem lehnte Daschitschew eine Neutralität Gesamtdeutschlands ab[104].

Beim zweiten Zwei-plus-Vier-Treffen in Ost-Berlin legte der sowjetische Außenminister am 22. Juni zur Überraschung der anderen Teilnehmerstaaten einen Vertragsentwurf vor, der die völkerrechtlichen Fragen der Einigung Deutschlands abschließend klären sollte. In dem Dokument hieß es unter anderem, die militärische Stärke eines vereinigten Deutschlands dürfe eine bestimmte Obergrenze nicht übersteigen. Von westlicher Seite wurde diese Forderung Moskaus entschieden abgelehnt. Außenminister Genscher bezeichnete diese Übergangsregelungen als »nicht akzeptabel«[105].

Angesichts des westlichen Widerspruchs sah sich Schewardnadse wenige Tage später genötigt festzustellen, eine Singularisierung Deutschlands nach der Vereinigung sei »nicht zweckmäßig«. In einem Interview mit der Zeitung der ehemaligen SED und jetzigen PDS, *Neues Deutschland,* erklärte er, dies sei nicht das Ziel des von der UdSSR bei den Zwei-plus-Vier-Gesprächen am 22. Juni vorgelegten Entwurfs zu einer Regelung der deutschen Frage. Nötig sei aber »eine gewisse Übergangszeit«, um letztlich optimale Bedingungen für »eine neue Friedensordnung in Europa« zu schaffen. Außerdem sprach sich der sowjetische Außenminister für eine völkerrechtliche Regelung der deutschen Frage noch bis zum Jahresende aus; die Formel »Friedensvertrag« vermied er[106].

Das dritte Zwei-plus-Vier-Treffen am 17. Juli in Paris wurde durch die »Londoner Erklärung« der Staats- und Regierungschefs der NATO vom 5./6. Juli und den »Durchbruch« in der »deutschen Frage« wesentlich erleichtert, den Bundeskanzler Kohl und Außenminister Genscher in ihren Verhandlungen mit Gorbatschow in Moskau und im Kaukasus vom 14. bis 16. Juli erreicht hatten. In der Erklärung der NATO-Gipfelkonferenz hieß es: »Mit der Vereinigung Deutschlands wird auch die Teilung Europas überwunden. Das geeinte Deutschland im Atlantischen Bündnis freiheitlicher Demokratien und als Teil der wachsenden politischen und wirtschaftlichen Integration der Europäischen Gemeinschaft wird ein unentbehrlicher Stabilitätsfaktor sein, den Europa in seiner Mitte braucht . . . Die Atlantische Gemeinschaft wendet sich den Ländern Mittel- und Osteuropas zu, die im Kalten

Krieg unsere Gegner waren, und reicht ihnen die Hand zur Freundschaft.«[107]

In der Londoner Erklärung schlugen die NATO-Staaten der Warschauer Allianz eine gemeinsame Erklärung vor, »in der wir feierlich bekunden, daß wir uns nicht länger als Gegner betrachten, und in der wir unsere Absicht bekräftigen, uns der Androhung oder Anwendung von Gewalt zu enthalten, die gegen die territoriale Integrität oder politische Unabhängigkeit irgendeines Staates gerichtet oder auf irgendeine andere Weise mit den Zielen und Prinzipien der Charta der Vereinten Nationen und mit der KSZE-Schlußakte unvereinbar ist«[108].

Die Londoner Erklärung der Staats- und Regierungschefs der NATO veranlaßte die sowjetische Führung, anläßlich des Arbeitsbesuches von Bundeskanzler Kohl und Außenminister Genscher in der UdSSR vom 14. bis 16. Juli einzulenken, so daß der Bonner Regierungschef einen Tag später zu den Ergebnissen seiner Reise in die Sowjetunion in Bonn feststellen konnte: »Die Einigung Deutschlands umfaßt die Bundesrepublik Deutschland, die DDR und ganz Berlin. Mit der Herstellung der Einheit Deutschlands werden die Vier-Mächte-Rechte und -Verantwortlichkeiten in bezug auf Deutschland als Ganzes und Berlin beendet. Das vereinte Deutschland erhält zum Zeitpunkt seiner Vereinigung seine volle und uneingeschränkte Souveränität.«

Weiterhin führte der Bundeskanzler aus: »Das geeinte Deutschland kann in Ausübung seiner vollen und uneingeschränkten Souveränität frei und selbst entscheiden, ob und welchem Bündnis es angehören will. Dies entspricht dem Geist und dem Text der KSZE-Schlußakte. Ich habe als Auffassung der Bundesregierung erklärt, daß das geeinte Deutschland Mitglied des Atlantischen Bündnisses sein möchte, und ich weiß, daß dies auch dem Wunsch der DDR entspricht. Herr Ministerpräsident de Maizière hat das gestern in seinem Kommentar deutlich gemacht.«[109]

Außerdem kündigte Bundeskanzler Kohl an, das geeinte Deutschland schließe mit der UdSSR einen zweiseitigen Vertrag zur Abwicklung des Truppenabzugs aus der DDR, der, wie die sowjetische Führung erklärt habe, innerhalb von drei bis vier Jahren beendet sein solle. Schließlich erklärte sich die Bundesregierung bereit, die Streitkräfte eines geeinten Deutschlands innerhalb von drei bis vier Jahren auf eine Personalstärke von 370 000 Mann zu reduzieren. Nach Abzug der sowjetischen Truppen aus dem Gebiet der DDR und aus Berlin »können in diesem Teil Deutschlands auch der NATO angegliederte Truppen stationiert werden, allerdings ohne für Atomwaffen verwendbares Abschußgerät. Ausländische Truppen und Atomwaffen sollen nicht dorthin verlegt werden.«

Beim dritten Zwei-plus-Vier-Treffen am 17. Juli in Paris konnte im Beisein des polnischen Außenministers, Krzysztof Skubiszewski, eine Einigung über die endgültige Regelung zur Festlegung der Westgrenze Polens erzielt werden. Der amerikanische Außenminister Baker stellte fest, daß das vereinigte Deutschland aus der Bundesrepublik, der DDR und Berlin bestehen werde – »nicht mehr und nicht weniger ... Darüber hinaus haben wir natürlich die Erklärung der deutschen Seite begrüßt, den Grenzvertrag unverzüglich nach der Vereinigung im Einklang mit den bereits von den beiden deutschen Parlamenten eingegangenen Verpflichtungen in Angriff zu nehmen.«[110]

In Paris einigte sich die Zwei-plus-Vier-Runde auf fünf Prinzipien über den endgültigen Charakter der Grenzen Deutschlands, die in das Abschlußdokument der Zwei-plus-Vier-Gespräche aufgenommen werden sollten[111]. Zum Abschluß der Gespräche kündigte Außenminister Genscher an, daß »der deutsch-polnische Grenzvertrag innerhalb kürzest möglicher Zeit nach der Vereinigung und der Herstellung der Souveränität des vereinigten Deutschlands unterzeichnet und dem gesamtdeutschen Parlament zugeleitet werden wird«[112]. Am 15. November 1990 schlossen die Bundesrepublik Deutschland und die Republik Polen den Vertrag über die Bestätigung der zwischen ihnen bestehenden Grenze[113]. Nach den Verabredungen von Paris vom 17. Juli konnte die Bundesregierung mit Recht davon ausgehen, daß nun der Abschluß eines Friedensvertrages mit dem vereinten Deutschland nicht mehr nötig sei; auch die Frage von Reparationen betrachtete sie als erledigt[114].

Auf dem vierten Zwei-plus-Vier-Treffen der Außenminister konnte am 12. September 1990 in Moskau der »Vertrag über die abschließende Regelung in bezug auf Deutschland« unterzeichnet werden. Es war von vornherein klar, daß das vereinte Deutschland die Gebiete der Deutschen Demokratischen Republik, der Bundesrepublik Deutschland und ganz Berlins umfassen wird. Mit dem Inkrafttreten des Vertrags beendeten die Vier Mächte ihre Rechte und Verantwortlichkeiten in bezug auf Berlin und Deutschland als Ganzes. Als Ergebnis sollten die damit zusammenhängenden vierseitigen Vereinbarungen, Beschlüsse und Praktiken beendet und alle entsprechenden Einrichtungen der Vier Mächte aufgelöst werden. Außerdem heißt es in Artikel 7: »Das vereinte Deutschland hat demgemäß volle Souveränität über seine inneren und äußeren Angelegenheiten.« Ein besonderer Erfolg westlicher Diplomatie bedeutet Artikel 6 des Vertrags vom 12. September, der festlegt, »das Recht des vereinten Deutschlands, Bündnissen mit allen sich daraus ergebenen Rechten und Pflichten anzugehören, wird von diesem Vertrag nicht berührt«[115].

Von vornherein stand fest, daß das in den NATO-Bereich einbezogene Territorium der früheren DDR einem militärischen Sonderstatus unterliegen würde; dieser ist in Artikel 5 des Moskauer Vertrags formuliert[116].

Mit dem am 9. November 1990 in Bonn unterzeichneten »Vertrag über gute Nachbarschaft, Partnerschaft und Zusammenarbeit zwischen der Bundesrepublik und der UdSSR«, der die enge Kooperation in Wirtschaft, Wissenschaft und Kultur vorsieht, hoffen beide Seiten, ihr Verhältnis auf eine neue Grundlage zu stellen. Da sich die sowjetische Führung nach langem Zögern bereit erklärt hat, daß das vereinte Deutschland der NATO angehören darf, ist ihr Interesse auf die Institutionalisierung des KSZE-Prozesses gerichtet. In Artikel 5 des deutsch-sowjetischen Vertrages wird dieses Ziel klar ausgesprochen[117]. Auch nach dem Zusammenbruch des Warschauer Paktes und den einschneidenden Veränderungen der europäischen Sicherheitsstrukturen will der Westen darauf achten, daß auch künftig das Bündnissystem der NATO intakt bleibt.

Da für alle Beteiligten am Zwei-plus-Vier-Prozeß von Anfang an klar war, daß die »deutsche Frage« nur im europäischen Rahmen gelöst werden konnte, bleibt festzuhalten, daß die »Charta von Paris für ein neues Europa«, die Erklärung des Pariser KSZE-Treffens der Staats- und Regierungschefs vom 21. November 1990, »mit großer Genugtuung« Kenntnis von dem am 12. September 1990 in Moskau unterzeichneten »Vertrag über die abschließende Regelung in bezug auf Deutschland« nimmt und aufrichtig begrüßt, »daß das deutsche Volk sich in Übereinstimmung mit den Prinzipien der Schlußakte der Konferenz über Sicherheit und Zusammenarbeit in Europa und in vollem Einvernehmen mit seinen Nachbarn in einem Staat vereinigt hat. Die Herstellung der staatlichen Einheit Deutschlands ist ein bedeutsamer Beitrag zu einer dauerhaften und gerechten Friedensordnung für ein geeintes demokratisches Europa, das sich seiner Verantwortung für Stabilität, Frieden und Zusammenarbeit bewußt ist.«[118]

Zwischenbilanz:
Das unaufhaltsame Ende der DDR

Die gewaltlose Revolution im Herbst 1989, die zum Zusammenbruch der Macht der SED und dann der DDR selbst geführt hat, ist in der deutschen Geschichte ohne Beispiel. Bezieht man die unter unterschiedlichen Bedingungen vollzogenen Umwälzungen in den anderen Mitgliedstaaten des Warschauer Paktes ein, dann ist das Jahr 1989 als »das Wunderjahr der europäischen Nachkriegszeit«[119] einzustufen. Es gehörte ein hohes Maß von Phantasie und Mut dazu, die evolutionären oder gar revolutionären Entwicklungen in einzelnen Staaten des Ostblocks – wenn man von Polen und Ungarn absieht – zu prophezeien. Immerhin hat Zbigniew Brzezinski im Frühjahr 1988 »die historisch bedeutsame Frage« gestellt, »ob das Jahr 1988 wohl den Beginn eines neuen Völkerfrühlings in Europa gebracht hat, wie dies einst 1848 geschah. Es ist sicherlich nicht übertrieben, wenn man feststellt, daß es heute in Europa fünf Länder gibt, die allesamt reif sind für einen revolutionären Ausbruch. Es ist nicht übertrieben, wenn man meint, daß das in mehr als einem Land zur selben Zeit eintreten könnte. Man kann das nicht mit Sicherheit voraussagen – schließlich könnte das überhaupt nicht eintreten –, aber die objektiven und subjektiven Voraussetzungen sind zweifellos vorhanden.«[120]

Da Michail Gorbatschow bis Anfang 1990 stereotyp erklärt hatte, die Lösung der »deutschen Frage« der Geschichte überlassen zu sollen, war es nicht erstaunlich, daß Brzezinskis Prognose über die Zukunft Deutschlands verfehlt war. Er meinte, die Sowjetunion habe bereits den ideologischen und ökonomischen Wettbewerb verloren und sei möglicherweise versucht, die deutsche Karte auszuspielen. Sollte sie dies tun, »um in Deutschland Neutralismus auszulösen und auszunutzen und damit umfangreiche wirtschaftliche Hilfe als auch politischen Nutzen im Westen zu gewinnen, dann würde sie dies in einer Konstellation tun, in der ihre Macht über Osteuropa automatisch verringert wäre. Angesichts der Schwäche der kommunistischen Regime in Osteuropa könnte die wirtschaftliche und politische Schwäche in der Sowjetunion selber und das Entstehen eines quasi neutralen Deutschlands auf der Grundlage eines großen Schachzugs gleichzeitig die Voraussetzungen für eine noch schnellere Auflösung des Sowjetimperiums schaffen und gleichzeitig in der Tschechoslowakei, in Polen und Ungarn den Wunsch nach einem ebensolchen Neutralitätsstatus auslösen. Ohne direkte Kontrolle über Ostdeutschland würde die Herrschaft über die in Gärung befindliche Region noch schwieriger sein. Das bedeutet eine erhebliche Beschränkung der sowjetischen Fähigkeit, die deutsche Frage wesentlich zu nutzen.«[121]

Brzezinski hat nicht nur die Flexibilität Gorbatschows und seines Außenministers Schewardnadse, sondern auch das Bewußtsein der Mehrheit der DDR-Bevölkerung und das politische und diplomatische Geschick der Führungen in Washington und Bonn, weniger in London und Paris, falsch eingeschätzt. Peter Jochen Winters, einer der profundesten Kenner der DDR, gelangte noch in seinem Kommentar anläßlich der einjährigen Wiederkehr der Öffnung der Mauer am 9. November 1989 zu dem Ergebnis, die Tatsache, daß die Frage nach dem Befehlsgeber zur Öffnung der Grenzübergänge in Berlin und zwischen den beiden Staaten in Deutschland noch immer diskutiert werde, sei ein Indiz mehr dafür, »daß der SED-Staat mit seinem so allmächtig scheinenden Staatssicherheitsdienst im vergangenen Herbst wie ein tönerner Koloß in sich zusammengefallen ist. Niemand hatte das erwartet: das Volk, das in der DDR auf die Straße gegangen war, ebensowenig wie die Zehntausende, die das Land seit dem Sommer verlassen hatten. Aber auch die DDR-Forscher, die

Deutschlandpolitiker, die Journalisten waren verblüfft. Daß dieser Koloß DDR innen hohl war, hatte keiner von ihnen für möglich gehalten, geschweige denn gewußt.«[122]

Eduard Schewardnadse leitet das Kapitel »Eine Chronik der deutschen Wiedervereinigung« seines Buches »Die Zukunft gehört der Freiheit« mit der Frage ein, die ihm nach seinem Rücktritt am 20. Dezember 1990 Bundesaußenminister Genscher in seiner Moskauer Wohnung gestellt habe: »Wann sind Sie zu der Schlußfolgerung gelangt, daß Deutschlands Vereinigung unvermeidlich ist?« Der sowjetische Außenminister betont, nun an keinerlei dienstliche und politische Einschränkungen gebunden zu sein. Im Hinblick darauf, daß alle erzielten Vereinbarungen ratifiziert worden seien, habe er »ganz offen und aufrichtig« geantwortet: »Schon 1986. Bereits zu jener Zeit äußerte ich im Gespräch mit einem unserer herausragenden Deutschland-Experten die Vermutung, daß dieses Problem demnächst aufkommen werde ... Unter den Bedingungen einer seit nahezu einem halben Jahrhundert währenden Spaltung eines Volkes sei dies eine nationale Frage. Eine Frage der Einheit einer Nation, die durch die Mauern der Ideologie, der Waffen und des Stahlbetons nicht getrennt sein will.«[123]

Mit dieser Feststellung darf der frühere sowjetische Außenminister in Anspruch nehmen, die »Zeichen der Zeit« sehr viel früher als der Kreml-Chef und die Öffentlichkeit in West und Ost unter Einschluß aller Sowjetologen erkannt zu haben. Der mit der Öffnung der Mauer am Abend des 9. November 1989 eingeleitete und inzwischen vollzogene Zusammenbruch des »Systems« offenbart, wie sehr man den politischen und ökonomischen Zustand der DDR sowie die Stimmung und den Grad des Freiheitsbewußtseins der Bürger falsch eingeschätzt hatte.

Die Borniertheit und Unfähigkeit der SED-Führung, auf das politische Desaster angemessen zu reagieren, veranlaßten die Bevölkerung, nicht auf eine Erneuerung der DDR innerhalb des »sozialistischen« Systems, sondern auf die staatliche Vereinigung mit der Bundesrepublik zu dringen. Die These einiger Literaten und Publizisten in beiden Staaten, es existiere in der DDR eine spezifische »sozialistische Identität«, die in das vereinte Deutschland hinübergerettet werden müsse, wurde spätestens mit den abendlichen Montagsdemonstrationen seit dem 27. November 1989 von der DDR-Bevölkerung ad absurdum geführt[124].

Jene Kräfte in der DDR, die bis zum Frühjahr 1990 gehofft hatten, ihr Staat werde »entgegen den Wünschen manches Bonner Politikers nicht von der Landkarte verschwinden und sie [die DDR] sollte eine sozialistisch inspirierte Alternative zur Konsumgesellschaft in der Bundesrepublik bilden«[125], standen auf verlorenem Posten. Westliche Analytiker haben zutreffend darauf hingewiesen, daß im Gegensatz zu anderen Staaten des Warschauer Paktes bei vielen DDR-Oppositionellen »die antikapitalistische, linke Orientierung so stark« sei, »daß man sich manchmal wundert, warum die SED diese so hartnäckig bekämpft hat«[126].

Spätestens mit dem Moskauer Verzicht auf die berüchtigte »Breschnew-Doktrin«, der klaren Distanzierung von dem militärischen Übergriff auf die Tschechoslowakei im August 1968 und dem Hinweis, daß das Prinzip der Selbstbestimmung auch im Rahmen der engeren »sozialistischen Gemeinschaft« gilt, waren den Revolutions- und Evolutionsprozessen und damit der weiteren Erosion im Bereich des Warschauer Pakts keine Grenzen gesetzt[127]. Doch bleibt festzuhalten, daß dieser Kurs »ursprünglich keineswegs zum außenpolitischen und ideologischen Rüstzeug des Generalsekretärs gehört hatte. Zeugten Gorbatschows Äußerungen lange vom Willen, den von seinen Vorgängern geerbten osteuropäischen Vorhof möglichst intakt zu halten, so scheint er nun angesichts der gewaltigen internen Schwierigkeiten im eigenen Land eingesehen zu haben, daß er dem Selbständigkeitsstreben vor den sowjetischen Westgrenzen nicht wehren und bestenfalls ein neues, gelockertes sicherheitspolitisches Arrangement an die Stelle bisher geforderter Vasallentreue setzen kann.«[128]

Gorbatschows »Umdenken« in der »Block«-Politik begann sich zwar im Verlauf des Jahres 1987 abzuzeichnen, erhielt aber erst später klarere Konturen und veranlaßte die Führungen einiger »Bruderländer«, über »eigene Wege« nachzudenken oder diese zu forcieren. In jenen Ländern – wie der DDR, der Tschechoslowakei, Bulgarien und Rumänien –, deren Führungen sich zu dieser Einsicht als unfähig erwiesen, haben die Völker selbst entscheidend zu den personellen Wechseln an der Staatsspitze beigetragen. Es ist daher verständlich, daß westliche Analytiker bis in das Jahr 1989 vorsichtig argumentiert und immer wieder die Frage nach den Grenzen der innen- und außenpolitischen Spielräume der Allianzpartner Moskaus in Europa gestellt haben[129].

Nachdem Gorbatschow mit seiner Rede vom 10. April 1987 in Prag den ersten wesentlichen Schritt vollzogen hatte, den Vormachtanspruch der UdSSR und der KPdSU abzubauen, entschloß er sich 1988, das »Prinzip der freien Wahl« vorbehaltlos auch in der engeren »sozialistischen Gemeinschaft« anzuerkennen. Um die Glaubwürdigkeit seiner Argumentation zu erhöhen, wählte er auch noch das Forum der Vereinten Nationen, um – wie bereits dargelegt – am 7. Dezember 1988 zu verkünden: »Die Freiheit der Wahl ist ein allgemeingültiges Prinzip, das keine Ausnahmen kennen soll.«[130]

Da dem Prinzip der freien Wahl die berüchtigte sowjetische Interventionsdoktrin diametral widersprach, war es nur logisch und konsequent, daß sich die sowjetische Führung in einem langwierigen Prozeß von der »Breschnew-Doktrin« lossagte, der im Frühjahr 1989 abgeschlossen wurde. Vornehmlich ist es das Verdienst der ungarischen Führung, den Kreml zu einer klaren Aussage gedrängt zu haben. Die entscheidende Wende deutete sich in der sowjetischen Haltung beim Besuch des ungarischen Parteichefs Karoly Grosz im März 1989 in Moskau an.

Auf seiner Tagung am 7. und 8. Juli 1989 in Bukarest hat dann der Politische Beratende Ausschuß des Warschauer Paktes die Abkehr von der »Breschnew-Doktrin« endgültig gemeinsam vollzogen[131], nachdem Gorbatschow am 6. Juli in seiner Rede vor der Parlamentarischen Versammlung des Europarates erklärt hatte: »Jede Einmischung in die inneren Angelegenheiten und alle Versuche, die Souveränität der Staaten – sowohl befreundeter als auch verbündeter, als auch irgendwelcher anderen – sind unzulässig.«[132]

In dem Kommuniqué der Bukarester Tagung stellten die Warschauer-Pakt-Mitglieder fest, sie gingen davon aus, »daß es keinerlei universelle Sozialismus-Modelle gibt und niemand das Monopol auf die Wahrheit besitzt«. Ebenso unterstrichen sie die Notwendigkeit, »die Beziehungen zwischen ihnen auf der Grundlage der Gleichheit, Unabhängigkeit und des Rechtes eines jeden, selbständig seine eigene politische Linie, Strategie und Taktik ohne Einmischung von außen aufzuarbeiten, zu entwickeln«[133].

Das *Neue Deutschland* schrieb dazu in seinem Kommentar vom 11. Juli unter Berufung auf das Kommuniqué, der sozialistische Aufbau werde als schöpferischer Prozeß gekennzeichnet, »der auf allgemeinen Prinzipien und Gesetzmäßigkeiten sowie Erfahrungen der Menschheit beruht«[134]. Damit wurde »die Aussage des Kommuniqués glatt in das Gegenteil verkehrt«[135].

Daß die DDR-Führung nicht gewillt war, die von Gorbatschow verkündeten neuen Positionen der sowjetischen Außen- und »Block«-Politik zu akzeptieren, bewies sie wenige Wochen später. Am 1. August 1989 hatte der Kreml-Chef vor dem Obersten Sowjet der UdSSR über die Ergebnisse seiner Besuche in Großbritannien, der Bundesrepublik Deutschland und in Frankreich sowie über die Warschauer-Pakt-Tagung in Bukarest berichtet und festgestellt, heute sei »bereits allen klar, daß es keine universellen sozialistischen Modelle gibt und keiner das Monopol auf die Wahrheit besitzt. Jedes Volk entscheidet selbst über das Schicksal seines Landes, wählt selbst ein System und eine Ordnung. Und niemand darf sich, unter welchem Vorwand auch immer, von außen einmischen, seine Vorstellungen von der Politik einem anderen Land aufzwingen.«[136]

Die DDR-Nachrichtenagentur ADN gab die Rede des Kreml-Chefs durch Auslassungen und verschärfende Wortwahl entstellt wieder, suchte den vornehmlich positiven Eindruck seiner Reise nach Westeuropa zu verfälschen und verschwieg die nochmalige klare Absage Gorbatschows an die »Breschnew-Doktrin«[137]. Das Komitee der Außenminister der Staaten des Warschauer Paktes bestätigte dann bei seinem Treffen am 26./27. Oktober 1989 in Warschau den »Bruderländern« die volle Entscheidungsfreiheit über die inneren Angelegenheiten[138].

Die überalterte SED-Führung war – um es noch einmal zu wiederholen – nicht bereit, auf die sich ab 1987 abzeichnende einschneidende Revision außen- und »block«politischer Dogmen und auf Gorbatschows Versuch, das politische System der Sowjetunion zu »demokratisieren«, angemessen zu reagieren. Ost-Berlin wollte nicht erkennen, daß die UdSSR vorbehaltlos auf ihre Führungs- und Vorbildrolle und ihre Funktion als Schutz- und Ordnungsmacht verzichtet hatte. Für die unter unterschiedlichen Bedingungen verlaufenden Demokratisierungsprozesse in Ungarn und Polen fehlte der Führung der DDR gleichfalls jegliches Verständnis. Da sie den wachsenden Protesten und steigenden Zahlen der Ausreisewilligen in den letzten Jahren nicht mit einer Politik der Liberalisierung zu begegnen suchte und Resignation und Perspektivlosigkeit der Bevölkerung zunahmen, durfte sie sich nicht wundern, daß der Massenexodus begann, als sich die Möglichkeit abzeichnete, über die früheren »Bruderstaaten« Ungarn, Polen und die Tschechoslowakei sowie die Ständige Vertretung Bonns in Ost-Berlin das Land zu verlassen.

Die SED-Führung wußte auch keine Konsequenzen aus der Tatsache zu ziehen, daß die Bevölkerung über Gorbatschows »Perestroika«- und »Glasnost«-Politik durch die eigenen Medien ebenso informiert war wie über die innere »Umgestaltung« Ungarns und Polens. Soweit die Berichterstattung unzureichend oder lückenhaft ausfiel, bildeten die westdeutschen Fernseh- und Rundfunk-Programme eine wichtige Ergänzung.

Für die DDR-Führung waren die Demonstrationen in Ost-Berlin zu Pfingsten 1987 erste Warnzeichen[139]. Jeden Instinkt ließ das SED-Regime dann vermissen, als es den Staatssicherheitsdienst und die Staatsanwaltschaft anwies, am 25. November 1987 die Räume der evangelischen Zionsgemeinde im Ost-Berliner Bezirk Prenzlauer Berg zu durchsuchen, mehrere Mitglieder eines kirchlichen Friedens- und Umweltkreises festzunehmen und Material und Vervielfältigungsgeräte zu beschlagnahmen. Dank der insistierenden Haltung der Ost-Berliner Kirchenleitung waren am 28. November alle Inhaftierten wieder auf freiem Fuß. Bezeichnenderweise bedauerte Konsistorialpräsident Manfred Stolpe einige lautstarke Proteste aus der Bundesrepublik, bei denen »unbedacht mit der Elle des Westens gemessen« und die insgesamt positive Entwicklung der letzten Jahre übersehen werde[140].

Bei der Gegendemonstration am Rande der »machtvollen Kampfdemonstration« der SED zur Erinnerung an Karl Liebknecht und Rosa Luxemburg am 17. Januar 1988 in Ost-Berlin, die beachtliches Aufsehen weit über die Grenzen der DDR hinaus erregte, wurden mehr als hundert Angehörige unabhängiger Friedens- und Menschenrechtsgruppen – unter ihnen der Liedermacher Stephan Krawczyk – festgenommen und die Berichterstattung westlicher Korrespondenten behindert. Den Gegendemonstranten wurde der Vorwurf

»landesverräterischer Beziehungen zu geheimdienstlich gesteuerten Kreisen in Westberlin« gemacht. Der »in seiner Infamie für polizeistaatliches Denken charakteristische Vorwurf« löste allerdings »eine im Staat der SED bis dahin nicht gekannte Lawine der Solidarität aus, die namentlich in den Kirchen der DDR losbrach, in Fürbittgottesdiensten mit bis zu 2500 Teilnehmern, die aber ihr Echo auch diesseits von Mauer und Stacheldraht fand. Damit erhielt das Vorgehen gegen die Gegendemonstranten eine politische Dimension, die niemand vorausgesehen hatte – am wenigsten die SED. Ohne die Berichterstattung in westlichen Medien wäre es dazu freilich nicht gekommen.«[141]

Am 13. Februar 1988 gingen Volkspolizisten und zivile Sicherheitskräfte gegen eine Gruppe von DDR-Bürgern vor, die nach dem traditionellen Gedenkgottesdienst in der Dresdener Kreuzkirche am Abend für Menschenrechte sowie Meinungs- und Bewegungsfreiheit demonstriert hatten[142]. Diese sich in der Folgezeit wiederholenden Einschüchterungsversuche machten »die Ohnmacht eines Staates deutlich, der sich dem gewachsenen Selbstbewußtsein vieler seiner Bürger offensichtlich nur mit Gewalt erwehren zu können glaubt. Die hohe Zahl der Ausreiseanträge und insbesondere die zunehmende Bereitschaft, das Recht zum Verlassen der DDR öffentlich einzufordern, scheinen die Verantwortlichen in der DDR so zu irritieren, daß sie durch unverhältnismäßige Reaktionen auch den im Grunde außen- wie innenpolitisch erwünschten Burgfrieden mit der evangelischen Kirche aufs Spiel setzen.«[143]

Am 18. November 1988 hatte das SED-Regime keine Skrupel, die Verbreitung der sowjetischen Zeitschrift *Sputnik* zu verbieten, da ihm einige Beiträge mißfallen hatten. Und am 19. Januar 1989 ließ sich Staats- und Parteichef Honecker zu der zynischen Behauptung hinreißen, die Mauer werde »ungeachtet des ›kraftvollen Auftretens‹ von Herrn Genscher und Herrn Shultz so lange bleiben, wie die Bedingungen nicht geändert werden, die zu ihrer Errichtung geführt haben. Sie wird in fünfzig und auch in hundert Jahren noch bestehen bleiben, wenn die dazu vorhandenen Gründe noch nicht beseitigt sind.«[144]

Bei den Kommunalwahlen am 17. Mai 1989 ließ sich die Führung massive Wahlfälschungen zuschulden kommen, die von Basisgruppen angeprangert wurden. Auch hätte es ihr zu denken geben müssen, daß der Wahlmodus, der – wie gewohnt – keine politischen oder personellen Alternativen erlaubte[145], weniger demokratisch und frei war als der, der bei den Wahlen zum »Volkskongreß« in der Sowjetunion im Frühjahr angewandt worden war. Auch wenn die Wahlen in der UdSSR aufgrund von Manipulationen nicht gänzlich frei waren und noch nicht herkömmlichen demokratischen Grundsätzen entsprachen, handelte es sich bei ihnen »trotz dieser Beschränkungen um die erste einigermaßen freie Wahlentscheidung seit den Wahlen zur Konstituante, der Verfassunggebenden Nationalversammlung, nach der Oktober-Revolution im Jahre 1917«[146].

Daß die SED-Führung die »Zeichen der Zeit« nicht erkennen wollte, offenbarte sie auch auf außenpolitischem Gebiet. So beschloß die DDR-Volkskammer auf ihrer 9. Tagung am 8. Juni 1989 eine Erklärung »zu den aktuellen Ereignissen in der Volksrepublik China«, in der es unter anderem hieß, die Volkskammer wende sich »gegen jegliche ausländische Einmischung«[147]. In dem Bericht des Politbüros an die 8. Tagung des Zentralkomitees der SED sagte Joachim Herrmann am 22. Juni 1989: »Was die jüngsten Ereignisse in der Volksrepublik China betrifft, so hat die DDR zur objektiven Information und zur Zurückweisung westlicher Horrormeldungen alle entsprechenden Verlautbarungen und Erklärungen der Partei- und Staatsführung der Volksrepublik China veröffentlicht. Die friedlichen Demonstrationen der Studenten in Peking sollten zu einem konterrevolutionären Umsturz der Volksmacht in China ausgenutzt werden. Die Volkskammer der DDR unterstrich in einer von der Fraktion der SED eingebrachten Erklärung, daß die von der chinesischen Partei- und Staatsführung beharrlich angestrebte politische Lösung innerer Probleme infolge der gewaltsamen, blutigen Ausschreitungen verfassungsfeindlicher Elemente verhindert wurde und sich deshalb die Volksmacht gezwungen sah, Ordnung und Sicherheit unter Einsatz bewaffneter Kräfte wiederherzustellen. Die Volkskammer betonte, daß sie die Vorgänge in Peking ausschließlich als innere Angelegenheiten der Volksrepublik China betrachtet und sich gegen jegliche ausländische Einmischung wendet.«[148]

Ein Jahr später, am 7. Juni 1990, gab die Volkskammer der DDR eine Erklärung zu den Ereignissen 1989 in China ab, in der sie die

Volkskammer-Erklärung vom 8. Juni 1989, in der der Militäreinsatz auf dem Platz des Himmlischen Friedens gerechtfertigt worden war, korrigierte: »Die erste frei gewählte Volkskammer der DDR bedauert jene Erklärung. Die Mitglieder der Volkskammer gedenken in tiefer Trauer der Opfer. Im Bewußtsein, daß das mutige Eintreten der Pekinger Demonstranten auch der jungen Demokratie-Bewegung in der DDR wesentliche Impulse verliehen hat, und in Kenntnis dessen, daß sie noch im Oktober 1989 in Gefahr war, ein ähnliches Schicksal zu erleiden, geben die Mitglieder der Volkskammer ihrer Hoffnung Ausdruck, daß auch in China eine demokratische Entwicklung möglich wird.«[149]

So war es auch kein Zufall, daß die DDR unter der Ägide Erich Honeckers im August 1989 als einziger Signatarstaat des Warschauer Paktes den Einmarsch von Truppen der fünf »Bruderländer« in die Tschechoslowakei am 21. August 1968 verteidigt hat[150]. Nach der politischen Wende sah sich die Volkskammer veranlaßt, auch diesen Fehltritt zu korrigieren. So erklärte sie am 1. Dezember 1989, »daß sie die Beteiligung der DDR an militärischen Aktionen von Staaten des Warschauer Vertrages im Zusammenhang mit innenpolitischen Auseinandersetzungen in der ČSSR im August des Jahres 1968 aufrichtig bedauert und im Namen des Volkes der DDR bei den Völkern der ČSSR um Entschuldigung bittet«[151]. Bereits bei ihrer ersten Zusammenkunft verurteilte die neue Regierung der ČSSR unter Ministerpräsident Ladislav Adamec Anfang Dezember 1989 die Militäraktion der fünf »Bruderländer«[152].

Nach den Beschlüssen von Bukarest und Warschau mit dem endgültigen Verzicht auf die »Breschnew-Doktrin« und dem Bekenntnis zum Primat des Völkerrechts war es nur folgerichtig, daß führende Repräsentanten Bulgariens, der DDR, Ungarns, Polens und der UdSSR anläßlich ihres Treffens am 4. Dezember 1989 in Moskau in einer gemeinsamen Erklärung »den Einmarsch von Truppen ihrer Staaten in die ČSSR 1968 als Einmischung in die inneren Angelegenheiten der souveränen Tschechoslowakei charakterisiert und verurteilt« haben: »Diese unrechtmäßigen Handlungen haben den Prozeß der demokratischen Erneuerung in der ČSSR unterbrochen und hatten lang anhaltende negative Folgen. Die Geschichte hat bestätigt, wie wichtig es ist, selbst in der kompliziertesten internationalen Lage politische Mittel zur Regelung jeglicher Probleme zu verwenden sowie die Prinzipien der Souveränität, der Unabhängigkeit und Nichteinmischung in die inneren Angelegenheiten in den Beziehungen zwischen Staaten strikt einzuhalten, wie es den Statuten des Warschauer Vertrages entspricht.«[153]

Den entscheidenden Faktor, »der zur akuten Krise und zum Zusammenbruch des Honecker-Systems führte, bildeten jedoch der enorme Ausreisedruck und die hilflose, wirklichkeitsfremde Reaktion der Führung darauf, die die politischen Spannungen in bis dahin unbekannter Weise anheizte. Durch den Abbau der Sperranlagen an der österreichisch-ungarischen Grenze geriet die gesamte nach dem Mauerbau geschaffene Statik des politischen und wirtschaftlichen Systems in der DDR ins Wanken, weil das Legitimationsdefizit der Mächtigen in seiner ganzen Dramatik deutlich wurde. Statt diesen Druck dadurch abzubauen, daß man den Menschen Hoffnungen auf Veränderungen machte, goß die Führung weiter Öl ins Feuer, indem sie demonstrativ jegliche Reformbereitschaft verneinte . . .«[154]

Zu dem Massenexodus kamen im Herbst 1989 auf den Straßen der DDR ständig zunehmende Demonstrationen derjenigen, die den »zweiten Staat in Deutschland« nicht verlassen wollten. Zutreffend bemerkt Peter Jochen Winters, ihrer selbst und ihrer bisherigen Gefolgschaft nicht sicher, ohne Rückendeckung durch die Sowjetunion, verlassen auch von den bisherigen Verbündeten, seien schließlich jene von der politischen Bühne abgetreten, die vier Jahrzehnte das Volk unterdrückt, kujoniert und um die Früchte seiner Arbeit gebracht hatten: »Das Volk – zum ersten Mal ohne Angst – nahm sich seine Rechte und seine Freiheit und erzwang die Öffnung der Mauer, strömte zu Zehntausenden ins Freie und erreichte in jener Nacht vom 9. auf den 10. November 1989 das, was die Politiker aller Couleur zumindest in diesem Jahrtausend nicht mehr für möglich gehalten hatten: die Einheit Berlins und die Einheit Deutschlands.«[155]

Westliche Beobachter haben zutreffend darauf hingewiesen, daß das Volk der DDR ohne Führer gesiegt und die friedliche Revolution die bundesdeutschen Parteien konzeptionell so unvorbereitet getroffen habe, »daß sie nicht hilfreich, sondern hilflos den Ereignissen beiwohnten«[156]. Wer allerdings im Spätherbst 1989 glaubte, die DDR-Bevölkerung beharre selbstbewußt auf einem eigenen Weg und wehre sich instinktiv gegen eine »nachträgliche Vereinnahmung«[157], da eine Revolution ohne westliche Hilfe stattgefunden habe, wurde spätestens mit dem 27. November 1989 eines Besseren belehrt, als in Leipzig 200 000 Menschen erstmals in Sprechchören nach »Deutschland einig Vaterland« verlangten und die Parole »Wir sind das Volk« durch »Wir sind *ein* Volk« ersetzten.

Politik und Wissenschaft wird noch lange die zentrale Frage beschäftigen, warum die bundesdeutsche Öffentlichkeit von der friedlichen Revolution in der DDR und den durch sie ausgelösten totalen Zusammenbruch des Staates und den schnellen Einigungsprozeß so überrascht worden ist. Dabei sind zwei Fragenkomplexe voneinander zu trennen. Zunächst ist zu prüfen, wie es die offizielle Deutschland-Politik seit 1949 mit der Problematik der Wiederherstellung der staatlichen Einheit Deutschlands gehalten hat. Der zweite Themenbereich gilt der Frage, ob und inwieweit Politik, Wissenschaft und Medien die innere Situation der DDR falsch eingeschätzt haben.

2.
Die Entwicklung der »deutschen Frage« von 1945 bis 1949

Die Frage, wie es die seit 1949 amtierenden Bundesregierungen mit der Wiederherstellung der staatlichen Einheit Deutschlands gehalten haben, läßt sich nur beantworten, wenn man zumindest kurz die Ursachen der Spaltung des Landes in Erinnerung ruft. Dies ist auch deshalb angebracht, weil Gorbatschows »Glasnost«-Politik zusehends der eigenen Zeitgeschichtsforschung und Publizistik erlaubt, vom herkömmlichen und einseitigen Geschichtsbild Abschied und die Stalin-Ära kritisch ins Visier zu nehmen. Zahlreiche westliche Forscher, vor allem in den USA und Deutschland, sollten selbstkritisch genug sein, ihre Prämissen insoweit zu überprüfen, als sie die Schuld an der Entstehung des Ost-West-Konflikts und am 1947 beginnenden Kalten Krieg in stärkerem Maße den außenpolitischen Zielsetzungen Washingtons als denen Moskaus zugeschrieben haben.

Man macht es sich zu einfach, wenn man den Verlust der nationalstaatlichen Existenz des deutschen Volkes allein auf die abenteuerliche Politik Hitlers reduziert. Zweifellos hat Hitler mit der im Jahre 1939 geschaffenen »imperialistischen Partnerschaft« mit der UdSSR oder, um mit Karl Dietrich Bracher zu sprechen, mit dem »Interessenbündnis zweier Todfeinde«[1] den »Deich geöffnet, um dann im Juni 1941 durch den Angriff auf die Sowjetunion jenes widernatürliche Bündnis zustande zu bringen, das die Rote Armee bis an Werra und Weser geführt hat. Hier, d. h. in der sowjetischen Expansion tief nach Mitteleuropa hinein, liegt im realen Wirkungszusammenhang das für den Vollzug der Teilung entscheidende Moment.«[2]

68

Deutschlandpolitische Beschlüsse in Jalta und Potsdam

Zweifellos haben die drei Hauptsiegermächte des Zweiten Weltkriegs, die USA, Großbritannien und die UdSSR – die »Anti-Hitler-Koalition« –, in den Jahren 1943 bis Anfang 1945 zahlreiche Pläne für die Auflösung des einheitlichen deutschen Staatsverbands diskutiert. Zuletzt haben die »Großen Drei« – Präsident Franklin D. Roosevelt, Premierminister Winston S. Churchill und Marschall Josef Stalin – auf ihrer Konferenz in Jalta im Februar 1945 die Möglichkeit erwogen, Deutschland zu »zerstückeln« (»Dismemberment«-Konzept). Die immer wieder neu entbrannte Diskussion über die Ergebnisse der Konferenz von Jalta mit der Behauptung, die Staatsmänner der USA und der UdSSR hätten dort die Teilung des Kontinents verabredet und die Schaffung von Interessensphären vereinbart, beruht auf einer Fehlinterpretation der Jalta-Dokumente. Die Legende, die Konferenz habe mit der Anerkennung von Einflußsphären in Europa geendet, wurde vor allem in Frankreich sorgfältig gehegt. So wurde »Jalta oder die Teilung der Welt« nicht nur zum Titel des 1964 in Paris erschienenen, von Arthur Conte verfaßten Bestsellers, ohne daß der Nachweis für diese These erbracht wird, sondern auch – wie Alfred Grosser in seinem Buch »Das Bündnis« zutreffend bemerkt – »zum dauerhaftesten, weitestverbreiteten, tiefstverankerten Mythos des politischen Lebens in Frankreich. Was tut es schon, daß kein Dokument eine solche Interpretation rechtfertigt: Jalta bleibt in Frankreich stets das Symbol für ein von den beiden Supermächten beherrschtes Weltsystem.«[3]

Die Auffassung, die Konferenz von Jalta habe Europa in zwei Einflußsphären geteilt, hat vor allem Charles de Gaulle verbreitet. Daß diese Vorstellung den Tatsachen diametral widerspricht, hat Jean Laloy, ehemaliger Chefdolmetscher, hoher französischer Diplomat und anerkannter Zeithistoriker, in seiner 1988 in Frankreich, 1990 in deutscher Übersetzung erschienenen und wissenschaftlich mustergültigen Studie »Wie Stalin Europa spaltete – Die Wahrheit über Jalta«[4] nachgewiesen. Ein »in Frankreich wegen zahlloser nationalistischer Ressentiments gehegtes politisch-ideologisches Äquidistanzdenken gegenüber Washington und Moskau verhärtete den Irrglauben zu einem zeitweise geradezu einseitig antiamerikanisch ausgerichteten Dogma«[5]. Laloys Befund ist für die Franzosen bitter, die zuvor gemeint hatten, die europäischen Interessen wären besser gewahrt worden, wenn man General de Gaulle nach Jalta eingeladen hätte. Auch diese Legende hat er zerstört[6].

Charles de Gaulle, der damalige Chef der französischen provisorischen Regierung, hat der britischen Führung auch nie gedankt, daß Frankreich in Jalta – vornehmlich auf Betreiben Churchills und Edens – eine auf dem Gebiet der amerikanischen und britischen Besatzungszonen zu bildende eigene Besatzungszone in Deutschland zugesprochen erhielt und eingeladen wurde, Mitglied des künftigen Alliierten Kontrollrates für Deutschland zu werden. Außerdem sah man in Jalta die Aufnahme Frankreichs als eines der fünf Ständigen Mitglieder des Sicherheitsrats der Vereinten Nationen vor. Laloy zeigt auf, daß »diese Ergebnisse bedeutsamer waren als all das, was Frankreich mit einer direkten Teilnahme auf einem Klappsitz an der Konferenz der drei Großen hätte erreichen können«[7].

Doch ebensowenig wie in Jalta die Welt oder Deutschland geteilt wurden, geschah dies hinsichtlich Deutschlands in jenen Abmachungen der drei Hauptalliierten, in denen sie den Nachkriegsstatus des Landes festgelegt haben. Die mit dieser Aufgabe 1943 betraute Europäische Beratende Kommission – die European Advisory Commission – hat die entscheidenden Festlegungen über Deutschland bereits in ihren Abmachungen vom 12. September und 14. November 1944 getroffen und – unter Hinzuziehung Frankreichs – am 5. Juni 1945, nach der militärischen Kapitulation der deutschen Wehrmacht, wiederholt. Aufgrund dieser Übereinkünfte wurde Deutschland nicht in verschiedene Staaten oder sonstige politische Einheiten geteilt, sondern zum Zweck der Besetzung und Kontrolle zunächst in drei und später unter Einschluß Frankreichs in vier Besatzungszonen eingeteilt. Die oberste Gewalt in den entsprechenden Zonen übten die vier Zonen-Befehlshaber je einzeln und in den »Deutschland als Ganzes« betreffenden Fragen gemeinsam aus. Die vier Oberbefehlshaber bildeten, als einheitliches Organ handelnd, das oberste Kontrollorgan, den Kontrollrat. Eine wichtige Ausnahme machte man bezüglich Berlins: Ganz Berlin, das in vier Sektoren eingeteilt wurde,

wurde der gemeinsamen Besatzungshoheit der Vier Mächte unterstellt.

Als besonders folgenschwer sollte sich die Vorschrift erweisen, daß der Kontrollrat nur einstimmig entscheiden konnte. Durch die Verankerung des Vetorechts war für jede der vier Besatzungsmächte sichergestellt, daß sie ihr nicht genehme Vorschläge und Maßnahmen, die für »Deutschland als Ganzes« gedacht waren, nicht hinzunehmen brauchte. Da jeder Zonen-Befehlshaber über die unumschränkte Macht in seiner Besatzungszone verfügte, konnte er seine Politik nach Vorstellungen entwickeln, die nicht mit denen der drei übrigen im Kontrollrat vertretenen Mächte übereinstimmen mußten. Die politische Entwicklung ab Mitte 1945 sollte schnell zeigen, wie sehr gerade die UdSSR nach eigenem Ermessen und ohne Rücksicht auf die anderen drei Besatzungsmächte in ihrer Zone agierte.

Nachdem Stalin im Frühjahr 1945 einen jähen Gesinnungswandel vollzogen und alle zuvor erörterten Pläne, Deutschland zu zerstükkeln, in dem Augenblick kompromißlos verworfen hatte, da die militärische Situation die Realisierung des »Dismemberment«-Konzepts möglich machte, konnte es nicht überraschen, daß auf der letzten Konferenz der »Großen Drei« im Juli/August 1945 in Potsdam die Frage der Zerstückelung Deutschlands nicht mehr diskutiert worden ist. Die Potsdamer Beschlüsse, die sich auf das zuvor festgelegte Kontrollsystem für Deutschland bezogen und vornehmlich Grundsätze für die künftige innere Gestaltung Deutschlands enthielten, waren vor allem in zweifacher Hinsicht von zentraler Bedeutung: Dort beschlossen Stalin, Präsident Harry S. Truman, der Nachfolger Roosevelts, und Premierminister Clement Attlee, der während der Konferenz nach den zwischenzeitlich durchgeführten Unterhaus-Wahlen in Großbritannien Churchill abgelöst hatte, daß »bis auf weiteres ... keine zentrale deutsche Regierung errichtet werden« wird und daß Deutschland während der Besatzungszeit als »eine wirtschaftliche Einheit« zu betrachten ist[8].

Da die Anti-Hitler-Koalition die baldige Bildung einer gesamtdeutschen Regierung ausgeschlossen hatte, hätte nur der Alliierte Kontrollrat Garant nicht nur der wirtschaftlichen, sondern auch der politischen Einheit Deutschlands sein können. Die von deutscher Seite gehegten Hoffnungen auf die in Potsdam beschlossene und endgültig im Dezember 1947 am Veto Frankreichs gescheiterte Einrichtung »zentraler deutscher Verwaltungsabteilungen« für Finanzen, das Transport- und Verkehrswesen und Außenhandel und Industrie waren von Anfang an trügerisch, da diese Abteilungen »unter Leitung des Kontrollrates« tätig sein sollten. Dem Plan einer Wirtschaftseinheit widersprachen eklatant die in Potsdam gefaßten Beschlüsse über die Reparationsregelungen, nach denen jede Besatzungsmacht aus ihrer Zone die gewünschten Reparationen entnehmen konnte. Die Sowjetunion erreichte außerdem, daß sie 25 Prozent der Demontagen aus den westlichen Besatzungszonen erhielt. Sie »hatte also freie Hand in der Ausbeutung ihrer Zone. Da die beiden Westalliierten relativ behutsam in ihren Reparationsansprüchen vorzugehen beabsichtigten, mußte zwischen der SBZ und den westlichen Zonen ein die gesamte Wirtschaft bestimmendes Reparationsgefälle entstehen und zu einem gravierenden Unterschied im Industrieniveau führen. Kaum daß die wirtschaftliche Einheit Deutschlands beschlossen war, wurde sie durch die ›reparationspolitische Teilung‹ wieder in Frage gestellt.«[9]

Dietrich Geyer, einer der besten Kenner der sowjetischen Außenpolitik, betont, daß für den Kreml die in Potsdam gefundenen Einheitsformeln begreiflicherweise von großem Belang gewesen seien: »Die Einigung auf ein ungeteiltes Restdeutschland kam den Moskauer Interessen offensichtlich mehr entgegen als das noch in Jalta erörterte Konzept einer Aufgliederung des Reiches in mehrere Einzelstaaten . . . Tatsächlich gab es, seit die Einteilung Deutschlands in militärische Besatzungszonen von den Alliierten einvernehmlich beschlossen war, für Moskau keinen Grund, um die sowjetische Position in der eigenen Zone besorgt zu sein. Die Zonenbefehlshaber waren in ihrer Zone nur an Weisungen der eigenen Regierung gebunden, nicht an die einer alliierten Oberbehörde. Der Kontrollrat, der für ganz Deutschland Beschlüsse fassen sollte, konnte dies nur mit einer Stimme tun. Das sowjetische Eintreten für das einheitsstaatliche Konzept war also ohne jedes Risiko. Ihm lag auch kein bloß taktisches Kalkül zugrunde. Eindeutiger als Pläne, die eine Zerstückelung Deutschlands ins Auge faßten, verhieß ein ungeteiltes Deutschland der Sowjetunion eine dauerhafte und womöglich ausbaufähige Mitsprache bei der politischen Gestaltung auch der westlichen Besatzungszonen. Auf die Teilhabe an der Kontrolle ganz Deutschlands kam es an.«[10]

Festzuhalten gilt zunächst, daß die Spaltung Deutschlands nicht auf Vereinbarungen der Alliierten zurückgeht, sondern eine Folge der 1945 einsetzenden politischen Entwicklung ist, die im Laufe des Kalten Krieges zur Spaltung Europas und zu der damit verbundenen Schaffung der beiden Machtblöcke in West und Ost geführt hat und die die zwischen den drei westlichen Besatzungszonen Deutschlands und der sowjetisch besetzten Zone (SBZ) verlaufende Demarkationslinie zur ost-westlichen Grenze in Mitteleuropa werden ließ. So wurde die Spaltung Deutschlands auch zu einer Funktion des Ost-West-Konflikts.

Weichenstellungen in den Jahren 1947/48

Da die Westmächte auf der einen und die Sowjetunion auf der anderen Seite sehr unterschiedliche Vorstellungen über die in Potsdam vereinbarten «Ziele der Besetzung Deutschlands« hatten, sollte sich in der zweiten Hälfte der vierziger Jahre bald herausstellen, daß eine einheitliche Behandlung Deutschlands nicht möglich war. Die Gegensätze zwischen den Vorstellungen der drei Westmächte und der UdSSR zeigten sich nicht nur in der Arbeit des Kontrollrats, sondern auch im Rat der Außenminister, der auf der Potsdamer Konferenz beschlossen worden war und unter anderem eine »friedliche Regelung für Deutschland« vorbereiten sollte.

Wjatscheslaw Daschitschew, Leiter der Abteilung für Außenpolitik des Moskauer Instituts für die Wirtschaft des sozialistischen Weltsystems, der sich in zahlreichen Beiträgen für eine Neueinschätzung der Außenpolitik der Stalin-Ära eingesetzt, 1988 den Abriß der Berliner Mauer gefordert und frühzeitig für die Freilassung der DDR aus dem Ostblock plädiert hat, bemerkt, in den Jahren 1945 bis 1947 hätte die UdSSR die Möglichkeit gehabt, zur Schaffung einer Zone wahrhaft befreundeter Länder entlang ihrer westlichen Grenze beizutragen: »Stalin wählte aber den Weg, der auf die Erweiterung des sowjetischen Einflußbereichs in Europa als Fortsetzung der Politik, die 1939 nach der Unterzeichnung eines Paktes mit Hitler begonnen worden war, setzte. Das führte zu einer jahrelangen Konfrontation zwischen Ost und West, bei der Europa in zwei feindliche Lager zerfiel.«[11]

Mit ihrer Politik der Gleichschaltung, der totalen politischen, ökonomischen und gesellschaftlichen Umstrukturierung und der wirtschaftlichen Ausbeutung der von ihr kontrollierten Länder und auch ihrer Besatzungszone in Deutschland während der beiden ersten Nachkriegsjahre hat die UdSSR vor allem auf amerikanischer Seite Reaktionen provoziert, die 1947 in das Containment-Konzept, die Politik der Eindämmung des expansiven Sowjetkommunismus, mündeten. Ausdruck dieser neuen Europapolitik der USA bildeten die Truman-Doktrin vom 12. März 1947, mit der Griechenland und der Türkei geholfen wurde, sowie das breit und großzügig angelegte Programm der Wirtschaftshilfe für Europa vom 5. Juni 1947, das als Marshall-Plan in die Geschichte eingegangen ist. Nicht das Angebot der USA an alle europäischen Staaten einschließlich der UdSSR, sondern Stalins kompromißlose Ablehnung, die Sowjetunion und die vom ihr in ihren Machtbereich einbezogenen europäischen Staaten am amerikanischen Hilfsprogramm partizipieren zu lassen, implizierte die wirtschaftliche Spaltung Europas[12].

Ende September 1947 trafen sich nach mehrmonatigen Beratungen und unter großer Geheimhaltung führende Repräsentanten wichtiger kommunistischer Parteien Europas im schlesischen Kurort Schreiberhau, um das »Informationsbüro der kommunistischen und Arbeiterparteien« (Kominform) zu errichten. Darin waren neben der KPdSU die kommunistischen Parteien Bulgariens, Polens, Rumäniens, der Tschechoslowakei, Ungarns und Jugoslawiens sowie Italiens und Frankreichs vertreten. Stalin ließ seine neue These vom »Entstehen von zwei Lagern« durch den Sekretär des Zentralkomitees der KPdSU (B) A.A. Schdanow vortragen: »Je größer die Periode ist, die uns vom Kriegsende trennt, desto krasser treten zwei Hauptrichtungen in der internationalen Nachkriegspolitik hervor, die der Teilung der in der Weltarena aktiven politischen Kräfte in zwei Hauptlager entsprechen: das imperialistische und antidemokratische Lager einerseits und das antiimperialistische und demokratische Lager andererseits. Die führende Hauptkraft des imperialistischen Lagers stellen die USA dar ... Die Grundlage des antiimperialistischen und antifaschistischen Lagers bilden die UdSSR und die Länder der neuen Demokratie ...«[13]

Dies sind die Fakten, die es rechtfertigen, das Jahr 1947 als Wendemarke und tiefe Zäsur zu bezeichnen. Das strikte Verbot Stalins, die von der UdSSR kontrollierten Länder Europas am Marshall-Plan partizipieren zu lassen, und die von ihm entwickelte »Zwei-Lager-These« implizierten nicht nur die wirtschaftliche, sondern auch die politische Spaltung Europas mit ihren weitreichenden Auswirkungen auf die »deutsche Frage«. Daher trifft auf das Jahr 1947 viel eher zu, was Hans-Peter Schwarz über das Jahr 1948 bemerkt: es sei »*ein* Schicksalsjahr, das diese Bezeichnung wahrhaft verdient«[14]. Auch wenn das Jahr 1948 wichtige Entscheidungen im Hinblick auf die sich vertiefende Spaltung Deutschlands gebracht hat, begann der Kalte Krieg als besondere Phase im Ost-West-Konflikt im Frühjahr 1947.

Aufgrund der Neubewertung der Außenpolitik Stalins in der zweiten Hälfte der achtziger Jahre durch sowjetische Forscher und Publizisten sollten jene westlichen Zeithistoriker und Politikwissenschaftler, die den USA und nicht der UdSSR die Schuld am Ost-West-Konflikt und Kalten Krieg anlasten, ernsthaft ihre Position überprüfen. Das gilt vor allem für jene Forschungsrichtung, deren Verfechter als »Revisionisten« apostrophiert werden. Als wenig überzeugend und ergiebig sind gleichfalls die Studien einzustufen, deren Autoren meinen, mit ihrem »Perzeptions«-Konzept den Ost-West-Konflikt (und den Kalten Krieg) in den Griff zu bekommen. Nach dieser These ist der Ost-West-Konflikt das Ergebnis wechselseitigen Mißverstehens auf amerikanischer und sowjetischer Seite.

Hauptvertreter dieser Interpretation ist in Deutschland Wilfried Loth, der behauptet, »erst der beiderseitige Mangel an Bereitschaft, neben der Realisierung ihrer spezifischen Interessen auch dem Ziel friedlicher Zusammenarbeit einen hohen Eigenwert beizumessen, führte, durch wechselseitige Fehleinschätzungen der gegnerischen Absichten und Möglichkeiten noch verstärkt, zum Verfall der gemeinsamen ›One-World‹-Politik der Siegermächte ...«[15] Während er für das sowjetische Verhalten zumeist »eine Entlastung, Einschränkung und Entschuldigung zur Hand« hat, geht Loth nicht darauf ein,

»was die Ernüchterung der Amerikaner nach 1945 verursacht haben könnte. Das Ineinander von Enttäuschungen und Mißtrauen zerfällt bei ihm zu einem Nebeneinander, an dessen Anfang schuldhaft die USA stehen.«[16]

Die ausschließliche Fixierung auf das »Perzeptions«-Konzept, die letztlich alles auf Irrtümer oder ein Nichtwahrnehmen der Wirklichkeit hinauslaufen läßt, führt zu Fehlschlüssen, da andere und wichtigere Aspekte, etwa machtpolitischer, ideologischer und militärstrategischer Art, nicht richtig eingeordnet werden[17]. Die weite Verbreitung der im Ansatz verfehlten Studie von Wilfried Loth[18] erklärt sich auch daraus, daß der in den siebziger Jahren, in der »Entspannungsphase«, in bestimmten Kreisen verbreitete Antiamerikanismus bis weit in die achtziger Jahre kultiviert wurde. Nicht von ungefähr hat Karl-Heinz Janßen Loths Studie als eine »emotions- und vorurteilsfreie Analyse« und als »notwendigen Beitrag zur Entspannungspolitik dieser Tage« in der *Zeit* bezeichnet[19]. Loths zentrale These, der entscheidende Anstoß zum Kalten Krieg sei von den Amerikanern und nicht von Stalin ausgegangen, wird nicht einmal mehr im grundlegend »revidierten« sowjetischen Geschichtsbild vertreten.

Spätestens zur Jahreswende 1947/48 waren die drei Westmächte und die UdSSR endgültig zu der Einsicht gelangt, daß ihre Vorstellungen über ein einheitliches Deutschland nicht auf einen Nenner zu bringen waren. Während der abrupte Abbruch der 5. Konferenz des Rats der Außenminister in London am 15. Dezember 1947 das Scheitern der Vier-Mächte-Politik gegenüber Deutschland manifestiert, markiert der 20. März 1948 – an jenem Tag verließ die sowjetische Delegation den Allierten Kontrollrat in Berlin – das Ende der Vier-Mächte-Verwaltung für Deutschland. Stalin wußte das Verhältnis zu den drei Westmächten noch dadurch erheblich zu belasten, daß er am 24. Juni 1948 – am 16. Juni hatte die UdSSR ihre Mitarbeit in der Alliierten Kommandantur der Stadt Berlin eingestellt – die vollständige Blockade der drei Westsektoren Berlins mit dem Ziel anordnete, die drei westlichen Alliierten aus der Stadt zu vertreiben. Stalin hat die entschiedene Haltung der drei Westmächte, vor allem der USA, und den Selbstbehauptungswillen der Berliner Bevölkerung falsch eingeschätzt, so daß er im Mai 1949 die Blockade wieder aufheben mußte[20].

Die Berliner Blockade, als eine »Wasserscheide der Nachkriegszeit«[21] bezeichnet, erwies sich nicht nur als ein »kolossaler Fehlschlag für die Sowjets, was ihr öffentliches Ansehen anging, sondern sie war auch ein Hauptfaktor in der Auslösung einer ganzen Kausalkette, die schließlich zur Bildung der Westlichen Allianz führte«[22]. General Clay hat die Blockade als »das Dümmste« apostrophiert, »was die Russen machen konnten«[23]. Wichtig ist Clays weiterer Hinweis: »Die Luftbrücke und unsere vernichtende Gegenblockade hatten den Effekt, den Franzosen zu zeigen, wo die Hauptbedrohung ihrer Sicherheit lag, und sie auf Dauer dazu zu bringen, sich an der Errichtung einer westdeutschen Regierung zu beteiligen und Schritte zu einer französisch-deutschen Annäherung zu unternehmen.«[24]

Seit dem Frühjahr 1948 stand nicht nur für die vier Besatzungsmächte, sondern auch für die damals in den einzelnen Besatzungszonen maßgeblichen deutschen Politiker fest, daß man aus der Spaltung Deutschlands Konsequenzen ziehen müsse. Obwohl die Sowjetunion bereits vor dem spektakulären Schritt, die Arbeit des Kontrollrats lahmzulegen, entscheidende Vorbereitungen getroffen hatte, auf ihrem Besatzungsgebiet einen Separatstaat zu errichten, vermochte sie damals den Eindruck hervorzurufen, als sei sie nur den Intentionen der drei westlichen Alliierten gefolgt, auf dem Territorium ihrer Besatzungszonen einen westdeutschen Staat zu schaffen.

Die UdSSR überließ die Vorbereitung und Propagierung eines staatlichen Gemeinwesens in ihrer Besatzungszone dem von der SED beherrschten Block »antifaschistisch-demokratischer« Parteien. Diese suchten den Anschein zu erwecken, als entspringe die Gründung der DDR spontanem Volkswillen. Die Ausrufung der DDR am 7. Oktober 1949 erfolgte einen Monat nach der Konstituierung der Bundesrepublik Deutschland. Wenn auch die Schaffung der DDR äußerlich ein »Nachvollzug« war, so war sie ihrem Wesen nach »jedoch eine vorgeplante Etappe in der revolutionären Umgestaltung Deutschlands« oder wenigstens eines Teiles dieses Landes: »Sie war ein Glied in der Entscheidungskette der sowjetischen Deutschland-Politik.«[25]

Während das Grundgesetz für die Bundesrepublik Deutschland vom 23. Mai 1949 von dem auf parlamentarischer Basis zustande gekommenen Parlamentarischen Rat ausgearbeitet, beschlossen und anschließend von den frei und demokratisch gewählten Landtagen der Bundesländer – mit Ausnahme Bayerns[26] – gebilligt wurde, hat die Verfassung der DDR eine völlig andere Entstehungsgeschichte; sie geht auf die Volkskongreß-Bewegung mit ihren drei Volkskongressen zurück[27]. Zwar vermied die sowjetische Besatzungsmacht damals eine formelle Intervention bei der Entstehung der ersten DDR-Verfassung. Doch zeigte sie schon bei der Vorgeschichte des ersten »Volkskongresses für Einheit und gerechten Frieden« sehr deutlich, daß sie ihren Einfluß in viel stärkerem Maße geltend machte und durchsetzte, als dies die drei westlichen Besatzungsmächte bei der Schaffung des Grundgesetzes getan haben.

Die Volkskongreß-Bewegung stützte sich auf die Tätigkeit derjenigen politischen Parteien, die bereits im Sommer 1945 als zentralistische Organisationen von der Sowjetischen Militär-Administration für Deutschland (SMAD) lizenziert worden waren und deren Entwicklung schon lange vor dem Zusammentritt des 1. Volkskongresses durch ständige Einflußnahme der Sowjets gekennzeichnet war[28]. Erinnert sei hier an den Zusammenschluß von SPD und KPD zur SED am 20./21. April 1946[29] und an das erzwungene Ausscheiden der beiden CDU-Vorsitzenden Andreas Hermes und Walther Schreiber aus dem Zentralausschuß der Partei am 19. Dezember 1945, was kein einmaliger Vorgang blieb: Auf den Tag genau wiederholte sich zwei Jahre darauf der Willkürakt an den beiden nachfolgenden CDU-Vorsitzenden Jakob Kaiser und Ernst Lemmer[30].

Bundesdeutsche Zeithistoriker – nicht nur »revisionistischer« Provenienz – spekulieren gern über die deutschlandpolitischen Ziele Stalins in der Nachkriegszeit und übersehen häufig, daß inzwischen von sowjetischer Seite genügend Zeugnisse vorliegen, die belegen, daß es Stalin darum ging, ganz Deutschland zu »volksdemokratisieren«[31]. Eines der wichtigsten Zeugnisse hat zunächst Milovan Djilas überliefert, der Stalin aus einem Gespräch im April 1945 zitiert: »In diesem Krieg liegen die Dinge anders als im vorigen; wer immer ein Territorium besetzt, zwingt ihm auch sein eigenes System auf. Jeder führt sein System ein, so weit seine Armee vordringt . . .«[32]

Eines der wichtigsten Dokumente bilden die Erinnerungen von Sergej Tulpanow, der ab Juni 1945 die Informationsabteilung der SMAD in Berlin geleitet und »Das Problem der Einheit Deutschlands und die Besatzungsmächte« so umschrieben hat: »Die Beziehungen zwischen SMAD und den deutschen Werktätigen der sowjetischen Besatzungszone sowie ganz Deutschlands waren in dem Maße, wie die SMAD über den Alliierten Kontrollrat Einfluß auf sie nahm, wesentlich geprägt von der internationalen Hilfe der Sowjetunion und ihrer Kommunistischen Partei für die deutschen Werktätigen. Vor allem galt diese Hilfe der Arbeiterklasse und ihrer Kommunistischen Partei als konsequentester Verfechterin der Grundinteressen aller werktätigen Schichten ... Klassenmäßig gesehen, waren die Beziehungen zwischen der SMAD und der KPD und später der SED Beziehungen des Bündnisses und der Zusammenarbeit zwischen zwei nationalen Abteilungen der internationalen Arbeiterklasse unter spezifischen historischen Bedingungen.«[33]

Tulpanow verhehlt nicht, daß es Stalin um die Durchsetzung seiner einseitigen Interpretation der Beschlüsse der Potsdamer Konferenz in ganz Deutschland ging: »Historisch betrachtet, drehte sich der Klassenkampf auf dem Territorium Deutschlands um eine zentrale Frage: Welche Klasse, das Proletariat oder die Bourgeoisie, wird im künftigen deutschen Staat die führende Rolle im gesellschaftlichen Leben spielen? Wer wird die Demokratie aufbauen? Welchen sozialen Inhalt wird diese Demokratie haben? Beide Seiten – die Sowjetunion und die imperialistischen Westmächte – faßten den Demokratie-Begriff und die Maßnahmen zur Schaffung dieser Demokratie inhaltlich unterschiedlich auf ... Die Partei der Arbeiterklasse gab den Begriffen Demokratisierung, Entnazifizierung und Entmilitarisierung die positive, konstruktive Bedeutung – Herstellung antifaschistisch-demokratischer Verhältnisse. Die Durchsetzung dieser Demokratie war folglich im Grunde gleichbedeutend mit einem revolutionären antimonopolistischen Umschwung.«[34]

Tulpanow betont außerdem, daß die sowjetischen Vertreter in keinem der Komitees des Alliierten Kontrollrats von »proletarischer oder sozialistischer Demokratie« gesprochen hatten: »Aber sie bestanden auf der konsequenten Anwendung der Beschlüsse von Potsdam.« An dieser einseitigen Interpretation der Abreden der Potsdamer Konferenz vom 2. August 1945, die wenigstens nicht unterstellt, die politischen Führungen der USA und Großbritanniens hätten sich mit Stalins »Demokratie«-Verständnis identifiziert, hat der Kreml bis in die zweite Hälfte der achtziger Jahre konsequent festgehalten.

Michail Voslensky, der damals dem sowjetischen Sekretariat beim Alliierten Kontrollrat angehört hatte, hat Tulpanows Deutung der Deutschland-Politik Stalins nachdrücklich beigepflichtet: »Wir sprachen von ›Demokratie in Deutschland‹ und meinten eine ›Volksdemokratie‹. Der Kontrollrat stand dem Aufbau dieser Art ›Demokratie‹ im Wege und mußte beseitigt werden.«[35]

Da die Westmächte mit großem Mißtrauen die Politik Stalins in den Ländern verfolgten, die er – entgegen den Zusagen auf der Konferenz von Jalta – dem sowjetischen Machtbereich untergeordnet hatte, taktierte Stalin in der »deutschen Frage« vorsichtig. Diesen Eindruck gewinnt man auch, wenn man die Kontroverse über eine gesamtdeutsche Parteien-Gesetzgebung im Alliierten Kontrollrat prüft. Dietrich Staritz hat dazu die einschlägigen Kontrollrats-Akten ausgewertet und nach den sowjetischen Intentionen gefragt. Er spricht vom geringen Erkenntnisgewinn, der über die sowjetische Deutschland-Politik seit 1945 erzielt worden sei. Angesichts dieses harten Vorwurfs hätte man erwartet, daß er zu grundlegend neuen Einsichten gekommen sei. Doch die Durchsicht der Kontrollrats-Dokumente, die auch über die Taktik der sowjetischen Vertreter in der Parteien-Diskussion in diesem Vier-Mächte-Gremium Aufschluß geben sollten, erlaubt nur einen vorsichtigen Schluß. Staritz schreibt, Moskau sei offenkundig daran interessiert gewesen, möglichst allgemeine Regelungen durchzusetzen: Vereinbarungen, die einerseits ihre Kompetenz in der SBZ nicht gefährdeten, es ihr andererseits aber gestatteten, mit Hilfe interalliierter Verabredungen über allgemeine Handlungsanleitungen für alle Besatzungsbehörden Einfluß auf die Entwicklung in den Westzonen zu erlangen[36].

Wie sehr die KPD politische Konsequenzen aus gesamtdeutschen Institutionen fürchtete, die sie öffentlich stets am lautesten verlangt hatte, verdeutlicht vortrefflich die bis dahin unveröffentlichte Passage einer Rede Walter Ulbrichts von Anfang April 1946, als im Kontrollrat eine Einigung über die Schaffung einer deutschen Zentralverwaltung für Industrie noch möglich schien. Auf einer Tagung des erweiterten Bundesvorstandes des Freien Deutschen Gewerkschaftsbundes (FDGB) mahnte er zur Eile bei der Verstaatlichung der großen und mittleren Industriebetriebe: »Das muß schnell gehen, bevor sich eine deutsche Zentralverwaltung in unsere Zone einmischen kann.«[37]

Staritz, der Stalins Politik mit viel Verständnis interpretiert, angesehene Autoren mit einer realistischen Einschätzung der sowjetischen Deutschland-Politik ohne überzeugende Begründungen kritisiert und die Sichtweise Wilfried Loths ausdrücklich lobt, sieht sich wenigstens zu der Feststellung veranlaßt, Stalin hätte »den Nutzen einer gesamtdeutsch angelegten Politik gegen die Risiken abzuwägen« gehabt, »die aus ihr für die Sicherung und Festigung der Macht in der SBZ erwachsen konnten«.

Nach der Öffnung der Mauer wurden im Verlauf des Jahres 1990 bundesdeutschen Forschern auch jene Archive in der ehemaligen DDR zugänglich, die zuvor nicht benutzt werden durften. So kann nun die Geschichte der SBZ und späteren DDR auf einer wesentlich breiteren wissenschaftlichen Basis analysiert werden. Zu den wichtigsten Quellen gehört das Zentrale Parteiarchiv der SED des früheren Instituts für Marxismus-Leninismus beim Zentralkomitee der SED. Dietrich Staritz und Manfred Wilke gebührt das Verdienst, Akten des Zentralen Parteiarchivs bereits ausgewertet zu haben. Eines der aufschlußreichsten Dokumente ist die Niederschrift Wilhelm Piecks über ein Treffen Stalins mit der KPD-Führung am 4. Juni 1945 in Moskau. Darin hat Pieck Stalin so zitiert:

»Perspektive – es wird zwei Deutschlands geben – trotz aller Einheit der Verbündeten
Plan der Zerstückelung Deutschlands bestand bei Englisch-Amerikanischer Teilung in Nord- und Süddeutschland
Rheinland Bayern mit Österreich
Stalin war dagegen
Einheit Deutschlands sichern durch einheitliche KPD – einheitliches ZK, einheitliche Partei der Werktätigen, im Mittelpunkt einheitliche Partei«[38].

Erinnert werden muß daran, daß am 5. Juni 1945 die Alliierten die oberste Regierungsgewalt in Deutschland übernommen hatten. Aus Piecks Notizen geht hervor, daß Stalin schon zu diesem frühen Zeitpunkt »zwei Deutschlands« im Auge gehabt und offensichtlich auf der letzten Konferenz der »Großen Drei« in Potsdam (17. Juli bis 2. August 1945) eine Einigung über Deutschland nicht mehr erwartet hat. Dazu bemerkt Manfred Wilke: »An diesem Punkt begann der Auftrag der KPD. Er war wie die sowjetische Politik doppeldeutig. Er betraf zum einen den Aufbau einer zuverlässigen Verwaltung im sowjetischen ›Okkupationsgebiet‹ und seine Sicherung durch ›antifaschistisch-demokratische‹ Reformen, deren Kern 1945 die ›Bodenreform‹ war. Die Frage einer eigenen Regierung für das ›ganze Okkupationsgebiet‹ wurde schon ins Auge gefaßt, aber noch offengelassen.«[39]

Auf der anderen Seite verraten Piecks Aufzeichnungen, daß Stalin die »Einheit Deutschlands ... durch einheitliche KPD« sichern wollte. Daher kommt auch Staritz zu dem Schluß, jedenfalls bleibe es (nicht nur heuristisch) sinnvoll, davon auszugehen, »daß die Stalinsche Sowjetunion die deutsche Frage möglichst lange formell offenhalten wollte: sowohl um ihre Interessen an Deutschland (wie Wiedergutmachung und Sicherheit) zu unterstreichen und gegebenenfalls zu befriedigen, als auch um die deutsche Frage mit Blick auf die Lagerbildung im Kalten Krieg als Druckmittel nutzen zu können«[40]. Mit dieser Aussage folgt er der »herkömmlichen« Argumentationslinie, für die er vor der Öffnung des Zentralen Parteiarchivs der SED nur Kritik übrig hatte.

Angesichts der unzureichenden Quellenlage vor dem 9. November 1989 konnte die Geschichte der DDR-Gründung am 7. Oktober 1949 nur sehr unzureichend erforscht werden. Die bis dahin vorliegenden Quellen erlaubten es nicht, den Einfluß der sowjetischen Besatzungsmacht genau zu umschreiben, den sie auf die Errichtung der DDR ausgeübt hat. Auch über diese Vorgänge geben die nun zugänglichen Akten des Zentralen Parteiarchivs der SED wichtige Aufschlüsse. Siegfried Suckut, der – ebenso wie Dietrich Staritz – am Arbeitsbereich Geschichte und Politik der DDR an der Universität Mannheim tätig ist, hat erstmals die Protokolle der Beratungen des SED-Parteivorstandes am 4. und 9. Oktober 1949 geprüft und darauf hingewiesen, daß sich die Spitzen der SMAD und der Parteien im unmittelbaren Vorfeld des 7. Oktober 1949 «offenbar nahezu täglich trafen«[41]. Aus diesen Akten ergibt sich eindeutig, »daß die SMAD in engem Kontakt mit der KPdSU-Spitze die Vorbereitungen zur Staatsgründung Anfang Oktober präzise kontrollierte und sich ... aktiv in die Verhandlungen mit den Vorsitzenden der Blockparteien einschaltete. Auch die wechselnden Personalentscheidungen konnten nicht ohne ihre Billigung gefällt werden ... Generell änderte sich der Einfluß der Besatzungsmacht auf das politische Geschehen mit der Umwandlung der SMAD in die SKK[42] nur wenig. Sie blieb oberster Souverän und kontrollierte die Entwicklung der DDR bis in die Landkreise ... Ohne sowjetische Zustimmung waren personalpolitische Veränderungen auf den Leitungsebenen von Verwaltungen und Parteien nicht möglich. Häufig entschieden ihre Vertreter selbst, wer abzusetzen war und wer noch bleiben konnte. Erst recht brauchten politisch-programmatische Grundsatzentscheidungen die vorherige sowjetische Billigung. DDR-Entwicklung blieb Anfang der 50er Jahre weithin Ausdruck sowjetischer Deutschlandpolitik.«[43]

Auch dieser brisante Fund bestätigt jene westlichen Analytiker, die vor der friedlichen Revolution in der DDR nicht der bis dahin praktizierten parteilichen Interpretation der DDR-Geschichte gefolgt waren, nach der die Gründung der DDR spontanem Volkswillen entsprungen sei. Siegfried Suckuts Darlegungen sind auch insofern informativ, als er die in der Schlußphase der DDR erschienenen Studien herangezogen hat, die in manchen Punkten bereits andere Akzente gesetzt und »die Bedeutung spontanen Volksbegehrens«[44] relativiert hatten. Vor dem Herbst 1989 in der Bundesrepublik verfaßte Analysen über die Entstehung und Entwicklung der DDR, die sich zu sehr am alten offiziellen DDR-Bild orientiert haben, müssen nun revidiert werden.

Mit der Konstituierung der Bundesrepublik Deutschland im September und der Ausrufung der DDR am 7. Oktober 1949 verlor die »deutsche Frage« nichts von ihrer internationalen Dimension. Von nun an stand die Deutschland-Frage unter zwei Hauptaspekten, in denen sich internationale und innerdeutsche Probleme eng verflochten: »Deutschlands Wiedereinfügung in die europäische Staatenwelt und der Neubeginn einer bewegungsfähigen deutschen Politik waren verknüpft mit der Spaltung in zwei deutsche Staaten, die aufgrund der äußeren Machtverhältnisse unter völlig verschiedenen Bedingungen und Einflüssen zu existieren und sich zu entwickeln begannen.«[45]

3.
Der Stellenwert der Wiedervereinigung Deutschlands in der offiziellen Deutschland-Politik (1949 bis 1990)

Mit der friedlichen Revolution in der DDR und dem durch sie ausge-lösten Einigungsprozeß ist die Diskussion, warum die Teilung Deutsch-lands vierzig Jahre dauern mußte, in ein neues Stadium getreten. Die zentrale Frage, ob in diesem Zeitraum Chancen versäumt worden sind, die staatliche Einheit Deutschlands wiederherzustellen, läßt sich endgültig erst beantworten, wenn die sowjetischen Archive zugäng-lich gemacht worden sind. Michail Gorbatschows »Glasnost«-Politik hat nur sehr selektiv den Schleier über bestimmte Phasen der sowjeti-schen Deutschland-Politik gelüftet. Zu den zählebigsten Legenden in der bundesdeutschen zeithistorischen Forschung und Publizistik ge-hört die Behauptung, die Sowjetunion sei 1952 bereit gewesen, ein wiedervereinigtes, neutralisiertes Deutschland zuzulassen und die sowjetisch besetzte Zone freizugeben, wenn die drei Westmächte auf die Eingliederung der Bundesrepublik Deutschland in das westliche Verteidigungssystem verzichteten. Einige westliche Beobachter mei-nen, daß auch 1953 eine Chance vertan worden sei, die Wiederher-stellung der staatlichen Einheit Deutschlands in Freiheit zu erreichen. Hier geht es um die Interpretation der sowjetischen Deutschland-Politik bis Mitte Juni 1953.

Zur sowjetischen Deutschland-Politik anläßlich des ostwestlichen Notenwechsels im Frühjahr und Sommer 1952 haben sich 1990 mehrere sowjetische Deutschland-Experten geäußert und Stalins da-malige Absichten und Ziele unterschiedlich interpretiert. Endgültiges läßt sich daher erst nach Öffnung der sowjetischen Archive sagen. Die in den letzten Monaten ausgewerteten Dokumente des Zentralen

Parteiarchivs der SED, die über die Reaktionen der DDR-Führung auf die Initiativen Moskaus 1952 informieren, dürften jene enttäuschen, die seit 1952 immer wieder Konrad Adenauer vorgeworfen haben, er trage ein hohes Maß an Schuld daran, daß die drei Westmächte 1952 Stalins »Offerten« nicht »ausgelotet« hätten.

Bisher hat es der Kreml auch abgelehnt, die Archive zu öffnen, die über die unübersichtliche Phase der sowjetischen Deutschland-Politik zwischen Stalins Tod am 5. März und dem 17. Juni 1953, dem Tag der Volkserhebung in der DDR, Zeugnis ablegen. Die dazu inzwischen vorliegenden neuen Quellen aus DDR-Archiven bestätigen insoweit den bisherigen Meinungsstand, als die »Berija-Fraktion« im Kreml gewillt war, einen deutschlandpolitischen Kurswechsel einzuleiten. Den drei Westmächten und der Bundesregierung den Vorwurf zu machen, sie hätten also auch 1953 eine Chance versäumt, Deutschland staatlich wiederzuvereinigen, war immer verfehlt, da über die sowjetische Politik gegenüber der DDR nach Stalins Tod im Westen nur spekuliert werden konnte.

Im folgenden werden die deutschlandpolitischen und -rechtlichen Grundpositionen skizziert, von denen die Bundesregierungen seit 1949 ausgegangen sind. Auch wenn die Politik von Regierung und Opposition gegenüber der SBZ/DDR auf zwanzig Jahre fixiert wurde, erscheint es angebracht, zwischen vier Phasen zu differenzieren: Die erste erstreckt sich vom Herbst 1949 bis zum Herbst 1966, als Konrad Adenauer und Ludwig Erhard als Bundeskanzler amtierten. Einige neue deutschlandpolitische Akzente setzte die Große Koalition unter Bundeskanzler Kurt Georg Kiesinger und Vizekanzler Willy Brandt von Ende 1966 bis Herbst 1969.

Eine Zäsur bildet der Antritt der SPD/FDP-Bundesregierung im Herbst 1969, da sie erstmals der DDR die Staatsqualität attestierte und die Wiedervereinigung Deutschlands nicht mehr ausdrücklich als Ziel ihrer Politik formulierte.

Die seit Herbst 1982 amtierende, durch die Wahlen zum Bundestag 1983 und 1987 bestätigte, von CDU/CSU und FDP getragene Bundesregierung unter Bundeskanzler Helmut Kohl hat von Anfang an bewußt die innerdeutsche Vertragspolitik ihrer Vorgängerinnen fortgeführt. Die Deutschland-Politik der Bundesregierung Kohl/Genscher unterschied sich von ihren Vorgängerinnen nur insoweit, als sie den Rechtspositionen in der Deutschland-Frage und damit auch der fortbestehenden Vier-Mächte-Verantwortung sowie den deutschland-politisch relevanten Entscheidungen des Bundesverfassungsgerichts einen höheren Stellenwert eingeräumt hat. Die maßgebliche Beteiligung der drei Westmächte und der Sowjetunion am Prozeß der Wiederherstellung der staatlichen Einheit Deutschlands 1990 bestätigte nicht nur die Rechtsprechung des höchsten deutschen Gerichts, sondern auch die Position Bundeskanzler Kohls, der sich – im Gegensatz zu seinen beiden Vorgängern – immer der Rechtsgrundlagen seiner Deutschland-Politik bewußt gewesen ist.

Deutschlandpolitische Grundpositionen der Bundesregierungen unter den Bundeskanzlern Konrad Adenauer und Ludwig Erhard (1949 bis 1966)

Die Politik der Bundesrepublik Deutschland gegenüber der SBZ/DDR in der Regierungszeit der Bundeskanzler Adenauer (15. September 1949 bis 11. Oktober 1963) und Erhard (16. Oktober 1963 bis 30. November 1966) basierte auf den gleichen rechtlichen und politischen Prämissen, so daß diese Phase im Zusammenhang behandelt werden kann. Dabei müssen folgende rechtliche Aspekte kurz skizziert werden: das Verhältnis der Bundesrepublik Deutschland zum Deutschen Reich, der Gebietsstand Deutschlands, der Alleinvertretungsanspruch und die Entwicklung des völkerrechtlichen Status der Bundesrepublik Deutschland. Erst dann können die Haltung Bonns gegenüber der SBZ/DDR und das vergebliche Ringen um eine Lösung der deutschen Frage ab 1949 behandelt werden.

Das Verhältnis der Bundesrepublik Deutschland zum Deutschen Reich

Da die vier damaligen Besatzungsmächte – die Vereinigten Staaten von Amerika, Großbritannien, Frankreich und die Sowjetunion – weder die Absicht hatten, Deutschland zu annektieren und zu teilen noch als Völkerrechtssubjekt auszulöschen, konnten die Schöpfer des am 23. Mai 1949 verkündeten Grundgesetzes für die Bundesrepublik Deutschland von der Kontinuität des deutschen Staates über das Jahr 1945 hinaus ausgehen. Über diese Aussage bestand und besteht unter den Verfassungsinterpreten in der Bundesrepublik Deutschland kein Streit. Dieses staats- und völkerrechtliche Selbstverständnis Deutschlands hat Carlo Schmid in der 6. Sitzung des Parlamentarischen Rats am 20. Oktober 1948 auf eine eindrucksvolle Formel gebracht: »Deutschland ist von uns ... nicht neu zu *konstituieren*, sondern neu zu *organisieren*.«[1]

So geht das Grundgesetz von der rechtlichen Identität der Bundesrepublik Deutschland mit dem 1945 nicht untergegangenen, aber handlungsunfähigen Deutschen Reich, also von der rechtlichen Kontinuität Deutschlands, aus. Dies war die staatsrechtliche Grundkonstruktion aller von 1949 bis 1969 amtierenden Bundesregierungen; sie wurde frühzeitig vom Bundesverfassungsgericht bestätigt[2] und lag auch der internationalen Staatenpraxis der Bundesrepublik Deutschland zugrunde.

In der politischen Praxis der Bundesrepublik Deutschland kam die Identitätsthese vor allem im Londoner Schuldenabkommen vom 23. Februar 1953 zum Ausdruck. Darin erklärte sich die Bundesrepublik Deutschland, in Begrenzung auf ihren tatsächlichen Herrschaftsbereich, bereit, die vor dem 8. Mai 1945, dem Zeitpunkt der militärischen Kapitulation der deutschen Wehrmacht, bestehenden Schulden einschließlich der Anleihen des Deutschen Reiches zu begleichen. Nicht aus dem Gesichtspunkt der Staaten-Nachfolge, sondern aus dem Bekenntnis, denselben Staatsverband fortzuführen, erwuchsen der Bundesrepublik Deutschland Rechte und Pflichten: »Identität schließt die Nachfolge aus, denn ein Staat kann nicht sich selbst nachfolgen.«[3] Die Identität ist »lediglich eine besondere Ausprägung der Kontinuität«[4].

Das Grundgesetz[5] unterscheidet zwischen seinem eigenen örtlichen Geltungsbereich – Artikel 23, Satz 1 (Aufzählung der Bundesländer) – und dem Begriff »Deutschland« in der Präambel, Satz 3; Artikel 23, Satz 2; Artikel 29, Absatz 6, Satz 2; und Artikel 116, Absatz 2, Satz 2. Es war nicht nur weise, sondern auch vorausschauend, daß die Väter des Grundgesetzes von »anderen«, nicht »*den* anderen Teilen Deutschlands« in Artikel 23, Satz 2 gesprochen haben. Diese Formulierung brachte zum Ausdruck, daß die in Satz 1 genannten Länder nicht das Gebiet des gesamten Deutschland umfaßten und es über ihnen noch den Begriff »Deutschland« gab.

Das Grundgesetz differenziert zwischen seinem eigenen territorialen Geltungsbereich und dem Begriff »Deutschland«, der das »Deutschland« in den Grenzen vom 31. Dezember 1937 meinte, ohne jedoch diesen Gebietsstand verfassungsrechtlich zu garantieren. Besonders unmißverständlich umriß zuletzt die Bundesregierung unter Bundeskanzler Erhard und Außenminister Gerhard Schröder in der vielbeachteten »Deutschen Friedensnote« vom 25. März 1966 diese Rechtsposition. Darin hieß es, »daß die Regelung der Grenzfragen nach den alliierten Vereinbarungen des Jahres 1945 bis zum Abschluß eines Friedensvertrages mit ganz Deutschland aufgeschoben ist und daß Deutschland völkerrechtlich in den Grenzen vom 31. Dezember 1937 fortbesteht, solange nicht eine frei gewählte gesamtdeutsche Regierung andere Grenzen anerkennt«[6].

Der frühere Bundesverfassungsrichter Willi Geiger hat zu der später vertraglich zu regelnden offenen Grenzfrage bemerkt: »In diesen Verhandlungen – und erst in diesen Verhandlungen – steht die Grenze des neuen Deutschland zur Disposition in der vollen Breite, die sich ergibt aus der Beschreibung ›innerhalb der Grenzen nach dem Stand vom 31. Dezember 1937‹ und der gegenwärtig bestehenden Grenzlinie entlang der Oder und der Neiße. Das Grundgesetz engt *diese* Freiheit in keiner Weise ein, legt insbesondere die Organe der Bundesrepublik Deutschland nicht darauf fest, als Ziel der friedensvertraglichen Regelung die Wiederherstellung der Grenzen nach dem Stand vom 31. Dezember 1937 anstreben zu müssen.«[7]

Eine andere Auslegung des Grundgesetzes war schon deshalb

nicht zulässig, da die Hauptalliierten in ihren Vereinbarungen über
Deutschland aus den Jahren 1944/45 keine Garantie für die Wiederherstellung Deutschlands in den Grenzen vom 31. Dezember 1937
gegeben haben. Mit der Berliner Vier-Mächte-Erklärung in Anbetracht der Niederlage Deutschlands und der Übernahme der obersten Regierungsgewalt hinsichtlich Deutschlands vom 5. Juni 1945
übernahmen die Regierungen der drei Westmächte und der UdSSR
die oberste Regierungsgewalt in Deutschland. Gleichzeitig betonten
sie, die Übernahme dieser Regierungsgewalt bewirke nicht die An-
nektierung Deutschlands. Außerdem vereinbarten die vier Mächte,
daß sie »später die Grenzen Deutschlands oder irgendeines Teiles
Deutschlands und die rechtliche Stellung Deutschlands oder irgendeines Gebietes, das gegenwärtig einen Teil deutschen Gebietes bildet, festlegen« werden.

Diese Rechtsauffassung fand ihren Niederschlag in dem am 26. Mai
1952 unterzeichneten Vertrag über die Beziehungen zwischen der
Bundesrepublik Deutschland und den Drei Mächten (Deutschland-
Vertrag in der Fassung des Protokolls über die Beendigung des
Besatzungsregimes in der Bundesrepublik Deutschland vom 23. Ok-
tober 1954). In dem am 5. Mai 1955 in Kraft getretenen Deutsch-
land-Vertrag heißt es, »daß die endgültige Festlegung der Grenzen
Deutschlands bis zu einer friedensvertraglichen Regelung für ganz
Deutschland aufgeschoben werden muß«[8]. Und Artikel 7, Absatz 2
des Deutschland-Vertrags verpflichtete die vier Signatare, bis zum
Abschluß der friedensvertraglichen Regelung zusammenzuwirken,
um mit friedlichen Mitteln ihr gemeinsames Ziel zu verwirklichen:
»Ein wiedervereinigtes Deutschland, das eine freiheitlich-demokratische Verfassung, ähnlich wie die Bundesrepublik, besitzt und das in
die europäische Gemeinschaft integriert ist«.

In seiner Einführung zum »Bonner Vertrag« betont Wilhelm G.
Grewe, der maßgeblich an der Erarbeitung des deutsch-alliierten
Vertragswerkes von 1952/54 beteiligt war, daß unter der »Wiedervereinigung Deutschlands« im Deutschland-Vertrag in erster Linie
»die Beseitigung der noch bestehenden innerdeutschen Zonengren-
zen und die Errichtung einer gesamtdeutschen Zentralregierung zu
verstehen« sei, »die Herstellung eines einheitlichen Staatswesens
also, das die Gebiete der Bundesrepublik, der sog. ›Deutschen Demo-

kratischen Republik« sowie West- und Ost-Berlins umfaßt ... Eine
Verpflichtung, die Wiedervereinigung Deutschlands in den Grenzen
vom 31. 12. 1937 anzustreben, ist daher von den Drei Mächten im
Bonner Vertrag nicht übernommen worden ...«[9] Die von den drei
Westmächten und der UdSSR 1944/45 neben der Formel »Deutsch-
land in den Grenzen vom 31. Dezember 1937« verwandte Formel
»Deutschland als Ganzes«, der sich auch die Sowjetunion bis 1955
ausdrücklich bedient hat, gab ihnen den nötigen Spielraum.

Der Alleinvertretungsanspruch

Zu den Kernpunkten der Außen- und Deutschland-Politik der Bundesrepublik Deutschland gehörte seit ihrer Konstituierung der Alleinvertretungsanspruch. Bundeskanzler Adenauer hat ihn erstmals
in seiner Regierungserklärung vom 21. Oktober 1949 vor dem Bundestag formuliert: »Die Bundesrepublik Deutschland ist ... bis zur
Erreichung der deutschen Einheit insgesamt die alleinige legitimierte
staatliche Organisation des deutschen Volkes. Hieraus ergeben sich
innenpolitische und außenpolitische Folgerungen ... Die Bundesrepublik Deutschland fühlt sich auch verantwortlich für das Schicksal
der 18 Millionen Deutschen, die in der Sowjetzone leben. Sie versichert sie ihrer Treue und ihrer Sorge. Die Bundesrepublik Deutschland ist allein befugt, für das deutsche Volk zu sprechen. Sie erkennt
Erklärungen der Sowjetzone nicht als verbindlich für das deutsche
Volk an.«[10]
Als die allein demokratisch legitimierte staatliche Organisation des
deutschen Volkes nahm die Bundesrepublik Deutschland also das
Recht in Anspruch, Deutschland (und das deutsche Volk) in internationalen Angelegenheiten allein zu vertreten. Die drei Westmächte
haben diesen Anspruch erstmals in der Erklärung der New Yorker
Konferenz der Außenminister vom 19. September 1950 unterstützt,
als sie feststellten: »Bis zur Vereinigung Deutschlands betrachten die
drei Regierungen die Regierung der Bundesrepublik als die einzig
frei und gesetzlich konstituierte deutsche Regierung, die infolgedessen befugt ist, in internationalen Angelegenheiten als Vertreter des
deutschen Volkes für Deutschland zu sprechen.«[11]

Die New Yorker Formel ging später auch in das Pariser Vertragswerk von 1954 ein und wurde damit Vertragsgrundlage für alle NATO-Partner. Der Alleinvertretungsanspruch fand ab 1955 in der »Hallstein-Doktrin« seinen Ausdruck und erlangte in dem Augenblick praktische Bedeutung, in dem die Bundesrepublik Deutschland aufgrund der Vereinbarungen vom 13. September 1955 diplomatische Beziehungen mit der Sowjetunion aufnahm. Zum ersten Male gab es »von diesem Zeitpunkt an eine ausländische Regierung, bei der gleichzeitig zwei deutsche diplomatische Vertretungen akkreditiert waren, eine Hauptstadt, in der nebeneinander zwei deutsche Botschafter amtierten, die zwei verschiedene deutsche Regierungen zu vertreten beanspruchten«[12].

Die Bundesregierung trug in Moskau dafür Sorge, daß die Aufnahme der diplomatischen Beziehungen zur UdSSR nicht als Aufgabe des Alleinvertretungsanspruches gedeutet werden konnte. So führte Bundeskanzler Adenauer in seiner an die Sowjetregierung schriftlich übermittelten und von dieser entgegengenommenen, wenn auch nicht inhaltlich gebilligten Vorbehaltserklärung vom 13. September 1955 aus: »Die Aufnahme diplomatischer Beziehungen mit der Regierung der Sowjetunion bedeutet keine Änderung des Rechtsstandpunktes der Bundesregierung in bezug auf ihre Befugnis zur Vertretung des deutschen Volkes in internationalen Angelegenheiten und in bezug auf die politischen Verhältnisse in denjenigen deutschen Gebieten, die gegenwärtig außerhalb ihrer effektiven Hoheitsgewalt liegen.«[13]

Vor dem Bundestag erklärte Adenauer am 22. September 1955, die Vorbehalte sollten sicherstellen, daß in der Erklärung über die Aufnahme diplomatischer Beziehungen nicht ein Verzicht auf den Rechtsstandpunkt der Bundesregierung »bezüglich ... des Rechts der Bundesregierung, Sprecher des ganzen deutschen Volkes zu sein ...«, gesehen werden kann«. Daß Adenauer durch den Gebrauch des Wortes »Sprecher« eine Änderung der bisherigen Rechtsauffassung nicht beabsichtigt hat, geht aus einer Erläuterung der Ziffer 2 hervor, in der er wiederum von der »Vertretung des deutschen Volkes« sprach[14].

Um alle Mißverständnisse auszuräumen, betonte Adenauer vor dem Bundestag am 22. September 1955: »Ich muß unzweideutig feststellen, daß die Bundesregierung auch künftig die Aufnahme diplomatischer Beziehungen mit der ›DDR‹ durch dritte Staaten, mit denen sie offizielle Beziehungen unterhält, als einen unfreundlichen Akt ansehen würde, da er geeignet wäre, die Spaltung Deutschlands zu vertiefen.«[15]

Diese Formulierung enthielt – wie Wilhelm G. Grewe betont – »den Kern jener Politik, die man später nach dem mit ihrer praktischen Durchsetzung hauptsächlich befaßten Staatssekretär des Auswärtigen Amtes ›Hallstein-Doktrin‹ nannte. Ihre Grundgedanken waren schon auf dem Rückflug der Verhandlungsdelegation aus Moskau konzipiert worden. Sie wurden auf einer vom Bundesaußenminister Heinrich von Brentano nach Bonn einberufenen Botschafter-Konferenz am 8./9. Dezember 1955 eingehend erörtert. Die Erörterungen dieser Botschafter-Konferenz müssen auf dem Hintergrund der nach dem Moskauer Ergebnis intensivierten Bemühungen des Ulbricht-Regimes um völkerrechtliche Anerkennung gesehen werden, die im Herbst 1955 ihren Ausdruck in verstärkten Bemühungen fanden, den Status der Handelsmissionen der Zone in Indien und Ägypten aufzuwerten. Angesichts des Lagebildes, das sich aus den Berichten der Botschafter ergab, suchte der Außenminister mit seinen Mitarbeitern jene Politik zu konkretisieren, die der Bundeskanzler am 22. September 1955 (dieses Datum wird man als die eigentliche Geburtsstunde der ›Hallstein-Doktrin‹ anzusehen haben) im Bundestag verkündet hatte.«[16]

In einem Interview vom 11. Dezember 1955 erläuterte Grewe, damals Leiter der Politischen Abteilung des Auswärtigen Amtes, in einer differenzierten Form die »Hallstein-Doktrin«. Man könne nicht generell festlegen, wann eine Anerkennung der DDR im völkerrechtlichen Sinne vorliege, da es eine Reihe von Zwischenstufen gebe, die in der Staatenpraxis wie im Völkerrecht umstritten seien. Die Intensivierung der Beziehungen eines Landes mit der DDR werde von der Bundesregierung als unfreundlicher Akt angesehen. Darauf könne man mit verschieden gestuften Maßnahmen reagieren.

Bei der »Hallstein-Doktrin« handelte es sich also nicht um eine »Doktrin«, die »einen juristischen Automatismus mit der zwangsläufigen Folge des Abbruches der diplomatischen Beziehungen in bestimmten Fällen konstatiert, sondern um eine Politik, die verschiedenartig abgestufte Gegenmaßnahmen ins Auge faßt, über die im konkreten Einzelfall eine den Umständen entsprechende politische Entscheidung zu treffen ist«[17]. In zwei Fällen hat die Bundesregierung unter Bundeskanzler Adenauer die Aufnahme diplomatischer Beziehungen zwischen der DDR und einem dritten Staat zum Anlaß genommen, um mit dem Abbruch der diplomatischen Beziehungen zu reagieren: im Falle Jugoslawiens (Oktober 1957) und Kubas (Januar 1963)[18].

Die Politik der Alleinvertretung war notwendigerweise mit der Konsequenz verbunden, daß für die Bundesrepublik Deutschland eine völkerrechtliche Anerkennung der DDR nicht in Betracht kam – ein Postulat, an dem bis zum Einigungsprozeß 1989/90 jede Bundesregierung festgehalten hat.

Besatzungsrechtliche Grenzen

Die Frage nach den konkreten Möglichkeiten der Bonner Deutschland-Politik in der ersten Entwicklungsphase der Bundesrepublik Deutschland läßt sich nur beantworten, wenn man sich den völkerrechtlichen Status des Landes vergegenwärtigt. In dem gleichzeitig mit dem Grundgesetz in Kraft getretenen Besatzungsstatut vom 10. April 1949 behielten sich die drei westlichen Besatzungsmächte die Befugnisse auf dem Gebiet der auswärtigen Gewalt der Bundesrepublik Deutschland vor[19]. Nachdem die Außenminister der Westmächte auf ihrer bereits erwähnten New Yorker Konferenz im September 1950 eine Änderung des Besatzungsstatuts – »unter Beibehaltung der legalen Basis der Besetzung« – und die Ermächtigung der Bundesregierung, ein Außenministerium zu errichten, angekündigt hatten, wurde das Besatzungsstatut vom 10. April 1949 erstmals am 6. März 1951 geändert. Auch jetzt behielten sich die drei westlichen Alliierten die Befugnisse auf dem Gebiet »Auswärtige Angelegenheiten einschließlich der von Deutschland oder in seinem Namen abgeschlossenen internationalen Abkommen« vor. Sie gestatteten jedoch der Bundesrepublik, die Pflege der Beziehungen mit anderen Ländern in vollem Umfang »insoweit zu ermöglichen, als dies mit den Erfordernissen der Sicherheit, mit den anderen vorbehaltenen Befugnissen und den Verpflichtungen der Besatzungsmächte in bezug auf Deutschland vereinbar ist«[20].

In der Zeit von der Konstituierung der Bundesrepublik Deutschland bis zum Frühjahr 1955, dem Inkrafttreten des Deutschland-Vertrags, war nicht nur der außen-, sondern auch der deutschlandpolitische Spielraum der Bundesrepublik äußerst gering, da sie unter dem Besatzungsregime der drei Westmächte stand und über keine Souveränität verfügte. Für Bundeskanzler Adenauer bildete die Herstellung der Souveränität der Bundesrepublik Deutschland daher eines der wichtigsten Ziele seiner Politik. Darüber hinaus ging es ihm darum, zu verhindern, daß die drei Westmächte gemeinsam mit der UdSSR zum Nachteil der Bundesrepublik und auch Gesamtdeutschlands Vereinbarungen treffen könnten. Die Wiederherstellung der staatlichen Einheit Deutschlands mußte diesen beiden Zielen untergeordnet werden. Mit dem Deutschland-Vertrag hat Adenauer die ersten beiden Ziele seiner Politik erreicht: Gemäß Artikel 1 erhielt die Bundesrepublik »die volle Macht eines souveränen Staates über ihre inneren und äußeren Angelegenheiten«.

Es war auch im Sinne der Bundesrepublik Deutschland, daß sich die drei Westmächte im Deutschland-Vertrag ihre Rechte und Verantwortlichkeiten in bezug auf Berlin und Deutschland als Ganzes einschließlich der Wiedervereinigung Deutschlands und einer friedensvertraglichen Regelung vorbehalten haben (Artikel 2). Adenauers Sorge, die drei Westmächte und die Sowjetunion könnten sich künftig unter Außerachtlassung der Interessen der Bundesrepublik über eine »Lösung der deutschen Frage« einigen oder – um den Bundeskanzler selbst zu zitieren – auf Kosten Deutschlands als »Tauschobjekt«[21] verständigen, hat der Deutschland-Vertrag endgültig ausgeräumt.

Adenauers Wertetrias »Freiheit, Friede, Einheit«

Einige wichtige Schlußfolgerungen über die Bonner Deutschland-Politik in den Jahren ab 1949 ergeben sich aus den rechtlichen und politischen Grundpositionen: vor allem aus der rechtlichen Identität der Bundesrepublik Deutschland mit dem nicht untergegangenen, aber handlungsunfähigen Deutschen Reich; dem »Deutschland«-Begriff des Grundgesetzes; der These, daß die Grenzen Deutschlands endgültig erst in einem Friedensvertrag mit einer gesamtdeutschen Regierung festgelegt werden können; dem Alleinvertretungsanspruch und der mit ihm eng verbundenen Politik der Nichtanerkennung der DDR; sowie dem Mitspracherecht der drei westlichen Alliierten in der deutschen Frage.

Gerade wegen der Mitverantwortung der UdSSR für die Lösung der deutschen Frage, die sie bis 1955 ausdrücklich selbst anerkannt hatte, konnte »Deutschland-Politik« von Anfang an nicht auf das Verhältnis der Bundesrepublik Deutschland zur SBZ/DDR reduziert werden. An der Deutschland-Politik waren damals und später immer die Mächte beteiligt, die 1944/45 den Status des Landes nach dessen militärischer Niederringung festgelegt haben. Die Einbeziehung der SBZ und der späteren DDR in den sowjetischen Machtbereich machte es außerdem frühzeitig erforderlich, Deutschland- und Ostpolitik nicht als getrennte Bereiche zu betrachten und zu behandeln.

Eine Analyse der Deutschland-Politik Bonns seit 1949 hat auch zu beachten, daß die Bundesrepublik Deutschland in die 1950 eingeleitete Politik der europäischen Einigung von Anfang an einbezogen worden ist. Die vornehmlich von den Vereinigten Staaten forcierte Politik der Einbindung der Bundesrepublik in die westliche Integrations- und Bündnispolitik wurde von der Bundesregierung nachdrücklich in der Hoffnung unterstützt, auf diese Weise gleichzeitig die Souveränität zu erlangen. Die von Bundeskanzler Adenauer konsequent verfolgte Politik der West-Orientierung führte dann zu scharfen innenpolitischen Auseinandersetzungen, da die parlamentarische Opposition der SPD davon ausging, daß Westintegration und Wiedervereinigung Deutschlands als Zielprojektionen einander ausschlossen.

Es ist vor allem das Verdienst von Klaus Gotto und Rudolf Morsey, anhand des inzwischen vorliegenden einschlägigen Materials auf das grundlegende Mißverständnis hingewiesen zu haben, die Adenauersche Politik, speziell seine Deutschland-Politik, »unter der Fragestellung Vorrang oder Nachordnung von westdeutschem oder gesamtdeutschem Interesse zu betrachten. Die Fragestellung unterstellt, daß es für ihn überhaupt eine gleichwertige Option zwischen Westintegration der Bundesrepublik und einer akzeptablen Wiedervereinigung gegeben habe. Allerdings war für ihn ein neutralisiertes und damit national isoliertes Deutschland inakzeptabel. Einen ›Verlust der gesamtdeutschen Unschuld‹[22] konnte er in dieser Haltung nicht erblicken, sie war im Gegenteil für ihn verbunden mit obsolet gewordener Blauäugigkeit hinsichtlich der Rivalitäten nach dem Ende des Krieges: ›Der deutsche Weg mußte nach Europa führen und nicht in eine nationale Einsamkeit, die zugleich eine weltpolitische Verlassenheit wäre‹[23].«[24]

Klaus Gotto fügt hinzu, Adenauer habe Westintegration und Wiedervereinigung in einer Politik der zwei Ziele verbunden, »wobei dem Notwendigen und Erreichbaren Priorität zukam. Dies ist nicht zu verwechseln mit einer Politik massenpsychologischer Hinführung zur Westintegration und kalt macchiavellistisch-verbalen Bekenntnissen zur Wiedervereinigung mit dem einzigen Zweck, diese zu verhindern. Die Politik der zwei Ziele konnte jedoch die Wiedervereinigung nicht als automatisches Ergebnis erwarten, sobald das erste Ziel nur erreicht sei. Die Wiedervereinigung wurde von Adenauer nicht als automatische Folge der Westintegration verstanden, die Westintegration schien ihm vielmehr der einzig gangbare Weg, das zweite Ziel seiner Politik unter vertretbaren Bedingungen anzusteuern: ›Frieden und Freiheit sind nicht möglich ohne Sicherheit. Noch niemand . . ., der behauptet, zwischen Wiedervereinigung in Frieden und Freiheit und europäischer Integration bestehe ein unlösbarer Widerspruch, hat sein Geheimnis verraten, auf welche Weise und wodurch die Wiedervereinigung in Frieden und Freiheit zustande kommen und gesichert werden soll, als auf dem Wege über die europäische Integration. Es gibt auch keinen anderen Weg zur Wiedervereinigung als diesen durch die europäische Integration, es sei denn, man wäre bereit, auf die Freiheit zu verzichten und ganz Deutschland in die Hände der Sowjetunion zu geben‹[25].«[26]

Für Konrad Adenauer war »ein neutralisiertes, international ungesichertes und isoliertes Deutschland, weil es sowjetischer Einflußnahme offenstehen würde«[27], nicht akzeptabel: »Adenauer sah die Zukunft Deutschlands nur im Rahmen einer europäischen Neuordnung . . . Dahinter stand weder eine dolose Absicht – wie sie vor allem Josef Foschepoth immer wieder thematisiert hat –, noch waren Adenauers Politik der Westintegration und die ›Ideologie der Wiedervereinigung Deutschlands funktionable Variablen‹ seiner teilstaatlichen Souveränitätspolitik[28].«[29]

Als ein wichtiges Ergebnis gilt festzuhalten, daß Bundeskanzler Adenauer eher bereit war, »das Risiko des Fortbestandes der Teilung Deutschlands einzugehen als das der Perspektivenlosigkeit im Hinblick auf eine freiheitliche Entwicklung in Deutschland und Westeuropa«[30]. Klaus Gotto und Rudolf Morsey ist uneingeschränkt zuzustimmen, wenn sie feststellen, insofern suggeriere die These Rolf Steiningers, der Preis für die von Bundeskanzler Adenauer »forcierte Entscheidung« sei »die Festschreibung der Teilung«[31] gewesen, »eine nicht vorhandene Alternative«[32]. Steiningers Behauptung hat sich als ebenso unhistorisch erwiesen wie jene Josef Foschepoths aus dem Jahre 1988, mit dem Besuch von Staats- und Parteichef Erich Honekker im September 1987 in der Bundesrepublik habe sich ein Konsens herausgebildet, der außerhalb der deutschen Grenzen schon lange bestehe: »Zur Zweistaatlichkeit Deutschlands gibt es keine Alternative.«[33] Auf diesen zentralen Punkt wird später noch zurückzukommen sein.

Rolf Steininger geht so weit, Adenauers richtige Einsicht, nach der sich Westintegration und Wiedervereinigung nicht ausschlossen, als »*die* Lebenslüge der Bundesrepublik«[34] zu bezeichnen. Hingegen ist bisher keine Äußerung Adenauers bekannt geworden, nach der »die Westintegration das Endziel seiner Politik gewesen oder gar die Bundesrepublik als das im Westen politisch saturierte Deutschland zu verstehen sei«[35]. Für Adenauer war die Wiedervereinigung »ein reales Grundziel seiner Politik und nicht deklamatorisches Beiwerk. Dieses Grundziel figurierte dem Rang nach jedoch als strategisches Langziel und war dem strategischen Nahziel der ›Freiheit‹ untergeordnet.«[36]

Steininger brüstet sich mit dem Hinweis, das Thema »Lebenslüge« werde von einer neuen Generation wohl neu diskutiert werden[37]. Dagegen wäre nichts einzuwenden, wenn sich auch die jüngeren Zeithistoriker seriöser Methoden bedienten und der historischen Logik folgten. Der Bonner Historiker Konrad Repgen hat in einem anderen Zusammenhang dargelegt, daß es nur drei logische Grundformen gäbe, auf die jede geschichtswissenschaftliche Erkenntnis

(und Aussage über sie) zurückzuführen sei. Und diese heißen: Tatsächlichkeit – Wahrscheinlichkeit – (Denk)-Möglichkeit[38]. Während
mit *Tatsächlichkeit* die Erkennbarkeit von Sachverhalten gemeint sei,
»die durch wohlbeglaubigte Quellen oder aus allgemeinen Regeln
der Logik ... abgesichert sind«, lasse sich »die Tatsächlichkeit eines
Ereignisses oder gar eines Zusammenhanges von Ereignissen ...
bekanntlich nicht immer nachweisen. Fragt man nach Zukunftsvor-
stellungen von Staatsmännern, nach Folgen von Handlungen, vor
allem nach Umständen, welche die Ereigniszusammenhänge bedingten, so lassen sich häufig keine Tatsachen-Feststellungen treffen ...
Hier ist selten über die Feststellung mehr oder minder großer *Wahr-
scheinlichkeiten* hinauszugelangen.«

Repgens logische Schlußfolgerung: »Nicht das Ende dieser Wahr-
scheinlichkeiten-Skala, sondern eine neue, die dritte Ebene des Logischen ist das nur Mögliche, das *Denk-Mögliche*: ... ›möglich‹ ist ein
Sachverhalt, *gegen* dessen Vorhandensein *keine* denkbaren Anhaltspunkte sprechen, *für* dessen Vorhandensein aber auch *keine positiven*
Anhaltspunkte geltend gemacht werden können; ›wahrscheinlich‹
hingegen ist ein Sachverhalt dann, wenn *für* dessen Vorhandensein
gewichtigere Anhaltspunkte sprechen als *dagegen*.«[39]

Rudolf Morsey hat die hier entwickelte historische Logik auf die
Interpretation der Deutschland-Politik Adenauers durch eine bestimmte Richtung zeithistorischer Forschung angewandt und dazu
bemerkt: »Jede einzelne Äußerung dritter, die geeignet erscheint, den
Wiedervereinigungswillen Adenauers in Frage zu stellen, wird zum
Nennwert genommen, auch wenn sie noch so sehr aus ihrem Zusammenhang isoliert ist. Den gleichen Stellenwert gewinnen deutschlandpolitische Überlegungen von Gegenspielern des ersten Bundeskanzlers. Denkmöglichkeiten, deren Tragfähigkeit nicht erprobt zu
werden brauchte, erhalten eo ipso den Rang realistischer Alternativen
zugesprochen. Selbst propagandistische Aussagen kommunistischer
Diktatoren sind davon nicht ausgenommen. Das umgekehrte Verfahren hingegen wird auf Adenauers *eigene* Äußerungen über seine
Deutschlandpolitik angewandt. Sie werden – im günstigsten Fall – als
taktisch gemeinte Manöver interpretiert. Dabei bleiben die große
Zahl und die Konstanz einschlägiger Aussagen unberücksichtigt. Sie
aber sprechen gegen die Möglichkeit einer gezielten Verschleierung

und für eine Identität dieser Auffassungen, ›die nicht anders als aus der Authentizität des Gesagten erklärt werden kann‹[40].«[41]

Als »Belege einer vermeintlich doppelbödigen Deutschlandpolitik des ersten Bundeskanzlers dienen nicht selten nur einzelne Aktenstücke britischer und amerikanischer Provenienz. Derart isolierte Fundsachen werden apodiktisch zu sogenannten ›Schlüsseldokumenten‹ erklärt und entsprechend kanonisiert«[42]. Bedenklich ist daher auch die unbekümmerte und unkritische Einführung Jürgen Webers zu dem Sammelband »Die Republik der fünfziger Jahre«[43]. Adenauers Außen- und Deutschland-Politik habe die Wertetrias »Freiheit, Friede, Einheit« zugrunde gelegen, und er habe »nicht nur verbal-deklamatorisch, sondern *real* die Wiedervereinigung zu einem der drei Grundziele seiner Politik gemacht ... Bei einem solchen Grundverständnis der Politik Adenauers darf man ihn freilich nicht auf *eine* einzige und planmäßige, in ihren Stufen und Zeitabschnitten festgelegte Wiedervereinigungs-Konzeption festnageln: eine solche Vorstellung hatte er in der Tat nicht; er hielt sie auch für irreal.«[44]

Beruhigend ist es, zu wissen, daß nicht die gesamte jüngere (und mittlere) Historiker-Generation dem Geschichts-Verständnis Rolf Steiningers und Josef Foschepoths folgt. Wichtige wissenschaftlich abgesicherte Beiträge zum Verständnis der Deutschland-Politik Konrad Adenauers haben beispielsweise Hermann-Josef Rupieper[45], Peter Siebenmorgen[46] und Anselm Doering-Manteuffel[47] geliefert. Die Studien dieser Autoren zeichnen sich auch dadurch aus, daß sie – ebenso wie die »klassische« Adenauer-Forschung – die deutschlandpolitischen Vorstellungen des ersten Bundeskanzlers nicht isoliert behandelt, sondern in den internationalen Zusammenhang gestellt haben.

Das Ende des deutschlandpolitischen Konsenses

Auch wenn die parlamentarische Opposition der SPD davon ausging, Westintegration und Wiedervereinigung Deutschlands schlössen als Zielprojektionen einander aus, darf nicht übersehen werden, daß Kurt Schumacher, der als Vorsitzender der SPD der drei westlichen Besatzungszonen die politische Linie seiner Partei auch in der deutschen Frage bis zu seinem Tode am 20. August 1952 bestimmt hat, an seiner entschiedenen Westorientierung nie einen Zweifel gelassen hat. Schumacher zog aus der Verschärfung des Ost-West-Konflikts und dem beginnenden Kalten Krieg schon 1947 den Schluß, es gehe nicht darum, die Einheit Deutschlands zu erhalten; die Aufgabe bestehe vielmehr darin, getrennte Teile Deutschlands wiederzuvereinigen. Voraussetzung dafür waren nach seiner Ansicht eine schnelle ökonomische Gesundung der aus der britischen und amerikanischen Zone am 1. Januar 1947 geschaffenen Bi-Zone. Dieser wies er die Funktion eines »Magneten« zu, der auf die beiden anderen Besatzungszonen in Deutschland eine unwiderstehliche Anziehungskraft ausüben sollte.

Hans-Peter Schwarz ist in seiner Würdigung der Persönlichkeit Kurt Schumachers zu dem klaren Ergebnis gelangt, daß er mit seiner Wiedervereinigungs-Konzeption noch am meisten Erfolg gehabt habe: »Die Hoffnung auf den ›Magnetismus‹ eines demokratischen, prosperierenden Deutschlands und Europas – im Grunde eine ›Politik der Stärke‹ – wurde seit 1949 von allen bedeutenden Kräften der Bundesrepublik als maßgebendes Kalkül akzeptiert. Eine Wiedervereinigung sollte in Form des Anschlusses der Ostzone erfolgen. Auch der von Schumacher propagierte Weg der unbedingten Priorität freier Wahlen fand bis weit über seinen Tod hinaus eine ziemlich uneingeschränkte Zustimmung. Die Freiheit der Zone sollte von der Macht der Umstände erzwungen und nicht ausgehandelt werden.«[48]

Die bald nach der Konstituierung der Bundesrepublik Deutschland 1949 zwischen Bundeskanzler Adenauer und Oppositionsführer Schumacher beginnenden außenpolitischen Auseinandersetzungen konzentrierten sich auf die Modalitäten der Westpolitik und dabei vor allem auf die prinzipiellen Methoden zur Wiedereingliederung Deutschlands in die europäische Staatengesellschaft. In der bedingungslosen Ablehnung der kommunistischen Diktatur in der SBZ stimmten beide überein. Somit standen die schnell unüberbrückbaren Gegensätze in der Westpolitik und die Gemeinsamkeiten im Kampf gegen die DDR nebeneinander: »Dabei mußte die SPD erleben, daß die Entscheidungen, die sie in diesen Wochen traf, ihren Kurs für die folgenden zehn Jahre ziemlich definitiv festlegten, bis sie auf die Adenauer-Linie einschwenkte. Die Politik von Regierung und

Opposition gegenüber der DDR wurde sogar auf 20 Jahre fixiert. Und die vorbehaltlose Westbindung, die Adenauer schon im ersten Jahr seiner Kanzlerschaft vornahm, hat die Außenpolitik der Bundesrepublik bis heute bestimmt.«[49]

Während die SPD die nach einem Jahrzehnt von ihr als richtig erkannte Politik Adenauers, die Bundesrepublik Deutschland in das europäische Staatensystem einzugliedern und im Verhandlungswege mit den drei Westmächten einen Abbau des Besatzungsstatus' und die Souveränität der Bundesrepublik Deutschland zu erreichen, bitter bekämpfte[50], zerbrach bereits 1952 die bis dahin noch vorhandene Gemeinsamkeit von Bundesregierung und Opposition in der Deutschland-Politik. Auslöser waren Stalins Noten vom 10. März und 9. April 1952. Die von publizistischer Seite immer wieder angeheizte Diskussion um die »Legende von der verpaßten Gelegenheit«[51] braucht hier nicht rekapituliert zu werden[52].

Eckhard Jesse, ein zur jüngeren Generation gehörender Politikwissenschaftler, hat zutreffend festgestellt, selbst wenn man die sowjetische Initiative von 1952 nicht als ein bloßes Störmanöver zwecks Verhinderung der Westintegration interpretiere, seien die Bedingungen nicht dazu angetan gewesen, auf die Initiative einzugehen, ganz abgesehen davon, daß sie sich gar nicht an die Bundesrepublik gerichtet habe: »Insofern relativiert sich auch die Relevanz der Frage, ob man die Ernsthaftigkeit der sowjetischen Note hätte ausloten müssen. Die heutige Diskussion mutet daher merkwürdig realitätsfremd an. Man kommt im Hinblick auf bestimmte Zirkel nicht an folgender Paradoxie vorbei: Je weiter man sich von dem Ergebnis entfernt, um so stärker wird mancherorts die verpaßte Chance beschworen. In gewisser Hinsicht ist die heutige Diskussion ein Aufguß der seinerzeitigen Auseinandersetzungen. Sie kreist in denselben Bahnen, zum Teil verfälscht sie die damalige Rezeption gar.«[53]

Mit Recht betont er, daß Wilhelm G. Grewe die fundiertesten Abhandlungen zu diesem Thema beigesteuert habe[54]. Ebenso richtig ist Jesses Hinweis auf den grundlegenden Beitrag Markus Kiefers: »Die Reaktion auf die ›Stalin-Noten‹ in der zeitgenössischen deutschen Publizistik«, in dem er minutiös die maßgebliche Presse der damaligen Zeit geprüft und gefragt hat: »Hat die Sowjetunion unter Stalin im Jahr 1952 die Wiedervereinigung Deutschlands, mit echter außenpolitischer Unabhängigkeit und in rechtsstaatlicher wie demokratischer Freiheit, über den Weg freier Wahlen ›angeboten‹? Nahezu die gesamte zeitgenössische Publizistik hat diese Frage im Verlauf des Jahres 1952 mit einem eindeutigen ›Nein‹ beantwortet. Bundeskanzler Adenauer, seine Regierung und die Westmächte standen mit ihrer skeptischen Einschätzung der vier sowjetischen Noten dieses Jahres eben nicht allein. Sie wurden damals nahezu einhellig durch die veröffentlichte Meinung gestützt. Autoren wie K. Dittmann und R. Steininger irren, wenn sie zu suggerieren versuchen, bereits damals habe es erbitterte Kontroversen über unseren Gegenstand gegeben.«[55]

Immerhin vermochte Stalin zu erreichen, daß von jetzt an der deutschlandpolitische Konsens zwischen Regierung und Opposition in Bonn nicht mehr gegeben war: »Westverträge und Wiedervereinigungsfrage waren von jetzt an unauflöslich miteinander verbunden ... Für einige Jahre hatte die SPD nun ein weiteres, plausibles Argument, mit dem sie sich gegen die von ihr ohnehin bekämpften Westverträge wenden konnte ... Für Adenauer lautete die Alternative nicht Wiedervereinigung oder Westverträge, er war vielmehr überzeugt, daß bei dem immer noch leicht möglichen Scheitern der West-Verhandlungen eine völlig unübersichtliche und ungesicherte Lage entstehen müsse, in der Bonn nur geringe Möglichkeiten besäße, auf die Diplomatie der Großmächte im Sinn der deutschen Interessen einzuwirken.«[56] Mit dem Inkrafttreten des Deutschland-Vertrags am 5. Mai 1955 war Adenauer – wie dargelegt – dieser Sorge behoben.

In der zweiten Hälfte der fünfziger und verstärkt im Laufe der sechziger Jahre führte die internationale Entwicklung dazu, daß die deutsche Frage immer stärker mit der Problematik der europäischen Sicherheit gekoppelt wurde. In den deutschlandpolitischen Vorstellungen Adenauers gewann der Aspekt der Freiheit für die Bewohner der DDR immer mehr die Priorität vor dem Ziel der staatlichen Einheit. Es ist vor allem das Verdienst von Hans-Peter Schwarz und Klaus Gotto, aufgrund erst später zugänglich gewordener Quellen das von einem einflußreichen und nicht unbeträchtlichen Teil der Journalistik und Publizistik einseitig und teilweise auch verzerrt entworfene Bild der Adenauerschen Deutschland-Politik ins rechte Licht gerückt zu haben. Den deutschlandpolitischen Vorstellungen Ade-

nauers kann man nur gerecht werden, wenn man neben den »Erinnerungen« des ersten Bundeskanzlers Heinrich Krones Aufzeichnungen zur Deutschland- und Ostpolitik 1954 bis 1969 und die beiden
Fassungen des sogenannten Globke-Plans zur Wiedervereinigung
aus den Jahren 1958/59 und 1961 heranzieht[57].

Mit gutem Grund lasse sich – betont beispielsweise Hans-Peter
Schwarz – die These vertreten, daß die Stärke des Adenauerschen
Wiedervereinigungswollens erst nach Wiedergewinnung der Souveränität 1955 eigentlich getestet worden sei. Dazu bemerkte Schwarz
1975: »Adenauers Deutschland-Politik in den Jahren 1955 bis 1963
lag bis vor wenigen Jahren noch fast außerhalb des Interesses der
Forschung, und solange konnte sich auch die von Nationalliberalen
und Sozialdemokraten liebevoll gehegte Legende vom alten Kanzler
halten, der bis in die zweite Hälfte der sechziger Jahre hinein starr-
köpfig und geistig unbeweglich an juristischen Positionen wie Allein-
vertretungsrecht, Hallstein-Doktrin, Nicht-Anerkennung der DDR
festhielt – eine Gestalt also, die schon zu ihren Lebzeiten von der
weltpolitischen Entwicklung überholt war . . . So viel kann aber heute
schon gesagt werden: Das Zerrbild vom ›letzten Mohikaner‹ des
kalten Krieges, der sich einfallslos und rein defensiv am Status quo
festklammert, kann nicht mehr länger aufrechterhalten werden . . .
Einen ersten Zipfel von seiner zur Öffentlichkeit hin völlig abge-
schirmten Deutschland-Politik lüftete der Kanzler erst einige Tage
vor dem Rücktritt, als er in einem Interview mit dem ZDF am 3. Oktober 1963 mitteilte, er habe Chruschtschow gefragt, ›ob wir nicht einen
Burgfrieden für zehn Jahre schließen sollten und es auch während der
zehn Jahre für die Menschen in der Sowjetzone größere Freiheiten
gäbe als jetzt‹. Unschwer erkannten jene wenigen aufmerksamen
Beobachter in der deutschen Öffentlichkeit, die dies genauer regi-
strierten, daß damit bereits jene Linie der Deutschland-Politik skizziert war, in der die ›menschlichen Erleichterungen‹ im Mittelpunkt
standen – aber nicht mehr eine kurz- oder mittelfristige Ingangset-
zung des Wiedervereinigungsprozesses.«[58]

Erinnert sei auch und gerade an Adenauers brisanten Vorschlag,
den er am 19. März 1958 dem sowjetischen Botschafter Andrej A.
Smirnow unterbreitet und über den er im dritten Band seiner nach
seinem Tod 1967 erschienenen »Erinnerungen« berichtet hat. Ade-

nauer bat Smirnow, an die sowjetische Regierung folgende Frage zu richten: »Wären Sie bereit, der Sowjetzone den Status Österreichs zu geben?« Da Adenauer befürchtete, von den »eigenen Leuten wegen dieses Vorschlags gesteinigt zu werden, bat er Smirnow, diese Frage nicht an die Öffentlichkeit zu bringen«.[59]

Adenauer gab seinen erstaunlichen Vorschlag eines »Österreich-Status« für die DDR dem sowjetischen Botschafter zu bedenken – »zwei Jahre bevor phantasievolle Professoren wie Karl Jaspers und Golo Mann die Idee in die deutsche öffentliche Diskussion brachten und damit bei allen Parteien abblitzten«[60]. Seither ist eine verwirrende Vielfalt von Planungs-Überlegungen, Plänen und Initiativen aus dem Bundeskanzleramt bekanntgeworden, die teilweise bis in die deutsch-sowjetischen Verhandlungen im September 1955 zurückreichen und die vor allem Hans-Peter Schwarz und Klaus Gotto in detaillierter Kleinarbeit ausgewertet haben. Sie verdeutlichen, wie sehr sich Adenauer immer bewußt gewesen ist, daß die staatliche Einheit Deutschlands nur im Zusammenwirken mit den drei Westmächten und der Sowjetunion hätte wiederhergestellt werden können. Darüber hinaus geht aus Adenauers ständigen Versuchen, mit der Sowjetunion Kontakt zu halten, klar hervor, daß das Nahziel seiner Deutschland- und Ostpolitik »menschliche Erleichterungen« für die in der DDR lebenden Menschen gewesen sind.

So sprach Adenauer beispielsweise am 9. Juni 1956 in New York »von der Wiedervereinigung oder, wie er es vorziehe zu nennen, von der Befreiung der 17 Millionen Deutschen aus der Sklaverei. Für die Deutschen sei diese Frage natürlich ein nationales Anliegen größter Bedeutung...«[61] Am 20. Mai 1958 erläuterte Adenauer seinen Vorschlag gegenüber Botschafter Smirnow: »Es handelt sich... gar nicht in erster Linie um den nationalen Aspekt, um das nationale Ziel, sondern um das Menschliche...«[62] Als ein amerikanischer Journalist Adenauer am 4. Juni 1959 fragte, wie die Aussichten in der Wiedervereinigung, der Befreiung Deutschlands seien, antwortete der Bundeskanzler, er möchte fast noch lieber von der Befreiung Ostdeutschlands als von Wiedervereinigung reden: »Sie kann nur kommen aus einer allgemeinen Entspannung, und die allgemeine Entspannung wieder kann nur einsetzen durch ein Abkommen über die kontrollierte Abrüstung. Das hängt alles miteinander zusammen...«[63]

Christian Hackes Feststellung, die Deutschland-Politik habe in der Ära Adenauer aus »völkerrechtlichen Postulaten und moralischen Imperativen« bestanden[64], ist angesichts der unkonventionellen und weitreichenden Überlegungen des ersten Bundeskanzlers ebenso verfehlt wie des Autors Behauptung in einer anderen Veröffentlichung, überspitzt formuliert könne man sagen, »daß bis Anfang der sechziger Jahre im engeren Sinne gar keine Ost- und Deutschland-Politik der Bundesrepublik zu erkennen war«[65]. Bezeichnend ist, daß Hacke in seiner knappen Darstellung »Die Außenpolitik der Ära Adenauer (1949 bis 1963)«, die ein unzureichendes Quellenstudium verrät, den Eindruck zu erwecken sucht, als habe 1952 und später die Alternative Teilung oder Westorientierung gelautet[66]. Wer so argumentiert, übersieht oder verschweigt bewußt, daß alle in diesem Zusammenhang entwickelten Denkmodelle Adenauers in Moskau keinerlei Resonanz gefunden haben.

Rudolf Morsey erinnert an die oft übersehene Verbalnote des Auswärtigen Amtes vom 9. September 1958 an die Vier Mächte mit dem Vorschlag, ein Gremium zur Lösung der deutschen Frage zu bilden; sie basierte auf der vom Deutschen Bundestag am 2. Juli 1958 einstimmig gefaßten Entschließung. Ein Vier-Mächte-Gremium sollte mit dem Auftrag gebildet werden, »gemeinsame Vorschläge zur Lösung der deutschen Frage zu erarbeiten«[67], »also nicht mehr – wie bisher – zur unmittelbaren ›Wiedervereinigung Deutschlands‹. Damit griff diese ... Entschließung jene Formel auf, die von der Sowjetunion seit 1955 benutzt wurde, um ihre Zwei-Staaten-Theorie durchzusetzen.«[68]

Die in einem Teil der zeithistorischen Forschung immer wieder anzutreffende Feststellung, die Deutschland-Politik Adenauers sei durch Starrköpfigkeit, geistige Unbeweglichkeit und stures Festhalten an juristischen Positionen gekennzeichnet gewesen, ist, wenn man das inzwischen vorliegende reichhaltige Quellenmaterial prüft, verfehlt. Sein »Burgfriedens«-Angebot, das er am 6. Juni 1962 dem sowjetischen Botschafter Smirnow unterbreitet hat, war nicht unproblematisch. Es sah vor, daß die DDR zehn Jahre lang keinesfalls den Anschluß an die Bundesrepublik vollziehen werde, wenn die UdSSR der Bevölkerung der DDR gestatte, ihre inneren Angelegenheiten in freier Selbstbestimmung zu gestalten[69]. Auf diesen weitreichenden

Vorschlag spielte Adenauer an, als er am 9. Oktober 1962 vor dem Bundestag erklärte, die Bundesregierung sei bereit, »über vieles mit sich reden zu lassen, wenn unsere Brüder in der Zone ihr Leben so einrichten können, wie sie es wollen. Überlegungen der Menschlichkeit spielen hier für uns eine noch größere Rolle als nationale Überlegungen.«[70]

Die vom Auswärtigen Amt herausgegebene und mit einer Einführung versehene Dokumentation »Die Auswärtige Politik der Bundesrepublik Deutschland« stellte dazu zutreffend fest, wenn dieses Angebot, »weil nach sowjetischer Auffassung immer noch nicht ausreichend, nicht angenommen wurde, dann mußte sich damals für den Beobachter die Frage aufdrängen, ob überhaupt eine Möglichkeit bestand, die Sowjetunion ohne Selbstaufgabe der Bundesrepublik zufriedenzustellen«[71].

Adenauers brisanter Vorschlag folgte der von prominenter Seite ab 1960 verbreiteten These »Freiheit vor Einheit« oder gar »Freiheit ohne Einheit«. Diese Ansicht hat sich nicht nur damals, sondern auch in den Jahrzehnten bis 1989/90 als irreal erwiesen. Fragwürdig war sie insofern, als sie dem Volk der DDR den Anspruch verwehrte, darüber selbst zu entscheiden, ob es die Wiederherstellung der staatlichen Einheit Deutschlands wünsche. Die Nachfolger Stalins wußten um den engen Zusammenhang zwischen Freiheit und Einheit in der deutschen Frage.

Vergebliches Ringen um eine Lösung der deutschen Frage (1949 bis 1955)

Für die Wiederherstellung der staatlichen Einheit Deutschlands blieben auch ab 1949 die vier Mächte verantwortlich, die sich jedoch aufgrund ihrer unterschiedlichen Grundpositionen über eine gemeinsame Lösung der Deutschland-Frage auch bis 1955 nicht zu verständigen vermochten. Für die drei Westmächte, die von Anfang an – wie bereits betont – in der Bundesrepublik Deutschland die allein legitimierte staatliche Organisation des deutschen Volkes sahen und den Anspruch der Bundesregierung, als Vertreterin des deutschen Volkes für Deutschland auch international zu sprechen, anerkannt

hatten, konnte die Wiedervereinigung nur durch eine freie gesamtdeutsche Willensentscheidung eingeleitet werden. Die UdSSR hingegen vertrat – dabei von der DDR-Regierung unterstützt – die Auffassung, daß zunächst ein gesamtdeutsches Gremium gebildet werden
müsse und daß Wahlen in Deutschland erst später stattfinden sollten.
Einen weiteren wichtigen Streitpunkt bildete die Frage, in welchem
Zeitpunkt ein Friedensvertrag mit Deutschland geschlossen und wie
es daran beteiligt werden sollte. Die dritte, immer wieder erörterte
Streitfrage bezog sich auf den politischen und militärischen Status
eines wiedervereinigten Deutschlands.

Wie sehr die Vorstellungen der drei Westmächte und der UdSSR
über eine Lösung der deutschen Frage divergierten, zeigte sich bereits
in den Jahren 1950/51. Vorschläge der Bundesregierung und der drei
Westmächte, gesamtdeutsche Wahlen zu einer verfassunggebenden
Nationalversammlung durchzuführen, die eine deutsche Verfassung
ausarbeiten sollte, wurden von sowjetischer Seite ignoriert. Unannehmbar war auch der Vorschlag Ministerpräsident Otto Grotewohls
vom 30. November 1950, der – ebenso wie die Prager Außenminister-
Konferenz vom 20. und 21. Oktober 1950 – die Bildung eines Gesamtdeutschen Konstituierenden Rates unter paritätischer Zusammensetzung aus Vertretern Ost- und Westdeutschlands vorsah. Die
Prager Deklaration sprach von der »Wiederherstellung der Einheit
des deutschen Staates in Übereinstimmung mit dem Potsdamer Abkommen . . .«, und die sowjetische Regierung schlug in ihrer Note
vom 3. November 1950 an die drei Westmächte vor, eine Vierer-
Konferenz einzuberufen und über die Frage der Einhaltung der Potsdamer Beschlüsse zu beraten[72].

Aus den Dokumenten der UdSSR und der DDR ging klar hervor,
daß Stalin nicht gewillt war, die Wiederherstellung der Einheit
Deutschlands im Wege der Selbstbestimmung des deutschen Volkes
zuzulassen. Aufschlußreich ist, mit welcher Hartnäckigkeit der Kreml
damals seine einseitige Interpretation der Potsdamer Absprachen zur
Grundlage seiner Vorschläge gemacht hat. Auch die 1951 seitens der
UdSSR und der DDR unterbreiteten Vorschläge waren nicht geeignet, die staatliche Einheit Deutschlands im Wege einer freien Entscheidung der Bevölkerung herbeizuführen, auch wenn die Regierungen der DDR und der UdSSR nicht mehr auf einer paritätischen

Zusammensetzung des Gesamtdeutschen Konstituierenden Rates beharrten[73]. Schließlich ist daran zu erinnern, daß die Resolution der UNO-Vollversammlung vom 20. Dezember 1951 über die Einsetzung einer UNO-Kommission zur Prüfung der Voraussetzungen für gesamtdeutsche Wahlen in der Bundesrepublik, in Berlin und in der Sowjetzone Deutschlands nicht realisiert werden konnte, da weder die Behörden der sowjetischen Besatzungsmacht noch die der DDR die ernannte Kommission anerkannten oder zuließen. Die UNO-Kommission mußte nach einem Besuch in der Bundesrepublik am 23. März 1952 unverrichteter Dinge aus Berlin abreisen und vertagte sich am 5. August 1952 auf unbestimmte Zeit[74].

Aus den 1950/51 unterbreiteten Vorschlägen der Bundesrepublik Deutschland und der DDR und dem Verhalten der UdSSR sind weitreichende Schlüsse zu ziehen, die auch für den ost-westlichen Notenwechsel im Jahre 1952 wichtige Erkenntnisse zu geben vermögen. Festzuhalten ist zuerst, daß alle Parteien im Deutschen Bundestag – mit Ausnahme der KPD – die Vorschläge der Bundesregierung, die Wiederherstellung der staatlichen Einheit Deutschlands im Wege freier Wahlen herbeizuführen, gemeinsam getragen haben. Kennzeichnend für die Vorschläge der DDR ist einmal, daß an den gesamtdeutschen Wahlen nicht nur die politischen Parteien, sondern auch die Massenorganisationen teilnehmen sollten und daß man nicht gewillt war, die Voraussetzungen für freie Wahlen durch eine neutrale UNO-Kommission prüfen zu lassen. Ebenso gravierend ist die Tatsache, daß Ost-Berlin zu keinem Zeitpunkt verhehlt hat zu sagen, daß es ihm und der sowjetischen Besatzungsmacht um ein wiedervereinigtes Deutschland ging, dessen innere Struktur von den Potsdamer Beschlüssen im Sinne der einseitigen Interpretation der östlichen Seite geprägt werden sollte. Die Führungen der UdSSR und der DDR verfolgten also das Ziel, die politische und ökonomische Struktur der SBZ auf die Bundesrepublik Deutschland zu übertragen.

Daher erscheint es verfehlt, wie es in einem guten Teil der zeithistorischen Forschung üblich ist, den west-östlichen Notenwechsel aus dem Jahre 1952 isoliert zu betrachten. Die immer wieder aufflammende – und bereits erwähnte – Diskussion um die »Legende von der verpaßten Chance« braucht hier nicht im einzelnen wiedergegeben zu werden. Auch wenn die sowjetischen Archive aus jener Zeit noch nicht geöffnet worden sind, hat Gorbatschows »Glasnost«-Politik zumindest ein wenig den Schleier über Stalins Absichten und Ziele im Jahre 1952 gelüftet, indem sich einige sowjetische Deutschland-Experten frei und offen dazu zu äußern vermochten. Jedenfalls war es nicht gerechtfertigt, daß in der 1990 gesendeten ZDF-Serie »Die deutsche Einheit« das über die Jahre 1949 bis 1953 informierende Kapitel »Eine vertane Chance – Der Streit um die Stalin-Note« überschrieben und diese Überschrift nicht wenigstens mit einem Fragezeichen versehen war. Seriöse Zeithistoriker, die sich nicht darauf beschränkt haben, die sowjetische Deutschland-Politik 1952 an einzelnen Äußerungen Adenauers und anderer Politiker zu messen, hatten gute Gründe – unter Einbeziehung des internationalen Kräftefeldes –, die Ansicht zu vertreten, daß weder den drei Westmächten noch Adenauer der Vorwurf zu machen sei, Stalins »Offerten« nicht »ausgelotet« zu haben.

Während sich die Diskussion um Stalins »Offerten« bis in die zweite Hälfte der achtziger Jahre nur auf offizielle britische und amerikanische Dokumente gestützt hatte, liegt inzwischen eine wissenschaftlich fundierte, wenn auch recht knappe Studie vor, in der erstmals die Akten des französischen Außenministeriums zum Notenwechsel, die Protokolle der Sitzungen der Ausschüsse für Auswärtige Angelegenheiten des französischen Parlaments und die wenigen zugänglichen Akten des Archivs der französischen Armee ausgewertet worden sind. Es erschien schon immer fragwürdig und unwissenschaftlich, wenn Rolf Steininger und die ihm folgenden Autoren meinten, die französische Position in der Debatte um die Stalin-Noten von 1952 könnte aus den amerikanischen und britischen Akten erschlossen werden. Mit Recht vermerkt der Würzburger Politikwissenschaftler Adolf Kimmel, dieser »Schönheitsfehler« werde durch die Arbeit von Nikolaus Meyer-Landrut, einer von Andreas Hillgruber betreuten Kölner Dissertation, beseitigt[75]. Das Verdienst Meyer-Landruts liegt nicht zuletzt darin, daß er die bisher zu dieser Problematik verfaßten Arbeiten nicht nur ergänzt, sondern auch in zentralen Punkten korrigiert. Wiederum wird bestätigt, daß der Einfluß Adenauers auf die Formulierung der westlichen Antwortnoten wesentlich geringer gewesen ist, als es mehrere Autoren bisher wahrhaben wollten. Die entscheidende Frage, ob 1952 eine Chance der

Wiedervereinigung verpaßt worden sei, beantwortet der Autor mit einem vorbehaltlosen Nein[76].

Bemerkenswert ist, daß selbst namhafte sowjetische Wissenschaftler und Politiker zu Stalins Deutschland-Politik im Jahre 1952 in jüngster Zeit unterschiedlich Stellung genommen haben. An einer Diskussion im Rahmen der ZDF-Serie »Die deutsche Einheit« beteiligten sich die Professoren Wjatscheslaw Daschitschew, Leiter der Abteilung für Außenpolitik des Instituts für die Wirtschaft des sozialistischen Weltsystems in Moskau, und Michail Voslensky (Bonn). Außerdem äußerten sich in der Sendung Valentin Falin, der frühere sowjetische Botschafter in der Bundesrepublik und damalige Leiter der Internationalen Abteilung bei der KPdSU, und Vladimir Jerofeew, Mitarbeiter des früheren sowjetischen Außenministers Molotow. Darüber hinaus hat auch der sowjetische Deutschland-Experte Daniil E. Melnikow, Professor am Institut für Weltwirtschaft und Internationale Beziehungen der Akademie der Wissenschaften der UdSSR in Moskau, mehrfach zu den sowjetischen Noten aus dem Jahre 1952, an deren Erarbeitung er beteiligt gewesen war, Position bezogen.

Am einfachsten hat es sich Valentin Falin insofern gemacht, als er apodiktisch feststellte, die Ablehnung der Stalin-Note (vom 10. März 1952) durch die Westmächte und Adenauer sei »eine vertane Chance für die deutsche Einheit« gewesen: »Wir konnten uns wenigstens 25 Jahre sparen, an der Spaltung, an der Zeit, die Ihnen und uns doch soviel gekostet hat.«[77] Ebenso undifferenziert war die Bemerkung Vladimir Jerofeews, daß dies eine verpaßte Chance für die Vereinigung Deutschlands gewesen sei. Dies sei darauf zurückzuführen, »daß der Westen und Adenauer die Vereinigung Deutschlands in diesem Augenblick nicht wollten, da man der Meinung war, daß man Deutschland erst aufrüsten, es in den Militärblock der NATO einfügen sollte, und erst dann wollte man entscheiden, was mit dem östlichen Teil geschehen sollte, beziehungsweise ihn von der Position der Stärke aus wiederzuvereinigen«[78].

Nicht überraschend ist, daß die beiden sowjetischen Wissenschaftler in der ZDF-Runde sehr viel differenzierter Stellung bezogen haben. Das ist auch kein Zufall, da sowohl Voslensky als auch Daschitschew Gorbatschows Umdenken in der »Block«- und speziell Deutschland-Politik frühzeitig nicht nur als wünschenswert, sondern

110

auch als notwendig erachtet hatten. Auch wenn Daschitschew meinte, Stalins »Angebot« sei ernst gewesen, da er durch die Wiedervereinigung Deutschlands die Konsolidierung der NATO verhindern
wollte, schränkte er diese Aussage weitgehend wieder ein: »Aber
dieser Versuch war von vornherein zum Scheitern verurteilt in Anbetracht der stalinistischen Politik.« Später fügte er hinzu, objektiv hätte
es aus seiner Sicht keine Möglichkeiten zur Herstellung einer Über-
einkunft zwischen der Sowjetunion und den Westmächten zur damaligen Zeit gegeben: »Man kann das als vertane Chance betrachten,
man muß aber auch das Fehlen der notwendigen Voraussetzungen
zur Verwirklichung dieser Idee sehen.«[79]

Hingegen hatte Voslensky keine Skrupel, die Frage »Eine vertane
Chance?« mit »nein« zu beantworten: »Es wäre dann vielleicht schon
zu einer Einheit gekommen, aber wie Ulbricht das so schön sagte:
›Deutsche Einheit ja, unter der roten Fahne des Sozialismus!‹«[80]
Damit ist sich Voslensky seiner Interpretation der Deutschland-Poli-
tik Stalins seit 1945 treu geblieben[81].

Daschitschew hatte sich bereits in einer Anfang 1990 verfaßten
Denkschrift über Moskaus DDR-Politik auch zur Problematik der
»verpaßten Chance« geäußert und einschränkend erklärt, auf die
wahren Motive und die Frage der Aufrichtigkeit des Stalin-Vor-
schlages vom 10. März 1952 könne nicht näher eingegangen werden,
da dazu bislang die erforderlichen Dokumente und Quellen fehlten.
Er fügte hinzu: ». . . die Idee eines einheitlichen neutralen Deutschland schien damals den Westmächten ebenso wie politischen Kreisen
Westdeutschlands unannehmbar und gefährlich zu sein angesichts
der über Osteuropa errichteten sowjetischen Herrschaft«, um dann
die wichtigsten Daten zu nennen, die Stalins Politik der Expansion
und Gleichschaltung der später zum »Ostblock« gehörenden Länder
kennzeichneten[82].

Daschitschew, der als einer der ersten sowjetischen Beobachter
schon 1988 den Abriß der Berliner Mauer geforder hatte und von der
DDR-Führung daraufhin mit einem Einreiseverbot belegt wurde[83],
unterscheidet sich von den anderen zuvor zitierten Deutschland-Sach-
verständigen dadurch, daß er die unzureichende Quellenlage auf
sowjetischer Seite herausstellte. In einem zentralen Punkt stimmen die
Darlegungen Melnikows mit denen Voslenskys und Daschitschews

überein. In einem *Spiegel*-Interview sagte er, wenn Stalin nach 1945 für ein einiges Deutschland eingetreten sei, dann habe er gehofft, daß die Sowjetunion, »etwa nach einem Friedensvertrag, . . . den stärksten Einfluß auf dieses Deutschland ausübt – mehr als jeder andere Staat, als Frankreich oder England«. Stalin habe 1948 West-Berlin blockiert, »weil er ganz Berlin haben wollte«.

Auf die Frage des *Spiegel*, ob der Kreml 1952 bereit gewesen sei, die DDR aufzugeben, antwortete Melnikow: »Von einer Aufgabe würde ich nicht sprechen. Denn wir standen in der DDR mit unseren Kanonen und Panzern, wir wollten die DDR nicht preisgeben.« Auch gab er zu, daß Stalin ein Gesamtdeutschland anstrebte, in dem die DDR eine große Rolle spielen sollte. Auf die weitere Frage des *Spiegel*, ob er Stalins März-Note für ein »faires Angebot« gehalten habe, antwortete Melnikow: »Fair war Stalin nie. Er war immer listig, und er wollte die anderen immer übervorteilen.«[84]

In einem Beitrag für die Zeitschrift *Osteuropa* betont Melnikow, er selbst habe mit Stalin über die zu verfassende Deutschland-Note nicht gesprochen: »Da wurde keiner zugelassen. Meines Wissens hat keiner mit Stalin beraten außer den Mitgliedern des Politbüros. Die waren ja auch gespalten: Ausgesprochene Deutschland-Freunde waren W. M. Molotow, der blutige L. P. Berija; die Rolle E. M. Malenkows war damals noch gering. Seine Haltung zu Deutschland war ganz stalintreu, von daher eher deutschlandfreundlich. Mir scheint also, daß diese Deutschland-Note eine echte Chance war, die man hätte aufgreifen müssen: Natürlich nicht in der Form, wie sie formuliert wurde, man hätte aushandeln können, was die Westmächte selbst wollten . . .«[85]

Diese Äußerungen deuten darauf hin, daß möglicherweise über die Formulierung der Stalin-Noten 1952 überhaupt kein sowjetisches Archivmaterial vorliegt. Auf jeden Fall erscheint es aufgrund der teilweise kontroversen Stellungnahmen sowjetischer Wissenschaftler und Politiker angebracht, die These von der »verpaßten Chance« mit einem deutlichen Fragezeichen zu versehen. Nicht vergessen werden sollte dabei auch die Formulierung eines anderen bekannten sowjetischen Deutschland-Kenners, der nach einer Podiumsdiskussion in Tutzing einem kleinen Kreis eine wichtige Bemerkung anvertraute, die der amerikanische Historiker Fritz Stern überliefert hat. In Tutzing sei das Gespräch auch auf die amerikanische Rüstungspolitik und SDI gekommen. Dabei sei Nicolai Portugalow die Drohung entschlüpft: »Wenn Ihr an SDI festhaltet, dann schicken wir wieder eine Note wie 1952 – diesmal aber eine ernstgemeinte.«[86]

Zusammenfassend läßt sich feststellen: Bis heute gibt es keine zuverlässigen Informationen darüber, ob und inwieweit im Kreml damals über den Kurs in der Deutschland-Politik gerungen worden ist und ob Berija und Malenkow eine kompromißbereitere Linie in der Deutschland-Frage verfochten haben. Auch mit kremlastrologischen Spekulationen ist ein »seriöser Kern«[87] in Stalins »Offerte« nicht auszumachen.

Wenn Stalin Anfang 1952 wirklich bereit gewesen sein sollte, die SBZ um den Preis eines neutralisierten Gesamtdeutschlands zu »opfern«, hätte er es im Laufe des Notenwechsels mit den drei Westmächten in der Hand gehabt, ein solches »Angebot« zu machen, auf das die drei Adressaten hätten eingehen müssen. Stalin hielt es jedoch für opportun, vor allem in den Noten vom 24. Mai und 23. August 1952, seine Forderung nach Realisierung der Potsdamer Beschlüsse in der Bundesrepublik Deutschland so zu präzisieren, daß für die drei Westmächte und die Bundesrepublik spätestens zu diesem Zeitpunkt feststand: Dem Kreml ist es gar nicht darum gegangen, die Eingliederung der Bundesrepublik Deutschland in das westliche Verteidigungssystem zu verzögern oder gar zu verhindern, sondern darum, sich ein Alibi zu verschaffen und die Verantwortung für die Spaltung Deutschlands den drei Westmächten zuzuschieben, um die Stabilisierung, das heißt Sowjetisierung der SBZ im Sommer 1952 zu forcieren. Die nun eingeleitete verschärfte Militarisierung und die im Juli 1952 von der 2. Parteikonferenz der SED getroffenen Beschlüsse legen dafür eindringlich Zeugnis ab[88].

So waren die Führungen der drei Westmächte gut beraten, sich gar nicht erst auf langwierige Gespräche mit dem Kreml einzulassen. Der einzige Fehler Adenauers war, daß er damals nicht immer die richtigen Formulierungen über Stalins Deutschland-Politik gewählt und den Eindruck erweckt hat, die drei Westmächte vor langwierigen Verhandlungen mit der UdSSR warnen zu müssen, obwohl an deren Haltung keine Zweifel möglich waren. Überblickt man die sowjetische Deutschland-Politik in den Jahren 1950 bis 1952, dann wird deutlich, daß Stalin ein Gesamtdeutschland anstrebte, für dessen innere Struktur die SBZ das Vorbild sein sollte. Die sowjetische Führung verhehlte in ihren Noten keinesfalls, wie sie die Potsdamer Beschlüsse auslegte und in welchem Teil Deutschlands sie sie für realisiert hielt. Es ist kaum anzunehmen, daß der Kreml im Frühjahr 1952 plötzlich seine bekannte »Potsdam-Auslegung« den westlichen Vorstellungen angepaßt haben könnte.

Die leisesten Zweifel daran räumte Ministerpräsident Otto Grotewohl schon vier Tage später, in seiner in der westlichen Literatur viel zu wenig beachteten Regierungserklärung vom 14. März 1952 vor der Volkskammer, aus: »Die verfassungsfeindlichen Handlungen des Bonner Kanzlers Adenauer . . ., die Verfolgungen der Anhänger des Friedens und der Demokratie in Westdeutschland zeugen von der Entwicklung zu einer offenen Militärdiktatur. Das zeigt uns aber auch, wie notwendig die Errichtung eines wirklich friedliebenden Deutschland ist, in dem allen deutschen Bürgern demokratische Freiheiten und die Gleichberechtigung ohne Unterschied der Rassen, des Geschlechts oder der Religion gewährleistet sind und in dem die freie Tätigkeit der demokratischen Parteien und Organisationen sowie die Presse- und Verlagsfreiheit gesichert sein müssen.«[89]

Abschließend sei noch darauf hingewiesen, daß Gerd Bucerius die Diskussion um die »verpaßten Gelegenheiten« oder »die Chance, die keine war«, um einen interessanten Aspekt bereichert hat. Dazu bemerkt er in seinem Buch »Der Adenauer – Subjektive Beobachtungen eines unbequemen Weggenossen«: »Einen gibt es, der nicht zu vermuten, sondern zu wissen meint, Stalin sei es mit der Wiedervereinigung nicht ernst gewesen. Bruno Kreisky, damals Staatssekretär im österreichischen Außenministerium und Architekt des ›Staatsvertrages‹, der Österreich aus der Besatzung entließ, hat 1954 seinen sowjetischen Verhandlungspartner Molotow gefragt, ob nicht für Deutschland eine ähnliche Lösung wie für Österreich möglich sei. Molotow, erzählte Kreisky mir vor kurzem, hat abgelehnt: ›Die Deutschen waren zweimal mit Waffengewalt in unserem Lande. Die Neutralität Österreichs läßt sich mit einem Papier sichern. Die Neutralität Deutschlands nicht.‹«[90]

Kreisky hat später mehrfach in diesem Sinne über seine Gespräche mit führenden sowjetischen Politikern berichtet. Besonders aufschluß-

reich war das Gespräch, das der *Spiegel* Anfang 1985 mit dem österreichischen Altbundeskanzler geführt und in dem dieser Mikojan so
zitiert hat: »Schauen Sie, die Neutralität wird auf einem Dokument,
auf einem Stück Papier niedergelegt. Ein kleiner Staat wird sich
hüten, dieses Papier für null und nichtig zu erklären. Aber wenn wir
das für ein etwa 80-Millionen-Volk wie die Deutschen niederschrei-
ben würden, dann bleibt es wieder ein Papier. Was geschieht, wenn
dieser große Staat von einem Tag auf den anderen erklärt, er kehrt der
Neutralität den Rücken? Er ist nicht mehr neutral. Sollen wir dann
einen Krieg anfangen?«[91]

Es besteht keine Veranlassung, anzunehmen, daß diese dezidierte
Ansicht nicht auch die Position des Kreml in der Deutschland-Frage
1952 gewesen ist. Für diese These spricht auch die Tatsache, daß die
sowjetische Führung weder auf der Berliner Außenminister-Konferenz 1954 noch später ein Angebot unterbreitet hat, das die drei Westmächte und die Bundesregierung zu einer ernsthaften Prüfung hätte
veranlassen müssen. Hier kann auch die Diskussion über die Frage
nicht rekapituliert werden, ob 1953 eine Chance vertan worden ist, die
Wiederherstellung der staatlichen Einheit Deutschlands in Freiheit
zu erreichen. Dabei geht es um die Interpretation der sowjetischen
Deutschland-Politik in der Zeit von Stalins Tod am 5. März bis Mitte
Juni 1953 und der großen außenpolitischen Rede Winston Churchills
vom 11. Mai 1953. Für Churchill waren der Tod Stalins und die Veränderungen an der sowjetischen Führungsspitze Anlaß, aus der Passivi-
tät in der Deutschland- und Europa-Politik herauszutreten[92].

Soviel steht fest: Im Kreml hat man damals ernsthaft überlegt, ob es
sinnvoll sei, mit der bisherigen Politik gegenüber und in der SBZ/
DDR fortzufahren. Die von den Nachfolgern Stalins eingeleitete
Politik des »Neuen Kurses« hatte nicht nur weitreichende innen-,
sondern auch außenpolitische Auswirkungen, auf die die Führung
und Bevölkerung der SBZ/DDR nicht vorbereitet waren. So kolli-
dierte die am 28. Mai 1953 von der DDR-Führung verfügte Erhöhung
der Arbeitsnormen mit dem »Neuen Kurs«. Die Empörung über diese
ausbeuterische Maßnahme veranlaßte Bauarbeiter in Ost-Berlin am
16. Juni 1953 zu einer Demonstration, die einen Tag später in den
allgemeinen Aufstand gegen das SED-Regime mündete, der nur mit
Hilfe sowjetischer Truppen niedergeschlagen werden konnte[93].

Obwohl über die Vorgänge, die zur Volkserhebung am 17. Juni 1953 geführt haben, eine umfangreiche Literatur – darunter auch sehr aufschlußreiche »Insider«-Berichte – vorliegt, war bis 1989/90 nicht geklärt, ob im Kreml im Frühjahr 1953 eine bestimmte Richtung die SED-Führung zu einem grundsätzlichen innenpolitischen Positions-wechsel veranlassen wollte oder gar zur Aufgabe der DDR bereit war. Die seit kurzem zugänglichen internen SED-Dokumente bestätigen nur, daß der Kreml angesichts der prekären inneren Situation der DDR, die in der lawinenartig anschwellenden Fluchtbewegung ihren Ausdruck fand, Ende Mai/Anfang Juni 1953 die SED-Führung zu veranlassen suchte, weitreichende innenpolitische Korrekturen vor-zunehmen. Auch wenn bestimmte Kräfte in der SED-Führung um die desolate innere Situation der DDR wußten, fehlten ihnen der nötige Reformwille und die Bereitschaft, gegen Walter Ulbricht und dessen Mitstreiter aufzubegehren und sie zu entmachten. Aufgrund der Ereignisse am 16./17. Juni 1953 in der DDR setzte sich im Kreml wieder die harte Linie in der Deutschland-Politik durch, und durch das Eingreifen der sowjetischen Besatzungsmacht wurde das Ul-bricht-Regime gerettet[94].

Westliche Analytiker waren bis zur Wende in der DDR 1989/90 immer davon ausgegangen, daß innerhalb der sowjetischen Füh-rung vornehmlich Berija auf eine Revision der SED-Politik im Früh-jahr 1953 gedrängt und auf die Gruppe Zaisser-Herrnstadt im Polit-büro der SED gesetzt habe. Aus den neuen Archivquellen der SED geht nun hervor, daß am 2. Juni 1953 Otto Grotewohl, Walter Ul-bricht und Fred Oelßner dringend nach Moskau beordert worden waren, wo ihnen die neue sowjetische Partei- und Staatsführung, vertreten durch Malenkow, Berija, Chruschtschow, Bulganin und Mikojan, gleich zu Beginn in einem Geheimpapier konkrete Anwei-sungen zum sofortigen Kurswechsel überreicht hat[95].

Die Verfechter der These, die sowjetische Führung sei sich damals über den deutschlandpolitischen Kurs nicht einig gewesen, hat-ten sich immer auch auf die Deutung bezogen, die Nikita S. Chru-schtschow in seiner Rede vom 8. März 1963 gegeben und in der er Berija vorgeworfen hatte, er habe gemeinsam mit Malenkow den »provokatorischen Vorschlag« gemacht, »die DDR als sozialistischen Staat zu liquidieren und der SED zu empfehlen, auf die Losung des

Kampfes für den Aufbau des Sozialismus zu verzichten«[96]. Für die Ansicht, daß die Vorstellungen im Kreml über die einzuschlagende Deutschland-Politik divergierten, wurde auch geltend gemacht, daß Berija am 9. Juli 1953 seiner Ämter enthoben, dann verhaftet und später erschossen worden ist[97]. Auf jeden Fall reichen auch die neuen Quellen keinesfalls aus, der sowjetischen Führung oder zumindest Teilen von ihr zu unterstellen, daß sie im Frühjahr 1953 über die Etablierung des »Neuen Kurses« in der SBZ hinaus deren Liquidierung ins Auge gefaßt habe.

Es erscheint daher verfehlt, den drei Westmächten wiederum vorzuwerfen, sie hätten in den Monaten nach Stalins Tod eine weitere Chance vertan, die staatliche Wiedervereinigung Deutschlands unter freiheitlichem Vorzeichen zu erreichen. Winston Churchill hatte in seiner Unterhausrede vom 11. Mai unter Hinweis auf die veränderte Lage in der Sowjetunion vorgeschlagen, »eine Konferenz auf höchster Ebene zwischen den führenden Mächten« einzuberufen, um eine Lösung der deutschen Frage unter gleichzeitiger Berücksichtigung der sowjetischen Sicherheitsbedürfnisse nach dem Muster des Locarno-Vertrags von 1925 anzustreben[98].

Rolf Steininger versieht wenigstens seine Spekulation, ob 1953 »eine Chance vertan worden ist, ob die Wiedervereinigung in Freiheit auf der Grundlage international kontrollierter Neutralität zu haben gewesen wäre . . .«, mit einem Fragezeichen[99]. Auch hier offenbart er seine anfechtbare und unwissenschaftliche Vorgehensweise, da die Machtverhältnisse im Kreml unübersichtlich waren und überhaupt nicht feststand, ob die sowjetische Führung mehrheitlich damals zu einer Preisgabe der DDR bereit gewesen wäre. Ebenso spekulativ ist es, wenn Richard Löwenthal meint, der 17. Juni 1953 habe nicht nur eine »Krise der sowjetischen, sondern eine verpaßte Chance der westlichen Politik«[100] bedeutet. Die nach dem Tod Stalins unüberschaubaren Machtverhältnisse in der sowjetischen Führung waren nicht dazu angetan, die westliche Führungsmacht zu einer diplomatischen Initiative mit dem Vorschlag zu veranlassen, die UdSSR möge ihre Besatzungszone in Deutschland aufgeben und die Wiederherstellung der staatlichen Einheit des Landes unter westlichem Vorzeichen zulassen.

Später hat sich Richard Löwenthal vorsichtiger geäußert und festgestellt, mit mehr Grund als jemals zu Stalins Lebzeiten habe sich Bundeskanzler Adenauer mit der Gefahr der Verwirklichung seines Alptraums einer Rückkehr zu Potsdam konfrontiert gesehen – »mindestens aber mit der Gefahr einer Preisgabe des EVG-Projekts durch die Westmächte. Doch der unabhängigere Status der Bundesrepublik und die Meinungsverschiedenheiten unter den westlichen Regierungen, vor allem die Skepsis der Regierung Eisenhower-Dulles gegenüber Churchills Vorschlag, gaben ihm Möglichkeiten des Eingreifens, die Ulbricht nicht offenstanden.«[101] Steininger und Löwenthal sind nachdrücklich daran zu erinnern, daß bisher keinerlei verläßliche Angaben darüber vorliegen, ob die sowjetische Führung 1952 und später überhaupt geneigt gewesen wäre, ein wiedervereinigtes Deutschland mit dem Status einer international kontrollierten Neutralität zu konzedieren. Bruno Kreiskys Aussagen deuten auf das Gegenteil hin[102].

Wie sehr die Vorstellungen der drei Westmächte und der UdSSR über eine Lösung der deutschen Frage divergierten, verdeutlichte nicht nur der ost-westliche Notenwechsel 1952, sondern auch der Verlauf der Berliner Konferenz der Außenminister der drei Westmächte und der Sowjetunion vom 25. Januar bis 18. Februar 1954. Während für die drei Westmächte die Wiederherstellung der staatlichen Einheit Deutschlands die Voraussetzung für die Schaffung eines europäischen Sicherheitssystems bildete, sollten nach den sowjetischen »Entwürfen eines Gesamteuropäischen Vertrags über die kollektive Sicherheit in Europa«, die der sowjetische Außenminister Molotow am 10. Februar 1954 auf der Berliner Konferenz und Ministerpräsident Bulganin am 20. Juli 1955 auf der Genfer Gipfelkonferenz vorgelegt hatten, »bis zur Bildung eines einheitlichen, friedliebenden, demokratischen deutschen Staates« beide Teile Deutschlands »gleichberechtigte Partner dieses Vertrages sein«[103].

Die Ergebnisse der gescheiterten Berliner Außenminister-Konferenz bestärkten die drei Westmächte und die Bundesregierung in ihrer Ansicht, mit ihrer Politik der Eingliederung der Bundesrepublik Deutschland in die westliche Völkergemeinschaft fortzufahren. Dies geschah – wie bereits ausgeführt – mit der Einladung der sechs Vertragsstaaten der Montanunion und Großbritanniens, der USA und Kanadas in der Londoner Schlußakte vom 3. Oktober 1954 an die Bundesrepublik Deutschland, dem Brüsseler Vertrag in revidierter Fassung und dem Nordatlantik-Vertrag beizutreten. Mit dem am 23. Oktober 1954 in Paris unterzeichneten »Protokoll über die Beendigung des Besatzungsregimes in der Bundesrepublik Deutschland« wurde das Bonner Vertragswerk vom 26. Mai 1952 über die Beziehungen der Bundesrepublik Deutschland zu den drei Westmächten mit einigen Änderungen in Kraft gesetzt. Am 5. Mai 1955 trat der Deutschland-Vertrag in Kraft[104].

Die Verfestigung der Spaltung Deutschlands (ab 1955)

Daß das Jahr 1955 die wichtigste Zäsur in der Entwicklung der Deutschland-Frage bis 1961 bildete, manifestieren nicht nur das Inkrafttreten des Deutschland-Vertrags und die Aufnahme der Bundesrepublik Deutschland in die westliche Verteidigungsallianz (NATO) und die Westeuropäische Union (WEU) sowie der DDR in die am 14. Mai 1955 errichtete multilaterale Militärorganisation des Ostblocks, den Warschauer Pakt[105], sondern auch der Verlauf der Genfer Gipfelkonferenz (18. bis 23. Juli 1955). Zwar vermochten sich die Regierungschefs der vier Mächte – Präsident Eisenhower, Premierminister Eden, Ministerpräsident Faure und Ministerpräsident Bulganin – in Genf noch auf eine Direktive an ihre Außenminister zu einigen, in der von der »gemeinsamen Verantwortung für die Regelung der deutschen Frage und die Wiedervereinigung Deutschlands« die Rede war. Auch die Formel, die vier Mächte seien darüber einig, die Regelung der Deutschland-Frage und die Wiedervereinigung Deutschlands im Wege freier Wahlen sollten im Einklang mit den nationalen Interessen des deutschen Volkes und den Interessen der europäischen Sicherheit durchgeführt werden[106], ließ Hoffnungen aufkommen, daß die um eine zumindest partielle Entspannung in der Welt bemühten Nachfolger Stalins in den von ihnen verbreiteten »Geist von Genf« auch die deutsche Frage einzubeziehen bereit waren.

Unmittelbar nach der Beendigung der Genfer Gipfelkonferenz verdeutlichte die sowjetische Führung jedoch unmißverständlich, was sie unter den »nationalen Interessen des deutschen Volkes und den Interessen der europäischen Sicherheit« verstand. Von nun an legte sie größten Wert auf die Feststellung, die »deutsche Frage« könne

»nicht auf Kosten der Interessen der DDR gelöst« und die dortigen »politischen und sozialen Errungenschaften« dürften nicht in Frage gestellt werden. So wurde die Genfer Direktive mit ihrem Junktim zwischen europäischer Sicherheit und Deutschland-Frage »in ihrem auf Deutschland bezogenen Teil bereits Makulatur, noch ehe die Unterschrift der Regierungschefs richtig getrocknet war«[107].

Darüber hinaus ließ die sowjetische Seite keinen Zweifel mehr daran, daß sie auch auf der internationalen Ebene so weit wie möglich die von ihr proklamierte Zwei-Staaten-These durchzusetzen bestrebt war[108]. Das Jahr 1955 zeigte außerdem, daß die UdSSR ihre 1954 eingeleitete Politik, das deutsche Problem immer stärker im Rahmen der »kollektiven Sicherheit in Europa« zu betrachten, konsequent fortsetzen wollte.

Der Verlauf der Genfer Gipfelkonferenz und die Rede Chruschtschows vom 26. Juli 1955 in Ost-Berlin machten deutlich, daß Adenauers Sorge, nach dem Abschluß des österreichischen Staatsvertrags vom 15. Mai könnten die Westmächte bereit sein, einen »Gürtel neutraler Staaten in Europa« zu schaffen, unbegründet war. In seinen »Erinnerungen« hat Adenauer betont, es sei wohl kein Zweifel möglich gewesen, »daß von seiten Sowjetrußlands die Neutralität Österreichs unter anderem in der Absicht erstrebt wurde, bei uns in Deutschland ähnliche Gedanken und Ideen, die ja sowieso schon herumspukten, zu fördern und ihre Verbreitung auch in anderen Teilen Europas und der Welt zu stärken«[109]. Besonders scharf kritisierte er, daß der Gedanke eines neutralen Gürtels in Europa vornehmlich in den USA an Boden gewonnen habe[110].

In seinen Besprechungen mit den drei westlichen Außenministern in New York am 26. Juni war es Adenauer gelungen, Präsident Eisenhower und Außenminister Dulles darauf festzulegen, »daß eine Lösung des Sicherheitsproblems auf der Grundlage der Teilung Deutschlands unmöglich sei. Ich erhielt die Zusicherung der Außenminister, daß sie einer derartigen Lösung auch niemals zustimmen würden.«[111] Dem Bundeskanzler wurde ausdrücklich versichert, daß bei der Gipfelkonferenz die Wiedervereinigung Deutschlands neben der Frage der europäischen Sicherheit und einer globalen Abrüstung Hauptthema sein werde[112].

Auf der Genfer Außenminister-Konferenz vom 27. Oktober bis

16. November 1955 suchten die drei Westmächte der UdSSR insofern noch weiter entgegenzukommen, als sie dort den erstmals auf der Berliner Außenminister-Konferenz im Januar 1954 vorgelegten Eden-Plan in einem zentralen Punkt modifiziert hatten. Nun verbanden sie den Plan für die Wiedervereinigung Deutschlands in Freiheit mit dem Entwurf eines Zusicherungsvertrages, dessen Bestimmungen schrittweise mit den einzelnen Phasen der Wiedervereinigung wirksam werden sollten und vornehmlich Sicherheitsgarantien enthielten[113]. Doch war die Sowjetunion auch jetzt nicht bereit, das westliche Konzept der Wiederherstellung der staatlichen Einheit Deutschlands und der Sicherheit Europas zu akzeptieren. Für die sowjetische Führung war nun die Problematik der kollektiven Sicherheit in Europa in das Zentrum ihrer Politik gerückt; die Frage der Überwindung der staatlichen Teilung Deutschlands war für sie nur noch von untergeordneter Bedeutung[114].

Die Aufnahme der diplomatischen Beziehungen zwischen der Bundesrepublik und der UdSSR[115] hat die negative Entwicklung der deutsch-sowjetischen Beziehungen nicht verhindern können und sich auf den Verlauf der Genfer Außenminister-Konferenz im Herbst 1955 nicht positiv ausgewirkt. Die drei Westmächte hielten an ihrem 1954/55 entwickelten Junktim zwischen der deutschen Frage und der Problematik der Sicherheit in Europa fest. Besonders eindrucksvoll legte dafür die Berliner Erklärung zur Wiedervereinigung Zeugnis ab, die die Botschafter der drei Westmächte und Bundesaußenminister Heinrich von Brentano am 29. Juli 1957 unterzeichnet haben und in der sie »zum letzten Mal alle ihre ursprünglichen deutschlandpolitischen Grundsätze in reiner Form formulierten und sich verbindlich dazu bekannten«[116]. So lautete der letzte Punkt des Zwölf-Punkte-Programms: »Alle Abrüstungsmaßnahmen, die auf Europa angewandt werden, müssen die Zustimmung der betroffenen europäischen Nationen erhalten und die Verknüpfung der europäischen Sicherheit mit der deutschen Wiedervereinigung berücksichtigen.«[117]

Festzuhalten gilt auch, daß es in Punkt 2 dieser Erklärung ausdrücklich hieß, die Wiedervereinigung Deutschlands bleibe »gemeinsame Verantwortlichkeit der Vier Mächte, die 1945 die oberste Gewalt in Deutschland übernahmen – eine Verantwortlichkeit, die in der Direktive der vier Regierungschefs in Genf im Juli 1955 erneut bekräftigt wurde. Gleichzeitig erfordert die deutsche Wiedervereinigung die aktive Mitarbeit des gesamten deutschen Volkes unter solchen Bedingungen, die die Freiheit seiner Willensäußerung gewährleisten.«

Während der vielbeschworene »Geist von Genf« schnell verflog, trat die deutsche Frage erst Ende 1958 in ein neues Stadium, als die sowjetische Führung die zweite Berlin-Krise auslöste und den Versuch unternahm, den nach wie vor gültigen Vier-Mächte-Status für ganz Berlin aus den Angeln zu heben. Als die Sowjetregierung wenig später, am 10. Januar 1959, ihren bisher letzten Entwurf für einen Friedensvertrag mit Deutschland, der die mehrfache Teilung des Landes fixieren und auch legalisieren sollte und für die Wiedervereinigung überhaupt kein Verfahren mehr vorsah, mit dem Vorschlag verknüpfte, Berlin (West) die »Stellung einer entmilitarisierten Freien Stadt auf der Grundlage ihres besonderen Status« zu verleihen, war vollends klar, daß die UdSSR nun ihre Zwei- zur Drei-Staaten-These erweitert hatte[118].

Die sowjetische Führung begnügte sich jedoch nicht mit dem Versuch, den Status Berlins einseitig und entgegen allen völkerrechtlichen Regeln total zu verändern, sondern drohte auch noch, mit der DDR eine separate Friedensregelung in dem Fall zu treffen, daß die Westmächte zur Unterzeichnung eines Friedensvertrags auf der Basis der Teilung Deutschlands nicht bereit seien. Angesichts dieser offensiven Deutschland-Politik Moskaus stand von vornherein fest, daß die für über dreißig Jahre letzte Konferenz der Außenminister der vier Mächte (11. Mai bis 20. Juni und 13. Juli bis 5. August 1959) in Genf zu keiner Einigung in der deutschen Frage führen konnte. Die drei westlichen Alliierten hatten in der Zwischenzeit ihr Konzept noch einmal überprüft und legten am 14. Mai 1959 in Genf ihren Friedensplan vor, den nach dem amerikanischen Außenminister benannten Herter-Plan, der die Grundzüge eines Stufenplans für die Wiedervereinigung Deutschlands, die europäische Sicherheit und eine Friedensregelung mit Deutschland verband[119].

Mit diesem Konzept machten die Westmächte noch einmal das Junktim zwischen der Wiederherstellung der staatlichen Einheit Deutschlands und der europäischen Sicherheit deutlich. Hingegen unterbreitete der sowjetische Außenminister Molotow am 15. Mai in

Genf erneut den Entwurf für einen Friedensvertrag mit Deutschland, den die UdSSR bereits am 10. Januar 1959 vorgelegt hatte[120]. Er war dadurch gekennzeichnet, daß er die Fixierung und Legalisierung der Spaltung Deutschlands zum Ausgangspunkt für eine europäische Friedensordnung machte. Nur in einem Nebensatz (Artikel 5, Ziffer 3) wurde von der Möglichkeit gesprochen, ein »auf den gemeinsamen Anstrengungen der europäischen Staaten beruhendes Sicherheitssystem in Europa« zu schaffen. An der Genfer Konferenz nahmen erstmals Vertreter der Bundesrepublik Deutschland und der DDR mit dem Status von »Beratern« teil[121].

Den drei Westmächten und der Bundesregierung gelang es in der ersten Hälfte der sechziger Jahre erfolgreich, Chruschtschows so gefährliche Berlin-Offensive abzuwehren und ihn auch von dem Gedanken abzubringen, mit der DDR eine separate Friedensregelung in dem Fall zu treffen, daß die Westmächte zur Unterzeichnung eines Friedensvertrages auf der Grundlage der mehrfachen Teilung Deutschlands nicht bereit sein sollten.

Die Tatsache, daß der 13. August 1961 eines der wichtigsten Daten der deutschen Nachkriegsgeschichte bildet, ist in zahlreichen Analysen belegt worden. Bereits auf der 4. Tagung des Politischen Beratenden Ausschusses des Warschauer Paktes Ende März 1961 in Moskau hatte Ulbricht versucht, eine radikale »Lösung der West-Berlin-Frage« zu erreichen. Er gab eine dramatische Beschreibung der Flüchtlingssituation, »die in der Feststellung gipfelte, daß ohne einschneidende Maßnahmen in dieser Frage die DDR ihre Verpflichtungen im Comecon nicht mehr erfüllen könne«[122]. Über den Verlauf dieser Tagung hat Jan Sejna, der frühere tschechoslowakische stellvertretende Verteidigungsminister, der nach der militärischen Intervention von fünf Warschauer-Pakt-Staaten in der ČSSR im August 1968 in den Westen geflüchtet war, einen aufschlußreichen Bericht gegeben. Demnach sind die Ostblockführer über Ulbrichts Vorschlag, neben verschärften Grenzkontrollen rund um Berlin eine Stacheldraht-Barriere entlang der Sektorengrenze quer durch die Stadt zu errichten, entsetzt gewesen, vor allem die »notorischen Renitenten, die später auf Dauer die Harmonie des Blocks verwirren sollten«[123]. Zu den schärfsten Kritikern zählten Janos Kádár und der rumänische Parteichef Gheorghiu-Dej, der Vorgänger Ceauşescus und Begründer des rumänischen

Nationalkommunismus. Da »auch Chruschtschow gegen Ulbrichts Pläne war – er hatte ... weitergesteckte Ziele und noch keine Klarheit über die neue amerikanische Administration Kennedy –, gaben die Verbündeten Ulbricht keine Ermächtigung«[124].

Obwohl Ulbricht auf seiner Pressekonferenz vom 15. Juni 1961 erklärt hatte, niemand habe die Absicht, eine Mauer zu errichten[125], gaben ihm die Verbündeten in der Warschauer Allianz am 5. August 1961 grünes Licht, sein Vorhaben zu verwirklichen. Gleichzeitig drohten sie mit dem Abschluß eines separaten Friedensvertrags mit der DDR, »der den Schlußstrich unter den vergangenen Krieg ziehen und die Bedingungen für die Stabilisierung der Lage in diesem Teil Europas sichern wird«[126].

Der Bau der Mauer in Berlin hatte sowohl »unmittelbare wie auch langfristige Auswirkungen. Er beendete das demographische Ausbluten der DDR, obwohl mutige und entschlossene Einzelpersonen, oft mit großem persönlichem Risiko, weiter in den Westen geflohen sind ... [So] muß der Realist trotz des monströsen Charakters der Mauer akzeptieren, daß ihre praktischen Folgen für die Sowjetunion und die DDR einen allmählichen Wandel zugunsten einer Duldung West-Berlins möglich machten. Das war zwar nicht sofort sichtbar, denn die Berlin-Krise dauerte 1961 und 1962 unvermindert an, aber mit der Zeit gestattete die sich vollziehende Konsolidierung der DDR eine auf kurze und weitere Sicht etwas entspanntere Haltung gegenüber der fortwährenden Existenz eines freien West-Berlin.«[127]

Daß der 13. August 1961 wie kein anderer Tag »zum Symbol der Teilung Deutschlands« geworden ist, erkannte verständlicherweise am frühesten und klarsten die politische Führung in Berlin, nämlich der Regierende Bürgermeister und Kanzlerkandidat der SPD von 1961 und 1965, Willy Brandt, und sein engster Beraterkreis, zu dem auch Egon Bahr gehörte. Auch wenn der Bau der Mauer keine der zuvor vom amerikanischen Präsidenten Kennedy entwickelten drei westlichen »essentials« – die militärische Präsenz der drei Westmächte, Verbindungslinien zum Westen und die Lebensfähigkeit Berlins (West)[128] – bedrohte, waren mittelfristig die politischen und psychologischen Auswirkungen dieser in Berlin wie in Westdeutschland mit größter öffentlicher Empörung ausgelösten und unerwarteten Maßnahme erheblich.

Es ist das Verdienst Diethelm Prowes, 1985 eine zentrale Quelle zur Berliner Mauer und zur Entstehung der Brandtschen Ostpolitik veröffentlicht und sachkundig kommentiert zu haben. Bis dahin war die Rolle, die US-Präsident Kennedy in diesem ost- und deutschlandpolitischen Umdenkprozeß in den ersten Tagen nach dem Mauerbau gespielt hat, wenig bekannt. Eine Schlüsselrolle kommt dabei dem Schreiben zu, das Kennedy fünf Tage nach dem Bau der Mauer in Antwort auf Brandts dringenden Appell an Washington hat überbringen lassen. Obwohl dieser Brief verschiedentlich von Brandt selbst und seinen engsten Berliner Beratern als wesentlicher Faktor in den deutschlandpolitischen Überlegungen in Berlin 1961/62 herausgestellt worden war, ist er der breiten Öffentlichkeit lange unbekannt geblieben. Kennedy forderte die Berliner Führung zu selbständigen Initiativen und zur Aufgabe unhaltbarer Positionen auf und nannte schon die wesentlichen Voraussetzungen einer Entspannung nach Osten hin. Bereits in seiner Regierungserklärung vor dem Abgeordnetenhaus am 22. September 1961, der ersten nach dem Mauerbau, umriß der Regierende Bürgermeister von Berlin die Hauptansatzpunkte seiner späteren Ostkontakte. Diese Ansätze haben zwei Jahre später in dem Berliner Passierschein-Abkommen vom 18. Dezember 1963 ihren ersten Ausdruck gefunden[129].

Egon Bahr, damals Leiter des Presse- und Informationsamtes des Landes Berlin, hat dann in seiner vielzitierten Rede vom 15. Juli 1963 in der Evangelischen Akademie Tutzing jene Positionen umschrieben, die als erste programmatische Fixierung der »neuen Ostpolitik« der SPD bezeichnet werden. Für die Situation in Deutschland zog er diese Schlußfolgerung: »Wir haben gesagt, daß die Mauer ein Zeichen der Schwäche ist, man könnte auch sagen, sie war ein Zeichen der Angst und des Selbsterhaltungstriebes des kommunistischen Regimes. Die Frage ist, ob es nicht Möglichkeiten gibt, diese durchaus berechtigten Sorgen dem Regime graduell so weit zu nehmen, daß auch die Auflockerung der Grenzen und der Mauer praktikabel wird, weil das Risiko erträglich ist. Das ist eine Politik, die man auf die Formel bringen könnte: Wandel durch Annäherung.«[130]

Bahr bezog sich dabei auf die vom amerikanischen Präsidenten Kennedy entwickelte »Strategie des Friedens«, die sich durch die Formel definieren lasse, »daß die kommunistische Herrschaft nicht beseitigt, sondern verändert werden soll. Die Änderung des Ost-West-Verhältnisses, die die USA versuchen wollen, dient der Überwindung des Status quo, indem der Status quo zunächst nicht verändert werden soll. Das klingt paradox, aber es eröffnet Aussichten, nachdem die bisherige Politik des Drucks und Gegendrucks nur zu einer Erstarrung des Status quo geführt hat.«[131]

Mit seiner Tutzinger Rede hat Egon Bahr wichtige Elemente der »Politik der kleinen Schritte« umschrieben, die Brandt zunächst als Regierender Bürgermeister von Berlin eingeleitet hat, dann als Außenminister der Großen Koalition von Ende 1966 bis 1969 fortzusetzen suchte und schließlich als Kanzler der sozial-liberalen Koalition fortführen konnte.

Der SPD ist zu bescheinigen, daß sie sich in der ersten Hälfte der sechziger Jahre leichter auf die neue internationale Konstellation einzustellen vermochte als die Bundesregierungen unter den Kanzlern Adenauer und Erhard. Klaus Hildebrand hat in seiner Studie »Von Erhard zur Großen Koalition 1963–1969« dezidiert und überzeugend dargelegt, wie die ein Dezennium lang erfolgreich erhobene Forderung der Bundesrepublik Deutschland, daß Fortschritte auf dem Gebiet der Abrüstung und Entspannung von reellen Aussichten auf eine Lösung des deutschen Problems abhängig zu machen seien, ja nur zusammen mit dem Ziel der Wiedervereinigung erreicht werden dürften, durch den Gang der Weltpolitik elementar in Frage gestellt worden sei[132]. Gut hat er auch herausgearbeitet, daß der alte Kanzler den Vorrang der Abrüstung durchaus anerkannt und angesichts der stets vorhandenen Möglichkeit eines russisch-französischen Zusammengehens, des amerikanischen Desinteresses gegenüber den deutschen Belangen und eines möglicherweise drohenden Isolationismus der USA der weltpolitischen Entwicklung im Hinblick auf die »deutsche Frage« im Rahmen seiner »Burgfrieden«-Überlegungen den fälligen Tribut gezollt habe[133].

In der Tat fehlten in der Phase der von Präsident Kennedy Anfang 1961 eingeleiteten und von seinem Nachfolger Lyndon B. Johnson ab Ende 1963 fortgeführten Status-quo-Politik die Voraussetzungen, um die Lösung des deutschen Problems, also die Überwindung der staatlichen Teilung des Landes, auf die internationale Tagesordnung zu stellen. Dennoch war Bundeskanzler Erhard gut beraten, sich am 3. Dezember 1963 ausdrücklich von Adenauers zweifelhaftem »Burgfriedens«-Angebot zu distanzieren. Zutreffend betonte Erhard, einmal könne der Bevölkerung in der Sowjetzone angesichts der dortigen Verhältnisse eine Wartezeit von zehn Jahren nicht zugemutet werden, zum anderen könne der Eindruck entstehen, als hätten sich die Deutschen mit dem derzeitigen Zustand innerlich abgefunden[134].

Mit Recht war die Bonner Regierung enttäuscht, »als ihrem immer wieder vorgetragenen Verlangen nach einer neuen Initiative der Westmächte in der Wiedervereinigungsfrage mit einer in dieser Art letzten Deutschland-Erklärung der Amerikaner, Briten und Franzosen vom 12. Mai 1965 ›ein Begräbnis dritter Klasse‹ bereitet wurde«[135]. Diese Deutschland-Erklärung, die dem Abschlußkommuniqué der Londoner NATO-Ministerratssitzung als Anlage beigefügt wurde »und einen mühsam errungenen Kompromiß zwischen der von de Gaulle angestrebten ›Europäisierung der deutschen Frage‹ sowie der seit dem Ende des Zweiten Weltkrieges bestehenden Vier-Mächte-Verantwortung für Deutschland präsentierte, beschränkte sich nämlich auf die ebenso lapidare wie vage Feststellung: ›Die Möglichkeiten, in dieser Frage an die sowjetische Regierung heranzutreten, werden unter Berücksichtigung der Aussichten, dabei zu nützlichen Ergebnissen zu gelangen, weiterhin geprüft‹[136].«[137]

Leider hat es Klaus Hildebrand versäumt, den dann folgenden Passus der Erklärung zu zitieren, in dem die drei Westmächte die Auffassung vertraten, »daß ohne eine wirkliche Lösung des deutschen Problems, die auf der Ausübung des Selbstbestimmungsrechts in den beiden Teilen Deutschlands beruht, die Lage in Europa als Ganzem ungewiß bleiben und infolgedessen der Friede auf diesem Kontinent nicht in vollem Maße gesichert sein wird. Diese Lösung ist nicht nur im Interesse des deutschen Volkes erforderlich, das seine Wiedervereinigung verlangt, sondern auch im Interesse aller europäischen und anderer beteiligter Völker.«[138]

Mit diesem Dokument haben die drei Westmächte weder eine juristische noch eine politische Position ihrer bis dahin verfolgten Deutschland-Politik aufgegeben. Der einzige neue Aspekt lag in der Erkenntnis, daß die internationale und speziell die europäische Großwetterlage es angesichts der intransigenten Haltung des Kreml nutzlos erscheinen ließ, die Lösung der »deutschen Frage« auf die Tagesordnung zu setzen. Henry A. Kissinger hat in seiner 1965 erschienenen Studie »Was wird aus der westlichen Allianz?« die Problematik der Stellung Deutschlands in der atlantischen Allianz auf drei zentrale Faktoren zurückgeführt:

1. Die NATO ist ein Bündnis von »Status-quo-Mächten«; doch eines der wichtigsten Mitglieder erstrebt eine fundamentale Änderung des Status quo.

2. Kein Verbündeter der Bundesrepublik teilt deren nationale Aspirationen mit gleicher Intensität.

3. Deutschlands Vergangenheit hat eine Erbschaft des Mißtrauens hinterlassen, die seine internationale Rolle besonderen Behinderungen unterwirft[139].

Kissinger erläuterte sodann die in den fünfziger Jahren von westlicher Seite unterbreiteten Deutschland-Pläne, um zu dem richtigen Ergebnis zu gelangen, daß auf lange Sicht die Hoffnung auf die Einheit Deutschlands »einzig in dem Zusammenschluß Europas« liege: »In dem Maße, wie die Nationen ihre frühere Bedeutung verlieren, wird auch die Furcht vor irgendeinem einzelnen Staat schwinden. Überdies wird ein vereinigtes Westeuropa die Anzugskraft eines starken Magneten auf die osteuropäischen Länder ausüben. Sollte ein alles umfassender europäischer Aufbau jemals zustande kommen, so dürften die bestehenden Trennungslinien weit weniger wichtig erscheinen.«[140]

Überblickt man die Deutschland-Politik unter den Bundeskanzlern Adenauer und Erhard und sieht man von Stellungnahmen von wissenschaftlicher und publizistischer Seite ab[141], dann steht außer Zweifel, daß bis zum Herbst 1966 keine der bis dahin gemeinsam – auch seitens der sozialdemokratischen Opposition – als gültig akzeptierten Rechtspositionen aufgegeben worden ist. Daher kann man auch der Rückschau Gerhard Schröders, der als Minister unter den Kanzlern Adenauer, Erhard und Kiesinger gewirkt und 1976 in detaillierter Form die außen- und deutschlandpolitischen Aussagen Adenauers und Erhards miteinander verglichen hat, uneingeschränkt zustimmen: »Es läßt sich mit aller Klarheit feststellen, daß der Übergang Adenauer-Erhard die deutschen Grundpositionen in der Ostpolitik wie in der Deutschland- und Berlin-Politik in gar keiner Weise verändert hat. Von einer Veränderung kann nur insoweit die Rede sein, als einige der Probleme deutlicher angesprochen wurden, als das vorher der Fall war ... Überblickt man den in den Regierungserklärungen ausgebreiteten Stoff und seine Zuordnung an Adenauer oder Erhard, so wird sicher jeder kritische Betrachter von der beinahe selbstverständlichen Übereinstimmung der Sicht beider Männer überrascht sein.«[142]

Deutschlandpolitische Zielsetzungen der Großen Koalition (1966 bis 1969)

Nachdem sich in der zweiten Hälfte der sechziger Jahre bei den westlichen Alliierten, vor allem in der amerikanischen Führung, die Vorstellung durchgesetzt hatte, die Schranken zwischen Ost und West abzubauen und dabei den territorialen und politischen Status quo in Europa weitgehend hinzunehmen, wurde auch in der Bundesrepublik Deutschland intensiv die Frage geprüft, ob und in welcher Weise man zu einem Modus vivendi mit der UdSSR und den anderen Staaten des Ostblocks unter Einschluß der DDR gelangen könnte, ohne auf dem früheren Konzept – Sicherheit und Entspannung in Europa setzen die Lösung der deutschen Frage voraus – zu beharren.

Die Bundesregierung der Großen Koalition unter Bundeskanzler Kurt Georg Kiesinger, in der Willy Brandt als Vizekanzler und Außenminister und Herbert Wehner als Bundesminister für gesamtdeutsche Fragen fungierten, war sich von Anfang an der neuen Akzente in der US-Außenpolitik seit Beginn der sechziger Jahre bewußt. Kiesinger betonte jedoch mehrfach den engen Zusammenhang zwischen Entspannung und Wiedervereinigung. Besonders eindrucksvoll äußerte er sich über diese Problematik in seiner Ansprache anläßlich des Staatsaktes der Bundesregierung zum Tag der deutschen Einheit am 17. Juni 1967 im Deutschen Bundestag: »Deutschland, ein wiedervereinigtes Deutschland, hat eine kritische Größenordnung. Es ist zu groß, um in der Balance der Kräfte keine Rolle zu spielen, und zu klein, um die Kräfte um sich herum selbst im Gleichgewicht zu halten. Es ist daher in der Tat nur schwer vorstellbar, daß sich ganz Deutschland bei einer Fortdauer der gegenwärtigen politischen Struktur in Europa der einen oder der anderen Seite ohne weiteres zugesellen könnte. Eben darum kann man das Zusammenwachsen der getrennten Teile Deutschlands nur eingebettet sehen in den Prozeß der Überwindung des Ost-West-Konflikts in Europa.«[143]

Die gleichen Formulierungen benutzte er in seinem Vortrag anläßlich der Jahresversammlung der Deutschen Gesellschaft für Auswärtige Politik am 23. Juni 1967 in Bad Godesberg, um dort einige Schlußfolgerungen noch schärfer zu ziehen: »Insofern stimmen wir der Entspannungspolitik unserer Verbündeten durchaus zu – nur mit dem Hinweis, daß Entspannung nicht einfach auf das Sichabfinden mit dem Status quo hinauslaufen darf. Wir wiederholen nicht – wie es früher gelegentlich geschehen ist –: Erst Wiedervereinigung, dann Entspannung. Aber wir sagen auch nicht ganz einfach: Erst Entspannung und dann irgendwie und irgendwann Wiedervereinigung.«[144]

Aus diesen differenzierten Ausführungen ging klar hervor, daß für Bundeskanzler Kiesinger nach wie vor ein Junktim zwischen der Sicherheits- und Entspannungspolitik auf der einen und der Lösung der Deutschland-Frage auf der anderen Seite bestand. Hingegen bezog Außenminister Brandt in einem wegweisenden Aufsatz, in dem er sich ausdrücklich auf die Rede Kiesingers vom 23. Juni berief, bereits im Sommer 1967 eine davon abweichende Position: »Wir wissen . . ., daß sich die deutschen Fragen nur im Zusammenhang mit einer gesamteuropäischen Friedensregelung lösen lassen und nur in einem Zustand des Ausgleichs zwischen Ost und West gefördert werden können. Wir machen unsere Politik der Entspannung nicht von Fortschritten in der Deutschland-Frage abhängig.«[145]

Mit diesen Formulierungen hat Brandt das bis dahin für Bonn geltende Junktim, Sicherheit und Entspannung in Europa bedingten die Lösung der deutschen Frage, erstmals ausdrücklich verneint. Dennoch darf nicht übersehen werden, daß die westliche Seite auch in der zweiten Hälfte der sechziger Jahre die deutsche Frage immer in einem engen Zusammenhang mit der Sicherheits- und Entspannungs-Problematik gesehen hat. So heißt es im Harmel-Bericht der NATO vom 14. Dezember 1967, auf den sich die seit Herbst 1982 amtierende Bundesregierung immer gern berufen hat: »Eine endgültige und stabile Regelung in Europa ist ... nicht möglich ohne eine Lösung der Deutschland-Frage, die den Kern der gegenwärtigen Spannungen in Europa bildet. Jede derartige Regelung muß die unnatürlichen Schranken zwischen Ost- und Westeuropa beseitigen, die sich in der Teilung Deutschlands am deutlichsten und grausamsten offenbaren.«[146]

In dem Harmel-Bericht des NATO-Rats über die künftigen Aufgaben der Allianz hieß es außerdem, »das Problem der Wiedervereinigung Deutschlands und der Zusammenhang dieser Frage mit einer europäischen Regelung sind in der Regel in Kontakten zwischen der Sowjetunion und den drei Westmächten behandelt worden, die auf diesem Gebiet besondere Verantwortung tragen«. Diese klaren Aussagen sind jenen Politikern und einflußreichen Teilen der veröffentlichten Meinung entgegenzuhalten, die in der zweiten Hälfte der sechziger Jahre meinten, die Bundesrepublik Deutschland laufe auch im Westen Gefahr, sich zu isolieren, da sie nicht bereit war, dem Wunsch der UdSSR und der übrigen Warschauer-Pakt-Staaten zu entsprechen und die »Nachkriegsrealitäten« in Europa anzuerkennen[147].

Ebenso wie ihre Vorgängerinnen lehnte die Bundesregierung der Großen Koalition den Staatscharakter und eine völkerrechtliche Anerkennung der DDR ab. An dem von ihr frühzeitig auf die Allein-Sprecher-Berechtigung reduzierten Alleinvertretungsanspruch hielt sie jedoch fest, auch wenn ab 1968 »im nun praktizierten Verständnis der Hallstein-Doktrin politische Entscheidungen an die Stelle juristischer Systematik«[148] traten. Die Aufnahme diplomatischer Beziehungen zu Rumänien am 31. Januar 1967 machte bereits eine Modifizierung der »Hallstein-Doktrin« erforderlich, indem Bonn einen Umstand geltend machte, der häufig als »Geburtsfehler« bezeichnet wurde: Die Mitglieder des Ostblocks seien in ihrer Entscheidung nicht frei gewesen, als sie die DDR anerkannten. Es »würde sehr unrealistisch sein«, so argumentierte man, »von den Ostblockstaaten den Abbruch dieser für sie primären Beziehungen zum kommunistischen Teil Deutschlands zu erwarten. Der Gesichtspunkt der Reaktion auf einen unfreundlichen Akt spiele bei ihnen keine Rolle.«[149]

Wilhelm Grewe hat nachdrücklich betont, das politische und völkerrechtliche Gewicht dieser Argumente sei umstritten gewesen.

Noch problematischer wurde es im Falle der Wiederaufnahme der diplomatischen Beziehungen mit Jugoslawien im Februar 1968, »da von jugoslawischer Seite nichts geschah, was die erst 1957 in voller Kenntnis der Bonner Position vorgenommene Beziehungsaufnahme mit der ›DDR‹ aufgehoben oder abgeschwächt hätte. Die Logik der ›Hallstein-Doktrin‹ i. S. einer konsequenten deutschen Einheitspolitik war damit in Frage gestellt.«[150] In der Tat traf die »Geburtsfehler«-Variante auf Jugoslawien nicht zu, da es 1957 freiwillig und in Kenntnis der von Bonner Seite angekündigten Reaktion mit der DDR diplomatische Beziehungen aufgenommen hatte.

Während Bundeskanzler Kiesinger Schwierigkeiten hatte, weite Teile der CDU/CSU-Bundestagsfraktion davon zu überzeugen, die »Hallstein-Doktrin« flexibel zu handhaben, wären SPD und FDP in der zweiten Hälfte der sechziger Jahre gern wesentlich weiter gegangen, indem sie schon damals für die Aufhebung der »Hallstein-Doktrin« im Sinne der Anerkennung der »Realitäten« plädierten. Kiesinger war von seiner zehntägigen Asien-Reise im November 1967 mit der Erkenntnis zurückgekehrt, »daß eine Modifizierung der Hallstein-Doktrin, ja sogar die Aufgabe ihrer dogmatischen Handhabung nicht den ›befürchteten Dammbruch‹ und keine Anerkennungswelle von seiten der Staaten der Dritten Welt nach sich ziehen würde«[151]. Kiesinger sollte recht behalten, da die SPD/FDP-Bundesregierung mit ihrem Antritt im Herbst 1969 es für richtig hielt, die »Hallstein-Doktrin« zur »Scheel-Doktrin« zu entwickeln und alle Staaten, die bis dahin die DDR noch nicht völkerrechtlich anerkannt hatten, zu bitten, mit diesem Schritt bis zur Regelung des innerdeutschen Vertragsverhältnisses zu warten[152].

In der Deutschland-Politik der Großen Koalition hatte die Forderung nach Wiederherstellung der staatlichen Einheit Deutschlands ihren festen Platz. Ebenso wie ihre Vorgängerinnen war sich die Bundesregierung unter Bundeskanzler Kiesinger der fortbestehenden Vier-Mächte-Rechte und der besonderen Mitverantwortung der drei Westmächte bei der Überwindung der Teilung Deutschlands bewußt. So hieß es in der Entschließung des Deutschen Bundestages zur Außenpolitik vom 26. September 1968, daß sich die drei Westmächte und die Bundesrepublik Deutschland im Deutschland-Vertrag völkerrechtlich bindend verpflichtet haben, »bis zum Abschluß einer friedensvertraglichen Regelung zusammenzuwirken, um mit friedlichen Mitteln ihr gemeinsames Ziel zu verwirklichen: ein wiedervereinigtes Deutschland, das eine freiheitliche, demokratische Verfassung besitzt und in die Gemeinschaft der europäischen Völker eingebettet ist. Die Völker Europas werden einen dauerhaften und gerechten Frieden nicht finden, solange unserem Volke die Teilung aufgezwungen bleibt.«[153]

Die Deutschland-Politik der Großen Koalition unterschied sich von derjenigen ihrer Vorgängerinnen dadurch, daß der Bundeskanzler den außenpolitischen Teil seiner ersten Regierungserklärung vom 13. Dezember 1966 nicht mit der Forderung nach Wiederherstellung der staatlichen Einheit Deutschlands, sondern mit dem Bekenntnis zum Frieden einleitete. Damit wurde »an die Stelle des bisherigen offiziellen Standpunkts, Entspannung könne es nur geben, wenn die Ursache der Spannung, nämlich die Spaltung Deutschlands, beseitigt werde, ein neues Konzept gesetzt. Die Wiedervereinigung wurde nicht mehr mit einer direkt darauf zielenden Politik angestrebt, sondern indirekt auf dem Weg über eine gesamteuropäische Friedensordnung. Nur wenn die Spaltung Europas überwunden werde, könne auch die Spaltung Deutschlands ein Ende finden.«[154]

Nochmals sei betont, daß Bundeskanzler Kiesinger in der Folgezeit mehrere repräsentative Veranstaltungen zum Anlaß nahm, das für ihn bestehende Junktim zwischen der Sicherheits- und Entspannungspolitik auf der einen und der Lösung der Deutschland-Frage auf der anderen Seite zu betonen. Auch war er nicht gewillt, sich mit dem Status quo in Europa abzufinden[155]. Da sich die politisch verantwortlichen Kräfte jedoch darüber im klaren waren, daß das Ziel der Wiedervereinigung unter den gegebenen politischen Verhältnissen auf lange Sicht nicht zu erreichen war, war die Bundesregierung bestrebt, wenigstens menschliche Erleichterungen im gespaltenen Deutschland zu erreichen. Kiesinger unterbreitete in den Jahren von Ende 1966 bis 1969 zahlreiche Vorschläge, die von der DDR jedoch abgelehnt wurden[156].

Die Bereitschaft der Bundesregierung, mit der DDR Verhandlungen aufzunehmen, um das Leben im gespaltenen Deutschland erträglicher zu machen, bekundete Kiesinger auch in seinem Schreiben an den Vorsitzenden des Ministerrats der DDR, Willi Stoph, vom

13. Juni 1967, mit dem er den Brief Stophs vom 10. Mai 1967 beantwortete. Den zweiten Brief Stophs vom 18. September 1967, der sich auf Kiesingers Schreiben vom 13. Juni bezog und den Entwurf eines »Vertrags über die Herstellung und Pflege normaler Beziehungen zwischen der Deutschen Demokratischen Republik und der Bundesrepublik Deutschland« enthielt, beantwortete Kiesinger am 28. September 1967[157].

Die Bundesregierung sah sich seinerzeit nicht in der Lage, auf das seitens der DDR unterbreitete Maximalprogramm einzugehen. Ihr ging es darum – wie Kiesinger in seinem zweiten Schreiben betonte –, »wenigstens die Not der Spaltung zu mildern und die Beziehungen der Deutschen in ihrem geteilten Vaterland zu erleichtern«. Ost-Berlin forderte hingegen die »Aufnahme und Pflege normaler Beziehungen zwischen der Deutschen Demokratischen Republik und der Bundesrepublik Deutschland«, die immerhin als »souveräne Staaten deutscher Nation« apostrophiert wurden. Auch war in dem Vertragsentwurf der DDR nicht von der Aufnahme völkerrechtlicher und damit diplomatischer Beziehungen die Rede. Das zweite Schreiben Kiesingers vom 28. September 1967 hat die Regierung der DDR nicht beantwortet.

Trotz der starren und kompromißlosen Haltung der DDR ließ die Bundesregierung der Großen Koalition in ihren Bemühungen nicht locker, die innerdeutschen Beziehungen in den verschiedenen Bereichen zu verbessern. Bereits am 14. Februar 1967 unterbreiteten alle im Bundestag vertretenen Fraktionen gemeinsam den Antrag, der Bundestag wolle beschließen: »Die Bundesregierung wird aufgefordert, alljährlich zum 15. Januar dem Bundestag einen Bericht über die Lage der Nation im gespaltenen Deutschland vorzulegen.« Am 28. Juni 1967 beschloß der Bundestag ohne Aussprache einstimmig die Annahme des Antrags[158], und am 11. März 1968 erstattete Bundeskanzler Kiesinger erstmals einen »Bericht über die Lage der Nation im geteilten Deutschland«[159].

Ebenso wie ihre Vorgängerinnen war auch die Große Koalition nicht bereit, der von östlicher Seite immer wieder vorgetragenen Forderung zu entsprechen, die Oder-Neiße-Linie anzuerkennen, da eine Grenzregelung dem künftigen Friedensvertrag mit Deutschland vorbehalten sei. Die Bundesregierung der Großen Koalition hat nicht grundsätzlich zu der Frage Stellung bezogen, ob für sie Deutschland in den Grenzen vom 31. Dezember 1937 fortbestand, wie es zuletzt die Bundesregierung unter Bundeskanzler Erhard und Außenminister Schröder in der »Deutschen Friedensnote« vom 25. März 1966 zum Ausdruck gebracht hatte[160]. Kiesinger beschränkte sich in seiner ersten Regierungserklärung vom 13. Dezember 1966 auf die Feststellung, die Grenzen eines wiedervereinigten Deutschlands könnten nur in einer frei vereinbarten Regelung von einer gesamtdeutschen Regierung festgelegt werden[161].

Die Differenzen zwischen der CDU/CSU und der SPD in der Deutschland-Politik der Großen Koalition, die von den Betroffenen selbst und zeithistorischen Analytikern anschaulich beschrieben worden sind, können hier nicht im einzelnen nachgezeichnet werden. Klaus Hildebrand gebührt das Verdienst, dezidiert die keinesfalls identischen deutschlandpolitischen Positionen Egon Bahrs und Herbert Wehners herausgearbeitet zu haben[162]. Und Arnulf Baring hat in seinem Buch »Machtwechsel. Die Ära Brandt-Scheel« dargelegt, daß Kiesinger Brandt für »eine Quantité négligeable«, für politisch unerheblich gehalten habe. Er »überging ihn daher nach Möglichkeit und konzentrierte sich statt dessen auf Wehner – den er schätzte, überschätzte. Umgekehrt sah Brandt als Emigrant in Kiesinger wesentlich den alten Nazi und als verhaltener Norddeutscher in dem redseligen Schwaben einen eitlen Schwätzer. Er hatte daher wenig Neigung, mit diesem Manne zusammenzuarbeiten. Brandt verstummte im Kabinett. Es paßte ihm alles nicht. Mehr als einmal erwog er seinen Rücktritt, um dann doch, wie er in den ›Begegnungen und Einsichten‹ später schrieb, weiter ›auszuharren‹: ›Ich blieb, denn nicht ich durfte es sein, der die Große Koalition scheitern ließ‹[163].«[164]

Festzuhalten gilt, daß Kiesinger, Brandt und Wehner darin übereinstimmten, mit dem Amtsantritt der Großen Koalition – im Gegensatz zur Kanzlerschaft Erhards – die DDR in ihre Ost- und Deutschland-Politik einzubeziehen. Wehner unterschied sich von Brandt insoweit, als er der Intensivierung der Beziehungen zur UdSSR nur eine begrenzte Priorität einräumen wollte. Wehner trat für einen umfassenden Ausbau des Verhältnisses »mit dem anderen Teil Deutschlands ein, wie die DDR auch im amtlichen Sprachgebrauch nun immer häufiger bezeichnet wurde ... Was Wehner mit seiner deutschlandpolitischen Strategie ›im Letzten‹[165] wollte, blieb Zeitgenossen ebenso unklar, wie es bis heute umrätselt ist.«[166] Dennoch sind sich die zeithistorischen Analytiker darüber einig, daß sich der Bundeskanzler und der Minister für gesamtdeutsche Fragen mit großem Respekt begegnet sind. Wehner hat vor allem Kiesingers wegweisende Rede vom 17. Juni 1967, in der er – um es noch einmal zu wiederholen – von der »kritischen Größenordnung« eines wiedervereinigten Deutschlands gesprochen hatte[167], mehrfach beifällig zitiert[168].

Die Differenzen in der Deutschland-Politik der Großen Koalition bezogen sich vornehmlich auf die Frage, ob es richtig und opportun sei, der «DDR« auch weiterhin den Staatscharakter abzusprechen und an der inzwischen modifizierten »Hallstein-Doktrin« festzuhalten[169]. In beiden zentralen Punkten bestand zwischen SPD und FDP eine größere Übereinstimmung als in der Großen Koalition.

Die »neue Deutschland-Politik« der SPD/FDP-Bundesregierung (1969 bis 1982)

Das Ergebnis der Bundestagswahl vom 29. September 1969 erlaubte erstmals eine Koalition von SPD und FDP, in der Brandt das Amt des Bundeskanzlers übernahm und Walter Scheel als Außenminister und Vizekanzler fungierte; Nachfolger Wehners wurde Egon Franke. Mit dem Antritt der SPD/FDP-Bundesregierung im Oktober 1969 wurde eine neue und entscheidende Phase der Bonner Deutschland-Politik eingeleitet. Auch wenn führende Repräsentanten damals und später mehrfach beteuert haben, die Bundesregierung führe die Ost- und Deutschland-Politik der Großen Koalition konsequent fort, sollten die von ihr gesetzten neuen Akzente nicht bagatellisiert werden. Diese fanden vornehmlich in der Etablierung der Zwei-Staaten-These, der Aufgabe der Allein-Sprecher-Berechtigung mit der Modifizierung der »Hallstein-Doktrin« zur »Scheel-Doktrin«, der These von den innerdeutschen Beziehungen »besonderer Art« mit dem Ausschluß der völkerrechtlichen Anerkennung der DDR und der prononcierten Berufung auf die »Einheit der deutschen Nation« ihren Ausdruck.

Die zentrale Frage, welchen Stellenwert die Problematik der Wiederherstellung der staatlichen Einheit Deutschlands in der Politik der SPD/FDP-Bundesregierung eingenommen hat, läßt sich nur beantworten, wenn man sie im Rahmen des nationalen Selbstverständnisses der Bundeskanzler Brandt und Schmidt prüft. Dabei sind neben der Regierungserklärung Bundeskanzler Brandts vom 28. Oktober 1969 und dessen Bericht zur Lage der Nation vom 14. Januar 1970 auch der Kasseler Zwanzig-Punkte-Katalog vom 21. Mai 1970, der »Brief zur deutschen Einheit« zum Moskauer Vertrag und Grundlagenvertrag sowie die Entschließung des Bundestages vom 17. Mai 1972 in die Betrachtung einzubeziehen. Der Standort Bundeskanzler Schmidts läßt sich vor allem an dessen Berichten zur Lage der Nation festmachen.

Die Etablierung der Zwei-Staaten-These

Obwohl in der zweiten Hälfte der sechziger Jahre die Bereitschaft auf westlicher Seite wuchs, die von Präsident Kennedy eingeleitete Status-quo-Politik fortzusetzen, durfte man mit Spannung erwarten, welche neuen außen- und deutschlandpolitischen Akzente die SPD/FDP-Bundesregierung setzen werde. Da die CDU/CSU- und SPD-Fraktionen noch am 26. September 1968 einstimmig eine Entschließung zur Außenpolitik gegen die Stimmen der FDP verabschiedet hatten, in der es hieß, die Anerkennung des anderen Teiles Deutschlands als Ausland oder als zweiter souveräner Staat deutscher Nation komme nicht in Betracht[170], war die Überraschung bei der nun die Opposition bildenden CDU/CSU-Bundestagsfraktion groß, als Bundeskanzler Brandt am 28. Oktober 1969 in einem Nebensatz »die fundamentale Weichenstellung«[171] seiner »neuen Ost- und Deutschland-Politik« verkündete: »Die Bundesregierung setzt die im Dezember 1966 durch Bundeskanzler Kiesinger und seine Regierung eingeleitete Politik fort und bietet dem Ministerrat der DDR erneut Verhandlungen beiderseits ohne Diskriminierung auf der Ebene der Regierungen an, die zu vertraglich vereinbarter Zusammenarbeit führen sollen. Eine völkerrechtliche Anerkennung der DDR durch die Bundesregierung kann nicht in Betracht kommen. Auch wenn zwei Staaten in Deutschland existieren, sind sie doch füreinander nicht Ausland; ihre Beziehungen zueinander können nur von besonderer Art sein.«[172]

Damals ist viel darüber spekuliert worden, warum die neue Bundesregierung mit ihrem Amtsantritt diese weitreichende Konzession gegenüber der DDR (und den übrigen Warschauer-Pakt-Staaten) gemacht hat. In einer vertraulichen Aufzeichnung »Zur Außenpolitik einer zukünftigen Bundesregierung« vom 1. Oktober 1969, die als Grundlage für die Koalitions-Verhandlungen diente und deren Inhalt die FDP in einer gemeinsamen Sitzung von Bundesvorstand und Bundestagsfraktion bereits am 3. Oktober billigte, hatte Egon Bahr die außenpolitische Aufgabe mit den Worten beschrieben, »Kontinuität zu wahren und aus vorhandenen Ansätzen eine neue Außenpolitik zu entwickeln«[173]. Zutreffend stellt Werner Link fest, Bundeskanzler Brandts Regierungserklärung vom 28. Oktober habe diese Anregung aufgegriffen: »Kontinuität und Erneuerung waren die Schlüsselworte für die Innen- und Außenpolitik der sozial-liberalen Koalition. Sie bezogen sich nicht nur auf die Atlantische Allianz und die Europäische Gemeinschaft, deren Erweiterung und Vertiefung zugleich aktiv betrieben werden sollte. ›Kontinuität und konsequente Weiterentwicklung‹ waren auch und vor allem das Leitmotiv für die Ostpolitik.«[174]

Die entscheidende Richtungsänderung, die Proklamierung der Zwei-Staaten-These, ging nicht – wie lange Zeit vermutet – auf Egon Bahr zurück, der erst sehr viel später anerkannte, »daß diese Vorleistung die Gesprächspartner in Osteuropa von der Ernsthaftigkeit der Absichten der Bundesregierung überzeugt«[175] habe. Dazu bemerkt Arnulf Baring: »Bahr, dem man manchmal die Autorenschaft an den ›zwei Staaten in Deutschland‹ nachgesagt hat, war in Wahrheit damals gegen diesen Satz. Zwar ist richtig, daß er nicht nur die ostpolitischen Passagen, sondern den ganzen außenpolitischen Teil der Regierungserklärung mitformuliert hatte. Besonders deutlich trug der Abschnitt zur DDR seine Handschrift. Aber in Bahrs Vorstellung fehlte eine Aussage über die DDR als Staat. Er hielt dergleichen zu jenem Zeitpunkt zunächst auch nicht für richtig. Obwohl ihm klar war, daß die Anerkennung der Staatsqualität des zweiten deutschen Staates am Ende unvermeidlich sein würde, fragte er sich . . ., ob dieses Bonner Zugeständnis nicht das Ergebnis von Verhandlungen sein müsse, statt an deren Anfang, ja sogar lange vor ihrem Beginn zu stehen. Wenn man so verfahre, sagte er, sei fraglich, ob man etwas dafür bekomme. Brandt widersprach ihm. Er schätzte die Reaktion der anderen Seite instinktiv richtig ein, indem er einwandte (und Scheel stimmte ihm dabei nachdrücklich zu): Die Glaubwürdigkeit der neuen Politik erfordere, diesen Schritt vorab zu tun; sonst komme das Ganze gar nicht in Gang.«[176]

Auch Werner Link gelangt zu dem Ergebnis, daß Willy Brandt und Walter Scheel den entscheidenden deutschlandpolitischen Halbsatz selbst in den Entwurf der Regierungserklärung hineinredigiert hatten[177]. Richard von Weizsäcker, der deutschlandpolitische Sprecher der CDU, hat zutreffend den Satz über die zwei Staaten in Deutschland als »die politisch konstitutive Aussage schlechthin« bezeichnet, »auf der die weiteren ostpolitischen Maßnahmen der Regierung beruhen«. Vorleistungen könnten in der Politik ihren guten Sinn haben: Ob sie sich auszahlen, »läßt sich ohnehin erst im Endergebnis ablesen«.[178]

Die zeithistorische Wahrheit gebietet es, festzuhalten, daß Egon Bahr, der von 1972 bis 1974 als Bundesminister für besondere Aufgaben fungierte, in der Sitzung des Bundestages am 24. Januar 1973 empfindlich reagierte, als die CDU/CSU Bundeskanzler Brandt vorwarf, er habe vor den Wahlen des Bundestags über die DDR als Staat anders gesprochen als danach. Daß Bahr an seine frühere Skepsis gegenüber der Verkündung der Zwei-Staaten-These am 28. Oktober 1969 nicht mehr erinnert werden wollte, zeigte seine Reaktion auf einen Zwischenruf des CDU-Abgeordneten Wilhelm Rawe, der Bahr vorwarf, er habe also »vorher bewußt etwas anderes gesagt«. Bahr entgegnete: »Denn die Mehrheiten waren nicht so, daß sie es zugelassen hätten, die Wahrheit zu sagen, die Sie selbst auch gesehen haben . . . Sie selbst haben gewußt, daß die DDR ein Staat ist. Sie haben nicht gewagt, es zuzugeben. Sie hatten nicht den Mut, es zuzugeben. Sie haben sich aber de facto danach verhalten. Und Sie hatten eine Mehrheit, die das ermöglichte.«[179]

Da Bundeskanzler Brandt die Formeln »staatliche Wiedervereinigung« und »Einheit Deutschlands« bewußt vermied[180], ließ er offen, ob nach seiner Ansicht eine freie Entscheidung des deutschen Volkes zur Wiederherstellung der staatlichen Einheit des Landes führen könnte[181]. Ebenso vermied er es am 28. Oktober 1969, die in den sechziger Jahren mit unterschiedlicher Intensität geführte Diskussion über »Freiheit vor Einheit« oder »Freiheit unter Verzicht auf Einheit« wiederaufzunehmen. Wenn Egon Bahr, der beim Regierungswechsel 1969 als Staatssekretär in das Bundeskanzleramt eintrat, in einer vertraulichen Aufzeichnung vom 1. Oktober 1969 vermerkt hatte, es ginge darum, die Politik der Bundesrepublik an die bestehende Lage »anzupassen, ohne das Ziel der Wiedervereinigung aufzugeben«[182], dann hat sich Brandt zumindest am 28. Oktober 1969 nicht so dezidiert geäußert. Doch sah er sich schon in seinem ersten Bericht zur Lage der Nation vom 14. Januar 1970 veranlaßt, im Rahmen seiner Erörterungen über den Fortbestand der deutschen Nation auch zur Problematik der Wiederherstellung der staatlichen Einheit Deutschlands Stellung zu beziehen – allerdings nicht im Sinne Bahrs. Einen neuen Akzent in der Deutschland-Politik setzte Brandt bereits am 28. Oktober 1969 insofern, als er den Gedanken der »Einheit der Nation« prononciert in den Vordergrund stellte. Aufgabe der praktischen Politik in den kommenden Jahren sei es, »die Einheit der Nation dadurch zu wahren, daß das Verhältnis zwischen den Teilen Deutschlands aus der gegenwärtigen Verkrampfung gelöst wird . . .« Hinfort müsse man ». . . ein weiteres Auseinanderleben der deutschen Nation verhindern, also versuchen, über ein geregeltes Nebeneinander zu einem Miteinander zu kommen«[183].

In seinem Bericht zur Lage der Nation – die Weglassung ». . . im geteilten Deutschland« hatte dabei ebenso programmatischen Charakter wie die Umbenennung des damaligen Bundesministeriums für gesamtdeutsche Fragen in Bundesministerium für innerdeutsche Beziehungen[184] – vom 14. Januar 1970 führte Brandt aus, die Geschichte, die Deutschland durch eigene Schuld, jedenfalls nicht ohne eigene Schuld, geteilt habe, werde darüber entscheiden, wann und wie die Forderung nach Selbstbestimmung für das deutsche Volk verwirklicht werden könne. Den Gedanken der »Einheit der Nation« konkretisierte er so: »Es gibt trotz allem noch die Einheit der Nation. Die Einheit der Deutschen hängt von vielen Faktoren ab und doch wohl nicht in erster Linie, jedenfalls nicht allein, von dem, was in der Verfassung steht, sondern von dem, was wir tun, nicht in erster Linie oder allein von dem, was in Verträgen steht, sondern davon, wieweit wir andere Staaten als Freunde gewinnen, weniger von Potsdam 1945 als vielmehr von der Überwindung der europäischen Spaltung in den siebziger, achtziger und, wenn es sein muß, in den neunziger Jahren ...«[185]

Doch selbst diese vage Aussage, die die Überwindung der Teilung Deutschlands der Geschichte überantwortete, relativierte Brandt noch dadurch, daß er sich auf einen Vortrag des Göttinger Historikers Hermann Heimpel aus dem Jahre 1955 berief und ihm die Äußerung unterstellte, es gäbe »kein ein für allemal gegebenes Recht auf Wiedervereinigung«. Brandts Interpretation Heimpels, seine Auslassungen aus den siebziger und achtziger Jahren zur deutschen Frage und sein seltsames Verhältnis zum Recht und zu dem in der Präambel des Grundgesetzes verankerten Wiedervereinigungsgebot[186] provozieren die Frage, ob er noch 1969/70 ernsthaft das Ziel verfolgt hat, die staatliche Einheit Deutschlands wiederherzustellen. Die deutsche Frage war immer mit politischen sowie staats- und völkerrechtlichen Aspekten verwoben. Das zeigte sich auch und gerade beim Einigungsprozeß im Jahre 1990[187].

Bundeskanzler Brandt hat in einer Diskussion des Zweiten Deutschen Fernsehens am 29. Januar 1970 seine »neue Deutschland-Politik« mit folgender Formel begründet: »Die Weltgeschichte ist kein Amtsgericht. Die Juristerei in der Deutschlandfrage hat bestimmten Selbstbefriedigungsansprüchen genügen können, aber sie hat nichts bewegen können.« Und in seinem Vortrag, den er am 11. Dezember 1971 an der Universität Oslo anläßlich der Verleihung des Friedens-Nobelpreises gehalten hat, sprach er von der »realen Lage«: »Die erkennt man nicht, wenn man der Selbsttäuschung unterliegt oder Politik mit Juristerei verwechselt.«[188] Brandt hat sein Deutschland-Bild später grundlegend modifiziert[189].

Am Gedanken der »Einheit der Nation« hat hingegen Brandt in der

Zeit seiner Kanzlerschaft uneingeschränkt festgehalten. Das gilt vor allem für sein zweites Gespräch mit Ministerpräsident Stoph am 21. Mai 1970 in Kassel. In Punkt 1 seines Zwanzig-Punkte-Katalogs schlug er vor: »Die Bundesrepublik Deutschland und die Deutsche Demokratische Republik, die in ihren Verfassungen auf die Einheit der Nation ausgerichtet sind, vereinbaren im Interesse des Friedens sowie der Zukunft und des Zusammenhalts der Nation einen Vertrag, der die Beziehungen zwischen den beiden Staaten in Deutschland regelt, die Verbindung zwischen der Bevölkerung der beiden Staaten verbessert und dazu beiträgt, bestehende Benachteiligungen zu beseitigen.«[190]

Und in Punkt 10 wurde festgestellt, daß der innerdeutsche Vertrag von den Folgen des Zweiten Weltkriegs und von der besonderen Lage Deutschlands und der Deutschen ausgehen müsse, »die in zwei Staaten leben und sich dennoch als Angehörige einer Nation verstehen«.

Nur wenige politische Analytiker haben damals und später Brandts ambivalente Darlegungen zur Problematik der staatlichen und nationalen Einheit Deutschlands kritisiert. Die Bejahung der Staatlichkeit der DDR, die weitgehende Reduzierung der deutschen Frage auf die nationale Ebene und der Verzicht auf die Allein-Sprecher-Berechtigung[191] wurden überwiegend als »Befreiungsschlag«, vor allem als die notwendige Anerkennung des territorialen und politischen Status quo in Europa und als die längst fällige Lösung von juristischen Fesseln bewertet. Bahrs Tutzinger These – die Überwindung des Status quo durch dessen Anerkennung – erfreute sich 1969/70 und später nicht nur in der Bundesrepublik Deutschland, sondern auch in der westlichen Welt großer Popularität.

Der Mainzer Politikwissenschaftler Hans Buchheim, einer der wenigen scharfsinnigen Beobachter jener Zeit, hat im Februar 1972 den grundlegenden Unterschied zwischen der Deutschland-Politik der SPD/FDP-Bundesregierung und ihrer Vorgängerinnen herausgearbeitet: »Brandt geht ... nicht, wie man es von früher gewohnt war, von der Spaltung und Zerrissenheit des deutschen Volkes aus, um die Wiederherstellung der Einheit zu fordern, sondern er hebt auf eine fortbestehende Einheit ab, die gewahrt werden müsse. Sie manifestiere sich darin, daß es noch gemeinsame Aufgaben gebe, deren Bezugspunkt der Frieden sei. Dabei ist wichtig, daß diese Einheit durchaus als eine politische vorgestellt wird. Zwischen der politischen Ebene, auf der das deutsche Volk in zwei Staaten aufgespalten ist, und der nichtpolitischen, der Fortexistenz dieses Volkes in einer sprachlich und geschichtlich sowie durch familiäre Bindungen begründeten Einheit, wird gewissermaßen ein Zwischengeschoß eingezogen, welches einerseits zwar politisch ist, auf dem man andererseits aber der Realität der Trennung im staatlichen Bereich entkommt.«

Die Stärken und Schwächen der im Herbst 1969 eingeleiteten Bonner Deutschland-Politik hat Buchheim so umrissen: »Die Stärke des Bonner Konzepts besteht in dem unbedingten Engagement für den Frieden, welches uns die Sympathie der anderen Völker sichert und schon seine Früchte gebracht hat. Da es von der Bundesregierung bei jeder Gelegenheit erläutert wird, bedarf es hier keiner Wiederholung. Die Schwäche des Bonner Entwurfs besteht in der Annahme, man könne die in der staatlich-politischen und in der ideologischen Realität antagonistische Situation Deutschlands dadurch überwinden, daß man die Vorstellung einer sublimierten politischen Einheit der Nation einführt, der gegenüber sich das Gewicht der Wirklichkeit relativiert. Nicht daß es zwei Staaten gibt, ist auf der von Brandt postulierten politischen Zwischenebene das Ausschlaggebende, sondern daß sie füreinander keinesfalls Ausland sind. Nicht, wie es in der DDR mit der Freiheit steht, soll entscheidend sein, sondern daß auch sie aus der Verpflichtung für die eine deutsche Nation und für den Frieden nicht herauskann – was sie auf ihre Weise in der Tat auch nicht will.«[192]

Tatsächlich ist auffällig, wie wenig die im Herbst 1969 proklamierte »neue Deutschland-Politik« auf das Ziel gerichtet war, eine innere Liberalisierung der DDR herbeizuführen. Werner Link[193], Christian Hacke[194] und Wolfram F. Hanrieder[195] wären gut beraten gewesen, in ihren Darstellungen diese Problematik zumindest anzusprechen und sich nicht auf eine kritiklose Wiedergabe der offiziellen Bonner Positionen zu beschränken. Bundeskanzler Brandt und Staatssekretär Bahr mußten bereits bei den Verhandlungen über den Moskauer Vertrag schnell den Stellenwert des Rechts erkennen, mit dem die deutsche Frage unlösbar verbunden war. Im Ringen um die Ostverträge und den innerdeutschen Grundlagenvertrag 1970/72 sollte sich darüber hinaus erweisen, wie nützlich eine starke parlamentarische Opposition sein kann. Schließlich trug auch das Bundesverfassungsgericht 1973 entscheidend dazu bei, daß die deutsche Frage nicht gänzlich der politischen und rechtlichen Aspekte entzogen und nur noch der nationalen Ebene überantwortet wurde.

Die »neue Ostpolitik« führte zum Abschluß der Verträge zwischen der Bundesrepublik Deutschland und der Sowjetunion vom 12. August und mit Polen vom 7. Dezember 1970. In den Verträgen wurde ein konkreter Gewaltverzicht vereinbart, indem sie den Verzicht auf Anwendung und Androhung von Gewalt, den Grundsatz der Unverletzlichkeit der Grenzen und den Verzicht auf territoriale Ansprüche postulierten. Die CDU/CSU-Opposition hat während der Verhandlungen über den deutsch-sowjetischen Vertrag nachdrücklich und permanent darauf hingewiesen, daß er das Recht des deutschen Volkes auf Selbstbestimmung mit der Möglichkeit der staatlichen Vereinigung in keiner Weise einschränken dürfe.

Nach seinen Verhandlungen in Moskau hat Egon Bahr mehrfach betont, man dürfe nicht übersehen, »daß das Wort unverletzlich das Ergebnis einer längeren Diskussion mit der sowjetischen Regierung gewesen ist, die statt dessen von der Unverrückbarkeit der Grenzen sprechen wollte«[196]. Der Moskauer Vertrag schloß ebenso wie der Warschauer Vertrag und der innerdeutsche Grundlagenvertrag vom 21. Dezember 1972 die Möglichkeit nicht aus, Grenzen »in Übereinstimmung mit dem Völkerrecht, durch friedliche Mittel und durch Vereinbarung« zu verändern[197].

Da der deutsch-sowjetische Vertrag »mit Gewaltverzicht und Grenzerhaltung so nachdrücklich am Status quo orientiert« war, mußte die Bundesregierung dafür Sorge tragen, »daß ihre legitimen Bemühungen um eine friedliche Verbesserung des Status quo, das heißt um eine Wiedervereinigung, nicht unter den Vorwurf gerieten, vertragswidrig zu sein«[198]. Auch wenn dies juristisch durch die Präambel und durch die »Nichtberührungsklausel« des Artikels 4 sichergestellt wurde, wünschte man aber »eine auch dem Laien erkennbare Verankerung der Wiedervereinigungspolitik im Vertragswerk und erreichte, daß die Sowjetunion den folgenden sogenannten ›Brief zur deutschen Einheit‹ vom 12. August 1970 (Absender: Außenminister Scheel, Empfänger: das sowjetische Außenministerium für Außenminister Gromyko) widerspruchslos entgegennahm«[199].

In dem Brief stellte die Bundesregierung »im Zusammenhang mit der heutigen Unterzeichnung« des deutsch-sowjetischen Vertrags fest, »daß dieser Vertrag nicht im Widerspruch zu dem politischen Ziel der Bundesrepublik Deutschland steht, auf einen Zustand des Friedens in Europa hinzuwirken, in dem das deutsche Volk in freier Selbstbestimmung seine Einheit wiedererlangt«.

Die sowjetische Regierung hat den »Brief zur deutschen Einheit« ohne Widerspruch angenommen und ihn ausdrücklich bei der Ratifizierung des Vertrages durch den Obersten Sowjet in das Verfahren einbezogen[200]. Auch wenn die UdSSR damit nicht die Verpflichtung übernahm, die Vorstellungen der Bundesrepublik Deutschland über die Wiederherstellung der staatlichen Einheit Deutschlands gutzuheißen, konnte sie der Bundesrepublik in der Folgezeit nicht vorwerfen, sie verstoße gegen den Moskauer Vertrag, wenn sie auch weiterhin für die Überwindung der staatlichen Teilung Deutschlands eintrat.

Bahr legt größten Wert darauf festzustellen, der »Brief zur deutschen Einheit« sei weder das Ergebnis einer blitzartigen Eingebung noch etwa als »Beruhigungspille für die Opposition oder Skeptiker in den eigenen Reihen gedacht«[201] gewesen; vielmehr habe er schon in den ersten Gesprächen im Februar 1970 Außenminister Gromyko darauf hingewiesen, »daß eine wirkliche Normalisierung zwischen der Bundesrepublik und der Sowjetunion . . . nicht denkbar sei, wenn das natürliche Ziel der deutschen Selbstbestimmung von der Sowjetunion nicht zur Kenntnis genommen, als friedensstörend oder gar als Bruch eines möglichen Vertrags zwischen der Bundesrepublik und der Sowjetunion bezeichnet werde«[202]. Dennoch war die parlamentarische Opposition gerade wegen der Aussagen Brandts zuvor gut beraten, darauf zu insistieren, daß der angestrebte Vertrag mit der Sowjetunion in keiner Weise eine Lösung der deutschen Frage im Sinne der Wiedervereinigung erschweren könnte.

Rainer Barzel bestreitet ebenfalls nicht, daß die Bundesregierung den »Brief zur deutschen Einheit« verfaßt hat. Zuzustimmen ist jedoch Barzels Feststellung, diesen Brief und dessen Inhalt »hätte es ohne den Kampf der damaligen Opposition nicht gegeben! Die Opposition hat das abgetrotzt. Der Inhalt des Briefes war von der Opposition beeinflußt, die Bereitschaft der Sowjetunion, ihn entgegenzunehmen, war durch die Haltung der Opposition bewirkt, zumindest wesentlich gefördert worden. Auch in Moskau scheute man das Scheitern des Vertrages!«[203]

Auch Fritz Ullrich Fack schrieb die unübersehbaren »Nachbesserungen« zum Moskauer Vertrag frühzeitig dem »Beitrag der Opposition« zu: »Ob es damals ohne den massiven Widerspruch der Opposition gegen das Ergebnis der Vorverhandlungen beispielsweise einen ›Brief zur deutschen Einheit‹ gegeben hätte, den Moskau schweigend entgegennahm, ist ziemlich zweifelhaft. Daß aber dieser Brief niemals den Obersten Sowjet im Ratifizierungsverfahren erreicht hätte – was einer Akzeptierung seines Inhalts gleichkommt –, wenn die Opposition nicht beharrlich eine Verdeutlichung des Vertragsinhalts und die Verbesserung der faktischen Situation in Deutschland gefordert hätte, steht außer Frage ... Insofern stellen sich die diversen Nachbesserungen des Kreml dem Außenstehenden tatsächlich nicht zuletzt als ein Erfolg der Opposition dar. Warum das nicht bekennen?«[204]

Wenn Egon Bahr und Claus Arndt, SPD-Mitglied und Berichterstatter für die Verträge von Moskau und Warschau im Rechtsausschuß des Bundestages, nach der friedlichen Revolution in der DDR und der Wiedervereinigung Deutschlands so großen Wert auf die Feststellung legen, der »Brief zur deutschen Einheit« sei »der Idee und seinem Inhalt nach von Egon Bahr erdacht und formuliert worden«[205], dann seien sie daran erinnert, daß das amerikanische Nachrichten-Magazin *Newsweek* Anfang Januar 1973 Bundeskanzler Brandt so zitierte: »Es wäre härter, das Rauchen aufzugeben als die andere Hälfte Deutschlands.«[206] Und Bahr meinte in einem Vortrag am 27. November 1988 in München, die These, wonach die Wiedervereinigung vordringlichste Aufgabe deutscher Politik bleibe, sei »objektiv und subjektiv Lüge, Heuchelei, die uns und andere vergiftet, politische Umweltverschmutzung«[207].

Die CDU/CSU-Opposition war daher 1970/72 gut beraten, strikt darauf zu achten, daß die Ost- und Deutschland-Politik Brandts und Bahrs nicht in dem Sinne gestaltet wurde, wie sich beide später geäußert haben. Schade, daß die einschlägigen Darstellungen Werner Links, Christian Hackes und Wolfram F. Hanrieders für diese Problematik keinen Nerv gezeigt haben. Hanrieder hat minutiös die von Präsident Kennedy eingeleitete und von seinen Nachfolgern fortgeführte Status-quo-Politik und den Prozeß der Bonner Anpassung nachgezeichnet. Hanrieder, 1931 in München geboren, scheint zu bedauern, daß die Westmächte in den sechziger Jahren den territorialen Status quo Europas lediglich de facto, aber nicht de jure anerkannt haben[208]. Daß dies diametral dem Recht der Völker im früheren Ostblock auf Selbstbestimmung widersprochen hätte, übersieht Hanrieder ebenso wie die Tatsache, daß von westlicher Seite überhaupt keine Veranlassung bestand, die Teilung Deutschlands auch noch zu legitimieren.

Die parlamentarische Opposition hat maßgeblich dazu beigetragen, daß auch der innerdeutsche Grundlagenvertrag vom 21. Dezember 1972 die deutsche Frage politisch, rechtlich und historisch offengehalten hat. Als der Text des Vertrages bekannt wurde, wurde die Frage, ob er nicht zumindest in der politischen Deutung als Teilungsvertrag zu werten sei, in der Bundesrepublik und im Ausland unterschiedlich beantwortet. Das Ausland wertete den Vertrag überwiegend, wenn auch nicht ausschließlich, als »Besiegelte Zweistaatlichkeit Deutschlands«[209]. Wie sehr diese Problematik damals diskutiert wurde, zeigen die Kommentare zweier bekannter deutscher Autoren aus geschichtlicher und völkerrechtlicher Perspektive zu dem oft zitierten Aufsatz der Londoner *Times* vom 8. November 1972. In dem »Germany agrees with Germany« überschriebenen Leitartikel hieß es: »Yet no diplomatic formulations or concessions can wholly conceal the fact that the treaty puts a seal on the dismemberment of Bismarck's Reich only 101 years after he put it together.«

In der *Frankfurter Allgemeinen Zeitung* vom 11. November 1972 bemerkte Mitherausgeber Fritz Ullrich Fack dazu: »Die *Times* ließ sich von dem Ereignis zu einer großen historischen Sentenz inspirieren: Der Grundvertrag, so schrieb sie, besiegele ›die Auflösung des Bismarck-Reiches‹. Hunderteins Jahre nach seiner Gründung. Zu registrieren ist daran weniger der monströse geschichtliche Irrtum, der den 8. November 1972 mit dem 9. November 1918 verwechselt, als vielmehr die durchscheinende Genugtuung, daß ›der Riese‹ zweigeteilt bleibt und sich offenkundig auch damit abzufinden beginnt.«

Der bekannte Regensburger Staats- und Völkerrechtler Otto Kimminich deutete die »historische Dimension« der *Times* in der Tageszeitung *Die Welt* vom 15. November 1972 so: »Die Zahl ist aufschlußreich. In Übereinstimmung mit der bisherigen staats- und völkerrechtlichen Lage Deutschlands geht offenbar die *Times* davon aus, daß das Deutsche Reich bis zum Abschluß des Grundvertrages, von 1871 bis 1972, als Rechtssubjekt bestanden hat und erst mit Inkrafttreten des Grundvertrages aufhören wird zu existieren.«

Es war von vornherein klar, daß der Grundvertrag keinerlei Aussagen über eine mögliche »Wiedervereinigung« oder »Vereinigung« Deutschlands oder der beiden Staaten in Deutschland enthalten würde. Wegen der unterschiedlichen Positionen der Bundesrepublik Deutschland und der DDR in dieser zentralen Frage einigten sich beide Seiten darüber, daß sie sich nicht einig sind. So hieß es in der Präambel des Grundvertrags: ». . . ausgehend von den historischen Gegebenheiten und unbeschadet der unterschiedlichen Auffassungen der Bundesrepublik Deutschland und der Deutschen Demokratischen Republik zu grundsätzlichen Fragen, darunter zur nationalen Frage . . .«

Weder unter rechtlichen noch politischen Aspekten war der Grundvertrag ein »Teilungsvertrag«. Ebenso wie die beiden Ostverträge enthielt er in Artikel 9 eine »Nichtberührungsklausel«, die sicherstellte, daß nicht nur die Abmachungen der Alliierten aus den Jahren 1944/45, in denen sie den Nachkriegsstatus eines ungeteilten Deutschland festgelegt haben, sondern auch die vertraglichen Vereinbarungen zwischen den drei Westmächten und der Bundesrepublik sowie der Sowjetunion und der DDR unberührt blieben.

Auch die Bundesregierung ist frühzeitig der Meinung, nach der der Grundvertrag als »Teilungsvertrag« zu beurteilen sei, entgegengetreten. So stellte der Bundesminister für innerdeutsche Beziehungen, Egon Franke, am 24. November 1972 dazu fest, indem der Grundvertrag von der Teilung ausgehe, »sucht er für die Dauer der Teilung einen erträglichen Modus vivendi zu begründen: insofern stellt der Vertrag die Tatsache der Teilung, oder andersherum: die Tatsache des Vorhandenseins von zwei deutschen Staaten fest. Dies geschieht in einer Weise, daß die völkerrechtliche Lage in Deutschland unangetastet bleibt, wie die Erklärung der Vier Mächte deutlich macht.«[210]

Angesichts der unterschiedlichen nationalen Ausgangspositionen konnte es nicht überraschen, daß von der »deutschen Nation« oder gar von der »Einheit der deutschen Nation« im Grundvertrag keine

Rede sein werde. Man einigte sich – wie Martin Kriele im Grundvertrags-Verfahren vor dem Bundesverfassungsgericht am 19. Juni 1973 betont hat – auf einen »Konsens über den Dissens«[211]. Dieser im Grundvertrag verankerte Konsens über den Dissens in der nationalen Frage erlaubte es beiden Seiten, an ihren Positionen festzuhalten. Die Bundesrepublik Deutschland hatte es hier sehr viel leichter, da für alle politisch verantwortlichen Kräfte die Fortexistenz der deutschen Nation außer Frage stand. Hingegen hatte die DDR vor allem seit 1969/70 den untauglichen Versuch unternommen, mit immer neuen Formeln und Parolen die Spaltung der deutschen Nation nachzuweisen. Nach Auffassung der DDR-Führung existierten bis zur politischen Wende im Herbst 1989 in den beiden Staaten Deutschlands auch zwei Staatsvölker, die nicht mehr Bestandteil der »deutschen Nation« seien. Während sich in der DDR nach der bis zum 9. November 1989, dem Tag der Öffnung der Berliner Mauer, vertretenen offiziellen Doktrin eine »sozialistische (deutsche) Nation« entwikkele, bestehe in der Bundesrepublik Deutschland die »kapitalistische Nation« fort.

Seit Ende der siebziger Jahre konzedierte die SED-Führung wenigstens, daß die sich dort herausbildende »sozialistische Nation« und die »kapitalistische Nation« in der Bundesrepublik »deutscher Nationalität« seien. Die SED-Führung wußte nur zu gut, daß sich die weitaus meisten Bürger der DDR immer als Deutsche und Angehörige der ungeteilten deutschen Nation und nicht der von oben verordneten, separaten »sozialistischen Nation der DDR« empfunden haben[212]. Nach der friedlichen Revolution in der DDR ist die neue Führung zur alten These von der Existenz einer Nation in Deutschland zurückgekehrt. Mit dem 3. Oktober 1990 wurde die Diskussion um die Existenz zweier Staatsvölker und Nationen in Deutschland endgültig beendet.

Die Bejahung der Staatsqualität der DDR und die Ablehnung einer völkerrechtlichen Anerkennung der DDR machten es für die Bundesregierung Brandt/Scheel erforderlich, ein deutschlandpolitisches Konzept zu entwickeln, das diesen beiden Grundpositionen Rechnung trug. Das Ergebnis war die These von der Existenz zweier Staaten in Deutschland, die füreinander nicht Ausland seien und deren Beziehungen zueinander nur von »besonderer Art« sein könnten. Am 14. Januar 1970 hat Bundeskanzler Brandt dann die Formel von der Existenz zweier Staaten in Deutschland und den zwischen ihnen existierenden Sonderbeziehungen durch den Begriff Nation qualifiziert.

Wenige Monate nach ihrem Antritt gab die SPD/FDP-Bundesregierung den bereits von der Großen Koalition auf eine Allein-Sprecher-Berechtigung reduzierten Alleinvertretungsanspruch auf. Nachdem Bundeskanzler Brandt dies bei seinem ersten Treffen mit Ministerpräsident Stoph am 19. März 1970 in Erfurt mitgeteilt hatte, lautete Punkt 6 des Kasseler Zwanzig-Punkte-Katalogs vom 21. Mai 1970: »Keiner der beiden deutschen Staaten kann für den anderen handeln oder ihn vertreten.« So war es klar, daß der Grundvertrag den Verzicht auf jegliche Alleinvertretungsansprüche ausdrücklich festgelegt hat. Schwieriger war es für die Bundesregierung, ihre These von den »innerdeutschen Sonderbeziehungen« rechtlich zu formulieren und zu konkretisieren[213]. Das Bundesverfassungsgericht hat in seinem Urteil über die Rechtmäßigkeit des Grundvertrags vom 31. Juli 1973 verdienstvollerweise und mit Akribie alle Besonderheiten aufgeführt, die das innerdeutsche Verhältnis damals und später bestimmt haben. Dabei hat das höchste deutsche Gericht sehr viel mehr Phantasie und Realitätssinn bewiesen als mancher deutsche Staats- und Völkerrechtler[214].

Deutschlandpolitischer Pragmatismus in der Ära Schmidt

Helmut Schmidt, am 16. Mai 1974 als Nachfolger Brandts zum Bundeskanzler gewählt, hat dessen Ost- und Deutschland-Politik bewußt fortgeführt und dabei einige neue Akzente gesetzt. In seiner ersten Regierungserklärung umriß er am 17. Mai 1974 seine Deutschland-Politik so: »Mit ihrer Vertragspolitik hat die sozialliberale Koalition, insbesondere durch den Abschluß des Vertrages über die Grundlagen der Beziehungen zwischen der Bundesrepublik Deutschland und der DDR, der Politik den praktischen Weg eröffnet, in Deutschland zu einem geregelten Miteinander zu kommen. Wir werden trotz aller Schwierigkeiten und Rückschläge in dem Bemühen nicht nachlassen, die gegenseitigen Beziehungen zu verbessern. Wir bleiben dabei, daß die Beziehungen zwischen der Bundesrepublik Deutschland und der DDR Beziehungen von besonderer Art sind.«[215]

Fritz Ullrich Fack gelangte in seiner Analyse der ost- und deutschlandpolitischen Vorstellungen Bundeskanzler Schmidts zu dem Ergebnis, Nüchternheit werde ein wichtiges Stichwort der neuen politischen Epoche heißen:»Nüchternheit wird auch außenpolitisch Einzug halten, man registriert es mit Erleichterung ... keine unbestimmten Visionen mehr über eine Paneuropäische Friedensordnung, keine trügerischen Hoffnungen auf Konvergenz oder den ›Wandel durch Annäherung‹. Die Formel Schmidts besagt: Wir haben in der Ostpolitik Interessen zu vertreten, nichts sonst. Wir haben zu respektieren, daß es die andere Seite auch tut und immer tat.«[216]

Ebenso wie sein Vorgänger betonte Schmidt die Besonderheiten im deutsch-deutschen Verhältnis, den Anspruch der Deutschen in beiden Staaten auf Selbstbestimmung und den Fortbestand der deutschen Nation[217]. In seinen Berichten zur Lage der Nation vom 29. Januar 1976 und 9. März 1978 berief sich Bundeskanzler Schmidt prononciert auf die stark beachtete Ansprache Bundeskanzler Kiesingers vom 17. Juni 1967, in der er davon gesprochen hatte,»das Zusammenwachsen der getrennten Teile Deutschlands« könne man nur »eingebettet sehen in den Prozeß der Überwindung des Ost-West-Konflikts in Europa«[218]. In der Tat mußte jede realistische Deutschland-Politik in den sechziger und siebziger Jahren von der Erkenntnis ausgehen, daß eine isolierte Lösung der deutschen Frage im Sinne der Herstellung der staatlichen Einheit des Landes nicht vorstellbar war.

Nachdem mehrere CDU-Abgeordnete – darunter Manfred Abelein und Rainer Barzel – der Bundesregierung in einer Aktuellen Stunde des Deutschen Bundestages zum Thema »Haltung der Bundesregierung zu Plänen zur Wiedervereinigung Deutschlands sowie zu den Behinderungen der Arbeitsmöglichkeiten von in Ost-Berlin akkreditierten Journalisten« am 26. April 1979 vorgeworfen hatten, sie zerstöre Substanz, wenn sie auf die Worte »Wiedervereinigung« und »deutsche Frage« verzichten wolle[219], antwortete Bundeskanzler Schmidt in seinem Bericht zur Lage der Nation vom 17. Mai 1979, indem er den internationalen Aspekt der deutschen Frage spezifizierte. Wiederum betonte er das Festhalten der Bundesregierung am

Gedanken der Nation, um hinzuzufügen: »Allein die Vorstellung, daß eines Tages ein Staat von 75 Millionen Deutschen in der Mitte Europas entstehen könnte, bereitet vielen der Nachbarn und Partner Sorgen, auch wenn die nicht so laut ausgesprochen werden ... Wir dürfen nicht übersehen, daß die deutsche Teilung in den Augen anderer heute ein Teil, ein Element des europäischen Gleichgewichts ist, das den Frieden in Europa sichert ... In unserer geopolitischen Lage, angesichts unserer jüngeren Geschichte können wir Deutschen uns nicht eine politische Schizophrenie leisten, etwa auf der einen Seite eine realistische Friedenspolitik voranzubringen und auf der anderen gleichzeitig eine illusionistische Wiedervereinigungsdebatte zu führen.«[220]

Dabei verwies Schmidt auf die polnische Nation, die gleichfalls die lange Teilung nicht hingenommen habe. Aufschlußreich ist, daß der Bundeskanzler wenige Monate später in einem Interview mit der britischen Zeitschrift *Economist* wesentlich über das hinausging, was er am 17. Mai im Deutschen Bundestag gesagt hatte. Nachdrücklich betonte er, er vermöge nicht vorauszusehen, unter welchen Vorzeichen und Bedingungen die Deutschen zusammenkommen werden: »Vielleicht erst im 21. Jahrhundert, ich weiß es nicht.« Er fügte hinzu, für jede europäische Nation wäre es grundfalsch, anzunehmen, daß der Nationalstaat für jede Nation, nur nicht für die Deutschen normal sei[221].

Nachdem Günter Gaus, von 1974 bis Anfang 1981 Leiter der Ständigen Vertretung der Bundesrepublik Deutschland in der DDR, in einem stark beachteten Interview in der *Zeit* vom 30. Januar 1981 ausgeführt hatte, wir müßten »möglicherweise sogar darauf verzichten, den Begriff der Nation weiter zu verwenden ...«[222], sah sich Schmidt in seinem Bericht zur Lage der Nation vom 9. April 1981 genötigt, solchen Stimmen pronociert entgegenzutreten: »Einigen erscheint der Begriff Nation sogar unhandlich und sperrig. Aber das ist kein Anlaß, diesen Begriff oder gar die Sache selbst beiseite zu stellen. Wer dies täte, nähme die Gefahr späterer nationalistischer Reaktion in Kauf ... Wir würden uns ... unsicher machen, geschichtslos machen, gesichtslos machen, wollten wir aus der Nation aussteigen. Und wir handelten sehr selbstsüchtig und sehr unsolidarisch gegenüber den Landsleuten in der DDR, für die die Selbstidentifikation mit der einen Nation in höherem Maße als hier eine Lebens-notwendigkeit ist ... Nation hängt allein vom Willen derjenigen ab, die Nation sein wollen ... Die deutsche Nation wird weiterbestehen, solange die Menschen in beiden Teilen Deutschlands dies wollen.«[223]

Festzuhalten gilt, daß Bundeskanzler Schmidt auch bei seinem Zusammentreffen mit Staats- und Parteichef Honecker vom 11. bis 13. Dezember 1981 in der DDR nachdrücklich betonte, nach seiner »tiefen Überzeugung« sei »der Nations-Gedanke bei allen Deutschen unverändert lebendig. Wir werden uns über die Grundsatzfrage der Nation nicht verständigen. Aber wir haben schon 1972 in der Präambel des Grundlagenvertrages beiderseits festgestellt, daß die nationale Frage besteht ... Sie kennen meine aus Amtseid wie aus Überzeugung bestehende Verpflichtung auf das Grundgesetz der Bundesrepublik Deutschland ...«[224] Und in seinem letzten Bericht zur Lage der Nation vom 9. September 1982 stimmte er ausdrücklich der Äußerung Helmut Kohls zu, der am 13. August 1982 anläßlich der Wiederkehr des Tages des Mauerbaus geschrieben hatte: »Wenn der Wille zur Einheit in unserem Volke erhalten bleibt, werden Mauer und Stacheldraht auf die Dauer keinen Bestand haben.«[225]

Es ist das Verdienst der CDU/CSU-Bundestagsfraktion, die Bundesregierung veranlaßt zu haben, sich 1981 wenigstens zum Fernziel der Wiederherstellung der staatlichen Einheit Deutschlands zu bekennen. In einer Großen Anfrage zum Thema »Umfassende Bestandsaufnahme in der Deutschlandpolitik« hatte sie gefragt: »Wie stehen die Deutschen in der Bundesrepublik Deutschland nach den Erkenntnissen der Bundesregierung zur Aufgabe, die Einheit Deutschlands in Freiheit mit friedlichen Mitteln zu erreichen?« Die Bundesregierung antwortete: »Nach den Erkenntnissen der Bundesregierung ist es für die große Mehrheit der Deutschen in der Bundesrepublik Deutschland unverändert Aufgabe der deutschlandpolitischen Bemühungen ihrer Regierung, die Einheit Deutschlands in Freiheit mit friedlichen Mitteln zu erreichen ...«[226]

Die abschließende Frage, wie es die Bundesregierungen Brandt/Scheel und Schmidt/Genscher mit der Problematik der Herstellung der staatlichen Einheit Deutschlands gehalten haben, läßt sich dahingehend beantworten, daß sie, auch dank des Drucks der parlamentarischen Opposition, bei der Aushandlung der Ostverträge und des innerdeutschen Grundvertrags unter rechtlichen Aspekten eine Lösung der deutschen Frage im Sinne der Wiederherstellung der staatlichen Einheit des Landes nicht ausgeschlossen haben. Während Bundeskanzler Brandt die Formeln »Wiedervereinigung« und »Vereinigung« aus seinem Sprachschatz verbannte, hat er nie in der Zeit seiner Kanzlerschaft dem deutschen Volk das Recht auf Selbstbestimmung verwehrt. Die »Nichtberührungsklauseln« im deutsch-sowjetischen Vertrag und im Grundvertrag sowie der »Brief zur deutschen Einheit«, den Bundesaußenminister Genscher – verdienstvollerweise – nach der Aufnahme der beiden Staaten Deutschlands in die Vereinten Nationen 1973 stets in seiner jährlichen Ansprache vor der UNO-Vollversammlung zitiert hat, stellten die Offenhaltung der deutschen Frage sicher.

Ebenso wie sein Vorgänger ließ auch Bundeskanzler Schmidt keinen Zweifel daran, daß die deutsche Nation trotz der staatlichen Teilung fortexistierte. Nur wenigen Beobachtern war Ende 1978/79 aufgefallen, daß Schmidt zwar nicht im Bundestag, aber in einigen Interviews dargelegt hatte, daß die Teilung «ernst genommen, aber keineswegs für ewig gehalten werden muß«. Er vertrat nicht die »Meinung, daß die Nation zerfallen sei. Ich halte das für einen Irrtum. Sie ist weniger zerfallen, als sie das zwischen 1813 und 1870 gewesen wäre.«[227] Auch war Schmidt gut beraten, nicht an den von Herbert Wehner im Januar 1979 unterbreiteten irrealen Plan anzuknüpfen, zwischen den beiden Staaten in Deutschland »eine Konföderation oder eine Wirtschaftsgemeinschaft«[228] zu schaffen.

In den meisten Darstellungen der im Herbst 1969 eingeleiteten »neuen Deutschland-Politik« werden die Positionen Brandts und Schmidts zu undifferenziert kommentiert. So geht Peter Bender fehl in der Annahme, in Brandts Vorstellungen sei »an die Stelle von Wiedervereinigung und Selbstbestimmung ... die Einheit der Nation«[229] getreten. Brandt hat dem Gedanken der Selbstbestimmung keinesfalls eine untergeordnete Rolle beigemessen, wenn er es auch bewußt vermied, zu sagen, die Wiedervereinigung oder Vereinigung Deutschlands auf diesem Wege herbeiführen zu wollen. Schmidts stärkeres Engagement in der deutschen Frage mit dem Hinweis, die Deutschen hätten sich mit der staatlichen Teilung nicht abgefunden, ist Ende 1978/79 nur von wenigen Beobachtern registriert worden[230].

154

Die meisten interpretierten die Deutschland-Politik der sozial-liberalen Koalition dahingehend, daß sich nun auch Bonn endlich mit dem Status quo in Europa, soweit das Grundgesetz dies zuließ, abgefunden habe.

Die Deutschland-Politik der Bundesregierung Kohl/Genscher (1982 bis 1989/90)

Die seit Herbst 1982 amtierende, durch die Wahlen zum Bundestag 1983 und 1987 bestätigte, von CDU/CSU und FDP getragene Bundesregierung unter Bundeskanzler Helmut Kohl hat von Anfang an bewußt die innerdeutsche Vertragspolitik ihrer Vorgängerinnen fortgeführt. Einige neue Akzente hat sie insofern gesetzt, als sie den Rechtspositionen in der Deutschland-Frage und damit auch der fortbestehenden Vier-Mächte-Verantwortung einen noch höheren Stellenwert einräumte als ihre Vorgängerinnen seit Herbst 1969. Die vor der Bundestagswahl vom 6. März 1983 immer wieder gestellte Frage, ob die neue Bundesregierung die angekündigte »Wende« auch in der Deutschland-Politik eingeleitet oder gar vollzogen habe, war irrelevant. Die Bundesregierung und die sie tragenden Parteien wußten von Beginn an, daß zumindest die vorgegebenen deutschlandrechtlichen Positionen einer »Wende« überhaupt nicht zugänglich waren.

Helmut Kohl, seit 1973 Bundesvorsitzender der CDU und seit 1976 Mitglied des Bundestages und bis 1982 Vorsitzender der CDU/CSU-Bundestagsfraktion, ist immer dafür eingetreten, »Freiheit und Einheit für unser ganzes deutsches Volk zu erringen«[231]. Richtig war auch seine Feststellung, daß es »kein Zurück zum Nationalstaat Otto von Bismarcks« gäbe; »dieser Nationalstaat kommt nie wieder. Darüber müssen wir uns gerade im geteilten Deutschland einig sein.«[232]

In seiner ersten Regierungserklärung vom 13. Oktober 1982 führte Bundeskanzler Kohl aus, der Nationalstaat der Deutschen sei zerbrochen: »Die deutsche Nation ist geblieben, und sie wird fortbestehen. Wir alle wissen: Die Überwindung der Teilung ist nur in historischen Zeiträumen denkbar.«[233] Im Gegensatz zu seinen beiden Vorgängern berief sich Kohl prononciert auf die Präambel des Grundgesetzes, nach der das gesamte deutsche Volk aufgefordert wird, »in freier Selbstbestimmung die Einheit und Freiheit Deutschlands zu vollenden«. Immer wieder verwies Kohl auch auf den »Brief zur deutschen Einheit« vom 12. August 1970.

Als Bundeskanzler Kohl vom 4. bis 7. Juli 1983 der UdSSR einen offiziellen Besuch abstattete, waren viele westliche Beobachter überrascht, daß er ausgerechnet in Moskau das Selbstbestimmungsrecht des deutschen Volkes und den Gedanken an die Einheit der deutschen Nation betonte, um hinzuzufügen: »Wir denken in historischen Dimensionen. Wir wissen, daß diese Aufgabe nur im Rahmen einer europäischen Friedensordnung zu verwirklichen ist. Wir wollen zu ihr beitragen.«[234] Auf seiner Pressekonferenz am 6. Juli wies er darauf hin, ein wichtiger Punkt seiner Moskauer Gespräche sei sein Bekenntnis zur Wiedervereinigung gewesen; er habe erklärt: »Man kann keine Grenze, die ein Volk teilt, zuzementieren.«[235] Reinhard Meier, Bonner Korrespondent der *Neuen Zürcher Zeitung,* meinte zu Kohls Besuch in der UdSSR, daß ein deutscher Regierungschef an den nationalen Einheitsspruch ausgerechnet in Moskau öffentlich erinnert habe, »gab dem Auftritt doch einen ziemlich dramatischen Akzent«[236].

Gemessen an seinen Vorgängern Brandt und Schmidt, die an der Zugehörigkeit der Bundesrepublik Deutschland zur freien Welt keinen Zweifel ließen, wußte Bundeskanzler Kohl diesen Aspekt noch um eine Dimension zu erweitern und sich als »Enkel Konrad Adenauers« auszugeben. Zu den Kernsätzen der ersten Regierungserklärung Bundeskanzler Adenauers vom 20. September 1949 gehörte die Aussage: »Es besteht für uns kein Zweifel, daß wir nach unserer Herkunft und nach unserer Gesinnung zur westeuropäischen Welt gehören.«[237]

Bundeskanzler Kohl, der sich in diesem Zusammenhang gern auf Adenauer bezog, sagte beispielsweise in einer Ansprache anläßlich der 250. Mehlemer Diskussionswoche des Verbandes der Heimkehrer, Kriegsgefangenen und Vermißten-Angehörigen am 9. September 1985 in Bonn: »Die unwiderrufliche Westbindung der Bundesrepublik Deutschland bedeutete zugleich von Anfang an die Absage an jeden Versuch eines nationalen Sonderweges ... Unsere Grundentscheidung für die freie Welt, für den Westen ist und bleibt unumkehrbar. Sie ist nach meiner festen Überzeugung Teil der Staatsräson der Bundesrepublik Deutschland und eine wesentliche Voraussetzung unserer Politik der Aussöhnung und des Dialogs mit unseren Nachbarn im Osten.«[238]

In derselben Rede führte Kohl aus, die friedliche Überwindung der unnatürlichen Teilung Deutschlands im Einverständnis mit allen unseren Nachbarn wäre »ein historisches Friedenswerk für ganz Europa«: »Ein Zurück zum Nationalstaat des 19. Jahrhunderts – das wissen wir – wird es nicht geben. Weil die Teilung Deutschlands auch die Teilung Europas ist, ist auch die deutsche Frage nur im europäischen Rahmen zu lösen.«[239]

Nur wenigen scharfsinnigen Beobachtern war damals aufgefallen, daß Kohl – im Gegensatz zu seiner Ansprache im Bundestag vom 3. Dezember 1981[240] – dieses Mal sein Nein zu einem Zurück zum Nationalstaat des 19. Jahrhunderts nicht mit dem ausdrücklichen Hinweis auf Otto von Bismarck verband. Johann Georg Reißmüller schrieb, Kohls Bemerkung sei eine Selbstverständlichkeit, da der Typus des Nationalstaates, wie er im vorigen Jahrhundert das Bild Europas bestimmt habe, der Vergangenheit angehöre: »Aber damit ist nicht der Nationalstaat überhaupt verschwunden. Es gibt ihn ringsherum, und er erweist sich als lebenskräftig. Engländer, Franzosen, Italiener, Spanier, Griechen, Holländer, Norweger – sie alle denken nicht daran, ihren Nationalstaat aufzugeben; sie wollen ihn vielmehr behalten und nur auf dieser Grundlage europäische Zusammenarbeit betreiben. Die Deutschen tun gut daran, sich das vor Augen zu halten.«[241]

Selbst die unverbesserlichsten Kritiker des Nationalstaats-Gedankens wurden spätestens 1989/90 eines Besseren belehrt. Wichtiger – und darin unterschied er sich gleichfalls von seinen beiden Vorgängern – war Kohls zentrale und in vielen repräsentativen Aussagen wiederholte Feststellung, die »deutsche Frage bleibt historisch, aber auch rechtlich und politisch offen«. So äußerte er sich beispielsweise in den Berichten der Bundesregierung zur Lage der Nation im geteilten Deutschland vom 14. März 1986[242] und 15. Oktober 1987[243]. Nicht vergessen werden sollte, daß die von CDU/CSU und

FDP getragene Bundesregierung nach ihrem Amtsantritt im Oktober 1982 sogleich zum Auftrag des Bundestags zurückgekehrt ist, alljährlich einen »Bericht zur Lage der Nation im geteilten Deutschland« und nicht, wie es die Bundeskanzler Brandt und Schmidt zu tun pflegten, lediglich einen »Bericht zur Lage der Nation« vorzutragen[244].

Mit aller Klarheit und Entschiedenheit hat Bundeskanzler Kohl anläßlich des offiziellen Besuches von Staats- und Parteichef Honekker in der Bundesrepublik Deutschland vom 7. bis 11. September 1987 die deutschlandpolitischen Grundpositionen umrissen. Am 7. September erklärte er beim Abendessen zu Ehren Honeckers in der Redoute in Bonn-Bad Godesberg: »Für die Bundesregierung wiederhole ich: Die Präambel unseres Grundgesetzes steht nicht zur Disposition, weil sie unserer Überzeugung entspricht. Sie will das vereinte Europa, und sie fordert das gesamte deutsche Volk auf, in freier Selbstbestimmung die Einheit und Freiheit Deutschlands zu vollenden ... Wir stehen zu diesem Verfassungsauftrag, und wir haben keinen Zweifel, daß dies dem Wunsch und Willen, ja der Sehnsucht der Menschen in Deutschland entspricht.« [245]

Kohl fügte hinzu, dieses Bestreben stehe »im Einklang mit dem Grundlagenvertrag und dem Brief zur deutschen Einheit ... Die deutsche Frage bleibt offen, doch ihre Lösung steht zur Zeit nicht auf der Tagesordnung der Weltgeschichte, und wir werden dazu auch das Einverständnis unserer Nachbarn brauchen.« Wichtig war auch Kohls Hinweis auf die unverändert fortbestehenden Rechte und Verantwortlichkeiten der Vier Mächte für Deutschland als Ganzes und Berlin.

Schließlich sei daran erinnert, daß Bundeskanzler Kohl anläßlich seines offiziellen Besuches in Moskau im Oktober 1988 wiederum dezidiert die Problematik der Wiederherstellung der staatlichen Einheit Deutschlands angesprochen hat. Er sagte, daß »das Ziel der Einheit nur mit Zustimmung der für Deutschland als Ganzes verantwortlichen Mächte zu erreichen sein wird. Für uns sind Krieg und Gewalt kein Mittel der Politik. Dennoch bleibt wahr: Diese Teilung ist widernatürlich. Der Zusammenhalt der Deutschen ist eine geschichtliche, eine menschliche Realität, an der die Politik nicht vorbei kann. Wir achten die bestehenden Grenzen, doch wir wollen, daß alle

Deutschen – alle Europäer – ihr Schicksal frei wählen und in gemeinsamer Freiheit zueinander finden können.«[246]

Kohls klare Stellungnahme war insofern mutig, als Michail Gorbatschow in seiner Rede zuvor – wie dargelegt[247] – erklärt hatte, die derzeitige Situation der deutschen Frage sei ein Ergebnis der Geschichte, und die Versuche, dies umzustoßen oder eine unrealistische Politik voranzutreiben, seien ein unberechenbares und sogar gefährliches Unterfangen.

Auch in dem Bericht der Bundesregierung zur Lage der Nation im geteilten Deutschland vom 1. Dezember 1988 sprach Kohl davon, eine verantwortungsvolle Deutschland-Politik müsse immer zwei Ziele gleichzeitig im Auge behalten: ». . . die Teilung zu überwinden und bis dahin den Zusammenhalt der Nation zu bewahren«[248]. Nachdrücklich warnte er vor der Annahme, eine Lösung der deutschen Frage sei nähergerückt. Er könne »vor solchen, gelegentlich bei uns zu hörenden Illusionen nur warnen«.

In der Tat vermochte im Herbst 1988 niemand vorauszusagen, daß der mit der Öffnung der Mauer am Abend des 9. November 1989 beginnende Kollaps der DDR ein knappes Jahr später, am 3. Oktober 1990, zur Herstellung der staatlichen Einheit Deutschlands führen würde. Auch wenn sich die SED-Führung – wie bereits erwähnt[249] – seit Herbst 1987 mit wachsenden Protesten und einem verstärkten Widerstand konfrontiert sah und es ihr nicht mehr gelang, mit repressiven Maßnahmen die oppositionellen Kräfte in die Schranken zu weisen, sollte es bis zum Sommer 1989 dauern, ehe man in West und Ost gewahr wurde, daß die bis dahin weitverbreitete Vorstellung von einer stabilen DDR auf falschen Prämissen beruhte. Daß weder die Bundesregierung noch die parlamentarische Opposition auf das sich abzeichnende Desaster der DDR vorbereitet war, verdeutlichte die Diskussion im Bundestag vom 5. September 1989, in der Bundeskanzler Kohl erklärte: »Das Verhältnis der beiden Staaten in Deutschland zueinander ist ein wesentliches Element der Stabilität in Europa. Angesichts mancher Stimmen kann ich nur warnend sagen: Wer diese Stabilität gefährdet, muß wissen, welche Folgen dies für alle Beteiligten hätte.«[250] Und Oppositionsführer Hans-Jochen Vogel führte aus: »Wir respektieren unverändert die Staatlichkeit der DDR.«[251]

Die weitere Entwicklung im Herbst 1989 sollte schnell zeigen, daß die überwiegende Mehrheit der DDR-Bevölkerung in der fortbestehenden Eigenstaatlichkeit der DDR keinen Sinn erblickte, da sie – im Gegensatz zu einigen einflußreichen Literaten, Wissenschaftlern, Publizisten und Repräsentanten der evangelischen Kirche in Deutschland – schon längst den Glauben an die Reformierbarkeit des »real existierenden Sozialismus« verloren hatte; auch vermochte sie nicht der These zu folgen, die staatliche Teilung Deutschlands sei ein wesentliches Element der Stabilität in Europa. Die gewaltlose Revolution in der DDR zwang Bonn und die für die Lösung der deutschen Frage mitverantwortlichen drei Westmächte wie auch die UdSSR zu raschem Umdenken. Bei allen Differenzen über die Ausgestaltung der Deutschland-Politik stimmten die Bundesregierung und die sie tragenden Parteien mit der SPD-Opposition in einem zentralen Punkt überein: daß die deutsche Frage nur im europäischen Rahmen geregelt werden konnte. Der zügig vorangetriebene Zwei-plus-Vier-Prozeß, der mit dem am 12. September 1990 in Moskau unterzeichneten »Vertrag über die abschließende Regelung in bezug auf Deutschland« seinen Abschluß fand, wurde in der Erklärung des Pariser KSZE-Treffens der Staats- und Regierungschefs vom 21. November 1990 ohne Vorbehalte bestätigt[252]. So erscheint nicht nur das Jahr 1989, sondern auch das Jahr 1990 als »das Wunderjahr der europäischen Nachkriegszeit«[253].

4.
Völker- und verfassungsrechtliche Rahmenbedingungen

Nicht erst der sich auf der deutsch-deutschen und der Zwei-plus-Vier-Ebene 1990 vollziehende Einigungsprozeß offenbarte das weitreichende Mitspracherecht der drei Westmächte und der Sowjetunion bei der Regelung der deutschen Frage. Alle seit 1949 amtierenden Bundesregierungen hatten dieses rechtliche Faktum zu akzeptieren. Aktualität gewannen die Vier-Mächte-Rechte und -Verantwortlichkeiten jedoch erst im Herbst 1969, als die SPD/FDP-Bundesregierung ihre »neue Ost- und Deutschland-Politik« verkündete. Neben diesen völkerrechtlich vorgegebenen Fakten hatte die offizielle Bonner Deutschland-Politik stets auch die im Grundgesetz verankerten staats- und verfassungsrechtlichen Rahmenbedingungen ebenso zu beachten wie deren Interpretation durch die Rechtsprechung des Bundesverfassungsgerichts. Nachdem das höchste deutsche Gericht frühzeitig aus der Präambel des Grundgesetzes das Wiedervereinigungsgebot entwickelt hatte, sah es sich in seinem Grundvertrags-Urteil vom 31. Juli 1973 veranlaßt, weitreichende deutschlandrechtliche und -politische Pflöcke einzuschlagen. Weitere wichtige Festlegungen, die sich auf den Rechtsstatus Deutschlands und das Wiedervereinigungsgebot der Verfassung bezogen, traf das Bundesverfassungsgericht in seinem Beschluß vom 21. Oktober 1987.

Der Vier-Mächte-Status
über Deutschland

Die rechtlichen Grundlagen für die Vier-Mächte-Verantwortung bildeten das Londoner Protokoll über die Besatzungszonen in Deutschland und die Verwaltung von Groß-Berlin vom 12. September 1944 mit der ergänzenden Vereinbarung vom 14. November 1944 und dem Beitritt Frankreichs durch das Abkommen vom 26. Juli 1945 sowie das Londoner Abkommen über Kontrolleinrichtungen in Deutschland vom 14. November 1944 mit dem Beitritt Frankreichs durch das Londoner Abkommen vom 1. Mai 1945. Während die Berliner Vier-Mächte-Feststellung über das Kontrollverfahren in Deutschland vom 5. Juni 1945 die wesentlichen Bestimmungen des Abkommens über Kontrolleinrichtungen vom 14. November 1944 wiedergibt, bestätigte die Berliner Vier-Mächte-Feststellung über die Besatzungszonen in Deutschland vom gleichen Tage das Protokoll über die Besatzungszonen vom 12. September mit den Änderungen vom 14. November 1944. Außerdem ergab sich die gemeinsame Rechtszuständigkeit aus dem Bericht der Konferenz von Jalta vom 11. Februar 1945 und der amtlichen Verlautbarung über die Konferenz von Potsdam vom 2. August 1945[1].

Den Vereinbarungen der Alliierten aus den Jahren 1944/45 ist zu entnehmen, daß für sie Deutschland als Rechtsbegriff 1945 nicht zu existieren aufgehört hat. Zwar verwandten die Siegermächte die Definition »Deutschland« in erster Linie zur Klarstellung der Rechtsgrundlagen für eine Grenzregelung, »aber zugleich unterstreicht der ganze Vorgang, daß auch damals der Begriff ›Deutschland‹ ein Rechtsbegriff war und noch weiterhin als solcher verstanden wurde«[2].

Otto Kimminich hat mit Recht darauf hingewiesen, daß es ein Völkerrechtssubjekt mit dem offiziellen Namen »Deutschland« in der Geschichte nie gegeben hat. Da der offizielle Titel des Völkerrechtssubjekts, gegen das die Alliierten Krieg geführt haben, »Deutsches Reich« lautete, verwandten sie den Ausdruck »Deutschland« offenbar als Synonym. Gerade die Tatsache, daß die Alliierten Deutschland weder annektieren noch aufteilen wollten, sondern von »Deutschland« in den Grenzen vom 31. Dezember 1937 ausgegangen sind, bedeutet, daß für sie das Deutsche Reich fortbestand. Der von den Alliierten gebrauchte Begriff »Deutschland als Ganzes« war inhaltlich identisch mit den Begriffen »deutsches Völkerrechtssubjekt« und »Deutsches Reich«. Dieser Feststellung steht nicht entgegen, daß die Siegermächte den Gebietsstand Deutschlands in den Grenzen vom 31. Dezember 1937 nicht garantieren wollten[3].

Im Gegensatz zur Haltung der UdSSR war die Einstellung der drei Westmächte gegenüber den Rechten und Verantwortlichkeiten der Vier Mächte immer unmißverständlich. Sie haben sich im Deutschland-Vertrag vom 26. Mai 1952 in der Fassung vom 23. Oktober 1954 »Rechte und Verantwortlichkeiten in bezug auf Berlin und auf Deutschland als Ganzes einschließlich der Wiedervereinigung Deutschlands und einer friedensvertraglichen Regelung« vorbehalten (so Artikel 2). Artikel 7 des am 5. Mai 1955 in Kraft getretenen Deutschland-Vertrags legte darüber hinaus fest, »daß die endgültige Festlegung der Grenzen Deutschlands« bis zu einer »frei vereinbarten friedensvertraglichen Regelung für ganz Deutschland« aufgeschoben werden muß. Es ist schon darauf hingewiesen worden, daß die drei Westmächte es damals ausdrücklich vermieden haben, die Formel von Deutschland in den Grenzen vom 31. Dezember 1937 zu verwenden[4].

Während die drei Westmächte von 1945 bis zum 12. September 1990 konsequent an ihren Rechtspositionen bezüglich Deutschlands festgehalten haben, war die Position der UdSSR gegenüber der Vier-Mächte-Verantwortung insoweit weniger konsistent, als ihre deutschlandpolitischen Aussagen gelegentlich den Eindruck hervorriefen, sie habe die gemeinsame Vier-Mächte-Basis verlassen. Bis weit in die zweite Hälfte der fünfziger Jahre stand für die Sowjetunion unmißverständlich fest, daß das auch aus der Vier-Mächte-Verantwortung resultierende Mitspracherecht in der deutschen Frage rechtlich nur zu begründen war, wenn man von der völkerrechtlichen Fortexistenz des Deutschen Reiches über den 8. Mai 1945, den Zeitpunkt der militärischen Kapitulation der deutschen Wehrmacht, hinaus ausging. Seit Anfang der siebziger Jahre blieb der sowjetischen Führung gar nichts anderes übrig, als die Rechte und Verantwortung der Vier Mächte anzuerkennen, auch wenn sie – soweit wie möglich – das Bezugsobjekt nur ungern umschrieb. Das starke Interesse Moskaus an der Unterzeichnung des deutsch-sowjetischen Vertrages, dessen völkerrechtliches Wirksamwerden vom erfolgreichen Abschluß des Vier-Mächte-Abkommens über Berlin vom 3. September 1971 abhängig war, ließ dem Kreml gar keine andere Wahl[5].

Wenn auch die früheren Bundesregierungen mit unterschiedlicher Intensität die Vier-Mächte-Verantwortung betont haben, ließen sie an deren Fortbestand keinen Zweifel, da weder die Bundesrepublik Deutschland noch die DDR allein, noch die beiden Staaten gemeinsam die Kompetenz besaßen, über die Rechte und Verantwortlichkeiten der Vier Mächte zu disponieren. Ebenso wie die UdSSR 1970/71 mußte auch die DDR – entgegen früheren Beteuerungen – bei der Paraphierung des Grundvertrags am 8. November 1972 die Fortexistenz der auch sie betreffenden Vier-Mächte-Rechte und -Verantwortung anerkennen.

Die »Nichtberührungsklauseln« im Moskauer und Warschauer Vertrag sowie die Noten der drei Westmächte zum deutsch-sowjetischen Vertrag vom 11. August und zum deutsch-polnischen Vertrag vom 19. November 1970 stellten sicher, daß der nach wie vor geltende Vier-Mächte-Status über Deutschland nicht berührt wurde. Wie sehr sowohl die drei Westmächte als auch die UdSSR darauf geachtet haben, daß der Grundvertrag ihre Rechte und Verantwortlichkeiten nicht beeinträchtigte, verdeutlichte die Erklärung der Vier Mächte vom 9. November 1972 zur Aufnahme der Bundesrepublik und der DDR in die Vereinten Nationen[6].

Die Tatsache, daß weder in den Ostverträgen und im Grundvertrag noch in den Begleitdokumenten das Bezugsobjekt der Vier-Mächte-Rechte und -Verantwortung genannt wurde, bedeutete nicht, daß dieses Objekt und damit der Rechtsbegriff »Deutschland« oder »Deutschland als Ganzes« zu existieren aufgehört haben. Wer so argumentierte, übersah, daß die Vier Mächte kein neues Bezugsobjekt an die Stelle des alten gesetzt haben. Es mußte sich um dieses Bezugsobjekt handeln, »da schon rechtslogisch Rechte und Verantwortlichkeiten einen Bezugspunkt haben müssen und andere Rechte und Verantwortlichkeiten der Vier Alliierten als ›in bezug auf Deutschland als Ganzes und auf Berlin‹ nicht existieren«[7].

Nicht nur für die Führung der DDR, sondern auch für einige prominente deutsche Staats- und Völkerrechtler war es überraschend, 1989/90 erkennen zu müssen, daß sowohl die drei Westmächte als auch die sowjetische Führung unter Michail Gorbatschow und Außenminister Schewardnadse bestimmte Vorstellungen von den Vier-Mächte-Rechten und -Verantwortlichkeiten über »Deutschland als Ganzes« hatten, als sie im Zwei-plus-Vier-Prozeß die Voraussetzungen für die Herstellung der staatlichen Einheit Deutschlands schufen.

Selbst ein so besonnener und abwägender Wissenschaftler und Diplomat wie Wilhelm Grewe, der maßgeblichen Anteil an der Ausarbeitung des deutsch-alliierten Vertragswerkes von 1952/54 hatte, war schon 1955 zu dem Ergebnis gelangt, seit vielen Jahren befinde sich »dieses Netz von Vier-Mächte-Abmachungen und Vier-Mächte-Institutionen in einem Prozeß der Zersetzung und Auflösung«[8], obwohl »ein entsprechender tatsächlicher Befund bis 1990 niemals durch eine ausdrückliche rechtliche Freistellung abgelöst«[9] wurde. Ebenso verfehlt war die Feststellung, »die objektlosen Rechte und Verantwortlichkeiten der Vier Mächte können nicht mehr mit den Kategorien der Staatslehre gemessen werden . . . Geblieben ist ein Bündel Interventionsrechte – eine neue Dimension der Viermächteverantwortung, die die Bundesregierung allem Anschein nach noch gar nicht ausgelotet hat.«[10]

Angesichts der zunehmenden Kritik an Gorbatschows und Schewardnadses Deutschland-Politik seitens führender sowjetischer Militärs war nicht klar, wann die UdSSR den am 12. September 1990 in Moskau unterzeichneten Vertrag über die abschließende Regelung in bezug auf Deutschland ratifizieren würde. Da der Zeitpunkt der Herstellung der Einheit Deutschlands mit dem 3. Oktober 1990 feststand, erklärten die Regierungen der drei Westmächte und der Sowjetunion am 1. Oktober 1990 in New York, daß die Wirksamkeit ihrer Rechte und Verantwortlichkeiten in bezug auf Berlin und Deutschland als Ganzes mit Wirkung vom Zeitpunkt der Vereinigung Deutschlands bis zum Inkrafttreten des Vertrags über die abschließende Regelung in bezug auf Deutschland ausgesetzt werde[11]. Auch diese, »auf den ersten Blick merkwürdig erscheinende, vorzeitige Aufhebung der Vier-Mächte-Rechte schon zum Zeitpunkt der Vereinigung am 3. Oktober 1990 liegt in der Konsequenz der von der Zwei-plus-Vier-Runde eingeschlagenen Grundlinie der Nicht-Singularisierung und Nicht-Diskriminierung Deutschlands im Interesse einer künftigen Stabilität in Europa«[12].

Der Oberste Sowjet der UdSSR hat am 4. März 1991 in geschlossener Sitzung den Zwei-plus-Vier-Vertrag und das deutsch-sowjetische Vertragswerk vom Herbst 1990 ratifiziert[13]. Damit konnte der Vertrag vom 12. September 1990 am 15. März 1991 in Kraft treten, so daß die Erklärung der Vier Mächte über die Aussetzung ihrer Vorbehaltsrechte über Berlin und Deutschland als Ganzes vom 1. Oktober 1990 ihre Bedeutung verlor. Auch dies dokumentiert, wie sehr es den drei Westmächten und der UdSSR darauf ankam, jeglichen Anschein zu vermeiden, das seit dem 3. Oktober 1990 vereinte Deutschland auch nur für eine kurze Phase einem Sonderstatus zu unterstellen.

Das Wiedervereinigungsgebot des Grundgesetzes

Sehr viel stärker als die Verfassungen anderer zur Europäischen Gemeinschaft gehörender Staaten enthält das Grundgesetz rechtlich bindende Zielvorgaben. Auch vom Vertragssystem der Europäischen Gemeinschaft unterscheidet es sich, da es die Exekutive, also die Bundesregierung, in ihrer Handlungsfreiheit ungleich stärker einschränkt. In bewußter Abkehr von der Vergangenheit ist das Bundesverfassungsgericht der kompetente Hüter der Verfassung, dessen Entscheidungen die Verfassungsorgane des Bundes und der Länder sowie alle Gerichte und Behörden binden. Ihm obliegt die verbindliche Auslegung des Grundgesetzes. Auch die Bereiche der Außen- und Deutschland-Politik sind damit der verfassungsfreien Gestaltung durch die Exekutive entzogen.

Die Staatenwelt vertritt bis heute überwiegend die Ansicht, Präambeln zu Verfassungen und auch zu völkerrechtlichen Verträgen seien selbst kein unmittelbar anwendbares Recht, sondern allenfalls Auslegungsmittel für andere Rechtssätze. Das Bundesverfassungsgericht ist von dieser herkömmlichen Einschätzung frühzeitig abgewichen. Bereits im KPD-Verbotsurteil vom 17. August 1956 führte es aus, dem Vorspruch des Grundgesetzes komme naturgemäß vor allem politische Bedeutung zu, um hinzuzufügen: »Darüber hinaus hat aber der Vorspruch auch rechtlichen Gehalt. Er beschränkt sich nicht auf gewisse rechtlich erhebliche Feststellungen und Rechtsverwahrungen, die bei der Auslegung des Grundgesetzes beachtet werden müssen. Vielmehr ist aus dem Vorspruch für alle politischen Staatsorgane der Bundesrepublik Deutschland die Rechtspflicht abzuleiten, die Einheit Deutschlands mit allen Kräften anzustreben, ihre Maßnahmen auf dieses Ziel auszurichten und die Tauglichkeit für dieses Ziel jeweils als einen Maßstab ihrer politischen Handlungen gelten zu lassen.«[14]

Daß das Bundesverfassungsgericht von der bis dahin überwiegend vertretenen Auffassung, nach der der Vorspruch zu einer Verfassung nur politische Bedeutung, aber keinen rechtlichen Gehalt habe, frühzeitig abgegangen ist, »erklärt sich aus der gesamten Rechtsnatur des Grundgesetzes, insbesondere aus seinem Charakter als Provisorium, das noch keine endgültige Antwort auf das Schicksal des deutschen Volkes gibt«[15]. Diese Schlußfolgerung ergab sich nicht nur aus der Präambel, sondern auch aus dem die Verfassung abschließenden Artikel 146: »Dieses Grundgesetz verliert seine Gültigkeit an dem Tage, an dem eine Verfassung in Kraft tritt, die von dem deutschen Volke in freier Entscheidung beschlossen worden ist.«

Das Bundesverfassungsgericht hat von Anfang an großen Wert auf die Feststellung gelegt, auf das Wiedervereinigungsgebot könne nicht das Verlangen gestützt werden, »die Organe der Bundesrepublik müßten *bestimmte* Handlungen zum Zwecke der Wiedervereinigung Deutschlands vornehmen. Denn den zu politischem Handeln berufenen Organen der Bundesrepublik muß es überlassen bleiben zu entscheiden, welche Wege sie zur Herbeiführung der Wiedervereinigung als politisch richtig und zweckmäßig ansehen.« Im KPD-Verbotsurteil hieß es außerdem, nach der negativen Seite hin bedeute das Wiedervereinigungsgebot, »daß die staatlichen Organe alle Maßnahmen zu unterlassen haben, die die Wiedervereinigung rechtlich hindern oder faktisch unmöglich machen«[16].

Im Grundvertrags-Urteil vom 31. Juli 1973 hat das Bundesverfassungsgericht das Wiedervereinigungsgebot spezifiziert und im Leitsatz 4 so formuliert: »Kein Verfassungsorgan der Bundesrepublik Deutschland darf die Wiederherstellung der staatlichen Einheit als politisches Ziel aufgeben, alle Verfassungsorgane sind verpflichtet, in ihrer Politik auf die Erreichung dieses Zieles hinzuwirken – das schließt die Forderung ein, den Wiedervereinigungsanspruch im Inneren wachzuhalten und nach außen beharrlich zu vertreten – und alles zu unterlassen, was die Wiedervereinigung vereiteln würde.«[17]

Aber auch jetzt sprach es von der eigenen Verantwortung der Bundesregierung, zu entscheiden, »mit welchen politischen Mitteln und auf welchen politischen Wegen sie das nach dem Grundgesetz rechtlich gebotene Ziel der Wiedervereinigung zu erreichen oder ihm wenigstens näherzukommen versucht. Die Abschätzung der Chancen ihrer Politik ist ihre und der sie tragenden parlamentarischen Mehrheit Sache.«

Mit der Formulierung, die Verfassungsorgane hätten »alles zu unterlassen, was die Wiedervereinigung vereiteln würde«, hat das Bundesverfassungsgericht im Grundvertrags-Urteil aus dem im KPD-Verbotsurteil ausgesprochenen Wiedervereinigungsgebot auch ein Wahrungsgebot abgeleitet. In seinem Beschluß vom 21. Oktober 1987 wiederholte es seine frühere Feststellung über den »weiten Gestaltungsspielraum der politischen Organe, um das Ziel der Wiedervereinigung anzustreben«. Erstmals stellte es nun aber fest, aus dem Wahrungsgebot folge »insbesondere die verfassungsrechtliche Pflicht, die Identität des deutschen Staatsvolkes zu erhalten ... Die im Wiedervereinigungsgebot des Grundgesetzes enthaltene Wahrungspflicht gebietet es auch, die Einheit des deutschen Volkes als des Trägers des völkerrechtlichen Selbstbestimmungsrechts nach Möglichkeit zukunftsgerichtet auf Dauer zu bewahren.«[18]

Doch nicht genug damit: Nachdrücklich betonte das Bundesverfassungsgericht, auch nach Abschluß des Grundvertrags sei die Deutsche Demokratische Republik »ein anderer Teil Deutschlands ... Erst wenn eine Trennung der Deutschen Demokratischen Republik von Deutschland durch eine freie Ausübung des Selbstbestimmungsrechts besiegelt wäre, ließe sich die in der Deutschen Demokratischen Republik ausgeübte Hoheitsgewalt aus der Sicht des Grundgesetzes als eine von Deutschland abgelöste fremdstaatliche Gewalt qualifizieren.«[19]

Diese Feststellung war den Karlsruher Richtern so wichtig, daß sie sie sogar als Leitsatz 2 ihrem Beschluß vom 21. Oktober 1987 vorangestellt haben. Auch scheute sich das Gericht nicht, sich auf die

Erklärung Bundeskanzler Kohls zu berufen, die er anläßlich des offiziellen Besuchs von Staats- und Parteichef Honecker am 7. September 1987 in Bonn abgegeben und in der er – wie bereits dargelegt[20] – nachdrücklich betont hatte, die Präambel unseres Grundgesetzes stehe »nicht zur Disposition, weil sie unserer Überzeugung entspricht . . .«

Bemerkenswert war, daß das Bundesverfassungsgericht das Selbstbestimmungsrecht nicht an einem allgemeinen Begriff der Nation, etwa im Sinne einer Kulturnation, orientierte, sondern am deutschen Staatsvolk[21]. In diesem Zusammenhang muß daran erinnert werden, daß sich das Bundesverfassungsgericht schon im Grundvertrags-Urteil vom 31. Juli 1973 veranlaßt gesehen hatte, nachdrücklich an die Fortexistenz des »deutschen Staatsvolkes« zu erinnern: »Wenn heute von der ›deutschen Nation‹ gesprochen wird, die eine Klammer für Gesamtdeutschland sei, so ist dagegen nichts einzuwenden, wenn darunter auch ein Synonym für das ›deutsche Staatsvolk‹ verstanden wird, an jener Rechtsposition also festgehalten wird und nur aus politischen Rücksichten eine andere Formel verwandt wird.«[22]

In einem weiteren zentralen Punkt bewies das Bundesverfassungsgericht mehr Realitätssinn als mancher prominente Staats- und Völkerrechtler. Im Urteil vom 31. Juli 1973 hat es mit Präzision und Akribie alle Regelungen des Grundvertrags und seiner Begleitdokumente zusammengestellt, die es nach seiner Auffassung rechtfertigten, von einem »besonderen Verhältnis«, von »Inter-se-Beziehungen« zwischen den beiden Staaten in Deutschland, zu sprechen[23]. Dabei verwies es auch auf die Vier-Mächte-Verantwortung für Deutschland als Ganzes, um gleichzeitig den Staatsorganen aufzugeben, es sei nicht zulässig, zu sagen, künftig sei die Vier-Mächte-Verantwortung für Gesamtdeutschland »*allein* noch eine (letzte) rechtliche Klammer für die Fortexistenz Gesamtdeutschlands; verfassungsgemäß ist nur – wie es auch die Bundesregierung selbst versteht –, daß sie eine weitere Rechtsgrundlage für das Bemühen der Bundesregierung um Wiedervereinigung bildet, nämlich eine ›völkerrechtliche‹ *neben* der staatsrechtlichen«[24].

Auch in seinem Beschluß vom 21. Oktober 1987 betonte das Bundesverfassungsgericht den fortbestehenden Vier-Mächte-Status für Deutschland als Ganzes[25]. In der politischen Diskussion wurde gelegentlich zu wenig beachtet, daß die Vier Mächte in ihren Abmachungen aus den Jahren 1944/45 – wie dargelegt[26] – von »Deutschland . . . innerhalb seiner Grenzen, wie sie am 31. Dezember 1937 bestanden«, ausgegangen sind, ohne jedoch die Verpflichtung übernommen zu haben, diesen Gebietsstand zu garantieren und die staatliche Einheit Deutschlands in diesen Grenzen anzustreben. Während sich die Bundesregierung der Großen Koalition in den Jahren 1966 bis 1969 nicht grundsätzlich zu der Frage geäußert hatte, ob für sie Deutschland in den Grenzen vom 31. Dezember 1937 fortexistierte, war die Rechtsauffassung der seit Herbst 1969 amtierenden Bundesregierungen nicht leicht zu umreißen[27]. Auch die Entschließung von Bundestag und Bundesrat zu den Ostverträgen vom 17. Mai 1972 vermied die Formel »Deutschland in den Grenzen vom 31. Dezember 1937«; Punkt 2 der Entschließung lautete: »Dabei gehen die Verträge von den heute tatsächlich bestehenden Grenzen aus, deren einseitige Änderung sie ausschließen. Die Verträge nehmen eine friedensvertragliche Regelung für Deutschland nicht vorweg und schaffen keine Rechtsgrundlage für die heute bestehenden Grenzen.«[28]

Verständlich erscheint es daher, daß es auch das Bundesverfassungsgericht im Grundvertrags-Urteil vermied, sich präzise über die territoriale Reichweite des Wiedervereinigungsgebots des Grundgesetzes zu äußern oder gar mit der Formel »Gesamtdeutschland« das Land in seinen Grenzen vom 31. Dezember 1937 zu umschreiben. Von den »Grenzen des Deutschen Reiches nach dem Stand vom 31. Dezember 1937« sprach das Bundesverfassungsgericht nur dort, wo es »Grenzen verschiedener rechtlicher Qualität« kennzeichnete[29].

Wie sehr sich das Karlsruher Gericht dieser Problematik bewußt war, verdeutlichen seine Darlegungen über Artikel 23, Satz 2 des Grundgesetzes, der so lautet: »In anderen Teilen Deutschlands ist es[30] nach deren Beitritt in Kraft zu setzen.« Das Gericht hütete sich, dieses »rechtliche Offensein« territorial zu bestimmen[31]. So hat das Bundesverfassungsgericht in seiner Entscheidung vom 31. Juli 1973 weder vom »Fortbestand Deutschlands in seinen Grenzen vom 31. 12. 1937«[32] gesprochen noch »das Deutsche Reich in den Grenzen vom 31. Dezember 1937 definiert«[33].

Diese Abstinenz des höchsten deutschen Gerichts war auch deshalb verständlich, weil es um die völkerrechtliche Problematik wußte.

170

Die drei Westmächte und die UdSSR haben 1945 keine Garantie übernommen, Deutschland in den Grenzen vom 31. Dezember 1937 wiederherzustellen. Die drei Westmächte haben im Deutschland-Vertrag nur die Formel »Deutschland als Ganzes« akzeptiert und sind gleichfalls keine Verpflichtung eingegangen, die Wiedervereinigung Deutschlands in den Grenzen vom 31. Dezember 1937 anzustreben. Dazu hat Wilhelm Grewe 1983 festgestellt: »»Die Formulierungen des Deutschland-Vertrages kamen den deutschen Wünschen insofern entgegen, als sie die Frage der deutschen Ostgrenzen offen ließen und die Bundesrepublik nicht nötigten, einen endgültigen formellen Verzicht auf die Ostgebiete zu unterschreiben – was damals Millionen von Vertriebenen empört hätte. Aber dieses Entgegenkommen bedeutete nicht und kann auch nachträglich nicht so gedeutet werden, als ob die Westmächte versprochen hätten, deutsche Gebietsforderungen in bezug auf die Ostgebiete zu unterstützen. In diesem so zu begrenzenden Umfang ist die Verpflichtung der Vereinigten Staaten und der beiden anderen Westmächte nach wie vor gültig und durch nichts außer Kraft gesetzt worden, was in den letzten 30 Jahren geschehen ist.«[34]

Das Bundesverfassungsgericht war weiser und vorausschauender als jene Politiker, Staats- und Völkerrechtler sowie Repräsentanten des Bundes der Vertriebenen, die vor der Wende in der DDR 1989/90 gehofft hatten, aufgrund der alliierten Abmachungen aus den Jahren 1944/45 hätten spätere Verhandlungen über einen Friedensvertrag mit Deutschland zumindest von den Grenzen vom 31. Dezember 1937 auszugehen, ohne damit eine verbindliche territoriale Zielvorgabe zu verknüpfen[35]. Volker Rühe, seinerzeit stellvertretender Vorsitzender der CDU/CSU-Fraktion, war heftig kritisiert worden, als er am 6. Februar 1985 im Bundestag zwischen der rechtlichen und politischen Problematik des Warschauer Vertrags vom 7. Dezember 1970 differenzierte und meinte, wer nüchtern und illusionslos nachdenke, »der weiß, daß der Warschauer Vertrag mit Polen eine politische Bindungswirkung hat, die auch von einem wiedervereinigten Deutschland nicht ignoriert werden könnte«[36].

Als sich das unaufhaltsame Ende der DDR und der Einigungsprozeß Anfang 1990 abzeichneten, konnte man nur verblüfft feststellen, mit welcher Selbstverständlichkeit von Anfang an sowohl für Bonn und Ost-Berlin als auch für die drei Westmächte und die UdSSR feststand, daß die staatliche Einheit nur unter beachtlichen Opfern zu erreichen war. Die Abtretung der Oder-Neiße-Gebiete bedeutete aus der Sicht des deutschen Gesamtstaates den endgültigen rechtlichen Verlust von rund 114 000 km² Staatsgebiet, »dessen Zugehörigkeit mit rund 9,5 Millionen deutschen Staatsangehörigen zum Völkerrechtssubjekt Deutschland vor 1945 unbestritten war«[37]. Hingegen umfaßte das Territorium der früheren DDR demgegenüber nur 108 000 km². Inzwischen haben auch weitgehend jene, die diese Vorgänge mit Bedauern und teilweise mit Verbitterung verfolgt haben, eingesehen, daß der Bonner Diplomatie angesichts der einmalig günstigen internationalen Konstellation und des notwendigen Tempos, um den Einigungsprozeß zu vollziehen, gar keine andere Wahl blieb, als von vornherein vom territorialen Verzicht auf die deutschen Ostgebiete auszugehen.

5.
Die Wiedervereinigungs-Diskussion in den fünfziger Jahren auf der nichtamtlichen Ebene

An der Diskussion über die Deutschland-Frage haben sich seit 1949 neben der Bundesregierung und den politischen Parteien auch wichtige gesellschaftliche Organisationen, die Publizistik, die einschlägigen wissenschaftlichen Disziplinen sowie die SBZ- und spätere DDR-Forschung, die nach der Proklamierung der »neuen Deutschland-Politik« als »vergleichende Deutschland-Forschung« bezeichnet wurde, beteiligt. Auch wenn alle von amtlicher und privater Seite in diesem Zeitraum vorgelegten Vorschläge Makulatur geworden sind und nur noch zeithistorischen Wert besitzen, sollten doch einige Fakten festgehalten werden.

Zunächst fällt auf, daß die bis 1959/60 unterbreiteten Vorschläge von dem Grundgedanken getragen waren, die staatliche Einheit Deutschlands wiederherzustellen. Rudolf Schuster, der an der Technischen Universität München Politikwissenschaft lehrt und 1963 mit seiner Studie »Deutschlands staatliche Existenz im Widerstreit politischer und rechtlicher Gesichtspunkte 1945–1963« ein rechtliche und politische Aspekte umfassendes Standardwerk verfaßt hat, legte 1959 die verdienstvolle Dokumentation »Verfahrensvorschläge zur Wiedervereinigung Deutschlands 1949–1959« vor, die für die Zeit vom 24. Mai 1949 bis zum 10. Juni 1959 131 Texte unter Einschluß wichtiger ausländischer Stellungnahmen enthielt. Eine wichtige Ergänzung dazu bildete Gernot Scheuers Analyse »Materielle Voraussetzungen für eine Wiedervereinigung Deutschlands in der Sicht nichtamtlicher Vorschläge« aus dem Jahre 1960, die das Ausmaß und die Vielfalt des Nachdenkens über eine Lösung der deutschen Frage im ersten Jahrzehnt der Bundesrepublik widerspiegelte. Scheuers systematischer Überblick differenzierte zwischen dem äußeren und inneren Status Deutschlands und verdeutlichte, wie sehr sich an dieser Diskussion, die hier nicht rekapituliert zu werden braucht, auch prominente angelsächsische Politiker und der amerikanische Historiker und Diplomat George F. Kennan beteiligt haben[1]. Eine wichtige Rolle spielten vornehmlich in der zweiten Hälfte der fünfziger Jahre zahlreiche »Disengagement«-Varianten[2].

Pikant erscheint in der Rückschau, daß ausgerechnet zwei bekannten Amerikanern, James Warburg und George F. Kennan, als »optimales Fernziel ... ein unabhängiges Kontinentaleuropa als ausgleichende ›dritte Kraft‹ zwischen der anglo-amerikanischen Gruppe im Westen und der Sowjetunion im Osten«[3] vorschwebte. Ebenso muß daran erinnert werden, daß – im Gegensatz zu Adenauers Vorschlag aus dem Jahre 1958, der SBZ den Status Österreichs zu geben[4] – unter anderen Alfred Weber, Karl Silex und die SPD in den Jahren von 1954 bis 1957 eine »Bündnisfreiheit für Gesamtdeutschland allein (›Österreich-Lösung‹) vorgeschlagen haben«[5]. An der Diskussion über den künftigen inneren Status Deutschlands haben sich vornehmlich deutsche Politiker, Publizisten und Wissenschaftler beteiligt. Schon damals fragte man, ob möglicherweise die »sozialen Errungenschaften« in Mitteldeutschland für eine gewisse Ausgleichszeit beibehalten werden sollten. Die SPD und der DGB faßten eine Wirtschaftsverfassung für ganz Deutschland ins Auge, »in der das *liberale* und das *soziale* Element ausgewogen sind«[6].

Es erübrigt sich, darauf hinzuweisen, daß alle in den fünfziger Jahren von westlicher Seite entwickelten Pläne und Vorstellungen, Deutschland staatlich wiederzuvereinigen, im Kreml auf taube Ohren gestoßen sind. Eine weitere Schlußfolgerung erscheint notwendig: Vergleicht man die damaligen Pläne und Vorschläge mit jenen, die die drei Westmächte auf der Genfer Gipfelkonferenz 1955 sowie auf den Außenminister-Konferenzen 1954 in Berlin und 1955 und 1959 in Genf unterbreitet haben, dann ist ihnen sehr viel mehr Realitätssinn zu attestieren. Die verschiedenen Varianten des »Eden-Plans« und der »Herter-Plan« zeichneten sich durch das Junktim zwischen Sicherheits- und Deutschland-Frage aus[7]. Das strikte Nein, mit dem die Nachfolger Stalins die westlichen Vorstellungen bedachten, dokumentierte, daß die sowjetische Führung in jenen Jahren nicht bereit war, die staatliche Wiedervereinigung Deutschlands unter freiheitlichem Vorzeichen zuzulassen.

Für die in den Jahren ab 1949 in der Bundesrepublik Deutschland geführte Diskussion ist kennzeichnend, daß sich daran neben unabhängigen Publizisten und Wissenschaftlern vor allem die SPD beteiligt hat. Das war insofern nicht erstaunlich, als sie in der Opposition über wesentlich größere politische Spielräume als die politische Verantwortung tragenden Parteien verfügte. Sieht man davon ab, daß Bundeskanzler Adenauer im Frühjahr 1952 einige Widersacher, vor allem Jakob Kaiser, von der Richtigkeit seiner Einschätzung der Stalin-Noten überzeugen mußte[8], dann wußte der Regierungschef und CDU-Vorsitzende seine Partei hinter seinem außen- und deutschlandpolitischen Konzept.

Der Idee, »Deutschlands Neigung zum Westen mit seiner Mittellage in Europa in Einklang zu bringen«[9], hingen einige prominente FDP-Politiker und unabhängige Persönlichkeiten – wie Wilhelm Wolfgang Schütz, seit 1954 geschäftsführender Vorsitzender des Kuratoriums Unteilbares Deutschland[10], und der Kieler Staats- und Völkerrechtler Eberhard Menzel – an. Seitens der CDU hat sich nur Ferdinand Friedensburg in dieser Richtung geäußert[11].

Schade, daß es Hans-Peter Schwarz in seiner umfangreichen Studie »Die Ära Adenauer – Gründerjahre der Republik 1949–1957« nicht für richtig erachtet hat, zumindest kurz die bis 1956/57 entwickelten – wenn auch größtenteils illusionären – Deutschland-Vorstellungen zu skizzieren. Nur in seiner Darstellung über »Sowjetische Notenoffensive und Unterzeichnung der Westverträge« hat Schwarz Adenauers heftige Auseinandersetzung mit Jakob Kaiser und die von der offiziellen Deutschland-Politik abweichenden Positionen – wie sie der Publizist Paul Sethe, der in den Jahren 1949 bis 1955 als Mitherausgeber der *Frankfurter Allgemeinen Zeitung* fungierte[12], und der ehemalige Diplomat und FDP-Bundestagsabgeordnete Karl Georg Pfleiderer[13] vertreten haben – analysiert[14]. Eine stärkere Berücksichtigung des breiten Meinungsspektrums hätte die Richtigkeit der Außen- und Deutschland-Politik Adenauers noch eindrucksvoller erscheinen lassen.

Die damals geführte Diskussion über mögliche Wege zur Wiederherstellung der staatlichen Einheit Deutschlands auf der nichtamtlichen Ebene spiegelte sich vor allem in den Zeitschriften *Europa-Archiv, Außenpolitik, Die Gegenwart* und *Monat* wider. Bemerkenswert sind die zahlreichen Beiträge, in denen der Begründer und langjährige Herausgeber des *Europa-Archivs*, Wilhelm Cornides, das politische Geschehen kommentiert hat; auch Cornides' Analyse »Die Weltmächte und Deutschland – Geschichte der jüngsten Vergangenheit 1945–1955« ist immer noch eine wichtige zeithistorische Quelle. Mit Recht meinte Waldemar Besson 1970, auch wenn dieser Titel schon einige Jahre zurückliege, »so hat ihn doch kein späteres Buch in der Klarheit überboten, mit der er die verschiedenen Stufen und Züge des Bonner Westkurses nachgezeichnet hat«[15].

Folgt man den »Rückblenden« Wilhelm G. Grewes, dann erlebte die Bundesrepublik Deutschland von 1955 bis 1958 ihre »besten Jahre, im Inneren sowohl wie nach außen: trotz letzter Einschränkungen durch die Vorbehaltsrechte der drei Westmächte hatte sie praktisch Souveränität und ein beträchtliches Maß von Handlungsfreiheit erlangt; der Aufbau der Bundeswehr im Rahmen der mit den Verträgen errungenen Wehrhoheit gab ihr politisches Gewicht. Der wirtschaftliche Aufschwung führte sie zu einem wirtschaftlichen Wohlstand, den man zehn Jahre zuvor für undenkbar gehalten hätte ... Innenpolitisch galt die Bundesrepublik in zunehmendem Maße als eines der stabilsten Staatswesen.«[16]

Die europäische Integration erhielt im Sommer 1955 einen wesentlichen und neuen Anstoß, der im März 1957 zum Abschluß der Verträge von Rom und zur Gründung der Europäischen Wirtschaftsgemeinschaft (EWG) und der Europäischen Atomgemeinschaft (Euratom) führte. Die Lösung der Saar-Frage schaffte ein wichtiges Hindernis für eine deutsch-französische Verständigung aus dem Wege.

Als Nikita S. Chruschtschow, der im November 1958 die Welt mit seinem Berlin-Ultimatum aufschreckte und die zweite schwere Berlin-Krise provozierte, die schon zuvor vertretene Zwei- zur Drei-Staaten-These erweiterte, war erst einmal die Zeit für illusionäre Deutschland-Pläne vorbei. Der letzte, von sowjetischer Seite am 10. Januar 1959 vorgelegte Entwurf für einen Friedensvertrag mit Deutschland und das Scheitern der für über dreißig Jahre letzten Konferenz der Außenminister der Vier Mächte im Frühjahr und Sommer 1959 in Genf zwangen alle mit der Deutschland-Problematik befaßten Persönlichkeiten und Institutionen zu einer grundlegenden Neueinschätzung der deutschen Situation.

Waldemar Besson hat die Genfer Konferenz von 1959 zutreffend als »das Ende der westlichen Deutschland-Politik«[17] bezeichnet. In der Tat »markiert ihr Verlauf den Punkt, an dem die Westmächte auch formal den Versuch aufgeben mußten, mit den Sowjets Wege zur Wiedervereinigung Deutschlands zu diskutieren, und an dem die Aussichtslosigkeit dieses Unterfangens auch von der westlichen Öffentlichkeit allgemein hingenommen wurde. Aber die Westmächte hatten sich in Genf nicht nur auf die isolierte Diskussion der Berlin-Frage zurückdrängen lassen: Sie hatten auch, wie es beim Suchen nach einem Kompromiß auf diesem eingeschränkten Feld unvermeidlich war, höchst gefährliche Konzessionen in der Frage der Natur und Dauer ihrer Rechte, der Kontrolle der Zugangswege und der inneren Freiheit West-Berlins anzubieten begonnen, so daß nicht nur Adenauer, sondern vor allem auch Berlins Regierender Bürgermeister Willy Brandt die Ablehnung dieser Angebote durch die Sowjets mit Erleichterung begrüßten.«[18] Adenauer vermerkte in seinem Notizheft vom 2. Dezember 1959, er hätte Bürgermeister Brandt gefragt, »ob er mit dem Ausgang der Genfer Konferenz zufrieden gewesen sei. Er habe mir erklärt, er wäre glücklich gewesen, daß dieser Vorschlag von den Sowjets nicht angenommen worden sei.«[19]

Derart weitgehende Berlin-Konzessionen sind, wie Richard Löwenthal betont, zu keinem späteren Zeitpunkt – weder in den Verhandlungen Kennedys noch im Rahmen der neuen Ostpolitik – von westlicher Seite angeboten worden: »Sie kennzeichneten einen Tiefpunkt westlicher Aktionsfähigkeit und Entschlossenheit in der Spätphase der Eisenhower-Administration nach Dulles' Tod.«[20]

Es war wirklich ein Glück, daß die sowjetische Führung unter Nikita S. Chruschtschow und Außenminister Andrej Gromyko nicht bereit war, die weitreichenden Konzessionen in der Berlin-Frage, zu denen der amerikanische Präsident Dwight D. Eisenhower mit seinem neuen Außenminister Christian Herter[21] bereit war, zu akzeptieren. Auch der britische Premierminister Harold Macmillan zog sich wegen seiner Konzessionsbereitschaft in der Berlin-Frage den Zorn des Bundeskanzlers zu. Adenauer sah sich nur durch den französischen Staatspräsidenten Charles de Gaulle unterstützt. Die Tatsache, daß Chruschtschow das lang angestrebte Gipfeltreffen in Paris am 16. Mai 1960 platzen ließ, verschaffte der westlichen Seite erst einmal eine Atempause.

Von seinem Treffen mit Eisenhower, de Gaulle und Macmillan am 15. Mai 1960 in Paris kehrte Adenauer deprimiert zurück[22]. Chruschtschows Auftritte in den Tagen vom 16. bis 18. Mai in Paris und am 23. September 1960 vor der UNO-Vollversammlung ließen »die entspannungsfreudigen Gruppen in der westlichen Öffentlichkeit völlig verstummen ... In der deutschen Öffentlichkeit brachten die beängstigenden Auftritte Chruschtschows einen psychologischen Umschwung. Allem Anschein nach war die Sowjetunion doch so gefährlich, wie die Bundesregierung seit Jahren behauptet hatte. Publizisten wie Zehrer[23], Sethe, Augstein[24], die seit Jahren weit angelegte Verhandlungslösungen befürwortet hatten, wurden nun kleinlauter.«[25]

Um das demographische Ausbluten der DDR zu verhindern, sahen sich die Führungen in Ost-Berlin und Moskau gut ein Jahr nach der gescheiterten Pariser Gipfelkonferenz genötigt, in Berlin die Mauer zu errichten und die innerdeutsche Demarkationslinie soweit wie möglich in eine unüberwindbare Grenze zwischen den beiden Teilen Deutschlands umzuwandeln. Der 13. August 1961 wurde für gut 28 Jahre wie kein anderer Tag zum »Symbol der Teilung Deutschlands«[26]. Von Ende 1958 bis in das Jahr 1963 hinein – erst ab Ende 1962 trug Chruschtschow seine alten Berlin-Forderungen nicht mehr in ultimativer Form vor – stand die Bonner Außen- und Deutschland-Politik im Schatten der sowjetischen Pressionen auf Berlin (West). Chruschtschows Politik des offensiven Risikos und der Konfrontation, die sich vor allem in der geplatzten Pariser Gipfelkonferenz im Mai 1960 manifestierte, hatte spürbare, von ihm wohl nicht erwünschte Rückwirkungen auf die Bonner Innenpolitik. Zum ersten Mal seit der Errichtung der Bundesrepublik konnte Bundeskanzler Adenauer dem amerikanischen Präsidenten versichern, »seien alle Parteien in der Deutschland- und Berlin-Frage *einer* Meinung gewesen«[27].

6.
Die Problematik der Wiederherstellung der staatlichen Einheit Deutschlands aus der Sicht der Parteien und wichtiger gesellschaftlicher Organisationen

Die Analyse der offiziellen Deutschland-Politik führte zu dem Ergebnis, daß die Bundesregierungen unter den Bundeskanzlern Adenauer, Erhard und Kiesinger der Wiederherstellung der staatlichen Einheit Deutschlands einen hohen Rang eingeräumt haben. Erst mit Antritt der SPD/FDP-Bundesregierung im Herbst 1969 differenzierte man prononciert zwischen der staatlichen und nationalen Einheit. Die Bundesregierung Kohl/Genscher, die bewußt die 1969 eingeleitete Deutschland-Politik fortsetzte, betonte in stärkerem Maße die vor allem vom Bundesverfassungsgericht festgeschriebenen juristischen Positionen und hielt, wenn auch mit unterschiedlicher Intensität, am Ziel der staatlichen Wiedervereinigung Deutschlands fest.

Nachdem das Europäische Parlament am 14. Februar 1984 den Entwurf eines Vertrages zur Gründung der Europäischen Union vorgelegt hatte, der eine umfassende und neuartige Festlegung des Inhalts und der Entscheidungsebenen der innerhalb einer Union zu führenden Politik enthielt, und nachdem die von den Außenministern der EG-Mitgliedstaaten in Luxemburg im Februar 1986 unterzeichnete Einheitliche Europäische Akte bestimmt hatte, daß die Europäische Gemeinschaft und die Europäische Politische Zusammenarbeit das Ziel verfolgten, »gemeinsam zu konkreten Fortschritten auf dem Wege zur Europäischen Union beizutragen«[1], sah sich Bonn mit der Frage konfrontiert, ob und inwieweit die Politik der verstärkten politischen und rechtlichen Integration Westeuropas mit dem Wiedervereinigungsgebot des Grundgesetzes vereinbar ist[2]. Nach überwiegender Ansicht der bundesdeutschen Staats- und

Völkerrechtslehre wäre die Intensivierung der Integration Westeuropas dann verfassungswidrig geworden, »wenn sie bewirkt, daß
die Wiederherstellung der staatlichen Einheit Deutschlands rechtlich
verhindert oder faktisch unmöglich gemacht wird, oder wenn sie die
Erreichung dieses Zieles gefährdet«[3]. Daß die Bundesregierung Kohl/
Genscher nicht in diese schwierige Situation geraten ist, war nicht ihr
Verdienst, sondern das Michail Gorbatschows, der Führung Ungarns,
die am 11. September 1989 allen DDR-Flüchtlingen die Grenze nach
Österreich öffnete, und der Mehrheit der DDR-Bevölkerung, die mit
ihrer friedlichen Revolution den schnellen Weg zur Wiedervereinigung Deutschlands wies[4].

Auch wenn die Bundesregierung mit den sie tragenden Parteien
und die oppositionelle SPD[5] darin übereinstimmten, daß die deutsche
Frage nur im europäischen Rahmen gelöst werden könnte, divergierten die Auffassungen darüber, in welchem Umfang dies nur im
Einvernehmen mit den Nachbarn der Bundesrepublik Deutschland
geschehen könne. Während die CDU Anfang 1988 Gefahr lief, das
Ziel der Wiederherstellung der staatlichen Einheit Deutschlands aus
dem Auge zu verlieren und es vom Einverständnis der Nachbarn in
Ost und West abhängig zu machen[6], drohte der SPD ein Jahr später
Schlimmeres. In den Jahren der Opposition hatte sich in ihrer Führung weitgehend die Auffassung durchgesetzt, daß die Wiederherstellung der staatlichen Einheit Deutschlands kein anzustrebendes
Ziel der Sozialdemokratie mehr sei. Im letzten Moment gelang es ihr,
die zuvor falsch eingeschätzten politischen Realitäten in der DDR
und im Ostblock wahrzunehmen und vom 9. November 1989, als die
Mauer in Berlin geöffnet wurde, nicht völlig überrascht zu werden.

Im folgenden soll kurz skizziert werden, wie es die im Bundestag
vertretenen Parteien mit der Problematik der Wiederherstellung der
staatlichen Einheit Deutschlands gehalten haben. Dabei werden neben den beiden großen Parteien auch die Positionen der CSU, FDP
und GRÜNEN[7] kurz umrissen. Drei markante Persönlichkeiten, die
immer wieder über »Deutschland« nachgedacht haben und vor unkonventionellen Positionswechseln nicht zurückgeschreckt sind, verdienen eine besondere Betrachtung: Franz Josef Strauß, Willy Brandt
und Egon Bahr. Strauß gehört insoweit der Vortritt, als er 1957 zwar
mehr als zwei Jahrzehnte den Gedanken an eine nationalstaatliche

Lösung der deutschen Frage zu den Akten gelegt hatte. Die von der SPD/FDP-Bundesregierung im Herbst 1969 eingeleitete »neue Ost- und Deutschland-Politik« und den Abschluß der Ostverträge hat Strauß jedoch kritisch und skeptisch begleitet. Er hielt den Grundver- trag für ebenso vieldeutig wie die Verträge von Moskau und War- schau und erachtete es als notwendig, die Verfassungsmäßigkeit des Grundvertrags unter anderem unter Berufung auf das Wiederverei- nigungsgebot des Grundgesetzes durch das Bundesverfassungsge- richt prüfen zu lassen.

Völlig anders verlief der deutschlandpolitische Umdenkprozeß Willy Brandts und Egon Bahrs. Nachdem sie dafür gesorgt hatten, daß weder die Ostverträge noch der Grundvertrag eine nationalstaat- liche Lösung der deutschen Frage unter rechtlichen und politischen Aspekten ausschlossen, rückte diese in der zweiten Hälfte der achtzi- ger Jahre zusehens aus ihrem Blickfeld. Doch nicht genug damit: Brandt und Bahr haben wesentlich zur Propagierung der SPD-These vom notwendigen Fortbestand der Zweistaatlichkeit Deutschlands beigetragen. Dabei sind sie – interessanterweise – unterschiedlichen Argumentationslinien gefolgt. Auch andere prominente Sozialde- mokraten – wie Peter Glotz, Jürgen Schmude und Oskar Lafontaine – haben ein wenig zu früh die Problematik des deutschen National- staates der Geschichte überantwortet. Im Gegensatz zu Lafontaine und anderen »Enkeln«, aber auch zu Bahr, Glotz und Schmude, war es Willy Brandt, der – auch vor Bundeskanzler Kohl – die prekäre Situation der DDR im Herbst 1989 rechtzeitig erkannte und anläß- lich der Kundgebung auf dem John-F.-Kennedy-Platz in Berlin am 10. November 1989 das richtige und immer wieder zitierte Wort sprach: »Jetzt wächst zusammen, was zusammengehört.«[8]

Anschließend werden die Positionen wichtiger gesellschaftlicher Organisationen zur Problematik der Wiederherstellung der staatli- chen Einheit Deutschlands analysiert. Im Vordergrund steht dabei wegen ihres starken Engagements in der deutschen Frage die evange- lische Kirche. Auch die katholische Kirche hat seit 1949 permanent zur deutschen Frage Stellung bezogen. Am längsten hat verständli- cherweise der Bund der Vertriebenen gehofft, daß in dem Zeitpunkt, in dem sich die Herstellung der staatlichen Einheit Deutschlands abzeichnete, zumindest darüber diskutiert würde, ob man von vornherein auf ein Viertel des früheren deutschen Territoriums verzichten sollte. Nochmals sei betont, daß die einmalig günstige internationale Konstellation und der sich vollziehende Kollaps der DDR 1990 der Bundesregierung gar keine andere Wahl ließen, als in Übereinstimmung mit der Ansicht der drei Westmächte, der UdSSR und auch Polens die angestrebte politische Einheit auf die Territorien der Bundesrepublik Deutschland, der DDR und Berlins zu beschränken. Schließlich gilt es, zu fragen, wie es der Deutsche Gewerkschaftsbund mit der Problematik der Wiederherstellung der staatlichen Einheit Deutschlands gehalten hat.

Die Positionen der Parteien

Die Diskussion um die Formulierung und Fortschreibung von Parteiprogrammen ist in der Regel nur interessant, wenn die betreffende Partei in der Opposition steht. Dann ist sie bestrebt und motiviert, programmatische Aussagen zu treffen, um bei der nächsten Bundestagswahl ein so starkes Gewicht zu erlangen, daß sie wieder Regierungsverantwortung übernehmen kann. Diese Feststellung trifft vor allem für die CDU und SPD zu. Bei der CDU ist zu beachten, daß Konrad Adenauer von 1950 bis 1966 auch Vorsitzender seiner Partei war. Als seinen Nachfolger wählte der 14. Bundesparteitag im März 1966 Ludwig Erhard, der nach dem Bruch der Koalition mit der FDP am 30. November 1966 als Bundeskanzler zurücktrat; der 15. Bundesparteitag wählte dann im Mai 1967 Bundeskanzler Kurt Georg Kiesinger zum Vorsitzenden der CDU. Nach der politischen »Wende« übernahm 1971 Rainer Barzel das Amt des CDU-Vorsitzenden, das seit 1973 Helmut Kohl bekleidet[9].

Am Wahlsieg der Unionsparteien in der ersten Bundestagswahl 1949 hatten die »Düsseldorfer Leitsätze« vom 15. Juli 1949 einen wesentlichen Anteil[10]. Über zwei volle Jahrzehnte vermochte die CDU (mit der CSU) die führende Position im Regierungssystem zu behaupten[11]. Ein alle politischen Bereiche umfassendes und grundsätzliches Programm gab sich die CDU erst auf ihrem 16. Bundesparteitag in Berlin Anfang November 1968, das vom Düsseldorfer Parteitag Ende Januar 1971 als »Berliner Programm« fortgeschrieben wurde[12]. Es folgten 1975 die »Mannheimer Erklärung« und 1978 das »Grundsatzprogramm der CDU«. Erst nach der Wiederherstellung der staatlichen Einheit Deutschlands entschloß sich die CDU-Führung 1991, eine Kommission mit der Ausarbeitung eines neuen Programms zu beauftragen.

Anders verlief die Entwicklung der SPD, als deren Vorsitzender bis zu seinem Tode am 20. August 1952 Kurt Schumacher amtierte. Das Amt des Partei- und Fraktionsvorsitzenden der stärksten Oppositionspartei im Bundestag hatte dann bis zu seinem Tode am 14. Dezember 1963 Erich Ollenhauer inne. Ihm folgte 1964 als Parteivorsitzender der Regierende Bürgermeister von Berlin, Willy Brandt, der dieses Amt bis 1987 ausübte. Helmut Schmidt, am 16. Mai 1974 als Nachfolger Brandts zum Bundeskanzler gewählt, begnügte sich mit der Funktion des stellvertretenden Vorsitzenden der SPD. Das auf dem Dortmunder Parteitag am 28. September 1952 beschlossene Aktionsprogramm der Sozialdemokratischen Partei Deutschlands wurde auf dem Berliner Parteitag am 24. Juli 1954 erweitert, um dann vom »Godesberger Programm« 1959 abgelöst zu werden. Ein neues Grundsatzprogramm der SPD beschloß erst der Programm-Parteitag am 20. Dezember 1989 in Berlin.

Wiederum anders verfuhr die FDP, die bis heute ohne ein umfassendes Programm ausgekommen ist. Sie hat sich weitgehend darauf beschränkt, die Bundesparteitage, den Bundesvorstand und den Bundeshauptausschuß Aussagen auch zur Deutschland-Politik machen zu lassen. Kennzeichnend für die FDP ist darüber hinaus, daß sie in den Jahren 1966 bis 1969, also zur Zeit der Großen Koalition, mit unkonventionellen deutschlandpolitischen Vorschlägen hervorgetreten ist.

Im Unterschied zu den anderen Parteien hat die CSU ihre wichtigen Aussagen immer als »Grundsatzprogramm« (1957, 1968 und 1976) deklariert. Strauß' prononcierte Abkehr von einer nationalstaatlichen Lösung der deutschen Frage spiegelte sich im CSU-Programm von 1968 wider.

Es versteht sich von selbst, daß die programmatischen Darlegungen der GRÜNEN für das Thema der Wiederherstellung der staatlichen Einheit Deutschlands wenig hergeben. Aber gerade im Hinblick auf den 1990 vollzogenen Einigungsprozeß sollen sie hier kurz skizziert werden.

Die folgende Übersicht beschränkt sich auf eine knappe Analyse repräsentativer Aussagen der Parteien zur Lösung der deutschen Frage, wobei die vor Bundestagswahlen verkündeten speziellen Programme nicht berücksichtigt werden können.

CDU

Das vom 16. Bundesparteitag der CDU Anfang November 1968 verabschiedete »Berliner Programm«, dessen zweite Fassung vom 18. Bundesparteitag Ende Januar 1971 in Düsseldorf angenommen wurde, zeichnete sich dadurch aus, daß bereits Teil I das Thema »Deutschland in Europa und in der Welt« behandelte. Beide Versionen gingen davon aus, daß es Aufgabe der deutschen Politik sei, »Freiheit und Einheit für das deutsche Volk zu erringen«. Auch bezog sich das Programm auf den Deutschland-Vertrag und »die Verantwortung der vier Mächte für Deutschland als Ganzes«. Schon damals ging die CDU davon aus, daß das Selbstbestimmungsrecht für das deutsche Volk und die staatliche Einheit Deutschlands zusammen mit der Überwindung der Teilung Europas angestrebt werden müßten[13].

Am 12. November 1975 verabschiedete der Bundesvorstand der CDU die endgültige Fassung der »Mannheimer Erklärung«, die sich weitgehend der Formulierungen der zweiten Fassung des »Berliner Programms« bediente, jedoch hinzufügte, »die deutsche Frage« müsse »rechtlich und politisch offengehalten werden«. Außerdem bezog sich diese Erklärung auf das Grundvertrags-Urteil des Bundesverfassungsgerichts vom 31. Juli 1973 und die Entschließung des Bundestags vom 17. Mai 1972 zu den Ostverträgen[14].

Auf dem 25. Bundesparteitag der CDU im März 1977 in Düsseldorf lautete das zentrale Thema »Unsere Verantwortung für Deutschland«. Den drei Referaten von Curt Gasteyger: »Die Rolle der DDR im sozialistischen Lager«, Theodor Schober: »Christ sein in der DDR« und Karl Dietrich Erdmann: »Die Nation im geteilten Deutschland« folgte eine ausführliche Podiumsdiskussion mit einigen Wissenschaftlern und Publizisten unter Leitung Richard von Weizsäckers. Gasteygers zweifelhafte These, in dem Maße, »in dem sich der ostdeutsche Staat festigt, gewinnt er nicht allein eine gewisse innere und vielleicht auch äußere Bewegungsfreiheit, er gewinnt auch ein wie immer begrenztes Gewicht gegenüber der Sowjetunion«, stieß in der Diskussion ebenso auf Widerspruch wie seine Schlußfolgerung, »Konsolidierung zwecks eigener Selbstbestätigung und nicht eine(r) ebenso ferne(n) wie riskante(n) Wiedervereinigung« sei seines Erachtens »das realistischerweise anzustrebende Ziel«[15].

Immerhin ging Gasteyger nicht so weit wie in seiner 1976 erschienenen Studie »Die beiden deutschen Staaten in der Weltpolitik«, in der er die noch zweifelhaftere These entwickelt hatte, gerade das Pochen Bonns auf den Fortbestand der Nationsidee werde von der DDR als Hindernis auf dem Weg zu ihrer eigenen Selbstbestätigung empfunden. Gasteyger scheute nicht vor der Feststellung zurück, solange die Bundesrepublik am gemeinsamen Nationsbegriff festhalte, »wird sich die DDR in ihrer Suche nach nationaler Identität herausgefordert fühlen«[16]. Gasteygers Ansicht, Bonn solle der DDR die Chance innerer »Beruhigung« geben, verkannte völlig die innere Situation der DDR.

Das vom 26. Bundesparteitag Ende Oktober 1978 verabschiedete Grundsatzprogramm der CDU hatte insofern eine interessante Vorgeschichte, als sein Entwurf bereits 1976 veröffentlicht worden war und die Partei vom 22. bis 24. September 1977 in Berlin dazu ein Grundsatzforum unter Leitung Richard von Weizsäckers veranstaltet hatte. Das Thema »Deutschland in der Welt« behandelten der Bonner Staats- und Völkerrechtler Ulrich Scheuner und Werner Marx, der als Bundestagsabgeordneter dem Arbeitskreis für Außen-, Deutschland-, Verteidigungs-, Europa- und Entwicklungspolitik der CDU/CSU-Fraktion vorstand. Scheuner meinte in seinem Referat, Deutschland habe in langen Zeiträumen seiner Geschichte in anderen Formen der Einheit als der des Nationalstaates gelebt, um hinzuzufügen: »Wir dürfen uns freilich nicht darüber täuschen, daß die Aufteilung Deutschlands in einzelne Kräfte ein Zustand ist, den die Nachbarn unseres Volkes lange gekannt haben und in dem sie für sich manchen Vorteil erblickten und auch heute erblicken ... Wie immer man sich die Überwindung der heutigen Trennung denken mag, und sie bedeutet nicht notwendig Rückkehr zu früheren Formen, sie kann nur aus Beharrlichkeit und dem Willen des Volkes kommen.«[17]

Es ist Werner Marx' Verdienst, den seinerzeit in der CDU wachsenden Tendenzen, die deutsche Frage im Sinne der Bundesregierung immer stärker nur noch unter nationalen Aspekten zu betrachten, entgegengetreten zu sein. Auf dem Grundsatzforum in Berlin plädierte Marx vehement dafür, im neuen Grundsatzprogramm der CDU nachdrücklich darauf hinzuweisen, »daß die Deutsche Frage offenbleibt ... selbstverständlich bleibt das Ziel unserer Deutschlandpolitik die Wiederherstellung der Einheit Deutschlands in freier Selbstbestimmung«. Es war auch kein Zufall, daß sich Marx – im Gegensatz zu Scheuner – ausdrücklich auf die Briefe zur deutschen Einheit, die Entschließung des Bundestags vom 17. Mai 1972 und die beiden Urteile des Bundesverfassungsgerichts vom 31. Juli 1973 und 7. Juli 1975 berief[18].

Das dann in Ludwigshafen Ende Oktober 1978 beschlossene Grundsatzprogramm wiederholte zunächst die alte Formel, Freiheit und Einheit für das gesamte deutsche Volk zu erringen, sei Aufgabe der deutschen Politik. »In Frieden wollen wir die Spaltung Europas und mit ihr die Teilung unseres Vaterlandes überwinden ... Die deutsche Frage ist offen ...«[19]

Knapp zehn Jahre später lief die CDU – jetzt als Regierungspartei – nochmals Gefahr, das Ziel der Wiederherstellung der staatlichen Einheit Deutschlands nicht mehr klar auszusprechen. Am 18. Februar 1988 verkündete CDU-Generalsekretär Heiner Geißler den Diskussionsentwurf der vom Bundesvorstand eingesetzten Kommission zum Thema »Unsere Verantwortung in der Welt – Christlich-Demokratische Perspektiven zur Außen-, Sicherheits-, Europa- und Deutschlandpolitik«, in dem es hieß: »Die Überwindung der Teilung Europas und damit Deutschlands setzt eine Überwindung des West-Ost-Konflikts voraus. Die Lösung der deutschen Frage ist daher gegenwärtig nicht zu erreichen.« Heftigen Widerspruch löste der Satz im Entwurf aus, das Ziel der Einheit sei »von den Deutschen nur mit Einverständnis ihrer Nachbarn in West und Ost zu erreichen«.[20] Immerhin sagte der Entwurf, solange die Einheit in Freiheit noch nicht erreicht sei, müsse die deutsche Frage rechtlich und politisch offengehalten werden. Bemerkenswerterweise fehlten in der Aufzählung der Dokumente, die Grundlagen der Deutschland-Politik der CDU seien, die Briefe zur deutschen Einheit und die Entschließung des Bundestags vom 17. Mai 1972.

In der Endfassung des Leitantrags des CDU-Bundesvorstandes an den 36. Bundesparteitag Mitte Juni 1988 wurden weitgehend die Korrekturen und Ergänzungen berücksichtigt, die ein Fachausschuß unter Vorsitz des Staatssekretärs im innerdeutschen Ministerium, Ottfried Hennig, erarbeitet hatte[21]. Nun hieß es: »Wir brauchen für die Verwirklichung des Rechts unseres Volkes auf Selbstbestimmung das Verständnis und die Unterstützung unserer Nachbarn.« Dem Katalog grundlegender Dokumente wurden die Briefe zur deutschen Einheit, die Entschließung des Bundestages von 1972 und neben den zuvor angeführten Entscheidungen des Bundesverfassungsgerichts von 1973 und 1975 auch der wichtige Beschluß vom 21. Oktober 1987 beigefügt[22].

Daß an der Abfassung des ursprünglichen Entwurfs die Politikwissenschaftler Christian Hacke, Hans-Peter Schwarz und Werner Weidenfeld beteiligt waren, überraschte weniger als die Tatsache, daß sich auch die CDU-Politiker Johann Baptist Gradl, Wolfgang Schäuble und vor allem Dorothee Wilms, Bundesministerin für innerdeutsche Beziehungen, mit diesen unglücklichen Formulierungen identifiziert hatten. Der Jubel jedoch, mit dem der *Spiegel* den Diskussionsentwurf der vom CDU-Bundesvorstand eingesetzten Kommission begleitet hatte, war verfrüht. In seinem »CDU: Abschied von alten Einheitsträumen« überschriebenen Kommentar berief sich das Nachrichtenmagazin auf den stark beachteten und auch kritisierten Vortrag Frau Wilms' vom 25. Januar 1988 in Paris, in dem sie ausgeführt hatte: »Der Nationalstaat um seiner selbst willen, das ist weder der Auftrag des Grundgesetzes noch entspricht dies unserem politischen Bewußtsein ... Da die nationale Frage in unseren Augen primär eine Frage der Selbstbestimmung ist, betrachten wir den territorialen Aspekt als nachgeordnet ... Wir wissen, daß die Überwindung der Teilung Deutschlands in naher Zukunft nicht zu erwarten ist, weil auch die Teilung Europas noch andauert.«[23]

Für die veröffentlichte Meinung in der Bundesrepublik war es 1988 kennzeichnend, daß der *Spiegel* die Reaktion auf Frau Wilms' Vortrag in Paris mit dem Satz kommentierte: »Die Rechte daheim jaulte auf«, und sich dabei auf die »rechtskonservative Bonner *Welt* und die *FAZ*« bezog[24]. Nicht der *Spiegel,* sondern *FAZ*-Mitherausgeber Johann Georg Reißmüller interpretierte das Grundgesetz zutreffend dahingehend, die Präambel erkläre den Willen, »die nationale und staatliche Einheit zu wahren. Es ist abenteuerlich, dies so zu interpretieren, daß ein Abrücken vom Ziel des einen deutschen Staates herauskommt. Das Grundgesetz spricht auch, wiederum verpflichtend, von einem vereinten Europa. Aber anders als die Ministerin Wilms sieht es keinen Widerspruch zwischen deutschem Nationalstaat und vereintem Europa. Für die Ministerin ist offenbar die deutsche Einheit der europäischen untergeordnet. Das Grundgesetz weiß davon nichts.«[25]

Daß CDU-Generalsekretär Geißler und seine sich »progressiv« dünkenden Mitarbeiter im Konrad-Adenauer-Haus in Bonn, Ministerin Wilms, bekannte CDU-Politiker und Politikwissenschaftler die Partei Anfang 1988 in diese Situation gebracht haben, ist kein Ruhmesblatt in der Geschichte der CDU. Daher war der 36. Bundesparteitag der CDU Mitte Juni 1988 in Wiesbaden gut beraten, dem »Deutschland«-Passus des Leitantrags »Unsere Verantwortung in der Welt« auf Vorschlag des von Staatssekretär Hennig geleiteten Fachausschusses ein Wort Konrad Adenauers voranzustellen: »Die Wiedervereinigung Deutschlands in Freiheit war und ist das vordringlichste Ziel unserer Politik . . .«[26]

Die dramatischen Ereignisse der Jahre 1989/90 sollten jenen recht geben, denen der historische Atem in der Deutschland-Frage nicht zu früh ausgegangen ist. Daß sich die CDU-Apologeten der Teilung Deutschlands in guter parteipolitischer und wissenschaftlicher Gesellschaft befunden haben, kann sie nicht entschuldigen.

Es war also gut, daß das Deutschland-Bild der CDU Ende der siebziger Jahre und in den achtziger Jahren nicht allein vom Konrad-Adenauer-Haus in Bonn bestimmt worden ist. Nachdrücklich sei an jene CDU-Politiker erinnert, die in keiner Phase ihres Wirkens Schwierigkeiten hatten, das Wort »Wiedervereinigung« zu gebrauchen, namentlich die Bundestagsabgeordneten Manfred Abelein, Rainer Barzel, Karl Carstens, Herbert Czaja, Alfred Dregger[27], Claus Jäger, Heinrich Lummer[28] und Werner Marx, der – wie dargelegt – entscheidend dazu beigetragen hat, daß seine Partei nicht schon 1977/78 die nationalstaatliche Komponente der deutschen Frage aus den Augen zu verlieren begann. Marx hatte auch maßgeblichen Anteil an der Formulierung der Bundestagsentschließung vom 17. Mai 1972 zu den Ostverträgen[29].

Karl Carstens, Mitglied des Bundestags von 1972 bis 1979, hat nicht nur als Vorsitzender der CDU/CSU-Fraktion (1972–1976), sondern auch als Bundespräsident (1979–1984) für die Wiederherstellung der staatlichen Einheit Deutschlands plädiert. Starke Beachtung fand beispielsweise seine Ansprache zum Gedenken an den 17. Juni 1953 im Deutschen Bundestag am 17. Juni 1983.

Auch Gerhard Schröder, von 1949 bis 1980 Mitglied des Bundestags, von 1953 bis 1961 Bundesminister des Innern, von 1961 bis 1966 Bundesminister des Auswärtigen, von 1966 bis 1969 Bundesminister für Verteidigung und von 1969 bis 1980 Vorsitzender des Auswärtigen Ausschusses des Bundestags, hat in keiner Phase seines politischen Wirkens den Gedanken an die Wiederherstellung der staatlichen Einheit aufgegeben oder auch nur in Zweifel gezogen. Eindrucksvoll umriß Schröder seine Position in seiner Rede vom 16. Juni 1984 zum Gedenken an den 17. Juni 1953 vor dem Bundestag. Die Geschichte lehre, »daß sich größere Veränderungen nur allmählich, in langen Zeiträumen vollziehen. Wir sollten aber nicht übersehen, daß unsere Zeit auch den raschen Wandel kennt, und so die Hoffnung wachhalten, daß sich unser Wunsch nach Wiedervereinigung in einem vereinten Europa schneller verwirklicht, als dies im Augenblick möglich zu sein scheint.«[30]

Dies war eine mutige und richtige Prognose, die sich nicht nur von der Status-quo-Position der SPD, sondern auch von den Aussagen zahlreicher prominenter Parteigänger Schröders unterschied, der am 16. Juni 1984 darüber hinaus nachdrücklich an die für Bonn und die drei Westmächte aus dem Deutschland-Vertrag resultierende Verpflichtung erinnerte, mit friedlichen Mitteln das gemeinsame Ziel zu verwirklichen: ein wiedervereinigtes Deutschland, das eine freiheitlich-demokratische Verfassung, ähnlich wie die Bundesrepublik, besitzt und in die europäische Gemeinschaft integriert ist. Hier erwies sich Schröder wiederum als ein guter Schüler Adenauers.

Drei weitere CDU-Repräsentanten sind hier hervorzuheben: Johann Baptist Gradl, Alois Mertes und Rupert Scholz. Gradl, von 1957 bis 1980 Mitglied des Bundestags, hat als Vorsitzender des geschäftsführenden Präsidiums des Kuratoriums Unteilbares Deutschland dafür gesorgt, daß diese Institution unter ihrem geschäftsführenden Vorsitzenden Wilhelm Wolfgang Schütz (1954–1972), der nach seinem Rücktritt als Präsidiumsmitglied des Kuratoriums wirkte, ihren pluralistischen Auftrag nach der im Herbst 1969 proklamierten »neuen Deutschland-Politik« soweit wie möglich im Auge behielt. Von Gradls stetem Eintreten für die Wiederherstellung der staatlichen Einheit Deutschlands zeugten nicht nur seine Beiträge im Bundestag, sondern auch in der von Wilhelm Wolfgang Schütz redigierten Zeitschrift *Politik und Kultur*. Gradls Rede zum Gedenken an den 17. Juni 1953 vor dem Deutschen Bundestag am 17. Juni 1981 war nicht nur eindrucksvoll und wegweisend, sondern unterschied sich auch von mancher Ansprache, die in den folgenden Jahren aus diesem Anlaß gehalten wurde[31].

Der Berufsdiplomat Alois Mertes, seit 1972 CDU-Abgeordneter im Bundestag und seit Herbst 1982 bis zu seinem Tode am 16. Juni 1985 Staatsminister im Auswärtigen Amt, ist in vielen Reden im In- und Ausland sowie in Beiträgen für Zeitungen und Zeitschriften für die Wiederherstellung der staatlichen Einheit Deutschlands eingetreten. So meinte er im August 1983, der Wiedervereinigungsanspruch dürfe »nicht nur verbal bekundet, er muß in unverdrossener und geduldiger, wahrscheinlich sehr langwieriger Mühsal friedlich durchgesetzt werden. Es genügt nicht, ihn offenzuhalten und Rechtstitel zu wiederholen. Wer nur das tut, trägt dazu bei, daß die Wiedervereinigung Deutschlands – und damit Europas – auf den Sankt-Nimmerleins-Tag verschoben wird.«[32]

Mertes erkannte auch frühzeitig, daß es deutschland- und bündnispolitisch unverantwortlich wäre, »den Eindruck zu erwecken, als ob ›Deutschland in den Grenzen vom 31. Dezember 1937‹ ein verbindliches territoriales Zieldatum unserer und westlicher Deutschland-Politik wäre. Auf eine solche Zielvorgabe verpflichtet weder das Grundgesetz noch der Deutschland-Vertrag.«[33]

Der *Spiegel* hatte 1983 eine gute Idee, als er Alois Mertes die Rezension des Buches von Günter Gaus »Wo Deutschland liegt – Eine Ortsbestimmung« übertrug. Mertes wunderte sich mit Recht darüber, »daß der Staatssekretär außer Dienst, der so oft von den beiden deutschen Staaten spricht, von der Ent-Staatlichung der Nation faselt«. Außerdem wies er nach, daß Gaus die Deutschland-Frage nicht als gesamteuropäische Frage begriffen habe. Das »erstaunlichste Manko der politischen Betrachtungen Gaus' über die Zukunft Deutschlands ist die fast völlige Abwesenheit einer Einschätzung der Rolle der beiden Teile des heutigen Deutschland in der künftigen sowjetrussischen Westpolitik. Antikommunistischer Schaum vor dem Mund, antisowjetisches Feindbild – all das, was Gaus den ›Rechten‹ von Adenauer bis Schmidt und Kohl töricht, wirklichkeitsfremd unterstellt – sind in der Tat fehl am Platze.«[34]

Wie unsinnig es gewesen wäre, für die Regelung der deutschen Frage auf die Option einer nationalstaatlichen Lösung zu verzichten, hat Rupert Scholz, einer der renommiertesten deutschen Verfassungsrechtler, früherer Senator für Justiz und Bundesangelegenheiten des Landes Berlin, Bundesminister der Verteidigung und seit der letzten Bundestagswahl Mitglied der CDU/CSU-Fraktion, immer wieder verdeutlicht. In zahlreichen Beiträgen für die *Welt* und die *FAZ* hat Scholz darauf hingewiesen, daß die Offenheit der deutschen Frage nicht allein auf Rechtspositionen (status-rechtliche Offenheit) gegründet sei: »Sie ist auch im vorbezeichneten realen Status quo der politischen Verhältnisse in Deutschland einbeschlossen (reale Offenheit) ... So groß das Leid ist, das der Nationalstaatsgedanke über Deutschland und Europa gebracht hat, so lebendig ist die Idee des Nationalstaats in Europa nach wie vor.«[35]

Auch war es Scholz, der immer wieder darauf aufmerksam gemacht hat, der wahre Spannungsherd in Europa seien nicht aufeinanderstoßende Blocksysteme oder bestimmte Rüstungsmaßnahmen oder Abschreckungsstrategien, sondern die widernatürliche Teilung Europas, die widernatürliche Unterdrückung des Selbstbestimmungsrechts für die osteuropäischen Völker sowie die rein machtpolitisch bewerkstelligte Zementierung der Folgen des Zweiten Weltkrieges: »Entspannungspolitik muß, mit anderen Worten, bei der Überwindung jener Zustände und Folgen des Zweiten Weltkrieges und nicht umgekehrt – wie die SPD dies befürwortet – bei deren Anerkennung und Verfestigung ansetzen.«[36]

Schließlich sei daran erinnert, daß Scholz die Interpretation der Präambel des Grundgesetzes durch die Ministerin für innerdeutsche Beziehungen, Wilms, vom 25. Januar 1988 in Paris korrigiert hat.

Dort hatte sie ausgeführt: »Die Teilung Europas muß überwunden werden, soll auch die deutsche Teilung ihr Ende finden.«[37] Dazu bemerkte der damalige Berliner Senator für Justiz und Bundesangelegenheiten: »Politisch ist es sicherlich richtig, heute davon zu sprechen, daß die deutsche Teilung im Gesamtzusammenhang der Teilung Europas im Rahmen des Ost-West-Konflikts steht. Richtig ist auch, daß das Grundgesetz uns auch den Auftrag zur europäischen Einigung gibt. Dieser Auftrag zur europäischen Einigung steht aber nicht im Verhältnis eines Vorrangs zum Wiedervereinigungsauftrag, der Wiedervereinigungsauftrag ist nicht nur im Zusammenhang mit der europäischen Einigung zu sehen.«[38]

Die zentrale Frage, ob das Recht des deutschen Volkes auf Selbstbestimmung durch ein etwaiges Mitspracherecht der Nachbarn Deutschlands tangiert wird, hat nicht erst Frau Wilms in Paris ambivalent beantwortet, sondern sie spielte bereits – wie ausgeführt[39] – bei der Formulierung des Leitantrags des CDU-Bundesvorstandes »Unsere Verantwortung in der Welt« an den 36. Bundesparteitag 1988 eine wichtige Rolle. Frau Wilms war 1989 immerhin bereit, ihre Pariser Äußerungen hierzu ein wenig zu relativieren[40]. Es war aber wiederum Rupert Scholz, der schon Anfang 1988 die rechtlichen und politischen Aspekte in den richtigen Zusammenhang gestellt hat. Die Einheit und das Selbstbestimmungsrecht aller Deutschen hingen nicht davon ab, »was andere Nachbarvölker hierzu meinen«. »Maßgebend ist neben dem Selbstbestimmungsrecht allein der fortbestehende Friedensvertrags-Vorbehalt und die gesamtdeutsche Verantwortung der vier Siegermächte des Zweiten Weltkrieges. Von deren Entscheidung sind wir in der Tat weitgehend abhängig. Andere Mitbestimmungsrechte auswärtiger Mächte kann es in der deutschen Frage aber nicht geben.«[41]

Niemand – auch Scholz nicht – konnte 1988/89 ahnen, daß Voraussetzung für den raschen Einigungsprozeß und die erfolgreichen Verhandlungen auf der Zwei-plus-Vier-Ebene das Einverständnis war, nur die Territorien der Bundesrepublik Deutschland, der DDR und Berlins staatlich wiederzuvereinigen. Die Bundesregierung wußte von Anfang an, daß eine wie auch immer geartete Infragestellung der Ostgrenze Deutschlands zu unüberschaubaren internationalen Verwicklungen geführt hätte. Das von Bonner Seite – nicht nur von

Frau Wilms – häufig vorgebrachte Argument, die staatliche Einheit Deutschlands sei nur mit Einverständnis der Nachbarn zu verwirklichen, übersah geflissentlich, daß zwar die Regierungen mancher europäischer Staaten, nicht jedoch die Mehrheit der dort lebenden Völker Bedenken gegen die Vereinigung Deutschlands hatten. Die einzige Ausnahme bildete – aus verständlichen Gründen – Polen. Auf diese Problematik wird noch zurückzukommen sein[42].

Abschließend sei noch darauf hingewiesen, daß Frau Wilms' Vorgänger, Heinrich Windelen, der das Amt des Bundesministers für innerdeutsche Beziehungen in der Zeit von März 1983 bis März 1987 innehatte, ähnlich argumentiert hat. So meinte er 1983, es wäre unverantwortlich, »den europäischen Frieden dauerhaft auf die Teilung eines Volkes, das zusammengehören will, und die Teilung des ganzen Kontinents gründen zu wollen, dessen Völker eine gemeinsame geistige Grundlage haben. Deshalb ist eine Politik, die sich auf das Selbstbestimmungsrecht richtet, europäische Friedenspolitik.« Er fügte hinzu, die deutsche Frage werde »im Einvernehmen mit unseren Nachbarn gelöst oder sie wird nie gelöst!«[43]

Am Vorabend des 17. Juni 1985 sagte Minister Windelen, die Freiheit sei der Kern der deutschen Frage: »Es geht uns nicht vorrangig um Grenzen und Gebiete, sondern um die freie Selbstbestimmung unseres Volkes.«[44] Er griff dabei ein Wort von Bundespräsident Richard von Weizsäcker auf, das er in seiner Ansprache zu dem Thema »Die Deutschen und ihre Identität« auf dem 21. Deutschen Evangelischen Kirchentag am 8. Juni 1985 in Düsseldorf verwandt hatte: »In Berlin habe ich eine Formulierung gehört, die jeder verstehen kann: Die deutsche Frage ist so lange offen, als das Brandenburger Tor zu ist.«[45] Erinnert sei daran, daß der Autor dieser treffenden Formulierung Heinrich Lummer ist[46].

CSU

Die CSU, zu deren Landesvorsitzendem 1961 Franz Josef Strauß gewählt worden ist, gab sich 1957, 1968 und 1976 je ein Grundsatzprogramm, von denen die beiden ersten nur Leitsätze enthielten. In ihrem Grundsatzprogramm vom 1. Juni 1957 bekannte sie sich im

Abschnitt »Außenpolitik« zur »Wiederherstellung der staatlichen Einheit Deutschlands mit friedlichen Mitteln und in gesicherter Freiheit. Sie [die CSU] wird ihre ganze politische Kraft für dieses Ziel aufbieten.« Außerdem hieß es darin, das deutsche Volk habe wie jedes Volk ein Recht auf Selbstbestimmung im Rahmen einer auf Gewaltverzicht begründeten Völkerordnung. Die Siegermächte seien und blieben verpflichtet, »dem ganzen deutschen Volk das Selbstbestimmungsrecht zurückzugeben und ihm damit die Wiederherstellung seiner staatlichen Einheit zu ermöglichen«.[47]

In dem auf dem Parteitag am 13. und 14. Dezember 1968 verabschiedeten Grundsatzprogramm der CSU lautete der 2. Abschnitt »Friede und Sicherheit«. Darin wurde die deutsche Frage mit der europäischen Problematik verbunden: »Für das ganze deutsche Volk Freiheit und Selbstbestimmung zu erringen und einen gerechten Frieden in Europa und der Welt zu sichern, der allen Menschen, gleich welcher Rasse, welcher Volksgruppe und welchen Glaubens die vollen Menschen- und Gemeinschaftsrechte, die Chance der Freiheit und der wirtschaftlichen Entwicklung gibt, ist Ziel und Aufgabe deutscher Politik. Die CSU fordert eine Friedensordnung, der das ganze deutsche Volk in freier Entscheidung zustimmen kann. Sie strebt die Lösung der Frage der deutschen Einheit im Rahmen einer europäischen Friedensordnung an.«[48]

Daß hier die Formeln »Wiedervereinigung« oder »Wiederherstellung der staatlichen Einheit Deutschlands« bewußt vermieden wurden, dürfte auf Strauß' bereits 1958 vollzogene Abkehr vom Gedanken einer nationalstaatlichen Lösung der deutschen Frage zurückzuführen sein[49]. Erst 1976 gab sich die CSU ein neues Grundsatzprogramm, an dessen Ausarbeitung alle Gliederungen der Partei über drei Jahre mitgewirkt hatten. In diesem umfangreichen Dokument ist der letzte Abschnitt dem Thema »Freiheit für Deutschland und Europa« gewidmet. Strauß hat die von der SPD/FDP-Bundesregierung im Herbst 1969 eingeleitete »neue Ost- und Deutschland-Politik«, die Ostverträge und den innerdeutschen Grundvertrag heftig kritisiert und immer wieder geltend gemacht, die Regierung Brandt/Scheel habe nahezu alle seitens der UdSSR seit 1966 an Bonn gestellten Forderungen erfüllt. Die von Strauß erhobenen Vorwürfe sind detailliert im CSU-Grundsatzprogramm von 1976 aufgeführt[50].

Gleichzeitig berief sich Strauß prononciert auf das Wiedervereinigungsgebot des Grundgesetzes und veranlaßte die bayerische Staatsregierung unter Ministerpräsident Alfons Goppel, vom Bundesverfassungsgericht die Verfassungsmäßigkeit des Grundvertrags prüfen zu lassen.

Im Grundsatzprogramm der CSU von 1976 wurde die deutsche Frage nun so umschrieben: »Bei den Beziehungen zu den Staaten Osteuropas geht die Christlich-Soziale Union von den geschlossenen Verträgen aus. Ihre Politik folgt dabei der von allen Fraktionen des Deutschen Bundestages im Mai 1972 gemeinsam verabschiedeten Entschließung und dem Urteil des Bundesverfassungsgerichtes zum Grundvertrag vom Juli 1973. Politisches Ziel der Christlich-Sozialen Union bleibt die Herstellung der staatlichen Einheit des deutschen Volkes in freier Selbstbestimmung.«[51]

Wie sehr sich die CSU auch in den folgenden Jahren zum Anwalt einer nationalstaatlichen Lösung der deutschen Frage gemacht hat, verdeutlichte das deutschlandpolitische Grundsatzpapier der CSU-Landesgruppe im Deutschen Bundestag, das der damalige Vorsitzende der außen- und deutschlandpolitischen Arbeitsgruppe der Landesgruppe, Richard Jaeger, am 23. Februar 1978 vorstellte. Das Dokument gehört zu den rechtlich und politisch fundiertesten Analysen, die nach Abschluß der Ostvertrags-Politik von einer Partei in Bonn vorgelegt worden sind. Entgegen der damals von offizieller und nichtoffizieller Seite weit verbreiteten Meinung ging das CSU-Papier davon aus, der Wiedervereinigungsgedanke sei »sogar im Urteil der Öffentlichkeit unserer westeuropäischen Nachbarländer fest verankert«. Richtig war auch die Feststellung, die staatlich geeinten Nationen seien »die unbestrittenen Bausteine der internationalen Ordnung«[52]. Darüber hinaus wurden der 1945 von den vier Mächten festgelegte völkerrechtliche Status für Deutschland, das »Deutschland«-Verständnis des Grundgesetzes und die sich aus dem Grundvertrag und dem Urteil des Bundesverfassungsgerichts vom 31. Juli 1973 ergebenen Schlußfolgerungen zutreffend dargestellt.

Ende der siebziger Jahre und auch später war es nicht üblich, festzustellen, die Deutschen Mitteldeutschlands hätten »sich allenfalls oberflächlich mit der gegebenen Lage arrangiert – zur Erleichterung des Lebens, das man nur einmal lebt. Wie oberflächlich dieses

Argument ist, erhellt aus der regimebedrohenden Brisanz, die dem Protest mitteldeutscher Systemgegner eigen ist ... Der wahre Wille der Mitteldeutschen ist auf Gewährung der Menschenrechte und auf freie Selbstbestimmung gerichtet, und das bedeutet konkret: Einführung einer freiheitlich-demokratischen Ordnung nach dem Vorbild des Grundgesetzes und Wiederherstellung der staatlichen Einheit Deutschlands.«[53]

Bundeskanzler Schmidt war schlecht beraten, als er im Bericht der Bundesregierung zur Lage der Nation am 9. März 1978 das deutschlandpolitische Grundsatzpapier der CSU-Landesgruppe im Deutschen Bundestag abzuqualifizieren suchte. Wenn er läse, die deutsche Frage sei heute mehr denn je als ungelöst anzusehen, »dann frage ich mich, was dies wohl bedeute: Mehr denn je?«[54] Damit offenbarte Schmidt, wie sehr auch er vom Status-quo-Denken beherrscht war.

Auch wenn Franz Josef Strauß über zweieinhalb Jahrzehnte das politische Gesicht der CSU weitgehend bestimmt hat, sollten seine Mitstreiter nicht übersehen werden, die vor allem im Bundestag, dem Strauß von 1949 bis 1978 angehörte, die Deutschland-Politik der CSU formuliert haben. Dazu gehören vor allem Richard Jaeger, von 1949 bis 1980 Mitglied des Bundestags, und Eduard Lintner, seit 1976 Mitglied des Bundestags und seit 1982 Vorsitzender der Arbeitsgruppe Deutschland-Politik und Berlin-Fragen der CDU/CSU-Fraktion, der in der nach der Bundestagswahl vom 2. Dezember 1990 gebildeten Bundesregierung Kohl/Genscher das Amt des Parlamentarischen Staatssekretärs im Bundesministerium des Innern übernommen hat.

Unvergessen sind auch die Beiträge Karl Theodor Freiherr zu Guttenbergs zur Ost- und Deutschland-Politik im Parlament, dem er von 1957 bis 1972 angehört hat. Guttenberg hat frühzeitig für eine »Europäisierung der deutschen Frage« plädiert und in einem »Streitgespräch mit Augstein«, das der *Spiegel* in einem Sonderdruck vom 24. März 1965 veröffentlichte, von einem verhängnisvollen Irrtum gesprochen, wenn man glaube, »daß man Freiheit und Einheit voneinander trennen könnte«[55]. Und in seinem 1964 erschienenen Buch »Wenn der Westen will« wandte er sich gegen die Vorschläge Karl Jaspers' und Golo Manns[56], für die SBZ eine »Österreich-Lösung« anzustreben. Mit Recht betonte Freiherr zu Guttenberg: »Diese Überlegungen entstammen akademisch unpolitischer Sicht. Der Wunsch der Deutschen nach nationaler Einheit ist durch keinen Beschluß der Verantwortlichen aus der Welt zu schaffen ... Zudem besteht kein Anlaß zu der Hoffnung, das Zonen-Regime werde sich liberalisieren oder gar auflösen, nachdem sein dringlichster Wunsch erfüllt wäre, als ›zweiter deutscher Staat‹ nicht mehr bestritten zu sein.«[57]

Dem Irrtum, mit einer Aufwertung des Zonen-Regimes eine Liberalisierung der SBZ/DDR zu erreichen, sind zahlreiche Politiker, Publizisten und Wissenschaftler erlegen[58]. Dies gilt nicht für Theodor Waigel, der seit 1972 dem Bundestag angehört, von Oktober 1982 bis April 1989 der CSU-Landesgruppe vorstand und als erster stellvertretender Vorsitzender der CDU/CSU-Fraktion wirkte; seit April 1989 fungiert Waigel, der nach dem Tode Franz Josef Strauß' zum Vorsitzenden der CSU gewählt worden ist, als Bundesminister der Finanzen. Waigel hat im Parlament immer wieder zur Ost- und Deutschland-Politik Stellung bezogen[59].

Auch Hans Graf Huyn, Vizepräsident der in Bern residierenden Europäischen Konferenz für Menschenrechte und Selbstbestimmung, hat als CSU-Parlamentarier in den Jahren von 1976 bis 1987 und in der 11. Wahlperiode des Bundestags vom 12. August 1988 an stets für die Wiedervereinigung und das Recht des deutschen Volkes auf Selbstbestimmung plädiert.

SPD

Für die SPD bedeuteten das Berlin-Ultimatum Chruschtschows vom 27. November 1958 und der sowjetische Friedensvertrags-Entwurf vom 10. Januar 1959 ein böses Erwachen. Ein Jahrzehnt lang hatte sie geglaubt, zwischen der West-Orientierung und Zugehörigkeit der Bundesrepublik zur westlichen Verteidigungsgemeinschaft und der Wiedervereinigung Deutschlands wählen zu können. Die »Scheinalternative«, der die SPD folgte, war aus einer Scheinwirklichkeit entstanden: aus der Vorstellung, als gäbe es eine deutsche Frage allein für sich selbst – losgelöst vom Schicksal des übrigen Europa und abgetrennt vom weltweiten Konflikt zwischen Ost und West. In Wahrheit bestand und besteht zwischen Bündnispolitik und Wiedervereinigungspolitik nicht Widerspruch, sondern Identität.«[60]

Die politische Realitätsferne der SPD hat Gustav Heinemann in der berühmten Bundestagsdebatte vom 23. Januar 1958 so formuliert: »Wer Deutschland immer noch tiefer spalten will, kann es nicht besser machen als in Fortsetzung immer noch dieses Weges.«[61] Sein Vorwurf richtete sich nicht nur gegen die Wiederbewaffnung und die Einbeziehung der Bundesrepublik in die NATO, sondern generell gegen die von Bundeskanzler Adenauer erfolgreich eingeleitete und gut zwei Jahre später von Herbert Wehner als richtig erkannte Politik der West-Orientierung Bonns.

Die in ultimativer Form vorgebrachten Deutschland-Vorschläge der UdSSR[62] hielten die SPD nicht davon ab, am 18. März 1959 ihren realitätsfernen »Deutschland-Plan« zu unterbreiten[63]. Der Zeitpunkt der Veröffentlichung war auch insofern seltsam, als Bundestagsvizepräsident Carlo Schmid und der SPD-Abgeordnete Fritz Erler vom 11. bis 17. März 1959 in der UdSSR geweilt und auch ein Gespräch mit Chruschtschow geführt hatten. Der sowjetische Ministerpräsident hatte dabei seine Maximalforderungen so kompromißlos formuliert, daß Carlo Schmid mit dem Eindruck aus Moskau zurückkehrte, es sei klarer geworden, »daß seit 1949 unverrückbare Realitäten entstanden waren, die jede Wahrscheinlichkeit ausschlossen, in absehbarer Zeit auf internationalen oder nationalen Wegen zur Wiedervereinigung zu gelangen ... Diese Erkenntnis leitete in der SPD einen Denkprozeß ein, der dazu führte, das Schwergewicht außenpolitischer Bestrebungen auf die Stellung der Bundesrepublik innerhalb des westeuropäisch-atlantischen Systems zu legen.«[64] Selbst Carlo Schmid konzedierte, daß der Deutschland-Plan in der politischen Öffentlichkeit durchweg abgelehnt worden sei und auf der Genfer Gipfelkonferenz keine Rolle gespielt zu haben scheint. So war es in der Tat.

Obwohl die Wahlniederlage der SPD von 1957 nur die Schlußfolgerung zuließ, daß das Programm der Partei einer gründlichen Erneuerung bedurfte, sollte es noch gut zwei Jahre dauern, ehe der Parteitag der SPD vom 13. bis 15. November 1959 ein Grundsatzprogramm beschloß, das als »Godesberger Programm« in die Geschichte eingegangen ist. »Godesberg: das war, zugespitzt gesagt, der posthume Sieg von Lassalle über Marx, von Bernstein über Kautsky. Mit Godesberg durchbrach die deutsche Sozialdemokratie eine ideologische Schallmauer.«[65]

Im Godesberger Programm hat die SPD in scharfer Form Gegenposition zum Kommunismus bezogen und sich zum Grundgesetz der Bundesrepublik Deutschland bekannt[66]. Im Bereich der Außen- und Deutschland-Politik war jedoch, »innerhalb und außerhalb der Bundesrepublik, die Furcht besonders groß, ein Wahlsieg der Sozialdemokraten könnte unkalkulierbare Folgen haben, also eine Ära der Unsicherheit einleiten«[67].

Die entscheidende außenpolitische Wende vollzog dann Herbert Wehner in seiner historischen Rede vom 30. Juni 1960 im Bundestag, nachdem er bereits am 24. März 1960 den »Deutschland-Plan« vom 18. März 1959 als überholt bezeichnet hatte[68]. Wehner sagte vor dem Bundestag: »Die SPD geht davon aus, daß das europäische und das atlantische Vertragssystem, dem die Bundesrepublik angehört, Grundlage und Rahmen für alle Bemühungen der deutschen Außen- und Wiedervereinigungspolitik ist. Die SPD hat nicht gefordert und beabsichtigt nicht, das Ausscheiden der Bundesrepublik aus den Vertrags- und Bündnis-Verpflichtungen zu betreiben ... Die SPD bekennt sich in Wort und Tat zur Verteidigung der freiheitlichen demokratischen Grundrechte und der Grundordnung und bejaht die Landesverteidigung.«[69]

Nochmals distanzierte sich Wehner klar vom »Deutschland-Plan« seiner Partei. Wehners vorbehaltloses Bekenntnis zur Westbindung der Bundesrepublik Deutschland und zur Landesverteidigung markiert wohl die wichtigste Zäsur in der Nachkriegsgeschichte der SPD. Heinrich August Winkler hat zutreffend darauf hingewiesen, das Bekenntnis der SPD zur Westbindung habe auch die Absage an die außerparlamentarische Friedensbewegung der fünfziger Jahre einbeschlossen. Die Partei sei nun der Einsicht gefolgt, »daß es nur einen Weg zur Macht im Staat gab: die Gewinnung der politischen Mitte. Dort mußte Mißtrauen abgebaut werden, das sich im Laufe von vielen Jahrzehnten aufgehäuft hatte. Willy Brandt, der Regierende Bürgermeister von Berlin und Kanzlerkandidat von 1961 und 1965, war die Verkörperung dieser neuen SPD.«[70]

Nach dem außenpolitischen Positionswechsel der SPD am 30. Juni

1960 fiel es der Partei sehr viel leichter als der regierenden CDU/CSU, auf die am Ende der Ära Präsident Eisenhowers sich abzeichnende und von dessen Nachfolger Kennedy proklamierte Status-quo-Politik umzuschwenken. Die Bedeutung, die der 13. August 1961, der Tag des Mauerbaus, als tiefste Zäsur in der Nachkriegsentwicklung der deutschen Frage hatte, und die weitreichenden Auswirkungen dieses Ereignisses erkannte am frühesten und klarsten die politische Führung in Berlin mit dem Regierenden Bürgermeister und Kanzlerkandidaten der SPD, Willy Brandt[71]. Als Außenminister und Vizekanzler der Großen Koalition unter Bundeskanzler Kiesinger war es wiederum Brandt, der im Sommer 1967 – im Gegensatz zur Position des Regierungschefs – erstmals die These verkündete, Bonn mache seine Politik der Entspannung nicht von Fortschritten in der Deutschland-Frage abhängig[72].

Nachdem prominente FDP-Politiker bereits in der ersten Hälfte der sechziger Jahre unkonventionelle Vorstellungen in der Deutschland-Frage entwickelt hatten[73], setzten sich in der Zeit der Opposition ab Herbst 1966 jene Kräfte in der Partei durch, die in einer Partnerschaft mit den Sozialdemokraten die besseren Chancen für die Partei sahen als mit der CDU/CSU. Mit Walter Scheels Wahl zum Nachfolger Erich Mendes als FDP-Vorsitzenden 1968 erreichten die Erneuerer den entscheidenden Durchbruch. Nicht nur unter außen-, sondern auch unter innenpolitischen Aspekten gewannen 1968/69 jene Tendenzen in der FDP die Oberhand, die langfristig ein Zusammengehen mit der SPD befürworteten[74].

Für die Regierungszeit der Bundesregierungen Brandt/Scheel und Schmidt/Genscher in den Jahren von Herbst 1969 bis Herbst 1982 ist kennzeichnend, daß beide Partner sowohl in den Ausgangspositionen als auch in der Verwirklichung der »neuen Ost- und Deutschland-Politik« übereinstimmten. Beide gingen vom territorialen und politischen Status quo in Europa und Deutschland aus, ohne eine wie auch immer geartete Lösung der deutschen Frage in den Verträgen mit Moskau und Warschau sowie mit der DDR 1970/72 zu verbauen[75].

Das Deutschland-Bild der SPD wurde erst facettenreich und dann widersprüchlich, als sie im Herbst 1982 mit der Bildung der Bundesregierung Kohl/Genscher in die Opposition verwiesen wurde. Als der Deutsche Bundestag am 9. Februar 1984 mit den Stimmen der CDU/

CSU, der SPD und der FDP gegen das Votum der GRÜNEN einen Beschluß zur Deutschland-Politik faßte, der sich auf den von Bundeskanzler Kohl am 23. Juni 1983 erstatteten Bericht der Bundesregierung zur Lage der Nation im geteilten Deutschland[76] bezog, schien es, daß im Bundestag für lange Zeit die Basis für eine gemeinsame Deutschland- und Berlin-Politik der regierenden Parteien und der oppositionellen SPD gelegt worden sei. Der Beschluß ging davon aus, daß das Land geteilt sei, aber die deutsche Nation fortbestehe: »Aus eigener Kraft können wir Deutschen den Zustand der Teilung nicht ändern. Wir müssen ihn aber erträglicher und weniger gefährlich machen.«[77] Außerdem zitierte der Beschluß den »Brief zur deutschen Einheit« zum Moskauer Vertrag und Grundvertrag und bekräftigte das dem deutschen Volk zustehende Recht auf friedliche Verwirklichung seiner Selbstbestimmung sowie die rechtlichen Grundlagen jeder Bonner Deutschland-Politik. Das geteilte, unter Vier-Mächte-Verantwortung stehende Berlin verdeutliche, »daß die Folgen der Teilung noch nicht überwunden sind und die deutsche Frage offen ist«.

Die von prominenten Politikern der SPD und CDU/CSU konstatierte Gemeinsamkeit[78] sollte sich jedoch als wenig dauerhaft erweisen. Ausgerechnet am 13. August 1984 vertrat Hans Apel, der damalige Spitzenkandidat der SPD für die anstehenden Wahlen des Berliner Abgeordnetenhauses, die Ansicht, die deutsche Frage sei nicht mehr offen. Dies bedeute aber nicht, daß von dem im Grundgesetz festgelegten Wiedervereinigungsgebot Abschied genommen werden müsse. Der Berliner Bundessenator Scholz nannte die Äußerungen Apels skandalös. Gerade am 13. August sollte jedem Deutschen die »fortbestehende Offenheit der deutschen Frage« in besonderer Weise bewußt sein. Und Staatsminister Mertes unterstrich, es sei grotesk, daß ausgerechnet der SPD-Kandidat für die Wahl zum Regierenden Bürgermeister von Berlin die rechtlichen und politischen Berlin-Zusammenhänge nicht kenne, jedenfalls falsch darstelle[79].

Als die SPD-Bundestagsfraktion am 7. November 1984 »Thesen zur Deutschland-Politik« veröffentlichte, stand fest, daß sie sich in zentralen Punkten vom Beschluß des Bundestags vom 9. Februar 1984 inzwischen entfernt hatte. Nun meinte die SPD, die deutsche

Nation sei »eine von der Teilung unabhängige Realität ... Sie ist nicht identisch mit einer Vereinigung der beiden deutschen Staaten. Voraussetzung gestaltender Deutschland-Politik ist die Stabilität der in Europa bestehenden Lage.«[80] Nicht zufällig war es auch, daß in der Aufzählung der rechtlichen Dokumente das Grundvertrags-Urteil des Bundesverfassungsgerichts vom 31. Juli 1973 ebenso fehlte wie dessen Beschluß zu den Ostverträgen vom 7. Juli 1975. Volker Rühe, damals stellvertretender Vorsitzender der CDU/CSU-Fraktion, rühmte dennoch die »vernünftige Grundtendenz« des SPD-Papiers, vor allem die Tatsache, daß die SPD von der Grundlage der Bündnistreue ausgehe und nicht einen deutschen Sonderweg in die Neutralität einschlage[81].

Wie wenig der SPD an einer Wiederherstellung der staatlichen Einheit Deutschlands gelegen war, offenbarte dann der im Juni 1986 veröffentlichte Entwurf für ein neues Grundsatzprogramm (Irsee-Entwurf). Nun war nicht einmal mehr von der Existenz der einen deutschen Nation die Rede. Hingegen hieß es: »Die Frage der Nation, der sich auch die DDR nicht entziehen kann, hat sich durch die staatliche Teilung nicht erledigt ... Es bleibt offen, ob und in welcher Form die Deutschen in beiden Staaten in einer europäischen Friedensordnung zu institutioneller Gemeinschaft finden.«[82]

Doch nicht genug damit. Die SPD scheute selbst davor nicht zurück, das dem deutschen Volk verbriefte Recht auf Selbstbestimmung zu relativieren: »Mit unserer Deutschland-Politik wollen wir die Chance der Selbstbestimmung erhalten, die den Deutschen zusteht wie anderen Nationen ...« So war es nicht überraschend, daß im Verlauf der achtziger Jahre nahezu die gesamte Führungselite der SPD, wenn man von Helmut Schmidt, Dieter Haack und einigen anderen absieht, von »Deutschland« Abschied genommen hat. Die Positionswechsel Willy Brandts und Egon Bahrs, mit deren Namen die im Herbst 1969 eingeleitete »neue Deutschland-Politik« verbunden wird, waren so gravierend, daß sie ebenso eine gesonderte Betrachtung verdienen wie Franz Josef Strauß' Abkehr vom und spätere Rückkehr zum Gedanken des deutschen Nationalstaats[83].

In der zweiten Hälfte der achtziger Jahre war das seltsame Phänomen zu beobachten, daß die die Bundesregierung mittragende und größte Bundestagsfraktion Inhalt und herkömmliche Interpretation des Grundvertrags und seiner Zusatzdokumente stärker verteidigte als *die* Oppositionspartei im Bundestag, unter deren Ägide das Verhältnis zwischen den beiden Staaten in Deutschland auf eine vertragliche Grundlage gestellt worden ist. Manche der 1972 vertraglich festgeschriebenen rechtlichen und damit auch politischen Positionen hat die SPD – oder haben zumindest einflußreiche Repräsentanten dieser Partei bis 1989/90, aus welchen Gründen auch immer – aufgegeben. Dabei muß man allerdings strikt darauf achten, wer in welcher Funktion seinen sozialdemokratischen Standpunkt geäußert hat. Vor der Versuchung einer Föderalisierung der Deutschland-Politik war die SPD genauso wenig gefeit wie die CDU/CSU, wenn man einige Ministerpräsidenten und Oppositionsführer in mehreren Landtagen in die Analyse einbezieht. Diese Feststellung ist objektiv geboten.

Nicht allein auf die Stellung der SPD als Oppositionspartei im Bund ist die Erkenntnis von einer facetten- und variantenreichen Deutschland-Politik in den achtziger Jahren zurückzuführen. Ein weiterer Grund lag wohl darin, daß der damalige Vorsitzende der Partei und Bundestagsfraktion, Hans-Jochen Vogel, in deutschlandpolitischen Fragen recht wortkarg war und selten bereit schien, dezidiert und verbindlich für die Partei Position zu beziehen. Diese Aufgabe überließ er gern anderen Mitstreitern. So meinte Vogel 1983, schon heute könne davon ausgegangen werden, »daß es eine Wiedervereinigung im Sinne der Wiederherstellung des Gewesenen nicht geben wird. Welcher der verschiedenen Zustände der Staatlichkeit des Deutschen Reiches nach 1871 sollte es denn auch sein, zu dem man im Ernst zurückkehren könnte? Insofern ist der Begriff der ›Wieder‹-Vereinigung mißverständlich. Er kann Erwartungen wekken, deren Erfüllung mit Sicherheit auszuschließen ist.«[84]

Daß in beiden Staaten Deutschlands niemand die inneren Verhältnisse des Bismarck-Reiches anstrebte, war auch Vogel bekannt. Diese Erkenntnis rechtfertigte es jedoch nicht, von der Formel »Wiedervereinigung« und dem Gedanken einer Wiederherstellung eines deutschen Nationalstaates abzurücken. Immerhin sprach Vogel sich noch 1983 dagegen aus, die verfassungsrechtliche Pflicht zum Bemühen um die deutsche Einheit zu ignorieren oder gar zu streichen. Drei Jahre später hatte er einige Mühe, wenigstens noch die deutsche »Kulturnation« als eine Realität anzusehen[85]. Schließlich ist festzuhalten, daß sich Vogel nachdrücklich anläßlich der in seiner Partei vor allem 1985 geführten Diskussion gegen eine Änderung des Grundgesetzes gewandt hat[86]. Bei diesen Ausgangspositionen war es nicht erstaunlich, daß er noch 1989 strikt für die Erhaltung der staatlichen Selbständigkeit der DDR eingetreten ist[87].

Hier können nicht alle Positionen namhafter deutscher Sozialdemokraten zur deutschen Frage rekapituliert werden. Erwähnt werden müssen jedoch Horst Ehmke, Erhard Eppler, Peter Glotz, Gerhard Heimann und Jürgen Schmude, da sie maßgeblich das »Deutschland«-Bild der SPD in den achtziger Jahren mitbestimmt haben. Horst Ehmke meinte schon 1979, langsam werde klar, »daß eine ›Wieder‹-Vereinigung im Sinne einer Wiederherstellung des alten deutschen Nationalstaates keine sehr realistische Perspektive für die Weiterentwicklung der deutschen Frage darstellt«[88]. Dem Bundesverfassungsgericht warf er einen »bedenklichen Mangel an richterlicher Selbstbeschränkung wie an politischem Augenmaß« vor, »als es aus der Präambel eine juristische Verpflichtung der politischen Instanzen auf ein ... ›ewiges Wiedervereinigungsstreben‹ abgeleitet hat. Die darin steckende juristische Anmaßung ist derart töricht, daß die Kritik, das Bundesverfassungsgericht habe sich mit dem Urteil ›übernommen‹[89], nur als understatement bezeichnet werden kann.«[90]

Es ist erstaunlich, wie sich ein mit dem deutschen Verfassungsrecht vertrauter Politiker so im Ton vergreifen konnte. Doch Ehmke ging noch einen Schritt weiter. Unter Hinweis auf das Karlsruher Grundvertrags-Urteil schrieb er, der Beschluß der Kultusminister und -senatoren der Länder über die Darstellung der deutschen Frage im Schulunterricht aus dem Jahre 1978 zeige, »daß auf dem Boden des Urteils des Bundesverfassungsgerichts eine verantwortungsvolle pädagogische Arbeit in dieser Sache nicht geleistet werden kann«[91]. Auch hier sollte sich Ehmke gründlich irren[92]. Zu guter Letzt meinte er auch noch, der demokratische Sozialismus gewinne »heute in der Bundesrepublik, in Europa und in der Welt zunehmend Gewicht und Einfluß ... So wie die Vergangenheit des Sozialismus nicht von der Entwicklung Deutschlands zu trennen ist, so wird die Zukunft der deutschen Nation nicht von der Entwicklung des Sozialismus zu trennen sein ...«[93]

Auch 1985 betonte Ehmke, es sei nicht opportun, im Hinblick auf die Wiedervereinigung das Grundvertrags-Urteil des Bundesverfassungsgerichts zu zitieren, da das »nur Mißtrauen«[94] schaffe. Es ginge nicht um die Wiederherstellung eines deutschen Nationalstaates, sondern eines Zustandes, »in dem es auch für den anderen Teil Deutschlands und die Menschen dort mehr Freizügigkeit, mehr individuelle Rechte gibt...« Ehmke unterlag hier wiederum dem Irrtum vieler DDR-Beobachter seit der Mitte der sechziger Jahre, Bonn könne in irgendeiner Weise auf das SED-Regime einwirken, um eine innere Liberalisierung der DDR einzuleiten.

Ein seltsames Verfassungsverständnis verriet Ehmke schließlich in der Europa-Debatte des Bundestages am 19. Januar 1989, in der er nochmals dem Bundesverfassungsgericht im Urteil über den Grundlagenvertrag »mangelnde richterliche Selbstbeschränkung« vorwarf. Wir sollten auch nicht verdrängen, folgerte er, »daß die Gründung der Bundesrepublik selbst, der dann die Staatsgründung der DDR folgte, nicht ein Akt zur Erhaltung der Reichseinheit, sondern im Gegenteil ein entscheidender Schritt zur staatlichen Teilung gewesen ist«[95]. Für diese Bemerkung erhielt er nur den Beifall von Abgeordneten der GRÜNEN, nicht aber seiner eigenen Partei. Ehmke ist daran zu erinnern, daß die SPD unter der Federführung Carlo Schmids im Parlamentarischen Rat am stärksten auf die Formulierung eines zeitlich limitierten Grundgesetzes zur Organisation eines Staatsfragmentes, das gerade in territorialer Hinsicht »offenbleiben« sollte, gedrungen hat[96].

Nicht nur Ehmkes Verfassungsverständnis und Fehlurteil über die Wandelbarkeit des politischen Systems der DDR, sondern auch Peter Glotz' und Gerhard Heimanns Schlußfolgerungen aus der jüngeren deutschen Geschichte bleiben erstaunlich. Als Glotz, von 1981 bis 1987 Bundesgeschäftsführer der SPD, auf dem Forum »Erben deutscher Geschichte – Bundesrepublik und DDR« Mitte März 1987 in Bonn das Scheitern der »nationalstaatlichen Geschichtsform« konstatierte, für die Verwendung des historisch belasteten und überdies nebulösen Begriffs »Mitteleuropa« plädierte und ihn »als Instrument einer zweiten Phase der Entspannungspolitik« empfahl[97], waren manche Historiker aus der DDR irritiert, »die doch gerade dabei sind, sich jenseits aller parteilichen Selektion das Erbe der ganzen deutschen Geschichte anzueignen...«[98]

Ebenso blieb das Geschichtsverständnis des Berliner Bundestagsabgeordneten Gerhard Heimann das eines Außenseiters seiner Partei. Heimann meinte 1987: »Die Geschichte des mißglückten deutschen Nationalstaates sollte gelehrt haben: Nicht der einheitliche Staat als Ausdruck politischer Selbstbehauptung durch Macht ist der geeignete Identitätsfaktor der Deutschen, sondern ihre spezifische europäische Aufgabe als ein Volk in der Mitte Europas. Die Erfüllung dieser Aufgabe wird aber ersichtlich durch Mehrstaatlichkeit weniger behindert als gefördert ... Das Fortbestehen der Bundesrepublik Deutschland und der Deutschen Demokratischen Republik hat den unbestreitbaren Vorteil, daß die neue Mittellage der Deutschen nicht wieder zwangsläufig zur politischen Isolierung mit schwankender Orientierung führen muß ... Die Frage des Selbstbestimmungsrechtes wird sich unter solchen Voraussetzungen in einem historischen Sinne von selbst erledigen.«[99]

Heimann wäre – ebenso wie Horst Ehmke und Peter Glotz – gut beraten gewesen, sich zunächst einmal über die Rechtsnatur des Rechts eines Volkes auf Selbstbestimmung zu informieren. Spätestens seit dem Inkrafttreten der UNO-Menschenrechtspakte 1976 ist das Recht eines Volkes auf Selbstbestimmung juristischer Natur und nicht nur ein politischer Grundsatz. Schon 1984 hatte Heimann die unhistorische Frage gestellt, wann wir anfangen würden, »die deutsche Frage soweit zu entstaatlichen – und die Betonung liegt auf ›soweit zu entstaatlichen‹ –, wie sie in der langen Geschichte des deutschen Volkes, ausgenommen nur die kurze Epoche des Bismarckreiches, immer gestellt war?«[100] Und 1985 fand er es angebracht, unter Berufung auf die vielzitierte Äußerung des italienischen Außenministers Andreotti festzustellen, »der Abschied von der Vorstellung eines einheitlichen deutschen Staates vollzieht sich nur langsam und ist mit Trauer durchsetzt ...«[101]

Weder das Volk der DDR noch Michail Gorbatschow waren geneigt, das verbohrte Geschichtsverständnis von Peter Glotz und Gerhard Heimann zu akzeptieren. Noch am 21. Oktober 1989 ließ sich Glotz, Vorsitzender des SPD-Bezirks Südbayern, auf einem Bezirksparteitag zu dem Satz hinreißen, der derzeitige Gebrauch des Wortes »Wiedervereinigung« sei »opportunistisch und widerwärtig«. Die Formulierung im Entwurf des neuen SPD-Grundsatzprogramms, die

Frage der Nation habe »sich nicht erledigt«, rügte er als Leerformel. Glotz erhielt die Zustimmung des Parteitags für einen Änderungsantrag, der der deutschen Nation eine Absage erteilte[102].

Nicht nur Glotz und Heimann, sondern auch Oskar Lafontaine und andere prominente Sozialdemokraten schrieben und dachten bis 1989/90 »gegen die herrschenden Zeitverhältnisse an«[103]. Mit den außen- und deutschlandpolitischen Passagen in seinen zu rasch verfaßten Büchern und seinen mündlichen Auslassungen im Vereinigungsprozeß bewies Lafontaine, daß er als Kanzlerkandidat »der falsche Mann zur falschen Zeit«[104] war. Nachdem er 1984 das Ausscheiden der Bundesrepublik Deutschland aus der militärischen Integration der NATO gefordert hatte[105], meinte er – in völliger Verkennung der Realitäten – 1988, inzwischen habe sich »die deutsche Nation so sehr verspätet, daß sie in ihrem Streben nach Staatlichkeit unzeitgemäß geworden ist . . . Der Nationalstaat hat schon heute die Vernünftigkeit seiner Idee überlebt.«[106] In seinem 1990 erschienenen Buch »Deutsche Wahrheiten« verließ ihn wiederum der Wirklichkeitssinn insofern, als er folgerte, die »föderalistische Tradition Deutschlands hätte es nahegelegt, über eine Konföderation der beiden deutschen Staaten zur Einheit der Gesellschaft zu gelangen«[107]. Dies war auch – was Lafontaine verschweigt – das ursprüngliche Konzept Bundeskanzler Kohls vom Herbst 1989, der jedoch – im Gegensatz zu Lafontaine – rechtzeitig das Ausmaß des Kollapses der DDR erkannt und daraus den einzig richtigen Schluß gezogen hatte, sofort die staatliche Vereinigung Deutschlands auf bundesstaatlicher Ebene anzustreben[108]. Lafontaine, dessen verkürztes und einseitiges Geschichtsbild noch das von Horst Ehmke und Peter Glotz in den Schatten stellt, wäre gut beraten gewesen, vor der Abfassung seiner Studie zumindest die Kommentare Helmut Schmidts zum Vereinigungsprozeß in der *Zeit* zu lesen.

Zu den wenigen prominenten Sozialdemokraten, die sich in der deutschen Frage stets engagiert haben und bemüht waren, mit den Befindlichkeiten der in der DDR lebenden Menschen soweit wie möglich vertraut zu sein, gehört Erhard Eppler. Auch wenn man über manche Passage in dem von ihm maßgeblich mitformulierten und am 27. August 1987 veröffentlichten SPD/SED-Papier »Der Streit der Ideologien und die gemeinsame Sicherheit«[109] nur den Kopf schütteln konnte[110], waren die Auswirkungen dieses in jeder Hinsicht einmaligen Dokumentes in der DDR beachtlich. Der Irrtum Epplers und vieler anderer DDR-Beobachter lag darin, daß sie das DDR-»System« für reformfähig erachteten. Zur Begründung dieser These schrieb Eppler: »Aber wer Koexistenz oder gar gemeinsame Sicherheit sagt, zielt nicht auf Abschaffung durch Zusammenbruch, sondern setzt auf die Reformfähigkeit und damit auch die Lebensfähigkeit beider Systeme ... Nicht die Abschaffung der Systeme, sondern ihre Reform aus eigener Kraft und nach den eigenen Maßstäben ist Ziel des Wettbewerbs.«[111]

Auch wenn Eppler 1988 meinte, Europa brauche »um seines Friedens willen eine stabile, lebensfähige, selbstbewußte DDR«, stellte er bereits die Frage, was wir tun sollten, »wenn die SED selbst die DDR destabilisiert ...? Ich weiß nicht, welchen Weg die DDR gehen muß. Ich weiß nur, daß sich endlich die Bürgerinnen und Bürger der DDR in ihre eigenen inneren Angelegenheiten einmischen müssen, wenn die DDR einen Ausweg aus ihrer Misere finden soll.«[112]

Es war Eppler, der am 17. Juni 1989 in der letzten Gedenkstunde im Deutschen Bundestag anläßlich des 17. Juni 1953 eine weithin beachtete Rede hielt. Zwar meinte er noch, in der DDR gäbe es eine Mehrheit, »deren Hoffnung sich nicht auf das Ende, sondern auf die Reform ihres Staates richtet«, doch fügte er hinzu: »Wenn sich die Führung der SED allerdings weiterhin in jener realitätsblinden Selbstgefälligkeit übt, die wir aus den letzten Monaten kennen, dann könnte in weiteren zwei Jahren aus dieser Mehrheit eine Minderheit geworden sein.«[113]

Nochmals kam Eppler auf das von der Grundwerte-Kommission der SPD mit der Akademie für Gesellschaftswissenschaften der SED ausgearbeitete Papier vom 27. August 1987 zurück, in dem sich beide Seiten gegenseitig Existenzberechtigung, Reformfähigkeit und Friedensfähigkeit zugestanden hatten. Jetzt schränkte er jedoch diese Aussage insofern ein, was die Existenzberechtigung angehe, so könne keine Seite die andere daran hindern, »sich selbst zugrunde zu richten«. Epplers Polemik gegen die Formel »Wiedervereinigung« war zwar überflüssig, gehörte aber bis weit in das Jahr 1989 zum guten Ton prominenter Sozialdemokraten.

Die Diskussion um die richtige Deutschland-Politik der SPD hat auch Jürgen Schmude, seit 1969 Mitglied des Bundestags und seit 1985 Präses der Synode der Evangelischen Kirche in Deutschland, immer wieder belebt. Schon 1979 hatte Schmude, damals Bundesminister für Bildung und Wissenschaft, gemeint, der neuerlich aufgekommene Streit um den Begriff »Wiedervereinigung« sei verwunderlich. Dabei bezog er sich auf die Rede, die Bundespräsident Walter Scheel zum 25. Jahrestag des »Tages der deutschen Einheit« am 17. Juni 1978 im Bundestag gehalten und in der er darauf hingewiesen hatte, daß die Präambel des Grundgesetzes den Begriff der Wiedervereinigung nicht kenne, sondern dazu auffordere, »die Einheit und Freiheit Deutschlands zu vollenden«[114]. Ebensowenig wie Bundespräsident Scheel hielt es Schmude für angebracht, auf das vom Bundesverfassungsgericht aus der Präambel des Grundgesetzes entwickelte Wiedervereinigungsgebot aufmerksam zu machen[115]. Scheel hatte am 17. Juni 1978 nachdrücklich betont, das Streben nach Einheit sei ein Streben nach Freiheit für das ganze deutsche Volk. Es gäbe sicher keinen Zweifel daran, »daß gerade die Menschen in der DDR an der deutschen Einheit festhalten wollen ... Es darf nicht geschehen, daß die deutsche Einheit durch unsere eigene Nachlässigkeit und Gedankenlosigkeit verspielt wird.«

Scheel und Schmude meinten damals, davor warnen zu müssen, »mit der Betonung des Ziels einer ›Wieder‹-Vereinigung Erwartungen und Hoffnungen auf die Wiederherstellung von Staats- und Regierungsformen zu lenken, wie wir sie früher im einheitlichen Deutschland erlebt und erlitten haben«[116]. Man fragt sich, wen die beiden hier im Auge gehabt haben könnten. Es gab und gibt keine Bevölkerungsgruppe in Deutschland, die die Rückkehr zu den politischen und gesellschaftlichen Verhältnissen des Bismarck-Reiches, der Weimarer Republik oder des Dritten Reiches auf ihr Panier geschrieben hat.

Aufsehen vermochte Schmude mit seinem Referat zu erregen, das er am 17. Mai 1985 anläßlich der Sitzung des Historisch-Politischen Arbeitskreises des Kuratoriums Unteilbares Deutschland in Bonn gehalten hat. Unter Hinweis auf das vom Bundesverfassungsgericht aus der Präambel des Grundgesetzes hergeleitete Wiedervereinigungsgebot fragte er: Soll »... das der letztlich einzige Weg der Deutschland-Politik sein, zu dem es verfassungsrechtlich zulässige

Alternativen nicht gibt? Sollen die in dieser Weise interpretierten Vorstellungen des Verfassungsgesetzgebers, der ja nicht die Erfahrungen und Einsichten der 40 Jahre seit 1945 berücksichtigen konnte, uns auf unbegrenzte Zeit binden?«[117]

Schmude stellte die Frage, ob nicht auch der Verfassungsgesetzgeber allmählich darangehen müsse, aus den Erfahrungen der vierzig Jahre Konsequenzen zu ziehen. Das Echo in Politik und Medien war gewaltig. So überschrieb die *Welt* ihren Bericht über Schmudes Vorstoß: »Der Eklat unter Schumachers Porträt«[118]. Selbst die *Frankfurter Rundschau*, die sich sonst immer so »progressiv« in der Deutschland-Politik gerierte, betonte, eine Diskussion über Neuformulierungen der Grundgesetz-Präambel bringe nichts ein. Es sei nicht zu erkennen, »was uns eine Verfassungsänderung – außer neuen Problemen – zusätzlich bringen könnte«[119]. Und Reinhard Meier, Bonner Korrespondent der *Neuen Zürcher Zeitung*, schrieb, Schmudes Anregung sei »gewiß kein überzeugender Geistesblitz«. Meier folgerte: »Solange konkrete Schritte zu einer Veränderung der *totalitären Verhältnisse* in der DDR und damit zu einer wirklichen Normalisierung zwischen West- und Ostdeutschland nicht zu sehen sind, besteht kein Anlaß, auf ethisch berechtigte Formulierungen in der Bonner Verfassung zu verzichten, nur weil sie dem SED-Regime nicht ins Konzept passen.«[120]

Bereits einen Tag später, am 18. Mai 1985, sah sich Schmude, stellvertretender Vorsitzender der SPD-Bundestagsfraktion, genötigt, eine wenig überzeugende Klarstellung zu veröffentlichen. Seine Überlegungen zur Präambel des Grundgesetzes bedeuteten »keine Absage an die staatliche Einheit als Ziel der Deutschland-Politik. Aber auch andere Lösungen der Probleme in Deutschland, z. B. zwei deutsche Staaten unter europäischem Dach oder ein geregeltes Nebeneinander wie zwischen Österreich und der Bundesrepublik Deutschland, sollten verfassungsrechtlich zulässig sein.«[121] Er fügte hinzu, die deutsche Frage sei keineswegs abschließend geregelt. Aber es greife »zu kurz und gibt zu Mißverständnissen Anlaß, sie lediglich als ›offene deutsche Frage‹ vorzustellen«. Diese Interpretation der Formel »offene deutsche Frage« war ebenso fragwürdig wie Schmudes Hinweis, das Selbstbestimmungsrecht aller Deutschen bleibe unser Ziel: »Bedenken sollten wir aber, daß es auch zu anderen Lösungen als der staatlichen Einheit führen kann.« Aus dieser Formulierung sprach eine damals weit verbreitete Auffassung von der inneren Stabilität der DDR und der Akzeptanz des »Systems« durch die Bevölkerung. Jürgen Schmude wurde durch die gewaltlose Revolution in der DDR 1989/90 eines Besseren belehrt.

Auch in den folgenden Jahren hatte Schmude seine Schwierigkeiten mit der Möglichkeit, eine nationalstaatliche Lösung der deutschen Frage herbeizuführen. Nun machte er auch noch den Fehler, das SED-Regime mit der Bevölkerung der DDR zu identifizieren. Um seine Abneigung gegen die mögliche Herstellung eines deutschen Nationalstaates zu unterstreichen, berief er sich nicht nur auf die verfehlte Äußerung des italienischen Außenministers Andreotti aus dem Jahre 1985, der gesagt hatte, zwei deutsche Staaten gebe es, und zwei sollten es bleiben, sondern auch auf ausländische Betrachter in Ost und West, die bei dem Gedanken unruhig würden, »daß sich die deutschen Kräfte und Möglichkeiten in einem gemeinsamen Staat addieren könnten«. Die DDR »versichert zusätzlich, daß für sie eine Vereinigung Deutschlands überhaupt nicht mehr in Betracht kommt«[122].

Wie schwer es Schmude nach der friedlichen Revolution in der DDR fiel, sich an den Gedanken eines zusammenwachsenden Deutschlands zu gewöhnen, offenbarte sein Beitrag »Was heißt hier Wendehals?« in der *Zeit* vom 9. März 1990. Jetzt wäre es doch angebracht gewesen, einmal die vielen Fehler und Irrtümer, die er seit 1969 begangen hat, offen einzugestehen. Wenn er führenden CDU-Politikern mit Recht vorwarf, auch sie seien auf ein Szenario, das den Abläufen des Oktober und November 1989 in der DDR auch nur ungefähr entsprochen hätte, nicht vorbereitet gewesen, dann verschwieg er, daß für die Genannten die deutsche Frage wenigstens immer »offen« gewesen ist. Warum war Schmude nicht bereit zuzugeben, daß er die innere Situation, vor allem das Bewußtsein der Mehrheit der Bevölkerung, in der DDR stets falsch eingeschätzt hat? Warum berief er sich auf die wenig überzeugenden Bedenken, die Erhard Eppler in seiner Rede am 17. Juni 1989 gegenüber dem Wort »Wiedervereinigung« geäußert hatte? Eppler war immerhin Mitte November 1989 zu der Erkenntnis gelangt, daß die Mehrheit der DDR-Bevölkerung das dortige »Gesellschaftsmodell« zwar »hingenommen, sich aber nie zu eigen gemacht hat«[123].

Was bewog Schmude, sich auf Brandts »Lebenslüge« und Franz

Josef Strauß' temporäre Abkehr vom Gedanken an einen deutschen Nationalstaat[124] zu beziehen? Was sollte der erneute Hinweis auf die Furcht der Nachbarn Deutschlands, die schon zuvor – wenn man von Polen, dem französischen Staatspräsidenten Mitterrand, der britischen Premierministerin Thatcher und dem früheren italienischen Außenminister und jetzigen Ministerpräsidenten Andreotti absieht – keine oder zumindest keine gravierenden Einwände gegen ein vereintes Deutschland unter Ausschluß der deutschen Ostgebiete hatten? Der 1990 vollzogene Einigungsprozeß sollte schnell zeigen, wie falsch führende Repräsentanten der SPD – nicht nur Erhard Eppler und Jürgen Schmude – die Einstellung der Nachbarn Deutschlands beurteilt haben.

Erinnert sei hier nur an die große Rede, die Gyula Horn, der frühere ungarische Außenminister, anläßlich der Überreichung des Internationalen Karls-Preises der Stadt Aachen Ende Mai 1990 gehalten und in der er die Überzeugung ausgedrückt hat, »daß das einheitliche Deutschland die gesamteuropäischen Integrationsprozesse vorwärtsbringen ... und den Anschluß der mittelosteuropäischen Länder an Westeuropa hervorragend fördern wird. Deshalb liegt die Einigung der zwei deutschen Staaten im wesentlichen im Interesse aller Länder unserer Region.«[125]

Zur Position der SPD läßt sich abschließend feststellen: In einer Zeit, in der die Völker der engeren »sozialistischen Gemeinschaft«, also der Staaten des Warschauer Paktes und damit auch der DDR, verstärkt innere Reformen und die Durchsetzung der ihnen völkerrechtlich verbrieften Menschenrechte verlangten und in der sich immer deutlicher zeigte, daß die 1944/45 eingeleitete Errichtung des »Ostblocks« ohne Legitimation ist, hielt es die SPD-Führung für wichtiger, die Kontakte zur SED so weit wie möglich zu institutionalisieren und die repressiven Maßnahmen Ost-Berlins weitgehend hinzunehmen. Auch wenn bis weit in das Jahr 1989 hinein das Ausmaß der durch die Politik Michail Gorbatschows bewirkten Veränderungen im westlichen Vorhof der UdSSR noch nicht abzusehen war, war es zumindest voreilig, wenn namhafte Sozialdemokraten den bestehenden Zustand in Europa festschrieben und gesamtdeutsche Optionen ausschlossen. Das gilt für die meisten der Brandt-»Enkel« – nicht nur für Oskar Lafontaine.

So meinte Gerhard Schröder, der spätere Ministerpräsident Niedersachsens, noch in einer Deutschland-Debatte im niedersächsischen Landtag vom 11. Mai 1989, er könne sich »eine Einheit, die die Wiederherstellung des Nationalstaates zum Ziele hätte, unter den Bedingungen, wie ich sie erwarte, nicht vorstellen ... Die Vision, die wir für die Realisierung von Einheit haben müssen, ist keine nationalstaatliche, sondern die Vision, die wir für die Realisierung von Einheit der Deutschen brauchen, ist notwendig eine europäische, oder sie wird eine Illusion bleiben.«[126]

Bemerkenswert war auch die Realitätsferne, mit der der Regierende Bürgermeister von Berlin, Walter Momper, die umwälzenden Ereignisse in der DDR im Spätsommer und Herbst 1989 beurteilte. So meinte er in seiner Regierungserklärung im Berliner Abgeordnetenhaus am 14. September 1989, die »zur Zeit stattfindenden Übungen in Wiedervereinigungsrhetorik helfen niemandem. Im Gegenteil, sie sind geeignet, mögliche Reformansätze in der DDR zu blockieren ... Es geht nicht um die Wiedervereinigung, sondern es geht darum, daß die DDR ihre Krise löst und daß den Menschen die Selbstbestimmung gewährt wird, die sie selbst wollen.«[127]

Am 10. November 1989, einen Tag nach der Öffnung der Mauer in Berlin, sagte Momper: »Gestern war nicht der Tag der Wiedervereinigung, sondern der Tag des Wiedersehens in unserer Stadt.«[128] Und in einem Interview mit dem *Neuen Deutschland* vom 18./19. November 1989 führte er aus, die SED sei nicht mehr die alte, »nicht mehr das, was sie mal war. Es mag auch neue Berührungspunkte geben, die eine veränderte SED für die SPD weiterhin oder vielleicht sogar verstärkt interessant erscheinen lassen.«[129] Auch nach der gewaltlosen Revolution in der DDR dauerte es eine Weile, bis Momper endlich gegenüber der Führung in Ost-Berlin auf Distanz ging[130].

Neben Helmut Schmidt gehörten zu den wenigen prominenten Sozialdemokraten, die sich nicht mit der Teilung Deutschlands abgefunden hatten und für das Recht des deutschen Volkes auf Selbstbestimmung eingetreten waren, der deutschlandpolitische Sprecher der SPD-Bundestagsfraktion, Hans Büchler, und Dieter Haack, von 1969 bis 1990 Mitglied des Bundestags. Büchler versicherte beispielsweise am 29. Dezember 1988, er sei davon überzeugt, »daß der derzeitige Zustand der Teilung unnatürlich und nicht von Dauer sei. Ihm sei

klar, daß die Deutschen eines Tages wieder zusammenleben würden.«[131]

Dieter Haack hat in zahlreichen Reden und Publikationen immer
wieder darauf hingewiesen, »daß die deutsche Frage, soweit es um
Freiheit, Selbstbestimmung und nationale Einheit geht, weiterhin
offen ist«[132]. Auch wenn er der verfehlten Ansicht anhing, »daß eine
Wiedervereinigung Deutschlands aus vielen Gründen seit Kriegsende nicht mit den Interessen unserer westlichen und östlichen Nachbarn übereinstimmt«, lehnte er wenigstens die These ab, »der Status
quo der Teilung sei das Fundament der europäischen Sicherheit«[133].
In Verkennung der Realitäten meinte auch Haack, es gehe nicht
darum, den Bismarckschen Nationalstaat wiederherzustellen. Darum
ist es den Deutschen weder in der Bundesrepublik Deutschland noch
in der DDR vor dem 3. Oktober 1990 gegangen.

Daß nicht allen führenden Sozialdemokraten der historische Atem
im Hinblick auf die Vereinigung Deutschlands ausgegangen war,
bewies beispielsweise Bundesminister a. D. Georg Leber mit seiner
eindrucksvollen Rede zum »Tag der deutschen Einheit« am 17. Juni
1985 im Bundestag. Nachdrücklich erinnerte er daran, daß die Bundesrepublik Deutschland nur »ein deutscher Teilstaat« sei und wir
nicht bereit sein dürften und wollten, »uns mit der deutschen Teilung
abzufinden ... Das letzte Wort über die deutsche Selbstbestimmung
wird von der Geschichte gesprochen.«[134]

Im Gegensatz zur CDU/CSU tat sich die SPD 1989 besonders
schwer, sich auf die Umwälzungen im Warschauer-Pakt- Bereich und
vor allem in der DDR einzustellen, vor allem auch insofern, als ihre
programmatischen Aussagen dringend der Erneuerung bedurften.
Der Irseer Entwurf für ein neues Grundsatzprogramm der SPD vom
Juni 1986 war unzureichend. Das galt vor allem für den deutschlandpolitischen Passus[135]. Erst Ende Januar 1989 unterbreitete der SPD-
Vorstand einen umfangreichen Entwurf des neuen SPD-Grundsatzprogramms, der bis zum geplanten Programm-Parteitag Ende August
diskutiert werden sollte. Im Kapitel »Frieden in gemeinsamer Sicherheit« hieß es zur deutschen Frage: »Die Deutschen haben wie alle
Völker ein Recht auf Selbstbestimmung. Die Frage der Nation hat
sich nicht erledigt, aber sie ist den Erfordernissen des Friedens untergeordnet. Es muß offenbleiben, ob und in welcher Form die Deut-

schen in beiden Staaten in einer europäischen Friedensordnung zu institutioneller Gemeinschaft finden.«[136]

Es ist erstaunlich, wie es dem Vorstand der SPD gelungen ist, in gut drei Jahren die deutsche Frage nochmals zu relativieren. Wiederum war nicht von der Existenz der deutschen Nation, sondern nur von der »Frage der Nation« die Rede. Selbst die Formulierung im Irseer Entwurf, auch die DDR könne sich der Frage der Nation nicht entziehen, kehrte jetzt nicht wieder. Seltsam, daß der SPD-Vorstand in der Zwischenzeit nicht zu der Einsicht gelangt war, daß sich die »Frage der Nation« aus logischen Gründen gar nicht erledigen konnte. Sinn ergab auch nicht der Satz, die Frage der Nation sei den Erfordernissen des Friedens untergeordnet. Die Erhaltung des Friedens ist Aufgabe staatlicher Organe. Bedenkt man, daß die These von der Einheit der deutschen Nation zu den Kernelementen der »neuen Deutschland-Politik« Bundeskanzler Brandts in der Zeit ab Herbst 1969 gehört hatte, dann wird sichtbar, wie sehr sich die SPD in den achtziger Jahren von den von ihr gelegten deutschlandpolitischen Fundamenten entfernt hat.

Bereits der Irseer Entwurf vermied die Formeln »Wiedervereinigung« oder zumindest »Frage der Wiedervereinigung«. Schon damals war von der möglichen »institutionellen Gemeinschaft« der Deutschen die Rede. Auch dazu ist dem SPD-Vorstand bis Anfang 1989 nichts Besseres eingefallen. »Institutionelle Gemeinschaft«, das ist – wie Helmut Herles zutreffend betont hat – »eine technokratisch-blasse Sprache gegenüber jener der Präambel des Grundgesetzes: ›Das gesamte deutsche Volk bleibt aufgefordert, in freier Selbstbestimmung die Einheit und Freiheit Deutschlands zu vollenden‹.«[137]

Unter diesen Voraussetzungen konnte es nicht ausbleiben, daß die SPD im Verlauf des Jahres 1989 die »Zeichen der Zeit« verpaßte. Bis in den Herbst glaubte die Führung der Partei an die Reformfähigkeit der DDR und hielt es für opportun, trotz des Ausmaßes und der Dynamik der Fluchtbewegung aus der DDR ihre Dialog-Politik mit der SED-Führung fortzuführen. Immerhin bemerkte Lafontaine Anfang Juni 1989 anläßlich einer zweitägigen deutsch-deutschen Konferenz in Saarbrücken, an der auch Honeckers Stellvertreter Egon Krenz teilnahm, die Gespräche mit der DDR dürften »nicht zu einer Friedenskumpanei verkommen«. Es gehe nicht an, daß SPD und SED ihre schwerwiegenden Differenzen über die Fragen der Demokratie »einfach unter den Teppich unseres gemeinsamen Friedenswillens kehren und uns so zum stillschweigenden Komplizen der Menschenrechtsverletzungen machen, die wir beim jeweils anderen feststellen«. Krenz betonte auf dem Symposion, »Träumereien« über eine »sogenannte Wiedervereinigung« förderten nicht Vertrauen, sondern weckten Mißtrauen zwischen den europäischen Völkern[138]. Diese Sorge brauchte er sich bei der politischen Führung des Saarlandes nicht zu machen.

Ende Juni 1989 billigte der Parteirat der SPD die »Grundsätze für die Wahrnehmung von Kontakten mit der SED und deren Gliederungen sowie mit Institutionen, Parteien, Organisationen und Gruppierungen in der DDR«. Jetzt war die SPD wenigstens auf die Idee gekommen, »zur Vertiefung der Information und des kritischen Dialogs ... bei Gelegenheit solcher Kontakte auch das Gespräch mit kirchlichen Gruppen, Vertretern abweichender Meinungen, mit Einzelbürgerinnen und -bürgern«[139] zu suchen.

In den folgenden Wochen spitzte sich die Situation in der DDR dramatisch zu, und Tausende von Bürgern entschlossen sich, das Land zu verlassen. Am 11. September 1989 öffnete Ungarn den Flüchtlingen aus der DDR die Grenze nach Österreich[140]. Nun wurde es für die SPD-Führung höchste Zeit, darüber nachzudenken, ob ihre Politik des Dialogs mit der SED noch zeitgemäß war. Einige Tage später wollte eine Delegation von vierzehn Mitgliedern der sozialdemokratischen Bundestagsfraktion unter Leitung des stellvertretenden Vorsitzenden Ehmke der DDR-Volkskammer und deren Präsidenten Horst Sindermann eine lang geplante Visite abstatten. Sie kam nicht zustande, da Sindermann am 15. September die SPD-Delegation auslud. Die jüngsten Erklärungen Vogels und Ehmkes seien »voll und ganz nur auf Konfrontation und direkte Einmischung in die inneren Angelegenheiten der DDR gerichtet«[141] gewesen. Wenige Tage vorher, am 11. September, hatte der Vorsitzende des SPD-Parteirats, der Bundestagsabgeordnete Norbert Gansel, »der vor langer Zeit als Jungsozialist damals geradezu abenteuerliche Eskapaden in der Politik gegenüber der DDR unternommen hatte«[142], mit einem Papier zur Deutschland-Politik Aufsehen erregt. Darin hatte er vorgeschlagen, das bisherige Konzept »Wandel durch Annäherung« durch das

Konzept »Wandel durch Abstand« zu ersetzen: »An der inneren ›Stabilität‹ der DDR, so wie sie zur Zeit ist, kann ... niemand ein Interesse haben – außer den Betonköpfen im Herrschaftsapparat der SED. Die DDR braucht den inneren Wandel ... Phototermine mit den Betonköpfen der SED sind Bärendienste für den inneren Wandel in der DDR.«[143]

Wie schwer es auch Gansel fiel, von alten »progressiven« Vorstellungen Abschied zu nehmen, zeigte sein Hinweis, »unter den gegebenen Bedingungen« sei die Anerkennung einer eigenen DDR-Staatsbürgerschaft weder den Deutschen drüben zuzumuten noch von der offiziellen Bonner Politik zu erwarten. Das »könnte sich ändern, wenn in der DDR eine umfassende Demokratisierung beginnt und einen bestimmten irreversiblen Stand erreicht hat«[144]. Die Mehrheit der DDR-Bevölkerung war jedoch nicht gewillt, dem Glauben der SPD-Führung an die Reformfähigkeit des »real existierenden Sozialismus« zu folgen.

Die SPD-Führung tat sich nicht nur bis zum Abend des 9. November 1989, als die Mauer in Berlin geöffnet wurde, sondern bis zum Parteitag Mitte Dezember in Berlin schwer, einen »Deutschland«-Passus in dem neuen Grundsatzprogramm zu verankern, mit dem die Partei in Zukunft agieren konnte. Trotz der umwälzenden Ereignisse in der DDR hielt es die Parteiführung nicht für angebracht, die Perspektive einer möglichen »Wiedervereinigung« oder zumindest »Vereinigung Deutschlands« auch nur anzudeuten. Wieder wurde nur konstatiert, die Deutschen hätten wie alle Völker ein Recht auf Selbstbestimmung. Auch kehrte die unglückliche Formulierung wieder, »die Frage der Nation bleibt den Erfordernissen des Friedens untergeordnet«. Die Massendemonstrationen überall in der DDR mit dem Ruf »einig Vaterland« haben die SPD-Führung nicht bewegen können, zu Brandts ursprünglichen Thesen von der »Einheit der deutschen Nation« zurückzukehren. Die SPD war nur bereit zu konzedieren, »einen Zustand des Friedens in Europa« anzustreben, »in dem das deutsche Volk in freier Selbstbestimmung seine Einheit findet«. Einschränkend hieß es dann, die Menschen in beiden deutschen Staaten »werden über die Form institutioneller Gemeinschaft in einem sich einigenden Europa entscheiden«[145].

Um den neuesten Entwicklungen in der DDR noch gerecht zu

werden, verabschiedete der SPD-Parteitag am 18. Dezember 1989 neben dem Grundsatzprogramm eine »Berliner Erklärung«, in der die Haltung der Partei zur Deutschland-Politik präzisiert wurde. Darin hieß es, mit der demokratischen Revolution in der DDR »rückt die Erfüllung eines sozialdemokratischen Traumes näher: Jetzt wächst zusammen, was zusammengehört. In Deutschland und in Europa!«[146]

Prüft man die Diskussionen und Entwürfe über ein neues Grundsatzprogramm, dann fällt es schwer, der SPD-Führung zu unterstellen, sie habe wenigstens von einem wiedervereinigten Deutschland geträumt. Immerhin war in der »Berliner Erklärung« – im Gegensatz zum neuen Grundsatzprogramm – nicht mehr von der »Frage der Nation«, sondern von »Zusammenhalt der Nation« die Rede. Die bereits in den Jahren zuvor anzutreffende geradezu panische Scheu vor der möglichen Wiederherstellung eines deutschen Nationalstaates selbst in einem wesentlich verkleinerten territorialen Umfang vermochte die SPD auch in ihrer »Berliner Erklärung« nicht zu überwinden: »Wir wollen nicht zurück in das Zeitalter der Nationalstaaten, in dem diese Staaten um vermeintlicher nationaler Interessen willen in Europa blutige Bruderkriege ausgetragen haben.«

Hier fragt man sich, ob die Autoren der »Berliner Erklärung der SPD« im Dezember 1989 die Realitäten im Auge hatten. Trotzdem wäre der SPD-Parteivorstand gut beraten gewesen, dem von ihm herausgegebenen »Grundsatzprogramm der Sozialdemokratischen Partei Deutschlands« die »Berliner Erklärung« hinzuzufügen; das gilt gleichfalls für die von Dieter Dowe und Kurt Klotzbach edierte und verdienstvolle Dokumentation »Programmatische Dokumente der deutschen Sozialdemokratie«.

Nach dem Berliner Parteitag der SPD, auf dem Altbundeskanzler Brandt – im Gegensatz zum späteren Kanzlerkandidaten Lafontaine – mit einer eindrucksvollen Rede das Ausmaß des Desasters der DDR aufgezeigt hatte[147], war klar, daß dieser Partei der Wille und die Kraft fehlten, den sich bald danach abzeichnenden deutsch-deutschen Einigungsprozeß positiv mitzugestalten. Zu lange hatte die SPD an den Status quo in Europa geglaubt, die Lösung der deutschen Frage fragwürdigen Sicherheitsvorstellungen untergeordnet und vergessen, daß sich weder der »Ostblock« noch die auf Geheiß Stalins den dort lebenden Völkern aufgezwungenen Herrschaftssysteme der Legitimität erfreuten. Neben Egon Bahr war es Willy Brandt, der in der zweiten Hälfte der achtziger Jahre maßgeblich das statische Deutschland-Bild der SPD geprägt und damit der Partei die Möglichkeit verbaut hatte, in Zukunft auf unerwartete politische Entwicklungen einzuwirken. Daher durfte sich der Ehrenvorsitzende der SPD nicht wundern, daß sich auch seine »Enkel« im postnationalen Zeitalter wähnten.

FDP

Die deutschlandpolitischen Aktivitäten der FDP seit der Konstituierung der Bundesrepublik Deutschland spiegeln sich in zahlreichen Dokumenten wider. In den sechziger Jahren unterschied sich die FDP von der CDU, CSU und SPD insofern, als führende Repräsentanten der Partei mit unkonventionellen Deutschland-Vorschlägen hervorgetreten sind. Das gilt vor allem für die Regierungszeit der Großen Koalition Kiesinger/Brandt (Herbst 1966 bis Herbst 1969). Seit dem Antritt der sozial-liberalen Koalition Brandt/Scheel im Oktober 1969 ist die FDP wieder Regierungspartner. Nach der Verkündung des Berliner Programms vom 26. Januar 1957 und des Aktionsprogramms vom 5. April 1967[148] beschränkte sich die FDP seit Herbst 1969 im wesentlichen darauf, den Bundesparteitag, den Bundeshauptausschuß und den Bundesvorstand programmatische Aussagen auch zur Deutschland-Politik machen zu lassen. Diese Vorgehensweise, nicht jahrelang über die Neuformulierung und Fortschreibung eines »Grundsatzprogramms« zu diskutieren, verschaffte ihr auch in der Deutschland-Politik ein hohes Maß an Pragmatismus und Flexibilität.

Darüber hinaus ist der FDP und der ihr zugehörigen Friedrich-Naumann-Stiftung zu attestieren, daß sie die programmatischen Aussagen der Partei zur Deutschland-Politik seit 1949 in mehreren Dokumentationen systematisch zusammengefaßt haben. Über die Zeit von 1945 bis zum Frühjahr 1972 informiert die Studie »Deutschlandpolitik der F.D.P.«[149]. Auskunft über die deutschlandpolitischen Aussagen der FDP in den Jahren von 1966 bis 1990 gibt die vom

Thomas-Dehler-Haus, Bonn, Anfang 1990 herausgegebene Dokumentation »Die Deutschlandpolitik der Liberalen«[150]. Über die gesamte Programmarbeit der FDP im Jahrzehnt von 1980 bis 1990 unterrichtet der umfangreiche, von der Friedrich-Naumann-Stiftung vorzüglich edierte Band »Das Programm der Liberalen«[151]. Zahlreiche Aussagen zur Deutschland-Politik der Liberalen sind in dem von Hans Wolfgang Rubin herausgegebenen Sammelband »Freiheit, Recht und Einigkeit«[152] enthalten.

Für die FDP war die Wiederherstellung der staatlichen Einheit Deutschlands in den fünfziger Jahren eines der wichtigsten Ziele ihrer Politik. Das gilt sowohl beispielsweise für das Berliner Programm vom 26. Januar 1957[153] als auch für den Deutschland-Plan der FDP vom 20. März 1959[154], der angesichts der im Herbst 1958 von Chruschtschow provozierten zweiten Berlin-Krise und des von sowjetischer Seite am 10. Januar 1959 vorgelegten und auf die Fixierung der mehrfachen Teilung Deutschlands gerichteten Entwurfs eines Friedensvertrags allerdings illusionär anmutete[155]. Auch in der Folgezeit strebte die FDP einen »Friedensvertrag für Gesamtdeutschland« an, »der nur auf der Grundlage des Selbstbestimmungsrechts der Deutschen abgeschlossen werden darf«[156]. Diese Forderung erhob die Partei auch in ihrer Erklärung vom 13. Februar 1962, in der sie Folgerungen aus dem 13. August 1961 gezogen hatte[157].

Sieht man von den unkonventionellen Vorschlägen Karl Georg Pfleiderers aus dem Jahre 1952 ab, in Verhandlungen mit der UdSSR nicht auf der Forderung nach gesamtdeutschen Wahlen als Voraussetzung für die Wiederherstellung der staatlichen Einheit Deutschlands zu beharren[158], dann wurde das Deutschland-Bild der FDP erst ab 1962 buntscheckiger. Den Auftakt bildete die im März 1962 von Wolfgang Schollwer, Pressereferent der FDP und Chefredakteur der *Freien Demokratischen Korrespondenz*, verfaßte Denkschrift mit dem Titel »Verklammerung und Wiedervereinigung«. Darin hieß es erstmals knallhart: »Der Westen muß die Zweistaatlichkeit Deutschlands anerkennen und die Souveränität der DDR bis zur Wiedervereinigung respektieren.« Außerdem plädierte Schollwer dafür, »die sogenannte Hallstein-Doktrin vor allem gegenüber Osteuropa zu liquidieren . . .«[159]

Klaus Hildebrand hat in seiner Studie »Von Erhard zur Großen

Koalition 1963–1969« präzise und minutiös die Positionen der FDP zur Deutschland-Politik in der Zeit ab 1962 analysiert und dargelegt, mit welcher Intensität ab Anfang 1967 in der FDP-Führung über eine mögliche radikale Abkehr von der bisher verfolgten Deutschland- und Ostpolitik aller drei im Bundestag vertretenen Parteien diskutiert wurde. Henri Nannen, Chefredakteur des *Stern*, empfahl dem Vorsitzenden der FDP, Erich Mende, am 28. Februar 1967 »eine völlig neue Opposition« mit diesen Zielsetzungen: uneingeschränkte Anerkennung der DDR, Garantie der Oder-Neiße-Grenze als endgültige deutsche Ostgrenze vor einem Friedensvertrag und Akzeptierung einer »Konföderation beider deutscher Staaten im Sinne der Vorstellungen von Moskau und Ostberlin«[160]. Zuvor hatte Wolfgang Schollwer im Dezember 1966 sein Arbeitspapier »Deutschland- und Außenpolitik« verfaßt, das ähnliche Aussagen enthielt, ohne für die Bildung einer »deutschen Konföderation« einzutreten[161].

Die Führung der FDP war sich nicht nur der publizistischen Unterstützung des *Stern* sicher. Darüber hinaus war Unterstützung »vom ›Spiegel‹, von der ›Zeit‹, der ›Frankfurter Rundschau‹, der ›Süddeutschen Zeitung‹ und von zahlreichen politischen Redakteuren des Ersten Deutschen Fernsehens zu erwarten und würde den Liberalen in jeder Woche zu einem ›millionenfache(n) publizistische(n) Echo‹[162] verhelfen. Als Mende aus verschiedenen sachlichen und taktischen Erwägungen ablehnte, ließ Nannen ihn, nach Mendes eigenem Bericht, wissen, daß er dann seinen Platz als Bundesvorsitzender der FDP zu räumen habe.«[163] Ein ungeheuerlicher Vorgang, der den Konflikt der Nationalen um Erich Mende mit den Erneuerern um Wolfgang Schollwer, Rolf Schroers, Chefredakteur der Monatszeitschrift *Liberal*, und Hans Wolfgang Rubin, Bundesschatzmeister der FDP, dokumentierte. Mit Walter Scheels Wahl zum Nachfolger Mendes als Vorsitzender der FDP Ende Januar 1968 in Freiburg hatten sich die Erneuerer durchgesetzt[164].

Im Aktionsprogramm der FDP vom 5. April 1967 hatte es noch geheißen, »oberstes Ziel deutscher Politik ist die friedliche Vereinigung der Deutschen in freiheitlicher demokratischer Ordnung«. Gleichzeitig wurden Verhandlungen zwischen Bonn und Ost-Berlin »im Benehmen mit unseren Verbündeten« über »ein zeitlich geregeltes Nebeneinander beider deutscher Teilgebiete« vorgeschlagen.[165]

Am 24. Januar 1969 unterbreitete die FDP den Entwurf eines Vertrages zwischen der Bundesrepublik Deutschland und der DDR, in dem immerhin vom »Zusammenhalt der deutschen Nation« und dem Ziel, »die nationale Frage friedlich zu lösen . . .«[166], die Rede war. So hat die FDP in der Regierungszeit der Großen Koalition wichtige Aussagen gemacht, die zur Grundlage der im Herbst 1969 von der Bundesregierung Brandt/Scheel eingeleiteten »neuen Deutschland-Politik« wurden und die die SPD in dieser Klarheit aus Rücksichtnahme auf den Koalitionspartner CDU/CSU nicht hatte aussprechen können[167]. Die FDP hatte sogar Brandts Zwei-Staaten-These und dessen Formel von den anzustrebenden »Beziehungen besonderer Art« zur DDR in ihrer Wahlplattform zur Bundestagswahl vom 15. Juni 1969 vorweggenommen[168]. Darin fehlte jedoch Brandts prononcierte Berufung auf die These von der »Einheit der Nation«[169].

In den siebziger und achtziger Jahren hat die FDP die deutsche Frage im Rahmen einer »europäischen Friedensordnung« betrachtet und in zahlreichen Dokumenten als oberstes Ziel ihrer Deutschland-Politik den »Brief zur deutschen Einheit« zitiert, den die damalige Bundesregierung sowohl dem Moskauer Vertrag vom 12. August 1970 als auch dem Grundvertrag vom 21. Dezember 1972 beigefügt hatte[170]. Es gehe darum, »auf einen Zustand des Friedens in Europa hinzuwirken, in dem das deutsche Volk in freier Selbstbestimmung seine Einheit wiedererlangt«. Neben dem Recht des deutschen Volkes auf Selbstbestimmung spielte in den deutschlandpolitischen Aussagen der FDP der Gedanke der »Einheit der Nation« eine wichtige Rolle. In den »Perspektiven liberaler Deutschland-Politik«, die der 26. Bundesparteitag der FDP am 27. Oktober 1975 in Mainz beschloß, wurde zutreffend darauf hingewiesen, die Möglichkeit einer einvernehmlichen und friedlichen Grenzänderung auch in Deutschland stehe »im Einklang mit der Schlußakte der Konferenz für Sicherheit und Zusammenarbeit in Europa. Einheit um jeden Preis ist kein Ziel liberaler Politik. Ob Angehörige eines Volkes oder einer Volksgruppe oder mehrerer Volksgruppen in einem Einheitsstaat, einem Bundesstaat, einer Konföderation oder in getrennten Staaten leben wollen, ist jeweils von den Betroffenen selbst zu entscheiden. Die Deutschland-Politik der Liberalen orientiert sich deshalb nicht am nationalstaatlichen Einheitsbegriff, sondern am unveräußerlichen Grundrecht der Selbstbestimmung.«[171]

Die in der CDU durch einige fragwürdige Formulierungen im »Geißler-Papier« Anfang 1988 ausgelöste Diskussion hat sich die FDP erspart. Im »Geißler-Papier«, das nicht mehr von der »Wiedervereinigung«, sondern nur noch von der »Lösung der deutschen Frage« sprach, die »gegenwärtig nicht zu erreichen« sei, hieß es, »das Ziel der Einheit ist von den Deutschen nur mit Einverständnis ihrer Nachbarn in West und Ost zu erreichen«[172]. Hingegen hatte das Deutschland-Papier der FDP-Bundestagsfraktion vom 26. April 1984 festgestellt, »die Teilung Deutschlands und Europas ist künstlich und aufgezwungen. Sie widerspricht auch den Interessen der Völker Europas.« Stärker in den Vordergrund der praktischen Politik der FDP sollte die »Werbung um internationale Unterstützung für die Lösung der deutschen Frage« gerückt werden[173].

In der zweiten Hälfte der achtziger Jahre verstärkte sich gleichfalls in der FDP die Tendenz, ihre Politik auf die nationale und nicht die staatliche Einheit Deutschlands auszurichten. So relativierten die Thesen der FDP zur Deutschland- und Berlin-Politik, die der Hauptausschuß der Partei am 19. November 1988 in Berlin beschloß, die Präambel des Grundgesetzes mit dem Wiedervereinigungsgebot insoweit, als es nun hieß, beides, »die Einheit der Nation und den Frieden in Europa zu bewahren, ist der Auftrag unserer Verfassung«. Immerhin erachtete es die FDP auch jetzt als Aufgabe der deutschen Politik, »nach Möglichkeiten zu suchen, durch die die in zwei deutsche Staaten aufgespaltene Nation diese Teilung überwinden kann . . .« Außerdem stellten die Thesen fest, die deutschlandpolitischen Ziele der FDP »richten sich gegen niemanden. Wir wollen sie nicht gegen unsere Nachbarn, sondern mit deren Unterstützung verwirklichen.«[174]

Zu den führenden FDP-Repräsentanten, die zumindest vorübergehend die Herstellung der staatlichen Einheit Deutschlands aus den Augen verloren hatten, gehörte Uwe Ronneburger, 1972 bis Juni 1975 und wieder seit 1980 Mitglied des Deutschen Bundestags sowie 1973 bis 1975 und seit April 1983 bis zum Ende der 11. Wahlperiode stellvertretender Vorsitzender der FDP-Bundestagsfraktion, der am 13. Januar 1985 sagte, die Bundesrepublik sei nicht verpflichtet, die Wiedervereinigung anzustreben: »Die Formel ›Wiedervereinigung‹

nennt das Grundgesetz nicht. Es gibt keinen Auftrag zur Wiederherstellung eines bestimmten historischen Zustandes, nur weil es ihn einmal gegeben hat.« Es gehe darum, über Zwischenziele zu einer europäischen Friedensordnung zu kommen. Ob »sie letztlich zur deutschen Einheit führen wird, muß der Selbstbestimmung in Freiheit vorbehalten werden«[175]. Ronneburger hatte schon zuvor in mehreren Beiträgen das aus der Präambel des Grundgesetzes vom Bundesverfassungsgericht entwickelte Wiedervereinigungsgebot außer acht gelassen[176].

Wenn man bedenkt, daß William Borm Vorsitzender des Bundesfachausschusses für Außen-, Deutschland- und Europa-Politik in den Jahren 1973 bis 1982 und Mitglied des Bundesvorstands der FDP (1960 bis 1982) war, dann ist es beachtlich, wie wenig es ihm gelungen ist, seine anfechtbaren Deutschland-Vorstellungen auf der höchsten Parteiebene durchzusetzen. Borm zeichnete sich – ähnlich wie Horst Ehmke – durch seine unqualifizierte Kritik an der Rechtsprechung des Bundesverfassungsgerichts und den ihr folgenden Staatsrechtlern aus. Der Wiedervereinigungsbegriff sei kein Verfassungsbegriff und komme im Grundgesetz nicht vor. Der Verfassungsauftrag des Grundgesetzes und der Inhalt dessen, »was das Bundesverfassungsgericht tatsächlich mit dem Begriff Wiedervereinigung meint, kann zeitgemäß unter Berücksichtigung der realen und rechtlichen Zustände nur als Neuvereinigung verstanden werden . . . Die volle Anerkennung der Zweistaatlichkeit ist somit die zwingende Voraussetzung für die historische Öffnung eines solchen Weges, den das Bundesverfassungsgericht durchaus für möglich hält.«[177] Nach der politischen Wende im Herbst 1982 ist Borm, der von 1965 bis zum 5. Juni 1972 dem Bundestag angehört hat, aus der FDP ausgetreten.

Der Kollaps der DDR und der Einigungsprozeß 1989/90 offenbarten, wie sehr Borm von falschen Voraussetzungen ausgegangen war. Die Bundesregierung Kohl/Genscher war ebenso wie ihre seit Herbst 1969 amtierenden Vorgängerinnen gut beraten, soweit wie möglich an den Besonderheiten der innerdeutschen Beziehungen festzuhalten. Borm gehörte zu jenen Politikern, die vornehmlich in der SPD anzutreffen und der DDR in der Frage der eigenen Staatsbürgerschaft entgegenzukommen gewillt waren.

Im Gegensatz dazu schrieb Wolfgang Mischnick, seit 1957 Mitglied des Bundestags, von November 1963 bis Januar 1968 stellvertretender Vorsitzender, seitdem bis zum Ende der 11. Wahlperiode Vorsitzender der FDP-Fraktion, das Grundgesetz und das Urteil des Bundesverfassungsgerichts »legen jedes Organ der Bundesrepublik Deutschland auf das Ziel fest, die Einheit anzustreben. Die Wahl des politischen Weges aber, um dies zu erreichen, ist nach Auffassung des Bundesverfassungsgerichts dem Deutschen Bundestag als oberstem Verfassungsorgan überlassen.«[178]

Mischnick hat sich auch nicht der unrealistischen Formel »Neuvereinigung« bedient, die nicht nur William Borm benutzte, sondern die vornehmlich bei jenen linken Sozialdemokraten populär war, die die Wiederherstellung der staatlichen Einheit Deutschlands nur in dem Fall für erstrebenswert hielten, wenn damit zugleich eine Reform des politischen, wirtschaftlichen und sozialen Systems der Bundesrepublik verbunden gewesen wäre[179]. Diese Vorstellungen beruhten auf einer Fehleinschätzung des DDR-»Systems«, das sich nicht der Zustimmung durch die Mehrheit der Bevölkerung erfreute. Auch wenn namhafte Repräsentanten der FDP von der »Erkenntnis« ausgingen, »daß die Schicksalsfrage Deutschlands nicht in seiner staatlichen Einheit, sondern in der Erhaltung des Friedens in Europa durch Zusammenarbeit über alle ideologischen Grenzen hinweg liegt«, darf nicht übersehen werden, daß sie – im Gegensatz zu Borm – meinten, es sei »höchste Zeit, die unwirksamen und mißverständlichen Parolen von ›Wiedervereinigung‹ und ›deutscher Einheit‹ durch das selbstverständliche Recht auf Selbstbestimmung zu ersetzen«[180].

Ein Außenseiter der FDP war auch Jürgen Dittberner, Soziologe an der Freien Universität Berlin, der 1980 als stellvertretender Vorsitzender der FDP-Fraktion im Berliner Abgeordnetenhaus die verfehlte These vertreten hatte, »die Zweistaatlichkeit Deutschlands . . . ist eine historische Tatsache, nicht revidierbar. Sie ist für Ausländer und sogar für Deutsche darüber hinaus zum Garanten der Sicherheit geworden . . .«[181] Bedauerlich ist, daß in dem instruktiven, von Wolfgang Mischnick herausgegebenen Sammelband »Verantwortung für die Freiheit – 40 Jahre F.D.P.« kein spezieller Beitrag zur Deutschland-Politik enthalten ist. Lediglich in Irmgard Adam-Schwaetzers Aufsatz »Die Kontinuität liberaler Außenpolitik« wird diese Problematik in wenigen Zeilen behandelt[182].

Es versteht sich von selbst, daß zahlreiche deutsche Politiker, die die Bonner Politik vor, während und nach den revolutionären Ereignissen in der DDR aktiv mitgestaltet oder in der Opposition kritisch begleitet haben, später ihr Eintreten für die Herstellung der Einheit Deutschlands in einem möglichst günstigen Licht erscheinen lassen wollten. Es ist nicht allein das Verdienst Bundeskanzler Kohls, sondern auch Bundesaußenminister Genschers, Ende 1989 und Anfang 1990 die internationale Konstellation erkannt zu haben, die langfristig die Herstellung der staatlichen Einheit Deutschlands erlaubte. Hans-Dietrich Genscher hat in seiner Studie »Unterwegs zur Einheit« wichtige »Reden und Dokumente aus bewegter Zeit« zusammengefaßt[183]. Doch muß er sich daran erinnern lassen, daß nicht er, sondern der amerikanische Außenminister George P. Shultz anläßlich der Eröffnungsphase der Konferenz über vertrauens- und sicherheitsbildende Maßnahmen und Abrüstung in Europa vom 17. bis 20. Januar 1984 in Stockholm ausgeführt hatte, seit 1945 habe »eine künstliche Grenze diesen Kontinent brutal getrennt, ja, eine seiner großen Nationen grausam gespalten ... Die Vereinigten Staaten erkennen die Rechtmäßigkeit dieser künstlich auferlegten Teilung Europas nicht an ... Der Versuch, Europa eine Teilung aufzuerlegen, ist zwangsläufig eine Quelle der Instabilität und der Spaltung.«[184]

In Stockholm betonte Genscher am 19. Januar 1984: »Wir Deutsche – in beiden deutschen Staaten – sind uns unserer Verantwortung für den Frieden bewußt. Unser Bemühen um die Entwicklung und die Verbesserung unserer Beziehungen zur DDR ist europäische Friedenspolitik. Wir werden den Weg des Dialogs und der langfristig angelegten Zusammenarbeit fortsetzen, in Verantwortung vor dem deutschen Volk und vor unseren europäischen Nachbarn.«[185]

In dem von ihm 1987 herausgegebenen Sammelband »Nach vorn gedacht ... Perspektiven deutscher Außenpolitik« hat Genscher im einleitenden Beitrag »Kontinuität und Wandel« die »Moderne Außenpolitik in der Perspektive 2000« analysiert. Darin hielt er es – wie in Stockholm – nicht für nötig, die Problematik der Teilung Deutschlands und der Offenhaltung der deutschen Frage auch nur mit einem Wort anzusprechen. Das Stichwort »Wiedervereinigungspolitik« im Sachregister dieses Bandes verweist auf die Seite 31, den Beitrag Walther Stützles mit der Überschrift »Frieden, Sicherheit, Abrüstung«, in dem es heißt, das Vertragsgeflecht mit Moskau, Warschau, Prag und Ost-Berlin habe den Handlungsspielraum Bonns dramatisch erweitert – ». . . und dennoch kann er niemals größer werden, als das auch im Interesse von Washington, Paris, London und Moskau liegt. Dieser Umstand allein schließt nicht nur eine Wiedervereinigung aus und setzt auch dem selbständigen Miteinander der beiden deutschen Staaten enge Grenzen – zu groß ist die Furcht aller Nachbarn vor der potentiellen Anziehungskraft der beiden Staaten füreinander . . .«[186]

Auch Stützle war dem Status-quo-Denken verfallen und übersah darüber hinaus, daß nur bestimmte politische Führungen, nicht aber die Völker in den Nachbarstaaten Deutschlands außerhalb des Ostblocks eine Wiedervereinigung Deutschlands mehrheitlich abgelehnt haben. Bezeichnend für den Band ist, daß sich das Stichwort »Wiedervereinigungspolitik« im Register nicht auf Michael Stürmers Aufsatz »Realpolitik und Vision – Perspektiven der Deutschlandpolitik« bezieht. Als »einfaches Rezept« der Deutschland-Politik empfahl Stürmer das »Management der deutschen Teilung«[187].

Daß die FDP in den siebziger, vor allem aber in den achtziger Jahren der Interpretation des Grundvertrags, wie sie die sozial-liberale Koalition Ende 1972 und später vorgenommen hat, weitgehend treu geblieben ist, ist auch und gerade das Verdienst Hans-Günter Hoppes, der von 1973 bis zum Ende der 11. Wahlperiode dem Bundestag angehörte und von September 1975 bis Februar 1987 stellvertretender Vorsitzender der FDP-Fraktion und Vorsitzender des Ausschusses für innerdeutsche Beziehungen war[188]. Im Bundestag hat Hoppe immer wieder die Offenhaltung der deutschen Frage betont. So meinte er beispielsweise 1986, er teile nicht die Auffassung jener, »die aus historischem Fatalismus oder unpolitischer Bequemlichkeit die Deutsche Frage ad acta legen wollen. Die Teilung Europas und damit Deutschlands – und ich füge die Mauer durch Berlin hinzu – ist nicht die Antwort der Geschichte auf die Frage nach der politischen Struktur Europas.«[189]

Hans-Günter Hoppe war auch prädestiniert, mit eindrucksvollen Worten 1984 des 80. Geburtstages Johann Baptist Gradls zu gedenken: »Der politische Vollzug des deutschen Einheitswillens ist für ihn ein zwar fernes, aber durchaus erreichbares Ziel.«[190] Nicht richtig war

Hoppes Feststellung, Gradl sei »ein kraftvolles Kontrastbild zu all jenen« gewesen, »die in der Deutschland- und Außenpolitik allzu lange Zeit die Paragraphenreiterei zum Selbstzweck zu machen schienen«. Der CDU/CSU ist dieser Vorwurf nicht zu machen, und Gradl war sich immer der rechtlichen Grundlagen jeder Bonner Deutschland-Politik bewußt.

DIE GRÜNEN

Das Kapitel »Die GRÜNEN und die Wiedervereinigung Deutschlands« kann nur kurz ausfallen. Die GRÜNEN, die bisher im Bundestag nur in der 10. und 11. Wahlperiode vertreten waren, da sie bei der ersten gesamtdeutschen Wahl zum Bundestag am 2. Dezember 1990 an der Fünf-Prozent-Klausel scheiterten, verfügten bis zur gewaltlosen Revolution in der DDR und der sich abzeichnenden Wiedervereinigung über kein geschlossenes deutschlandpolitisches Konzept. In der Fraktion der GRÜNEN nahm die Deutschland-Politik keinen hohen Stellenwert ein. Von insgesamt 1932 Anträgen, Anfragen und von den GRÜNEN mitunterzeichneten parlamentarischen Berichten in der 10. Legislaturperiode (zwischen 1983 und 1987) befaßten sich lediglich 18 mit Fragen der Deutschland-Politik. Dies hing »auch damit zusammen, daß es nach Auffassung der meisten grünen Politiker keine speziell auf Deutschland ausgerichtete Politik geben kann. Bestenfalls wird Deutschland-Politik als Teil der ›Friedenspolitik‹ und eines daraus abzuleitenden Abbaues der ›Block-Konfrontation‹ interpretiert.«[191]

Gerd Langguth hat in einer detaillierten Analyse über »Die Deutschlandpolitik der Grünen« dargelegt, auch eine Nicht-Deutschland-Politik sei eine Deutschland-Politik. Trotz starker Differenzen sei allen Tendenzen innerhalb der grünen Bewegung gemeinsam, daß die »Block-Konfrontation« durch Neutralismus überwunden werden sollte, daß Deutschland-Politik Teil einer globalen Friedenspolitik sei und deshalb für sich allein keinen Stellenwert habe. Die Betrachtungsweise gegenüber den beiden Staaten in Deutschland reiche von Äquidistanz – das heißt beide Staaten entsprechen in gleicher Weise nicht den friedenspolitischen und ökologischen Vorstellungen der

GRÜNEN – bis hin zu einer spürbar größeren Sympathie zu dem in der DDR etablierten politischen System, trotz einzelner deutlicher Kritikpunkte. Langguth unterscheidet zwischen den »National-Neutralisten«, der »Fundamental-bewegungspolitischen Tendenz« und den »Euro-neutralistischen Realos«[192].

Eine Analyse der Deutschland-Politik der Bundestagsfraktion der GRÜNEN führt zu dem Ergebnis, daß die Mehrheit einer »realpolitischen« Grundorientierung zuneigte und ihre Aussagen durch ihre Äquidistanz zu den beiden Staaten in Deutschland geprägt waren. Die politischen Ordnungen der Bundesrepublik und der DDR wurden auf eine Stufe gestellt und »in gleicher Weise verdammt. Die in der DDR herrschende Repression wird keineswegs geleugnet, aber mit angeblichen Gefährdungen der Freiheitsrechte in der Bundesrepublik verglichen. Die fundamentalen Unterschiede zwischen einer liberalen, westlichen Demokratie und einem kommunistischen System werden mit Hinweis auf die jeweilige Block-Zugehörigkeit stark relativiert.«[193]

In dem von Rolf Stolz herausgegebenen Band »Ein anderes Deutschland« wurden die deutschlandpolitischen Positionen der GRÜNEN bis 1985 analysiert und als mögliche Perspektive ein »Deutscher Staatenbund« ins Auge gefaßt. In völliger Verkennung des DDR-»Systems« wurde als Ziel »eine sozialistische Demokratie in Deutschland« angestrebt: »Wir sind uns bewußt, wie unklar bisher ist, was ein emanzipativer und völkerbefreiender Sozialismus konkret bedeutet. Wir wissen, wie sehr sich die historische Last von Fehlern und Verbrechen auswirkt, die im Namen des Sozialismus begangen wurden.«[194]

Die friedliche Revolution in der DDR hat die Unterzeichner dieser Erklärung, zu denen unter anderen Herbert Ammon, Ossip K. Flechtheim, Theodor Schweisfurth und Wolfgang Venohr gehörten, von weiteren Überlegungen über einen »emanzipativen und völkerbefreienden Sozialismus« befreit. Das gilt gleichfalls für die hier propagierte »Bewußtseinsrevolution in der Bevölkerung der BRD« und die geforderte »konsequente Abkopplung von der Hegemonialmacht USA und vom kapitalistischen System«. Die antiamerikanische Ausrichtung der GRÜNEN war erschreckend.

Auch das 1986 von der Arbeitsgruppe deutsch-deutsche Beziehungen der Fraktion DIE GRÜNEN im Bundestag vorgestellte Grundsatzpapier, für dessen redaktionelle Endfassung Lothar Probst als Mitglied der Bundestagsfraktion und Jürgen Schnappertz als wissenschaftlicher Mitarbeiter verantwortlich zeichneten, betonte: »Wir wollen nicht die Zweistaatlichkeit und die Existenz der DDR überwinden, wohl aber die Blockzugehörigkeit beider Staaten durch Auflösung der Militärblöcke. Wir propagieren keine offene deutsche Frage im nationalistischen Sinne, wohl aber stellen wir Fragen an die existierenden Strukturen.«[195]

Eine eigenständige Position nahm in der Bundestagsfraktion der GRÜNEN Otto Schily insofern ein, als er es 1984 für angebracht hielt, Thesen von einer »neuen deutschen Identität« zu entwickeln. Allerdings ging er von der verfehlten Ansicht aus, die Wiedergewinnung oder Neugewinnung einer deutschen Identität setze voraus, »daß die Deutschen sich vom nationalen Einheitsstaat verabschieden, den Nationalstaatsgedanken überwinden«. Mit seiner Kritik am Grundvertrags-Urteil des Bundesverfassungsgerichts vom 31. Juli 1973 und dem darin erneut formulierten Wiedervereinigungsgebot des Grundgesetzes erreichte Schily nicht einmal das Niveau Horst Ehmkes, indem er von »juristischen Maskeraden«[196] sprach. Schily schlug vor, die mitteleuropäischen Staaten – Österreich, die Bundesrepublik, die DDR, die Tschechoslowakei, Ungarn, Polen, die Niederlande, Belgien und Dänemark – sollten sich unter vorläufiger Beibehaltung ihrer Mitgliedschaft in den beiden militärischen Pakt-Systemen und ihrer bilateralen oder multilateralen vertraglichen Bindungen sowie unter voller Respektierung ihrer staatlichen Souveränität zu einer mitteleuropäischen Friedensunion zusammenschließen[197]. Schilys Vorschlag widersprach diametral den politischen Realitäten in Europa.

Man würde der Deutschland-Politik der GRÜNEN nicht gerecht, übersähe man, daß sie es waren, die frühzeitig den Kontakt zu oppositionellen Personen und Kreisen in der DDR gesucht haben, als die SPD es für richtiger hielt, ihre Beziehungen ausschließlich zur SED-Führung zu verbessern und zu institutionalisieren. Norbert Gansel geht sogar soweit festzustellen, die GRÜNEN hätten für die Umweltbewegung, für die demokratischen Regungen an der Basis der DDR und für das deutsche Zusammengehörigkeitsgefühl einen »vielleicht historischen Beitrag geleistet, der so ganz im Gegensatz zu der Etikettierung steht, die sie in der offiziösen Politik erhalten«[198]. Gansel ließ natürlich unerwähnt, daß für die GRÜNEN die deutsche Frage nicht mehr »offen« war, da er selbst das Wiedervereinigungsgebot des Grundgesetzes noch im September 1989 für »obsolet« erklärt hatte.

Daß die GRÜNEN 1989 auf die gewaltlose Revolution in der DDR und den sich später vollziehenden Einigungsprozeß gänzlich unvorbereitet waren, konnte nicht überraschen. So erklärte Helmut Lippelt am 19. Januar 1989 im Bundestag: »Wir brauchen nicht ein wiedervereinigtes Deutschland, sondern eine demokratische DDR ... Es wird am Ende des KSZE-Prozesses eine Friedensordnung – ausgehandelt auf einem großen Kongreß – geben müssen. Aber auch das Verhältnis zu den beiden deutschen Staaten wird geregelt werden; es wird dann zweckmäßigerweise in Friedensverträgen geregelt werden.«[199]

Wie sehr die GRÜNEN auch nach der Öffnung der Mauer nicht bereit waren, die deutschlandpolitischen Realitäten ins Visier zu nehmen, dokumentierte Jutta Oesterle-Schwerin in ihrem Beitrag in der Bundestagsdebatte vom 28. November 1989, in der sie erklärte, es gäbe einige Gründe, »die mich und viele andere Menschen dazu veranlassen, Angst vor einer Wiedervereinigung zu haben. Es gibt aber keinen einzigen vernünftigen Grund, der für eine Wiedervereinigung spricht. Kein einziges Problem unserer Zeit kann in einem vereinigten deutschen Staat besser gelöst werden als in zwei Staaten.«[200]

Zuvor hatte auch Joschka Fischer, Fraktionsvorsitzender der GRÜNEN im Hessischen Landtag, mit seinem Vorschlag, »wir sollten das Wiedervereinigungsgebot aus der Präambel des Grundgesetzes streichen«[201], wenig Realitätssinn bewiesen – eine Empfehlung übrigens, die Otto Schily schon 1984 gegeben hatte: »Man kann nicht mit Verfassungsurkunden die Geschichte aufhalten.«[202] Die Bundesregierung betrachtete die Äußerung Fischers als »einen verfassungsfeindlichen Angriff auf den demokratischen Grundkonsens unseres Staates und auf die unveräußerlichen Rechte des ganzen deutschen Volkes«[203]. Der 23. August 1990, als die erste und letzte frei und demokratisch gewählte DDR-Volkskammer den Beitritt zur Bundesrepublik Deutschland mit Wirkung vom 3. Oktober 1990 beschloß, dokumentierte – im Gegensatz zur unhistorischen Interpretation Otto Schilys, Joschka Fischers und vieler anderer –, daß die Präambel des Grundgesetzes die deutsche Geschichte nicht aufgehalten hat.

Es mag zunächst überraschen, daß hier die Wandlungen dreier deutscher Politiker einander gegenübergestellt werden, die die politischen Vorstellungen der eigenen Partei über Jahrzehnte entscheidend mitgeprägt haben. Von den bisher genannten politischen Repräsentanten unterscheiden sich Franz Josef Strauß, Willy Brandt und Egon Bahr insofern, als die Entwicklung ihrer deutschlandpolitischen Vorstellungen von weitreichenden Zäsuren bestimmt ist. In den Positionswechseln von Strauß, Brandt und Bahr spiegeln sich aber auch die unterschiedlich verlaufenen Diskussionen des Deutschland-Problems wider. Für alle drei stand zunächst die Wiederherstellung eines deutschen Nationalstaates außer Frage. Zwar wandte sich Strauß 1958 von diesem Gedanken ab, ohne jedoch das Ziel der staatlichen Wiedervereinigung damals und später aufzugeben. Für ihn war die Teilung Deutschlands immer eine »Anormalität«. Hingegen haben Brandt und Bahr im Verlauf der achtziger Jahre prononciert für den Fortbestand der Mehrstaatlichkeit Deutschlands plädiert. Brandt erkannte im Herbst 1989 frühzeitig, daß die logische Folge der gewaltlosen Revolution in der DDR die Überwindung der Teilung Deutschlands sein werde. Hingegen meinte Bahr noch Mitte Oktober 1989, die DDR habe nun erstmals die Chance, ihre Identität zu gewinnen.

Franz Josef Strauß

Nachdem Strauß, seit 1953 Mitglied der Bundesregierung und in den Jahren 1956 bis 1962 Bundesminister der Verteidigung, noch 1957 vehement für die Wiedervereinigung eingetreten war[204], bezog er am 20. März 1958 in einer Rede im Bundestag einen bemerkenswerten Positionswechsel, auf den er später immer wieder zurückgekommen ist. Er sagte: »Weder Abrüstung noch Frieden noch Wiedervereinigung sind absolute Werte ... Ich gebrauche einen völlig eigenen Gedankengang: Ist es denn wirklich die Wiedervereinigung, die uns in erster Linie drängt, quält, bedrückt und treibt? Es ist doch weniger die Wiedervereinigung im Sinne der Wiederherstellung der staatlichen Einheit Deutschlands, was uns drückt; es ist doch mehr das

Herzensanliegen der Wiederherstellung demokratischer und menschenwürdiger Zustände in der DDR.«[205]

Mitte der sechziger Jahre wurde Strauß noch deutlicher. In seinem Buch »Entwurf für Europa« stellte er fest, er wolle es »mit schonungsloser Offenheit aussprechen: Ich glaube nicht an die Wiederherstellung eines deutschen Nationalstaates, auch nicht innerhalb der Grenzen der vier Besatzungszonen. Ich kann mir unter den gegebenen und vorausschaubaren Umständen und den möglichen Entwicklungen und Entwicklungslinien nicht vorstellen, daß ein gesamtdeutscher Nationalstaat wieder entsteht, sei er auch neutralisiert, aber ungebunden. Der Gedanke, die Neutralisierung Deutschlands überhaupt als ›Kaufpreis für eine Wiedervereinigung‹ anzubieten, ist kein reales Thema.«[206]

Nahezu die gleichen Formulierungen verwandte Strauß in seinem stark beachteten Interview in der Zeit vom 8. April 1966[207]. Für Strauß waren die Nationalstaaten »im heutigen Europa allein aufgrund ihrer Größenordnung und Bevölkerungszahl anachronistische Gebilde« geworden, »die ihre Funktion als lebens- und wettbewerbsfähige Einheiten nicht mehr zu erfüllen vermögen ... Das nationale Verantwortungsbewußtsein der Deutschen findet daher einen zeitgemäßen Ausdruck weniger im Beharren auf einer staatlichen Wiedervereinigung ..., sondern vielmehr in dem politischen Entschluß, Verhältnisse in Europa herbeiführen zu helfen, mit denen die freiheitliche Existenz, das soziale Wohlergehen, die kulturelle und wirtschaftliche Leistungskraft auch für die kommenden Generationen des ganzen Volkes gesichert werden können.«[208]

Diesen Gedanken hat Strauß dann in seinem 1968 erschienenen Buch »Herausforderung und Antwort« wiederaufgenommen, als er vom »funktionalen Charakter des Nationalstaates« sprach. Die Regierungen hätten sich stets bestrebt gezeigt, »ihren Völkern zu suggerieren, daß Unabhängigkeit und Wohlergehen des Nationalstaates nicht nur Voraussetzung für die Ausübung des Selbstbestimmungsrechts und die Prosperität aller seiner Bürger – sondern geradezu gleichbedeutend damit seien. Die Unaufrichtigkeit und Unrichtigkeit dieser These sind historisch bewiesen worden ... In der Einsicht, daß der Nationalstaat ein an sich überlebtes Element darstellt, das den europäischen Völkern nicht mehr als Hort ihrer Selbstbestimmung, ihrer

Prosperität und ihrer geistigen Fortentwicklung zu dienen vermag, sollte den Deutschen die Entscheidung leicht werden, den Schwerpunkt ihrer nationalen Interessen in der Schaffung eines Großraumsystems zu sehen, in dem auf natürlichem Wege auch das Zusammenleben ihrer Nation wieder möglich wird.«[209]

Strauß plädierte vehement für die »Europäisierung der deutschen Frage« und hat den Gedanken an die Wiedervereinigung Deutschlands trotz seiner Abkehr von nationalstaatlichen Konzepten nie aufgegeben. Deutschland dürfe nicht bereit sein, auf sein Selbstbestimmungsrecht zu verzichten. Nur im Rahmen eines vereinigten Europa werde die deutsche Frage zu lösen sein[210].

Eberhard Schulz, der in seiner Analyse »Die deutsche Nation in Europa« Strauß' Gedankengänge nachgezeichnet hat, ist unter Hinweis auf die Rede Bundespräsident Scheels anläßlich der 25. Wiederkehr des 17. Juni 1953[211], ein Referat des damaligen Bundesministers für Bildung und Wissenschaft Schmude[212] und einige weitere Stellungnahmen zu dem Ergebnis gelangt, es erweise sich, »daß das kompromißlose Bestehen auf dem Standpunkt, daß die deutsche Einheit unbedingt in der Form des Nationalstaats gesucht werden müsse, in der Bundesrepublik Deutschland nur noch bei einer kleinen Randgruppe anzutreffen ist«[213]. Wer so argumentierte, übersah zweierlei: Einmal hat die Integration Westeuropas keinesfalls das Ende der Nationalstaaten herbeigeführt. Strauß hat damals und später stets die richtige These vertreten, die Freiheit habe immer Vorrang vor der Einheit, und auch den Deutschen in der DDR stehe das Recht auf Selbstbestimmung zu[214]. Er irrte – wie viele andere – insoweit, als für die überwältigende Mehrheit der DDR-Bevölkerung die Gewinnung der Freiheit mit der Vereinigung Deutschlands unlösbar verbunden war.

Darüber hinaus hat Strauß – wie Egon Bahr mit seiner These »Wandel durch Annäherung« – geglaubt, Bonn könne zur Wiederherstellung demokratischer und menschenwürdiger Zustände in der DDR beitragen. Dies mag man ihm für das Jahr 1958 noch nachsehen, nicht aber für die Mitte der achtziger Jahre. So bleibt es auch unverständlich, daß er noch in seinem Münchener Vortrag vom 25. November 1984 einerseits zutreffend von den »skandalösen und jede europäische Solidarität verratenen Äußerungen des italienischen Außenministers Andreotti zur deutschen Teilung« sprach, um andererseits später vor »irgendwelchen nostalgischen Träumen vom deutschen National-staat«[215] zu warnen. Wer hatte denn damals solche Träume? Im Gegensatz zu prominenten Sozialdemokraten hat sich Strauß, der Bahrs Tutzinger These vom »Wandel durch Annäherung« 1975 als »große Täuschung«[216] bezeichnet hatte, nie dazu geäußert, ob der in der DDR praktizierte »real existierende Sozialismus« reformierbar sei.

Das unbestreitbare Verdienst von Franz Josef Strauß liegt darin, daß er 1973 den Mut hatte, die bayerische Staatsregierung mit Ministerpräsident Alfons Goppel zu veranlassen, die Verfassungsmäßigkeit des Grundvertrags vom 21. Dezember 1972 vom Bundesverfassungsgericht prüfen zu lassen. In seinen »Erinnerungen« bedauert er nochmals, daß sich die Fraktion der CDU/CSU im Deutschen Bundestag mit knapper Mehrheit gegen eine Anrufung des Verfassungsgerichts entschieden habe, obwohl sie die Aktivlegitimation zu einer Klage in Karlsruhe gehabt hätte. Unter Berufung auf eine Stellungnahme des damaligen Fraktionsvorsitzenden Karl Carstens schreibt Strauß, daß an der Verfassungsmäßigkeit des Grundvertrags Zweifel weit über die CSU hinaus verbreitet gewesen seien. In Karlsruhe sei es auch darum gegangen, ob »eine völlig neue Deutung des Wiedervereinigungsgebotes des Grundgesetzes notwendig sei«[217]. In seiner Analyse des Karlsruher Urteils vom 31. Juli 1973 gelangt Strauß zu dem richtigen Schluß, das Urteil habe »unverrückbare Pflöcke eingeschlagen. Auch die damals skeptisch und passiv abseits stehende CDU beruft sich seither immer wieder auf dieses Urteil ... 1973 hatte man mich ausgelacht, verspottet, allein gelassen.«[218]

Das Karlsruher Urteil hat eine starke Integrationskraft sowohl in der Politik als auch in der Wissenschaft entfaltet, da in den Jahren ab Ende 1969 harte Auseinandersetzungen nicht nur zwischen der Bundesregierung und den sie tragenden Parteien SPD und FDP auf der einen und der parlamentarischen Opposition auf der anderen Seite, sondern auch innerhalb der Staats- und Völkerrechtswissenschaft ausgetragen wurden. Mit Recht hat man von dem »großen Kompromiß«[219] gesprochen, den das Bundesverfassungsgericht rechtlich festgeschrieben und der zu einer weitgehend auch von der damaligen Opposition mitgetragenen Deutschland-Doktrin der Bundesrepublik Deutschland geführt hat.

Spätestens 1986 scheint sich Strauß seiner ambivalenten, ja widersprüchlichen Haltung zur Problematik »Wiedervereinigung und Nationalstaat« bewußt geworden zu sein. In einem Beitrag für die *Welt* wandte er sich gegen die Tendenzen, den Nationalbegriff zu »entstaatlichen« oder nur auf die sogenannte »Kulturnation« zu beziehen, da der politische Sinn der Nation darauf ziele, »sich zum Staat zu konstituieren«. Doch nicht genug damit. Die Bürger der DDR würden »zwar gewaltsam daran gehindert, ihr gesamtdeutsches Bewußtsein und ihren Willen auszudrücken, aber daß sie mit überwältigender Mehrheit, genau wie wir im Westen, einen freien, gesamtdeutschen Nationalstaat wollen, darüber gibt es keinen Zweifel«[220].

Es ist nicht übertrieben, wenn man mit dieser klaren Aussage eine weitere Zäsur im deutschlandpolitischen Denken von Franz Josef Strauß konstatiert. Als der bayerische Ministerpräsident am 11. September 1987 Staats- und Parteichef Honecker in München empfing, ließ er es an der nötigen Deutlichkeit nicht fehlen. Strauß berief sich prononciert auf das Grundvertrags-Urteil des Bundesverfassungsgerichts, erklärte die deutsche Frage weiter für offen und bekannte sich zur Präambel des Grundgesetzes, wonach das ganze deutsche Volk aufgefordert bleibt, in freier Selbstbestimmung die Einheit und Freiheit Deutschlands zu vollenden[221].

Franz Josef Strauß, der am 3. Oktober 1988 verstarb und die Wiederherstellung der staatlichen Einheit Deutschlands nicht mehr miterleben konnte, wurde in einer von ihm immer wiederholten zentralen Aussage bestätigt: Die Wiedervereinigung Deutschlands wird sich im Rahmen der Wiedervereinigung Europas vollziehen. Hier hat er sehr viel mehr politischen Instinkt bewiesen als Willy Brandt und Egon Bahr.

Willy Brandt

Der Freiburger Staats- und Völkerrechtler Dietrich Murswiek begann seinen Vortrag am 31. Mai 1989 in der Carl-Friedrich-von-Siemens-Stiftung in München über »Das Staatsziel der Einheit Deutschlands nach 40 Jahren Grundgesetz« mit der Frage: »Beginnt das Grundgesetz mit einer Lüge?«[222] Er bezog sich dabei auf einen Kommentar

Jim Hoaglands in der *Washington Post* vom 26. Januar 1989[223] und Willy Brandts Vortrag auf einer Veranstaltung der Friedrich-Ebert-Stiftung am 14. September 1988, in dem er die Hoffnung auf die Wiedervereinigung Deutschlands als die »Lebenslüge der zweiten Deutschen Republik« bezeichnet hatte[224]. Zwingt uns das Grundgesetz, fragte Murswiek weiter, »uns selbst zu belügen? Werden politische Illusionen durch die Präambel verfassungsrechtlich versteinert?«[225]

Brandts Abschied vom Gedanken an eine nationalstaatliche Lösung der deutschen Frage vollzog sich in Etappen. Bis weit in die sechziger Jahre hatte er mit der Präambel des Grundgesetzes keine Schwierigkeiten. So schrieb er 1957 als Regierender Bürgermeister von Berlin in seinem Buch »Von Bonn nach Berlin«, das zu schaffende Grundgesetz sollte nach dem Willen der Väter der Verfassung »nicht Selbstzweck, sondern nichts anderes als die damals mögliche Etappe auf dem Wege zum wiedervereinigten Deutschland sein. Dieser einheitliche Wille fand in der Präambel zum Bonner Grundgesetz einen sichtbaren Ausdruck. Sie enthält nicht nur ein politisches Bekenntnis zur Wiedervereinigung, sondern sie hat auch einen schwerwiegenden rechtlichen Gehalt. Sie verpflichtet nämlich die politischen Staatsorgane der Bundesrepublik, die Wiedervereinigung mit allen Kräften anzustreben, jede Maßnahme im Hinblick auf dieses Ziel auf ihre Tauglichkeit hin zu überprüfen und jede Handlung zu unterlassen, welche die Wiedervereinigung rechtlich hindern oder faktisch unmöglich machen würde.«[226]

Außerdem betonte Brandt, die Bundesrepublik sei lediglich ein Provisorium »und mit Einschluß Berlins ein Teil, und zwar der freie Teil des einheitlichen gesamtdeutschen Staates, dessen Wiedervereinigung es zu verwirklichen gilt«[227]. Mit diesen klaren Aussagen hat Brandt auch das vom Bundesverfassungsgericht aus der Präambel des Grundgesetzes entwickelte Wiedervereinigungsgebot zutreffend referiert[228]. Als Außenminister der Großen Koalition erklärte er am 14. Dezember 1966 vor der Versammlung der Westeuropäischen Union in Paris: »Wir können nicht absehen, wann die Wiedervereinigung unseres Volkes gelingen wird ... Wir wollen den Unruheherd der Teilung Deutschlands durch friedliche Verständigung überwinden.«[229] Und anläßlich des Besuchs des Außenministers der Sozialistischen Republik Rumänien, Corneliu Manescu, sagte Brandt am 30. Januar 1967, daß sich das deutsche Volk »mit der willkürlichen Teilung Deutschlands nicht abfindet«[230].

Auch wenn Brandt im Sommer 1967 in einem programmatischen Aufsatz erstmals erklärte, »wir machen unsere Politik der Entspannung nicht von Fortschritten in der Deutschland-Frage abhängig«[231], bedeutete das keinesfalls eine Absage an eine nationalstaatliche Lösung der deutschen Frage. So führte er in einem Interview vom 22. November 1967 aus: »Wir wollen eine unnatürliche Spaltung nicht festgeschrieben sehen. Die ausländische Anerkennung der Teilung des deutschen Volkes würde die Lösung der deutschen Fragen nur noch mehr erschweren und die Entwicklung zu einer Auflockerung und Normalisierung belasten.«[232]

In der Regierungszeit der Großen Koalition hat Brandt in zahlreichen Beiträgen bereits die Positionen umrissen, die Grundlage der »neuen Deutschland-Politik« der im Herbst 1969 gebildeten sozialliberalen Koalition wurden. Er schrieb, 23 Jahre nach dem Kriege sei offensichtlich, daß die deutschen Interessen nicht gewahrt werden könnten, »wenn man sich bloß darauf beschränkt, eine juristische Position zu wahren. Die bloße Abwehrhaltung hat die Festigung der tatsächlichen Herrschaftsverhältnisse im anderen Teil Deutschlands eher erleichtert.«[233] Diese auch in einem guten Teil der Publizistik immer wieder aufgestellte Behauptung ging insoweit fehl, als auch ein vollständiger oder teilweiser Verzicht auf die juristischen Grundpositionen Bonns keine innere Liberalisierung der DDR hätte bewirken können. Mit dieser Illusion lebte die SPD, seit Egon Bahr 1963 seine Formel vom »Wandel durch Annäherung« verkündet hatte.

Anfang 1968 proklamierte Brandt die zentrale These, die seiner späteren »neuen Deutschland-Politik« zugrunde lag: »Wir haben von den heutigen Tatsachen auszugehen, wenn wir die Tatsachen verändern wollen ... Unsere gegenwärtige Deutschlandpolitik geht davon aus, daß die Auflösung der deutschen Teilung ein Prozeß sein wird, dessen Dauer niemand voraussagen kann ... Unsere jetzige Aufgabe ist es, uns um ein geregeltes Nebeneinander der beiden deutschen Teile zu bemühen.«[234]

Die von östlicher Seite damals und später immer wieder erhobene Forderung nach Anerkennung aller durch den Zweiten Weltkrieg geschaffenen »Realitäten« als ersten Schritt zur Entspannung lehnte Brandt mit dem Hinweis ab, daß es dann zugleich um den Verzicht auf jeden Versuch gehe, den unnatürlichen Zustand der deutschen Teilung und der europäischen Spaltung mit friedlichen Mitteln zu überwinden: »Dies würde jedoch einen Verzicht auf die Vernunft bedeuten.«[235]

Ebenso wandte sich Brandt damals – wie auch später als Bundeskanzler – strikt gegen eine völkerrechtliche Anerkennung der DDR. Darüber hinaus war er nicht bereit, den anderen Teil Deutschlands als Ausland anzuerkennen. Schließlich trat er vorbehaltlos für den Fortbestand der gemeinsamen deutschen Nation ein – eine Position, die er gleichfalls als Bundeskanzler vehement vertreten hat. Auch wenn Brandt der erste Bundeskanzler der Bundesrepublik Deutschland war, der – um es zu wiederholen – nicht mehr ausdrücklich die staatliche Wiedervereinigung des Landes als Ziel seiner Politik aussprach, hat er immer am Recht des deutschen Volkes auf Selbstbestimmung festgehalten[236].

Weitreichende Positionswechsel vollzog Brandt erst im Verlauf der achtziger Jahre, auch wenn das amerikanische Magazin *Newsweek* Anfang 1973, also wenige Tage nach der Unterzeichnung des Grundvertrags, das schlimme Wort des Kanzlers wiedergab: »Es war kein reiner Scherz von Willy Brandt, als er kürzlich bemerkte: ›Es war härter, das Rauchen aufzugeben als die andere Hälfte Deutschlands‹.«[237] Seltsam mutete Brandts Rezension des Buches von Peter Bender »Das Ende des ideologischen Zeitalters« an, die er 1981 im *Spiegel* veröffentlichte. Benders Kernthese im Obertitel des Buches war nicht nur, wie Brandt meinte, »eine – fraglos gewollte – Überzeichnung«[238], sondern schlichtweg falsch. Brandt attestierte Bender, sehr nüchtern die Deutschland-Politik im größeren Zusammenhang mit den europäischen Fragen behandelt zu haben. Sodann referierte er die weitere unsinnige These Benders, die Zweistaatlichkeit Deutschlands sei »zu einem konstituierenden Element der europäischen Entspannung geworden, die deutsche Frage gehöre zum Gleichgewicht; die deutsche Einheit sei eine historische Aussicht, nicht aber eine Möglichkeit der praktischen Politik. Möglicherweise werde die fortdauernde Teilung Deutschlands der Preis für die Einheit Europas sein.« Wer erwartet hatte, hier würde Brandt Bender energisch widersprechen, sah sich getäuscht. Es lohne sich, schrieb Brandt, über Benders Folgerungen »weiter nachzudenken«.

Da war Richard Löwenthals Besprechung des Benderschen Buches mit der treffenden Überschrift »Der Traum von der Dritten Kraft« von ganz anderem Gewicht. Löwenthal stellte fest: »Die volle Europäisierung Europas im Sinne eines Überflüssigwerdens der Bündnisse, eines Fortfalls der Schranke, die Europa zwischen Ost und West teilt, hängt an dem Verschwinden der heutigen Verknüpfung des imperialen Machtkonzepts der Sowjetunion mit jenem ideologischen Residuum, auf dem die Feindschaft beruht, mit der sie nicht-kommunistischen Staaten und solche, deren Kommunismus nicht dem ihren entspricht, wahrnimmt.«[239]

Ein Jahr später bemerkte Brandt immerhin, »wir Sozialdemokraten zucken ja keineswegs zusammen, wenn man uns vorhält, daß im Godesberger Programm eine atomwaffenfreie Zone in Mitteleuropa, der Abzug fremder Truppen und die Wiedervereinigung geschrieben stehen«. Wiederum lobte er Peter Benders Buch »Das Ende des ideologischen Zeitalters«, da der Autor ein Szenario für eine denkbare Reihenfolge einzelner Schritte eines langen Prozesses entwickelt habe[240].

Einen einschneidenden deutschlandpolitischen Positionswechsel vollzog Brandt dann 1984. In einem Interview mit dem *Spiegel* antwortete er auf die Frage, welchen Stellenwert für ihn die Wiedervereinigung habe: »Ich habe seit langem mit dem ›Wieder‹ meine Schwierigkeiten gehabt. Je mehr Zeit vergeht, um so weniger relevant wird das ›Wieder‹, die Rückkehr zu etwas, was einmal war. Und das, was einige damals ›Wieder‹ genannt haben – ich weniger als andere – sollte ja auch gewiß nicht eine Anknüpfung an das Hitler-Reich bedeuten, sondern an etwas, was vor Hitler lag.«[241]

Mit Recht sagte Brandt, es gäbe nur eine Lösung, wenn sich zwischen den Teilen Europas Grundlegendes verändere. Nur dann werde es die Chance geben, »daß die Deutschen dort, wo sie heute leben, darüber befinden können, in welch anderes Verhältnis sie zueinander geraten wollen. Das muß nicht bedeuten die Rückkehr zum Bismarck-Staatsmodell.« In diesem Punkt stimme er mit dem »sonst nicht so vertrauten politischen Partner wie Franz Josef Strauß überein«. Die Bemerkung des *Spiegel*, auch Herr Kohl habe diese Formel unlängst gebraucht[242], parierte Brandt so: »Das spricht nicht gegen ihn ...« Brandt, Kohl und jene deutschen Politiker, die vor einer Rückkehr zum deutschen Nationalstaat Bismarckscher Prägung meinten warnen zu müssen, haben nie die Frage beantwortet, welche politischen Kreise sie dabei im Auge hatten.

In seinem stark beachteten Vortrag »Die Chancen der Geschichte suchen«, gehalten am 18. November 1984, unternahm Brandt einen weiteren und entscheidenden Schritt in dem Prozeß, von Gesamtdeutschland Abschied zu nehmen. So erklärte er in München: »Der heftige Streit darüber, wie offen die Deutsche Frage heute sei, ähnelt der Dramatik eines Traums, der nachschwingt, aber vorüber ist, wenn man aufwacht. Der Traum ist vorbei ... Die fruchtlose Diskussion, wie offen wohl die Deutsche Frage sei, sollte beendet werden. Sie bringt nichts.« [243]

Die SED-Führung frohlockte. Wenige Tage später sagte Staats- und Parteichef Honecker auf der 9. Tagung des Zentralkomitees seiner Partei, es sei zu vermerken, »daß selbst der Vorsitzende der SPD, Willy Brandt ..., öffentlich forderte, die fruchtlose Diskussion, wie offen die deutsche Frage noch sei, zu beenden«[244]. Genüßlich zitierte Honecker auch Brandts Feststellung, es sei kein Widerspruch, »wenn ein Mann wie Gustav Heinemann, der, aus dem ersten Kabinett Adenauer ausgeschieden, ein Kämpfer für die Priorität der deutschen Einheit war, als Bundespräsident zu einem Verfechter dessen wurde, daß wir der DDR die Anerkennung nicht versagen sollten«[245].

Drei Jahre später, am 4. Oktober 1987, plädierte der SPD-Ehren-vorsitzende für eine Beendigung der Diskussion um die Wiederverei-nigung Deutschlands. Nun bezeichnete Brandt die Diskussion dar-über, wie offen die deutsche Frage sei, als »rückwärts gewandt«. Sie könne »Illusion und Selbstbetrug« verlängern. Die deutsche Frage im Sinne der staatlichen Einheit sei heute wie in der Nachkriegszeit nicht im eigentlichen Wortsinne offen[246].

Mitte September 1988 hat Brandt innerhalb weniger Tage in zwei Vorträgen seine Position in der deutschen Frage spezifiziert. In sei-nem Referat »Deutsche Wegmarken«, gehalten am 11. September 1988 in Berlin, sagte er, lange hätten wir so getan, »ich auch – aber un-ser höchstes Gericht länger als mancher begreifen konnte –, als ver-pflichte uns das Grundgesetz zur Wieder-Vereinigung ... Die Einheit zu beschwören, war mehr als eine Fiktion . . . Die Verwirrung der Begriffe war enorm, von Anbeginn an. Aus Einheit wurde *Wieder*vereinigung . . . Die Art, in der seinerzeit das Bundesverfassungsgericht über den Grundlagenvertrag geurteilt und den Begriff der Wiedervereinigung in Anspruch genommen hat, mußte ich als wirklichkeitsfremd und schon deshalb nicht hilfreich empfinden.« Und er fügte hinzu: »Durch den Kalten Krieg und dessen Nachwirkungen gefördert, wurde die ›*Wieder*vereinigung‹ zu jener spezifischen Lebenslüge der zweiten Deutschen Republik.«[247]

Drei Tage später, am 14. September 1988, hielt Brandt ein programmatisches Referat anläßlich der Eröffnung einer Veranstaltungsreihe der Friedrich-Ebert-Stiftung in Bonn zum Thema »40 Jahre Grundgesetz«, in dem er seine These von der »Lebenslüge« ein wenig abmilderte: »Vollends durch den Kalten Krieg und seine Nachwirkungen gefördert, wurde die Hoffnung auf *Wieder*vereinigung geradezu zur Lebenslüge der zweiten Deutschen Republik.«[248] Jetzt war also nicht die »Wiedervereinigung« selbst, sondern nur die Hoffnung darauf für Brandt die »Lebenslüge« der Bonner Republik. Immerhin konzedierte er unter Hinweis auf die Briefe zur deutschen Einheit zum Moskauer Vertrag und Grundlagenvertrag, der Wunsch der Deutschen auf Selbstbestimmung sei mit den Verträgen nicht untergegangen. Im Fortbestand der Zweiteilung Deutschlands sah er »eine späte Wiedergutmachung dafür, daß und wie von deutschem Boden Krieg ausgegangen ist: ›Verantwortungsgemeinschaft gibt es auch in der Trennung, ja, sie erwächst aus ihr‹.[249]«

Brandts Kritik an der Rechtsprechung des höchsten deutschen Gerichts war unangebracht und verfehlt, da den Karlsruher Richtern – im Gegensatz zum Altbundeskanzler – der historische Atem in der deutschen Frage nicht ausgegangen ist. Bezeichnenderweise waren es wiederum vornehmlich nur die Springer-Presse und die *FAZ*, die Brandts verändertes Geschichtsverständnis festgehalten und kommentiert haben[250]. Die politische Redaktion der *Frankfurter Rundschau*, die eine gekürzte Fassung des Referats Brandts vom 14. September 1988 veröffentlichte, hielt es nicht für richtig, im Vorspann zu Brandts »Lebenslüge«-These Stellung zu beziehen[251].

In seinen im September 1989 in erster und einen Monat später in zweiter Auflage erschienenen »Erinnerungen« entschied sich Brandt für seine »Lebenslüge«-Version vom 11. September 1988: »Durch den Kalten Krieg und dessen Nachwirkungen gefördert, gerann die ›Wiedervereinigung‹ zur spezifischen Lebenslüge der zweiten deutschen Republik.«[252] Er hat es nicht für richtig erachtet, in den nach der Wende in der DDR erschienenen Auflagen, die mit einer »Nachschrift von Ende November '89« versehen sind, die »Lebenslüge«-These zu streichen.

In einem Leserbrief an die *FAZ* vom 27. September 1989 wunderte er sich über »die Unbekümmertheit, mit der Fritz Ullrich Fack mir (und gleichermaßen Egon Bahr) in der F.A.Z. vom 19. September unterstellt, die deutsche Frage in den letzten Jahren ›auch politisch beerdigt‹ und verlangt zu haben, die Mehrstaatlichkeit Deutschlands ›als irreversibel anzuerkennen‹. Das trifft nicht zu. Es stünde auch im Widerspruch zu Verträgen und vertragsbegleitenden Texten, die meine Unterschrift tragen.«[253] Brandt fügte hinzu, zutreffend sei, daß er zunehmende Zweifel am »Wieder« geäußert und daran erinnert habe, daß die Präambel zum Grundgesetz nicht von Wiedervereinigung, sondern von Einheit spräche. Seine »Lebenslüge«-These hat er ebensowenig zurückgenommen wie seine verfehlte Kritik an der Rechtsprechung des Bundesverfassungsgerichts.

Anfang Dezember 1990, nach der Wiederherstellung der staatlichen Einheit Deutschlands, meinte Helmut Herles in einem Brandt-Portrait in der *FAZ*, Brandt habe nie gesagt, die Vereinigung sei eine Lebenslüge, er habe freilich mißverständlich vom früheren Reden der Politiker über die Wiedervereinigung so gesprochen[254]. Einige Tage später teilte Herles in einem weiteren Kommentar mit, Leser der *FAZ* hätten gefragt, was Brandt wirklich über die Wiedervereinigung als »Lebenslüge« gesagt habe. Nun legte Brandt Wert auf die Feststellung, in seinem Berliner Vortrag vom 11. September 1988 stehe »Wiedervereinigung« auch »in der gedruckten Fassung in Anführungszeichen und das Wieder ist gesperrt gedruckt«. Auch erinnerte er daran, daß durch die Briefe zur deutschen Einheit »der Wunsch der Deutschen nach Selbstbestimmung mit den Verträgen und dem sonstigen Ablauf des Geschehens nicht untergegangen« sei. Man dürfe sein Wort von der Lebenslüge nicht so in Anspruch nehmen, als habe er sich gegen die deutsche Einheit ausgesprochen: »Das Gegenteil ist der Fall.«[255] Das Wort »Lebenslüge« bedeute, »sich über längere Zeit in die Tasche lügen, sich etwas vormachen«. Lebenslüge sei das »Festhalten an einer als fragwürdig durchschauten geistigen Einstellung, die zur Rechtfertigung der eigenen Lebensführung vor sich selbst dient«. Dies gelte für diejenigen, die sich selbst und anderen einredeten, eine Rückkehr zum Bismarck-Reich sei wünschenswert und möglich.

Auch hier ist wieder die Frage angebracht, welche politischen Kreise in der Bundesrepublik eine Rückkehr zum Bismarck-Reich propagiert haben? Es war Rainer Barzel, der sich in einem Leserbrief an die *FAZ* unter der Überschrift »Brandt und die ›Lebenslüge‹« genötigt sah, nochmals Brandts Ausführungen in dessen »Erinnerungen« zu zitieren[256]. Brandt hätte die berechtigten Zweifel an seiner früheren Haltung nur dann überzeugend ausgeräumt, wenn er beispielsweise zugegeben hätte, daß seine Kritik am höchsten deutschen Gericht verfehlt war. Auch hatte das deutsche Volk nicht den »Wunsch auf Selbstbestimmung«, sondern einen völkerrechtlich verbrieften Anspruch darauf.

Dennoch muß nochmals betont werden, daß es Willy Brandt war, der am 10. November 1989 anläßlich der Kundgebung auf dem John-F.-Kennedy-Platz in Berlin im Gegensatz zu vielen deutschen Politikern – nicht nur zu Walter Momper – das richtige und wegweisende Wort sprach: »Jetzt wächst zusammen, was zusammengehört.«[257]

Egon Bahr

Das historische Verdienst Egon Bahrs bleibt es, als Architekt der im Herbst 1969 von der SPD/FDP-Bundesregierung eingeleiteten »neuen Ostpolitik« dafür gesorgt zu haben, daß die 1970 mit der UdSSR und Polen geschlossenen Verträge die deutsche Frage politisch, rechtlich und historisch offen ließen. Großen Wert legte er 1990 auf die Feststellung, weder die SPD noch die damalige Bundesregierung »mußte zur förmlichen Erhaltung des deutschen Anspruchs auf Selbstbestimmung gedrängt oder gezwungen werden. Wir haben aus eigener Einsicht und eigener Überzeugung gehandelt.«[258] Daß dennoch die damalige parlamentarische Opposition von CDU/CSU gut beraten war, strikt auf die Wahrung der deutschen Rechtspositionen zu achten, ist bereits festgestellt worden[259].

Das deutschlandpolitische Verdienst Bahrs liegt in der Tatsache, daß er mit dem 1972 verabschiedeten innerdeutschen Vertragswerk dafür gesorgt hat, daß die Nicht-Beziehungen zwischen den beiden Staaten in Deutschland »zunächst einmal durch schlechte Beziehungen abgelöst«[260] wurden. Nicht Egon Bahr, sondern die DDR-Führung unter Erich Honecker trug die Verantwortung dafür, daß die Beziehungen zwischen Bonn und Ost-Berlin nicht – wie in Artikel 1 des Grundvertrags postuliert – bis zum 3. Oktober 1990 »normale gutnachbarliche« geworden sind. Das von der bayerischen Staatsregierung angerufene Bundesverfassungsgericht hat mit seinem Urteil vom 31. Juli 1973 entscheidend dazu beigetragen, daß trotz der Schwächen des Grundvertrags von da an bis zum sich im Herbst 1984 anbahnenden Positionswechsel der SPD die Deutschland-Politik weitgehend von allen Parteien, wenn man von den GRÜNEN absieht, gemeinsam getragen wurde.

Gravierende deutschlandpolitische Positionswechsel vollzog Bahr erst in den achtziger Jahren. Konsequent und kompromißlos hat er sich stets zur »nationalen Frage« geäußert. Er war nie bereit, aus Opportunismus der offiziellen politischen Linie der DDR-Führung entgegenzukommen und der SED die Berufung auf die deutsche Nation und die alleinige Interpretation zu überlassen. So schrieb Bahr in seinem Aufsatz »Die nationale Frage« am 19. März 1982 in der *Zeit*: »Ich habe Herrn Seydoux einmal gesagt, als er noch französischer Botschafter in Bonn war, wenn Ihnen ein Deutscher sagt, die Nation spiele keine Rolle mehr, dann seien Sie mißtrauisch. Glauben Sie ihm nicht. Entweder ist er dumm, oder er ist falsch, und beides ist gefährlich ... Es ist überhaupt kein Zweifel, daß die Nation als Vorstellung und Wille und als Identifizierungskörper wieder ins politische Bewußtsein rückt. Man kann sie auf Dauer nicht verdrängen. In der DDR versucht man die Zielvorstellung ›Nation‹ einzuengen und sie als sozialistische zu definieren ...«[261]

François Seydoux hat sich in seinen Erinnerungen »Botschafter in Deutschland – Meine zweite Mission 1965 bis 1970« auf dieses Gespräch mit Bahr bezogen: »Vor einigen Zuhörern gab einmal Egon Bahr der Seele eines ganzen Volkes Ausdruck: ›Trauen Sie keinem Deutschen, der Ihnen sagt, die nationale Frage sei gestorben‹.«[262]

Für Bahr hatte immer die Erhaltung des Friedens »erste Priorität«, die Frage der Nation sei an die zweite Stelle gerückt: »Es gibt kein nationales Ziel, das es wert wäre, den Frieden zu gefährden, also mit Gewalt durchgesetzt zu werden.«[263] Diese Aussage war und ist eine Selbstverständlichkeit für alle politisch verantwortlichen Kräfte in Deutschland. Für Bahr waren die beiden Bündnissysteme der NATO und des Warschauer Paktes die Garanten der Stabilität und des Friedens in Europa. Mit Recht hat man Bahr darauf hingewiesen, daß »ein Frieden, der auf der Stabilität einer freiheitsfeindlichen, seine eigenen Bürger drangsalierenden Herrschaftsordnung aufbaut, ... niemals ein wahrer, ein sicherer Frieden sein« wird[264].

Aus seinem zweifelhaften »Friedens«-Begriff folgten weitere Fehleinschätzungen Bahrs. So wandte er sich 1983 vehement gegen eine vom damaligen Regierenden Bürgermeister von Berlin, Richard von Weizsäcker, im Bundestag am 9. September 1982 vorgetragene These, die Mitte Europas sei »keine Grenze; auf die Dauer eignet sie sich dafür nicht ... Die Teilung ist also, geschichtlich gesehen, mehr als eine Momentaufnahme. Aber wer sie zum Dauerzustand erklärt, hat die geschichtliche Wahrheit wahrscheinlich nicht auf seiner Seite. Die Mitte des Kontinents taugt auf die Dauer für ein Großreich ebensowenig wie für eine Grenze.«[265]

Nach Ansicht Bahrs müsse man geradezu das Gegenteil dessen sagen, was von Weizsäcker erklärt habe: »Nur wenn die Mitte Grenze bleibt, wird die Katastrophe verhindert werden. Der Konflikt würde die Grenze aufheben, bis zur Unkenntlichkeit atomisieren und die Mitte zerstören. Natürlich bedenkt Herr von Weizsäcker nicht diese Konsequenz, weil er weiß, wie wir alle, daß seit 1945, also seit mehr als 37 Jahren, eingetreten ist, was sich damals niemand vorstellen konnte, nämlich die Teilung. Es bedarf wohl nicht mehr so großer Phantasie wie damals, um sich heute vorzustellen, daß auch weitere 37 Jahre die Mitte Grenze bleiben kann. Wir werden dann das Jahr 2019 schreiben.«[266]

Es ist aufschlußreich, wie sehr sich Bahr schon damals mit der Teilung Deutschlands abgefunden hatte. Zwei Jahre später meinte er, die Diskussion darüber, wie offen die deutsche Frage sei, »verlängert Illusion und Selbstbetrug, gerade weil und wenn sie so tut, als ginge es um ein Problem, das heute akuter wäre als vor 30 Jahren«[267]. Wiederum zwei Jahre später ist Bahr zumindest kurzfristig zu seiner ursprünglichen Position zurückgekehrt, als er schrieb, es sei im Grunde nur noch ärgerlich, »wenn darüber gelabert wird, wie offen die deutsche Frage ist. Sie ist so schrecklich offen, daß niemand weiß, ob und wann sie schlüssig beantwortet werden kann.«[268]

Spätestens 1988 war vollends klar, daß Bahr »die Zeichen der Zeit« nicht zu erkennen in der Lage war. Trotz der sich deutlich abzeichnenden Erosionserscheinungen im Ostblock gelang es ihm, sein unflexibles Status-quo-Denken noch zu vertiefen. Zunächst unterbreitete er den unter politischen und rechtlichen Aspekten abstrusen Vorschlag, mit den beiden Staaten in Deutschland je einen Friedensvertrag zu schließen. Dies geschah ausgerechnet in seinem Büchlein »Zum europäischen Frieden – Eine Antwort auf Gorbatschow«. Bahr meinte, dann würden die beiden deutschen Staaten »die Einheit ebensowenig wollen oder sogar herbeiführen können, wie im heutigen Zustand ohne Friedensverträge ... Zwei Friedensverträge würden die angenehme Selbsttäuschung beenden, daß wir nach dem Grundgesetz die Selbstbestimmung der Deutschen vollenden sollen, aber entsprechend der übergeordneten, dem Verfassungsgericht entzogenen Norm der Siegerrechte dafür gar nicht die Kompetenz haben ... Zwei Friedensverträge wären also ehrlich.«[269]

Mit Recht versah Rupert Scholz seine Rezension in der *Welt* mit der Überschrift: »Wo Egon Bahr sucht, ist der europäische Frieden gewiß nicht zu entdecken.« Scholz schrieb: »Die Deutschen sollen sich – zugunsten eines viel zu formal, ja, mechanistisch gedachten Sicherheitskonzepts, das der Sowjetunion Arrondierung und Zementierung ihres territorialen Besitzstandes in Europa verheißt – mit der Teilung abfinden, auf ihr Selbstbestimmungsrecht verzichten.«[270]

Juristisch war Bahrs Plan unsinnig, da Friedensverträge zwischen kriegführenden Staaten geschlossen werden. Kriegführende Macht war das Deutsche Reich. Noch schlimmer war Bahrs politische Schlußfolgerung. Er wollte den Zustand der Teilung Deutschlands unwiderruflich festschreiben. So konnte er mit seiner Forderung nach separaten Friedensverträgen auch in seiner eigenen Partei nicht durchdringen. Auf Widerstand stieß er unter anderem bei Hans Büchler und Horst Ehmke, weil mit Bahrs Vorschlag nicht nur eine europäische Lösung in Frage gestellt, sondern, was der Kernpunkt sei, auf die Selbstbestimmung des gesamten deutschen Volkes verzichtet würde. Mit Recht sagte Büchler: »Wir dürfen und können der SED nicht die Selbstbestimmung ersparen.»[271]

Selbst bei den GRÜNEN stieß Bahrs Plan auf Ablehnung. Der GRÜNEN-Abgeordnete Alfred Mechtersheimer vertrat die Auffassung, es sei ein Irrweg, wenn mit Friedensverträgen die für das Wettrüsten hauptverantwortliche Block-Aufteilung Mitteleuropas festgeschrieben werde[272]. Auch Otto Reinhold, Mitglied des Zentralkomitees der SED, Rektor der Akademie für Gesellschaftswissenschaften beim Zentralkomitee der SED und maßgeblich an der Erarbeitung des gemeinsamen SPD/SED-Papiers vom 27. August 1987 beteiligt[273], vermochte Bahr nur begrenzten Beifall zu zollen. Reinhold störte vor allem Bahrs Feststellung, wie offen die deutsche Frage sei, »darüber ist der Streit sinnlos geworden: Sie ist so offen, daß man gar nicht sagen kann, wie und wann sie politisch schlüssig beantwortet werden kann.«[274] Außerdem konstatierte Reinhold, daß Bahr selbst seinen Vorschlag, mit den beiden Staaten in Deutschland separate Friedensverträge zu schließen, relativiert hatte, was zumeist in der Diskussion übersehen worden ist: »Es gibt für mich einen einzigen Grund, zwei Friedensverträge heute nicht anzustreben: Es gibt wichtigeres, nämlich europäische Sicherheit.«[275] Reinhold hatte sich – ähnlich wie Bahr – mit dem Status quo in Europa abgefunden, so daß sich für ihn die Frage, »Wozu brauchen wir eigentlich noch einen Friedensvertrag?«, nicht stellte[276].

Trotz der berechtigten Kritik, die CDU/CSU, FDP und Teile der SPD sowie der GRÜNEN an Bahrs Konzept, mit den beiden Staaten in Deutschland jeweils einen Friedensvertrag zu schließen, geübt hatten, hielt er in den folgenden Monaten daran fest. Für ihn hatte nicht mehr das in den beiden Staaten lebende deutsche Volk, sondern nur noch der jeweilige Teil in der Bundesrepublik und der DDR ein Recht auf Selbstbestimmung. Eine deutsche Chance werde es nur geben, erklärte Bahr am 19. Juli 1988, »wenn die beiden Staaten ihr Selbstbestimmungsrecht genauso erhalten wie alle anderen Staaten in Europa auch, und das heißt nach meiner Überzeugung: zwei Friedensverträge«[277]. Zugleich bewertete er die von der CDU auf ihrem Parteitag in Wiesbaden zum Beschluß erhobene Aussage, die Wiedervereinigung Deutschlands in Freiheit sei das vordringlichste Ziel ihrer Politik[278], als »Heuchelei«.

Doch nicht genug damit. Bahr wußte seine Aversion gegen eine Wiederherstellung der staatlichen Einheit Deutschlands noch verbal zu steigern. In seiner Rezension der Studie Christian Hackes über Jakob Kaiser schrieb er, die deutsche Wiedervereinigung, »wie sie auf unserer Seite beschworen wurde und wie Kaiser sie dachte, ist tot. Daß sie vordringlichste Aufgabe bleibt, wie eben das Programm der Union gegen besseren Rat noch einmal formuliert hat, ist geschichtslose Heuchelei. Die Westeuropäische Union, der Westeuropäische Binnenmarkt stehen auf der Tagesordnung, nicht die Deutsche Union.«[279]

Am 27. November 1988 hielt Bahr im Rahmen des »Münchner Podiums in den Kammerspielen« eine Rede »Über das eigene Land: Deutschland«, in der er Brandts These von der »Lebenslüge« noch übertraf. Er sagte, in der Teilung »gibt es deutsche Chancen. Es gibt keine Chance, die deutschen Staaten zusammenzuführen.« Unter Anspielung auf das von der Geißler-Kommission erarbeitete deutschlandpolitische Papier der CDU, das später korrigiert worden ist[280], meinte Bahr, Willy Brandt habe kürzlich die Wiedervereinigung »als die Lebenslüge der Zweiten Deutschen Republik bezeichnet. Soweit ist Heiner Geißler noch nicht . . .« Die Ansicht, wonach die Wiedervereinigung vordringlichste Aufgabe deutscher Politik bleibe, sei »objektiv und subjektiv Lüge, Heuchelei, die uns und andere vergiftet, politische Umweltverschmutzung«[281]. Nochmals unterbreitete Bahr in München seinen unsinnigen Vorschlag von den »zwei Friedensverträgen«. Irreal war seine Schlußfolgerung, »unser spezifisches Gewicht könnte wachsen ohne die Last der Wiedervereinigungsillusion«[282]. Selbst 1989 scheute Bahr nicht davor zurück, die These von der »Lebenslüge der Bundesrepublik« zu wiederholen[283].

Während Willy Brandt im Herbst 1989 die prekäre innere Situation der DDR rechtzeitig erkannte und den sich abzeichnenden Einigungsprozeß richtig einzuschätzen wußte, äußerte Bahr in einem *Spiegel*-Interview die Auffassung, die DDR habe »jetzt eigentlich zum ersten Mal die Chance, ihre Identität zu gewinnen, das heißt, einen Zustand zu schaffen, in dem die Regierung von der Bevölkerung akzeptiert wird . . . Es ist das Ergebnis der SPD-Kontakte, daß wir eine denkbare nächste Führung auch schon gut kennen.«[284]

Es bleibt unerfindlich, wie ein so scharfsinniger Analytiker wie

Egon Bahr die Situation in Deutschland im Herbst 1989 so falsch beurteilen konnte. Als die *Frankfurter Rundschau* in ihrer Ausgabe vom 13. Dezember 1988 den ersten Teil der Rede Bahrs vom 27. November 1988 in München veröffentlichte, schrieb sie, Bahr habe »mit seiner radikalen Absage an eine Wiedervereinigung der beiden deutschen Staaten einen bemerkenswerten Beitrag« geleistet[285]. Martin Walser, der im Rahmen der Münchner Vortragsreihe am 30. Oktober 1988 seine schon zuvor vorgetragene These »Wir müssen die Wunde namens Deutschland offenhalten«[286], wiederholt hatte, wurden – laut *Frankfurter Rundschau* – »die Leviten gelesen«. Neben der *Frankfurter Rundschau* durfte sich Bahr des Beifalls der Nachrichtenagenturen TASS und ADN erfreuen[287].

Bahrs Feststellung im *Spiegel*, das Ergebnis der SPD-Kontakte zur DDR sei, »daß wir eine denkbare nächste Führung auch schon gut kennen«, war wiederum ohne den Wirt, sprich: die Mehrheit der DDR-Bevölkerung, gemacht. Hermann Axen und Otto Reinhold paßten nicht mehr in die veränderte politische Landschaft der DDR. Verdienstvollerweise hat Bahr 1991 zahlreiche von ihm verfaßte Beiträge aus der Zeit von 1963 bis 1990 in einem Sammelband veröffentlicht[288]. Schade, daß er – im Gegensatz zu Brandt – nicht bereit war, auch nur einen seiner Irrtümer zuzugeben und sein deutschlandpolitisches Bild zu korrigieren.

Die Frage, warum sich die SPD mit der friedlichen Revolution in der DDR und dem späteren Einigungsprozeß sowie dem Ende des Ostblocks so schwer getan hat, wird die zeithistorische Forschung noch lange beschäftigen. Zahlreiche bedenkenswerte Antworten hat Brigitte Seebacher-Brandt in ihrer Studie »Die Linke und die Einheit« gegeben. Zutreffend weist sie auf die Klagen hin, daß andere geerntet hätten, was die Sozialdemokraten gesät haben: »Es ist nicht beklagt worden, daß sie kaum noch hatten ernten wollen. Unter Berufung auf die Ostpolitik wurde der Nationalstaat, jedenfalls der deutsche, für überholt erklärt und die Existenz der DDR auch deshalb hochgehalten, weil sie von der Bundesrepublik so sehr verschieden war. Die Überzeugung saß tief, und sie hatte sich auch dadurch verstärkt, daß einstige Wegbereiter der Ostpolitik als entschiedene Zweistaatler hervortraten.«[289]

Richtig ist auch ihre weitere Schlußfolgerung: Bonns erster Ständiger Vertreter in der DDR, Günter Gaus, erst 1981 von diesem Posten abgelöst, sei in seiner Wertschätzung der DDR und der Männer, die sie repräsentierten, nur weiter gegangen als andere; allesamt hätten sie, von einer ursprünglich nationalen Position aus, in der DDR den »deutscheren« Teilstaat gesehen und sich eine Einheit immer nur als etwas Drittes vorstellen können. Schließlich hat Brigitte Seebacher-Brandt auch die tiefe deutschlandpolitische Differenz zwischen Willy Brandt und Egon Bahr im Jahre 1989 klar herausgearbeitet: »Noch lange nachdem Willy Brandt, unter dem Eindruck der Ausreise- und Flüchtlingswelle im Sommer 1989, die ›Politik der kleinen Schritte‹ für beendet erklärt hatte, vermutete Egon Bahr, der enge Mitarbeiter seit den Berliner Tagen, die Deutschen in der DDR würden sich ihren Staat nicht wegnehmen lassen.«[290]

Vor dem 88. Bergedorfer Gesprächskreis am 6./7. September 1989 hatte Bahr nochmals für eine sinnvolle Kooperation zwischen Bonn und Ost-Berlin plädiert: »Wenn unsere Forderungen darauf hinauslaufen, den Menschen drüben ihren Staat wegzunehmen, dann werden sie dies mit Sicherheit nicht zulassen. Insofern sind in der DDR Reformen nur denkbar, wenn die SED-Führung sicher sein kann, daß man ihr den Staat nicht nehmen will.«[291]

Auch Horst Teltschik, damals Ministerialdirektor im Bundeskanzleramt, sekundierte Bahr insofern, als er ausführte, die Chance, »daß in der DDR ein solcher Reformprozeß eingeleitet wird, ist . . . um so größer, je weniger wir die Staatlichkeit der DDR in Frage stellen . . . Wenn wir dies jetzt wieder in Abrede stellen, blockieren wir alle Reformen in der DDR.«[292] Im Unterschied zu Bahr jedoch fügte Teltschik hinzu, die Bevölkerung der DDR könne natürlich diesen Staat selbst in Frage stellen: »Wenn sie eines Tages das Selbstbestimmungsrecht tatsächlich ausüben kann, ist es durchaus möglich, daß sich die Mehrheit der Menschen in der DDR für einen Anschluß an die Bundesrepublik entschließt.«

So war es in der Tat. Dieser Gedanke lag außerhalb der politischen Vorstellungswelt der deutschen Linken, Egon Bahrs und eines guten Teils der SPD-Führung. Die Mehrheit der DDR-Bevölkerung hatte vom »real existierenden Sozialismus« genug und sperrte sich gegen alle in der Bundesrepublik entwickelten irrealen Visionen vom »Dritten Weg«.

Die Positionen wichtiger
gesellschaftlicher Organisationen

Im folgenden wird kurz skizziert, wie es vier wichtige gesellschaftliche Organisationen in der Bundesrepublik mit der Problematik der Wiederherstellung der staatlichen Einheit Deutschlands gehalten haben. Die vier zu behandelnden Institutionen wurden ausgewählt, da sie in dieser Frage immer wieder Position bezogen haben. Während sich das Zentralkomitee der deutschen Katholiken häufig und unmißverständlich zur deutschen Frage geäußert hat, ist es sehr viel schwerer, die deutschlandpolitischen Grundlinien der evangelischen Kirche herauszuarbeiten. Das ist einmal auf die andersgeartete Struktur und Organisation der Evangelischen Kirche in Deutschland (EKD) und zum anderen darauf zurückzuführen, daß 1969 mit der Errichtung des Bundes der Evangelischen Kirchen in der DDR die Einheit der evangelischen Christen in Deutschland weitgehend zerstört worden ist.

Zu beachten ist darüber hinaus die im Vergleich zur Bundesrepublik unterschiedliche Religionszugehörigkeit in der ehemaligen DDR, die zuletzt bei der Volkszählung von 1964 statistisch erfaßt wurde. Während sich damals knapp sechzig Prozent der Einwohner als protestantisch und gut acht Prozent als katholisch bezeichnet hatten, waren nach Schätzungen diese Werte bis 1987 auf dreißig bzw. knapp sechs Prozent zurückgegangen[293]. In den folgenden drei Jahren hat sich die Zahl der DDR-Bürger, die sich einer Religionsgemeinschaft zugehörig fühlten, nochmals reduziert. Nach einer repräsentativen Stichproben-Erhebung des Ost-Berliner Instituts für Sozialdatenanalyse bekannten sich im Mai 1990 unter der erwachsenen Bevölkerung 21 Prozent als Protestanten und 3,6 Prozent als Katholiken[294].

Zwei weitere gesellschaftliche Verbände sahen sich stets mit der Frage konfrontiert, wie sie es mit der Problematik der Wiedervereinigung Deutschlands halten sollten. Für den Bund der Vertriebenen war es selbstverständlich, soweit wie möglich ein vereintes Deutschland in den Grenzen vom 31. Dezember 1937 anzustreben. Der Deutsche Gewerkschaftsbund hingegen konnte aufgrund seiner Aufgabenstellung seine deutschlandpolitischen Aussagen im wesentlichen auf die beiden Teile und späteren Staaten Deutschlands beschränken.

Evangelische Kirche

Das Thema »Evangelische Kirche und Wiedervereinigung Deutschlands« seit 1949 bedarf noch einer genauen und systematisch angelegten Analyse. Wer sich dieser Aufgabe stellt, hat es insofern nicht leicht, als dazu bisher nur Aufsätze in Zeitschriften, eine Darstellung im »Evangelischen Staatslexikon« und Darlegungen im Rahmen wissenschaftlicher Monographien mit einer breiteren Themenstellung erschienen sind. Bis zum 1. Juni 1991, als die EKD die Nachfolge des Bundes der Evangelischen Kirchen in der ehemaligen DDR antrat, war die EKD ein Zusammenschluß der protestantischen Landeskirchen in der Bundesrepublik unter Wahrung der gliedkirchlichen Autonomie[295]. Nach dreißig Jahren trat Ende Juni 1991 die EKD-Synode erstmals wieder als gemeinsames Organ aller 24 evangelischen Landeskirchen zusammen; die letzte gesamtdeutsche Tagung hatte im März 1961 stattgefunden, wenige Monate vor dem Bau der Mauer in Berlin[296].

Das höchste Gremium der EKD ist die EKD-Synode, während die Funktion in ihren Sitzungsperioden der Rat der EKD ausübt. Präses der EKD-Synode ist seit dem 21. Mai 1985 Jürgen Schmude. Erhard Eppler gehört seit 1977 dem Präsidium des Deutschen Evangelischen Kirchentages an; er war Präsident des Kirchentages sowohl 1983 in Hannover als auch im Juni 1991 im Ruhrgebiet. Das politische Erscheinungsbild der evangelischen Kirche in Deutschland wird auch und gerade vom Verlauf der Kirchentage bestimmt.

In den beiden ersten Auflagen des »Evangelischen Staatslexikons« hat Gustav W. Heinemann das Thema »Wiedervereinigung Deutschlands aus der Sicht der Evangelischen Kirche« behandelt; die Darstellung erstreckt sich bis in das Jahr 1969[297]. In der 1987 erschienenen dritten, neu bearbeiteten Auflage dieses verdienstvollen Nachschlagewerkes zeichnet neben dem inzwischen verstorbenen Heinemann Diether Posser für das Stichwort »Wiedervereinigung und Kirche« verantwortlich. Statt die Darstellung bis in die Mitte der achtziger Jahre fortzuführen, hielt es Posser für angebracht, die letzten drei Abschnitte der Analyse Heinemanns in den Vorauflagen zu streichen, so daß der Überblick nun schon im wesentlichen Mitte der sechziger Jahre endet[298]. Heinemann ist zu attestieren, daß er – angesichts seiner völlig überzogenen und ungerechtfertigten Kritik an der Außenpolitik Bundeskanzler Adenauers – bestrebt war, sich an den deutschlandpolitischen Dokumenten der Kirche zu orientieren.

In zahlreichen Aussagen aus den fünfziger Jahren hat sich die evangelische Kirche zur Überwindung der Spaltung Deutschlands bekannt. Ebenso wie für die gesamte Politik bildete der Bau der Mauer in Berlin am 13. August 1961 auch in der gesamtdeutschen Entwicklung der EKD die wichtigste Zäsur. Der Rat der EKD verzichtete in der Folgezeit mehr und mehr darauf, zu gesamtdeutschen Fragen Position zu beziehen: »Er glaubte, damit am ehesten der DDR-Propaganda entgegenwirken zu können, die westlichen Landeskirchen wollten mit ihrer Stimmen-Mehrheit im Rat die Landeskirchen der DDR bevormunden«[299]. Heinemann hat nicht die These Erwin Wilkens' vertreten, »für die Zeit seit 1955, als die Weichen der Politik endgültig auf eine lang andauernde Spaltung Deutschlands gestellt waren«, habe sich »der Gebrauch des Begriffes Einheit für die kirchliche Gemeinschaft zwischen Ost und West als nicht sehr förderlich erwiesen«[300]. Doch nicht genug damit. Wilkens, bis 1980 Vizepräsident der EKD-Kirchenkanzlei, meinte, der Gebrauch des Begriffes Einheit »konnte sowohl zu einer theologischen Überfrachtung wie zu einer politischen Überforderung dieser Gemeinschaft führen und geriet immer mehr in eine fatale Nähe zum politischen Ziel einer deutschen Wiedervereinigung«.

Im Jahre 1955 hatte die EKD überhaupt keine Veranlassung, den Begriff »Einheit für die kirchliche Gemeinschaft zwischen Ost und West« aufzugeben. Auch trug die Sowjetunion, nicht der Westen bis 1955 die Verantwortung dafür, daß die Weichen der Politik für eine lange Zeit auf die Vertiefung der Spaltung Deutschlands gestellt waren. Erst nach dem 13. August 1961 geriet das Konzept der gesamtdeutschen EKD ins Wanken, da die Regierung der DDR fortan alle gesamtkirchlichen Organe faktisch als nicht mehr existent betrachtete. Die erste getrennte Tagung der EKD-Synode fand im März 1965 in Halle und Frankfurt/M. statt. Die Jahre 1965 bis 1967 zeigten dann immer deutlicher, daß der Wille, auf der organisatorischen Einheit der EKD zu beharren, bei den verhärteten Gegebenheiten im geteilten Deutschland nicht durchzuhalten war. Die Entwicklung kulminierte in der Gründung des Bundes der Evangelischen Kirchen in der

DDR im Jahre 1969; damit war das Ende der EKD als einer gesamtdeutschen Organisation angezeigt. Der organisatorischen Trennung
des Bundes der Evangelischen Kirchen in der DDR von der EKD
waren jahrelange Pressionen der DDR-Führung vorausgegangen[301].

Gustav Heinemann hat sich auch gehütet, sich in seinem Beitrag
für das »Evangelische Staatslexikon« zu Erwin Wilkens' Behauptung
hinreißen zu lassen, die in den fünfziger Jahren vollzogene Westintegration hätte »das Ziel einer Wiedervereinigung auf lange Zeit hinaus
unerreichbar«[302] gemacht. Auch nach der organisatorischen Verselb-
ständigung der Evangelischen Kirchen in der DDR bestand für die
EKD keine Veranlassung, das politische Ziel der Wiederherstellung
der staatlichen Einheit Deutschlands aufzugeben. Spätestens mit der
programmatischen und wegweisenden Rede Herbert Wehners im
Bundestag vom 30. Juni 1960 hätten die EKD und die führenden
Vertreter des deutschen Protestantismus hellhörig werden müssen.
Mit dem 30. Juni 1960 erkannte die sozialdemokratische Opposition
vorbehaltlos die Außenpolitik Bundeskanzler Adenauers im ersten
Jahrzehnt der Bundesrepublik an[303]. Wilkens hat keine Skrupel festzustellen, das Selbstverständnis der EKD sei in den fünfziger Jahren
durch eine »allzu unkritische und viel zu lange geübte Orientierung
am Gedanken einer Wiedervereinigung Deutschlands, der ohnehin
eine im wesentlichen westliche Färbung hatte«[304], geprägt gewesen.

Erwin Wilkens wußte sich in guter protestantischer Gesellschaft.
Schon 1965 hatte Erich Müller-Gangloff, der 1951 die Evangelische
Akademie Berlin gegründet und sie bis 1970 geleitet hat, seine Studie
»Mit der Teilung leben – eine gemeindeutsche Aufgabe« veröffentlicht. In völliger Verkennung der Fakten meinte er, die Wiedervereinigung sei verspielt; wir müßten mit der Teilung leben. Müller-
Gangloff schreckte nicht davor zurück zu behaupten, wir seien »kein
Volk im Sinn einer Nation«. Originalität konnte er nur insofern
beanspruchen, als er im Anschluß an Golo Mann, der 1962 wohl als
einer der ersten empfohlen hatte, die Formel »Wiedervereinigung«
durch »Neuvereinigung« zu ersetzen[305], übernahm[306]. Ein guter Teil
der westdeutschen veröffentlichten Meinung folgte schon damals
den zweifelhaften Gedankengängen Müller-Gangloffs. Beispielhaft
war die zustimmende Rezension Peter Grubbes in der *Zeit*[307].

Müller-Gangloff gehörte ebenso wie die Theologen Heinrich Albertz und Helmut Gollwitzer zu den Unterzeichnern einer am 17. Juni 1969 veröffentlichten »Denkschrift für eine realistische Deutschlandpolitik«, mit der man auf den Bundestagswahlkampf für die Wahl vom 28. September 1969 Einfluß zu nehmen suchte. Auch dieses Dokument plädierte dafür, »daß die BRD auf das Ziel der Wiedervereinigung im Sinne der Restauration einer staatlichen Einheit von BRD und DDR verzichtet . . .«, verneinte ein Recht der Deutschen auf Einheit oder Wiedervereinigung und sprach sich für die »Aufrechterhaltung des Status quo« aus. Besonders verfehlt war die These, die Fortführung der bisherigen Deutschland-Politik der BRD fördere »innerhalb der in der DDR rivalisierenden Kräfte den Einfluß der bürokratisch-dogmatischen Richtung«: »Der Immobilismus in der DDR wird nicht abgebaut, sondern begünstigt.« Höchst gefährlich war auch der Vorschlag, West-Berlin zu einem »eigenständigen politischen Gebiet«[308] zu machen.

Die seit Herbst 1969 amtierende Bundesregierung Brandt/Scheel war gut beraten, diese auf falschen Prämissen beruhende und von zahlreichen Wissenschaftlern, Politikern und Publizisten unterzeichnete Studie nicht zum offiziellen deutschlandpolitischen Programm zu erheben. Albertz, von 1961 bis 1967 Senator, Bürgermeister und Regierender Bürgermeister in Berlin, meinte 1969, außer einer Minderheit von Deutschen in beiden Teilen Deutschlands wünsche kein Mensch eine Vereinigung der beiden deutschen Staaten zu einem Nationalstaat[309].

Helmut Matthies, Chefredakteur von *idea*, des auflagenstärksten evangelischen Wochenmagazins in Deutschland, hat auf einer Studientagung der Evangelischen Notgemeinschaft in Deutschland Mitte 1991 in Berlin »einige klassische Zitate« namhafter evangelischer Theologen aus beiden Staaten Deutschlands zusammengestellt und dokumentiert, daß sich beide Seiten nicht nur weithin mit der Teilung abgefunden hatten; darüber hinaus konnten sie ihr sogar etwas Positives abgewinnen[310]. Diese Tendenzen verstärkten sich vornehmlich in der zweiten Hälfte der achtziger Jahre, und Jürgen Schmude war mit seinen deutschlandpolitischen Vorstellungen prädestiniert, 1985 Präses der EKD-Synode zu werden. Schmude, der kurz vor seinem Amtsantritt die Diskussion um eine Neuinterpretation der Präambel des Grundgesetzes belebt hatte[311], meinte in einem Aufsatz im Oktober 1985, zwar sei ein ausdrücklicher Verzicht auf staatliche Einheit unzulässig, umgekehrt sollte es aber »keine unverrückbare Festlegung auf die Wiedervereinigung als einzig zulässige Form einer endlichen Lösung geben«[312].

Die strikte Ablehnung des Gedankens, einen territorial verkleinerten deutschen Nationalstaat wiederherzustellen, wurde auf den Kirchentagen offen ausgesprochen. So stellte Altbischof Werner Krusche, Magdeburg, am 10. Juni 1989 auf dem Kirchentag in Berlin die rhetorische Frage, ob die Kirchen nicht erklären müßten, »daß es verlogen ist, von Wiedervereinigung zu sprechen, solange die beiden Militärbündnisse bestehen und die Regierungen in beiden deutschen Staaten nachdrücklich ihre Bündnistreue zur NATO und zum Warschauer Pakt beteuern ...? Müßten die Kirchen nicht erklären, daß ›Wieder-Vereinigung‹ nicht heißen kann: Wiederherstellung eines deutschen Nationalstaates durch Eingliederung der DDR in die BRD ...?«[313]

Nachdem der damalige Leiter des Sekretariats des Bundes der Evangelischen Kirchen in der DDR und heutige Ministerpräsident Brandenburgs, Manfred Stolpe, 1979 erklärt hatte, »wir dürfen glauben, daß auch die sozialistische Gesellschaft unter der Verheißung Christi steht«, sagte er 1988, eine »Wiedervereinigung werde nicht stattfinden«. Auf dem Berliner Kirchentag 1989 ging er noch weiter und bezeichnete das Reden von der Wiedervereinigung als »objektiv friedensgefährdend«[314]. Und nach dem Fall der Mauer führte Stolpe in einem Festvortrag an der Ernst-Moritz-Arndt-Universität Greifswald am 15. November 1989 aus, offiziell hätten »die deutschen Regierungen die Zweistaatlichkeit der deutschen Nation im europäischen Friedensprozeß seit 1971 verbindlich festgeschrieben«[315].

Stolpe gehörte auch zu jenen, die sich vor die Aufgabe gestellt sahen, »den Sozialismus als eine Gestalt gerechteren Zusammenlebens zu verwirklichen ... Neu zu konzipierende Gesellschaftsmodelle, einschließlich einer Erneuerung des Sozialismus, müssen daran gemessen werden, ob sie die Überlebensgemeinschaft der ganzen Menschheit fördern oder hemmen.«[316] Stolpe hat schnell erkennen müssen, daß die Mehrheit der DDR-Bevölkerung nicht gewillt war, an eine wie auch immer modifizierte Form des »Sozialismus« zu glauben.

Es ist schon erstaunlich, daß sich selbst nach dem Fall der Mauer in

Berlin am 9. November 1989 prominente Kirchenmänner der DDR zur Zweistaatlichkeit Deutschlands bekannt haben. So erklärte der spätere DDR-Ministerpräsident de Maizière am 17. November 1989: »Wir sind der Überzeugung: Nicht der Sozialismus ist am Ende, wohl aber seine administrative, diktatorische Verzerrung.«[317] Erst als aus der Losung »Wir sind das Volk« die Forderung »Wir sind *ein* Volk« wurde, als der Vereinigungsprozeß Eigendynamik gewann, hatte – wie Ralf Georg Reuth zutreffend bemerkt – das Konzept von einer reformierten DDR keine Chance mehr[318].

Überprüft man die einschlägigen Zeitschriften, dann gelangt man zu dem Ergebnis, daß nur das Wochenmagazin *idea*, der Informationsdienst der Evangelischen Allianz, permanent und konsequent für die Wiederherstellung der staatlichen Einheit Deutschlands eingetreten ist. Neben der von Helmut Matthies redigierten Publikation gebührt Jens Motschmann, von 1971 bis 1987 Pfarrer in Itzehoe, seit 1987 in Bremen und von 1977 bis 1987 Mitglied der Synode der Nordelbischen Kirche, Dank dafür, daß er in seiner Studie »So nicht, Herr Pfarrer! – Was wird aus der evangelischen Kirche?« ein Kapitel auch der Problematik »Evangelische Kirche und Wiedervereinigung« gewidmet hat. Motschmann geht zutreffend davon aus, daß die evangelische Kirche in der DDR den im November 1989 ausgelösten Prozeß zur Wiederherstellung der staatlichen Einheit Deutschlands ganz entscheidend mit eingeleitet hat. Die Kirchen hätten allen Grund gehabt, »Gott für diese wunderbare Fügung der Ereignisse zu danken. Hier und da ist dies auch geschehen. Aber von einer großen dankbaren Bewegung war und ist in der evangelischen Kirche nichts zu spüren, zumindest nicht in ihren leitenden Gremien.«[319]

Die von Motschmann zusammengetragenen Zitate führender kirchlicher Repräsentanten sind nicht nur frappierend, sondern kaum nachvollziehbar. Was Manfred Stolpe, Bischof Martin Kruse, Vorsitzender des Rats der EKD, Jürgen Schmude, Präses der EKD-Synode, Landesbischof Horst Hirschler (Hannover), der Erfurter Probst Heino Falcke, der nordelbische Bischof Ulrich Wilckens (Lübeck) und der Ost-Berliner Bischof Gottfried Forck in der Zeit vom 9. November 1989 bis ins Frühjahr 1990 zum unausweichlichen Zusammenbruch der DDR und zu dem sich abzeichnenden Vereinigungsprozeß mitzuteilen wußten, war weder erbaulich noch zukunftsweisend. Angesichts der Haltung bundesdeutscher EKD-Repräsentanten – nicht nur Jürgen Schmudes – in den Jahren zuvor konnte man sich nicht wundern, daß sie die gewaltlose Revolution in der DDR völlig unvorbereitet traf. Dies gilt – wie wiederholt festgestellt – für die gesamte Öffentlichkeit in der Bundesrepublik Deutschland. Während jedoch die politische Führung in Bonn – im Gegensatz zur parlamentarischen Opposition – frühzeitig die richtigen Konsequenzen aus den umwälzenden Ereignissen in der DDR zu ziehen wußte, verharrten die EKD-Führung und namhafte Repräsentanten der evangelischen Kirche in der DDR monatelang in Ratlosigkeit. Eigentlich hätten sich die kirchenleitenden Persönlichkeiten in der DDR darüber freuen sollen, daß sich endlich die permanente Erniedrigung des Bundes der Evangelischen Kirchen in der DDR durch das SED-Regime dem Ende zuneigte. Von diesem Gefühl war wenig oder gar nichts zu verspüren.

In dieser Situation versteht es sich von selbst, daß auch über die von den evangelischen Landeskirchen getragenen Periodika wenig Gutes zu berichten ist. Kennzeichnend für die *Evangelischen Kommentare* war der redaktionelle Beitrag »Die Zukunft der deutschen Frage« aus dem Jahre 1979, der von der verfehlten These ausging, mit dem Zweiten Weltkrieg seien »nicht revidierbare Tatsachen geschaffen worden. Zu ihnen gehört das Ende des deutschen Nationalstaates.«[320] Immerhin wurde konzediert: »Sowenig ... die deutsche Frage in staatlicher Hinsicht wirklich offen ist, sosehr trifft es andererseits zu, daß es weiterhin eine offene deutsche Frage im Blick auf die Nation gibt.« Sodann berief sich die Redaktion auf einen Vortrag, den Hartmut Zimmermann, Leiter des Arbeitsbereichs DDR-Forschung an der Freien Universität Berlin, anläßlich des 6. Forums der Friedrich-Ebert-Stiftung am 15. Juni 1979 in Berlin gehalten und in dem er gemeint hatte, eine Fixierung der Deutschland-Politik auf Wiedervereinigung sei »nicht nur unrealistisch, sondern auch gefährlich«. Zimmermann plädierte – im Anschluß an William Borm – dafür, die Formel »Wiedervereinigung« durch die der »Neuvereinigung« zu ersetzen[321].

Der Artikel in den *Evangelischen Kommentaren* zollte nicht nur diesen fragwürdigen Thesen, sondern auch Zimmermanns Fehldeutung Beifall, »daß eine allmähliche Transformation auch der politischen Strukturen in Gang kommt, ohne daß diese ihre Spezifik verlieren, aber doch so, daß das Leben in ihnen leichter wird«[322].

Vorschnell folgerte die Redaktion, eigentlich gäbe es keine Hinweise mehr darauf, »daß kritisches politisches Denken in der DDR auf Wiedervereinigung, auf Wiederherstellung oder Neugewinnung eines deutschen Nationalstaates zielt, sondern auf Demokratisierung und Humanisierung des eigenen Staatswesens und seines im Prinzip beizubehaltenden gesellschaftlichen Systems, deren Existenzrecht jedenfalls in der jüngeren Generation kaum mehr bestritten wird«.

Noch weiter ging Ansgar Skriver in seinem 1981 in den *Lutherischen Monatsheften* erschienenen Kommentar »Welche Einheit der Nation?«. Er berief sich auf das vielzitierte Interview mit Günter Gaus, das die *Zeit* in ihrer Ausgabe vom 30. Januar 1981 veröffentlicht hatte. Darin hatte Gaus gemeint, wir müßten »möglicherweise sogar darauf verzichten«, den Begriff der Nation weiter zu verwenden, weil wir uns damit bereits in die Gefahr begeben, wieder Schattenboxen zu betreiben«. Schlimmer war Gaus' weitere Feststellung: »Wir müssen unseren Dünkel gegenüber den DDR-Bemühungen ablegen, ihre – für uns nicht akzeptable – Definition von einer DDR-Nation zu entwikkeln. Der Dünkel ist gänzlich unangebracht.«[323]

Gaus' fragwürdige Ratschläge sind seinerzeit aus guten Gründen von Bundeskanzler Schmidt nicht aufgegriffen und in der Presse teilweise heftig kritisiert worden[324]. Anders Ansgar Skrivers Handlungsanweisung: »Die Art und Weise, wie verantwortliche Politiker eine Gelegenheit versäumt haben, die Erfahrungen des Deutschlandpolitikers Günter Gaus aufzugreifen, in Einzelheiten zu bestätigen oder zu kritisieren, weist auf geistige Erstarrung, auf Stillstand hin, auf die Unfähigkeit, Grenzen zu überschreiten von einer gescheiterten *Wieder*vereinigung zur nationalen Utopie einer künftigen *Neu*vereinigung zweier souveräner deutscher Staaten.«[325]

Die eklatanten Fehleinschätzungen der deutschen Frage und der inneren Situation der DDR durch prominente Repräsentanten der EKD und die einschlägigen Publikationsorgane ließen sich beliebig vermehren. Daher wäre es an der Zeit, daß die EKD gerade nach der Wiederherstellung der organisatorischen Einheit in Deutschland einmal selbstkritisch fragt, warum sie jahrzehntelang so ahistorisch argumentiert und sich über die nationalen und politischen Vorstellungen der Mehrheit der DDR-Bevölkerung so eklatant hinweggesetzt hat. Die am 17. Januar 1990 nach einer Klausurtagung vom Beauftragten der EKD und des Bundes der Evangelischen Kirchen in der DDR in Loccum veröffentlichte und von Bischof Martin Kruse und Landesbischof Werner Leich unterzeichnete »Gemeinsame Abschlußerklärung« reicht keinesfalls aus, den notwendigen selbstkritischen Denkprozeß auszulösen.

Daß hier gerade auf bundesdeutscher Seite ein gehöriger Nachholbedarf besteht, offenbarte das *Zeit*-Forum über die Rolle der Protestanten unter der SED-Diktatur, an dem unter anderen Jürgen Schmude teilgenommen hat und hier die Gelegenheit gehabt hätte, das verfehlte Status-quo-Denken der EKD zu bedauern. Statt dessen plädierte er für eine Neuformulierung des »Sozialismus«-Begriffs, den das Honecker-Regime so diskreditiert habe, daß er zu einem »Schimpfwort«[326] geworden sei. Fundierte Beiträge zum Thema »Evangelische Kirche und Wiedervereinigung« hat in den letzten Monaten immer wieder der Theologe Richard Schröder geliefert, der als Vorsitzender der SPD-Fraktion der ersten frei gewählten Volkskammer der DDR fungierte und von der staatlichen Vereinigung bis zur ersten gesamtdeutschen Wahl dem Bundestag angehörte[327].

Aus neuen Veröffentlichungen geht hervor, daß der frühere Staatssicherheitsdienst der DDR die evangelischen Landes- und Freikirchen wesentlich stärker ausspioniert hat, als es bisher angenommen und zugegeben worden ist. Wesentliche Teile der Kirchengeschichte der Nachkriegszeit müssen nach der Veröffentlichung der einschlägigen Stasi-Akten neu geschrieben werden[328]. Der organisatorisch wiedervereinigten evangelischen Kirche in Deutschland bleibt die kritische Selbstprüfung nicht erspart.

Katholische Kirche

Die frühere DDR umschloß »das Kerngebiet lutherischer Reformation und protestantisch-preußischer Tradition«[329]. Im Zeitpunkt der Ausrufung der DDR am 7. Oktober 1949 gehörten mehr als achtzig Prozent der Einwohner einer der acht auf dem Territorium der DDR liegenden evangelischen Landeskirchen an. Knapp zwölf Prozent bekannten sich zum römisch-katholischen Glauben, überwiegend Flüchtlinge und Vertriebene, die aus Schlesien und dem ostpreußischen Ermland stammten. Bei der letzten Volkszählung 1964 bezeichneten sich noch knapp sechzig Prozent der Bürger als evangelisch und gut acht Prozent als katholisch. 1987 lebten nach Schätzungen nur noch eine Million Katholiken (knapp sechs Prozent) und gut fünf Millionen Protestanten (dreißig Prozent) in der DDR. Hinzu kamen rund 250 000 Angehörige evangelischer Freikirchen und sonstiger Religionsgemeinschaften; weniger als vierhundert gläubige Juden waren in acht jüdischen Gemeinden vereint. Nochmals sei daran erinnert, daß eine repräsentative Stichproben-Erhebung des Ost-Berliner Instituts für Sozialdatenanalyse im Mai 1990 unter der erwachsenen Bevölkerung 21 Prozent Protestanten und 3,6 Prozent Katholiken ergab[330].

Das Zentralkomitee der deutschen Katholiken, in dem die Laien im westdeutschen Katholizismus zusammengeschlossen sind und dem die deutschen Diözesen mit ihrer Laienarbeit, die bischöflichen Hauptstellen, Personal- und Sachverbände sowie Einzelpersonen angehören[331], hat seit Anfang der fünfziger Jahre immer wieder zur Problematik der Wiedervereinigung Deutschlands Stellung bezogen. So hieß es in einem Aufruf »Zur Wahl« vom 3. August 1953: »Wir können nur Abgeordnete einer Partei wählen, die eintritt für die Wiedervereinigung Deutschlands...« Am 23. November 1960 veröffentlichte das Zentralkomitee der deutschen Katholiken eine »Politische Erklärung«, in der es hieß: »Auch weiterhin wird die deutsche Politik alle Kraft aufwenden müssen, um Unfreiheit und aufgezwungene Spaltung zu überwinden.«[332]

Die Einheit der katholischen Kirche in Deutschland wurde zuletzt öffentlich sichtbar durch die Katholikentage 1952 und 1958 in Berlin und durch die St.-Elisabeth-Feier 1957 in Erfurt. Der Bau der Mauer in Berlin am 13. August 1961 hatte keine unmittelbaren kirchenrechtlichen Folgen, da das Bistum Berlin als Einheit erhalten blieb; am 20. Juni 1972 wurde es dem Apostolischen Stuhl unterstellt[333].

Während mit der Errichtung des Bundes der Evangelischen Kirchen in der DDR am 14. September 1969 die organisatorische Einheit der EKD aufgegeben wurde, hielt der Vatikan am Status quo der katholischen Kirche in Deutschland fest. Erst am 23. Juli 1973 entschloß sich Papst Paul VI., die Bischöflichen Kommissare in Schwerin, Magdeburg und Erfurt zu Apostolischen Administratoren zu ernennen, ohne daß jedoch die Bistumsgrenzen formal den Staatsgrenzen angepaßt wurden. Dies geschah nach der Unterzeichnung des deutschdeutschen Grundvertrags vom 21. Dezember 1972. Der Vatikan sah sich 1975 nochmals veranlaßt, die Tatsache der Existenz zweier Staaten in Deutschland insoweit zu akzeptieren, als er seinen neuen diplomatischen Vertreter nicht mehr als Nuntius in Deutschland, sondern als Nuntius der Bundesrepublik ernannte[334].

Das Zentralkomitee der deutschen Katholiken hielt auch in den sechziger Jahren am Gedanken der Wiederherstellung von »Freiheit und Einheit unseres gesamten deutschen Volkes« fest. Am 28. März 1969 veröffentlichte es eine »Politische Erklärung«, in der es hieß, »das natürliche und selbstverständliche Verlangen unserer Nation nach Zusammenleben muß sich nicht unbedingt in einem nationalen Einheitsstaat, sondern kann sich in einer Zeit, in der das nationalstaatliche Denken zurücktritt, auch in anderen aus freier politischer Selbstbestimmung entwickelten Strukturen verwirklichen«. Die Erklärung fügte aber unmißverständlich hinzu: »Daher bleiben die Prinzipien der politischen Freiheit, der Rechtsstaatlichkeit und der Selbstbestimmung für die Gestaltung unseres Verhältnisses zur DDR maßgebend. Die DDR ist weder durch die freie Zustimmung ihrer Bürger zustande gekommen, noch hat sie diese nachträglich erhalten. Das verbietet eine Legitimierung des Regimes im anderen Teil Deutschlands.«

Auch in den siebziger Jahren trat das Zentralkomitee der deutschen Katholiken prononciert für die »Freiheit für alle Deutschen« ein. So stellte die »Politische Erklärung« vom 22. Mai 1976 fest: »Es geht nicht nur um die Erhaltung der Freiheit für die Menschen in der Bundesrepublik Deutschland. Wir sind der ganzen Nation gegenüber verpflichtet, die Macht der Freiheit zu stärken.« Ähnlich äußerte sich die Erklärung vom 23. Mai 1980 anläßlich der Bundestagswahl.

In seinem Lagebericht vor der Vollversammlung des Zentralkomitees der deutschen Katholiken erklärte Präsident Hans Maier am 4. Mai 1984 mit Stolz, das Komitee sei fragwürdigen Entspannungsvorstellungen nicht gefolgt und habe stets den Vorrang der Freiheit vor der Einheit betont. Doch in der zweiten Hälfte der achtziger Jahre unterlag selbst dieses Gremium zumindest kurzfristig der Versuchung, dem »Zeitgeist« nachzulaufen. Am 16. Oktober 1986 veröffentlichte die Kommission »Politik, Verfassung, Recht« des Zentralkomitees einen vielbeachteten programmatischen Diskussionsbeitrag zum Thema »Nation – Nationalstaat« mit einer Erklärung des Präsidenten Maier, in dem wiederum die These von der Priorität der Freiheit vor der Einheit vorgetragen wurde, um hinzuzufügen: »Für die Mehrheit der Menschen in der DDR ist die Wiedergewinnung der ersehnten politischen Freiheit kaum anders vorstellbar als im Wege der Wiedervereinigung zu einem gesamtdeutschen freiheitlichen Verfassungsstaat. Das bleibt auch die Hoffnung der Deutschen in der Bundesrepublik.«[335]

Sodann knüpfte die Stellungnahme an die bereits zitierte »Politische Erklärung« vom 28. März 1969 mit dem Hinweis an, das natürliche und selbstverständliche Verlangen unserer Nation nach Zusammenleben müsse »sich nicht unbedingt in einem nationalen Einheitsstaat . . . verwirklichen«. Vorbehaltlos wurde aber auch jetzt auf das Recht des deutschen Volkes auf Selbstbestimmung verwiesen. Damit erübrigte sich für das Zentralkomitee, sich mit der irrealen Argumentation der SPD auseinandersetzen zu müssen, ein deutscher Nationalstaat Bismarckscher Prägung dürfe nicht wiedererstehen. Die Bevölkerung der DDR neigte weder vor noch nach dem 9. November 1989 dazu, die politischen und gesellschaftlichen Verhältnisse des Kaiserreiches wiederaufleben zu lassen. Auch stellte niemand die Zugehörigkeit Elsaß-Lothringens zu Frankreich in Frage.

Im Gegensatz zu repräsentativen Aussagen der EKD verdeutlichte das Zentralkomitee der deutschen Katholiken bereits 1988 mehrfach, daß es auf die sich anbahnenden Ereignisse in der DDR wesentlich besser vorbereitet war. So sagte Hans Maier auf der Vollversammlung des Zentralkomitees am 29./30. April 1988, die Teilung Deutschlands sei unnatürlich, und fuhr fort: »Die Hoffnung der Deutschen diesseits und jenseits der willkürlichen Trennungslinie ist die Wiedervereinigung zu einem gesamtdeutschen freiheitlichen Verfassungsstaat. Sie wachzuhalten und zu stärken, gehört auch zu den Aufgaben katholischer Laienarbeit. Im übrigen wäre die Last der Teilung leichter zu tragen, wenn auch in der DDR politische Freiheit herrschte . . . Das herauszustellen und immer wieder dafür einzutreten, daß endlich auch die Deutschen in der DDR ihr Recht auf Selbstbestimmung verwirklichen können, muß eine vorrangige Aufgabe in der Deutschland-Politik sein.«

Ähnlicher Formulierungen bediente sich Maier in seinem Bericht zur Lage vor der Vollversammlung des Zentralkomitees am 18./19. November 1988, als er ausführte: »Unsere Hoffnung diesseits und jenseits der willkürlichen und nach wie vor blutigen Grenze ist die Einheit in einem gemeinsamen freiheitlichen Verfassungsstaat . . .« Rita Waschbüsch, die Nachfolgerin Hans Maiers an der Spitze des Zentralkomitees der deutschen Katholiken, nahm dessen Formulierung auf und betonte in ihrem Bericht zur Lage vor der Vollversammlung dieses Gremiums am 5./6. Mai 1989, die Hoffnung der Deutschen auf beiden Seiten der willkürlichen Trennungslinie sei »ein gemeinsamer freiheitlicher Verfassungsstaat«. Und in einem Interview der Katholischen Nachrichten-Agentur vom 14. Juni 1989 fügte sie hinzu, heute gehe es um die Überwindung der europäischen Teilung, um Freiheit und Selbstbestimmung auch für die Menschen und Völker in Mittel-Osteuropa. Wer das wolle, »der darf das geteilte Deutschland nicht davon ausnehmen und den Deutschen das Recht auf Selbstbestimmung nicht versagen«[336].

So stand die römisch-katholische Kirche dem Konzept »Kirche im Sozialismus« des Bundes der Evangelischen Kirchen in der DDR immer skeptisch gegenüber. Im »Interesse der pastoralen Sorge für die in doppelter Diaspora lebende ›kleine Herde‹ von Katholiken in der DDR« verhielt sie sich in der Öffentlichkeit weithin politisch abstinent, nahm »nur in seltenen Ausnahmefällen kritisch und nie positiv Stellung zu gesellschaftlichen Verhältnissen in der DDR«[337]. Angesichts des sich zuspitzenden Konflikts zwischen dem SED-Regime und der Mehrheit der DDR-Bevölkerung Ende der achtziger Jahre sahen sich die katholischen Bischöfe in der damaligen DDR genötigt, sich der offenen Auseinandersetzung mit den gesellschaftlichen Problemen zu stellen[338]. Dies fiel ihnen – im Vergleich zur EKD und zu führenden Vertretern des Bundes der Evangelischen Kirchen in der DDR – insofern sehr viel leichter, als sie es bis dahin vermieden hatten, sich mit der DDR-Führung zu arrangieren.

Auch wenn man über das Konzept »Kirche im Sozialismus« streiten kann, bleibt unverzeihlich, daß maßgebliche Repräsentanten der EKD den berechtigten »Antikommunismus in Kirche und Gesellschaft« als »eine Wurzel der Unversöhnlichkeit und ein Haupthindernis für Frieden und Verständigung mit der Sowjetunion«[339] bezeichnet haben. In völliger Verkennung der inneren Situation der früheren Mitgliedstaaten des Warschauer Paktes hatten diese protestantischen Analytiker keine Skrupel zu empfehlen, »die unterschiedlichen Ursprünge und Ausprägungen der Menschenrechtstradition in Ost und West« anzuerkennen. Das Ende des »Ostblocks« mit der Überwindung des dort praktizierten menschenrechtswidrigen »Sozialismus« ist auch ein Triumph für das herkömmliche Menschenrechtsverständnis, dessen historische Wurzeln lange vor der Entstehung des Ost-West-Konflikts gelegt wurden. Auch darüber sollte die EKD in Zukunft ein wenig nachdenken.

Es waren »nicht zuletzt katholische Historiker, die der nationalen Frage der Deutschen auch zu Zeiten Beachtung geschenkt und Bedeutung beigemessen hatten, da dies wenig populär erschien. Die Überwindung des Kommunismus war nicht allein eine Frage machtpolitischer, sondern auch geistiger und moralischer Auseinandersetzung – und schließlich Überlegenheit.«[340] Diese klare Position kam auch immer wieder auf den jährlichen Generalversammlungen der »Görres-Gesellschaft zur Pflege der Wissenschaft« zum Ausdruck; das gilt vornehmlich für die Sektionen Rechts- und Staatswissenschaft sowie Geschichte.

Daß die EKD – nicht nur Präses Schmude – und führende Repräsentanten des Bundes der Evangelischen Kirchen in der DDR mit dem Ende des »real existierenden Sozialismus« im ersten – und letzten – »Staat der Arbeiter und Bauern auf deutschem Boden« so große Schwierigkeiten hatten, ist schon schlimm genug. Wie wenig die EKD bereit war, sich auf die neue Situation in Deutschland einzustellen, offenbarte sie bei der Vorbereitung des 24. Deutschen Evangelischen Kirchentags Anfang Juni 1991 im Ruhrgebiet, des größten protestantischen Laientreffens seit dreißig Jahren auf gesamtdeutscher Ebene, als sie es nicht für nötig befand, den thüringischen Landesbischof Werner Leich einzuladen. Leich war in der entscheidenden Phase der Krise und Unruhe in der DDR, also während und nach der gewaltlosen Revolution, Vorsitzender des Bundes der Evangelischen Kirchen in der DDR (1986 bis 1990). Er gehörte zu den wenigen, die sich für die rasche staatliche und kirchliche Einheit Deutschlands eingesetzt hatten[341]. Präsident dieses Kirchentages war – um es noch einmal zu wiederholen – Erhard Eppler.

Bund der Vertriebenen

In den Jahren von 1944 bis 1950 verloren durch Flucht und Vertreibung 12,5 Millionen Menschen aus Ostdeutschland, dem Sudetenland und den südosteuropäischen Siedlungsgebieten ihre Heimat, von denen bis 1950 7,9 Millionen in Westdeutschland und 4,065 Millionen in Mitteldeutschland Aufnahme fanden. Nachdem sich bereits am 9. April 1949 die auf Länderebene organisierten interessenpolitischen Vertriebenen-Verbände zum »Zentralverband der vertriebenen Deutschen« unter Linus Kater zusammengeschlossen hatten, vollzogen am 24. August 1949 die auf Bundesebene organisierten heimatpolitischen Verbände diesen Schritt unter dem Namen »Vereinigte Ostdeutsche Landsmannschaften« unter Rudolf Lodgman von Auen. Beide Verbände grenzten im »Göttinger Abkommen« vom 20. November 1949 ihre Tätigkeitsfelder im Sinne einer Arbeitsteilung voneinander ab. Nach der Unterzeichnung der Charta der deutschen Heimatvertriebenen am 5. August 1950 wurde am 18. November 1951 der »Bund der vertriebenen Deutschen« gegründet, in dem der Zentralverband aufging. Nach dem Beitritt weiterer Landsmannschaften und Straffung der Organisation wurden am 18. August 1952 die »Vereinigten Ostdeutschen Landsmannschaften« in den »Verband der Landsmannschaften« überführt.

Der Bund der Vertriebenen – Vereinigte Landsmannschaften und Landesverbände (BdV) wurde am 27. Oktober 1957 nach Fusionsverhandlungen zwischen dem »Verband der Landsmannschaften« und dem »Bund der vertriebenen Deutschen« mit Georg Baron Manteuffel-Szoege und Linus Kater als gleichberechtigten Vorsitzenden gegründet. Erster Präsident wurde nach der endgültigen Konstituierung am 14. Dezember 1958 der CDU-Bundestagsabgeordnete Hans Krüger. Nach der Wahl Krügers zum Bundesminister der Vertriebenen am 16. Oktober 1963 wurde Wenzel Jaksch, Mitglied der SPD-Bundestagsfraktion, am 1. Februar 1964 zum neuen BdV-Präsidenten gewählt. Jaksch verunglückte am 27. November 1966 tödlich; sein Nachfolger wurde Reinhold Rehs, gleichfalls Mitglied des Bundestags. Seit dem 15. März 1970 steht dem BdV Herbert Czaja als Präsident vor, der dem Bundestag zehn Wahlperioden ab 1953 ununterbrochen angehört hat[342].

Die in der Satzung des Bundes der Vertriebenen vom 27. Oktober 1957 umrissenen Ziele basieren auf der Charta der deutschen Heimatvertriebenen vom 5. August 1950. Danach tritt der BdV unter anderem »für die Verwirklichung der Menschenrechte, des Selbstbestimmungsrechtes, des Rechtes auf die Heimat . . ., für die Wahrung der nationalen und staatlichen Einheit Deutschlands, für die Wiedervereinigung aller Teile Deutschlands in Freiheit und Frieden, für eine friedliche Ordnung der Staaten und Völker in einem freien und geeinten Europa . . .«[343] ein.

Kritiker des BdV pflegten vor der Unterzeichnung des »Vertrags zwischen der Bundesrepublik Deutschland und der Republik Polen über die Bestätigung der zwischen ihnen bestehenden Grenze« (Grenzvertrag) vom 14. November 1990 gern zu übersehen, daß die Satzung des BdV von der »Wiedervereinigung aller Teile Deutschlands . . .« spricht und keine ausdrückliche Festlegung auf die Wiederherstellung der staatlichen Einheit Deutschlands in den Grenzen vom 31. Dezember 1937 enthält. Diese flexible Formel war nicht nur weise und zukunftsgerichtet, sondern entsprach darüber hinaus den Aussagen des Grundgesetzes vom 23. Mai 1949 und der Rechtsprechung des Bundesverfassungsgerichts zur territorialen Reichweite der Verfassung[344].

Trotzdem war es legitim, daß der BdV bis zur Unterzeichnung des Zwei-plus-Vier-»Vertrags über die abschließende Regelung in bezug auf Deutschland« vom 12. September 1990 mit der Aussage, das vereinte Deutschland und die Republik Polen werden die »zwischen ihnen bestehende Grenze in einem völkerrechtlich verbindlichen Vertrag« bestätigen, für eine Offenhaltung der Grenzfrage eingetreten ist. Erinnert sei nochmals daran, daß sich die Hauptsiegermächte des Zweiten Weltkriegs in ihren entscheidenden Abmachungen über den Rechtsstatus Deutschlands 1944/45 vorbehalten haben, die Grenzen Deutschlands später festzulegen; in den Potsdamer Beschlüssen vom 2. August 1945 wurde die endgültige Festlegung der Ostgrenze Deutschlands bis zu einer Friedensregelung aufgeschoben. Ebensowenig wie die drei Westmächte und die UdSSR 1945 eine Garantie übernommen hatten, den Gebietsstand Deutschlands in den Grenzen vom 31. Dezember 1937 wiederherzustellen, taten dies die drei Westmächte in dem am 5. Mai 1955 in Kraft getretenen Deutschland-Vertrag[345].

Wilhelm G. Grewe hat in einem 1991 verfaßten Beitrag wiederum mit Nachdruck betont, daß die drei Westmächte weder 1952/54 noch früher oder später jemals bereit gewesen seien, »eine Verpflichtung zur Wiederherstellung eines deutschen Staates in den Grenzen von 1937 zu übernehmen. Das war auch den deutschen Verhandlungspartnern bekannt. Wiedervereinigung bedeutete daher im Deutschlandvertrag stets nur die Zusammenführung von Bundesrepublik, DDR und Berlin.«[346] Grewe fügt jedoch hinzu, daß bis zu der abschließenden Regelung in bezug auf Deutschland die Grenzen von 1937 als ein »verhandlungsrechtliches Ausgangsdatum, nicht aber als ein verbindliches Zieldatum dienen: alle Vertragspartner des Deutschlandvertrages erkannten an, daß sie rechtlich nicht geändert oder beseitigt worden waren; keiner von ihnen – auch die Bundesrepublik nicht – war verpflichtet, sie als verbindliches Verhandlungsziel anzusehen. Die Grenzfrage war bis zur Vereinigung Deutschlands offen.«

Der rasche Einigungsprozeß und die günstige internationale Konstellation ließen – um es zu wiederholen – der Bundesregierung 1990 gar keine andere Wahl, als sich von Anfang an damit abzufinden, daß das vereinte Deutschland nur die Gebiete der Bundesrepublik Deutschland, der DDR und ganz Berlins umfassen wird. Wichtig ist die Feststellung im Vertrag über die abschließende Regelung in bezug auf Deutschland vom 12. September 1990, daß »die Bestätigung des endgültigen Charakters der Grenzen des vereinten Deutschland« ein »wesentlicher Bestandteil der Friedensordnung in Europa«[347] sei. Die Frage, warum der Vertrag hierbei offenläßt, »durch welche konstitutiven Akte die territoriale Souveränität auf die neuen Gebietsherren übergeht oder bereits übergegangen ist«[348], braucht hier nicht geprüft zu werden.

Eines der großen Verdienste des Bundes der Vertriebenen liegt darin, daß er frühzeitig namhafte deutsche Staats- und Völkerrechtler zur Mitarbeit herangezogen hat, um die komplizierten Rechtsfragen, die bis zur staatlichen Wiedervereinigung Deutschlands bestanden, sachkundig behandeln zu lassen. Dies gilt vor allem für die Zeit, als Reinhold Rehs als BdV-Präsident fungierte, und für den Nachfolger Herbert Czaja. Die beim BdV bis heute bestehende Studiengruppe für Politik und Völkerrecht, die seit 1974 von der von Odo Ratza umsichtig geleiteten Kulturstiftung der deutschen Vertriebenen betreut wird, hat auf zahlreichen Tagungen Fragen der Rechtslage Deutschlands kontrovers diskutiert. Dankenswerterweise hat die Kulturstiftung die Ergebnisse dieser Erörterungen jeweils in Sammelbänden veröffentlicht; wegweisende Studien wurden auch im Rahmen der »Forschungsbeiträge« der Kulturstiftung bis in die jüngste Zeit publiziert. Nützlich und informativ sind gleichfalls die vom Bund der Vertriebenen herausgegebenen mehrbändigen »Erklärungen zur Deutschlandpolitik« und »Materialien zu Deutschlandfragen – Politik und Wissenschaftler nehmen Stellung«[349].

Deutscher Gewerkschaftsbund

Das Kapitel »DGB und die deutsche Frage« ist kein erfreuliches. Die friedliche Revolution in der DDR hat die DGB-Führung in eine noch größere Ratlosigkeit als die Repräsentanten der evangelischen Kirchen in beiden Staaten Deutschlands versetzt. Mit Ausnahme der beiden »antikommunistischen« Gewerkschaften IG Bergbau und Energie sowie IG Chemie, Papier, Keramik im DGB ging der bundesdeutschen Gewerkschaftsführung weitgehend die kritische Einstellung gegenüber dem »real existierenden Sozialismus« in der DDR ab. Man träumte von »dritten Wegen« der DDR oder einer Umwandlung des dort praktizierten »Sozialismus« in einen »demokratischen Sozialismus«. Eine sachliche und kritische Beurteilung des DDR-»Systems« erschwerten sich führende Gewerkschaftsfunktionäre auch durch ihre unbegründete und überspitzte Kritik an der politischen, wirtschaftlichen und sozialen Ordnung der Bundesrepublik.

Bis in die Mitte der sechziger Jahre hat es der am 13. Oktober 1949 in München gegründete Deutsche Gewerkschaftsbund an klaren Bekenntnissen zur Wiederherstellung der staatlichen Einheit Deutschlands nicht fehlen lassen. Die vom DGB-Bundesvorstand jeweils zum 1. Mai erlassenen Aufrufe richteten sich auch an »unsere Brüder und Schwestern in der sowjetisch besetzten Zone Deutschlands«[350]. Die Aufrufe zum 1. Mai 1956 und 1. Mai 1957 konkretisierten die Formel aus den Vorjahren insofern, als nun betont wurde, wie in den vergangenen Jahren »erheben wir auch an diesem 1. Mai eindringlich unsere Stimme für die *Wiedervereinigung unseres Volkes* und unseres Landes.

Auch unser Volk hat und behält sein Recht auf Selbstbestimmung. Es muß wieder zusammenkommen, was zusammengehört.«[351]

Der Aufruf zum 1. Mai 1957 stellte die Forderung, Deutschland wiederzuvereinigen, sogar an den Anfang, um sie als »unser erstes und größtes Anliegen« zu bezeichnen, »mit dem wir uns am 1. Mai dieses Jahres an alle Mitglieder unserer Gewerkschaften, an alle Arbeiter, Angestellten und Beamten wenden«[352]. Gleichzeitig trat der DGB mit einer gesonderten »Erklärung zur Wiedervereinigung Deutschlands« hervor, in der es hieß, der DGB und die in ihm vereinten Gewerkschaften »betrachten es als vornehmste Pflicht, zu der für Deutschland so entscheidenden Frage der Wiedervereinigung Stellung zu nehmen«. Mit Recht wies man darauf hin, die UdSSR habe dem deutschen Volke das Selbstbestimmungsrecht streitig gemacht und die Durchführung freier demokratischer Wahlen zu einer gesamtdeutschen Volksvertretung nicht zugelassen. Die gewaltsame Trennung Deutschlands schaffe »eine dauernde Gefährdung des Weltfriedens und birgt große Gefahren für das friedliche Zusammenleben der Völker in sich«. Wichtig war der weitere Hinweis: »Die Oberschicht der politischen Funktionäre, die heute Mitteldeutschland beherrscht, widersetzt sich einer Wiedervereinigung auf demokratischer Grundlage mit allen Mitteln. Sie weiß, daß sie von der großen Mehrheit der Bevölkerung scharf abgelehnt wird.«[353]

Zutreffend wurde in der DGB-Erklärung zur Wiedervereinigung Deutschlands hinzugefügt, eine demokratische Wahl würde offenbaren, »daß die Regierung das Vertrauen der Bevölkerung, besonders der Arbeitnehmer, nicht besitzt. Ihre Macht beruht ausschließlich auf der Diktatur des Parteiapparates, der von der Sowjetunion politisch gelenkt und von den sowjetischen Truppen gestützt wird, wie die Ereignisse des 17. Juni 1953 der Welt bewiesen haben.«

Auch die Aufrufe zum 1. Mai 1958, 1959, 1960 und 1961 enthielten ausdrücklich die Forderung, die Einheit Deutschlands wiederherzustellen[354]. Die tiefe Zäsur, die der 13. August 1961 in der Entwicklung der Deutschland-Frage bildet, wirkte sich auch auf die Mai-Aufrufe des DGB ab 1962 aus. Während der Aufruf zum 1. Mai 1962 die Berliner Mauer als »eine Verhöhnung der Menschenrechte« bezeichnete und anschließend die »Forderung auf eine fortschreitende Demokratisierung in Staat, Wirtschaft und Gesellschaft, auf Verwirklichung einer gerechten Sozialordnung, auf Selbstbestimmung der Völker und auf Sicherung von Frieden und Freiheit«[355] erhob, bündelte der DGB in seinem Mai-Aufruf aus dem Jahre 1963 innen- und außenpolitische Fragen in unzulässiger Weise. Darin hieß es: »Über uns allen, die wir Tag für Tag mit Fleiß und Gewissenhaftigkeit unsere Pflicht tun, liegen die Schatten innen- und außenpolitischer Vorgänge, liegt die Drohung der Atombombe und eines alles vernichtenden Krieges. Die Berliner Mauer bedrückt uns. Die Pläne für eine Notstandsgesetzgebung machen uns mißtrauisch.«[356]

Anzuerkennen ist, daß die DGB-Führung schnell erkannte, daß sie mit diesem Passus die bisherige klare Linie in der Deutschland-Politik verlassen und von der notwendigen staatlichen Wiedervereinigung des Landes gar nicht mehr gesprochen hatte. Um diese Zweifel auszuräumen, verabschiedete der Außerordentliche Bundeskongreß des DGB am 22. November 1963 ein neues Grundsatzprogramm mit einer überzeugenden deutschlandpolitischen Aussage: »Die Gewerkschaften fordern die Verwirklichung des Rechtes auf Selbstbestimmung auch für das deutsche Volk. Die Wiedervereinigung Deutschlands ist Voraussetzung für eine friedliche Ordnung Europas. Berlin bleibt die Hauptstadt Deutschlands.«[357]

Der Aufruf zum 1. Mai 1964 zeichnete sich durch die Kritik am DDR-»System« und das Bekenntnis zur staatlichen Wiedervereinigung aus: »Aus einem Teil Deutschlands sind Freiheit und Menschenwürde verbannt. Die Sorgen unseres Alltags werden den Deutschen Gewerkschaftsbund nicht davon abbringen, die Wiedervereinigung Deutschlands als die vornehmste Aufgabe aller verantwortungsbewußten Staatsbürger zu betrachten. An diesem 1. Mai bekräftigen wir unsere Verpflichtung, alles in unserer Macht Stehende zu tun, um die Einheit Deutschlands in Frieden und Freiheit zu erreichen.«[358]

Seit 1965 hält es der DGB-Bundesvorstand nicht mehr für opportun, in seinen Mai-Aufrufen die Problematik der ungelösten deutschen Frage anzusprechen. Das gilt gleichfalls für die Aktionsprogramme aus den Jahren 1971, 1972, 1979 und 1988[359]. Von dem veränderten Deutschland-Bild des DGB legte dann das vom 4. Außerordentlichen Bundeskongreß vom 12. bis 14. März 1981 in Düsseldorf verabschiedete neue Grundsatzprogramm, das dasjenige aus dem Jahre 1963 ablöste, Zeugnis ab. Jetzt genügte dem DGB die

Feststellung, die Gewerkschaften »fordern die Verwirklichung des Rechts auf Selbstbestimmung auch für das deutsche Volk«[360]. Die beiden dann folgenden Sätze aus dem Grundsatzprogramm von 1963, die ein Bekenntnis zur Wiedervereinigung enthielten, wurden ersatzlos gestrichen: »Die Wiedervereinigung Deutschlands ist Voraussetzung für eine friedliche Ordnung Europas. Berlin bleibt die Hauptstadt Deutschlands.«

Daß der DGB endgültig 1981 vom Wiedervereinigungspostulat Abschied nahm, war kein Zufall. In den Jahren von 1972 bis zum November 1989 hatte der DGB einen »friedenspolitischen Dialog« mit dem FDGB der DDR gepflegt. Daß der 4. Außerordentliche Bundeskongreß des DGB Mitte März 1981 in Düsseldorf das Bekenntnis zur Wiederherstellung der staatlichen Einheit ohne Diskussion aus seinem Grundsatzprogramm verbannte[361], offenbarte das Ausmaß der deutschlandpolitischen Kursänderung des DGB. Heinz Oskar Vetter, Vorsitzender des DGB, meinte 1979, »die staatliche Teilung Deutschlands« sei »eine beinahe vertraute alte Erscheinung unserer Geschichte ... Der deutsche Nationalstaat ist – in historischen Dimensionen gesehen – fast beinahe so wie eine Episode gewesen.«[362]

Vetter hatte keine Skrupel, »die großen Träume von der Einheit der Nation ein wenig zu relativieren«. Doch begnügte er sich nicht damit, sein fragwürdiges Geschichtsverständnis, mit dem er sich in guter politischer und wissenschaftlicher Gesellschaft befand, darzulegen, sondern fügte noch hinzu: »Gerade weil beide deutsche Staaten sich auf gegensätzliche Gesellschaftssysteme stützen, spielt die Konkurrenz dieser beiden Systeme im Bewußtsein der Deutschen eine entscheidende Rolle. Welcher der beiden deutschen Staaten humaner, attraktiver für die Bewohner beider Staaten ist, dies spielt – wenn ich es richtig sehe – die entscheidende Rolle für das gemeinsame nationale Bewußtsein.«

Es ist schon erstaunlich, wie falsch selbst der DGB-Vorsitzende das DDR-»System« und das Bewußtsein der Mehrheit der dort lebenden Bevölkerung eingeschätzt hat. Ernst Breit, der 1982 Vetter an der Spitze des DGB abgelöst hat, zeigte sich 1989 mit den historischen, politischen und rechtlichen Grundlagen der deutschen Frage noch weniger vertraut. Aus der Feststellung, die Existenz beider deutscher

Staaten umfasse bereits mehr als ein Drittel der fast hundertzwanzig-jährigen deutschen Nationalgeschichte seit 1871, folgerte er, die deutsche Zweistaatlichkeit sei »mittlerweile in der politischen Dis-kussion unumstritten«[363]. Gegen die Verfechter des aus der Präambel des Grundgesetzes hergeleiteten Wiedervereinigungsgebots und die These, die Wiedervereinigung Deutschlands sei auch heute noch das vordringlichste Ziel der deutschen Politik, wandte Breit ein, er glaube nicht, daß eine solche politische Zielvorgabe realistisch sei: »Die Herstellung der staatlichen Einheit Deutschlands kann deshalb kein aktuelles Ziel bundesdeutscher Politik sein.«[364]

Angesichts dieser historischen und politischen Fehleinschätzungen und der Verkennung der DDR-Wirklichkeit konnte es nicht ausblei-ben, daß die DGB-Führung von den Ereignissen im Herbst 1989 in der DDR völlig überrascht wurde. Sich auf die neue Situation einzu-stellen, fiel vor allem jenen Spitzenfunktionären schwer, denen die Kontakte zum FDGB der DDR den Blick für die »System«-Unter-schiede verstellt hatten. So plädierte der Vorsitzende der IG Metall, Franz Steinkühler, noch in seiner programmatischen Rede auf dem 16. ordentlichen Gewerkschaftstag seiner Organisation im Oktober 1989 in Berlin für einen »dritten Weg« der DDR, der zwischen der untergegangenen Kommandowirtschaft und der Wirtschaftsord-nung der Bundesrepublik liegen solle. Zwar sprach er von »Stali-nismus« und »stalinkommunistischer Befehlswirtschaft«; entschie-den setzte sich Steinkühler jedoch für eine eigenständige Entwick-lung in der DDR ein, die sich am Programm eines demokratischen Sozialismus orientieren sollte. Die IG Metall war bereit, »den FDGB-Reformern zu helfen, lehnte aber die Perspektive einer deutschen Einheit noch entschieden ab«[365].

Die zeithistorische Wahrheit gebietet festzuhalten, daß von den siebzehn Mitgliedsgewerkschaften des DGB die IG Bergbau und Energie immer an der Überzeugung festgehalten hat, demokratische Gewerkschaften könnten »nur als Gegner kommunistischer Parteien funktionieren. Sie brauchte sich nach dem Zusammenbruch der SED-Diktatur keine selbstkritischen Fragen über ihre Ostpolitik zu stellen, wie das der Vorsitzende der Gewerkschaft Erziehung und Wissen-schaft, Dieter Wunder, mit folgenden Worten tat: »Mein Eindruck: Wir haben uns nicht immer hinreichend die Gründe für die Beziehungen zu den Staatsgewerkschaften klargemacht. Zwar war jedem die System-Verschiedenheit bewußt ... Sind wir mit Kritik an der kommunistischen Diktatur und ihren Menschenrechtsverletzungen nicht manchmal sehr zurückhaltend gewesen ...?«[366]

Einen mit der IG Bergbau und Energie vergleichbaren Kurs verfolgte die IG Chemie, Papier, Keramik mit ihrem Vorsitzenden Hermann Rappe[367]. Es ist das Verdienst des Berliner Soziologen Manfred Wilke, in mehreren materialreichen Studien differenziert aufgezeigt zu haben, in welchem Umfang mächtige Einzelgewerkschaften im DGB die antikommunistische Zielsetzung und damit die freiheitlich-demokratischen Grundüberzeugungen aufgegeben haben[368]. Daß dieses Weltbild vornehmlich jüngere DGB-Funktionäre vertreten hatten, kann sie nicht entschuldigen. Schließlich war der Blick führender DGB-Repräsentanten für die DDR-Realitäten insofern getrübt, als das gültige DGB-Grundsatzprogramm noch immer die grundsätzliche Zielbestimmung gewerkschaftlicher Politik »aus dem Interessengegensatz von Kapital und Arbeit bestimmt und jenseits des Kapitalismus sucht«[369].

Auch der Berliner Sozialwissenschaftler Hans-Hermann Hertle, der gleichfalls unmittelbar nach der Wende Zugang zum FDGB-Archiv erhielt und streng vertrauliche Akten des Vorstandes des ehemaligen DDR-Gewerkschaftsbundes auswerten konnte, gelangte zu dem Ergebnis, der DGB habe seit 1972, dem Jahr der ersten Spitzenbegegnung zwischen dem DGB-Vorsitzenden Vetter und dem führenden FDGB-Funktionär Herbert Warnke, »fernab von den demokratischen Bewegungen in der Gesellschaft der DDR« den demokratischen Umbruchprozeß verschlafen und sei erst wieder aufgewacht, als es um das FDGB-Vermögen gegangen sei[370].

Ungeheuerlich erscheint die Tatsache, daß der Berliner DGB noch zur Teilnahme an einer gemeinsamen Kundgebung zum 1. Mai 1990 mit dem FDGB und der SED-Nachfolgepartei PDS aufgerufen hat. Angesichts der Tatsache, daß der FDGB nur als »Transmissionsriemen« der SED gedient hat, ist es nicht erstaunlich, daß der DGB beim Aufbau eigener gewerkschaftlicher Strukturen in den neuen Bundesländern auf erhebliche Schwierigkeiten gestoßen ist[371].

Für die DDR-Bevölkerung war sehr viel wichtiger, daß die bundesdeutsche Wirtschaft auf die gewaltlose Revolution und den sich bald anbahnenden Einigungsprozeß wesentlich besser vorbereitet war als die sich an den Status quo und ihre Kooperation mit dem FDGB klammernde DGB-Führung. Zu demselben repräsentativen Band, in dem Ernst Breit 1989 sein fragwürdiges historisches und verfassungspolitisches Verständnis ausgebreitet hat[372], hat Klaus Murmann, Vorsitzender der Bundesvereinigung der Deutschen Arbeitgeberverbände, einen Beitrag mit dem programmatischen Titel »Zwischen Auftrag und Utopie – Die Bedeutung des Wiedervereinigungsgebotes für die Wirtschaft« beigesteuert. Zutreffend geht er davon aus, die in der Präambel sowie im Artikel 146 (Geltungsdauer) des Grundgesetzes zum Ausdruck gebrachte Perspektive verdeutliche die Kontinuität, in der die jüngste deutsche Verfassung stehe. Aus Gorbatschows Reformpolitik erwachse die Hoffnung, daß auch das deutsche Volk eines nicht mehr allzu fernen Tages vom Recht auf Selbstbestimmung Gebrauch machen könne, um die Trias zu realisieren: Vorrang der Menschenrechte, demokratisches Staatswesen und staatliche Einheit.

Im Gegensatz zu Ernst Breit bejaht Murmann die vom Bundesverfassungsgericht im Grundvertrags-Urteil vom 31. Juli 1973 ausgesprochene Verpflichtung für alle Staatsorgane, mit rechtlich zulässigen Mitteln die Bundesrepublik Deutschland und die DDR wieder zu einer staatlichen Einheit zusammenzuführen. Schließlich – und auch darin unterscheidet sich Murmann nicht nur vom früheren DGB-Vorsitzenden, sondern auch von zahlreichen namhaften bundesdeutschen Politikern und Wissenschaftlern – stellt er fest, in der Geschichte sei nichts unabänderlich: »Solange der feste Wille vorhanden ist, die politische Landschaft Europas in Frieden so zu entwickeln, daß das deutsche Volk in freier Selbstbestimmung seine Einheit wiedererlangt, wird dieses Ziel eines Tages auch erreicht werden können ... Die bloße Anerkennung der Teilung Europas und Deutschlands ist dem Wunsch von der Überwindung der Realitäten gewichen. Hieran auch weiterhin aktiv mitzuwirken ist Aufgabe aller, der Politik ebenso wie der Wirtschaft.«[373]

Abschließend läßt sich feststellen, daß der DGB – ebenso wie die meisten hohen Repräsentanten der evangelischen Kirchen in Deutschland – die inneren Verhältnisse der DDR falsch eingeschätzt hatte. Schlimmer noch ist die mangelnde Bereitschaft führender

DGB-Funktionäre, einmal selbstkritisch Bilanz zu ziehen und zuzugeben, daß der »real existierende Sozialismus« in der DDR ebensowenig reformierbar war wie die politischen »Systeme« der anderen früher zum Warschauer Pakt gehörenden Staaten. Ernst Breits im Frühjahr 1990 verfaßte Analyse »Gewerkschaften in der Kritik – Rückblick und Ausblick« fehlt es an jeder selbstkritischen Reflexion[374]. Daß der DGB mit dieser Borniertheit nicht durchkommt, zeigen Peter Seidenecks Darlegungen »Die soziale Einheit gestalten – Über die Schwierigkeiten des Aufbaus gesamtdeutscher Gewerkschaften«, in denen der Referatsleiter für europäische Gewerkschaftspolitik beim DGB-Bundesvorstand feststellt, auch die westdeutschen Gewerkschaften »werden sich nicht davor drücken können, ihre Haltung gegenüber der demokratischen Opposition in der Zeit vor der ›Wende‹ selbstkritisch zu überprüfen. Der Jurist Rolf Henrich aus Eisenhüttenstadt brachte es auf den Punkt, als er dem DGB vorwarf, ›zu lange mit Tisch am Tisch‹[375] gesessen zu haben ... Die Unterstützung der Demokratiebewegung wurde vernachlässigt – erst sehr spät erkannte man die Chancenlosigkeit des Unterfangens, den FDGB zu reformieren.«[376]

Die Fehleinschätzungen der DDR – und speziell des FDGB – durch den DGB ähneln denen der SPD-Führung bis zum Herbst 1989. Die Führungen des DGB und mehrerer Einzelgewerkschaften wären gut beraten, wenn sie schnell und umfassend über das Ausmaß ihrer Kooperation mit DDR-Organisationen informieren, ehe sie von den nun zugänglichen Dokumenten überrascht werden.

7.
Die öffentliche Diskussion

Nachdem Nikita S. Chruschtschow im November 1958 die Welt mit seinem Berlin-Ultimatum aufgeschreckt und die zweite schwere Berlin-Krise provoziert hatte, war erst einmal die Zeit für illusionäre Deutschland-Pläne vorbei. Im Frühjahr und Sommer 1959 scheiterte die für über dreißig Jahre letzte Konferenz der Außenminister der vier Mächte in Genf, und in der amerikanischen Führung unter Präsident Eisenhower zeigten sich bereits jene Tendenzen, die dann Präsident Kennedy nach seinem Amtsantritt im Januar 1961 zur »Strategie des Friedens« entwickelte. Kennedys Konzept ging zumindest vom vorläufigen Fortbestand des Status quo und des sowjetischen Machtbereiches in Europa aus und zielte nicht auf eine Beseitigung, sondern auf eine Veränderung der kommunistischen Herrschaft. Die Art, wie die amerikanische Führung auf den Bau der Mauer in Berlin am 13. August 1961 reagierte, legte eindringlich Zeugnis von diesem Status-quo-Denken ab[1].

Im Rahmen dieser Studie ist schon darauf hingewiesen worden, daß sich die oppositionelle SPD in der ersten Hälfte der sechziger Jahre besser auf die neuen politischen Einsichten und internationalen Konstellationen einzustellen wußte als die Regierungsverantwortung tragende CDU/CSU. Als Egon Bahr am 15. Juli 1963 in Tutzing seine These »Wandel durch Annäherung« zu definieren suchte, berief er sich ausdrücklich auf die von Präsident Kennedy verkündete »Strategie des Friedens«[2]. Die offizielle Bonner Deutschland-Politik ließ jedoch weder in der Endphase der Kanzlerschaft Adenauers noch unter seinen Nachfolgern Erhard und Kiesinger Zweifel am Wiedervereinigungswillen aufkommen. Aus deutscher Sicht bestand auch überhaupt keine Veranlassung, sich der von Präsident Kennedy Anfang 1961 eingeleiteten und von seinem Nachfolger Johnson ab Ende 1963 fortgeführten Status-quo-Politik kritiklos unterzuordnen. Und Bundeskanzler Erhard war – um es noch einmal zu sagen – gut beraten, sich am 3. Dezember 1963 ausdrücklich von Adenauers zwar originellem, aber zweifelhaftem »Burgfrieden«-Angebot zu distanzieren, da es die Aspekte von Freiheit und Einheit Deutschlands auf unzulässige Weise voneinander trennte[3].

Nach der Erörterung der offiziellen Deutschland-Politik sowie der Positionen der Parteien und wichtiger gesellschaftlicher Organisationen stellt sich die Frage, wie sich die öffentliche Diskussion über die Problematik der Wiederherstellung der staatlichen Einheit Deutschlands seit Anfang der sechziger Jahre entwickelt hat. Dabei geht es einmal um die die offizielle Politik stets begleitende Publizistik. Auch wenn zwischen publizistischen und wissenschaftlichen Beiträgen nicht immer scharf zu differenzieren ist, wird im anschließenden Kapitel der Versuch gemacht, zumindest die drei wichtigsten betroffenen wissenschaftlichen Disziplinen gesondert zu behandeln.

Es versteht sich von selbst, daß im folgenden die während der letzten drei Jahrzehnte geführte öffentliche Diskussion um eine staatliche Wiedervereinigung Deutschlands weder systematisch noch umfassend rekapituliert werden kann. Doch ist es nicht ohne Reiz, wenigstens einige Entwicklungslinien nachzuzeichnen und dabei auch einige repräsentative literarische Aussagen zu erfassen. Das wichtigste Ergebnis dieser Analyse liegt darin, daß sich die bundesdeutschen Medien zu einem guten Teil im Verlauf der sechziger Jahre mit dem Status quo in Europa und damit auch in Deutschland weitgehend abgefunden hatten.

Eng damit verknüpft ist die Frage, in welchem Umfang die zahlreichen politischen Bildungsstätten in der Bundesrepublik diesem Status-quo-Denken gefolgt sind. Und schließlich muß auch gefragt werden, welchen Stellenwert die Problematik der Wiederherstellung der staatlichen Einheit Deutschlands in den Schulbüchern einnahm.

Die Verfechter des Status quo und damit auch der Aufrechterhaltung der Teilung Deutschlands machten – wie darzulegen sein wird – vornehmlich historische und sicherheitspolitische Argumente geltend. Am fragwürdigsten erscheinen jene Analytiker, die sich nicht mit der staatlichen Teilung Deutschlands begnügt, sondern auch noch der alten DDR-These Vorschub geleistet haben, es entwickelten sich zwei unterschiedliche Nationen in Deutschland. Von diesen Argumentationslinien sind jene zu unterscheiden, die aus ihrem falschen oder unzutreffenden DDR-Bild den Fehlschluß zogen, in beiden Staaten Deutschlands finde ein »Wettstreit der Systeme« statt, in dem die DDR durchaus die Chance habe, mit einem modifizierten »Sozialismus« ihre Eigenständigkeit zu bewahren. Auch hier gilt es, zwischen den von publizistischer und wissenschaftlicher Seite vorgetragenen Fehlurteilen über die DDR zu differenzieren. Dies geschieht in den Kapiteln 9 und 10.

Publizistik

Als Willy Brandt am 28. Oktober 1969 als erster Bundeskanzler der Bundesrepublik Deutschland der DDR die Staatsqualität attestierte und bewußt die Formel »Wiedervereinigung« vermied, ohne dem deutschen Volk das Recht auf Selbstbestimmung abzusprechen, war dieser grundlegende deutschlandpolitische Positionswechsel in der Publizistik gut vorbereitet. Ja, vielen ungebetenen Ratgebern der SPD/FDP-Bundesregierung ging Brandts Status-quo-Denken noch nicht weit genug. Erinnert sei nochmals daran, daß Brandt prononciert den Gedanken der Einheit der deutschen Nation betont hat und ein innerdeutsches Sonderverhältnis zu schaffen bestrebt war.

In der ersten Hälfte der sechziger Jahre hielt sich die deutschlandpolitische Diskussion auf der nichtamtlichen Ebene in Grenzen. Das sollte sich ab 1965 gründlich ändern. Am Ende der Adenauer-Ära waren es vornehmlich Karl Jaspers und Golo Mann, die die deutschlandpolitische Diskussion anzuregen vermochten.

Zuvor muß jedoch daran erinnert werden, daß es Bundeskanzler Adenauer war, der am 19. März 1958 dem sowjetischen Botschafter André A. Smirnow seinen brisanten Vorschlag unterbreitet hatte, über den er im dritten Band seiner erst nach seinem Tod 1967 erschienenen »Erinnerungen« berichtet hat. Adenauer bat Smirnow, an die sowjetische Regierung folgende Frage zu richten: »Wären Sie bereit, der Sowjetzone den Status Österreichs zu geben . . .? Es müßte der Bevölkerung in der Sowjetzone die Möglichkeit gegeben werden, so zu leben, wie sie es wünsche . . .«[4]

Vor dem Bundestag trug Adenauer am 20. und 25. März 1958 diesen Gedanken vor, als er erklärte: »Mir liegt am Herzen – und ich hoffe, auch Ihnen –, daß wir endlich dazu kommen, daß die siebzehn Millionen Deutschen hinter dem Eisernen Vorhang so leben können, wie sie wollen.« Adenauer fügte hinzu: »Darum glaube ich – ich habe das auch der sowjetrussischen Regierung mitteilen lassen –, wir sollten diese ganze Frage nicht nur unter nationalen oder nationalistischen Aspekten oder Aspekten des Machtbereichs, sondern unter dem Gesichtspunkt betrachten, daß dort siebzehn Millionen Deutsche zu einer Lebens- und Denkungsweise gezwungen werden, die sie nicht wollen.«[5]

Und fünf Tage später, am 25. März, sagte Adenauer vor dem Bundestag, niemand »denkt daran – das möchte ich ausdrücklich auch für die Bundesregierung erklären, und ich habe es auch dem Botschafter Smirnow erklärt –, Rußland in die Ordnung seiner eigenen Angelegenheiten irgendwie hineinzureden. Wir wollen von Rußland doch nur das, was uns speziell angeht, das es diese siebzehn Millionen Deutscher nach ihrem eigenen Willen leben läßt. Mehr wollen wir ja gar nicht.«[6]

Adenauer hatte zuvor den Vorsitzenden der CDU/CSU-Bundestagsfraktion, Heinrich Krone, und Verteidigungsminister Strauß über seine Sondierungen bei Smirnow informiert. Vor dem Bundestag ging dann Strauß am 20. März 1958 – wie dargelegt – sehr viel weiter als der Bundeskanzler, indem er erklärte, es sei doch weniger die Wiedervereinigung im Sinne der Wiederherstellung der staatlichen Einheit Deutschlands, es sei doch mehr das Herzensanliegen der Wiederherstellung demokratischer und menschenwürdiger Zustände in diesem Gebiet, worum es gehe[7].

Auf die Diskussion in der deutschen Öffentlichkeit hatten Adenauers ostpolitische Sondierungen überhaupt keine Auswirkungen. Als Karl Jaspers zwei Jahre später in einem vielbeachteten Aufsatz ganz im Sinne der Anregung Adenauers »gegen die nationalstaatliche Wiedervereinigungslösung und für eine zu Österreich analoge Entwicklung der DDR« plädierte, fielen alle Parteien über ihn her. Adenauer schwieg und enthüllte seine Bemühungen erst 1967, im dritten Band der »Erinnerungen«.[8]

In einem Rundfunk-Interview hatte Jaspers am 10. August 1960 erklärt, er sei seit Jahren der Auffassung, »daß die Forderung der Wiedervereinigung nicht nur irreal ist, sondern politisch und philosophisch in der Selbstbesinnung irreal«[9]. Zur gleichen Zeit verdeutlichte Jaspers seine Gedanken in einer zunächst in der Wochenzeitung *Die Zeit* veröffentlichten Aufsatzserie. Jetzt wurde er konkret: »Während das Grundrecht eines Volkes auf Freiheit nie verspielt werden kann, kann das Recht auf den Umfang eines nationalen Staats in der Tat verspielt werden.« Jaspers folgerte: »Wenn in einer kommenden Situation die Freiheit zu gewinnen möglich wäre ohne Wiedervereinigung, so wäre das allein Wesentliche erreicht. Hätte Österreich seine Freiheit gewonnen, wenn es das Recht des Anschlusses an Deutschland durch freie Selbstbestimmung erhoben hätte? Gewiß nicht. Der Anschluß ist ihm verboten, und es ist doch frei.«

Wichtig war Jaspers' einschränkende These, ». . . erst die Freiheit, dann die Einheit, sagt nicht: Statt Einheit die Freiheit, sondern stellt die Rangordnung fest: die politische Freiheit ist eine absolute, die Wiedervereinigung eine relative Forderung. Wiedervereinigung und Freiheit sind nicht Gegensätze, aber voneinander trennbare Ziele.«[10]

Ebenso wie Bundeskanzler Adenauer übersah auch Jaspers die unterschiedlichen Ausgangspositionen Österreichs und der SBZ/DDR. Die sowjetische Besatzungszone Österreichs hat bis zum Ende der Besetzung des Landes 1955 nie zu dem von Stalin geschaffenen »Ostblock« gehört, während die DDR für Moskau bis zur staatlichen Vereinigung Deutschlands unter politischen und wirtschaftlichen, militärischen und geostrategischen Aspekten der wichtigste Partner war. Hätten die Nachfolger Stalins Ende der fünfziger Jahre oder später der DDR-Bevölkerung das Selbstbestimmungsrecht gewährt, hätte dies weitreichende Auswirkungen auf die übrigen Mitglieder des Warschauer Paktes gehabt.

Aus den gleichen Gründen mußte auch Adenauers Vorschlag scheitern, über den er am 3. Oktober 1963, einige Tage vor seinem Rücktritt, in einem Fernseh-Interview berichtet hat. Er habe Chruschtschow gefragt, »ob wir nicht einen Burgfrieden für zehn Jahre schließen sollten und nach zehn Jahren dann eine Abstimmung erfolgen könnte. Voraussetzung: daß es auch während der zehn Jahre für die Menschen in der Sowjetzone größere Freiheiten gäbe als jetzt.«[11] Hier zeigt sich deutlich, welchen Stellenwert die Freiheit der Menschen in der DDR auf der deutschlandpolitischen Prioritätenliste Adenauers inzwischen eingenommen hatte. Bedenklich war, daß der Bundeskanzler die weitreichende Konzession, für einen Zeitraum von zehn Jahren die Wiedervereinigung auszuschließen, nur mit der Forderung an den Kreml verband, in der SBZ »größere Freiheiten« zu gestatten. Dieser Komparativ war zumindest mißverständlich. Daß die sowjetische Reaktion auf Adenauers Vorschlag negativ ausfiel, konnte wegen der zwangsläufigen Auswirkungen auf die übrigen Warschauer-Pakt-Staaten nicht überraschen. Die weitere Frage, ob es überhaupt zulässig gewesen wäre, das innere und äußere Recht der DDR-Bevölkerung auf Selbstbestimmung voneinander zu trennen, braucht hier nicht beantwortet zu werden, da sich das Recht auf Selbstbestimmung erst später von einem politischen Postulat zu einem rechtlichen Anspruch entwickelt hat.

Mit Nachdruck bleibt festzuhalten, daß für Adenauer neben »den menschlichen Nöten der deutschen Teilung« die »Erwartung einer künftigen Ost-West-Entspannung und die Spekulation auf notgedrungenes sowjetisches Einlenken die Hauptrolle« spielten. Von »kurzfristigen Wiedervereinigungs-Hoffnungen konnte zwar wie schon bislang nicht mehr die Rede sein, aber auf lange Sicht war er mit de Gaulle darin einig, daß Deutschland niemals eine Trennung als endgültig hinnehmen werde«, so Hans-Peter Schwarz. Und er fügt hinzu: »Der Kanzler blieb sich somit bis zum Schluß seiner Amtszeit treu: ein skeptischer Realist, für den die Sicherheit des freien Deutschlands Vorrang hatte, aber zugleich ein schon etwas altmodischer deutscher Patriot, für den die deutsche Einheit mehr bedeutete als bloß nostalgische Erinnerung an das zerbrochene Bismarck-Reich.«[12]

Adenauers deutschlandpolitische Überlegungen sind hier rekapituliert worden, um aufzuzeigen, daß »das Zerrbild vom ›letzten Mohikaner‹ des kalten Krieges, der sich einfallslos und rein defensiv am Status quo festklammert«, nicht mehr länger aufrechterhalten werden kann[13]. Adenauer hat ganz bewußt bis zum Ende seiner Amtszeit die deutsche Öffentlichkeit über seine weitreichenden deutschland-politischen Vorstöße und Initiativen nicht informiert und dabei das Risiko in Kauf genommen, der Unbeweglichkeit und Starrheit gezie-hen zu werden. Selbst »an sich gut informierte, wenn auch der CDU gegenüber alles andere als unvoreingenommene Journalisten wie Rudolf Augstein vom *Spiegel* oder Gräfin Dönhoff und Theo Sommer von der *Zeit* haben diese fabel convenue geglaubt und viele mindere Geister mit ihnen. Selbst ein Wissenschaftler wie Waldemar Besson, dem das Bonner Getriebe nicht fremd war, konnte noch 1970 schrei-ben, Adenauer habe in der Periode der Berlin-Krise nicht bemerkt, ›daß alle Mittel, die er politisch einsetzte, am Ende doch nichts an-deres als die Befestigung des Status quo bewirkten‹.«[14]

Als Adenauer dann im Oktober 1963 von seinem »Burgfriedens«-Angebot berichtete, bemerkten zumindest aufmerksame Analytiker, daß der damalige Bundeskanzler eine Politik im Auge hatte, die spä-ter mit der Formel »menschliche Erleichterungen« bezeichnet wor-den ist. Allerdings war Adenauer bei all seinen Überlegungen, Plänen und Initiativen immer nur bereit, den Status quo, also die Teilung Deutschlands, für eine bestimmte Frist hinzunehmen. Die Wieder-herstellung der staatlichen Einheit Deutschlands hat er nie aus den Augen verloren. Diese Position Adenauers muß festgehalten werden, da die meisten seit Mitte der sechziger Jahre von nichtamtlicher Seite unterbreiteten deutschlandpolitischen Vorschläge zunächst einmal den Status quo in Deutschland festschreiben wollten. Zuerst gilt es an den gleichfalls vieldiskutierten Beitrag »Hat Deutschland eine Zu-kunft?« in der *Zeit* vom 7. September 1962 aus der Feder Golo Manns zu erinnern, der wohl als einer der ersten vorgeschlagen hat, die Formel »Wiedervereinigung« durch die der »Neuvereinigung« zu ersetzen. Für Mann ist die staatliche Einheit Deutschlands verscherzt worden, »als man über alles Maß hinausging, als man über Deutsch-land zu einem germanischen Imperium gelangen wollte, als man den kleineren ostdeutschen Völkern und schließlich dem russischen Gi-ganten selber jede nationale Existenz bestreiten wollte«[15].

Auch er bezeichnete es als Nahziel, bessere, erträglichere, würdi-gere, freiere Lebensbedingungen in der SBZ zu erreichen. Von Ade-nauer und Karl Jaspers unterschied sich Golo Mann insofern, als er an eine modifizierte »Form von Sozialismus« in der SBZ glaubte, an einen Sozialismus »ohne die Perversitäten, . . . ohne die Ausschweifungen, die heute das Wirtschaftsleben in der Zone verhunzen und verderben . . .«[16]

Golo Mann erinnerte ebenfalls an die Existenz Österreichs, »das seiner Geschichte nach – und worauf es ja vor allem ankommt: seinem eigenen Bewußtsein nach – deutsch ist, heute aber doch wieder in selbständigen politischen Formen existiert und weiterhin existieren wird«. Außerdem sprach er sich aus für »Anerkennung des Kommunismus im allgemeinen als einer gegnerischen, geistigen, wirtschaftlichen Macht, die im ständigen Wandel begriffen ist, und genaueste Beobachtung des Wandels; Anerkennung jedenfalls dieser gegnerischen Macht als einer, mit der man irgendwie wird leben müssen, wenn man nicht mit ihr untergehen will . . . Konzentration auf das eine praktische, widerspruchslose Nahziel: die wirklichen Lebensbedingungen der Menschen, die in der Zone leben müssen, zu verändern, wobei ich keinerlei Verbesserung als gering achten würde.«[17]

Golo Manns Ausführungen sind deshalb so wichtig, weil sie die Aussagen vieler Analytiker vorweggenommen haben, die – wie er – damals und später geglaubt hatten, mit einer Politik des Status quo und des Verzichts auf die staatliche Wiedervereinigung menschlichere Verhältnisse in der SBZ erreichen zu können. Adenauer war realistisch genug zu wissen, daß nur mit Hilfe der sowjetischen Führung menschenwürdige Verhältnisse in der Zone hätten etabliert werden können. Daß dies wegen der Auswirkungen auf den übrigen »Ostblock« eine Illusion war, ist bereits festgestellt worden. Noch illusionärer war es allerdings, zu meinen, eine Abkehr von der Adenauerschen Deutschland-Politik und eine vorbehaltlose oder zumindest weitgehende völkerrechtliche Anerkennung der DDR seien die Voraussetzungen für eine innere Liberalisierung der DDR. Gleichzeitig wurde ab Mitte der sechziger Jahre in monographischen Studien und Zeitschriften-Aufsätzen die These entwickelt, Bonn solle auf eine nationalstaatliche Lösung der deutschen Frage gänzlich verzichten.

Theo Sommer, damals politischer Redakteur der *Zeit*, stellte 1966 geradezu jubilierend fest, die öffentliche Meinung sei den Politikern weit voraus: »Sie hat die geistige Wende von der Dogmatik zur Pragmatik längst vollzogen. Es wird in Deutschland wieder über Deutschland nachgedacht – nachgedacht über eine Politik, welche einerseits das atomare Patt zur politischen Offensive ausnützen und andererseits die kommunistische Ideologie korrumpieren könnte.«[18]

Sommer hatte mit Akribie die Beiträge einiger Politiker, Wissenschaftler und Publizisten zusammengetragen, um im Anschluß an Karl Jaspers' Überlegungen und unter Berufung auf Erich Müller-Gangloffs Studie »Mit der Teilung leben«[19] die These zu begründen, mit der die *Zeit* eine gute Zeit gelebt hat: »Ziel der deutschen Politik muß es sein, die Wiedervereinigung herbeizuführen, oder aber Zustände zu schaffen, die sie überflüssig oder ihr Ausbleiben erträglich machen.«[20] Mit Stolz verwies Sommer darauf, daß nicht nur die *Zeit*, sondern auch der *Spiegel*, die *Frankfurter Rundschau*, die *Süddeutsche Zeitung* und der *Kölner Stadt-Anzeiger* zu den »progressiven« Presseorganen gehörten. Sie unterlagen damals und später ebenso wie Golo Mann, Theo Sommer und die von ihm herangezogenen Autoren der Illusion, die Egon Bahr 1963 auf die Formel »Wandel durch Annäherung« gebracht hatte. Man meinte, durch eine beachtliche Aufwertung des SED-Regimes dieses veranlassen zu können, eine innere Liberalisierung in der DDR einzuleiten. Dies war auch die Position der meisten periodisch erscheinenden bundesdeutschen Zeitschriften der damaligen Zeit und später.

In seiner Studie »Das antiquierte Grundgesetz« plädierte Helmut Lindemann 1966 für »eine zeitgemäße Verfassung« und schloß eines Tages die Situation nicht aus, daß in der DDR der Wandel regiere, »während unsere politischen und gesellschaftlichen Formen versteinert sind. Träte dieser Fall ein, so würde die Verfassung eines etwa doch noch zustande kommenden gesamtdeutschen Staates weniger von der Bundesrepublik als von der Deutschen Demokratischen Republik bestimmt werden, gleichgültig ob diese dann ihren Namen zu recht oder zu unrecht trüge.«[21]

Ein wenig früher hatte Lindemann schon gemeint, es komme darauf an, den Deutschen klarzumachen, »daß die Wiederherstellung eines umfangreichen und möglichst mächtigen deutschen Nationalstaates nicht nur unmöglich, sondern nicht einmal erstrebenswert ist, weil sie mit hoher Wahrscheinlichkeit die Entstehung größerer Gebilde verhindern würde, die allein zeitgemäß und zudem unsern Interessen dienlicher sind«[22].

Helmut Lindemann wurde hier deshalb zitiert, weil er in der Folgezeit seine deutschlandpolitische Position immer wieder in verschiedenen Tageszeitungen zum Ausdruck gebracht hat. In der Rückschau
erscheint es geradezu skurril, wie man 1966 die Vorzüge des Grundgesetzes so relativieren und noch darüber hinaus glauben konnte,
eines Tages würde die DDR-Führung bei der Ausarbeitung einer
gesamtdeutschen Verfassung federführend sein. Auch hatte es Lindemann damals für denkbar gehalten, daß die UdSSR bereit sein
könnte, »der DDR eine einigermaßen freiheitliche Verfassung zuzu-
gestehen, sofern gleichzeitig der Verzicht auf die Wiedervereinigung
völkerrechtlich besiegelt würde«[23]. Vom Recht der Völker auf Selbstbestimmung scheint Helmut Lindemann 1965/66 noch nichts gehört
zu haben. Eine dauernde Besiegelung der Teilung Deutschlands war
völkerrechtlich damals und später nicht möglich.

In seinem Beitrag »Denken an Deutschland« zitierte Theo Sommer
Müller-Gangloffs These, Deutschland habe seine nationale Einheit
geschichtlich verspielt und keinen Anspruch auf Wiedervereinigung
mehr; eine gesamtdeutsche Zukunft werde es nicht mehr geben, nur
noch eine gemeindeutsche vor dem Hintergrund fortdauernder Teilung[24]. Allerdings vermied es Sommer, sich mit dieser unglaublichen
Aussage voll zu identifizieren. Bezeichnend war, daß er es nicht für
notwendig erachtet hat, Jaspers' wichtige Differenzierung zwischen
Freiheit und Einheit wiederzugeben. Sommer hielt es für richtiger,
auch aus einer Analyse von Karl Kaiser, damals Dozent für Internationale Beziehungen an der Harvard University, zu zitieren, die viele
gängige deutschlandpolitische Irrtümer und Klischees in sich vereinte.
So war es völlig unangemessen, vom »Versagen der Bundesrepublik,
den Realitäten der deutschen Teilung klar ins Auge zu sehen«[25], zu
sprechen. Das Bestreben der Bundesrepublik, ein endgültiges Einfrie-
ren des Status quo solange wie möglich zu verhindern, war legitim.
Wie unsinnig Kaisers Behauptung war, verdeutlichte beispielsweise
der Harmel-Bericht der NATO vom 14. Dezember 1967, in dem es
hieß, »eine endgültige und stabile Regelung in Europa ist ... nicht
möglich ohne eine Lösung der Deutschland-Frage, die den Kern der
gegenwärtigen Spannungen in Europa bildet ...«[26]

Auch ist Karl Kaiser insofern zu korrigieren, als kein amerikanischer Präsident seit 1945 bereit war, den Status quo und damit die

Teilung Europas zu legitimieren. Eine solche Politik wäre nämlich darauf hinausgelaufen, die Entstehung des »Ostblocks« vom Makel der Unrechtmäßigkeit zu befreien. Daher war auch Kaisers Kritik an der von Johann Baptist Gradl am 12. Mai 1963 vorgetragenen Ansicht, es sei »naiv zu glauben, wir könnten die Teilung Deutschlands dadurch überwinden, daß wir sie anerkennen«[27], verfehlt. Bundeskanzler Brandt und seine Nachfolger haben ab 1969 bewiesen, daß die Anbahnung innerdeutscher Beziehungen ohne eine völkerrechtliche Anerkennung der DDR möglich war.

In der bundesdeutschen Publizistik wurde damals und später die Hoffnung gehegt, mit einer auf Kooperation gerichteten Deutschland-Politik Bonns eine Liberalisierung der DDR erreichen zu können. Diese Illusion hat vor allem Peter Bender ständig in Büchern, Aufsätzen und Rundfunk-Kommentaren verbreitet. So meinte er in seiner 1964 erschienenen Studie »Offensive Entspannung«, der »Schlüssel für eine relative Freiheit im östlichen Deutschland liegt, wenn es ihn gibt, in Bonn«[28].

Karl Kaiser lebte gleichfalls von dieser Illusion, auch wenn er Bender vorwarf, nicht genügend zwischen reaktionären und progressiven Gruppen unter den DDR-Machthabern differenziert zu haben[29]. Ohne jeden Nachweis fügte Kaiser hinzu, möglicherweise seien die Gesprächspartner Bonns auf Ost-Berliner Seite auf Dauer nicht Ulbricht und Honecker, sondern »die nächstwichtige Schicht der weniger orthodoxen und flexibleren jungen Parteifunktionäre ...« Seine Erwartung einer neuen und beweglicheren Funktionärsschicht in der SED war zwar verfehlt, wurde aber auch von bekannten DDR-Forschern gehegt[30]. Immerhin hat sich Kaiser davor gehütet, Benders unsinnige These vom »Zwang zur Liberalisierung« (der DDR)[31] zu übernehmen. Unverständlich bleibt Kaisers Feststellung in Anlehnung wiederum an Bender, mit einer Liberalisierung werde das Regime für viele DDR-Bewohner annehmbarer, und bei vielen entfalle damit auch das Hauptmotiv für ihre Forderung nach einer Wiedervereinigung Deutschlands[32].

Wie unvorsichtig diese Aussagen damals waren, verdeutlicht die Tatsache, daß die überwiegende Mehrheit der DDR-Bevölkerung bis zur gewaltlosen Revolution im Herbst 1989 auf die von unkritischer bundesdeutscher Seite immer wieder prognostizierte innere Liberalisierung gewartet hat. Erstaunlich bleibt, daß selbst ein so sachkundiger und kritischer Kopf wie Theodor Eschenburg 1966 meinte, die rechtlich anerkannte Existenz würde der Staatsgewalt in der DDR erlauben, »die Herrschaft zumindest aufzulockern, wie es in Polen und Ungarn geschehen ist, da sie sich in ihrer Existenz nicht mehr unmittelbar bedroht zu fühlen braucht. Wenn die DDR nicht mehr von der Bundesrepublik und den westlichen Ländern in Frage gestellt wird, wird ihr ein wesentlicher Teil ihrer Argumentation genommen, dessen sie sich bisher für ihre Unterdrückungsmaßnahmen und Propaganda bedient hat.«[33] Wer so argumentierte, verkannte die totalitäre Natur des SED-Regimes, das um die Unterlegenheit der DDR gegenüber der Bundesrepublik Deutschland wußte, auch wenn die Ost-Berliner Propaganda stereotyp das Gegenteil behauptete. Eschenburgs weitverbreitete These wurde spätestens mit der Reaktion der DDR-Führung auf die »neue Deutschland-Politik« ab Herbst 1969 widerlegt.

In einem zentralen Punkt war Eschenburg realistischer als Kaiser, der seinen vielen Irrtümern 1966 auch noch jenen hinzufügte, die Herausforderung der DDR sei im Westen bisher nicht ernstgenommen worden: »Dies wird sich jedoch spätestens dann ändern, wenn es sich beim Herausforderer um ein reformiertes, prosperierendes und konsolidiertes Regime handelt.«[34] Leider hat Karl Kaiser damals und später niemals verraten, welche wissenschaftlichen Erkenntnisse ihn zu diesem Fehlurteil verleitet haben. Damit stellte er nämlich sogar jene DDR-Forscher – wie Ernst Richert und Peter Christian Ludz – in den Schatten, die den Aufstieg pragmatisch orientierter jüngerer Führungskräfte in Wirtschaft und Technik prophezeit sowie Macht und Einfluß der führenden Altfunktionäre in den Spitzengremien der SED bei weitem unterschätzt hatten[35].

Auch in der zweiten Hälfte der sechziger Jahre sind wichtige Beiträge in einschlägigen Büchern oder Zeitschriften und Zeitungen publiziert worden, die das zuvor gezeichnete Deutschland-Bild vervollständigt oder mit neuen Konturen versehen haben. In vielen Sammelbänden kehrten damals einige der genannten Autoren wieder, um stereotyp zu verkünden, die Teilung Deutschlands sei eine gute und vielleicht sogar gerechte Sache. Aber von nun an meldeten sich auch bekannte Wissenschaftler und Publizisten, denen der Atem in der deutschen Frage frühzeitig auszugehen begann. Dies geschah keinesfalls nur mit »liberalen« oder dem »linken« Lager zuzurechnenden Analytikern.

Ein seltsames Geschichtsverständnis offenbarte beispielsweise Hans Heigert in seinem 1967 erschienenen Buch »Deutschlands falsche Träume oder: Die verführte Nation«. Der Band enthält eine Fülle historischer Mißverständnisse, Fehlurteile und Klischees. So wandte sich Heigert gegen jene Autoren, die immer davon ausgegangen waren, daß erst die Einheit Deutschlands Entspannung in Europa zu bringen vermag, da die Ursachen der Spannung, nämlich die Spaltung Deutschlands, beseitigt werden müßten. Auch wenn diese These aufgrund der Umorientierung der amerikanischen Außenpolitik Ende der fünfziger Jahre und vor allem dann unter Präsident Kennedy und dessen Nachfolgern aufgegeben worden ist, blieb sie richtig. Schon damals gehörte es zum guten Ton, die immer übertrieben dargestellten Ängste des Auslands vor einem wiedervereinigten Deutschland zu schüren. Immerhin erkannte Heigert, daß ein vereintes, aber neutrales Deutschland in der Mitte Europas nicht denkbar sei[36].

Doch welche Lösung der deutschen Frage hatte Hans Heigert anzubieten? »Deutsche Staatsräson müßte unentwegt und mit nicht aufhörendem Nachdruck danach drängen, daß den Bürgern in der DDR ein möglichst großes Maß von Freiheit und Recht und Selbstbestimmung zu gewähren sei ... Die ›Einheit‹ dürfte kaum den Nachbarn und den Weltmächten abzutrotzen sein. Hingegen scheint die Freiheit für die Bürger in Deutschland durchaus möglich zu sein, am Ende freilich wohl nur unter der Bedingung, daß sich die beiden deutschen Staaten nicht vereinigen.«[37]

Selbstverständlich war auch für Heigert in der DDR »inzwischen durchaus so etwas wie ein Staatsbewußtsein entstanden. Es könnte sein, daß die meisten Bürger dieses anderen Teils Deutschlands inzwischen gar nicht mehr daran denken mögen, ihren Staat einfach aufzulösen ...«[38] Woher wußte das Hans Heigert eigentlich so genau? Diese Spekulationen dienten ihm nur dazu, die beiden Ziele Freiheit und Einheit voneinander zu trennen, wobei er noch Karl Jaspers insofern unzureichend zitiert hat, als nach dessen »Rangordnung« die politische Freiheit eine absolute, die Wiedervereinigung eine relative Forderung gewesen war[39].

290

Für Heigert waren keine Umstände mehr denkbar, »auch nicht mit der weitreichendsten Phantasie, die eine Aufhebung und Vereinigung der beiden deutschen Staaten möglich machen könnten. Wer dies nicht sehen will, der verdirbt und zersetzt das Staatsgefühl der Bundesbürger, weil er ihnen immerzu weißmachen will, was sie gar nicht mehr glauben können, nämlich daß eine größere Erfüllung noch ausstehe.«[40] Mit dieser Fehlprognose stand Heigert, der lange Zeit von München aus das ARD-Magazin »Report« moderiert hat, nicht allein. Und aufgrund dieser Einschätzung der deutschen Situation war es in der Tat nicht erstaunlich, daß die politische Führung und die parlamentarische Opposition, ein Großteil der Medien und auch die Bevölkerung auf die Wende in der DDR so schlecht vorbereitet waren. Daß ausgerechnet Heigerts Absage an eine wie auch immer geartete Vereinigung Deutschlands damals den Beifall der *Zeit* fand, war wiederum bezeichnend.[41]

Hans Heigert wechselte später in die Chefredaktion der *Süddeutschen Zeitung*, die ihm die Möglichkeit bot, sein verbohrtes Geschichtsverständnis und seine Unkenntnis der deutschen Frage in Leitartikeln zu artikulieren. So meinte er 1984: »Die Neuerrichtung *eines* großen deutschen Staates, noch dazu ›Wiedervereinigung‹ genannt, kann kein reales Ziel von deutschen Vorstellungen sein. Sie ist auch kein Grundrecht, dem etwa alle anderen Staaten sich zu beugen hätten, notfalls durch Anordnung eines internationalen Gerichts.«[42]

Immerhin hatte Heigert in knapp zwanzig Jahren gelernt, daß Selbstbestimmung ein Grundrecht sei, und die Deutschen (West) hätten deshalb eine gute Legitimation, für ihre Landsleute (Ost) die vorenthaltene Selbstbestimmung zu fordern: »Sie hat viel höheren Rang als die ›Einheit‹. Zugespitzt: Einheit ohne Selbstbestimmung ist ein Widerspruch in sich selbst, doch Selbstbestimmung *ohne* Einheit ist denkbar, nämlich wenn sie anders für die Deutschen in der DDR nicht zu haben ist.«[43]

Heigert hatte seine Überlegungen ohne den Wirt, sprich: die Mehrheit der DDR-Bevölkerung, gemacht. Er war 1984 außerstande, sich eine Lösung der deutschen Frage unter dem Motto Freiheit und Einheit, eingebettet in die europäische Integration, auch nur theoretisch vorzustellen. Arroganz und Ignoranz verriet er mit seinem Hinweis: »Der Appell des Grundgesetzes, das einschlägige Urteil von

Karlsruhe, alle möglichen Schwüre zur deutschen Einheit – man lasse sie liegen, wo sie hingehören: in den Prozeßakten der Vergangenheit.«[44] Schade, daß sich die politische Redaktion der *Süddeutschen Zeitung* dies antun ließ!

Wie sehr nicht nur in der Publizistik, sondern auch in der Wissenschaft in der zweiten Hälfte der sechziger Jahre die Ansicht vordrang, es sei opportun, vom Gedanken an die nationalstaatliche Lösung der deutschen Frage Abschied zu nehmen, bezeugen zahlreiche Veröffentlichungen. So kann es kein Zufall gewesen sein, daß unter anderem in zwei repräsentativen, 1969 und 1970 erschienenen Sammelbänden die deutsche Frage von Autoren dargestellt wurde, in deren politischer Phantasie ein aus der Bundesrepublik Deutschland, der DDR und ganz Berlin gebildetes vereintes Deutschland unvorstellbar war.

Marion Gräfin Dönhoff widmeten 1969 26 Autoren einen viele politische Bereiche absteckenden Band mit dem anspruchsvollen Titel »Das 198. Jahrzehnt – Eine Team-Prognose für 1970 bis 1980«. Hier hatte Theo Sommer wieder Gelegenheit, seine These »Geteilt, aber nicht getrennt« vorzutragen, um sie jetzt ein wenig abzuwandeln: »Die Wiedervereinigung wird auch im besten Falle eine Sache von Jahrzehnten sein, nicht von Jahren. Und auch da darf man sich nichts vormachen oder vormachen lassen: So schön sie wäre, so natürlich wir sie empfinden mögen, im letzten Grunde ist sie doch verzichtbar, ist sie abdingbar.«[45]

Auch in diesem Beitrag offenbarte Sommer, daß er das totalitär verfaßte System der DDR nicht zu erkennen bereit war. Er wollte nicht einsehen, daß keine Bundesregierung über die Machtmittel verfügte, die SED-Führung zu einer Liberalisierung der DDR zu veranlassen. Was sollte Walter Ulbricht und ab 1971 Erich Honecker bewegen, das System nach den Wünschen der Mehrheit der Bevölkerung freiwillig so zu verändern, daß das Fundament für die Einpartei-Herrschaft weggerissen worden wäre? Um das zu erreichen, bedurfte es erst eines Michail Gorbatschow.

Demselben Sammelband hat der Bonner Politikwissenschaftler Karl Dietrich Bracher einen Beitrag mit dem Titel »Die zweite Demokratie – Emanzipation vom Gestern« beigesteuert, in dem er wohl erstmals seine Probleme mit einer nationalstaatlichen Lösung der deutschen Frage offenlegte. So schrieb er: »Der Vorbehalt der Wiedervereinigung, Leitbild einer nationalstaatlich rückwärts gewandten Deutschlandpolitik, die vielleicht nie realistisch, jedenfalls Mitte der fünfziger Jahre endgültig gescheitert war, muß durch die Bereitschaft zu konkurrierender Kooperation der beiden deutschen Staaten ersetzt werden.«[46]

Doch nicht genug damit: Bracher meinte, die Bundesrepublik »befand und befindet sich jedoch in einem ideologisch übertünchten, darum doppelt gefährlichen Widerspruch zu illusionären, nationalstaatlichen Wiedervereinigungsthesen – illusionär im Blick sowohl auf die internationale wie auf die innerdeutsche Entwicklung«. Für einen Zeithistoriker waren dies zugleich kühne und realitätsferne Überlegungen, die die Neigung dieser wissenschaftlichen Zunft – wie noch darzulegen sein wird – verriet, nicht im Sinne Rankes die Vergangenheit zu analysieren, sondern gewagte und verfehlte Prognosen abzugeben.

Bracher entschloß sich 1970, selbst einen Sammelband anläßlich der 25jährigen Wiederkehr des Endes des Zweiten Weltkriegs herauszugeben. In seinem Vorwort brachte er nochmals sein Unbehagen an der politischen Ordnung der Bundesrepublik Deutschland zum Ausdruck. Notwendig sei, »nicht nur die Strukturen des Obrigkeitsstaats zu überwinden, sondern auch die Erbschaft der deutschen Vergangenheit, das Scheitern des nationalstaatlichen Reiches zu bewältigen und die Konsequenzen in der Deutschland- und Grenzfrage anzuerkennen. Erst der Abschied vom ›Provisorium‹ des unerfüllten Nationalstaats wird die zweite Republik aus dem unpolitischen Zwischenzustand eines ökonomisch-militärischen Schutzgebildes, das unter dem Vorbehalt traditioneller Staats- und Gesellschaftsvorstellungen steht, in das Definitivum einer freiheitlich-sozialen Demokratie führen.«[47]

Hier gab Bracher wiederum einen schlechten Rat, der zwar dem »Zeitgeist« entsprach, einem Historiker und Politikwissenschaftler aber schlecht zu Gesicht stand. Die Bundesrepublik konnte sich überhaupt nicht vom »Provisorium des unerfüllten Nationalstaats« verabschieden, solange die DDR dank Moskauer Hilfe existierte. Ende der sechziger Jahre von der Notwendigkeit zu sprechen, »die Strukturen des Obrigkeitsstaats zu überwinden«, verriet gleichfalls nicht viel

Realitätssinn. Zur Jahreswende 1969/70 hatte das Grundgesetz seine Bewährungsprobe längst bestanden. Wer das damals nicht zu glauben vermochte, wurde spätestens 1990, als sich der Einigungsprozeß ausschließlich im Rahmen des Grundgesetzes vollzog, eines Besseren belehrt.

Wie sehr Bracher bestrebt war, seine ahistorische These von der »illusionären, nationalstaatlichen Wiedervereinigung« in seiner »Deutschland-Bilanz« zu verankern, zeigt die Tatsache, daß er ausgerechnet Hans Lindemann darin »Überlegungen zur Bonner Deutschlandpolitik 1945–1970« anstellen ließ. Dieser prognostizierte, das Bewußtsein, derselben Nation anzugehören, werde immer schwächer werden, »falls nämlich die beiden deutschen Staaten sich gesellschaftspolitisch immer weiter auseinanderleben«. Dazu werde die allgemein abnehmende Bedeutung des Nationalstaates noch beitragen. Die Deutschland-Politik der siebziger Jahre könne »nicht mehr auf die Wiederherstellung der nationalstaatlichen Einheit ausgerichtet sein«[48].

Alle diese Behauptungen waren verfehlt. Und schlecht beraten war Karl Dietrich Bracher auch insofern, als er Sebastian Haffner den Band mit einem Beitrag – »Die bedingungslose Integration« – eröffnen ließ, der der Bonner Außen- und Deutschland-Politik und vor allem Bundeskanzler Konrad Adenauer in keiner Weise gerecht wurde, was vom Autor auch nicht zu erwarten war.

Die Liste prominenter Autoren und minderer Geister, denen bereits in den sechziger Jahren der historische Atem ausgegangen war und die sich eine nationalstaatliche Lösung der deutschen Frage nicht mehr vorzustellen vermochten, ließe sich beliebig erweitern. Hier sei nur noch auf zwei Publikationen aus dem Jahre 1969 hingewiesen, die in hervorragender Weise die deutschlandpolitischen Irrtümer und Mißverständnisse vor der »Wende« im Herbst 1989 verdeutlichten. So veröffentlichte ein Deutschlandpolitischer Arbeitskreis, dem unter anderen Leonhard Froese, damals Erziehungswissenschaftler an der Universität Marburg, und Karl Dietrich Bracher angehörten, »30 Thesen für eine neue Deutschlandpolitik«. Diese Studie, der die juristische Fundierung fehlte, machte wiederum fälschlicherweise Adenauer den Vorwurf, seine Politik der Westintegration habe »in der Konsequenz ... eine Wiedervereinigung der westlichen und der östlichen Hälfte Deutschlands zu einem nationalen Gesamtstaat« ausgeschlossen, da sie »gleichzeitig die fortschreitende Eingliederung der neugegründeten DDR in ein osteuropäisches System förderte«[49]. Doch nicht genug mit dieser Unterstellung. Gleichzeitig wurde behauptet, in der Konsequenz seien alle sowjetischen Verhandlungsvorschläge ignoriert worden und der Abschluß des deutsch-alliierten Vertragswerkes von 1952/54 hätte »die endgültige Spaltung Deutschlands und den Ausbau eines sozialistischen Staates DDR zur Folge« gehabt. Mit großem Wohlwollen wurde Stalins Deutschland-Politik betrachtet – allerdings unter Außerachtlassung der Fakten. So war es nicht erstaunlich, daß die Thesen davon ausgingen, »von einem politisch wirksamen gesamtdeutschen Nationalbewußtsein« könne kaum gesprochen werden. Längst habe sich in der DDR »ein separates Staatsbewußtsein herausgebildet, hinter dem ein übergeordnetes gesamtdeutsches Zusammengehörigkeitsgefühl im Sinne einer Nation verblassen mußte«[50]. Keine dieser weitreichenden Aussagen wurde empirisch belegt. Aus der Überschätzung der wirtschaftlichen und sozialen »Errungenschaften« der DDR wurde auch noch empfohlen, in Europa »eine Friedensordnung unter Berücksichtigung der Teilung Deutschlands und Europas in kapitalistische und sozialistische Staaten« anzustreben[51].

Als die sozial-liberale Bundesregierung im Herbst 1969 ihre »neue Deutschland-Politik« verkündete, war sie gut beraten, die Marburger »30 Thesen für eine neue Deutschlandpolitik« ebensowenig zu berücksichtigen wie die am 17. Juni 1969 veröffentlichte »Denkschrift für eine realistische Deutschlandpolitik«, mit der die Signatare auf die Wahl des Deutschen Bundestags vom 28. September 1969 Einfluß zu nehmen suchten. Diese bereits erwähnte Denkschrift, die zahlreiche Wissenschaftler, Politiker und Publizisten unterzeichnet hatten, verstand gleichfalls unter einer »realistischen Deutschlandpolitik« die Hinnahme des Status quo mit der völkerrechtlichen Anerkennung der DDR. Auch hier fehlte jeder Hinweis, daß nicht Bundeskanzler Adenauer, sondern Stalins Politik in den Jahren 1945 bis 1949 die Verantwortung für die spätere Spaltung Deutschlands trug.[52]

Besonders gefährlich waren die Überlegungen dieser Denkschrift, da sie dafür plädierte, West-Berlin zu einem »eigenständigen politischen Gebiet«[53] zu machen. Schließlich enthielt sie die unsinnige

Behauptung, die Fortführung der bisherigen Bonner Deutschland-Politik fördere »innerhalb der in der DDR rivalisierenden Kräfte den Einfluß der bürokratisch-dogmatischen Richtung«[54]. Welch eine Überschätzung der Bonner Möglichkeiten! Ebenso bedenklich war jedoch, daß sich alle hier aufgeführten deutschlandpolitischen Vorstellungen und Vorschläge rücksichtslos über das Recht des in der DDR lebenden Teils des deutschen Volkes auf Selbstbestimmung hinwegsetzten.

Die am 28. Oktober 1969 von Bundeskanzler Brandt proklamierte »neue Deutschland-Politik« der SPD/FDP-Koalition stellte nur teilweise die »Fundamentalkritiker« der bis 1969 amtierenden Bundesregierungen zufrieden. Zwar hatte Brandt – wie bereits dargelegt – bewußt die Formeln »Wiedervereinigung« und »Vereinigung« vermieden, ohne aber dem deutschen Volk das Recht auf Selbstbestimmung zu versagen. Neu war vor allem die Tatsache, daß die Bundesregierung erstmals der DDR die Staatsqualität attestierte, um zugleich den Gedanken an die Einheit der deutschen Nation prononciert hervorzuheben. Richtig war es auch, zu versuchen, das vertraglich angestrebte innerdeutsche Verhältnis soweit wie möglich unterhalb der völkerrechtlichen Ebene zu gestalten[55].

Das Bundesverfassungsgericht hat dann mit seinem Urteil über die Rechtmäßigkeit des Grundvertrags vom 31. Juli 1973 dafür gesorgt, daß die Deutschland-Politik über das Jahr 1982, als die sozial-liberale Bundesregierung Schmidt/Genscher durch die von CDU/CSU und FDP getragene Koalition Kohl/Genscher abgelöst wurde, hinaus von einem breiten parlamentarischen Konsens getragen wurde[56]. Die Feststellung des Regensburger Staats- und Völkerrechtlers Otto Kimminich aus dem Jahre 1973, die Bedeutung dieses Urteils für den gesamten Staat und alle seine Bürger werde durch keine andere Entscheidung seit der Gründung der Bundesrepublik Deutschland übertroffen[57], war richtig, auch wenn dies weder die Bundeskanzler Brandt und Schmidt noch viele Politiker, Publizisten und namhafte Verfassungsrechtler später einzusehen vermochten. Als die Karlsruher Richter nochmals das Wiedervereinigungsgebot betonten, orientierten sie sich am Text des Grundgesetzes. Das gilt gleichfalls für den weitreichenden Beschluß des Bundesverfassungsgerichts vom 21. Oktober 1987[58].

296

Die Aushandlung der Ostverträge und des innerdeutschen Vertragswerkes 1970/72 sowie das Bestreben der Führungen der UdSSR und der DDR, den territorialen und politischen Status quo in Deutschland soweit wie möglich festzuschreiben, lösten bei jenen Teilen der veröffentlichten Meinung Ernüchterung aus, die zuvor gemeint hatten, mit einer beachtlichen Aufwertung der DDR deren Führung entspannungsfreudig zu stimmen und zu einer inneren Liberalisierung zu veranlassen. Diese Hoffnungen waren verfehlt.

Die Problematik der Wiederherstellung der staatlichen Einheit Deutschlands gewann erst in der zweiten Hälfte der siebziger Jahre unerwartete Brisanz. Nachdem Rudolf Bahro, einer der prominentesten System-Kritiker der DDR, in seinem 1977 erschienenen Buch »Die Alternative – Zur Kritik des real existierenden Sozialismus« bemerkt hatte, »es denkt in der DDR«, und nachdem der Stand der Beziehungen zwischen Bonn und Ost-Berlin anläßlich des fünften Jahrestages des Abschlusses des Grundvertrags am 21. Dezember 1977 wenig Anlaß zum Feiern gegeben hatte, blieb es dem *Spiegel* überlassen, die trügerische Ruhe in Deutschland zum Jahreswechsel empfindlich zu stören. Plötzlich wurde über »Deutschland« wieder nachgedacht.

Dank der neurotischen und massiven Reaktion der SED-Führung sowie der Verlegenheit der Bundesregierung und ihrer »Hofberichterstatter« in allen Medien entwickelte das vom *Spiegel* veröffentlichte sogenannte Manifest des »Bundes Demokratischer Kommunisten« eine Publizität und Eigendynamik, die die Frage nach dem politischen Gewicht und dem Rang der Urheber in den Hintergrund treten ließ. Nach Ansicht des bekannten Ost-Berliner Regimekritikers Robert Havemann war das von Herbert Wehner als »provokative Veröffentlichung« apostrophierte »Manifest« auf »jeden Fall . . . insofern echt, als es nicht erfunden zu werden brauchte«[59].

Was die Führungen in Ost-Berlin und Bonn besonders irritierte, war nicht sosehr die schonungslose Kritik an der inneren Situation der DDR, sondern das deutschlandpolitische Programm, das sich an die beiden Staaten in Deutschland wandte und die Frage provozierte, ob man die Idee der Wiederherstellung eines deutschen Nationalstaates nicht in beiden Staaten zu früh zu den Akten gelegt habe. Die SED-Führung sah sich durch die gesamtdeutschen und nationalen

Thesen herausgefordert, da für sie damals jeglicher Gedanke an ein »vereinigtes« Deutschland tabu und sie bestrebt war, die DDR gerade in der »nationalen Frage« soweit wie möglich von der Bundesrepublik Deutschland »abzugrenzen«.

Die Bundesregierung, um die innerdeutsche »Entspannung« und »Normalisierung« besorgt, war nicht darauf vorbereitet, mit Thesen zur Wiederherstellung der staatlichen Einheit Deutschlands konfrontiert zu werden. Höchst beachtenswert war, was dazu der *Spiegel* in seinem Kommentar »Einheitsfront gegen die Störenfriede« bemerkte: »Der Gleichschritt der Regierenden in Bonn und Ost-Berlin, das augenzwinkernde Einverständnis, auf der Basis des Status quo zum gegenseitigen Vorteil, aber natürlich auch im Sinne einer, von welcher Seite auch immer, möglichst ungestörten Entspannung miteinander umzugehen, ist inzwischen total. Nach dieser Logik freilich kann jeder DDR-Kritiker zum Gegner der innerdeutschen Entspannung erklärt werden – selbst wenn er Thesen aufstellt, die mit den bislang nie widerrufenen Positionen der Bundesrepublik in der Deutschlandfrage, bis hin zum Verfassungsgebot der Wiedervereinigung, übereinstimmen.«[60]

Daß gerade der *Spiegel* zu dieser Einsicht gelangt ist, erscheint sensationeller als manche Aussage des »Manifests«. Der zumindest kurzfristige deutschlandpolitische Positionswechsel des Hamburger Nachrichtenmagazins erschien noch unter einem weiteren Aspekt bemerkenswert. So hieß es in dem erwähnten Kommentar: »Wirklichkeitsfremd und als Beleg für mangelnde Seriosität kann das Papier nur solchen bundesdeutschen Exegeten erscheinen, die jeden Bezug zur Realität der DDR verloren haben, die nicht begreifen, welche Sprengkraft die nationale Frage im anderen Deutschland bis hinein in hohe SED-Ränge noch besitzt. Wer sich hingegen ein Gespür dafür bewahrt hat, daß zumindest in der DDR das deutsche Thema mit dem Grundlagenvertrag nicht erledigt ist, wertet gerade das Deutschland-Kapitel des Manifests als sicheres Indiz für die Echtheit des gesamten Textes.«

Aus diesen Aussagen sprach eine harte Kritik an einem beträchtlichen, nicht einflußlosen Teil der deutschlandpolitischen Publizistik und DDR-Forschung, die entscheidend dazu beigetragen hatten, den Grad des Staatsbewußtseins in der DDR weit zu überschätzen und sogar von einem Nationalbewußtsein zu sprechen, ohne solche weitreichenden Feststellungen anhand empirisch fundierter Materialien begründen zu können. Die Bundesregierung nahm damals dankbar jene politologischen und soziologischen Analysen entgegen, in denen das Ausmaß der Identifizierung der DDR-Bevölkerung mit ihrem Staat stark überbewertet und daraus auf ein ständiges Absinken des Wunsches nach einer Wiedervereinigung Deutschlands geschlossen worden ist[61].

Egon Bahr gehörte zu jenen Politikern, die Anfang 1978 über die gesamtdeutschen Thesen des »Manifests« nicht erstaunt waren: »Daß die Idee Deutschlands auch in der DDR nicht tot ist, kann nur den überraschen, der sich davon überrascht erklärt.«[62] Bezeichnenderweise sprach Bahr nicht von der Idee der staatlichen Einheit Deutschlands.

Peter Jochen Winters, einer der besten Kenner der innerdeutschen Szenerie, gelangte in seinem Leitartikel »Irrtümer der Deutschland-Politik« in der *FAZ* vom 6. Februar 1978 zu folgendem Schluß: »Schließlich ist es eine auch von der Agitationsmaschinerie der SED nicht wegzudisputierende Tatsache, daß die Einheit der deutschen Nation für die Bewohner der DDR trotz allem eine Realität, die Wiedervereinigung Deutschlands für viele ein nach wie vor erstrebenswertes Ziel ist. Wer Erleichterungen für Menschen im geteilten Deutschland zum erklärten Ziel seiner Deutschland-Politik gemacht und dabei unbestritten eine ganze Menge erreicht hat, der darf nicht aus falscher Rücksichtnahme oder Zaghaftigkeit die Augen vor Tatsachen verschließen, deren politische Wirkkraft gar nicht ernst genug genommen werden kann.«

Die Autoren des »Manifests« verlangten vornehmlich nur eine radikale Änderung der Deutschland-Politik der DDR: »Wir sind für eine offensive nationale Politik, für ein Konzept, das auf die Wiedervereinigung Deutschlands zielt, in dem Sozialdemokraten, Sozialisten und demokratische Kommunisten ein Übergewicht gegen die konservativen Kräfte bilden.«[63] Die Wiedervereinigung Deutschlands wurde von einer weitreichenden Umgestaltung des politischen Systems der DDR abhängig gemacht. Darüber hinaus verlangte das »Manifest« die »Zulassung aller BRD- und DDR-Parteien in ganz Deutschland ... Freie, geheime Wahlen zur Nationalversammlung,

Konstituierung einer Nationalversammlung zur Ausarbeitung einer Verfassung«. Es schien, daß die Verfasser nicht davor zurückschreckten, das Risiko einer freien Entscheidung des deutschen Volkes einzugehen und ein unerwartetes Resultat hinzunehmen[64].

Für die Status-quo-Protagonisten der deutschen Publizistik wäre dies eine gute Gelegenheit gewesen, einmal zu überlegen, ob man vielleicht ein wenig zu früh eine wie auch immer geartete nationalstaatliche Lösung der deutschen Frage als irreal und überholt angesehen hatte. Doch ließ sich weder der *Spiegel* noch die *Zeit* durch die Veröffentlichung des »Manifests« und die bezeichnenden Reaktionen der SED-Führung von ihrem bisherigen Kurs abbringen. Als der *Spiegel* einige Monate zuvor Günter Gaus, von 1974 bis Anfang 1981 Leiter der Ständigen Vertretung der Bundesrepublik Deutschland in der DDR, interviewt hatte, fragte er: »Normalisierung setzt die Anerkennung des Status quo voraus. Ist dieser Status quo in Mitteleuropa und damit zwischen beiden deutschen Staaten in Bonn ausreichend zur Kenntnis genommen worden, oder besteht da noch Nachholbedarf?«[65]

Die *Zeit* hatte bereits mit großem Wohlwollen das Referat des Genfer Politologen Curt Gasteyger auf dem 25. Bundesparteitag der CDU in Düsseldorf im März 1977 bedacht, da er dafür plädiert hatte, Bonn müsse den anderen deutschen Staat akzeptieren[66]. Der Kieler Historiker Karl Dietrich Erdmann, der auf dem CDU-Parteitag ausgeführt hatte, die Realität der Nation sei »nicht der Nationalstaat, der gewesen ist, und nicht das verfassungsrechtlich vorgegebene Ziel der staatlichen Wiedervereinigung, das jenseits des kalkulierbaren Zeitraums liegt, in dem politisches Handeln seine gedankliche Orientierung zu suchen hat«[67], erfreute sich gleichfalls des Zuspruchs der *Zeit*. Erdmann hatte außerdem prononciert gemeint, die vom Bundesverfassungsgericht in ständiger Rechtsprechung betonte Rechtsfigur vom Fortbestand des Deutschen Reiches über das Jahr 1945 hinaus trage »zur Erfassung der nationalen Wirklichkeit, in der wir leben, . . . nichts bei«[68].

Theo Sommer trug damals und später stereotyp in der *Zeit* seine These vor, es gäbe keine Möglichkeit der Wiedervereinigung. Das Wachhalten des Gedankens der Einheit berge die »Gefahr, daß wir wieder nationalistisch zu denken anfangen, nicht bloß national«.

Dem Karlsruher Grundvertrags-Urteil vom 31. Juli 1973 attestierte er »Wirklichkeitsferne«. Für Sommer war eine Lösung der deutschen Frage »primär eine Freiheitslösung, keine Einheitslösung. Die deutsche Teilung könnte dabei geradezu zur Voraussetzung des größeren, freieren Europa werden.«[69]

Ein wenig später wurde Sommer deutlicher. So schrieb er 1979, ohne Zweifel werde es immer wieder »Anfälle von Einheits-Nostalgie geben. Das gilt für den Osten – siehe das 1978 über die Grenze geschmuggelte ›Manifest‹ ostdeutscher Dissidenten. Es gilt ebenso für den Westen ... Doch glaube ich nicht, daß derlei sporadische Eruptionen der dumpfen Einsicht entsprechen, zu der sich die Mehrheit der Deutschen in Ost und West mittlerweile bequemt hat.«[70] Nicht einmal mit dieser unhistorischen Sicht begnügte sich Sommer. Er fügte hinzu: »Wenn es aber je zu einem Ausgleich zwischen Ost und West käme, der die Wiedervereinigung ermöglichen würde, dann wäre, so paradox es klingt, die Wiedervereinigung wohl auch nicht mehr nötig. Wenn sie möglich wird, wird sie überflüssig.«

Dennoch gelang es den Status-quo-Apologeten in den Redaktionsstuben der *Zeit*, des *Spiegel*, des *Stern* und der *Frankfurter Rundschau* in den achtziger Jahren nicht, den Gedanken an eine nationalstaatliche Lösung der deutschen Frage aus der politischen Diskussion zu verbannen. Trotz der starren und kompromißlosen Haltung der SED-Führung in der deutschen Frage mutete der Anfang 1981 entflammte Disput darüber, ob es noch opportun sei, am Begriff der deutschen Nation festzuhalten, gespenstisch an. Günter Gaus hatte die Diskussion mit einem stark beachteten Interview ausgelöst: »Wir müssen möglicherweise sogar darauf verzichten, den Begriff der Nation weiter zu verwenden, weil wir uns damit bereits in die Gefahr begeben, wieder Schattenboxen zu betreiben ... Wir müssen unseren Dünkel gegenüber den DDR-Bemühungen ablegen, ihre – für uns nicht akzeptable – Definition von einer DDR-Nation zu entwickeln. Der Dünkel ist gänzlich unangebracht. Er verstellt uns den Blick darauf, daß auch unser Nation-Begriff historisch und bürgerlich-klassenmäßig entstanden ist. Wir sollten es uns – und der DDR – schwerer machen, indem wir nötigenfalls diese Fragen auf sich beruhen lassen und von den Fakten ausgehen.«[71]

Diese Ausführungen und vor allem Gaus' Satz »Im Grunde haben wir bei uns die DDR innerlich noch nicht anerkannt«, stießen teilweise auf heftige Kritik. Beispielsweise entgegnete ihm der Freiburger Historiker Heinrich August Winkler: »Die nationale Solidarität mit den Deutschen in der DDR verlangt von den Bundesdeutschen, daß sie sich einsetzen für Verhältnisse, die es ihren Landsleuten jenseits der Elbe erlauben, ihren Staat *innerlich* zu akzeptieren. Die innerliche Anerkennung der DDR, die Günter Gaus und Hans Mommsen von der Bundesrepublik fordern, kann erst erfolgen, wenn die Deutschen in der DDR uns darin vorausgegangen sind.«[72]

Der Bochumer Historiker Hans Mommsen hatte zuvor Günter Gaus ausdrücklich zugestimmt, da er »eine Klärung des nationalen Selbstverständnisses in der Bundesrepublik« habe »befördern wollen«. Die Festschreibungen des Grundgesetzes und das Urteil des Bundesverfassungsgerichts zum Grundlagenvertrag, aber auch politische Opportunitätsgesichtspunkte hätten die Bundesregierung daran gehindert, »hinreichende Klarheit über die sozialpsychologischen Veränderungen der deutschen Frage zu schaffen, die in den letzten Jahrzehnten eingetreten sind«. Leichtfertig war auch Mommsens weitere Feststellung, das Festhalten an dem Leitbild der politischen Einheit der Nation widerspreche »sowohl dem allgemeinen Entwicklungstrend, der Osteuropa mittelfristig umfaßt, als auch dem historisch-politischen Bewußtsein der mittleren und jüngeren Generation der Bundesrepublik«[73]. Nicht nur das Ende der DDR und der sich rasch abzeichnende Einigungsprozeß, sondern auch der Zerfall der UdSSR und des gesamten »Ostblocks« haben Hans Mommsen widerlegt. Es war vor und nach 1980 verfehlt, das Ende des Nationalstaats vorauszusagen.

Auch Hermann Rudolph, einer der subtilsten Kenner der früheren DDR, widersprach Günter Gaus mit dem richtigen Argument: »Günter Gaus gab in seinem *Zeit*-Interview zu erwägen, auf den Begriff Nation gegenüber der DDR zu verzichten. Aber was er beschrieb, las sich wie der Niederschlag eines Damaskus-Erlebnisses. Mit der Intensität eines vom Saulus zum Paulus Gewordenen, bestätigte es nichts so nachdrücklich wie das Fortwirken der Nation.«[74]

Gaus, inzwischen zum deutschland- und außenpolitischen Berater des SPD-Vorstands ernannt, hat dann im Laufe des Jahres 1981 mehrfach zur »nationalen Frage« Stellung bezogen und seine fragwürdige These wiederholt, ohne daß ihm von prominenter Seite seiner Partei zugestimmt worden ist[75]. Als sich die deutschlandpolitischen Experten der Bundesregierung mit dem *Zeit*-Interview von Gaus befaßten, stieß er auf einhellige Empörung. Gunter Huonker, damals Staatssekretär im Bundeskanzleramt, betonte, die Nation sei »eine zentrale Sache der deutsch-deutschen Politik – und wird es bleiben«[76]. Bundeskanzler Schmidt brachte in der Erklärung der Bundesregierung zur Lage der Nation vor dem Deutschen Bundestag am 9. April 1981 klar zum Ausdruck, die deutsche Nation werde »weiterbestehen, solange die Menschen in beiden Teilen Deutschlands dies wollen«[77].

Die Schelte, mit der Bonn auf Gaus' zweifelhafte Thesen reagierte, veranlaßte ihn nicht, eine Revision seines Deutschland-Bildes auch nur in Erwägung zu ziehen. In den folgenden Jahren ermöglichte ihm vor allem das *Deutsche Allgemeine Sonntagsblatt*, seine Gedanken über die »Anerkennung des europäischen Status quo« vorzutragen und den Positionen der SED-Führung viel Verständnis entgegenzubringen. Ehe Egon Bahr 1988 den unter rechtlichen und politischen Aspekten abstrusen Vorschlag unterbreitete, mit den beiden Staaten in Deutschland je einen Friedensvertrag zu schließen[78], hatte Gaus bereits im Frühjahr 1987 die Diskussion darüber eröffnet. In zwei Friedensverträgen könnten die bestehenden Grenzregelungen verbrieft werden: ».. . eine bittere Quittung für die Deutschen, aber auch die Chance, das, was man die deutsche Frage nennt, für neue Antworten zu öffnen: für Antworten, die für den Zusammenhalt der Nation fruchtbarer wären als die Wiederherstellung des Bismarck-Reichs.«[79]

Günter Gaus folgte also – wie zahlreiche Politiker unterschiedlicher Couleur – der unsinnigen These, es ginge um die Wiederherstellung des Bismarck-Reiches. Wichtiger war, daß die überwiegende Mehrheit der DDR-Bevölkerung, deren Befindlichkeiten Gaus immer gut zu kennen vorgab, nicht bereit war, die von ihm verlangte Quittung zu unterschreiben. Pikant bleibt, daß Gaus gerade diese Perspektive, die Teilung Deutschlands auch juristisch festzuschreiben, in einem Vortrag im Londoner Chatham House vor dem Royal Institute of International Affairs vorgetragen hat. Hoffentlich hat man in London gemerkt, daß Gaus das dem deutschen Volk völkerrechtlich verbriefte Recht auf Selbstbestimmung in seine Überlegungen einzubeziehen vergessen hatte. Auch ihn haben die Ereignisse der Jahre 1989/90 eines Besseren belehrt.

Klaus Bölling, der als Nachfolger von Gaus 1981/82 als Ständiger Vertreter der Bundesrepublik in der DDR wirkte, wollte ihm nicht nachstehen und ging noch einen entscheidenden Schritt weiter. Während Gaus immer gemeint hatte, der DDR-Führung soweit wie möglich entgegenzukommen, ohne das Grundgesetz und die Rechtsprechung des Bundesverfassungsgerichts in Frage zu stellen, hatte Bölling keine Skrupel vorzuschlagen, die Präambel des Grundgesetzes zu ändern und das vom Bundesverfassungsgericht aus ihr abgeleitete Wiedervereinigungsgebot aufzugeben. Böllings Schlußfolgerung: »›Offen‹ bliebe die deutsche Frage auch nach einer Änderung der Präambel. Solche Offenheit hätte aber nicht länger den Charakter einer verdeckten politischen Kriegserklärung an die Adresse der DDR.«[80]

Auch dieser unsinnige Vorschlag verriet die Illusion Böllings, die SED-Führung zu der Einsicht zu veranlassen, die Freiheit sei der Kern der deutschen Frage. Bezeichnenderweise bezog sich Bölling, der ohnehin mit der deutschen Nation seine Probleme hatte, auf den früheren sozialdemokratischen Justizminister Jürgen Schmude. Mit der weiteren Feststellung, beherrschend sei heute in beiden Staaten Deutschlands der Gedanke der Friedenssicherung und der Freizügigkeit[81], übersah Bölling, daß es auch und gerade darum ging, in der DDR freiheitliche, demokratische und rechtsstaatliche Verhältnisse zu schaffen.

Seltsam, daß Bölling – ebenso wie Gaus – keinen Gedanken darauf verwandte, wie dem deutschen Volk zum Recht auf Selbstbestimmung verholfen werden könnte. Noch Anfang Juni 1989 hielt es Bölling für angebracht, seinen im Frühjahr 1985 im *Spiegel* unterbreiteten Vorschlag, die Präambel des Grundgesetzes neu zu fassen[82], in der *Zeit* wörtlich zu wiederholen, obwohl sich in der Zwischenzeit in der DDR einiges getan hatte. Nun warf er der Bundesregierung Kohl/Genscher vor, ihre Verliebtheit in Fiktionen sei »staunenswert und beinahe rührend. Wer da meint, ein Ziel könne nicht mehr verbindlich sein, wenn seine Durchsetzung objektiv unmöglich erscheint, gerät alsbald in den bösen Verdacht, er sei Honeckers Liebediener.«[83]

Die Mehrheit der DDR-Bevölkerung sah die deutschlandpolitischen Realitäten anders.

Die politische Redaktion der *Zeit* hielt bis zum unaufhaltsamen Ende der DDR an ihren unhaltbaren Status-quo-Positionen in der deutschen Frage fest. Immer wieder trug Theo Sommer seine These vor, es gehe darum, eine Entspannungspolitik zu treiben, an deren Ende die Wiedervereinigung möglich werden könnte: »Aber so würde sie vielleicht auch überflüssig – überlebt wie die Frage des Anschlusses von Österreich an Deutschland.«[84] Ein wenig später sprach er vom »Widerspruch zwischen dem Wiedervereinigungs-Pathos, das unter den Buchsbäumen blüht, und dem politisch Möglichen in der realen Welt«[85].

Das war selbst Gerd Bucerius, dem früheren Herausgeber der *Zeit*, zuviel. Sommers Satz: »Wir müssen uns ehrlich machen«, kommentierte Bucerius dahingehend, dann wären wir also bisher unehrlich gewesen: »Was sollen wir nach seiner Meinung tun? Auf die Wiedervereinigung endgültig verzichten, *wenn* der Osten den Bürgern der DDR die Freiheit gibt, wie er sie den Österreichern gegeben hat.« Bucerius fügte hinzu: »Ich bestreite, daß ein Westdeutscher das Recht hat, die endgültige Trennung der beiden Teile Deutschlands zu betreiben. Das verletzt unsere Pflicht gegenüber den Mitbürgern in der DDR.«[86] Bucerius hatte bereits 1984 dem deutschlandrechtlich und -politisch fragwürdigen Leitartikel Sommers »Wie offen ist die deutsche Frage?« mit überzeugenden Argumenten widersprochen[87].

1989 meinte Theo Sommer – wiederum in Verkennung der Realitäten: »Wer heute das Gerippe der deutschen Einheit aus dem Schrank holt, kann alle anderen nur in Angst und Schrecken versetzen. Nichts wäre geeigneter, die sich anbahnende Entkrampfung und Differenzierung in Osteuropa aufzuhalten ... Es läßt sich deutsche Einheit auch in der Form der Zweistaatlichkeit denken.«[88]

Theo Sommer hatte den Glücksfall der Geschichte nicht begriffen, da Voraussetzung für die friedliche Revolution in der DDR die Emanzipation Polens und Ungarns sowie die Einsicht Michail Gorbatschows waren, nun auch dem deutschen Volk die Selbstbestimmung nicht versagen zu können. So war Sommer höchst befriedigt, als ihm Egon Bahr in einem *Zeit*-Gespräch einige Tage vor der Entscheidung der ungarischen Führung, den Flüchtlingen aus der DDR die Grenze nach Österreich zu öffnen, die realitätsferne Antwort gab, es gäbe »keinen Menschen, auch keinen verbündeten Staat, der an der deutschen Frage und ihrer Lösung im Sinne der deutschen Einheit interessiert ist«. Dazu Sommer: »Also, keine Wiedervereinigungsdebatte jetzt, die nur behindert, was heute möglich ist und woran alle Interesse haben?« Bahr erwiderte: »So ist es.«[89]

Die einseitige politische Ausrichtung der *Zeit* in der deutschen Frage war nahezu total. Auch Mitherausgeberin Marion Gräfin Dönhoff hat immer wieder die These vorgetragen, es ginge nicht um »Wiedervereinigung«, sondern um Annäherung zwischen Ost und West. So meinte sie im Frühjahr 1987, ein Verzicht auf die Wiedervereinigung bei vertraglich garantierter Zusicherung der Freiheit Berlins und einer systematisch erweiterten Durchlässigkeit der Mauer bis zu deren schließlicher Beseitigung könnten den Prozeß der Normalisierung beschleunigen: »Den Bürgern der DDR würde dies im übrigen wesentlich mehr Freiheit bringen als weitere Jahrzehnte vergeblichen Wartens auf die Wiedervereinigung.«[90]

Auch für Gräfin Dönhoff lag der Gedanke, die Erlangung der Freiheit für die Bürger der DDR und die Wiederherstellung der staatlichen Einheit Deutschlands könnten sich in einem Prozeß vollziehen, außerhalb ihrer Vorstellungswelt. Ein Jahr später warf sie den »Ewiggestrigen« vor, sie hätten noch immer nicht begriffen, »daß die Proklamierung der Wiedervereinigung als Ziel der Bonner Außenpolitik genau das ist, was den Weg dorthin blockiert, weil diese Vision jede Entwicklung unmöglich macht. Kein Nachbar – weder im Osten noch im Westen – kann sich in der Mitte Europas ein geeintes Deutschland mit achtzig Millionen Bürgern wünschen, welches das Potential von Bundesrepublik und DDR zu einer erdrückenden Potenz vereinen würde; folglich werden sie alles tun, um jegliche Vereinigung zu verhindern, und lieber den Status quo aufrechterhalten.«[91]

Diese Aussage war unrichtig, weil Gräfin Dönhoff – wie viele andere Publizisten und auch Politiker – nicht zwischen der Haltung bestimmter politischer Führungen westlicher Staaten und der Haltung der dort lebenden Völker unterschied. Auch die Entwicklung in Polen und Ungarn verlangte in der zweiten Hälfte der achtziger Jahre eine differenzierte Betrachtung. So schrieb Adam Michnik in einem *Spiegel*-Essay 1989, als Pole könne er nicht glauben, »daß die DDR, obschon ausgeblutet wie kein anderes Ostblock-Land, auf Dauer die einzige Region zwischen Elbe und Wolga sein wird, aus der Vernunft und Menschlichkeit ausgesperrt bleiben, wenn das ›gemeinsame Haus Europa‹ entsteht. Ist es aber entstanden, als große Klammer zwischen Ost und West, wird es auch ein wiedervereinigtes Deutschland verkraften.«[92]

Die politische Redaktion der *Zeit* vermochte nicht rechtzeitig zu erkennen, daß die Aversionen des gern zitierten französischen Staatspräsidenten Mitterrand, der britischen Premierministerin Thatcher und des früheren italienischen Außenministers und jetzigen Ministerpräsidenten Andreotti sowie die Kommentare der in Paris erscheinenden Tageszeitung *International Herald Tribune* nicht dem westlichen Stimmungsbild entsprachen. Auch Robert Leicht, stellvertretender Chefredakteur der *Zeit*, der schon zuvor in der *Süddeutschen Zeitung* immer wieder dafür plädiert hatte, »die deutsche Frage *nicht* mit der Vereinigung der deutschen Staaten zu beantworten«[93], meinte anläßlich des Honecker-Besuchs im September 1987 in der Bundesrepublik, »das Wiedervereinigungsgeschwafel diverser Sonntagsredner mag zwar mancherorts Verwunderung auslösen, aber Gewicht kommt ihm wahrlich nicht zu«. Europa müsse »für uns immer wichtiger bleiben als die staatliche Gestalt der deutschen Nation«[94]. Diese Einsicht entsprach nicht der Präambel des Grundgesetzes, die der staatlichen Wiedervereinigung Vorrang vor der Einigung Europas eingeräumt hat.

Ihre politische Einseitigkeit in der deutschen Frage dokumentierte die *Zeit* auch noch dadurch, daß sie, soweit sie Beiträge von außerhalb heranzog, nahezu nur solche veröffentlichte, die in das eigene politische Konzept paßten. Gern übernahm sie dabei Kommentare aus der *International Herald Tribune*. So verkündete im September 1989 der in Paris lebende Kolumnist William Pfaff in seinem Artikel »Bonn muß der Einheit abschwören« in der *Zeit* seine Überzeugung, Deutschland »müsse im Interesse internationaler Stabilität geteilt bleiben«[95]. Und die Berliner Politologin Margarita Mathiopoulos meinte Anfang November 1989, wenige Tage vor dem Fall der Mauer in Berlin, ebenfalls in der *International Herald Tribune*, wenn es der Bundesrepublik wirklich um Freiheit und Reformen in der DDR zu tun sei, »setzt dies den formellen Verzicht auf Wiedervereinigung und die endgültige Anerkennung eines zweiten deutschen Staates und der ostdeutschen Staatsbürgerschaft voraus ... Wir müssen die Teilung Deutschlands anerkennen, um die Teilung Europas zu überwinden.«[96] Um »die europäische Staatenstruktur« zu »stabilisieren«, schlug Margarita Mathiopoulos auch noch den Abschluß eines Friedensvertrages vor. Daß die *Zeit* diesen abstrusen Kommentar mit dem Titel »Auf die Einheit verzichten« nachdruckte, bleibt unerklärlich[97].

Sieht man von Gerd Bucerius' historisch und politisch fundierten Analysen ab, dann beschränkte sich die *Zeit* weitgehend darauf, gelegentlich von ihrer verfehlten deutschlandpolitischen Linie abweichende Leserbriefe zu veröffentlichen[98]. Das einseitige Deutschland-Bild der *Zeit* spiegelte sich auch in der Rubrik »Das politische Buch« wider, in der deutschlandrechtlich relevante und deutschlandpolitisch kritische Studien fast keine Chance hatten, gerecht gewürdigt zu werden. So war es nur allzu verständlich, daß Theo Sommer beachtliche Schwierigkeiten hatte, im Mai 1990 die Frage zu beantworten, ob die *Zeit* in »all den Jahren und Jahrzehnten einer verfehlten Deutschlandpolitik angehangen« habe? War »unser Bild von der DDR falsch, unser Urteil über die Zukunft der Nation geschichtslos?« Um die Linie der *Zeit* zu rechtfertigen, mußte auch der Bundeskanzler herhalten, wobei Sommer verschwieg, daß für Kohl die deutsche Frage immer offen war. Sommer betonte, den Deutschen »widerfährt das Glück der Einheit. Damit nicht gerechnet zu haben ist keine Schande.«[99] Unberechtigt war Sommers Kritik am »Haus Springer«, da dieses in keiner Phase bis zum 3. Oktober 1990 Probleme mit dem Recht des deutschen Volkes auf Selbstbestimmung hatte. Eine selbstkritischere Würdigung hätte Sommer gut zu Gesicht gestanden.

Spiegel-Herausgeber Rudolf Augstein ist zu attestieren, sein Magazin vor einem deutschlandpolitischen Desaster bewahrt zu haben. Augstein hatte spät, aber noch nicht zu spät seine von Anfang an überzogene Kritik an der Außenpolitik Konrad Adenauers relativiert und dafür gesorgt, daß das Deutschland-Bild des *Spiegel* nicht von politischer Einseitigkeit geprägt war. Auch wenn Augstein die Möglichkeiten der Bonner Politik in den fünfziger Jahren, vor allem 1952/53, als die Bundesrepublik noch nicht souverän war, weit überschätzt und von einem bündnisfreien Deutschland geträumt hatte[100], hat er sich immer kritisch mit ausländischen Staatsmännern und

Kommentatoren auseinandergesetzt, die am Fortbestand der Teilung Deutschlands interessiert waren[101]. Zutreffend meinte er beispielsweise 1984, »die deutsche Frage fragt weiter«[102].

Auch im Verlauf des Jahres 1989 bewies Augstein, daß er auf das sich anbahnende Ende der DDR wesentlich besser vorbereitet war als die Status-quo-Apologeten der *Zeit.* Die britische Premierministerin Thatcher und den französischen Staatspräsidenten Mitterrand, die dem Gedanken eines vereinten Deutschland nichts abzugewinnen vermochten, erinnerte er an die Verpflichtungen der drei Westmächte und der Bundesrepublik, wie sie in Artikel 7 des Deutschland-Vertrags von 1952/54 niedergelegt waren. Darin war als »gemeinsames Ziel« postuliert: »Ein wiedervereinigtes Deutschland, das eine freiheitlich-demokratische Verfassung, ähnlich wie die Bundesrepublik, besitzt und das in die europäische Gemeinschaft integriert ist.«[103] Und eine Woche später schrieb Augstein, angesichts der bedrückenden Lebensverhältnisse in der DDR »können und müssen wir humanitäre Hilfe leisten. Aber es reicht doch nicht, eine ›sozialistische Alternative‹ im anderen deutschen Staat dauerhaft zu alimentieren. Welche Partei in der Bundesrepublik könnte sich dafür stark machen?«[104]

Von der *Zeit* unterschied sich der *Spiegel* vor allem in den achtziger Jahren durch einen betonten Meinungspluralismus in der Behandlung der deutschen Frage. So veröffentlichte das Magazin im Februar 1981 Peter Benders Essay mit dem bemerkenswerten Titel »Geisterkampf um die Nation«, in dem es hieß, in ihrem Kern erweise sich »die deutsche Frage nicht als eine nationale, sondern als eine soziale Frage«. Außerdem wiederholte er die weitverbreitete These, Entspannung verlange Gleichgewicht, »doch das Gleichgewicht verlangt die weitere Teilung Deutschlands«[105]. Kurz zuvor hatte jedoch Wolfgang Seiffert im *Spiegel* zutreffend ausgeführt, die deutsche Nation bleibe »auch in dieser Zeit eine historisch gewachsene, staaten- und systemübergreifende, überdauernde und überlebende Schicksalsgemeinschaft«[106]. Auch in den folgenden Jahren hat Seiffert mehrfach im *Spiegel* für eine »offensive Vertretung des Selbstbestimmungsrechtes der Deutschen«[107] plädiert und davor gewarnt, den Status-Forderungen Ost-Berlins nachzugeben.

Daß die deutschlandpolitischen Kommentare Augsteins häufig

von den ungezeichneten Beiträgen der politischen Redaktion des *Spiegel* abwichen und eine einheitliche Linie nie auszumachen war, gehört zur Konzeption des Nachrichtenmagazins. Reinhard Meier, der frühere Korrespondent der *Neuen Zürcher Zeitung* in Bonn, meinte 1986, unverändert gelte, was Hans Magnus Enzensberger schon vor dreißig Jahren festgestellt habe: »Alle bisherigen Versuche, dem *Spiegel* irgendwelche Überzeugungen zuzuschreiben, sind gescheitert.« Meier fügte hinzu, ungleich wichtiger als Überzeugungen sei für die *Spiegel*-Macher »letztlich der Markterfolg. Diesem profanen Prinzip werde alles untergeordnet ...«[108]

Überblickt man die überregionale deutsche Presse, dann konnte sich nur die *Frankfurter Rundschau* mit dem Status-quo-Denken in der deutschen Frage mit der *Zeit* messen. Ihr Verdienst ist es, daß sie häufig Vortragsmanuskripte prominenter Politiker und jener Wissenschaftler veröffentlicht hat, die von »Deutschland« zu früh Abschied genommen hatten. Die politische Redaktion der *Frankfurter Rundschau* wußte dies im Vorspann jeweils zu verdeutlichen.

Die Einstellung der *Süddeutschen Zeitung* zur Problematik der Wiederherstellung der staatlichen Einheit Deutschlands war Schwankungen unterworfen. Eine unmißverständliche Position vertrat immer Hans Schuster, langjähriger Leiter des innenpolitischen Ressorts. Bezeichnend war beispielsweise Schusters Leitartikel »Die Erben der Nation« in der Ausgabe vom 16./18. Juni 1978. Darin betonte er, wie sehr die demokratische Grundordnung der Bundesrepublik von einem breiten Konsens getragen werde, um daraus zu folgern: »Von dieser Position aus läßt sich definieren, was Offenhalten der deutschen Frage bedeuten kann. Außenpolitisch muß man andere Mächte davon überzeugen, daß ein freies Deutschland ohne die furchtbare Grenze in seiner Mitte auch in ihrem Interesse liegen könnte. Das uneingeschränkte Akzeptieren der Bundesrepublik *und* das Offenhalten der deutschen Frage haben sich in der Tat als haltbare Mischung erwiesen. Die doppelte Identität – Staat *und* Nation – als eine nicht einfache, aber fruchtbare Spannung verständlich zu machen, wäre auch eine große innenpolitische Anstrengung wert.«[109]

Klarer und prägnanter war das »deutsche Problem« kaum zu umschreiben. Von den Status-quo-Protagonisten, die immer gern die Furcht des Auslands vor einem vereinigten Deutschland in übertriebener Weise beschworen, die Teilung des Landes als Voraussetzung für die Sicherheit in Europa bezeichneten und höchstens noch an der nationalen, nicht aber staatlichen Identität festzuhalten bereit waren, unterschied sich Hans Schuster wohltuend.

Anfang der achtziger Jahre wendete sich das deutschlandpolitische Bild der *Süddeutschen Zeitung*. Dafür sorgten vor allem Robert Leicht und Hans Heigert. So stellte Leicht in seinen Kommentaren immer wieder die Frage, »ob denn die nationalstaatliche Einheit überhaupt das geschichtlich vorrangige Grundmuster der politischen Existenz der deutschen Stämme war. Was die Ära der modernen Nationalstaaten betrifft, so stellt in der deutschen Geschichte die staatliche Einheit eine Ausnahmesituation dar und zudem eine in ihrer inneren und äußeren Verträglichkeit ständig gefährdete. Die Geschichte jedenfalls liefert den Deutschen kein mehr oder weniger zwingendes Gewohnheitsrecht auf Einheit.«[110]

Leicht argumentierte ebenfalls mit den Ängsten »aller europäischer Nachbarstaaten« und gelangte zu einem pessimistischen Schluß: »Was bleibt, ist demnach die Einsicht, daß die Deutschen ihre nationalstaatliche Chance gehabt – und verspielt haben.« Mit diesen Aussagen befand sich Leicht in guter Gesellschaft prominenter deutscher Historiker und Politologen[111], ohne zu bedenken, daß das Recht des deutschen Volkes in der DDR auf Selbstbestimmung die Entscheidung für die Schaffung eines einheitlichen Staates zumindest nicht ausschloß.

Auch in der Folgezeit hatte Leicht mit der offenen deutschen Frage seine Probleme. So meinte er 1984, der »deutsche Nationalstaat Bismarckscher Provenienz und die deutschen Einheitsvorstellungen des 19. Jahrhunderts sind nicht nur aus außenpolitischen Gründen gegenstandslos geworden; es fehlt auch der entscheidende innere Antrieb der Einheitsbestrebungen, weil sich die politischen Wertvorstellungen fundamental gewandelt haben ... Das ›Modell Bismarck‹ ist von seinen *äußeren* und *inneren* Voraussetzungen her heute obsolet.«[112]

Die Wiederherstellung des Deutschen Reiches Bismarckscher Prägung hat kein ernst zu nehmender Mensch in beiden Staaten Deutschlands damals oder später auch nur in Erwägung gezogen. Diesem Irrtum war – wie dargelegt[113] – auch Bundeskanzler Kohl erlegen.

Doch mit diesem Scheinargument ließ sich die Existenz von Nationalstaaten in Europa nicht wegdisputieren – auch nicht die Wiedererstehung eines deutschen Nationalstaates. Immerhin stellte Leicht jetzt die Frage nach dem »deutschen Selbstbestimmungsrecht«. Dieser Rechtsanspruch stehe den Deutschen am Ende nicht weniger zu als anderen: »Aber vom *juristischen* Anspruch zu unterscheiden sind das *politische* Ziel und die Einsicht, aufgrund deren dieses Recht beansprucht werden soll. Solche Einsicht aber gebietet es, die deutsche Frage *nicht* mit der Vereinigung der deutschen Staaten zu beantworten.« Weder unter rechtlichen noch politischen Aspekten war es zulässig, so das völkerrechtlich verbindliche Recht auf Selbstbestimmung zu relativieren und geradezu ad absurdum zu führen. Mit dieser Argumentationslinie paßte Leicht hervorragend in das Deutschland-Bild der *Zeit*, in deren Redaktion er 1987 eintrat[114].

Daß auch Hans Heigert in der *Süddeutschen Zeitung* das Recht des deutschen Volkes auf Selbstbestimmung in unzulässiger Weise interpretierte, ist schon dargelegt worden[115]. Mit seinem fragwürdigen Geschichtsbild und seiner Absage an ein staatlich vereintes Deutschland war Heigert prädestiniert, am 4. April 1989 als Nachfolger Klaus von Bismarcks Präsident des Goethe-Instituts zu werden. Die Goethe-Institute im Ausland pflegten bis zum 3. Oktober 1990 gern jene Literaten auftreten zu lassen, für die die staatliche Teilung Deutschlands endgültig war. Daß offensichtlich dieser Stil beibehalten werden soll, offenbarte die Podiumsdiskussion des Brüsseler Goethe-Instituts Mitte Dezember 1991, auf der Günter Grass und Stephan Heym »Durchgedrehtes über Deutschland« vorzutragen wußten: » ›Die Einheit ist mißglückt‹, sagte Grass, und Heym nickte.«[116] Diese Aussage widerspricht diametral den Fakten[117]. In Zukunft sollte sich die Zentrale der Goethe-Institute in München etwas mehr einfallen lassen, damit die deutsche Situation im Ausland glaubwürdig dargestellt wird. Bei seiner Jahres-Pressekonferenz Anfang Dezember 1991 in Bonn gab das Goethe-Institut eine Erklärung ab, in der es hieß: »Das Goethe-Institut mit seinen 157 Instituten in 73 Ländern hat den Auftrag, Interesse und Sympathie in anderen Ländern für Deutschland und die Deutschen zu wecken und zu pflegen. Es versteht diesen Auftrag als Beitrag zum weltweiten, offenen Dialog zwischen den Kulturen.«[118]

Nachfolger Robert Leichts und Chef des innenpolitischen Ressorts der *Süddeutschen Zeitung* wurde 1987 Hermann Rudolph, einer der kenntnisreichsten Analytiker der deutsch-deutschen Szenerie und der DDR. In seinen Leitartikeln vertrat er differenziertere Ansichten über die Problematik der Überwindung der staatlichen Teilung Deutschlands als sein Vorgänger. Was Leicht als Fakten bewertet hatte, versah Rudolph zumindest mit einem Fragezeichen. So schrieb er Mitte 1987, »die Leitvorstellung des einheitlichen Nationalstaates, ja, sogar der nationalen Zusammengehörigkeit der Deutschen in Bundesrepublik und DDR: müssen sie nicht zur Schimäre verblassen – oder, auch nicht besser, zum staatsrechtlichen Joch erstarren, das mitgeschleppt wird, weil Grundgesetz und Bundesverfassungsgericht es so wollen –, wenn der politische Wille nicht mehr auf ihre Verwirklichung drängt?«[119]

Zwar sei dieses Dilemma nicht wegzureden, etwas anderes sei aber die Absage an den Nationalstaat selbst, »die sich zumeist – jedenfalls bei den Gebildeten unter den Resignierten – in die Ablehnung des Bismarckschen Reiches und die Sympathie etwa für den Deutschen Bund oder das alte Reich kleide. Aber zu entkommen ist diesem Dilemma in Wahrheit nicht.« Vorbehaltlos trat Rudolph für die Offenhaltung der deutschen Frage ein. Als die Geißler-Kommission am 18. Februar 1988 das später korrigierte deutschlandpolitische Papier der CDU veröffentlichte[120], stellte er zutreffend fest, die CDU sei nicht gerade gut beraten gewesen, »das ›Einverständnis‹ der Nachbarn zur Bedingung einer Wiedervereinigung zu machen«[121]. So wußte Hermann Rudolph, der auch stets bestrebt war, soweit wie möglich die innere Situation der DDR realistisch zu bewerten, sich wesentlich besser auf die Wende im Herbst 1989 einzustellen als sein Vorgänger Leicht nun bei der *Zeit*.

Von den überregional erscheinenden deutschen Tageszeitungen verfügten nur die *Frankfurter Allgemeine Zeitung* und die Springer-Presse über den nötigen historischen Atem, nicht nur die politische und rechtliche Offenhaltung der deutschen Frage zu betonen, sondern auch die nationalstaatliche Lösung nicht als Unglück für Europa und unzeitgemäß einzustufen. Die Mitherausgeber der *FAZ*, Fritz Ullrich Fack, Joachim Fest und Johann Georg Reißmüller, haben immer wieder in Leitartikeln und Kommentaren die nicht gerade zeitgemäße Frage gestellt, warum Deutschland staatlich geteilt bleiben soll. Das gilt gleichfalls für Ernst-Otto Maetzke, den langjährigen politischen Redakteur und Deutschland-Experten, die beiden Berliner Korrespondenten Peter Jochen Winters und Ralf Georg Reuth sowie Claus-Einar Langen, den FAZ-Korrespondenten in Nürnberg. Daß die SPD/FDP-Bundesregierung bis zum Herbst 1982 nicht der juristisch verfehlten Forderung der DDR-Führung entsprochen hat, die bestehende Grenze am Nordostufer der Elbe auf die Strommitte zu verlegen, war das Verdienst Maetzkes und Langens, der Welt und des »ZDF-Magazins«. Erinnert sei hier auch an die klare Position der niedersächsischen Landesregierung unter Ministerpräsident Ernst Albrecht und der dortigen CDU-Landtagsfraktion. Der SPD – neben dem Bundesminister für innerdeutsche Beziehungen, Egon Franke, und den von ihr gestellten Ministerpräsidenten und Oppositionsführern der Bundesländer – fehlte auch hier das richtige Empfinden für juristische Positionen in der deutschen Frage[122].

Daß die FAZ auch in den achtziger Jahren keine Konzessionen an das Status-quo-Denken in der deutschen Frage gemacht hat, ist gleichfalls das Verdienst der Bonner Redaktion – vor allem Karl Feldmeyers, Claus Gennrichs und Helmut Herles'. Friedrich-Karl Fromme, für Innenpolitik und Koordination in der Zentralredaktion verantwortlich, würdigte kontinuierlich die vielfältigen deutschlandrechtlichen Aspekte und die einschlägigen Entscheidungen des Bundesverfassungsgerichts. Eckhard Fuhr analysierte mit Akribie den deutschlandpolitischen Meinungsprozeß in der SPD und den Abschied dieser Partei von Deutschland bis zum Herbst 1989. Die unmißverständliche Position der FAZ in der deutschen Frage sei anhand einiger repräsentativer Aussagen verdeutlicht.

Joachim Fest schrieb beispielsweise 1982, »aus scheinbar realpolitischem Kalkül, angesichts des deutschen Nationalstaats, der so kurze Zeit dauerte und so rasch verspielt war, den Schluß zu ziehen, die Idee der einen Nation sei für immer verloren, hieße, bei Lichte besehen, nichts anderes, als zwanzig Millionen Deutschen, mit welchen Melancholien auch immer, die Rolle des Opfers zuzumuten ... Würde und Selbstachtung können auch erfordern, am vermeintlich Unmöglichen festzuhalten, und sei es nur, um auf das Offensein aller Geschichte zu verweisen und nicht hinzunehmen, daß der Spruch eines Augenblicks als ihr endgültiges Wort erscheint; die Geschichte schreibt keine letzten Worte.«[123]

Johann Georg Reißmüller befaßte sich 1985 mit den stereotyp vorgebrachten Argumenten einer einflußreichen Richtung der deutschen Medien, Deutschland müßte staatlich gespalten bleiben. Zutreffend wies er darauf hin, daß die Deutschen kein Recht auf staatliche Einheit mehr hätten, »das bestimmten nicht einmal die Siegermächte 1945 in der Stunde ihres Triumphes ... Die These, die Deutschen hätten das Recht auf Einheit verwirkt, wird oft damit begründet, die deutsche Teilung sei eine Folge des Hitler-Krieges. Das ist falsch. Die deutsche Teilung ist Folge nicht des Krieges, sondern des erst später ausgebrochenen Ost-West-Konfliktes.«[124]

Immer wieder hat Reißmüller der These widersprochen, ein deutscher Nationalstaat wäre unzeitgemäß: »Aber andere Nationen halten ihren Nationalstaat gar nicht für anachronistisch, sondern betrachten ihn als die ihnen auch heute gemäße Form der politischen Existenz. Frankreich, Großbritannien, Italien halten an ihrem Nationalstaat fest und bekennen sich ohne Verlegenheit dazu.«[125] Mit Nachdruck wandte er sich gleichfalls gegen das von Politikern, Wissenschaftlern und Publizisten immer wieder vorgebrachte Argument, Deutschlands Nachbarn wünschten keinen deutschen Nationalstaat: »Doch eine gemeineuropäische Überzeugung, Deutschland müsse geteilt bleiben, ist Erfindung. In allen freien europäischen Ländern gibt es weitsichtige Politiker, denen die deutsche Teilung unnatürlich und gefährlich vorkommt. Es wäre mehr, wenn mehr deutsche Politiker geduldig und überzeugend gegen die deutsche Teilung sprächen.«[126]

Johann Georg Reißmüller unterschied sich damit wohltuend von Theo Sommer, Robert Leicht, Peter Bender sowie namhaften Historikern und Politologen, die sich in diesem Zusammenhang immer auf Andreotti, Mitterrand und Margaret Thatcher beriefen, ohne zu bedenken, daß sie gar nicht im Namen der Mehrheit ihrer Völker sprachen. Bezeichnenderweise vermieden es die Status-quo-Apologeten stets, sich auf die gegenteilige Äußerung des italienischen Staatspräsidenten Sandro Pertini vor dem Europäischen Parlament in Straßburg vom 11. Juni 1985 zu beziehen. In seiner programmatischen Rede hatte er ausgeführt: »Das geteilte Deutschland ist das geteilte Europa. Sein Drama ist auch das unsere.«[127]

Es waren die *FAZ* und die *Welt*, die den Mut hatten, die Ansprache des amerikanischen Historikers und Politologen Fritz Stern zum Gedenken an den 17. Juni 1953 im Bundestag am 17. Juni 1987 mit einigen kritischen Kommentaren zu versehen. Stern hatte behauptet, der Aufstand sei »kein Aufstand für die Wiedervereinigung«[128] gewesen, und – wie Ernst-Otto Maetzke bemerkte – von der Einheit Deutschlands »geradezu verzweifelt abzulenken versucht, obwohl es an diesem Tag und an diesem Ort skandalös war«[129].

Konrad Adam interpretierte die Rede Sterns dahingehend: Als ». . . nationaler Gedenktag kam der Termin, wie man folgern konnte und wohl auch sollte, deshalb nicht in Frage. Die kleine Münze, die Fritz Stern zur Erklärung gewählt hatte, entsprach einer Stimmung, die von der Deutschen Einheit auch dann nichts wissen wollte, wenn sie ohne Verlust an Freiheit zu haben wäre, die in der dauerhaften Teilung des Landes die ewige Strafe für die deutsche Schuld am Zweiten Weltkrieg sah. Anmaßend klangen solche Weltenrichtersprüche schon damals; heute, nach der geglückten Rebellion, darf man aber sicher sein, daß sie auch falsch waren.«[130]

Als wenig »geschichtsträchtig« erwies sich Karl Dietrich Brachers Kommentar zur Ansprache Sterns vom 17. Juni 1987. Bracher meinte, Sterns Zurückhaltung gegenüber der nationalstaatlichen Wiedervereinigungsidee habe zu Kontroversen geführt, müsse aber doch ebenso ernstgenommen werden wie das Postulat von der Offenheit der Geschichte: »Daß die Bundesrepublik als postnationale Demokratie und gespaltene Nation in einer Welt der Nationalstaaten existiert, ist die Last ihrer nationalen Geschichte, aber darin liegt auch die Chance einer transnationalen Offenheit, die sie vor allem auf die Zugehörigkeit zur europäischen und atlantischen Gemeinschaft verweist.«[131] Diese Beschreibung wurde der deutschen Situation in keiner Weise gerecht. Das Attribut »postnational« war ebenso verfrüht wie der Hinweis auf die »Chance einer transnationalen Offenheit«, mit dem Bracher die nationalstaatliche Lösung weitgehend relativierte.

Es war übrigens auch das Verdienst der *FAZ* und der *Welt*, maßgeblich dazu beigetragen zu haben, daß der am 18. Februar 1988 von CDU-Generalsekretär Geißler unterbreitete Diskussionsentwurf der vom Bundesvorstand eingesetzten Kommission entscheidend modifiziert wurde[132].

Neben der *FAZ* sah sich auch die Springer-Presse im Herbst 1969, als die SPD/FDP-Bundesregierung ihre »neue Deutschland-Politik« proklamierte, nicht veranlaßt, im Sinne des Zeitgeistes das Ziel der Herstellung der staatlichen Einheit Deutschlands aus dem Auge zu verlieren. Daran hat die *Welt,* das Flaggschiff des Springer-Verlags, nie einen Zweifel gelassen. Erinnert sei hier vor allem an die Leitartikel und Kommentare Herbert Kremps, des langjährigen Chefredakteurs, Herausgebers und Auslandskorrespondenten der *Welt.* In seinem Buch »Wir brauchen unsere Geschichte – Nachdenken über Deutschland« hat Kremp eindrucksvoll dargelegt: »Wenn historisches Denken, wenn die weite Erinnerung zur Substanz einer Nation gehört, dann sind wir Nation, deutsche Nation.«[133] Ebenso hat er immer wieder die zunächst von Egon Bahr 1963 in Anlehnung an Präsident Kennedys Auffassung, es gehe darum, den Status quo anzuerkennen, um ihn zu überwinden, in Frage gestellt. Das gilt gleichfalls für die im Westen jahrzehntelang verbreitete Ansicht, die durch Mauerbau, Ostverträge und Schlußakte von Helsinki gefestigte Teilung Deutschlands habe zu einer Beruhigung und relativen Sicherheit in Europa geführt[134].

Zu den wenigen deutschen Publizisten, die nie den Glauben an die Freiheit aller Deutschen und die Wiederherstellung eines deutschen Staates verloren hatten, gehört Matthias Walden, von 1950 bis 1956 Kommentator bei RIAS Berlin, seit 1956 stellvertretender Chefredakteur und seit 1964 Chefkommentator beim Sender Freies Berlin, gleichzeitig Kolumnist der *Welt* und *Welt am Sonntag* sowie von April 1981 bis zu seinem frühen Tod im November 1984 mit Axel Springer zusammen Herausgeber der *Welt.* Walden, der »wie Axel Springer den haßerfüllten Angriffen des Zeitgeistes ausgesetzt war, der wie Axel Springer niemals in seiner Entschlossenheit wankend wurde«[135], verband stets den Gedanken der Freiheit aller Deutschen mit dem der staatlichen Einheit. Als im September 1984 der damalige italienische Außenminister und spätere Ministerpräsident Andreotti gegen den »Pangermanismus« und gegen die Wiedervereinigung Deutschlands polemisiert hatte und ihm Horst Ehmke mit der Behauptung beigesprungen war, er habe den Mut gehabt, »einmal offen und ehrlich auszusprechen, was unsere westlichen Verbündeten in der deutschen Frage wirklich denken«, verurteilte Walden diese Aussage als »verräterisch in des Begriffs doppelter Bedeutung«[136].

Walden, der am 17. November 1984 verstarb, gehörte zu den wenigen Publizisten, die sich nicht mit der gerade von deutscher Seite gepflegten Behauptung abfanden, die Einheit des Landes liege nicht im Interesse der Nachbarn. So warnte er 1984: »Für Franzosen, Engländer, Italiener oder Amerikaner war und ist die Selbstpreisgabe deutscher Schicksalsziele völlig unverständlich, verwirrend und im Resultat ein Verlust unserer Glaubwürdigkeit und Berechenbarkeit.«[137]

Kein anderer Analytiker der deutsch-deutschen Szenerie war so prädestiniert, Axel Springers Buch »Aus Sorge um Deutschland – Zeugnisse eines engagierten Berliners« einzuleiten wie Matthias Walden. Am 25. Mai 1959, zwei Tage vor dem Ablauf des ersten Berlin-Ultimatums Chruschtschows, legte Springer den Grundstein für sein Verlagshaus im alten Berliner Zeitungsviertel, während andere es für richtiger hielten, die alte Reichshauptstadt Hals über Kopf zu verlassen. Damals sagte Springer: »Wir gehen in der Berliner Kochstraße auch einen Weg nach Deutschland, wenn man darunter versteht, daß es nicht lohnt, auf dieser Welt hohe Häuser für Zeitungen zu bauen, wenn man nicht eine Idee hat, die größer ist, als wir alle selbst es sind.«[138] Springer meinte das, wie Walden betonte, »genau so, wie er es sagte, und er hat sich auch in den zwei Jahrzehnten, die diesem Tag folgten, daran gehalten«[139].

Auch in der Zeit, seit Manfred Schell als Chefredakteur fungiert, hat die *Welt* keine Abstriche an der von Axel Springer vorgezeichneten Linie gemacht. Dafür sorgte auch und gerade der stellvertretende Chefredakteur Enno von Loewenstern mit seinen zahlreichen Kommentaren. Erst mit dem 2. August 1989 verzichtete die Springer-Presse darauf, die DDR weiter mit Anführungszeichen zu versehen, nachdem sich alle Chefredakteure nach langer Diskussion dafür entschieden hatten. *Welt*-Chefredakteur Schell bemerkte dazu: »Der Auftrag unseres Verlegers Axel Springer, mit den uns zur Verfügung stehenden publizistischen Mitteln auf die Einheit des Vaterlandes in Freiheit hinzuwirken, ist bleibende Verpflichtung.«[140] Manche *Welt*-Leser hatten für diesen Schritt kein Verständnis[141].

Abschließend bleibt noch darauf hinzuweisen, daß die beiden neben der *Zeit* existierenden Wochenzeitungen, der *Rheinische Merkur/*

Christ und Welt und das *Deutsche Allgemeine Sonntagsblatt*, in der deutschen Frage bis zum 3. Oktober 1990 unterschiedlich argumentiert haben. Der *Rheinische Merkur/Christ und Welt* war am 1. Januar 1980 aus der Fusion der Wochenblätter *Rheinischer Merkur* und *Deutsche Zeitung/Christ und Welt* hervorgegangen. Von 1973 bis zur Fusion mit dem *Rheinischen Merkur* war Ludolf Herrmann Chefredakteur der *Deutschen Zeitung/Christ und Welt*. Diese Funktion übte er gleichfalls vom Januar bis zum Juni 1980 beim *Rheinischen Merkur/Christ und Welt* aus – mit Beginn des Jahres 1992 firmiert diese Wochenzeitung nur noch als *Rheinischer Merkur* –, um dann die Chefredaktion des Wirtschaftsmagazins *Capital* zu übernehmen. Herrmann wurde 1979 auch Chefredakteur der *Politischen Meinung*.

Ludolf Herrmann, der am 10. Februar 1986 im Alter von 49 Jahren starb, verfügte über »eine brillante Feder wider den Zeitgeist«[142]. Dem *Rheinischen Merkur/Christ und Welt* blieb er bis zu seinem Tode verbunden. Nicht nur als Chefredakteur der *Deutschen Zeitung/Christ und Welt*, sondern auch in seinen Beiträgen für den *Rheinischen Merkur/Christ und Welt* hielt er nachdrücklich und kompromißlos am Gedanken einer nationalstaatlichen Lösung der deutschen Frage fest. Zu Herrmanns brillantesten Analysen gehört seine Entgegnung auf Thesen Bundeskanzler Kohls und des Historikers Michael Stürmer. Kohl hatte – wie dargelegt[143] – in einer Rede am 9. September 1985 in Bonn ausgeführt, »ein Zurück zum Nationalstaat des 19. Jahrhunderts . . . wird es nicht geben«. Herrmann entgegnete ihm: »Das Diktum vom 19. Jahrhundert hat viel emotionale Verdrängungs-, aber wenig Beweiskraft. Wer will schon das 19. Jahrhundert restaurieren? Doch ist der Nationalstaat mit dem Hinweis auf vergangene Zeiten nicht hinreichend charakterisiert. Weder hat er sich allein im 19. Jahrhundert gebildet, noch ist er mit jenem Jahrhundert abgeschlossen. Schon gewisse europäische Illusionen deutscher Ideenpolitiker, die von einer Auflösung der Staaten im politischen Bund träumten, sind an de Gaulles gallischem Realismus gescheitert: Ohne Vaterländer kein Zusammenschluß. Eine Welle regionalistischer Tendenzen hat sich zudem über Europa ausgebreitet. Wer sagt, daß ihre Kraft gebrochen sei, sperrt sich den Realitäten. Der Nationalstaat, losgelöst von manchen romantischen Überfrachtungen, steht heute solider auf der weltpolitischen Szene als unmittelbar nach Kriegsende. Das europäische Dilemma der Sowjetunion, die zentrifugalen Spannungen in ihrem Inneren beruhen darauf.«[144]

Herrmann sah den Bundeskanzler hier unmittelbar im Einklang mit Stürmerschem Denk- und Schreibhabitus, da Stürmer kurz zuvor im *Rheinischen Merkur/Christ und Welt* ausgeführt hatte: »Den nationalstaatlichen Zustand von vor hundert Jahren in verminderter und veränderter Form wiederherzustellen, ist nicht vom Grundgesetz gemeint, und es ist nicht Ziel der Deutschlandpolitik.«[145]

Mit Recht hatte Herrmann auch Stürmers These attackiert, wir müßten »die Einheit der Nation nicht in nationalstaatlichen Begriffen suchen, für die Zeit und Notwendigkeit vorbei sind, sondern in kulturellen Formen . . .« Apodiktisch hatte Stürmer auch noch gemeint, das »Zeitalter der Nationalstaaten« sei vorbei: »Der Erste Weltkrieg hat es auf alle Zeit geschlossen, und diese Erfahrung zu vergessen ist den Deutschen am wenigsten gestattet . . . Der Weg zurück zum Nationalstaat ist politisch und historisch verstellt.«[146] Herrmann warf Stürmer vor, es gehe ihm gar nicht um die Vollendung der deutschen Einheit, sondern um den Verzicht auf die aktuelle Postulierung dieses Ziels: »Wer die nationalstaatliche Einheit Deutschlands, in welchen Grenzen auch immer, als eine von verschiedenen Optionen aus dem uns auferlegten Verfassungsauftrag ausschließt, der will die deutsche Einheit überhaupt als politische Grundlast eliminieren und allenfalls noch einen Zukunftsmythos der Deutschen vor vagem Horizont zulassen; der spielt mit der Ambivalenz der historischen Unendlichkeit, die alles oder nichts bedeuten kann.«

Bundeskanzler Kohl war 1985 gut beraten, seinem damaligen Berater Stürmer nicht so weit zu folgen, da dies eine unhistorische Argumentation darstellte. Darauf, daß Stürmer auch mit den deutschlandrechtlichen Aussagen des Grundgesetzes und der Rechtsprechung des Bundesverfassungsgerichts beachtliche Schwierigkeiten hatte, wird noch zurückzukommen sein[147].

Der *Rheinische Merkur/Christ und Welt* blieb im wesentlichen der Linie Ludolf Herrmanns auch unter dessen Nachfolgern Alois Rummel (1980–1988) und Thomas Kielinger (seit 1988) treu. Besonders prononciert trat Eduard Neumaier, der vom 1. Juli 1987 bis zum 31. Oktober 1989 als stellvertretender Chefredakteur wirkte, dafür ein, eine nationalstaatliche Lösung der deutschen Frage nicht aus den

Augen zu verlieren. Zu den Verdiensten dieser Wochenzeitung gehört es, daß sie über die sich anbahnende Wende und den späteren Zusammenbruch der DDR sowie über den deutsch- deutschen Einigungsprozeß ausführlich und kritisch berichtet hat[148]. Darüber hinaus hatte Chefredakteur Kielinger im August 1990 keine Skrupel festzustellen: »Was die Medien der Bundesrepublik an Blindheit und Wunschdenken gegenüber der alten DDR offenbarten, kann eigentlich im nachhinein nur als beschämend bezeichnet werden.«[149]

Ein weiteres Verdienst dieser Zeitung liegt darin, daß sie über die Problematik »Evangelische Kirche und Wiedervereinigung Deutschlands« und die zumeist linkslastig angelegten Evangelischen Kirchentage breit und kritisch berichtet hat. Dafür zeichnete vor allem Udo Hahn verantwortlich[150]. Aber auch der für das Geschehen auf katholischer Seite zuständige Redakteur Martin Lohmann hat wertvolle Beiträge zur Position der katholischen Kirche beigesteuert.

Im Gegensatz zum *Rheinischen Merkur/Christ und Welt* vertrat das *Deutsche Allgemeine Sonntagsblatt*, die Wochenzeitung der Evangelischen Kirche in Deutschland, in den siebziger und achtziger Jahren immer stärker die bekannten Status-quo-Positionen in der deutschen Frage. Dafür sorgten – neben der Redaktion – vor allem Peter Bender, Günter Gaus, nachdem er Anfang 1981 das Amt des Ständigen Vertreters der Bundesrepublik Deutschland in der DDR aufgegeben hatte, und in Berlin ansässige Redakteure deutscher Fernseh- und Rundfunk-Anstalten. Auch wenn man vom »Hausblatt« der EKD keine kritische und distanzierte Haltung gegenüber den politischen Fehlurteilen prominenter EKD-Repräsentanten erwarten konnte, hätte es ihm gut angestanden, beispielsweise den stets deutschlandrechtlich zu kurz greifenden Beiträgen Peter Benders und Günter Gaus' Analysen von wissenschaftlich kompetenter Seite gegenüberzustellen.

Von allen überregional erscheinenden deutschen Tages- und Wochenzeitungen haben allein die *FAZ* und die *Welt* in den siebziger und achtziger Jahren ihre Leser über die völker- und staatsrechtliche Problematik der deutschen Frage aus wissenschaftlicher Sicht regelmäßig informiert. Die *Zeit* zeichnete sich nicht nur durch das von der politischen Redaktion und freien Mitarbeitern – wie Peter Bender und Günter Gaus – gezeichnete einseitige Deutschland-Bild, sondern auch dadurch aus, daß die gelegentlich herangezogenen Historiker und Politikwissenschaftler zumeist diese Sicht untermauerten. Da die politische Redaktion der *Zeit* mit den vom Grundgesetz vorgegebenen und vom Bundesverfassungsgericht konkretisierten deutschlandrechtlichen Positionen wenig im Sinn hatte und bereit war, den unangemessenen Forderungen Ost-Berlins in strittigen Fragen entgegenzukommen, war es nicht erstaunlich, daß sie sich nur sehr selten des juristischen Beistands ausgewiesener Staats- und Völkerrechtler bediente.

So war es kein Zufall, daß die *Zeit* die Zentrale Erfassungsstelle Salzgitter, deren Auflösung bezeichnenderweise der damalige stellvertretende Vorsitzende der SPD-Bundestagsfraktion und spätere EKD-Präses, Jürgen Schmude, bereits im März 1984 mit Nachdruck gefordert hatte[151], als »fragwürdiges Symbol«[152] apostrophierte. Die zeithistorische Wahrheit gebietet festzustellen, daß neben Jürgen Schmude andere prominente sozialdemokratische Juristen und Politiker – wie Horst Ehmke und Hans-Jochen Vogel – gleichfalls dafür plädiert hatten, die·Erfassungsstelle Salzgitter aufzulösen, bevor die SPD-Bundestagsfraktion am 6. November 1984 einstimmig beschloß: »Die Zentrale Erfassungsstelle Salzgitter ist – selbst gemessen an den ihr gestellten Aufgaben – wirkungslos und überflüssig. Sie soll durch die Bundesländer aufgelöst werden.«

Daß auch der hessische FDP-Vorsitzende und stellvertretende Bundesvorsitzende der FDP, Wolfgang Gerhardt, die Schließung der Erfassungsstelle verlangt hatte, zeugte von wenig deutschlandpolitischer Kompetenz. Erinnert sei schließlich daran, daß 1988 die sozialdemokratisch geführten Bundesländer Saarland, Bremen, Hamburg und Nordrhein-Westfalen ihre Zahlungen an die Erfassungsstelle eingestellt haben; diesem Schritt folgten 1989 Schleswig-Holstein und im Mai 1989 auch Berlin. Nach der Herstellung der staatlichen Einheit Deutschlands haben die SPD-regierten Länder, die sich aus der Finanzierung zurückgezogen hatten, teilweise ihre Bereitschaft zum Ausdruck gebracht, die Erfassungsstelle zukünftig wieder finanziell unterstützen zu wollen[153].

Wie kurzsichtig das Verhalten namhafter Sozialdemokraten und der sozialdemokratisch geführten Bundesländer war, verdeutlichte Lothar de Maizière, der ehemalige Ministerpräsident der DDR, in seinem Vorwort zu dem von Heiner Sauer und Hans-Otto Plumeyer verfaßten und verdienstvollen »Salzgitter Report«: »Der Westen konnte damals nicht Mauer und Stacheldraht gewaltsam beiseite räumen, wenn er eine kriegerische Auseinandersetzung vermeiden wollte ... Er konnte gegen die Verbrechen protestieren – und sie registrieren. Dies wurde mit der Einrichtung der Zentralen Erfassungsstelle Salzgitter in die Wege geleitet ... Die Zentrale Erfassungsstelle in Salzgitter wurde von den Bürgern der DDR nicht als Registratur zur Grundlage für Rache und Vergeltung verstanden, sondern als eine Einrichtung, um eines fernen Tages Gerechtigkeit üben zu können. Niemand sollte den Vorwurf erheben können, man würde die Verbrechen dieses Regimes durchgehen lassen oder der Rechtsstaat hätte versäumt, das Belastende wie das Entlastende festzuhalten ... Die Verbrechen gegen die Menschlichkeit, die das DDR-System begangen hat, müssen umfassend aufgeklärt und ehrlich aufgearbeitet werden. Dazu kann die Erfassungsstelle die von ihr ermittelten Fakten einbringen.«[154]

Lothar de Maizières klare Aussage dokumentierte wiederum das Ausmaß deutschlandpolitischer Irrtümer der SPD, der *Zeit* und eines guten Teils der deutschen Medien, die gemeint hatten, mit einem weitgehenden Entgegenkommen gegenüber Ost-Berlin die innere Situation der DDR grundlegend zu verbessern. Es gehörte schon ein hohes Maß an Ignoranz und Arroganz dazu, wenn die *Zeit* Anfang Oktober 1989 behauptete, angesichts des Exodus aus der DDR sei die Bonner Deutschland-Politik »zunächst aus dem Tritt geraten«[155]. Nicht für die *Zeit* und einen großen Teil der deutschen Medien, sondern für die Bundesregierung unter Bundeskanzler Kohl war die deutsche Frage politisch, rechtlich und historisch immer offen. Daher war es auch nicht verwunderlich, daß die *Zeit* beachtliche Schwierigkeiten hatte, Kohls überlegten Zehn-Punkte-Katalog vom 28. November 1989 richtig einzuordnen. Daß sie sich dabei auch noch auf den französischen Staatspräsidenten Mitterrand, der gleichfalls die politische Wende in der DDR zu spät erkannt hatte, berief, ist kein Ruhmesblatt in der Geschichte dieser Wochenzeitung[156].

Wer sich – wie Theo Sommer – in der deutschen Frage jahrzehntelang so geirrt hat, wäre gut beraten gewesen, die richtigen Einsichten und politischen Maßnahmen Bundeskanzler Kohls im Herbst 1989 in einem angemesseneren Ton zu betrachten[157]. Auch wenn die stille Revolution in der DDR nicht in das Geschichtsbild Robert Leichts paßte, sind ihm differenziertere Analysen zu attestieren[158]. So stand es der *Zeit* auch schlecht zu Gesicht, im November 1989 zu behaupten, Bonn habe über »die deutsche Frage seit jeher mehr geredet als nachgedacht«[159].

Sieht man von der *FAZ*, der Springer-Presse, dem *Rheinischen Merkur/Christ und Welt* und Rudolf Augstein, der Ende Januar 1990 zutreffend bemerkte, nun erfahre »Adenauers Politik insgesamt ihre Rechtfertigung«[160], ab, dann haben die überregionalen Zeitungen neben den anderen Medien – das gilt auch und gerade für das Fernsehen – entscheidend dazu beigetragen, daß der Gedanke an die Offenhaltung der deutschen Frage in den Hintergrund gedrängt wurde. Der beachtliche Anteil, den die ARD und das ZDF an der Fundierung des Status-quo-Denkens hatten, bedarf einer besonderen Analyse.[161] Für beide Anstalten war die Problematik des politischen und rechtlichen Offenseins der deutschen Frage im Verlauf der siebziger Jahre und verstärkt danach kaum noch ein Thema. Von den bevorzugten Gesprächspartnern im Fernsehen – Egon Bahr, Klaus Bölling und Günter Gaus – waren stereotyp nur die Status-quo-Positionen zu erfahren. Das ZDF hat mit den »Mainzer Tagen der Fernsehkritik« 1990 immerhin einen, wenn auch unzureichenden Anfang gemacht, einmal selbstkritisch das Thema »Das Fernsehen als Medium und Faktor der revolutionären Prozesse in Osteuropa und der DDR«[162] zu behandeln. Bei der ARD steht diese notwendige Selbstprüfung noch aus.

Literatur

Für Deutschlands Intellektuelle bedeuteten die gewaltlose Revolution und der totale Zusammenbruch des »real existierenden Sozialismus in der DDR« sowie der sich rasch vollziehende Einigungsprozeß gleichfalls ein böses Erwachen. Während Günter Kunert vom »Sturz vom Sockel«[163] sprach, versah Jens Jessen seinen scharfsinnigen Beitrag über »Die deutschen Intellektuellen als Hüter der Zweistaatlichkeit« mit der Überschrift: »Eine Kaste wird entmachtet«[164]. In der Tat gehörten die deutschen Dichter und Denker beiderseits des Eisernen Vorhangs zu den eisernsten Wächtern des fortbestehenden Status quo in Deutschland. Die Frage, warum so viele deutsche Schriftsteller mit der Wende in der DDR und der Herstellung der staatlichen Einheit Deutschlands nicht zurechtgekommen sind, ist Gegenstand mehrerer fundierter Analysen. Verwiesen sei beispielsweise auf die Studie des Münchener Politikwissenschaftlers Paul Noack »Deutschland, deine Intellektuellen – Die Kunst, sich ins Abseits zu stellen«[165].

Eine besonders dezidierte Untersuchung hat der Heidelberger Literaturhistoriker Helmuth Kiesel vorgelegt, in der er von drei markanten Äußerungen ausging, die heute fast schon den Status »geflügelter Worte« hätten. Diese drei Worte lauten: »Herr Gorbatschow, öffnen Sie dieses Tor, reißen Sie diese Mauer nieder«, »Wer zu spät kommt, den bestraft das Leben« und »Jetzt wächst wieder zusammen, was zusammengehört«. Das erste Wort sprach der amerikanische Präsident Reagan anläßlich der 750-Jahr-Feier Berlins am 12. Juni 1987 vor dem Brandenburger Tor[166], das zweite stammt von Michail Gorbatschow[167] und das dritte von Willy Brandt in seiner vielbeachteten Ansprache vom 10. November 1989 auf dem John-F.-Kennedy-Platz in Berlin[168]. Keines dieser Worte, so Kiesel, stamme »von einem deutschen Schriftsteller oder Intellektuellen. Von denen war nichts zu hören, was sonderlich inspirierend gewirkt und sich eingeprägt hätte, und so entstand mit dem Fortschreiten des Vereinigungsprozesses immer mehr der Eindruck, daß die deutsche Vereinigung den deutschen Intellektuellen nachgerade die Sprache verschlagen habe.«[169]

Die Reaktion der deutschen Intellektuellen auf den totalen Zusammenbruch der DDR und die Wiederherstellung eines deutschen Nationalstaates gehört zu den interessantesten Phänomenen der Jahre 1989/90. Das Ausmaß der Arroganz und Ignoranz bekannter Intellektueller geißelte Günter Kunert, der im Oktober 1979 die DDR verlassen hatte und seitdem in der Nähe von Itzehoe lebt, im November 1990 so: »Der deutsche Intellektuelle nebst seinen Visionen vom Guten, Schönen und Humanen ist durch keine noch so massive Tatsachenfülle widerlegbar.«[170] Und FAZ-Mitherausgeber Joachim Fest hatte schon am 30. Dezember 1989 in einem vielbeachteten Artikel in der *FAZ* konstatiert: »Das kritische Bewußtsein ist in Sprachlosigkeit versunken und desavouiert noch im nachhinein das Pathos der moralisch-politischen Instanz, die es für sich reklamiert.«[171]

Nicht richtig ist Paul Noacks Feststellung im Frühjahr 1990, die Intellektuellen hätten sich »ins Abseits« gestellt. Sowohl im Herbst 1989 als auch in den folgenden Monaten publizierten die überregionalen deutschen Tages- und Wochenzeitungen sowie Zeitschriften zahlreiche Beiträge von Intellektuellen. Und Paul Noack konzediert selbst, diese Analysen stellten »– in ihrer Gesamtheit gesehen, nicht als einzelnes Organ – ein Kaleidoskop der denkbaren Meinungen zum Tatbestand der Einigung und Einheit« dar[172]. Zutreffend verweist er darüber hinaus auf die Buch-Veröffentlichungen der Dichter Günter Grass und Martin Walser, der Publizisten Klaus von Dohnanyi und Erich Kuby und der Philosophen Jürgen Habermas und Dieter Henrich[173].

Zunächst gilt es festzuhalten, daß Martin Walser zu den wenigen Intellektuellen gehört, die in der zweiten Hälfte der siebziger Jahre für die Überwindung der Zweistaatlichkeit Deutschlands plädierten, als dies keinesfalls dem Zeitgeist entsprach. Beispielsweise erklärte Walser am 30. August 1977: »Aus meinem historischen Bewußtsein ist Deutschland nicht zu tilgen. Sie können neue Landkarten drucken, aber sie können mein Bewußtsein nicht neu herstellen. Ich weigere mich, an der Liquidierung von Geschichte teilzunehmen. In mir hat ein anderes Deutschland immer noch eine Chance. Die Welt müßte vor einem solchen Deutschland nicht mehr zusammenzucken. Und doch ist es im Augenblick reine Utopie, ist ›Wunschdenken‹. Der historische Prozeß richtet sich nach dem Bedürfnis. Ja, er entsteht sogar aus ihm. Also liegt es wirklich an uns. Allerdings an uns allen . . . Wir müssen die Wunde namens Deutschland offenhalten.«[174]

Walser zitierte diese bemerkenswerten Darlegungen in seinem Vortrag »Über Deutschland reden«, den er im Rahmen der Reihe »Reden über unser Land« am 30. Oktober 1988 in den Kammerspielen in München gehalten hat, obwohl es dort am Sonntagvormittag zum guten Ton gehörte, die vermeintlichen Vorzüge der Mehrstaatlichkeit Deutschlands zu propagieren. Die Münchener Kammerspiele waren jener Ort – wie dargelegt –, an dem beispielsweise Willy Brandt am 18. November 1984 verkündet hatte, der heftige Streit darüber,

»wie offen die Deutsche Frage heute sei, ähnelt der Dramatik eines Traums, der nachschwingt, aber vorüber ist, wenn man aufwacht. Der Traum ist vorbei.«[175]

Und Egon Bahr hatte keine Skrupel, am gleichen Ort am 27. November 1988 festzustellen, die These, die Wiedervereinigung bleibe vordringlichste Aufgabe deutscher Politik, sei »objektiv und subjektiv Lüge, Heuchelei, die uns und andere vergiftet, politische Umweltverschmutzung«[176]. Auch andere prominente Politiker – wie Franz Josef Strauß[177] und Otto Schily[178] sowie Günter Gaus, der am 20. November 1983 seine absurde These verbreitet hatte, es gehe um das »Weiterexistieren, um das Überleben einer Nation, die sich als Ganzes für alle vorhersehbare Zeit in einem entstaatlichten Zustand befinden wird«[179] – hatten vor dem Münchener Forum vielbeachtete Auftritte. Bezeichnenderweise veröffentlichte die *Süddeutsche Zeitung* den Schlußteil des Vortrags von Gaus mit diesem Passus wenige Tage später[180], während das Feuilleton der *Zeit* die unerwartete und glänzende Idee hatte, Martin Walsers Münchener Rede ungekürzt zu publizieren[181].

Walser bezog sich in München auf einen Bericht »Deutsche Leiden – Gespräche mit Schriftstellern«, in dem Marcel Reich-Ranicki mitgeteilt hatte, nicht nur Günter Grass, sondern auch »unserem alten Freund Martin Walser bereitet Deutschland neuerdings viel Kummer«, um später Franz Xaver Kroetz so zu zitieren: »Mir ist die DDR so fremd wie die Mongolei.« Dazu Reich-Ranicki, »der ja nicht gerade ein Genie der Zustimmung ist«[182]: »Das gefällt mir außerordentlich.« Kroetz hatte hinzugefügt, es sei »schon eine weise Sache, daß wir zwei Deutschlands haben«[183].

Kroetz hielt die DDR »nach wie vor für einen notwendigen Staat«, da »bei einem wiedervereinigten Deutschland« er »noch mehr Angst um den Weltfrieden als jetzt« hätte. Reich-Ranicki zollte Kroetz insofern Respekt, als er »sich der hierzulande jetzt üblichen nationalen, mitunter ins Nationalistische übergehenden Heuchelei mit einer solchen Erklärung widersetzt«. Martin Walser warf Reich-Ranicki vor, argumentiert müsse »da nicht werden, man gefällt oder gefällt nicht. Und das argumentlose persönliche Gefallen wird ausgestattet mit Zeitungsmacht. Ein solcher Satz als solcher sagt ja herzlich wenig. Aber in der *FAZ* macht er Stimmung zugunsten der deutschen Teilung.«[184]

Hier ist Walser insofern zu korrigieren, als Marcel Reich-Ranickis Absage an die Überwindung der Teilung Deutschlands in der *FAZ* – und zwar auch im Feuilleton – eine Ausnahme blieb. Nicht nur – wie bereits betont – die politische Redaktion, sondern auch das Feuilleton der *FAZ* hat vor und nach der Wende im Herbst 1989 in der DDR keinen Zweifel an der notwendigen Wiederherstellung eines deutschen Nationalstaates gelassen. Es war Martin Walser, der am 8. Oktober 1989 in der *FAZ* zutreffend ausführte, ein ungeteiltes Deutschland sei den Schriftstellern, den Intellektuellen, den Philosophen »entweder das Unwichtigste oder das Unerwünschteste. Wer bei uns die Trennung nicht hinnehmen will, dem wird die intellektuelle und die moralische Zurechnungsfähigkeit bestritten.«[185] Und am 11. November 1989 betonte Walser in der *FAZ*, zum ersten Mal in diesem Jahrhundert verlaufe die deutsche Geschichte gut: »Zum ersten Mal, daß eine deutsche Revolution gelingt. Die Deutschen in der DDR haben eine Revolution geschaffen, die in der Geschichte der Revolutionen wirklich neu ist: die sanfte Revolution.«[186]

Kaum ein anderer Intellektueller war so prädestiniert, knapp einen Monat später zu konstatieren: Was »unsere Politiker, unsere Medien, unsere Literatur, unsere Philosophie, unsere Filme der Welt nicht vermitteln konnten, diese sanfte Revolution hat es fertiggebracht: der Stand der deutschen Dinge ist offenbar geworden«[187].

Bei Deutschlands Intellektuellen hat diese Revolution keine Freude ausgelöst. Für viele war die Zweistaatlichkeit Deutschlands so selbstverständlich, daß für sie der Begriff der »Kulturnation« das ausreichende Band bildete. So hat beispielsweise stets Günter Grass argumentiert[188]. Er dürfte der Schriftsteller sein, der die meisten deutschlandpolitischen Irrtümer verkündet hat. Sein Hauptargument lautete immer wieder, es werde keine Vereinigung der beiden Staaten in Deutschland unter westdeutschem oder ostdeutschem Vorzeichen geben: »Nicht nur der Einspruch unserer west- wie osteuropäischen Nachbarn stünde einer solchen Vereinigung, sprich: Machtballung, entgegen; zudem schließen zwei grundsätzlich verschiedene Gesellschaftssysteme einander aus.«[189]

Ausgerechnet auf dem Parteitag der SPD in Berlin verkündete Grass am 18. Dezember 1989, wieder einmal sähe »es so aus, als werde vernunftbestimmtes Nationalbewußtsein von diffusem Nationalgefühl überschwemmt; beklommen bis verschreckt nehmen unsere Nachbarn den rücksichtslos herbeigeredeten Einheitswillen der Deutschen zur Kenntnis«[190]. Hat Grass eigentlich die gewaltlose Revolution und den sich anbahnenden Kollaps der DDR bewußt erlebt? Wo war ein »diffuses Nationalgefühl« erkennbar? Wie konnte man sich mit solcher Überheblichkeit und Ignoranz über den Freiheitswillen der Mehrheit der DDR-Bevölkerung hinwegsetzen? Gerade das Ausland kommentierte fast ausnahmslos das Geschehen in Deutschland positiv, da sich die nationalen Wogen so in Grenzen hielten.

Kein deutscher Schriftsteller hat 1989/90 so an den Realitäten vorbeigeschrieben wie Günter Grass. Zutreffend bemerkt der Berliner Zeithistoriker Rainer Zitelmann, manchmal habe man den Eindruck, »Grass projiziere seine eigenen Ängste vor einem vereinigten Deutschland auf ›die Nachbarn‹ . . . Warum beruft Grass sich ständig auf ›die Nachbarn‹, wenn es doch offenbar vor allem eigene Ängste sind, die ihn zur Ablehnung der Wiedervereinigung führen? Meinungsumfragen bestätigen, daß die Mehrheit der Bevölkerung in Frankreich und auch in anderen Nachbarländern weder ›beklommen‹ noch ›verschreckt‹ ist, sondern die Vereinigung Deutschlands begrüßt.«[191] Hätte sich Grass nur ein wenig mit dem Ausmaß der politischen, rechtlichen und wirtschaftlichen Integration Europas vertraut gemacht, dann wäre er nicht zu dem Fehlschluß gelangt, ein »wiedervereinigtes Deutschland wäre ein komplexgeladener Koloß, der sich selbst und der Einigung Europas im Wege stände«[192].

Rudolf Augstein ist zu bescheinigen, daß er in der Fernseh-Diskussion mit Grass über das Thema »Deutschland, einig Vaterland?« im Februar 1990 mit viel Geduld argumentiert hat. In dieser Diskussion verwandte Grass – wie auch an anderer Stelle – das Auschwitz-Argument, um seine These vom notwendigen Fortbestand der Zweistaatlichkeit Deutschlands zu untermauern[193]. Augstein erwiderte ihm: »Ich muß allerdings sagen, daß keiner, der direkt nicht betroffen ist, Auschwitz fürchterlicher finden kann als ich. Ich finde nur, wir können es in der praktischen Politik nicht perpetuieren. Das können ja unsere Kinder gar nicht nachvollziehen, das geht nicht. Wir haben es erlebt, auch zu spät erlebt, aber wir haben es immerhin erlebt – die können das schon gar nicht mehr erleben.«[194]

Während Jürgen Habermas das Auschwitz-Argument sehr viel vorsichtiger verwendet[195], schließt Walter Jens sein fragwürdiges »Plädoyer gegen die Preisgabe der DDR-Kultur« mit dem Satz: »Eingedenken tut not und kein geschichtsferner Traum von einer Wieder-Vereinigung, die in Wahrheit, da es Auschwitz gab, undenkbar ist.«[196]

Helmuth Kiesel hat in seiner bemerkenswerten Analyse »Die Intellektuellen und die deutsche Einheit« jenen Autoren, die mit Blick auf das Bismarck-Reich für die Bewahrung der Zweistaatlichkeit Deutschlands eingetreten waren, mit Recht entgegengehalten, die außenpolitische Situation sei »eine völlig andere, ebenso die wirtschafts- und sozialpolitische, und die Mentalität der Bevölkerung hat sich von der autoritären und militaristischen Matrix des Bismarck-Reichs weit entfernt in Richtung demokratischer und ziviler Verhaltensmuster. Es ist ein durch nichts gerechtfertigter Determinismus zu behaupten, daß sich die Geschichte zwangsläufig oder auch nur mit großer Wahrscheinlichkeit wiederhole, und das gilt auch für Auschwitz, so beunruhigend der Blick auf Auschwitz für die Einschätzung unserer nationalen Möglichkeiten auch immer bleiben wird.«[197]

Michael Wolffsohn, der sich selbst als »deutschjüdischer Patriot« versteht, ist in seinem Buch »Keine Angst vor Deutschland!« der Argumentation Günter Grass' und Walter Jens' entschieden entgegengetreten. Während Grass in seinem Fernseh-Streitgespräch mit Augstein Auschwitz als »die große Schwelle, die Schamschwelle, die mitgedacht werden muß, besonders heute mitgedacht werden muß, wenn wir ... die Chance bekommen, Deutschland neu zu gestalten«[198], bezeichnet hatte, schloß er seine Rede »Schreiben nach Auschwitz« in der Universität Frankfurt am Main vom 13. Februar 1990 mit dem Hinweis: ». . . dem Schreiben nach Auschwitz kann kein Ende versprochen werden, es sei denn, das Menschengeschlecht gäbe sich auf«[199].

Wolffsohn konzediert Jens: Wer wollte ernsthaft bestreiten, »Eingedenken tut not«. Er folgert aber: »Legitim, wenngleich nicht meine eigene Position: die Ablehnung der Wiedervereinigung. Objektiv schamlos, wenngleich subjektiv und gewiß aufrichtig von ›Schamschwelle‹ redend: die instrumentelle Verwendung von Auschwitz. Auschwitz als Stil- und Kunstmittel, als politisches Mittel zum Kauf von Seelen gegen die Wiedervereinigung. Skandalös! Sollen die Befürworter der Wiedervereinigung als Rechtfertiger von Auschwitz gebrandmarkt werden? Grotesk. Ein Zerrbild Deutschlands und der Deutschen.«[200]

Der Historiker Albert Wucher hat Jens' »Plädoyer gegen die Preisgabe der DDR-Kultur« zutreffend als »rhetorisch konstruierte Widerstandslegende« apostrophiert und dem zitierten Satz von Jens »empört« widersprochen: »Umgekehrt wird wohl eher ein Schuh daraus: Ist es denn nicht gerade dies, was West- und Ostdeutschland, also das gesamte Restdeutschland, schicksalhaft verbindet? Der fürchterliche Name Auschwitz bezeichnet das gemeinsame Erbe an Schuld und Scham, das wir denn nun auch gemeinsam zu tragen hätten.«[201]

Zu dieser richtigen Einsicht waren und sind viele bekannte deutsche Intellektuelle nicht fähig. Daß vor allem Günter Grass »permanent und multimedial«[202] seine unter historischen, politischen und psychologischen Aspekten verfehlte These von der Gefährlichkeit eines wiedervereinigten Deutschlands verbreiten konnte und den Eindruck erweckte, »er fühle sich von der Geschichte persönlich beleidigt«[203], offenbart das Stimmungsbild eines guten Teils der deutschen Medien – nicht nur des *Zeit*-Feuilletons, sondern auch vieler prominenter Fernsehredakteure und politischer Bildungsstätten. In der Tat gehören die Auftritte der deutschen Dichter und Denker zu den »burlesken Szenen am Rande der Wiedervereinigung . . . Wollte man ihnen glauben, so stünde die deutsche Nachkriegsgeschichte vor ihrer schlimmstmöglichen Wendung.«[204]

Selbst einem so scharfsinnigen Analytiker wie Jürgen Habermas fiel zum Kollaps der DDR und zum Einigungsprozeß nur die Formel »DM-Nationalismus«[205] ein. Als er sich im Frühjahr 1991 erneut im *Zeit*-Feuilleton zu Wort meldete und »Über die Defizite der deutschen Vereinigung und über die Rolle der intellektuellen Kritik« nachdachte, erteilte ihm der Theologe und Philosoph Richard Schröder, vor der Vereinigung Vorsitzender der SPD-Fraktion in der erstmals frei gewählten Volkskammer der DDR, die angemessene Antwort. Habermas' Hochmut war ebenso unangebracht wie seine Fehleinschätzung der Bewußtseinslage der Mehrheit der DDR-Bevölkerung und seine Kritik an der Deutschland-Politik der Bundesregierung Kohl/Genscher[206]. Mit Recht fragte Schröder: »Warum könnt ihr uns nicht auch einmal loben? Warum könnt ihr euch nicht darüber freuen, daß die Einigung zustande gekommen ist? Ich habe den

Eindruck: Es gibt eine Art von links, die lobt nie, dankt nie und freut sich nie. Das wäre gegen ihre Überzeugung, denn man muß vor allem kritisch sein, und die Welt ist jedenfalls die schlechteste aller möglichen.«[207]

Jens Jessen hat die Haltung der deutschen Intellektuellen auf den Punkt gebracht: »Dem politisch Erzwungenen wurden die Weihen des moralisch Wünschbaren verliehen. Man sprach von ›Vergangenheitsbewältigung‹ und meinte die Sicherung des Status quo für alle Zukunft. Nach und nach gewann die deutsche Teilung die Würde einer nationalen Buße, die für die Sünden der Vergangenheit freiwillig zu leisten sei. Die Wiedervereinigung wurde zu einem Tabu, über das nur noch in feststehenden Formeln geredet werden durfte . . . Es wäre . . . nicht redlich, die deutschen Dichter und Denker dafür zu schmähen, daß sie ihren gesellschaftlichen Auftrag erfüllten. Doch ist es kurios genug, daß ausgerechnet ihre linke Fraktion sich zu den treuesten Wächtern einer Staatsräson des Status quo entwickelte und nun mit wachsender Verzweiflung den historischen Wandel des für unwandelbar Erklärten erleben muß. Daß mit einem Male der Gedanke der Wiedervereinigung aus dem Banne des Tabus befreit wurde, daß er überhaupt aus dem Bereich der intellektuell beherrschbaren Rede in den der politischen Tat wechselte, kommt der öffentlichen Verhöhnung und schließlichen Entmachtung einer ganzen Priesterkaste gleich . . . Intellektuelle Sympathien genoß die Wende in der DDR nur, solange sie nicht die Zweistaatlichkeit gefährdete.«[208]

Abschließend ist noch darauf hinzuweisen, wie sehr sich die Position der Intellektuellen in der ehemaligen DDR von der der Kollegen in den früheren Warschauer-Pakt-Staaten unterscheidet. Der Schriftsteller Peter Schneider hat darauf aufmerksam gemacht, strukturell sei der Stalinismus in der DDR mit dem in allen anderen Ostblock-Ländern identisch: »Was die deutsche Variante jedoch qualitativ unterschied, war das Ausmaß an subjektiver Hingabe und Gläubigkeit, auf das er in der DDR zählen konnte.« Schneider folgert: »Das Phänomen, daß ostdeutsche Intellektuelle jetzt unter starker öffentlicher Anteilnahme über den Verlust ihres Weltbildes weinen, ist im übrigen Mittel- und Osteuropa ohne Beispiel. In Polen, in Ungarn, in der Tschechoslowakei galt ein Intellektueller, der sich nach der Invasion in Prag noch als überzeugter Kommunist bekannte, als Karrierist oder als armer Irrer. Fortan wurde er entweder gefürchtet oder gemieden und wahrscheinlich beides. In der DDR dagegen fällt die erstaunlich große Zahl von intelligenten, letztlich unerschütterlichen Mitgängern auf, deren Glauben in den Sozialismus nach jedem der vielen fürchterlichen Niederschläge wieder auferstand und erst mit dem physischen Ende der DDR zusammenbrach.«[209]

Politische Bildungsstätten

Die Tatsache, daß die bundesdeutsche Öffentlichkeit von der Dynamik und dem Ausmaß der Akzeptanzkrise in der DDR so überrascht worden ist, lag nicht allein daran, daß sich die politischen Parteien sowie wichtige gesellschaftliche Gruppen und Institutionen mit dem territorialen und politischen Status quo in Europa und damit auch mit der Teilung Deutschlands weitgehend abgefunden hatten. Hinzu kommt, daß es der SPD in den siebziger Jahren hervorragend gelungen ist, die Leitungen wichtiger Bildungsinstitutionen in der Bundesrepublik Deutschland sowohl von der Richtigkeit ihrer Ost- und Deutschland-Politik als auch davon zu überzeugen, daß dem Status quo in Europa und der inneren Konsolidierung der DDR soweit wie möglich Rechnung zu tragen sei. Das systemimmanente Herangehen an die DDR und das damit verbundene Ausblenden der diktatorischen Züge des SED-Regimes setzten sich in der Publizistik und in den anderen Medien weitgehend durch. Kritische Analytiker, die das politische Herrschaftssystem der DDR nach wie vor als illegitim erachteten, das Ausmaß von Reglementierung und Repression beim Namen nannten und die politische, ökonomische und gesellschaftliche Ordnung der Bundesrepublik als nachahmenswert ansahen, hatten einen schweren Stand[210].

In den meisten Bildungsstätten, nicht nur den politischen und evangelischen Akademien – von der Grenzakademie Sankelmark (bei Flensburg), dem Haus Rissen (bei Hamburg) über Loccum und Bad Boll bis Tutzing[211] –, hatten die Status-quo-Verfechter das Wort; das schloß die Einbeziehung bestimmter CDU-Repräsentanten nicht aus. Das abwegige Deutschland-Bild Erich Müller-Gangloffs, des Gründers und langjährigen Leiters der Evangelischen Akademie Berlin, war keinesfalls eine Einzelmeinung, sondern gab im wesentlichen die Position der Evangelischen Kirche in Deutschland wieder[212]. Im Gegensatz zu den evangelischen Akademien zeichnete sich die Politische Akademie Tutzing durch einen gewissen, wenn auch nicht ausreichenden, deutschlandpolitischen Meinungspluralismus aus.

Zu den bevorzugten Referenten gehörten die Status-quo-Apologeten Egon Bahr, Peter Bender, Klaus Bölling und in den achtziger Jahren Günter Gaus. Manche Bildungsstätte war stolz darauf, Leonid Breschnews Interpreten einer starren und unflexiblen Deutschland-Politik – wie Nicolai Portugalow und andere – zu ihren regelmäßig eingeladenen Rednern zählen zu dürfen. In vielen Bildungsinstitutionen wählte man aus dem Kreis der DDR- und vergleichende Deutschland-Forschung Treibenden vor allem jene aus, die dem Status-quo-Denken den nötigen Tribut gezollt hatten und die innere Situation der DDR gemäß der systemimmanenten Methode unkritisch zu untersuchen pflegten.

Da sich die von Bundeskanzler Brandt in einer Diskussion des ZDF am 29. Januar 1970 vorgetragene zweifelhafte Formel »Die Weltgeschichte ist kein Amtsgericht« großer Popularität erfreute, meinten viele Bildungsstätten, darauf verzichten zu können, die komplizierten ost- und deutschlandrechtlichen Aspekte von kompetenter Seite behandeln zu lassen. Allerdings befanden sie sich dabei – wie dargelegt – in Gesellschaft eines guten Teils der deutschen Medien[213].

Weitreichende Auswirkungen hatte der »Machtwechsel« von 1969 vor allem auf die Arbeit der Bundeszentrale für politische Bildung in Bonn, der das Ostkolleg in Köln zugeordnet ist und die die Wochenzeitung *Das Parlament* und eine eigene Schriftenreihe herausgibt. Das Ostkolleg wird seit 1964 von Werner Maibaum geleitet; Rüdiger Thomas war wissenschaftlicher Mitarbeiter und zugleich Stellvertreter des Studienleiters von 1964 bis 1981. Er hatte 1972 den Mut, eine in mehreren Auflagen erschienene Studie mit dem Titel »Modell DDR – Die kalkulierte Emanzipation« zu veröffentlichen, eine der anfechtbarsten Interpretationen des totalitären DDR-Systems[214].

Sowohl in der Beilage zum *Parlament* als auch im Programm des Ostkollegs schlug sich der von Bundeskanzler Brandt im Herbst 1969 ausgelöste gefährliche Relativismus der »Systeme«, der in der Methode des empirisch-deskriptiven Vergleichs und der ausschließlich immanenten Analyse des Herrschaftssystems der DDR Ausdruck fand, nieder. Brandt hatte am 28. Oktober 1969 den Verfechtern des Relativismus der »Systeme« insofern Munition geliefert, als er sich zu der Aussage hinreißen ließ: »Wir stehen nicht am Ende unserer Demokratie, wir fangen erst richtig an.«[215]

Die für die Beilage zum *Parlament* verantwortliche Redaktion wußte Brandts Diktum in den siebziger Jahren richtig zu deuten. Es entsprach wiederum dem »Zeitgeist«, das bewährte politische System der Bundesrepublik in einem möglichst schlechten Licht zu schildern. Die Leitung des Ostkollegs bevorzugte als Referenten gern jene Politologen, Historiker und Publizisten, die Brandts »Entspannungspolitik« im Sinne des Status quo richtig zu interpretieren wußten. Soweit die deutsche Frage behandelt wurde, verzichtete man von vornherein darauf, dies kritisch und kontrovers zu tun. Zu den gern gesehenen Referenten gehörten neben Peter Bender der Politologe Hans-Adolf Jacobsen und der Zeithistoriker Wilfried Loth, der sein Eintreten für den Fortbestand der Mehrstaatlichkeit Deutschlands nie verhehlt hat. Erstaunlich bleibt nur, daß es der Leitung des Ostkollegs auch in den achtziger Jahren gelungen ist, ihre einseitige politische Linie kompromißlos weiterzuverfolgen.

Die Arbeit des Ostkollegs zeichnete sich gleichfalls dadurch aus, daß die rechtlichen Aspekte sowohl der deutschen Frage als auch der Integration des Warschauer-Pakt-Bereiches weitgehend ausgespart wurden. Obwohl Boris Meissner von 1959 bis 1982 Mitglied des (Wissenschaftlichen) Direktoriums des Ostkollegs war, hielt er es nicht für angebracht, darauf zu dringen, die in dem von ihm geleiteten Institut für Ostrecht der Universität zu Köln tätigen und ausgewiesenen Spezialisten für die Integration Osteuropas im Ostkolleg referieren zu lassen. Alexander Uschakow, profunder Kenner der militärischen und wirtschaftlichen Integration Osteuropas, wurde ebensowenig herangezogen wie Dietrich Frenzke, der mehrere fundierte Studien über die rechtlichen Aspekte der »sozialistischen Gemeinschaft« unter Heranziehung des gesamten völkerrechtlichen

Schrifttums aus den betroffenen Ländern verfaßt hat. Beide paßten nicht in die politische Landschaft des Ostkollegs.

Auch Siegfried Mampel, der angesehenste und profilierteste DDR-Experte und Verfasser der Standardkommentare zu den DDR-Verfassungen von 1949 und 1968/74, wurde in den siebziger und achtziger Jahren nicht die Ehre zuteil, im Ostkolleg zu referieren. Man zog Herwig Roggemann (Freie Universität Berlin) vor, da seine Arbeiten über die DDR-Verfassung sehr viel wohlwollender waren und er – im Gegensatz zu Siegfried Mampel – die deutsche Frage nicht einmal mehr für offen hielt. Bisher zeigten die Leitung und die Mehrzahl der im Ostkolleg beschäftigten Tagungsleiter keinerlei Bereitschaft, selbstkritisch Bilanz zu ziehen.

Die fatale Unterbewertung des Rechts bei der Behandlung der »sozialistischen Systeme« und der »sozialistischen Gemeinschaft« spiegelte sich auch in der Entwicklung des Kölner Bundesinstituts für ostwissenschaftliche und internationale Studien wider. Dort gelang es Richard Löwenthal, der seine Aversion gegenüber ostrechtlichen Fragestellungen offen aussprach, zusammen mit dem langjährigen Geschäftsführer Hans-Walter Poll, das dank der Initiative Boris Meissners aufgebaute und bewährte Rechtsreferat auf ein Minimum zu reduzieren und die frei werdenden Stellen mit Politologen zu besetzen.

Exkurs: Schulbücher

Angesichts des bisherigen Befunds käme es einem Wunder gleich, wenn die Problematik der Wiederherstellung der staatlichen Einheit Deutschlands in den Schulbüchern adäquat behandelt worden wäre und wird. Es ist das große Verdienst Wolfgang Marienfelds und Manfred Overeschs, zweier bekannter Historiker und Didaktiker, 1986 in einer umfangreichen Studie das Thema »Deutschlandbild und Deutsche Frage in den Geschichtsbüchern der Bundesrepublik Deutschland und den Richtlinien der Länder« analysiert zu haben. Sie unterscheiden drei Phasen: die erste bis 1955, die zweite von 1956 bis 1969 und die dritte von 1970 bis 1983.

In ihrer Einleitung beziehen sich beide Autoren auf die Präambel des Grundgesetzes, die bis zur Neufassung durch Artikel 4, Nr. 1 des Einigungsvertrags vom 31. August 1990 den Willen des deutschen Volkes beschwor, »seine nationale und staatliche Einheit zu wahren«, und die Verpflichtung aussprach, »in freier Selbstbestimmung die Einheit und Freiheit Deutschlands zu vollenden«. Darüber hinaus erinnern Marienfeld und Overesch an das vom Bundesverfassungsgericht aus der Präambel des Grundgesetzes entwickelte Wiedervereinigungsgebot[216] und die im Grundvertrags-Urteil vom 31. Juli 1973 ausgesprochene Konkretisierung: »Aus dem Wiedervereinigungsgebot folgt . . .: Kein Verfassungsorgan der Bundesrepublik Deutschland darf die Wiederherstellung der staatlichen Einheit als politisches Ziel aufgeben, alle Verfassungsorgane sind verpflichtet, in ihrer Politik auf die Erreichung dieses Zieles hinzuwirken – das schließt die Forderung ein, den Wiedervereinigungsanspruch im Innern wachzuhalten und nach außen beharrlich zu vertreten – und alles zu unterlassen, was die Wiedervereinigung vereiteln würde.«[217]

Als der Beschluß der bundesdeutschen Kultusminister-Konferenz vom 23. November 1978 zum Thema »Deutsche Frage im Unterricht« veröffentlicht wurde, durfte man von einer politischen Sensation sprechen. In der Präambel hieß es: »Das Bewußtsein von der deutschen Einheit und der Wille zur Wiedervereinigung in Frieden und Freiheit ist wachzuhalten und zu entwickeln . . . Solange konkrete Erfolge einer auf die staatliche Wiedervereinigung gerichteten Politik nicht sichtbar sind, kommt es darauf an, den politischen, rechtlichen und humanitären Anspruch auf die deutsche Einheit und auf die freie Selbstbestimmung aller Deutschen langfristig wachzuhalten. Im Rahmen dieser umfassenden Aufgabe haben die Bildungseinrichtungen, vor allem die Schulen, einen besonderen Beitrag zu leisten. Die deutsche Frage muß im Unterricht aller Schulen einen festen Platz besitzen. Im Mittelpunkt steht das Gebot des Grundgesetzes: Das gesamte deutsche Volk bleibt aufgefordert, in freier Selbstbestimmung die Einheit und Freiheit Deutschlands zu vollenden.«[218]

Doch nicht genug damit: Der Beschluß gab die Rechtslage Deutschlands richtig wieder, bezog sich auf die Rechtsprechung des Bundesverfassungsgerichts und plädierte dafür, »das Bewußtsein von der

Einheit der deutschen Nation und ihrem Anspruch auf Selbstbestimmung in Frieden und Freiheit in der Jugend wachzuhalten. Diese Aufgabe der Schule ist durch das Grundgesetz geboten; sie ist eine Zielsetzung von verfassungsrechtlichem Rang.« In ungewohnter und unzeitgemäßer Weise hieß es in dem Beschluß der Kultusminister, die deutsche Einheit bleibe unser Ziel. Ebenso ging er davon aus, »gewichtige politische Tatsachen seit 1945« sprächen »für den Willen der Menschen in der DDR zur deutschen Einheit und gegen ihr Einverständnis mit einer Politik der Abgrenzung und Isolation«. Am politischen System der DDR, vor allem an der fehlenden Legitimation der Führung, übte der Beschluß heftige Kritik. Bemerkenswert war außerdem die Aussage: »Der Vergleich unserer eigenen Gesellschaftsordnung mit dem System der DDR erfolgt unter dem Wertmaßstab des Grundgesetzes.«

Der Beschluß der Kultusminister ist seinerzeit heftig kritisiert worden. Besonders unqualifiziert war das – bereits zitierte – Urteil Horst Ehmkes, der ja ohnehin mit der deutschlandrechtlichen Rechtsprechung des Bundesverfassungsgerichts auf Kriegsfuß stand[219]. Nicht erstaunlich war, daß auch die *Zeit* den Beschluß der Kultusminister nicht richtig einzuordnen wußte. Karl-Heinz Janßen bemängelte, die Nachkriegsgeschichte werde arg verkürzt dargestellt: »Als einziger Schuldiger an der Teilung bleibt die Sowjetunion übrig – kein Wort von der Mitverantwortung der westlichen Alliierten in Potsdam, keine Silbe von der Mitschuld Frankreichs.«[220]

Infolge der dank Gorbatschow eingeleiteten »Glasnost«-Politik dürfte auch Karl-Heinz Janßen hier sein Urteil revidiert haben. Die Teilung Deutschlands geht nicht auf die Beschlüsse der Potsdamer Konferenz vom 2. August 1945 zurück, sondern ist eine Folge des von der UdSSR ausgelösten Ost-West-Konflikts und des 1947 beginnenden Kalten Krieges[221]. Auch kann man darüber streiten, ob der Beschluß der Kultusminister – wie Janßen behauptet – von einer unzulänglichen Definition des Begriffs »Nation« ausgegangen ist. Zu Recht trat der Beschluß einer damals weitverbreiteten Ansicht entgegen, für die deutsche Situation reiche der Begriff der Kulturnation aus. Janßens Hinweis, der DDR-Begriff von der »sozialistischen Nation, der an die marxistische Klassenformel gebunden ist, wird zwar mißbilligend erwähnt, aber keiner historischen Analyse für würdig

338

befunden«, geht insofern fehl, als diese Formel immer ein unsinniges Konstrukt dargestellt hat[222]. Mit dem 3. Oktober 1990 dürfte dies auch der politischen Redaktion der *Zeit* bewußt geworden sein.

Es war verständlich, daß der Beschluß der Kultusminister-Konferenz vom 23. November 1978 »Deutsche Frage im Unterricht« auch seitens der Pädagogen und Didaktiker unterschiedlich beurteilt worden ist. Joachim Rohlfes gelangte in seiner Analyse zu dem Schluß, wichtig sei, »daß die Diskussion um die nationale Frage wiedereröffnet und auf einer neuen Stufe weitergeführt wurde. Fortan kann das teils apathische, teils verlegene, teils indignierte Schweigen, das das Thema lange zugedeckt hielt, nicht einfach fortgesetzt werden. Oder doch?«[223]

Wolfgang Marienfeld und Manfred Overesch haben in ihrer minutiösen Studie »Deutschlandbild und Deutsche Frage in den Geschichtsbüchern der Bundesrepublik Deutschland und den Richtlinien der Länder« dargestellt, daß die Behandlung der Ursachen und der Entwicklung der Teilung Deutschlands besonders unzureichend in der Phase bis 1955 gewesen sei. Sie stellten aber die berechtigte Frage, ob der eindeutig feststellbare Mangel an zureichenden Informationen zur Problemlage möglicherweise nicht auch damit zusammenhänge, »daß man die Teilung Deutschlands für kurzfristig und schnell (und leicht?) überwindbar hielt«[224].

Auch wenn Marienfeld und Overesch in der zweiten Phase von 1956 bis 1969 einen erheblichen Zuwachs des Anteils der Zeitgeschichte am inhaltlichen Angebot des Schulbuchs konstatieren, ist ihr Befund, was die Behandlung der deutschen Frage ab 1945 angeht, wiederum recht negativ. So sprechen mehr als zwei Drittel aller Schulbücher den Entstehungsprozeß der DDR nur punktuell an, und die weitaus meisten tun das in der Weise, daß sie den nationalen Anspruch, den die DDR mit ihrer Existenz verknüpft, aus der Verfassung und der Verfassungsgebung ausblenden. Die deutschlandpolitischen Diskussionen in den fünfziger Jahren werden ebenso unzureichend gewürdigt wie die Auswirkungen des Mauerbaus im August 1961[225].

In der dritten Phase von 1970 bis 1983 ist der quantitative Anteil der Zeitgeschichte im Schulbuch weiter beachtlich angestiegen: von 12,5 Prozent in den fünfziger über 20,6 Prozent in den sechziger bis auf 28 Prozent in den siebziger Jahren. Einzelne Werke übersteigen sogar diese Mittelwerte deutlich. Doch auch jetzt unterbleibt in den meisten Schulbüchern eine zusammenfassende Problematisierung der Ursachen der Teilung Deutschlands. Unterschiedlich wird die nationale Problematik bei der Staatsgründung der Bundesrepublik Deutschland herausgearbeitet, während die Gründungsgeschichte der DDR gegenüber der der Bundesrepublik quantitativ deutlich zurücktritt[226]. Die durch die sozial-liberale Koalition 1969 eingeleitete »neue Ost- und Deutschland-Politik« hat ihrer politischen Bedeutung gemäß in breitem Maße Eingang in die Schulbücher gefunden, auch wenn manche zu wenig beachten, daß sowohl die Ostverträge als auch der innerdeutsche Grundlagenvertrag die deutsche Frage historisch, rechtlich und politisch offengehalten haben. Marienfeld und Overesch gelangen zu dem Schluß, daß die Empfehlungen der Kultusminister-Konferenz vom 23. November 1978 noch deutlicher zur Geltung gebracht werden sollten[227].

Der verdienstvolle, von Wolfgang Jacobmeyer herausgegebene Sammelband »Deutschlandbild und Deutsche Frage« enthält weitere umfangreiche und aufschlußreiche Beiträge. So widmen sich Helmut Freiwald und Gebhard Moldenhauer dem Thema »Deutschlandbild und Deutsche Frage in Unterrichtswerken sowie in ausgewählten Richtlinien des Faches Sozialkunde/Politik/Gemeinschaftskunde für die allgemeinbildenden Schulen in der Bundesrepublik Deutschland«, während Joachim Engel und Walter Sperling diese Problematik in den geographischen Unterrichtswerken untersuchen; Siegfried Bachmann ergänzt den Band mit einer Analyse der Unterrichtswerke für berufsbildende Schulen der Bundesrepublik Deutschland.

Erinnert sei abschließend daran, daß sich der Ausschuß für innerdeutsche Beziehungen am 7. September 1978 mit dem Thema »Die deutsche Frage in der politischen Bildung« mit schriftlichen Stellungnahmen kompetenter Autoren befaßt hat[228]. Und am 7. und 21. Oktober 1981 fanden öffentliche Anhörungen des Ausschusses für innerdeutsche Beziehungen des Deutschen Bundestages über »Deutsche Geschichte und politische Bildung« statt; »Geschichtsverständnis, Tradition, Zeitgeschichte« und »Bildungs- und Öffentlichkeitsarbeit und Publizistik« waren die beiden zentralen Fragestellungen[229].

Am 11. Juni 1980 beantwortete die Bundesregierung die Große

Anfrage der Fraktion der CDU/CSU »Beitrag der Bundesregierung zur Stärkung des Bewußtseins von der Deutschen Nation in Unterricht und Bildung«. Darin wurde die Bundesregierung unter anderem gefragt, ob sie ihre Auffassung im Hinblick auf die deutsche Frage in dem Beschluß der Kultusminister-Konferenz vom 23. November 1978 bestätigt finde. Die Antwort war vieldeutig[230].

Detlef Kühn, der langjährige Präsident des Gesamtdeutschen Instituts in Bonn, hat 1989 in einer instruktiven Analyse mit dem Titel »Deutschlandpolitische Bildung« ein vorläufiges Fazit gezogen und betont, daß die Kultusminister der elf Bundesländer, die damals immerhin vier verschiedenen Parteien angehörten, sich in einer so heiklen Frage auf durchaus substanzreiche gemeinsame Empfehlungen wie die vom 23. November 1978 einigen konnten, »mutet heute noch wie ein kleines Wunder an. Die Empfehlungen wurden in allen Bundesländern in die Form rechtsverbindlicher Erlasse gekleidet, wenn auch nicht immer unverändert ... Dennoch kann heute, zehn Jahre später, mit Genugtuung festgestellt werden, daß die damalige Empfehlung die deutschlandpolitische Bildungsarbeit an Schulen im Grundsatz dem Parteienstreit entzogen hat ... Der Erfolg der politischen Grundsatzentscheidung bleibt nach wie vor dem unterschiedlich entwickelten Engagement des einzelnen Lehrers überlassen.«[231]

Erst nach der Wiederherstellung der staatlichen Einheit Deutschlands gewann das Problem des Stellenwerts der deutschen Frage in den Schulbüchern besondere Brisanz, da die Bundesregierung den neuen Bundesländern mit westdeutschem Lehrgut aushalf. Die in der früheren DDR benutzten Schulbücher mußten wegen ihrer einseitigen, die Fakten entstellenden Art aus dem Verkehr gezogen werden. Mancher westdeutsche Politiker erkannte erst jetzt, in welchem Ausmaß viele bundesdeutsche Schulbücher ein schöngefärbtes Bild der DDR vermittelt hatten. Dies ist jedoch ein Thema publizistischer Fehlurteile über die DDR[232].

8.
Positionen einschlägiger wissenschaftlicher Disziplinen

Die Problematik der Wiederherstellung der staatlichen Einheit Deutschlands interessierte im wissenschaftlichen Bereich vornehmlich die Staats- und Völkerrechtslehre sowie die Geschichts- und Politikwissenschaft. Darüber hinaus war das Thema »Wiedervereinigung« auch stets Gegenstand soziologischer Untersuchungen. Es ist vor allem das Verdienst Elisabeth Noelle-Neumanns, der Gründerin und Leiterin des Instituts für Demoskopie Allensbach, regelmäßig aufgrund repräsentativer Umfragen in der Bundesrepublik Deutschland und im westlichen Ausland darüber informiert zu haben, inwieweit die jeweilige Bevölkerung ein geteiltes oder wiedervereinigtes Deutschland vorzog. Der Kölner Soziologe Erwin K. Scheuch hat in seiner informativen Analyse »Wie deutsch sind die Deutschen? Eine Nation wandelt ihr Gesicht« die Ergebnisse von Umfragen im Inland und westlichen Ausland zum Thema »Wiedervereinigung Deutschlands« zusammengefaßt und kommentiert[1].

In dieser Studie ist bereits mehrfach darauf hingewiesen worden, in welchem Umfang namhafte Politiker – nicht nur der SPD – und ein beachtlicher Teil der Medien die Status-quo-Politik und das damit verbundene Votum für den Fortbestand der Mehrstaatlichkeit Deutschlands mit dem Hinweis begründet haben, das Ausland lehne eine staatliche Vereinigung Deutschlands ab. Viele prominente Politiker sowie Historiker und Politologen pflegten sich dabei auf gegen eine Wiedervereinigung gerichtete Äußerungen des früheren italienischen Außenministers und späteren Ministerpräsidenten Andreotti, des französischen Staatspräsidenten Mitterrand und der früheren britischen Premierministerin Thatcher zu berufen, ohne zu beachten, daß die Mehrheit der Bevölkerung Italiens, Frankreichs und Großbritanniens – ebenso wie jene Spaniens, der Niederlande und Schwedens – noch im Herbst 1989 für die staatliche Wiedervereinigung Deutschlands votiert hat. Auf die Frage »Glauben Sie, daß es zu einer deutschen Wiedervereinigung kommen wird, egal wie lange es dauert?« antwortete die Bevölkerung im freien Teil Europas so:

	Glaube ich %	Glaube ich nicht %	Unent- schieden %
Frankreich	60	18	22
Großbritannien	59	25	16
Italien	58	19	23
Spanien	50	20	29
Niederlande	52	31	17
Schweden	54	30	16

Neben dieser aufschlußreichen Befragung hat Scheuch auch das Ergebnis einer Repräsentativbefragung aus dem Jahre 1984 veröffentlicht, in der es darum ging, ob ein geteiltes oder wiedervereinigtes Deutschland für den Frieden in der Welt besser sei. In Frankreich meinten 43 Prozent der Befragten, dem Frieden diene eher ein wiedervereinigtes Deutschland; in Großbritannien betrug diese Zahl sogar 51 Prozent, in den USA 54 Prozent. Ein geteiltes Deutschland hielten in Frankreich 25 Prozent, in Großbritannien 26 und in den USA 31 Prozent für den Frieden in der Welt für besser. Die Zahl der Unentschiedenen betrug in Frankreich 32, in Großbritannien 33 und in den USA 15 Prozent[2].

Auf die im Februar 1990 gestellte Frage »Sind Sie für oder gegen die Wiedervereinigung Deutschlands?« entschieden sich in Frankreich 45 und in Großbritannien sowie in den USA je 61 Prozent für die Wiederherstellung der staatlichen Einheit Deutschlands, während sich in Frankreich 30, in Großbritannien 15 und in den USA 13 Prozent dagegen aussprachen. Keine Meinung äußerten in Frankreich und Großbritannien 19 und in den USA 9 Prozent; die Antwort »Weiß nicht« gaben in Frankreich 6, in Großbritannien 5 und in den USA 17 Prozent[3].

Nicht übersehen werden darf allerdings, daß bei derselben Befragung im Februar 1990 genau die Hälfte der Befragten in Frankreich und Großbritannien angesichts einer möglichen wirtschaftlichen Dominanz Deutschlands in Europa besorgt war; »nicht besorgt« waren in Frankreich 37 und in Großbritannien 43 Prozent. Die Möglichkeit, ein wiedervereinigtes Deutschland könnte in Europa die dominierende Macht werden, schlossen in Frankreich 10 und in Großbritannien 4 Prozent aus, während je 3 Prozent mit »Weiß nicht« antworteten[4].

Neben Scheuch vermittelt der politische Meinungsforscher Gerhard Herdegen im »Handwörterbuch zur deutschen Einheit« einen instruktiven Überblick über »Wiedervereinigung als Thema in Deutschland«. Obwohl die bundesdeutsche Bevölkerung bis in das Jahr 1989 hinein wenig Chancen für eine Wiederherstellung der staatlichen Einheit Deutschlands auf absehbare Zeit sah, hielt sie an diesem Ziel fest. Auf die These: »Für die deutsche Wiedervereinigung muß man eintreten, auch wenn sie nicht sofort zu erreichen ist. Bei großen Zielen muß man in Kauf nehmen, daß man ihre Erfüllung selbst nicht mehr erlebt«, reagierten fast zwei Drittel zustimmend, nur knapp ein Fünftel widersprach[5].

Herdegen hat verdienstvollerweise auch die Ergebnisse der in der Zeit von April 1973 bis Juli 1988 vom Allensbacher Institut veranstalteten Meinungsumfragen wiedergegeben, die sich auf die gesamtdeutschen Aussagen der Präambel zum Grundgesetz bezogen: »Das gesamte deutsche Volk bleibt aufgefordert, in freier Selbstbestimmung die Einheit und Freiheit Deutschlands zu vollenden.« Die Frage lautete: »Soll dieser Satz auch weiterhin im Grundgesetz stehen, oder finden Sie, er sollte gestrichen werden?« Gegen eine Streichung sprachen sich von 1973 bis zum Frühjahr 1985 immer über 70 Prozent aus; im Dezember 1985 und Juli 1988 betrug dieser Anteil jeweils 69 Prozent[6].

Elisabeth Noelle-Neumanns Verdienst liegt auch darin, daß sie mehrfach jenen Äußerungen von wissenschaftlicher Seite entgegengetreten ist, in der Bundesrepublik bilde sich ein »nationales Teilstaatsbewußtsein« heraus und die Einheit Deutschlands sei für die große Mehrheit der westdeutschen Bevölkerung kein vitales Problem[7]. Dieses Meinungsbild muß man sich vergegenwärtigen, wenn man die Frage prüft, wie die einschlägigen wissenschaftlichen Disziplinen die Problematik der Wiederherstellung der staatlichen Einheit Deutschlands beurteilt haben.

Staats- und Völkerrecht

Um das Ergebnis vorwegzunehmen: Die Prüfung der Frage, wie es das deutsche Staats- und Völkerrecht mit der »fundamentalen Staatszielbestimmung« der Präambel des Grundgesetzes, »nämlich die Wiedervereinigung Deutschlands herbeizuführen«[8], gehalten hat, führt zu einem der erfreulichsten Ergebnisse dieser Studie. Horst Ehmke wäre bei seiner unberechtigten »Fundamentalkritik« an der deutschlandrechtlichen Rechtsprechung des Bundesverfassungsgerichts gut beraten gewesen, wenigstens zu konzedieren, daß er dabei stets gegen die ganz überwiegend herrschende Meinung des Staats- und Völkerrechts argumentiert hat[9].

Im Gegensatz zu zahlreichen Historikern und Politologen fiel es den meisten Repräsentanten des Staats- und Völkerrechts sehr viel leichter, Martin Walsers Feststellung vom 5. Dezember 1989, »nach der sanften Revolution in der DDR sei der Stand der deutschen Dinge ... offenbar geworden«[10], vorbehaltlos zuzustimmen. Die »aus der ›Urteilskraft‹ des Philosophen gewonnene Auffassung, ›daß die Forderung der Wiedervereinigung nicht nur irreal ist, sondern politisch und philosophisch in der Selbstbesinnung irreal‹[11], und die in dem Zusammenhang propagierte Formel von ›Freiheit vor Einheit‹ haben sich als historische Fehlbeurteilung erwiesen. Gleiches ist zurückliegenden Versuchen in Politik und Staatsrechtslehre widerfahren, dem Wiedervereinigungsgebot des Grundgesetzes eine weitere Grundlage und Berechtigung abzusprechen.«[12]

Der Bonner Staatsrechtler Josef Isensee erklärte in seinem Vortrag auf der Diskussionsveranstaltung der Deutschen Vereinigung für

345

Parlamentsfragen am 28. März 1990 in Bonn mit Stolz: »Die Wirklichkeit in ihrem Veränderungstempo, das in den letzten fünf Monaten schneller war als in den 45 Jahren davor, mag die bewegliche Politik verwirren, mag sie überraschen und zu heiklen Wenden und Windungen nötigen – dagegen bereitet sie dem unbeweglichen Verfassungsrecht eine Sternstunde.« Isensees Begründung: »Sie bestätigt und aktiviert just jene Verfahrensbestimmungen, an deren rechtlicher Starrheit und scheinbarer Realitätsferne sich das politische Leben so häufig gerieben hatte: Forderung nach Selbstbestimmung für das ganze deutsche Volk; Nichtanerkennung der oktroyierten deutschen Teilung; Verfassungsauftrag, die staatliche Einheit der Deutschen, welche die Bundesrepublik partiell verwirklicht, auf der Grundlage der Freiheit zu vollenden. Das Staatsziel der Wiedervereinigung, die Hoffnung des bundesrepublikanischen Anfangs, vom Grundgesetz rechtlich verfestigt und beharrlich durch Jahrzehnte, trotz fehlender Realisierungschancen, bewahrt (nach Meinung von Kritikern: längst fossiliert), gewinnt nun rechtliche Aktualität und erwächst zu politischer Mächtigkeit, nun, da die Deutschen der DDR das ihnen über vier Jahrzehnte vorenthaltene Selbstbestimmungsrecht ergreifen und der Ernstfall der nationalen Einheit gekommen ist.«[13]

Hier muß noch einmal daran erinnert werden, daß das Bundesverfassungsgericht entscheidend dazu beigetragen hat, »daß die staatliche Willensbildung – entgegen manchen Äußerungen in Politik, Publizistik und Wissenschaft – auf der Grundlinie des Strebens nach der Einheit Deutschlands verblieb. Die Ereignisse der Jahre 1989/90 haben gezeigt, daß sich solch juristisches Beharrungsvermögen auch politisch auszuzahlen vermag – gerade auch für die Menschen im unterdrückten Teil Deutschlands.«[14]

Man darf es Josef Isensee und Klaus Stern ebensowenig verübeln wie dem Freiburger Staats- und Völkerrechtler Dietrich Murswiek[15], wenn sie einige Kollegen, Politiker und Publizisten beim Namen nennen, denen der historische Atem zu früh ausgegangen war und die die sich als richtig und vorausschauend erwiesene Rechtsprechung des höchsten deutschen Gerichts kritisiert oder gar bespöttelt hatten. Klaus Stern ist so höflich, die erschreckende Sentenz Theo Sommers vom 23. Juni 1989: »Wer heute das Gerippe der deutschen

Einheit aus dem Schrank holt, kann alle anderen nur in Angst und Schrecken versetzen«[16], lediglich einem »bekannten Publizisten in einer großen deutschen Wochenzeitung«[17] zuzuschreiben.

Selbstverständlich hatten auch einige bekannte Staats- und Völkerrechtler ihre Schwierigkeiten mit der Rechtsprechung des Bundesverfassungsgerichts, das immer an seiner These vom Fortbestand des Deutschen Reiches über den Zeitpunkt der militärischen Kapitulation im Mai 1945 hinaus und am Vier-Mächte-Status über Deutschland[18] festgehalten hat. Das höchste deutsche Gericht war gut beraten, beispielsweise nicht der These Scheuners zu folgen, »daß Verfassungsgebote infolge der Änderung der historischen Vorbedingungen auch einen »inneren Wandel erfahren können«[19]. Verfehlt war auch die Kritik des Bonner Staats- und Völkerrechtlers Christian Tomuschat, Karlsruhe habe »mit der von ihm angewandten Methode verfassungskonformer Auslegung die Flucht vor Geschichte und Wirklichkeit angetreten«[20]. Das völkerrechtlich fortbestehende Deutsche Reich bezeichnete er als »kunstvoll mumifizierte Rechtsperson ›Gesamtdeutschland‹«. Das Verdienst des Bundesverfassungsgerichts liegt gerade darin, daß es trotz der langwierigen Zweistaatlichkeit Deutschlands die DDR immer als einen »anderen Teil Deutschlands« und die von ihr ausgeübte Staatsgewalt als deutsche Staatsgewalt qualifiziert hat[21].

Nachdem Scheuner ausgerechnet auf einem Grundsatzforum der CDU im September 1977 in Berlin den Gedanken einer nationalstaatlichen Lösung der deutschen Frage stark relativiert hatte[22], meinte er 1980, dem Recht auf Selbstbestimmung komme »in der derzeitigen Ruhelage der deutschen Frage keine unmittelbare Bedeutung« zu. Das Prinzip der Selbstbestimmung habe in der Einstellung der heutigen Staatengemeinschaft »eine Verengung erfahren, die es vor allem auf die Befreiung aus der Abhängigkeit von kolonialer Herrschaft oder von Besetzung beschränkt«[23]. Scheuner übersah, daß die 1976 in Kraft getretene UNO-Menschenrechtsakte *allen* Völkern das Recht auf Selbstbestimmung gewährten. Auch hier sollte sich das Bundesverfassungsgericht wiederum als der bessere Anwalt deutscher Interessen erweisen. In seinem Beschluß vom 21. Oktober 1987 betonte es, die »im Wiedervereinigungsgebot des Grundgesetzes enthaltene Wahrungspflicht gebietet es auch, die Einheit des deutschen Volkes als des Trägers des völkerrechtlichen Selbstbestimmungsrechts nach Möglichkeit zukunftsgerichtet auf Dauer zu bewahren«[24].

Während der Frankfurter Staatsrechtler Hans Meyer 1990 bezweifelte, »ob es wirklich ein verfassungsrechtliches Wiedervereinigungsgebot gibt«[25], hatte der frühere Bundesverfassungsrichter Joachim Rottmann keine Skrupel festzustellen, »die fundamentale Staatszielbestimmung des Grundgesetzes, nämlich die Wiedervereinigung Deutschlands herbeizuführen«, sei »obsolet geworden, obsolet also im Sinne von veraltet, gegenstandslos, undurchführbar«[26]. Von einem früheren Mitglied des höchsten Gerichts hätte man erwarten dürfen, daß es bei seiner politischen, nicht juristischen Argumentation darauf verzichtet hätte, sich auf den damaligen italienischen Außenminister Andreotti zu berufen. Ebenso realitätsfern war Rottmanns Behauptung, »kaum eine politische Frage in der Welt« sei so »unumstritten wie die Tatsache der deutschen Teilung, weil die Staatenmehrheit der Welt einhellig die Aufrechterhaltung dieser Teilung entweder fordert oder aber erwartet«[27].

Unter historischen, politischen und juristischen Aspekten war auch die Argumentationslinie des Tübinger Staats- und Völkerrechtlers Thomas Oppermann höchst bedenklich. So schrieb er 1972, die geschichtliche Erfahrung im deutschen Raum habe gezeigt, »daß Teilungen und Grenzen, die heute noch vielen unnatürlich erscheinen, mit dem Ablaufe der Zeit als normaler empfunden werden, um schließlich über die Metamorphosen der Jahrzehnte hinweg eine Gestalt anzunehmen, die statt der Trennung wieder das Verbindende zu betonen vermag, auch wenn die eingetretenen Zäsuren unwiderruflich bleiben«[28].

Es war wiederum das Bundesverfassungsgericht, das in seinem Grundvertrags-Urteil vom 31. Juli 1973 nachdrücklich betont hatte: »Mit dem Vertrag schlechthin unvereinbar ist die gegenwärtige Praxis an der Grenze zwischen der Bundesrepublik Deutschland und der Deutschen Demokratischen Republik, also Mauer, Stacheldraht, Todesstreifen und Schießbefehl.«[29]

Wie Oppermann 1978 annehmen konnte, der SED-Führung eine »Österreich-Lösung« abzuringen, bleibt sein Geheimnis. Bedenklich war allerdings sein Hinweis, es bedürfe wenig Phantasie, »um sich vorzustellen, daß für die westeuropäischen Staaten das endgültige

Verschwinden der Perspektive eines Deutschland mit fast achtzig Millionen Menschen ein erleichtert begrüßter Faktor bei der Planung des weiteren europäischen Weges zusammen mit der Bundesrepublik wäre ...«[30] Sodann verfiel er einem weder rechtlich noch politisch vertretbaren Pessimismus: »Sollte das deutsche Volk im Sinne des letzten Satzes der Grundgesetz-Präambel tatsächlich noch einmal die Chance erhalten, in freier Selbstbestimmung zwar nicht mehr die Einheit Deutschlands, wohl aber die Freiheit der Deutschen zu vollenden, wäre es wohl noch glimpflich davongekommen.«

Auch Oppermann, der bezeichnenderweise Schwierigkeiten bei der Interpretation der Vier-Mächte-Verantwortung für »Deutschland als Ganzes« hatte[31], wäre gut beraten gewesen, sich zumindest ein wenig an der realistischen und zukunftsgerichteten Rechtsprechung des Bundesverfassungsgerichts zu orientieren und sich nicht verfehlten politischen Spekulationen über die Wandelbarkeit des totalitären DDR-Systems hinzugeben. Festzuhalten gilt, daß sich sogar der in der Reihe »Alternativ-Kommentare« erschienene »Kommentar zum Grundgesetz für die Bundesrepublik Deutschland« nur wenige deutschlandpolitische Blößen bei der Interpretation der Präambel und der Artikel 23 und 146 Grundgesetz gegeben hat. Verfehlt war allerdings die Aussage: »Angesichts der mangelnden Bereitschaft der Sowjetunion und der DDR, staatliche Gemeinsamkeiten mit der Bundesrepublik Deutschland aufrechtzuerhalten, kann man kaum noch davon sprechen, daß die Teilung Deutschlands noch nicht abgeschlossen sei.«[32] Hier beruft sich Manfred Zuleeg auf Georg Ress' umfangreiche Studie »Die Rechtslage Deutschlands nach dem Grundlagenvertrag vom 21. Dezember 1972«, in der zutreffend nachgewiesen wurde, daß die UdSSR und die DDR gar nicht in der Lage waren, allein die Teilung Deutschlands zu legalisieren: »Zur Abgeschlossenheit fehlt die ›Endgültigkeit‹, die Legalisierung des gesamten Teilungsprozesses mit Wirkung für Deutschland als Ganzes durch die Vier Mächte.«[33]

Ress unterschied sich von der Rechtsprechung des Bundesverfassungsgerichts also insoweit, als sich nach seiner Ansicht die Unabgeschlossenheit des Sezessionsprozesses nicht durch eine ausschließlich verfassungsrechtliche Argumentation, wie sie Karlsruhe in seinem Grundvertrags-Urteil vom 31. Juli 1973 vorgetragen hatte, begründen lasse. Auch wenn das Bundesverfassungsgericht in seinem Beschluß vom 21. Oktober 1987 den fortbestehenden Vier-Mächte-Status für Deutschland als Ganzes betonte, hielt es an seiner Auffassung fest, nach der Ost-Berlin durchaus in der Lage gewesen wäre, »eine Trennung der DDR von Deutschland durch eine freie Ausübung des Selbstbestimmungsrechts« zu besiegeln[34]. Damit folgte es nicht der Auffassung Ress', der gesamte Teilungsprozeß mit Wirkung für Deutschland als Ganzes hätte nur durch die Vier Mächte legalisiert werden können.

Hier sei noch vermerkt, daß auch einige Staats- und Völkerrechtler die Frage geprüft haben, ob das in der Präambel zum Grundgesetz enthaltene Wiedervereinigungsgebot abgeschafft werden könnte. Im Gegensatz zu Jürgen Schmude[35] und Klaus Bölling[36], die den Gedanken an eine nationalstaatliche Lösung der deutschen Frage als nicht mehr zeitgemäß ansahen, drehte sich die verfassungsrechtliche Diskussion vor allem um den Rechtsgehalt der Präambel des Grundgesetzes mit dem darin verankerten Wiedervereinigungsgebot und Europa-Bekenntnis sowie um die Frage, welchen Grad politischer und rechtlicher Integration Westeuropas die Bundesrepublik Deutschland gutheißen könnte, ohne die Grenze des verfassungsrechtlich Zulässigen zu überschreiten[37]. Der unerwartete Kollaps der DDR und die Herstellung der staatlichen Einheit Deutschlands beendeten diese Diskussion.

Während einige Staats- und Völkerrechtler eine auf die Streichung des Wiedervereinigungsgebots gerichtete Verfassungsänderung mit Zwei-Drittel-Mehrheit gemäß Artikel 79, Absatz II Grundgesetz bedenkenlos für zulässig hielten[38], vertrat der Bundesminister der Justiz, Hans A. Engelhard, den konträren Standpunkt, wonach die Präambel die Wiederherstellung der staatlichen Einheit Deutschlands zum unantastbaren verfassungsrechtlichen Gebot erhob, das als »Staatsziel ersten Ranges« Dauergarantie genieße und auch nicht mit Zwei-Drittel-Mehrheit abgeschafft werden könne[39].

Gerade da das Bundesverfassungsgericht mit dieser unter rechtlichen und auch politischen Aspekten brisanten Frage nicht konfrontiert wurde, sind jene verfassungsrechtlichen Analysen in Erinnerung zu rufen, die davon ausgegangen waren, daß das Ziel der Wiederherstellung der staatlichen Einheit Deutschlands, »wie es mit dem Wiedervereinigungsgebot der Präambel zum Inhalt und Auftrag des

Grundgesetzes geworden ist . . ., die gesamte Konzeption« der Verfassung bestimme: »Mit einer Streichung des Wiedervereinigungsgebots fiele diese Konzeption in sich zusammen. Aus dem Bonner Grundgesetz würde etwas anderes, eine andere – neue – Verfassung mit anderen Grundmotiven und neuen Zielsetzungen. Die Änderung der Präambel müßte dann einhergehen mit einer Änderung auch aller derjenigen Grundgesetzbestimmungen, die – im Anschluß an die Präambel – den Grundgedanken gesamtdeutscher Einheit erkennen lassen und weiterführen.«[40]

Es ist das große Verdienst Willi Geigers, der als Richter am Bundesverfassungsgericht das Grundvertrags-Urteil vom 31. Juli 1973 mitformuliert hat, in den letzten Jahren immer wieder mit stark beachteten Beiträgen in die verfassungsrechtliche und -politische Diskussion um die Auslegung der »Deutschland« betreffenden Bestimmungen des Grundgesetzes eingegriffen zu haben. Streng und unerbittlich geißelte er die Formel von der »offenen deutschen Frage«: »Die sog. deutsche Einheit wird immer wolkiger . . .« Solange das Wiedervereinigungsgebot oder das Rechtsgebot, die nationale und staatliche Einheit des deutschen Volkes zu wahren, gelte, »gibt es für uns keine ›offene deutsche Frage‹, sondern für die Dauer der Geltung des Grundgesetzes eine *entschiedene* deutsche Frage!«[41]

Der *FAZ* und der *Welt* ist zu attestieren, daß sie die in der zweiten Hälfte der achtziger Jahre um die Problematik »Wiedervereinigung und Integration Europas« geführte Diskussion – unterstützt durch Analysen von kompetenter verfassungsrechtlicher Seite – unter Beachtung des Wiedervereinigungsgebots des Grundgesetzes ständig begleitet haben, während Marion Gräfin Dönhoff noch im Januar 1989 in der *Zeit* meinte, das Thema »Wiedervereinigung oder Europäische Union« sei »keine Alternative mehr«. Ihr Modell ging »von zwei deutschen Staaten und nicht von einem wiedervereinigten Deutschen Reich aus, das in Ost und West doch nur Schrecken erregt und auf härtesten Widerstand stieße«[42]. Auch Gräfin Dönhoff dürfte im Verlauf der Jahre 1989/90 eingesehen haben, daß das Ziel der gewaltlosen Revolution in der DDR nicht die Wiedererstehung eines »Deutschen Reiches«, sondern die Beendigung des totalitären Systems und dessen Ersetzung durch eine demokratische, rechtsstaatliche und pluralistische Ordnung sowie die Verwirklichung der Menschenrechte war. Die Art, wie das Ausland den innerdeutschen Einigungsprozeß und die auf der Zwei-plus-Vier-Ebene unter Einschluß des polnischen Außenministers geführten Verhandlungen kommentiert hat, offenbarte, daß das von der *Zeit* gezeichnete SchreckensSzenario jenseits der Realität lag.

Geschichtswissenschaft

Die Tatsache, daß so viele prominente Historiker und – wie anschließend darzulegen sein wird – Politikwissenschaftler den Status quo in Europa für gut und unabänderlich betrachtet und eine nationalstaatliche Wiedervereinigung Deutschlands selbst unter Verlust der deutschen Ostgebiete strikt abgelehnt haben, gehört zu den interessantesten Phänomenen der letzten Jahre. Wer die deutsche Frage nicht einmal mehr für »offen« hielt, verriet ein hohes Maß an Phantasielosigkeit, Unflexibilität und Ignoranz. Bemerkenswert ist, daß von den Betroffenen bisher wenig Erhellendes zur Klärung so gravierender Irrtümer vorgetragen worden ist. Die Status-quo-Apologeten beider Disziplinen hüllen sich – von ganz wenigen Ausnahmen abgesehen – in Schweigen.

Mehrere Erklärungsversuche bieten sich an. Einmal war bei einem guten Teil der deutschen Historiker, die sich der Interpretation deutscher Geschichte verschrieben haben, die Neigung verbreitet, aus ihren Erkenntnissen weitreichende Schlußfolgerungen nicht nur für die Gegenwart, sondern auch für die Zukunft zu ziehen. Damit nahmen sie das Risiko auf sich, vor Fehlprognosen nicht gefeit zu sein. Zum anderen bewerteten sie – das gilt gleichfalls für viele Politologen – juristische Tatbestände als irrelevant oder ignorierten sie vollends. Für Historiker und Politologen mag das Deutsche Reich 1945 untergegangen sein, rechtlich hat es immer fortbestanden. Dies war keinesfalls – wie vielfach vermutet – lediglich ein rechtstheoretisches Problem. Aus dem Faktum, daß das Deutsche Reich weder 1945 noch später im völkerrechtlichen Sinne untergegangen ist, ergaben sich wichtige Konsequenzen für die deutsche Politik ab 1949.

352

Der Heidelberger Staats- und Völkerrechtler Eckart Klein schrieb in seiner bemerkenswerten Analyse »Die Staatsräson der Bundesrepublik Deutschland« 1989: »Das Recht ist und war immer die Waffe des Schwächeren. Es zeugt von Zynismus, wenn völkerrechtliche Rechtspositionen – z. B. das Selbstbestimmungsrecht des deutschen Volkes . . ., die Vier-Mächte-Rechte und -Verantwortlichkeiten im Hinblick auf Deutschland als Ganzes, Friedensvertrags- und Wiedervereinigungsvorbehalte in völkerrechtlichen Verträgen der Bundesrepublik Deutschland, die im Deutschland-Vertrag verankerte Verpflichtung der drei Westmächte, zur Wiedervereinigung Deutschlands beizutragen, zahlreiche Erklärungen internationaler Konferenzen . . . – einfach beiseite geschoben werden, weil die Rechtswidrigkeit (Vorenthaltung der Selbstbestimmung) faktisch andauert und keine aktuelle Aussicht ihrer Beendigung besteht.«[43]

Wenn Historiker und Politologen immer vollmundig den Untergang des Deutschen Reiches verkündeten[44], dann wären sie gut beraten gewesen, zumindest gleichzeitig zu erklären, daß neben den Juristen die praktische Politik diese These nie geteilt hat. Auch stellt sich die Frage, ob die sich mit der deutschen Frage befassenden Historiker und Politikwissenschaftler nicht gehalten gewesen wären, die deutschlandrechtlich einschlägige Rechtsprechung des Bundesverfassungsgerichts in ihre Überlegungen einzubeziehen. Wer die deutsche Frage bis 1989/90 für abgeschlossen erklärt hatte, verkannte, daß alle für die Regelung des Rechtsstatus' Deutschlands seit 1945 maßgeblichen Dokumente die Teilung Deutschlands nicht festgeschrieben haben. Als 1970 die Ostverträge und 1972 der innerdeutsche Grundvertrag geschlossen wurden, legten die Bundesregierung und die drei Westmächte größten Wert darauf, daß sie den Rechtsbegriff »Deutschland als Ganzes« nicht tangierten. Auch wenn die rechtliche Offenhaltung der deutschen Frage in den Verträgen sichergestellt wurde, erachtete es die Bundesregierung – wie dargelegt – damals für richtig und notwendig, den Führungen in Moskau und Ost-Berlin den »Brief zur deutschen Einheit« zu überreichen, in dem die Bonner Position nochmals formuliert worden war[45].

Der Münsteraner Zeithistoriker und Didaktiker Erich Kosthorst, Autor wegweisender Beiträge zur Verankerung der deutschen Frage in der politischen Bildung[46] und zusammen mit seinen Kollegen

Werner Conze und Elfriede Nebgen Autor der immer noch maßgeblichen Biographie über Jakob Kaiser[47], hat 1987 in seinem
bemerkenswerten Aufsatz »Die Frage der deutschen Einheit im
Spannungsfeld politischer Optionen und historischer Traditionen«
wichtige Argumentationslinien der am Status quo orientierten zeit-
geschichtlichen Analytiker nachgezeichnet und kommentiert. Zunächst gilt es jedoch, jene Historiker zu würdigen, die eine nationalstaatliche Lösung der deutschen Frage nie ausgeschlossen haben.
Dabei ist Andreas Hillgruber an erster Stelle zu nennen.

Hillgruber hat in zahlreichen Studien und Aufsätzen, die hier nicht
alle aufgeführt werden können, über das »ewige Dilemma« der deutschen Frage[48] und ihre Einbettung in die internationalen Rahmenbedingungen des 19. und 20. Jahrhunderts geschrieben. Auch nach
1945 habe das Übergewicht der internationalen Funktion der deutschen Frage gegenüber allen nationalen Wünschen der Deutschen
offen zutage gelegen: »Die Deutsche Frage war ›eingekapselt‹, ›stor-
niert‹.«[49] Mit den Rechtsgrundlagen der deutschen Frage und den
Positionen der Vier Mächte bestens vertraut, scheute Hillgruber –
zumeist zur Überraschung oder gar zum Entsetzen seiner Kollegen –
auch auf internationalen Symposien nicht davor zurück, Artikel 7 des
Deutschland-Vertrags von 1952/54 zu zitieren, in dem sich die drei
Westmächte und die Bundesrepublik verpflichtet hatten, gemeinsam
ein wiedervereinigtes Deutschland anzustreben, »das eine freiheitlich-demokratische Verfassung, ähnlich wie die Bundesrepublik, besitzt und das in die europäische Gemeinschaft integriert ist«[50].

Hillgruber formulierte sein klares Bekenntnis zur nationalstaatlichen Lösung der deutschen Frage 1983 auf einer internationalen Tagung zu Ehren des bekannten Historikers Gordon A. Craig
in Berlin, wo er sich kritisch mit einigen zentralen Thesen seines
Fachkollegen[51] auseinandersetzte. Während Hillgruber damals die
deutschlandpolitische Diskussion richtig einzuordnen wußte, rieten
Craig und Arnulf Baring »zu Geduld und Vorsicht. Der von Hillgruber so hochbewertete Deutschland-Vertrag sei mehr Absichtserklärung als konkretes Ziel gewesen, meinte Baring. Er empfahl, die
Bundesrepublik, diesen ›zufälligen Staat‹, hinzunehmen und zu bewahren, sich im Status quo einzurichten und Fragen, die man nicht
beantworten könne, gar nicht erst zu stellen. Anders von Thadden[52],

der ausdrücklich für eine ›Wiedereröffnung der Deutschland-Debatte‹ plädierte, und natürlich Hillgruber, der seine stärksten Argumente aus dem Wiederaufleben nationalistischer und neutralistischer Tendenzen in der Bundesrepublik und der begleitenden Renaissance gesamtdeutscher Vorstellungen in der DDR bezog.«[53]

Bereits zwei Jahre zuvor hatte Hillgruber auf einem anderen internationalen Symposion prononciert den »Brief zur deutschen Einheit« zum Moskauer Vertrag zitiert und der These des Hamburger Historikers Wolf D. Gruner widersprochen, der den Deutschen Bund als »mögliches Modell der Neuvereinigung der derzeit bestehenden zwei deutschen Staaten«, als »Zwischenlösung« vorgeschlagen hatte[54]. Hillgruber verwies zutreffend darauf, der Deutsche Bund gebe zwar aus der Rückschau ein mögliches Modell ab, die heutige Situation sei aber gegenüber 1815 so verschieden, daß er auch in veränderter Form keine Lösung böte[55].

Auf diesem Symposion war der Augsburger Staats- und Völkerrechtler Karl Matthias Meessen schlecht beraten, seine von nur ganz wenigen Kollegen vertretene These vorzutragen, durch das Urteil des Bundesverfassungsgerichts von 1973 sei die deutschlandpolitische Diskussion juristisch dogmatisiert worden. Es bleibe gerade Aufgabe der Historiker, unbefangen von juristischem Diktat über diese Frage nachzudenken.[56] Das Karlsruher Grundvertrags-Urteil hat sich – wie bereits mehrfach betont – als außerordentlich wichtig und nützlich erwiesen. Von einer »juristischen Dogmatisierung« konnte überhaupt keine Rede sein, da sich die Bonner Politik gegenüber der DDR in der Zeit von 1973 bis 1989/90 keineswegs eingeschränkt fühlte.

Der Kieler Historiker Hartmut Lehmann wertete in der gleichen Diskussion als große, entscheidende Zäsur für den deutschen Nationalstaat das Jahr 1933 und nicht das Jahr 1945. Seine These, durch die Verabsolutierung des Raumdenkens sei 1933 nach außen im System der Mächte die Voraussetzung für die Existenz eines deutschen Nationalstaates zerstört worden, hat sich als ebensowenig tragfähig erwiesen wie die seines Kollegen Jürgen C. Heß (Freie Universität Amsterdam), eine Liberalisierung der DDR als eigener Staat biete eher Anknüpfungspunkte für die zukünftige Orientierung als das Festhalten an der Einheit der Nation im Sinne einer gesamtdeutschen Staatsnation. Es blieb wiederum Andreas Hillgruber überlassen, nachdrücklich seine Überzeugung zu betonen, der Status quo sei kein Dauerzustand[57].

Der Münchener Historiker Thomas Nipperdey hatte ebenfalls keine Probleme mit der Wiederherstellung der staatlichen Einheit Deutschlands. Er gehörte nie zu jenen, die den 1871 geschaffenen deutschen Nationalstaat verteufelt und eine Entwicklungslinie »Von Bismarck zu Hitler«[58] gezogen haben. Nipperdey ging davon aus, daß das 1945 errichtete Provisorium von Besatzungszonen »zum Definitivum wurde, zumal weil die östliche Zone sofort sowjetisiert wurde. Die Teilung Deutschlands war zwar 1945 so noch nicht absehbar, aber sie war angelegt.«[59] Nipperdey hat sich auch nie an den Spekulationen beteiligt, ob in der Nachkriegsgeschichte Alternativen zur Teilung Deutschlands bestanden haben. Nachdrücklich wies er darauf hin, Deutschland sei nicht wie Österreich »ein Randland, über das die Weltmächte sich einigen konnten. Vor allem: Einheit und gesicherte Freiheit, das war in Widerstreit geraten; und Adenauers Entscheidung für die gesicherte Freiheit im westlichen Bündnis ist die Entscheidung der Deutschen der Bundesrepublik geworden.«[60]

Gerade im Hinblick auf die sich anschließende Analyse der Status-quo-Verfechter ist Nipperdeys Bemerkung festzuhalten, Historiker seien keine Propheten. So meinte er 1986, möglicherweise hätten sich die Deutschen in beiden Staaten »freiwillig-unfreiwillig« so eingerichtet, »daß sie den Status quo hinnehmen und daß es mit der einen deutschen Nation zu Ende geht. Aber einstweilen ist diese Frage dispensiert, in einer merkwürdigen Schwebelage.« Schließlich konstatierte er ein Defizit an nationaler Identität: »Daß dieses Defizit sich auf Dauer ausgleichen läßt, das können wir nur hoffen. Nicht mehr, nicht weniger.«[62]

Nipperdey wandte sich in seinem stark beachteten Vortrag beim »Wartburgtreffen 1990« vehement gegen die vor allem von intellektueller Seite vertretene Ansicht, die Deutschen hätten kein Recht mehr, eine Nation in einem geeinten Staatswesen zu sein. Für solche Tendenzen stünden im Westen Günter Grass und Jürgen Habermas: »Die Untaten Hitlers und die Verwicklung der Deutschen in diese Untaten hätten die Möglichkeit, Nation zu sein, für alle Zeiten verwirkt, Nation-sein-Wollen sei Abkehr von Auschwitz, von ewiger Schuld und gerechter Strafe. Das ist freilich eine subjektive Weltgerichts-Mythologie, für die es vernünftige Argumente nicht gibt. Wichtig bleibt: Die Feststellung, die Deutschen wollen eine Nation sein und sie dürfen eine Nation sein, mindert nicht im geringsten unsere geschichtliche Verantwortung für das Gewesene.«[63]

Auch der Heidelberger Historiker Werner Conze hat das Bismarck-Reich immer differenziert beurteilt und in seiner wegweisenden Rede zum Gedenken des 17. Juni in der Universität Münster am 21. Juni 1955 einen Aspekt verdeutlicht, der später in den deutschlandpolitischen Diskussionen zumeist verdrängt worden ist. Conze sagte damals: »Das deutsche Volk ist eine Nation und hält an seiner Zusammengehörigkeit fest. Es will keine Deutschländer, sondern ein Deutschland. Das ist das Erbe der Reichsgründung. Auch heute gilt die Erkenntnis von Preuß: Ein Volk, das im Demokratisierungsprozeß den Weg zur politischen Nation vollendet, kann nicht hinter den Ausgangspunkt dieses Weges zurückgehen.«[64]

Entschieden und prononciert hat Werner Conze auch beim Staatsakt der Bundesregierung am 17. Juni 1959 im Deutschen Bundestag Stellung bezogen, als er vor einem »Verzicht auf die Wiedervereinigung« warnte und zu Geduld und Nüchternheit aufrief[65]. Daß Conze den 17. Juni 1953 als »Tag der deutschen Freiheit und Einheit« apostrophierte, ist insofern festzuhalten, als zumindest ein Teil der zeithistorischen Forschung und einige Gedenkredner später im Deutschen Bundestag den Eindruck zu erwecken suchten, der 17. Juni sei nur ein Tag der Freiheit und nicht auch der Einheit Deutschlands gewesen. Für Conze war die Reichsverfassung, so wie sie 1867/71 ins Leben getreten ist, »nicht nur anders nicht erreichbar, sondern auch zeitangemessen gewesen«[66].

Gerade weil bekannte Historiker und Politikwissenschaftler ihre Aversion gegenüber einer wie auch immer gearteten nationalstaatlichen Lösung mit dem Hinweis zu begründen pflegten, es gäbe kein Zurück zum Nationalstaat des 19. Jahrhunderts, sei an die differenzierte Aussage des Mannheimer politischen Wissenschaftlers Peter Graf Kielmansegg erinnert, die er in der *Zeit* vom 15. Januar 1971 anläßlich der hundertjährigen Wiederkehr der Reichsgründung am 18. Januar 1871 gemacht hat: »Läßt sich hundert Jahre nach der Reichsgründung nicht mehr über Deutschlands Zukunft sagen, als daß sie erneut offen sei? Eine interpretierende Doppelaussage mindestens wird man diesem ›offen‹ anfügen können. Das Reich von 1871 war Episode, hatte keinen Bestand, und insofern gilt es, will man die Kontinuität der deutschen Geschichte nicht aufgeben, über die Zäsur von 1871 hinaus zurückzugreifen. Das Reich von 1871 war aber zugleich viel mehr als eine Episode, weil das politische Selbstverständnis der Deutschen durch die Erfahrung der Einheit Deutschlands ... dauerhaft geprägt worden ist. Hinter diese Erfahrung können wir nicht zurückgehen. Die Zäsur von 1871 bleibt, so verstanden, auch für uns gültig.«[67]

Die geschichtliche Einordnung der Reichsgründung von 1871 sowie die Entwicklung und innere Struktur des deutschen Nationalstaates spielten für jene Historiker eine zentrale Rolle, die bis 1989/90 für den Fortbestand der Zweistaatlichkeit Deutschlands plädiert hatten. Andere Autoren fragten, ob es angesichts der fortschreitenden Integration Europas überhaupt noch sinnvoll sei, eine nationalstaatliche Lösung der deutschen Frage anzustreben. Eine dritte Gruppe von Historikern sah den Status quo in Europa und die Verklammerung der beiden Staaten Deutschlands in die von den USA und der UdSSR jeweils geschaffenen Bündnissysteme als irreversibel an. Soweit man überhaupt noch eine Wiederherstellung der staatlichen Einheit Deutschlands unter Ausschluß der Ostgebiete für möglich erachtete, ging man von der richtigen Einsicht aus, daß dies nicht isoliert, sondern nur im Rahmen einer gesamteuropäischen Neuordnung möglich sei. Um ihre Aversion gegen die Wiedererstehung eines deutschen Nationalstaates zu begründen, verbanden einige Historiker ihre aus der jüngeren deutschen Geschichte gezogenen Lehren mit dem Hinweis auf das Interesse der europäischen Staaten am Status quo. Einer der wichtigsten Repräsentanten, der mehrere dieser Argumentationslinien miteinander verknüpfte, ist der Bielefelder Historiker Hans-Ulrich Wehler.

Obwohl in der Geschichte der Bundesrepublik Deutschland mit unterschiedlicher Intensität die Frage diskutiert wurde, ob die staatliche Wiedervereinigung unter neutralem oder blockfreiem Vorzeichen möglich sei, löste der prominente Ost-Berliner Regimekritiker Robert Havemann mit seinem »Offenen Brief« vom 25. September 1981 an den Vorsitzenden des Präsidiums des Obersten Sowjet der UdSSR, Leonid Breschnew, eine neue Debatte aus. In dem nicht beantworteten Schreiben, das prominente Schriftsteller, Künstler, Historiker, Politiker und Publizisten unterzeichnet hatten, hieß es:»Es gilt insbesondere, die beiden Teile Deutschlands der Block-Konfrontation zu entziehen. In diesem Zusammenhang sei daran erinnert, daß die Sowjetunion sich bis in die sechziger Jahre immer wieder für die Entmilitarisierung und Neutralisierung ganz Deutschlands ausgesprochen hat. 36 Jahre nach Ende des Krieges ist es jetzt zur dringenden Notwendigkeit geworden, die Friedensverträge zu schließen und alle Besatzungstruppen aus beiden Teilen Deutschlands abzuziehen.«[68]

Die Vorstellung von einem »blockfreien« Gesamtdeutschland war so irreal wie alle zuvor unterbreiteten Vorschläge über eine mögliche Neutralisierung Deutschlands, auch wenn sie in der Folgezeit sowohl auf dem rechten als auch linken politischen Spektrum eine gewisse Rolle gespielt hat[69]. Fatal am Brief Havemanns war vor allem die unzulässige Gleichsetzung der westlichen Verteidigungsgemeinschaft NATO mit dem von der UdSSR dominierten Warschauer Pakt. Auch ging es nicht um den Abschluß mehrerer Friedensverträge, sondern eines Friedensvertrags mit einem wiedervereinigten Deutschland.

Hans-Ulrich Wehler nahm den Brief Havemanns zum Anlaß, sich kritisch mit den Neutralismus-Vorstellungen auseinanderzusetzen. Zutreffend stellte er fest:»Zögen die Amerikaner ... aus Europa ab, läge Europa westlich der Elbe militärisch und politisch fatal geschwächt im Vorfeld der russischen Hegemonialmacht, ein folgenschweres Ungleichgewicht entstünde, informelle russische Vorherrschaft wäre alles andere als ein Phantasieprodukt, die Gewichte in der Weltpolitik würden radikal verändert.«[70] Und er fügte hinzu, mit einem demilitarisierten, permanent neutralisierten Gesamtdeutschland entstünde »ein Staat mit achtzig Millionen Deutschen innerhalb seiner Grenzen – Alptraum aller Politiker in Ost und West! –, die zweitgrößte Industriemacht der Welt – Schrecken aller Konkurrenten in Ost und West! –, jedenfalls ein Staat, der trotz aller Kontrolle seiner Neutralität und Wehrlosigkeit schon dank seiner Ökonomie nolens volens erhebliches politisches Gewicht besitzen würde.«

Nachdrücklich plädierte Wehler für eine »feste institutionalisierte Anbindung an den Westen«. Den Deutschen in der DDR müsse mit anderen Mitteln »zu einem freieren Leben verholfen werden als mit der historisch überholten, papiernen Verheißung einer vereinigten Nation«. Obwohl er mit Recht ein neutralisiertes Gesamtdeutschland ablehnte, brachte Wehler doch gleichzeitig seine Abneigung gegen eine staatliche Wiedervereinigung unter anderen Prämissen zum Ausdruck, da für ihn die staatlich vereinigte Nation kein politisches Ziel mehr sein sollte.

Einige Jahre später wurde Wehler deutlicher. Jetzt sprach er von der »Wiederbelebung der Erinnerung an den deutschen Nationalstaat. Allgemein fehlt es ja nicht an Versuchen, zumindest in der politischen Vorstellungswelt, die Leiche des 1945 endgültig gescheiterten Bismarck-Reichs wiederzuerwecken.« Doch nicht genug damit. Wiederum wandte er sich scharf gegen die »Renaissance des berüchtigten ›Sonderwegs‹, der diesmal zu einem neutralisierten Gesamtdeutschland zwischen den Blöcken führen soll. Dahinter steckt die schon pathologische Mißachtung einer Grundtatsache der internationalen Politik, die – ob im Westen oder Osten betrieben – nicht das geringste realpolitische Interesse daran besitzt, den Status quo in Mitteleuropa zugunsten der riskanten Rückkehr zu einem 80-Millionen-Staat der Deutschen aufzugeben.«[71] Auch wenn Wehlers Kritik an den Verfechtern einer Neutralisierung Deutschlands berechtigt war, ging sie insofern fehl, als niemand damit den Gedanken verband, das Bismarck-Reich wiedererstehen zu lassen. Schlimmer war schon, daß Wehler ausgerechnet in der Wochenzeitung *Das Parlament* die »Wiederbelebung der Erinnerung an den deutschen Nationalstaat« verdammte. Immerhin hat er im November 1990 versucht, die inzwischen vollzogene Wiederherstellung des deutschen Nationalstaats in die Geschichte einzuordnen, und festgestellt, seit relativ kurzer Zeit sei der Nationalstaat weltweit der vorherrschende Staatstypus[72]. Nein, das war er seit langem, auch wenn einige deutsche Historiker und Politologen dieses Faktum immer zu verdrängen suchten. Schließlich hätte Wehler prüfen müssen, wie das völkerrechtlich verbindliche, auch dem deutschen Volk zustehende Recht auf Selbstbestimmung, das die Entscheidung für die staatliche Einheit einschloß, seine völlig überzogene Kritik an der deutschen Nationalgeschichte seit Bismarck hätte tangieren können. Doch gehört er zu jener nicht unbeachtlichen Gruppe deutscher Historiker, die es vorzogen, juristische Tatbestände zu ignorieren.

Noch stärker als Wehler wurde der Bochumer Historiker Hans Mommsen von der sanften Revolution in der DDR im Herbst 1989 überrascht. Schon 1979 hatte er – bezeichnenderweise in den *Evangelischen Kommentaren* – es für bedenklich gehalten, »wenn die deutsche Geschichte gleichsam gegen ihre Stromrichtung im wilhelminischen Sinne neu gelesen würde als Bestätigung des Existenzrechtes der ungeteilten deutschen Nation«[73]. Im *Monat* hatte er sich gleichzeitig ausführlicher »Zum Problem des deutschen Nationalbewußtseins in der Gegenwart« geäußert, die Verfechter einer Offenhaltung der deutschen Frage attackiert und es wenigstens den Juristen überlassen, zu prüfen, ob es sinnvoll sei, »an der Fiktion eines durch die Staatsangehörigkeit vermittelten einheitlichen ›Staatsvolkes‹ festzuhalten, wenn die Wahrnehmung der aus der ersteren fließenden Rechte und Pflichten den Bürgern der DDR wohl auch aus Rechtsgründen unmöglich ist«[74].

In der Tat war es gut, daß die Bundesregierung, das Bundesverfassungsgericht und die Mehrzahl deutscher Staatsrechtler in den siebziger und achtziger Jahren nicht Hans Mommsen folgten, sondern die deutsche Staatsangehörigkeit der in der DDR lebenden Deutschen im Sinne des Grundgesetzes nicht in Frage gestellt haben. Mommsen, Wehler und andere Historiker mußten erst durch die gewaltlose Revolution in der DDR im Herbst 1989 davon überzeugt werden, daß sich die Mehrheit der dort lebenden Bevölkerung als deutsche Staatsangehörige im Sinne des Grundgesetzes empfand und sich der ungeteilten deutschen Nation, nicht der von der SED-Führung verordneten »sozialistischen Nation« zugehörig fühlte.

Hans Mommsen wußte seine Aversion gegenüber dem vor allem seit der Verkündung der »neuen Deutschland-Politik« im Herbst 1969 verwandten Begriff der »Einheit der Nation« noch zu steigern. So kritisierte er 1981 nicht nur den Beschluß der Kultusminister-Konferenz vom 23. November 1978 zum Thema »Deutsche Frage im Unterricht«, sondern auch die Festschreibungen des Grundgesetzes und des Grundvertrags-Urteils des Bundesverfassungsgerichts vom 31. Juli 1973. Ebenso verfehlt war seine Empfehlung, den »von westdeutscher Seite unreflektiert vertretenen, implizit und explizit an den

Bismarckschen Nationalstaat« anknüpfenden Begriff der deutschen Nation zu revidieren[75]. Hätte er nur die zahlreichen Darlegungen der Bundeskanzler Brandt und Schmidt[76] gelesen, dann wäre er nicht zu diesem Fehlurteil gelangt. Weder Brandt noch Schmidt assoziierten mit dem Begriff der »deutschen Nation« eine Wiedererstehung des von Bismarck geschaffenen Nationalstaates.

Mommsen konstatierte gleichzeitig den sich seit längerem vollziehenden »Prozeß der Bi-Nationalisierung beider Teile Deutschlands«, um knapp zwei Jahre später, im November 1982, keine Skrupel zu haben, sein Referat auf dem I. Hambacher Disput »Die Nation ist tot. Es lebe die Region« zu überschreiben. Dies tat er, obwohl ihm Elisabeth Noelle-Neumann in einer bemerkenswerten, sich an den Ergebnissen der Allensbacher Umfragen orientierenden Analyse im März 1982 in zentralen Aussagen widersprochen hatte. Beispielsweise meinte Hans Mommsen 1979, es spräche manches dafür, »daß das Bedürfnis nach traditionaler nationaler Identifikation in der DDR stärker ist als in der Bundesrepublik. Hier hat der Antikommunismus als dominanter Konsensfaktor innerhalb des Bürgertums und Teilen der Arbeiterschaft die Reste gesamtnationaler Loyalität psychologisch überlagert.«[77]

Elisabeth Noelle-Neumann konnte nachweisen, daß sich der Antikommunismus tatsächlich auf das Regime, nicht auf die Bevölkerung der DDR beziehe, er könne »darum auch die gesamtnationale Loyalität psychologisch nicht überlagern«[78]. Die These Mommsens, die nationale Identifikation jüngerer Staatsbürger der Bundesrepublik bleibe nahezu ausschließlich auf diese fixiert, läßt sich – wie Elisabeth Noelle-Neumann ausführte – »mit Daten der Demoskopie nicht stützen, und zwar unabhängig davon, ob man das Stichwort ›deutsche Kultur‹ einbezieht oder ausspart. Daß sich ein ›Teilstaatsbewußtsein‹ kräftig entwickelte, ist nicht zu erkennen. Die Chancen dafür sind schon darum gering, weil vor allem diejenigen ein ›Teilstaatsbewußtsein‹ äußern, die bei einer anderen Frage versichern, sie seien nicht stolz darauf, ein Deutscher zu sein. Es fehlt damit der Idee des ›Teilstaatsbewußtseins‹ gleichsam ein Motor, eine gewisse Begeisterung.«[79]

Trotz der empirisch begründeten Kritik Elisabeth Noelle-Neumanns hielt Hans Mommsen an seiner These vom »Bi-Nationalisierungsprozeß« fest und schloß die langfristige Perspektive nicht aus, »durch eine Regionalisierung der deutschen Teilgebiete über die beiden deutschen Staaten hinaus gewissermaßen eine neue Staatssituation für das Selbstverständnis der Individuen zu bekommen, gleichsam eine transnationalstaatliche Regionalisierung als Lösungsmöglichkeit«. Er verstieg sich sogar zu der Behauptung, wer unter gegenwärtigen Bedingungen von deutscher Einheit spräche, bezöge eine »nationalistische Position – Nationalismus ist hier wertfrei formuliert«[80].

Mommsens These, die Lösung der deutschen Frage in einer »transnationalstaatlichen Regionalisierung« zu suchen, gehört zu den abstrusesten Vorstellungen, die in den achtziger Jahren entwickelt worden sind. Sein Diktum »Die Nation ist tot« hatten schon 1970 der Historiker Hellmut Diwald und der Publizist Helmut Lindemann verkündet. In seinem Buch »Die Anerkennung – Bericht zur Klage der Nation« war Diwald davon ausgegangen, die Deutschen müßten sich vom Nationalstaat trennen, die Identität als Volk aufgeben und auf das oberste Recht aller Völker der Welt, auf das Recht der Selbstbestimmung, verzichten: »Die ›deutsche Nation‹ ist schon lange zu Grabe getragen. Wir müssen so anständig sein, es auch denjenigen Hinterbliebenen mitzuteilen, die es bis jetzt noch nicht wissen. Es wird nie mehr einen Staat geben, der die deutsche Nation umfaßt und der Deutschland heißt. Trotzdem sollten wir diesen Toten so weiterlieben, wie wir ihn als Lebenden geliebt haben. Oder hätten lieben sollen. Wir werden die Erinnerungen an ihn nicht hergeben, denn sie können uns die Gewöhnung an unser neues Trauma erleichtern. Sie werden uns helfen, so wie es das englische Wort versichert: ›We have so many memories to look forward to‹.«[81]

Helmut Lindemann hatte sich in seinem ebenfalls 1970 erschienenen Buch »Die Sache mit der Nation« auf die »Suche nach der verlorenen Nation« begeben, um seinen Gang durch die deutsche Geschichte bis in die Gegenwart mit dem Urteil abzuschließen: »Die deutsche Nation ist tot . . .«[82] Die Bundesregierung sah damals verständlicherweise – um es zu wiederholen – keine Veranlassung, den Geschichts-Masochismus einiger Autoren zu übernehmen und nur noch »Trauer um Deutschland«, wie Karl-Heinz Janßen seine Rezension des Diwaldschen Buches in der *Zeit* überschrieb, zu verbreiten.

Armin Mohler war bereits in seiner 1965 erschienenen Studie »Was die Deutschen fürchten« zu dem Schluß gelangt: »Für die tiefe Wollust, die in dem Vernichten und Verneinen der eigenen Nation steckt, ist darum der umfassendere Name ›Nationalmasochismus‹ besser am Platze.«[83]

Diwald erkannte später, daß seine aus der im Herbst 1969 verkündeten »neuen Ost- und Deutschland-Politik« gezogenen Konsequenzen unüberlegt und vorschnell waren. Nun stellte er sogar die Frage »Deutschland – was ist es?«[84], um 1982 auf dem I. Hambacher Disput sein Referat »Wir sind auch heute noch ein Volk«[85] zu überschreiben. Vor dem gleichen Forum sagte der bekannte Publizist Klaus Harpprecht in Verkennung der Realitäten, die Wiederherstellung eines deutschen Nationalstaates liege »nicht im Interesse der deutschen Nation«[86]. Auch er hatte seine Probleme mit dem Bismarck-Reich und war nur bereit, im Sinne von Günter Grass am Gedanken einer »Kulturnation« festzuhalten.

Zu guter Letzt meinte der französische Politologe Henri Ménudier auf dem Hambacher Disput, die deutsche Nation sei »verspielt«[87]. Ménudiers Darstellung der deutschen Geschichte war einseitig und ungerecht, seine Kritik am Grundvertrags-Urteil des Bundesverfassungsgerichts vom 31. Juli 1973 unqualifiziert. Diwald hielt ihm in der Diskussion mit Recht vor, der Gedanke, die Deutschen hätten ihre Nation verspielt, sei ebenso »grotesk, wie wenn ich behaupte, unter der deutschen Besatzung hätte Frankreich, geteilt in das Pétain- und de Gaulle-Frankreich, das Recht auf seine Nation verspielt!« Und Theodor Schweisfurth fragte den französischen Gast, ob »Frankreich seine Nation durch die imperialistischen Feldzüge Napoleons und durch die kolonialistischen Greuel bei der Eroberung des arabischen Afrika verspielt«[88] habe.

Auch der Berliner Historiker Jürgen Kocka hatte bis zur Herstellung der staatlichen Einheit Deutschlands seine Probleme mit der nationalen Frage. So meinte er 1982 recht verfrüht, der Nationalstaat sei nicht die natürliche oder gar notwendige Staatsform der Völker. Die Deutschen hätten lange ohne Nationalstaat gelebt. Er konzedierte wenigstens, es gäbe »zweifellos Restbestände einer gesamtdeutschen Nation«. Kocka empfahl, die Bundesrepublik sollte an ihrem besonderen Verhältnis zur DDR »in nüchterner, unpathetischer Weise festhalten und unauffällig beitragen zu dem Ziel, den Deutschen in der DDR durch kleine und kleinste Schritte mehr Freiheit und bessere Lebensmöglichkeiten zu verschaffen – unter voller Anerkennung ihrer autonomen staatlichen Existenz«[89].

Kocka überschätzte – wie viele andere Wissenschaftler und Publizisten – die Bonner Möglichkeiten, das SED-Regime zu einer inneren Liberalisierung der DDR zu veranlassen. Er warnte davor, die deutsche Frage ausschließlich als »Nationalstaatsgeschichte« zu bewerten. Es gäbe »viele Traditionslinien, in denen die einzelnen ihre Identität erfahren können«. Seine Vorbehalte gegenüber dem Nationalstaat beruhten auch auf seiner Sorge, eine zu starke Betonung nationaler Traditionen stärke »wohl gerade nicht die gesuchte bundesrepublikanische Identität, sondern ein gesamtdeutsches Gemeinschaftsbewußtsein. In diesem Licht erscheint dann die Bundesrepublik aber leicht als defekter Teilstaat, als Provisorium, das nicht ist, was es sein sollte.«[90]

Erich Kosthorst hielt Kocka entgegen, nicht nur die Gegenwart bilde den Horizont der Geschichte, sondern umgekehrt sei auch die Geschichte Horizont der Gegenwart: »Es gilt demnach, in der Spannung zwischen beiden Horizonten die Balance zu halten ... Auf der Waage des historisch-politischen Bewußtseins muß mit beiden Gewichten – Vergangenheit und Gegenwart – die für die Zukunft gesuchte Handlungsmenge austariert werden.«[91]

Kocka hat 1990/91 in mehreren Beiträgen die gewaltlose Revolution in der DDR und die spätere staatliche Vereinigung Deutschlands kommentiert und eingesehen, der Nationalstaat stelle »offensichtlich weiterhin die Normalform politischer Organisation europäischer Gesellschaften« dar. Unmißverständlich betonte er, »jedes Stück Entwestlichung wäre als Preis für die Vereinigung zu hoch ... Die Vereinigung geschieht zu Recht als Integration der DDR in die Bundesrepublik, nicht als Kompromiß zwischen Westen und Osten, nicht als Zusammenwachsen auf mittlerem Grund.«[92] Damit distanzierte sich Kocka klar von allen zuvor im linken Spektrum diskutierten Varianten eines »Dritten Weges«. Da das neue Deutschland keine Wiederherstellung des alten sei, empfehle es sich, von »Vereinigung« statt von »Wiedervereinigung« zu sprechen. Seltsam mutete sein Hinweis an, die Vereinigung werde »sozial-ökonomisch, verfassungspolitisch und kulturell keine Restauration der Verhältnisse vor 1945 oder vor 1933 bringen und also keine Rückkehr auf den alten deutschen Sonderweg«[93]. Diese Vision eines vereinten Deutschlands war vor dem 3. Oktober 1990 von niemandem entwickelt worden.

Besonders prononciert hat Heinrich August Winkler, früher Freiburg, jetzt Humboldt-Universität Berlin, die These vertreten, die Wiederherstellung eines souveränen deutschen Nationalstaates würde von vielen Völkern als Bedrohung empfunden werden und sei »darum kein realistisches politisches Ziel«[94]. Die deutsche Frage sei zu wichtig, »als daß ihre Lösung allein den Deutschen überlassen werden könnte«[95]. Mit überzeugenden Argumenten wandte er sich gegen den Vorschlag, den Robert Havemann in seinem »Offenen Brief« vom September 1981 an Leonid Breschnew gerichtet hatte, es sei jetzt dringend notwendig, »die Friedensverträge zu schließen und alle Besatzungstruppen aus beiden Teilen Deutschlands abzuziehen . . .«[96] Winkler widersprach auch jenem Teil der Friedensbewegung, der das Ausscheiden der beiden Staaten in Deutschland aus ihrem jeweiligen Bündnissystem vorgeschlagen hatte. In scharfen Worten geißelte er die antiamerikanischen Ausfälle einiger namhafter Sozialdemokraten des linken Flügels, zu denen Klaus Matthiesen, Peter von Oertzen und der Vorsitzende der Jungsozialisten, Willi Pieczyk, gehörten, um hinzuzufügen, auf der gleichen Ebene liege die »sonderbare Ansicht Erhard Epplers, Polen sei eine rein europäische Angelegenheit: Eine solche Position ist selbstgerecht, um nicht zu sagen: latent chauvinistisch.«[97]

Winkler fragte mit Recht: »Was wären antisowjetische Proteste der westeuropäischen Linken wert, wenn sie keinen Rückhalt in der atlantischen Allianz hätten?« Schade, daß er den CDU/CSU-Politikern, die damals am Ziel der Herstellung der staatlichen Einheit Deutschlands festgehalten hatten, »Wiedervereinigungs-Nationalismus« vorwarf; dies sei »genauso wirklichkeitsfremd wie der Traum von einer sozialistischen Neuvereinigung Deutschlands oder der Ruf nach der Blockfreiheit beider deutscher Staaten«. Falsch war seine weitere These, die Bundesrepublik habe auf eine nationalstaatliche Wiedervereinigung Deutschlands »faktisch verzichtet«. Mit dieser Aussage bestätigte er die gerade bei deutschen Historikern verbreitete und von Eckart Klein zutreffend kritisierte Neigung[98], Rechtspositionen gering zu achten. Erinnert sei Winkler nur daran, mit welcher Verve Egon Bahr Wert auf die Feststellung gelegt hat, die Bundesregierung Brandt/Scheel habe nicht des Drucks der damaligen CDU/CSU-Opposition bedurft, um dem Moskauer Vertrag vom 12. August 1970 den »Brief zur deutschen Einheit« beizufügen[99].

Seine Vorstellungen über Deutschland hat Winkler gleichzeitig auf einer Tagung der Evangelischen Akademie Loccum im Dezember 1981 vorgetragen, über deren Verlauf Karl Feldmeyer in der *FAZ* vom 17. Dezember 1981 berichtete[100]. In Loccum hatte Hans Mommsen seine irreale These von einer »Bi-Nationalisierung Deutschlands« wiederholt und seine Hoffnung auf das Aufkommen neuer Identitäten in beiden deutschen Teilstaaten zum Ausdruck gebracht. In einem Leserbrief an die *FAZ* betonte Winkler einerseits, nicht umstritten sei zwischen Mommsen und ihm die Schlußfolgerung, »die Bundesrepublik sollte aufhören, eine nationalstaatliche Wiedervereinigung zu propagieren«. Er fügte jedoch hinzu, in einem zentralen Punkt stimme seine Ansicht nicht mit der Mommsens überein: Mommsen behaupte eine »Binationalisierung« Deutschlands, »also die Herausbildung nationaler Identitätsgefühle in der Bundesrepublik und in der DDR. Die deutsche Nation, wie sie sich im 19. Jahrhundert herausformte, ist für ihn ein Stück abgeschlossener Geschichte. Er verwirft daher auch rigoros den Gedanken, daß die Deutschen in der Bundesrepublik irgendeine besondere Verpflichtung gegenüber den Deutschen in der DDR haben.«[101]

Winkler wies darauf hin, die Deutschen in der DDR seien für das »Dritte Reich« und den Zweiten Weltkrieg nicht in höherem Maß verantwortlich als die Bundesdeutschen, aber sie trügen an den Folgen des Nationalsozialismus und seiner Niederlage bis heute viel schwerer: »Solange die Geschichtslast von 1945 so ungleich und ungerecht verteilt ist, haben die Deutschen im Westen kein Recht, einseitig aus der deutschen Nation auszusteigen. Ein Bewußtsein der nationalen Solidarität mit den Deutschen in der DDR läßt sich moralisch begründen. Die praktische Konsequenz hieraus heißt nicht Restauration einer vergangenen Staatlichkeit. Vielmehr tragen die Bundesdeutschen eine Mitverantwortung dafür, daß in der DDR Verhältnisse entstehen, die es unseren Landsleuten erlauben, sich mit der staatlichen Teilung Deutschlands abzufinden.«

Diese Begründung ist zwar unter moralischen Aspekten aufschlußreich, reicht aber keinesfalls aus, Hans Mommsens verfehlte Deutung
der deutschen Situation nach 1945 gebührend zu korrigieren. Ebenso
wie Mommsen übersah Winkler das Recht des deutschen Volkes auf
Selbstbestimmung und das Faktum, daß die Ostverträge und der
innerdeutsche Grundvertrag die deutsche Frage historisch, politisch
und rechtlich offengehalten haben. Darüber hinaus sollte es auch für
Historiker klar gewesen sein, daß es überhaupt kein Recht der Deutschen in der Bundesrepublik gegeben hätte, »einseitig aus der deutschen Nation auszusteigen«. Leider ließ sich Winkler in der zweiten
Hälfte der achtziger Jahre dazu hinreißen, seinen Abschied vom
deutschen Nationalstaat noch zu konkretisieren. So schrieb er 1986,
angesichts der Rolle, die Deutschland bei der Entstehung der beiden
Weltkriege gespielt habe, »kann Europa und sollten auch die Deutschen ein neues Deutsches Reich, einen souveränen Nationalstaat,
nicht mehr wollen. Das ist die Logik der Geschichte, und die ist nach
Bismarcks Wort genauer als die preußische Oberrechenkammer.«[102]

In seinem instruktiven Beitrag »Das Böse braucht keine Vergleiche
zu scheuen«, der sich mit dem »Historikerstreit« befaßte, hat der
Bonner Historiker Konrad Repgen dieses Zitat Winklers wiedergegeben und dabei die vier Worte ». . . ein neues Deutsches Reich« ausge-
lassen, vom folgenden Satz nur den ersten Teil »Das ist die Logik der
Geschichte« zitiert und hinzugefügt, diesen Satz habe Winkler am
27. November 1986 im Fernsehen wörtlich wiederholt[103]. Daraufhin
sah sich Winkler veranlaßt, in einem Leserbrief an den *Rheinischen
Merkur/Christ und Welt* auf die Auslassungen Repgens aufmerksam
zu machen. Repgen suggeriere dem Leser, »ich sei, anders als seinerzeit Friedrich Ebert, Friedrich Naumann und Matthias Erzberger, der
Auffassung, schon 1918/19 hätten die Deutschen auf einen souveränen Nationalstaat verzichten sollen. Eine derart unhistorische Forderung zu erheben, würde mir nie in den Sinn kommen . . . Im übrigen
steht das (vollständige) Zitat für sich selbst. Es bedarf keiner zusätzli-
chen Interpretation von meiner Seite.«[104]

Repgen, der wenig später Winkler antwortete, blieb bei seiner
Darstellung[105]. Die Tatsache, daß Winkler 1986/87 so viel Wert auf
die Feststellung gelegt hat, es gehe darum, »ein neues Deutsches
Reich, einen souveränen Nationalstaat, nicht mehr [zu] wollen«,

deutete darauf hin, daß er seine Ende 1981 vertretene Position, »die Bundesrepublik sollte aufhören, eine nationalstaatliche Wiedervereinigung zu propagieren«, in der Zwischenzeit relativiert hatte. Auch später betonte er, aufgrund des Anteils, »den Deutschland an der Auslösung der beiden Weltkriege hatte, dürfte *eine* Lösung der ›deutschen Frage‹ für immer ausscheiden: die Wiederherstellung des Deutschen Reiches«[106]. Er fügte jedoch hinzu: »Illusionen über eine Wiedervereinigung aufgeben heißt aber nicht, die ›deutsche Frage‹ für gelöst zu erklären. Solange die Menschen- und Bürgerrechte nur in der Bundesrepublik, nicht aber in der DDR gewährleistet sind, ist die Last der deutschen Geschichte ungleich und ungerecht verteilt. Daraus ergibt sich für die Deutschen in der Bundesrepublik eine Pflicht zur nationalen Solidarität mit denjenigen Deutschen, denen die demokratische Selbstbestimmung bis heute vorenthalten wird. Auf die Tagesordnung gehört also nicht die Restauration des Deutschen Reiches, sondern die Demokratisierung der Deutschen Demokratischen Republik.«

Nun hatte endlich auch Heinrich August Winkler das Recht des deutschen Volkes auf Selbstbestimmung anerkannt, um allerdings fälschlicherweise zu glauben, es läge im Ermessen Bonns, daß in der DDR demokratische und menschenrechtswürdige Verhältnisse geschaffen werden. Mit dieser Illusion lebten viele Deutsche, seit Egon Bahr 1963 die Formel »Wandel durch Annäherung« proklamiert hatte. Seltsam, daß es Winkler für notwendig hielt, darauf hinweisen zu müssen, auf die Tagesordnung gehöre nicht die Restauration des Deutschen Reiches, sondern die Demokratisierung der DDR. Nochmals sei gefragt, wer in den siebziger und achtziger Jahren die Wiederbelebung des Bismarck-Reiches angestrebt hat? Noch im August 1989 hielt es Winkler für nötig, sich auf Peter Bender insoweit zu berufen, als ein wiedervereinigtes Deutschland »unweigerlich zur Vormacht Europas« werden würde: »Und das will auch in zwanzig oder dreißig Jahren noch keiner.« Ebenso verfehlt war Winklers These, wer die DDR als Staat in Frage stelle, »befestigt das System, das es zu überwinden gilt«[107]. Auch er mußte schnell erkennen, daß die Mehrheit der DDR-Bevölkerung damals nicht mehr gewillt war, das totalitäre System länger hinzunehmen.

Über Winklers Vorschlag, in beiden Staaten Deutschlands sollten

Volksabstimmungen über einen neuen Grundlagenvertrag stattfinden, die dem geregelten Neben- und Miteinander eine unbezweifelbare demokratische Legitimation geben würden[108], ist die Entwicklung in der DDR schnell hinweggegangen. Das gilt gleichfalls für seine im Februar 1990 geäußerte Idee, die Bundesrepublik und die DDR sollten eine Konföderation, also eine völkerrechtliche Staatenverbindung, bilden, die sicherstelle, »daß die Deutschen in der DDR von der wirtschaftlich so viel mächtigeren Bundesrepublik nicht ›überfahren‹ werden. Eine Konföderation böte den Deutschen in der DDR in einer Zeit historischer Weichenstellungen jenen Majorisierungsschutz, auf den sie einen moralisch begründeten Anspruch haben.«[109]

Auch hier befand sich Winkler in guter politischer und wissenschaftlicher Gesellschaft, ohne jedoch zu beachten, daß die Mehrheit der DDR-Bevölkerung nicht geneigt war, auf dem Wege zur Wiedervereinigung Deutschlands das Durchgangsstadium einer Konföderation hinzunehmen. Ebenso wie Jürgen Kocka hatte Winkler nach dem Vollzug der Wiederherstellung der Einheit Deutschlands den Mut, fragwürdige frühere Positionen zu prüfen. Jetzt interpretierte er das vom Bundesverfassungsgericht am 31. Juli 1973 wiederholte Wiedervereinigungsgebot dahingehend, damit sei »eine nationalstaatliche Lösung der deutschen Frage in verbindlicherer und restriktiverer Form festgeschrieben, als dies 1949 durch den Parlamentarischen Rat geschehen war«. Winkler hielt es nun auch für opportun, prononciert darauf hinzuweisen, unter den maßgeblichen politischen Kräften der Bundesrepublik habe weiterhin Konsens darüber bestanden, »daß es nur *eine* deutsche Nation gebe«. Gleichzeitig äußerte er sich kritisch über jene bundesdeutschen Autoren, die den Fortbestand einer deutschen Nation in Frage gestellt oder – wie Günter Gaus – empfohlen hatten, Bonn solle im innerdeutschen Dialog den umstrittenen Begriff »Nation« besser aus dem Verkehr ziehen[110].

Außerdem stellte Winkler die Methode der Verfechter der »Bi-Nationalisierungs«-These in Frage, »die fehlende empirische Evidenz von Staats- oder gar Nationalstaatsbewußtsein durch höchst subjektive Impressionen und Spekulationen zu ersetzen. Tatsächlich blieb die DDR auch in Perioden relativer Entspannung zwischen Regime und Bevölkerung ... eine von der Bevölkerung nicht legitimierte

Parteidiktatur.«[111] Damit hat sich Winkler nochmals klar von Hans Mommsens verfehlter »Bi-Nationalisierungs«-These und jenen Autoren – vor allem Politologen und Soziologen – distanziert, die jahrzehntelang einem guten Teil der DDR-Bevölkerung ein eigenes »Nationalbewußtsein« unterstellt hatten[112]. Schade, daß Winkler noch im Februar 1990 gemeint hat, ein Hindernis, das der staatlichen Einheit Deutschlands entgegenstehe, seien »Ängste unserer Nachbarn«[113]. Hier hat er die gegenteiligen empirischen Daten über die Einstellung der Völker Westeuropas gegenüber der Wiederherstellung der staatlichen Einheit Deutschlands verdrängt[114].

Kein anderer deutscher Historiker hat sich in der zweiten Hälfte der siebziger Jahre und verstärkt in den achtziger Jahren intermedial so häufig zur deutschen Frage geäußert wie der Erlanger Michael Stürmer. In seiner bemerkenswerten Analyse »Die Frage der deutschen Einheit im Spannungsfeld politischer Optionen und historischer Traditionen« hatte Erich Kosthorst 1987 festgestellt, es möge verwundern, in der Reihe der entschiedenen Befürworter einer nationalen Partialisierung auch Stürmer zu finden, dessen Zeitperspektive im übrigen ganz anders geartet sei als die Hans-Ulrich Wehlers und Hans Mommsens. Gemeinsam sei ihnen die Sorge vor nationalistischen Tendenzen im linken und rechten Spektrum und jenen Vorstellungen, die Deutschlands Zukunft auf einem »Dritten Weg« sahen. Vehement warne Stürmer davor, »die Bundesrepublik immer wieder zurückzustoßen in die Existenz des Übergangs, des Unvollständigen, des Fragments. Das ist eine sehr gefährliche Sache. Wir müssen die Bundesrepublik als Staat, als den deutschen Kernstaat annehmen.«[115] »Gesamtdeutsches Denken«, so Kosthorst, »verdünnt sich dabei zum Gefühl eines Restbestandes, einer, wie Stürmer formuliert, ›gesamtdeutschen Verantwortung für die Menschen in der DDR‹[116]«.[117] Die Westbindung der Bundesrepublik war für Stürmer irreversibel.

Klarer als in den von Kosthorst zitierten Ausführungen hatte Stürmer bereits 1984 – wie dargelegt – die These vertreten, das Zeitalter der Nationalstaaten sei vorbei: »Der Erste Weltkrieg hat es auf alle Zeiten geschlossen ... Der Weg zurück zum Nationalstaat ist politisch und historisch verstellt. Die Nation dagegen ist, wenngleich geteilt, geblieben.«[118] Damals hatte ihm der Publizist Ludolf Herrmann in einer brillanten Analyse vehement widersprochen und nach-

gewiesen, wie sehr sich Bundeskanzler Kohl mit seiner Formel vom
9. September 1985, »ein Zurück zum Nationalstaat des 19. Jahrhunderts . . . wird es nicht geben«, im Einklang mit Stürmerschem Denk-
und Schreibhabitus befand.

Stürmer hatte aber auch beachtliche Schwierigkeiten mit den
deutschlandrechtlichen Aussagen des Grundgesetzes und der Rechtsprechung des Bundesverfassungsgerichts. Zutreffend führte er aus,
»was wir an Änderungen des Status quo denken, müssen wir innerhalb des westeuropäischen und gesamteuropäischen Rahmens denken . . .«[119] Dann sah er sich jedoch veranlaßt, vor der »deutschen
Illusion« zu warnen, »es könne durch Ausbau von Rechtsstandpunk-
ten der Strom der Geschichte seit Ausbruch des Zweiten Weltkrieges
eingedeicht und zurückgestaut werden«[120]. Mit dieser Aussage verfehlte Stürmer insoweit das Thema, als Politik und Rechtswissen-
schaft in Deutschland in den achtziger Jahren bei der Vertiefung der
europäischen Integration nicht an den Ausbau, sondern an die Aufrechterhaltung von Rechtspositionen denken mußten, die aus der
besonderen Situation Deutschlands, das heißt aus der Teilung des
Landes, und den in der Verfassung der Bundesrepublik Deutschland
formulierten Zielvorgaben resultierten.

Stürmers Feststellung, die Präambel und vergleichbare Normen
des Grundgesetzes sowie der »Brief zur deutschen Einheit« zum
Moskauer Vertrag und Grundvertrag seien »Anweisungen auf Legitimität«, aber keine »Handlungsanweisungen für heute und morgen«,
hielt einer juristischen Prüfung gleichfalls nicht stand. Um in dem von
ihm gezeichneten Bild vom »Strom der Geschichte« zu bleiben: Jede
Bundesregierung hatte und hat im Rahmen ihrer Möglichkeiten den
»Strom der Geschichte« nicht nur zur Kenntnis zu nehmen, sondern
auch, wie es der Staats- und Völkerrechtler Wilfried Fiedler überzeugend formuliert, selbst zu beeinflussen, denn dieser Strom wird von
Staaten, Regierungen und verantwortlichen Politikern unmittelbar
gelenkt[121].

Festzuhalten gilt, daß Bundeskanzler Kohl 1985 nicht Stürmers
Feststellung gefolgt ist, wir müßten »die Einheit der Nation nicht in
nationalstaatlichen Begriffen suchen, für die Zeit und Notwendigkeit
vorbei sind, sondern in kulturellen Formen, in wirtschaftlicher Kooperation, in technologischer Zusammenarbeit, in der Freiheit des

Austauschs von Gütern und Ideen, und in der deutschen Verantwortung für das Pulverfaß Mitteleuropa«. Wie weit Stürmer damals eine nationalstaatliche Lösung der deutschen Frage zu den Akten gelegt hatte, dokumentierte er dadurch, daß er gern den bayerischen Ministerpräsidenten Freiherr Ludwig von der Pfordten aus dem Jahre 1849 zitierte, Deutschland sei »nur noch ein geographischer Begriff«[122].

Anläßlich eines Symposions zum 70. Geburtstag Bruno Hecks 1988 referierte Stürmer über »Eine Nation auf der Suche nach sich selbst« und meinte, in den Jahren ab 1945 sei die Alternative zur Teilung Deutschlands nicht die »Weiterexistenz des Reiches in geläuterter Form« gewesen. Er fügte hinzu, die Deutschen sollten begreifen, »daß sie zum ersten Mal seit 1848 eine Verfassungsform gewonnen haben, allerdings um den Preis der Teilung Deutschlands und Europas, die sie mit dem Westen und sich selbst versöhnt«[123]. Es war bezeichnend, daß nur Johann Baptist Gradl ihm nachdrücklich widersprach. Politisch dürfe »nicht der falsche Eindruck entstehen, als ob damals das Reich für deutsche Politiker gar nicht auf der Tagesordnung als politische Aufgabe und politisches Ziel gestanden habe, und zwar als Ziel nicht in irgendeiner ungewissen Ferne, sondern in absehbarer Zeit«. Wie sehr das Thema Wiederherstellung der Einheit 1948/49 eine wesentliche Rolle gespielt hat, verdeutlichte Gradl auch mit dem Hinweis, daß der Parlamentarische Rat bewußt ein »Grundgesetz« und nicht eine »Verfassung« ausgearbeitet habe und daß statt einer Nationalversammlung ein Bundestag einberufen worden sei[124].

Von Wehler und Mommsen unterschied sich Stürmer insoweit, als er sich über die Errichtung und Entwicklung des Bismarck-Reiches und die Einstellung der westeuropäischen Staaten und Völker sehr viel differenzierter äußerte und sich immer deutschlandpolitische Optionen offenhielt. Das gilt auch und gerade für seine seit 1985 in der *FAZ* erschienenen Kolumnen[125]. So meinte er 1987, die Teilung Deutschlands werde »nicht aufzuheben sein ohne eine Rechts- und Friedensordnung für Europa . . . Die Wunde der Teilung bleibt . . .«[126]

Mit einer Würdigung der deutschlandpolitischen Positionen Hillgrubers, Kockas, Hans Mommsens, Nipperdeys, Stürmers, Wehlers und Winklers ist das zeitgeschichtliche Meinungsspektrum keinesfalls abgesteckt. Wichtige und anregende Beiträge haben darüber hinaus immer wieder Ernst Nolte, Karl Dietrich Bracher und Hagen

Schulze beigesteuert. Ernst Nolte überschrieb das Schlußkapitel seiner stark beachteten Studie über »Deutschland und der Kalte Krieg« so: »Die Anerkennung der Teilung Deutschlands und ihre Bedeutung im Rahmen der anderen Hauptresultate des Kalten Krieges«. Dabei beging er den Fehler, sich – wie viele Kollegen – über zentrale deutschlandrechtliche Positionen hinwegzusetzen. Nach Ansicht Noltes bedeuteten die Ostverträge der Sache nach eine »Anerkennung der Teilung Deutschlands«: »Die formaljuristischen Vorbehalte, die immer noch bestehen blieben, bewiesen lediglich, wie stark und logisch zwingend die überlieferte Position der Bundesregierung über alle Parteigrenzen hinweg gewesen war.«[127]

Daß weder die Ostverträge noch der innerdeutsche Grundlagenvertrag die Teilung Deutschlands legitimiert haben, ist bereits mehrfach betont worden. Juristisch verfehlt war auch Noltes weitere Aussage, mit der völkerrechtlichen Anerkennung der DDR durch die drei Westmächte seien diese »mithin praktisch aus ihren formell fortbestehenden Verpflichtungen nach Artikel 7 des Deutschlandvertrages entlassen worden«. Dies wäre juristisch und politisch nur dann möglich gewesen, wenn die drei Westmächte gemeinsam mit Bonn eine Aufhebung des »Wiedervereinigungsgebots« des Artikels 7 des Deutschland-Vertrags beschlossen hätten. Dies aber hat seit dem Inkrafttreten des Deutschland-Vertrags 1955 keine Seite gewollt.

Schon 1978 hatte Nolte gemeint, die Ostverträge liefen auf das Ende der Möglichkeit einer Wiedervereinigung unter westlichen Vorzeichen hinaus; real möglich sei nur noch eine kommunistische Wiedervereinigung, »auch wenn sie im Augenblick von den orthodoxen Kommunisten nicht betrieben wird. Diese Überzeugung beruht auf der Meinung, daß der Besitz einer Ideologie der wichtigste Besitz ist, den ein einzelner Mensch, eine Menschengruppe oder ein Staat haben kann.«[128] Nein, langfristig mußten sich die historisch gewachsenen Ideale von Freiheit, Demokratie, Rechtsstaatlichkeit, Menschenrechten und Pluralismus, nicht die kommunistische Ideologie durchsetzen.

Später hat Nolte sehr viel zurückhaltender die deutsche Problematik beurteilt. So sagte er 1988, es sei wohl gut, »daß die Frage der staatlichen Einheit Deutschlands, die Frage seiner Wieder- oder Neuvereinigung, sich gegenwärtig in einem Ruhezustand befindet«[129].

Hoch anzurechnen ist ihm das Eingeständnis, die Ereignisse von 1989, das heißt das bevorstehende Ende des »Kalten Krieges«, nicht vorhergesehen zu haben. Diese Entwicklung hat kein seriöser Beobachter in West und Ost prophezeien können. Erinnert sei nochmals daran, daß jene, die sich bis in das Jahr 1988 auf Prognosen – wie Brzezinski – eingelassen hatten[130], gerade die spätere Lösung des deutschen Problems nicht zu erkennen vermochten. Nolte fügte hinzu, daß das Ende des »Kalten Krieges«, »wenn es wirklich käme, auch das Ende der Teilung Deutschlands nach sich ziehen würde«, sei ihm »nie zweifelhaft« gewesen, »und alle konkreten Postulate beziehen sich auf eine Zwischenzeit, die keine bloße Wartezeit sein würde«[131].

Für die deutschlandpolitischen Diskussionen der vergangenen Jahrzehnte ist kennzeichnend, daß wichtige Argumente sowohl von Zeithistorikern als auch von Politikwissenschaftlern verwandt worden sind und man sich dabei aufeinander bezog. Das gilt vor allem für das Konzept, das Dolf Sternberger unter dem Stichwort »Verfassungspatriotismus« entwickelt hat, und für Karl Dietrich Brachers These von der »postnationalen Demokratie«. Bracher hatte – wie bereits dargelegt – 1969/70 empfohlen, ». . . die Erbschaft der deutschen Vergangenheit, das Scheitern des nationalstaatlichen Reiches zu bewältigen und die Konsequenzen in der Deutschland- und Grenzfrage anzuerkennen« und »vom ›Provisorium‹ des unerfüllten Nationalstaats«[132] Abschied zu nehmen.

Später widmete sich Bracher intensiv den »Fragen nach der deutschen Identität«, die inzwischen zu einem »Modewort«[133] geworden war. In seinem weit ausholenden und einen umfassenden Überblick über das Schrifttum vermittelnden Beitrag »Politik und Zeitgeist – Tendenzen der siebziger Jahre«, den er dem Band 5/I der »Geschichte der Bundesrepublik Deutschland« beigesteuert hat, untersucht er in einer sehr differenzierenden Weise, inwieweit die Deutschland-Diskussion verstärkt von Impulsen der »Friedensbewegung« zu Neutralitäts- und Sonderwegsideen befruchtet wurde: »Da war das Aufrollen der deutschen Frage durch neutralistische Forderungen, ob nun in einem nationalen oder gesamteuropäischen Sinne (Peter Bender) gemeint. Da war die lapidare Parole von Deutschland als einem ›besetzten Land‹ (Heinrich Albertz), die sich im Falle der Bundesrepublik ja vor allem gegen den Westen und die Westorientierung, aber auch gegen die parlamentarische Demokratie und deren Mehrheitsprinzip richtete. Und da war die Rechtfertigung von Widerstand oder zivilem Ungehorsam in solcher Lage, fand sich schließlich die Vorstellung einer ›gesamtdeutschen Verantwortung‹ (Günter Grass), ja einer moralischen Führungsaufgabe der Deutschen, ob nun historisch oder geographisch begründet.«[134]

Nachdrücklich stellte Bracher fest, wenn sich die große Mehrheit der westdeutschen Bevölkerung »weiterhin für das verfassungsmäßige Gebot einer Wiedervereinigung ausspricht, identifiziert sie sich doch gleichzeitig mit der Bundesrepublik als Staat. Es zeigt sich wieder stärker, was durch die Hoffnungen auf einen ›Wandel durch Annäherung‹ verwischt war: daß der grundlegende Unterschied zwischen Demokratie und Diktatur, die Teilung in Freiheit und Unfreiheit den eigentlichen Faktor der Selbstbestimmung bildet. Es geht um die Entscheidung, die den Staat der Bundesrepublik trägt: ›Die freiheitliche Grundordnung an Stelle der Nation‹[135].«[136]

Dabei bezog sich Bracher auch auf den Berliner Politologen Alexander Schwan, der 1984 gemeint hatte, der Nationalstaat sei heute nur noch eine Ebene für politische Entscheidungen und Identifikationen unter anderen: »Infolgedessen erscheint es auch sekundär, ob ›unser‹ Staat auf Dauer die Bundesrepublik bleibt oder ob er dereinst wieder ein gesamtdeutscher Staat sein wird. Essentiell ist allein, daß es ein freiheitlicher und demokratischer Staat ist und daß ein solcher Staat auch der ostdeutschen Bevölkerung zuteil wird. Eine ›Renationalisierung‹ nach Art der neuen Linken und Rechten dient weder der bestehenden Demokratie der Bundesrepublik noch einer demokratischen Zukunft für den anderen Teil des deutschen Volkes.«[137]

Hier zeigt sich, wie sehr es der »Friedensbewegung« und verstreuten Zirkeln im linken und rechten Spektrum zuvor gelungen war, Sorge bei denen auszulösen, denen es um den Bestand der freiheitlich-demokratischen Grundordnung und die weitere Zugehörigkeit der Bundesrepublik in der westlichen Wertegemeinschaft ging. Schwan hat nicht nur die Bedeutung des Nationalstaats unterschätzt, sondern auch zu wenig das Wiedervereinigungsgebot des Grundgesetzes beachtet. Bracher fügte seinen Auslassungen wenigstens hinzu, wir dürften nicht vergessen, daß die Deutschen in der DDR nach wie vor die Leidtragenden seien[138]. Seinen bemerkenswerten Essay schloß er mit dem Postulat, die Bundesrepublik möge die Herausforderung annehmen, »als postnationale Demokratie unter Nationalstaaten zu leben – und damit, ohnehin begünstigt und privilegiert gegenüber der Bevölkerung der DDR, die Konsequenzen selbstverschuldeter Diktatur und die Folgen der Teilung zu tragen, aber auch den Erfahrungen sowohl der ersten – gescheiterten – wie der neuen erfolgreicheren Demokratie gerecht zu werden«[139].

Brachers These von der »postnationalen Demokratie«, die er später wiederholt hat[140], blieb nicht ohne Kritik. So wies Hans-Georg Wormit, ehemaliger Präsident der Stiftung Preußischer Kulturbesitz, zutreffend darauf hin, wir sollten uns durch ein schwankendes Interesse an der Deutschland- und Ostpolitik, wie es in Meinungsumfragen zum Ausdruck komme, »nicht den Blick dafür trüben, daß in den beiden deutschen Staaten das Gefühl der Zusammengehörigkeit, das Bewußtsein einer gemeinsamen Vergangenheit wie einer unter gleichen Sternen zu erwartenden Zukunft bis heute weit stärker ist, als auch intelligente Zeitgenossen oft annehmen«[141]. Geradezu prophetisch fügte Wormit hinzu, es wäre nicht redlich, auch für die spätere Zukunft einen Zusammenhang als überholt zu negieren, »der in einem Jahrtausend entstand, so eng geblieben ist und sich zu einem Zeitpunkt, den heute niemand voraussehen kann, vielleicht in einer Form erneuern läßt, die durchaus im Interesse unserer Nachbarn und ganz Europas liegt«.

Auch Erich Kosthorst wandte sich sowohl gegen »die intellektuelle Denkschule eines ›Verfassungspatriotismus‹ (Dolf Sternberger)« als auch gegen Brachers Schlußfolgerung, das »politische Kriterium« werde »vierzig Jahre nach der ›Stunde Null‹ auch zu einem historischen« und »führe die Frage nach der deutschen Identität von der Erwartung auf Wiedervereinigung« allmählich weg[142]. Kosthorst betonte, im Angesicht dieser deutschlandpolitischen Optionen erscheine die in der Präambel des Grundgesetzes verkündete und, ihr folgend, im »Brief zur deutschen Einheit«, im Grundvertrags-Urteil des Bundesverfassungsgerichts sowie im Beschluß der Kultusminister-Konferenz zur deutschen Frage im Unterricht vom 23. November 1978 bekräftigte Maxime, die »nationale und staatliche Einheit zu wahren und als gleichberechtigtes Mitglied in einem vereinten Europa dem Frieden der Welt zu dienen« sowie »in freier Selbstbestimmung die Einheit und Freiheit Deutschlands zu vollenden«, als »politisch unvernünftig, gegen den Strom der Geschichte gerichtet, ja, geradezu als reaktionärer nationaler Dogmatismus«[143].

Neben Kosthorst hat sich auch der Berliner Historiker Hagen Schulze mit den Verfechtern der These vom »Verfassungspatriotismus«, zu denen auch Jürgen Habermas gehört, kritisch auseinandergesetzt. Kosthorst weist zutreffend darauf hin, eine vom deutschen Nationalgedanken abgekoppelte Bundesrepublik Deutschland allein in einem »Verfassungspatriotismus« verankern zu wollen, »unterschätzt die mit der Nationbildung verbundene, tiefe Einbindung in Emotionalschichten. Ein solcher Befund ist nicht mit dem Etikett ›irrational‹ in Altertumsschubladen abzulagern, er muß ernst genommen werden.«[144] Schulze betont die einschlägige Erfahrung unserer Geschichte, daß »die Verfassungspatrioten der ersten deutschen Republik dem mächtigen emotionalen Appell der Nationalisten nichts Wirksames entgegenzusetzen hatten«. Die Frage nach der deutschen Einheit und nationaler Identität sei nach wie vor gestellt, und es sei »nicht nur Sache des wissenschaftlichen Interesses, sondern auch der politischen Prävention, wenn Historiker sich dieser Frage annehmen und nüchtern und rational dazu Stellung beziehen, um nicht anderen und vielleicht gefährlichen Kräften das Thema zu überlassen«. Schulzes klare Schlußfolgerung: »Wir müssen auch deshalb immer wieder die *ganze* Geschichte erzählen und erklären. Dazu gehören Freiheit *und* Einheit, Verfassung *und* Nation, aber auch Auschwitz *und* Weimar.«[145]

Hagen Schulze, der später ein wenig überspitzt die »Entnationalisierung« der deutschen Geschichte gefordert hatte[146], stellte nach der Herstellung der staatlichen Einheit Deutschlands befriedigt fest, die alte Diskussion darüber, ob die Identität der Deutschen durch nationale Tradition oder durch Verfassungsbindung bestimmt sei, »eine Diskussion, die sich vom Vormärz bis zum sogenannten Historikerstreit gezogen hat, ... hat sich erledigt. Künftig ist der deutsche Nationalstaat das Gehäuse für die freiheitlichen Institutionen des Grundgesetzes. Beides fällt von jetzt an in eins.«[147]

Tilman Mayer hat in seiner materialreichen Studie »Prinzip Nation« minutiös die Vertreter mehrerer wissenschaftlicher Disziplinen zusammengestellt, die mehr oder weniger eindeutig erklärt hatten, sie sähen den westdeutschen Staat als eine Nation an. Dazu zählten Karl Jaspers, Hans und Wolfgang Mommsen[148], Kurt Sontheimer, Waldemar Besson, Lutz Niethammer, Rainer Lepsius[149] und andere Persönlichkeiten aus dem politischen Leben der Bundesrepublik[150]. Mayer hält ihnen mit Recht die »moralische Fragwürdigkeit« entgegen, die Deutschen in der DDR sich selbst zu überlassen. Wäre die Ansicht von der »Bi-Nationalisierung Deutschlands« richtig gewesen, hätte man »den nationalen Wandel in einer nationalen Transformation in die Bundesrepublik, die DDR und die Republik Österreich als beendet ansehen« können, »die deutsche Nation wäre in einer Phase nationaler Selbstpreisgabe«.

Die Anhänger der These von der »Bi-Nationalisierung«, die der Bundesrepublik das Attribut »Nation« attestierten, übersahen geflissentlich das Recht des deutschen Volkes auf Selbstbestimmung, das keinesfalls die Rückkehr zum früheren Nationalstaat implizierte. Sie und die Verfechter der These von der »postnationalen Demokratie« rechneten schließlich »nicht oder nicht zureichend mit der unzweifelhaften Tatsache eines von der Bevölkerung der DDR festgehaltenen Einheitswillens ...«[151] Hier zeigt sich ein weiteres Mal, wie sehr die Rechtsprechung des Bundesverfassungsgerichts mit dem kompromißlosen Eintreten für die Begriffe »deutsches Volk« und »Selbstbestimmungsrecht« Realitätssinn und historisches Bewußtsein bewiesen hat.

Die Tatsache, daß sich ein guter Teil der deutschen Geschichtswissenschaft mit der Teilung des Landes abgefunden hatte, sei noch an einigen weiteren Beispielen demonstriert. Dies geschieht auch deshalb, da es sich teilweise um stark verbreitete Analysen handelt. So meinte Wilfried Loth (Universität Essen), dessen Deutung des Ost-West-Konflikts einer dringenden Korrektur bedarf[152], noch 1989, er plädiere nicht dafür, »den Status quo in der deutschen Frage als sakrosankt anzusehen und aus einem vordergründigen Realismus jede Veränderung dieses Status quo von sich zu weisen. Aber ich plädiere dafür, auch die positiven Aspekte dieses Status quo zu sehen – das heißt: nicht nur die Teilung zu beklagen, sondern in dieser Teilung auch eine historisch gewordene, mit vielen Opfern und Irrwegen bezahlte Lösung für das Problem staatlicher Existenz der Deutschen in Europa zu sehen.«[153]

Doch nicht genug damit. Die Überwindung der Zweistaatlichkeit Deutschlands bezeichnete Loth als einen »gefährlichen Weg . . ., der selbst bei den friedlichsten Absichten das prekäre innereuropäische Gleichgewicht zu zerstören und damit die Sicherheit aller Europäer zu gefährden droht. Eine Beschränkung auf das Zielbild einer ›entstaatlichten Nation‹, wie dies Günter Gaus genannt hat[154], würde dagegen unnötige Barrieren und übertriebene Ängste bei unseren europäischen Nachbarn abzubauen helfen; nur so ließen sich auch tatsächliche Fortschritte vom Boden der gegebenen Realitäten aus erzielen.«[155]

Hier wäre Loth gut beraten gewesen, sich ein wenig über die Haltung der europäischen Nachbarn gegenüber der Wiederherstellung der staatlichen Einheit Deutschlands zu informieren. Ebenso verfehlt ist seine These, nach der totalen Niederlage im Zweiten Weltkrieg habe man sich selber für die Zweistaaten-Lösung entschieden. Da nützt es auch wenig, wenn Loth 1991 behauptet, seine Warnung, »die nationalstaatliche Einigung mutwillig auf die Tagesordnung der Weltpolitik zu setzen«, sollte »nicht als Fixierung auf die Zweistaatlichkeit mißverstanden werden«[156].

Ebenso wie Loth bemühte Sebastian Haffner historische und sicherheitspolitische Argumente, um den Fortbestand der Teilung Deutschlands zu begründen. Schon 1983 hatte er gemeint, »das 150 Jahre lange Kapitel der Deutschen als Nation, als Nationalstaat oder angestrebter Nationalstaat« sei »leider abgeschlossen«[157]. Und 1989 fügte er hinzu: »Von irgendeiner Wiederherstellung des Deutschen Reiches oder auch nur von einer künftigen Wiedervereinigung der deutschen Staaten war in der Schlußakte von Helsinki nicht mehr die Rede; und damit konnte man den dreißigjährigen Prozeß, in dem das Deutsche Reich seit 1945 langsam dahingestorben war, als abgeschlossen betrachten.«[158]

Hier ist Haffner insoweit zu korrigieren, als es der sowjetischen Führung unter Leonid Breschnew im KSZE-Prozeß nicht gelungen war, in der Schlußakte vom 1. August 1975 die Grenzen in Europa für immer festzuschreiben. Dazu waren vor allem die westlichen Staaten, gerade die USA, nicht bereit. In der KSZE-Schlußakte heißt es ausdrücklich, die Signatare seien der Auffassung, »daß ihre Grenzen, in Übereinstimmung mit dem Völkerrecht, durch friedliche Mittel und durch Vereinbarung verändert werden können«[159]. Allerdings verband kein realistischer Deutscher damals und später mit dieser Klausel die Absicht, das Deutsche Reich wiederherzustellen. So lief also Haffners Polemik ins Leere. Auch er konnte nicht umhin, sich auf den früheren italienischen Außenminister Andreotti zu berufen, dessen – bereits zitierte – Feststellung sehr genau die innere Einstellung aller europäischen Nachbarn der Deutschen wiedergegeben habe. Wiederum wurde hier in unzulässiger Weise die Position einiger westlicher Politiker mit der der europäischen Völker zur deutschen Frage gleichgesetzt. Ebenso bedenklich und wenig vorausschauend war Haffners weitere Behauptung, »eine Wiedervereinigung, in der die beiden deutschen Staaten, so wie sie nun einmal sind und geworden sind, zu einem funktionierenden Staat verschmolzen würden, ist nicht vorstellbar, nicht einmal theoretisch«[160].

Wesentlich origineller als die von Wilfried Loth und Sebastian Haffner vorgebrachten Argumente für die Aufrechterhaltung des Status quo in Deutschland waren die aus dem Verlauf der deutschen Geschichte gezogenen Konsequenzen des Hamburger Historikers Wolf D. Gruner, der lange Zeit – wie dargelegt – gemeint hatte, zwar könnten die Form und Struktur des 1815 geschaffenen Deutschen Bundes »sicherlich nicht als übertragbares Modell für eine Regelung der deutschen Frage heute dienen«, doch böten »sie zahlreiche realisierbare Anregungen«[161]. In seiner bemerkenswerten Studie »Die deutsche Frage« wiederholt Gruner seine Ansicht, »die ›nationale Einheit‹ – wenn wir sie mit den nationalstaatlichen Kategorien des 19. Jahrhunderts begreifen« – sei »für Deutschland der ›Ausnahmefall‹ gewesen«. Es könne nicht um die »Restauration eines staatlichen Zustandes der deutschen Geschichte zwischen 1870 und 1945«[162] gehen.

Nachdem bereits Andreas Hillgruber Gruner widersprochen hatte[163], hat Erich Kosthorst später weitreichende Bedenken gegenüber dem Konzept von der »bündischen Verfassungsform« erhoben. Er schreibt: »Wenn man von einem *nur* 75 Jahre währenden Bestehen des Bismarckschen Reiches spricht und in dieser Weise geschichtliche Dauer als Argument ausspielt, dann kann der in Rede stehende Deutsche Bund mit einer nur etwa fünfzigjährigen Lebensdauer an historischem Gewicht kaum gewinnen. Und selbst dann, wenn man das in jeder Föderation steckende Organisationsprinzip, die Dezentralisierung und Entmächtigung Mitteleuropas durch vielfache Teilung seiner deutschen Potenzen, bis in größere geschichtliche Tiefe, bis 1648 oder gar noch weiter zurück verlängert, ist damit kein wirklich exaktes historisches Exemplum gewonnen.«[164]

Auch Peter R. Hofstätter bemühte 1987 zahlreiche berühmte Geister, um darzulegen, wie stark die deutsche Geschichte immer wieder durch auswärtige Mächte bestimmt worden sei, um für »Vielheit an Stelle von Einheit« zu plädieren. Vermerkt sei noch, daß von den deutschen Osthistorikern vor allem Karl-Heinz Ruffmann (Erlangen) 1986 ausgeführt hatte, »das nationale Prinzip, das keinen allgemeingültigen Wert an sich darstellt, sollte uns primär als Instrument und Vehikel, als nicht künstlich geschaffenes, sondern als historisch gewachsenes und ausgeformtes Gefäß zur Realisierung von allgemein anerkannten und garantierten Menschen- und Bürgerrechten für die Bewohner beider dauerhaft bestehenden Staaten in Deutschland dienen«[165].

Bemerkenswert ist, in welchem Ausmaß deutsche Historiker die widernatürliche Teilung Deutschlands und des deutschen Volkes als gut, notwendig und möglichst permanent betrachtet haben. Selbst Golo Mann hatte 1973 in seinen »Gedanken zum Grundvertrag« keine Skrupel festzustellen, »wenn etwas die längst besiegelte deutsche Teilung noch einmal besiegeln könnte, dann wäre es die Gründung der Vereinigten Staaten von Europa, nämlich von Westeuropa...«[166] Es war nicht Willy Brandt, sondern Golo Mann, der schon damals die Wiedervereinigung als »die Lebenslüge der Bundesrepublik« bezeichnet und dies damit begründet hatte, die imposante Mehrheit, mit der die Wähler bei der Bundestagswahl 1972 die Ost- und Deutschland-Politik Bundeskanzler Brandts akzeptiert hätten, zeige, daß die Bürger der Bundesrepublik »die Lebenslüge« nicht mehr brauchten und wollten. So wurde von offizieller Seite zumindest damals die vertragliche Regelung des innerdeutschen Verhältnisses nicht interpretiert.

Politikwissenschaft

Es ist schon darauf hingewiesen worden, daß viele Argumente, die die Historiker für die Aufrechterhaltung des Status quo in Deutschland vorgebracht haben, auch im politologischen Schrifttum wiederkehren; teilweise sind sie bereits gewürdigt worden. Der folgende Überblick kann sich daher vornehmlich darauf beschränken, jene Positionen zu erwähnen, die gegen die politische, rechtliche und historische Offenhaltung der deutschen Frage unter anderen Aspekten plädiert haben. Mit den Historikern verbindet viele Politologen die Ignoranz gegenüber Rechtspositionen, ohne deren Anerkennung oder zumindest Kenntnis jede Analyse der deutschen Frage unzureichend ist. Auch von politologischer Seite wurde auf die Lehren aus der deutschen Geschichte und die machtpolitischen Realitäten in Europa sowie auf die Aversion der Nachbarn Deutschlands gegenüber einer nationalstaatlichen Lösung der deutschen Frage verwiesen. Da sich die politikwissenschaftliche Forschung verständlicherweise wesentlich intensiver als die zeithistorische mit der Problematik der inneren Stabilität der DDR befaßt hat, tangierten die daraus gezogenen Schlüsse auch die Haltung der betreffenden Autoren zur Mehrstaatlichkeit Deutschlands. Darüber hinaus haben mehrere Politologen noch stärker als die Historiker Zweifel am Fortbestand der deutschen Nation geäußert.

Einen hervorragenden Überblick über die unterschiedlichen Positionen zur deutschen Frage vermittelten die drei Bände mit dem Titel »Außenpolitische Perspektiven des westdeutschen Staates«, in denen das Forschungsinstitut der Deutschen Gesellschaft für Auswärtige Politik 1971/72 die Ergebnisse umfangreicher Untersuchungen vorgelegt hat; sie enthalten eine Analyse der »Zielsetzungen und Möglichkeiten der Außenpolitik der Bundesrepublik Deutschland im Rahmen des gegenwärtigen Staatensystems«[167]. Zahlreiche Beiträge sind der Problematik der Teilung Deutschlands gewidmet. Verdienstvoll sind die drei Bände vor allem deshalb, da sie neben den Referaten jeweils die abweichenden Meinungen der beteiligten Diskussionspartner – zu denen Juristen, Politologen, Historiker, Publizisten und Mitarbeiter europäischer Institutionen gehörten – wiedergeben. Obwohl die im Herbst 1969 eingeleitete »neue Ost- und Deutschland-Politik« der Bundesregierung Brandt/Scheel nicht auf eine endgültige Festschreibung der Teilung Deutschlands hin konzipiert war, bleibt bemerkenswert, wie sehr die Referenten, die im Rahmen dieses Forschungsprojekts die deutsche Frage behandelten, zu gegenteiligen Ansichten gelangt sind. Es war vornehmlich Karl Carstens, von 1970 bis 1972 Direktor des Forschungsinstituts der Deutschen Gesellschaft für Auswärtige Politik, der jeweils seine abweichende Meinung gegenüber den Status-quo-Positionen kundtat und in einer zusammenfassenden ausführlichen Stellungnahme seine Bedenken nochmals artikulierte.

Für das Thema, ob und inwieweit es Anfang der siebziger Jahre opportun war, die deutsche Frage offenzuhalten oder den Status quo in Europa weitgehend oder vollständig zu akzeptieren, waren im Rahmen des Forschungsprojekts der Deutschen Gesellschaft für Auswärtige Politik die Analysen von Eberhard Schulz »Wahrung des Friedens« und »Die Weiterentwicklung der deutschen Frage« und von Lutz Niethammer unter Mitarbeit von Ulrich Borsdorf »Traditionen und Perspektiven der Nationalstaatlichkeit« besonders relevant. Schulz, seit 1966 Stellvertreter Direktor des Forschungsinstituts, hatte bereits 1967 neben Vorbehalten gegenüber der Wiederherstellung der staatlichen Einheit Deutschlands die These vertreten, schon seit Jahren habe sich »namentlich in der jüngeren Generation der Bevölkerung in Ostdeutschland ein eigenes Staatsbewußtsein, verbunden mit berechtigtem Stolz auf die eigene Aufbauleistung, herausgebildet . . .« Für ihn war schon damals die Frage, »ob nicht gerade das Streben nach der Wiederherstellung des deutschen Nationalstaates die ›Einheit und Freiheit Deutschlands‹ auf längere Sicht ausschließt, politisch relevant . . .«[168]

In seinem Referat »Wahrung des Friedens« meinte Schulz, die Mehrheit der Bevölkerung der Bundesrepublik würde es begrüßen, »wenn man den Menschen im anderen Teil Deutschlands zu mehr Freiheit verhelfen könnte«[169]. Dieser Satz veranlaßte bereits Carstens zu der Intervention, er drücke »das Anliegen der Mehrheit der Bevölkerung der BRD meines Erachtens zu schwach aus. Noch stellt sich diese Mehrheit hinter die von den beiden großen Parteien erhobene Forderung nach Gewährung des Selbstbestimmungsrechts an die

Deutschen in der DDR. Richtig ist, daß die überwältigende Mehrheit dieses Ziel nur mit friedlichen Mitteln anstrebt; aber zur Preisgabe des Ziels ist nach meinem Eindruck allenfalls eine Minderheit bereit.«[170] In seinem zweiten Beitrag widmete sich Schulz dem Thema »Die Weiterentwicklung der deutschen Frage«. Zunächst sagte er, man möge darüber streiten, »ob das Deutsche Reich juristisch heute noch fortbesteht – faktisch hat es aufgehört zu existieren, und politisch stellt sich zur Zeit nur die Frage, wie die beiden Nachfolgestaaten ihre Beziehungen zueinander und zur Außenwelt regeln wollen«[171]. Historikern mag man noch verzeihen, wenn sie – entgegen der vierzigjährigen politischen Praxis der Bundesrepublik – das Deutsche Reich 1945 auch im völkerrechtlichen Sinne für untergegangen erklärt haben. Vom Stellvertretenden Direktor der Deutschen Gesellschaft für Auswärtige Politik hätte man erwarten dürfen, daß er in dieser zentralen Frage zu einem differenzierten Urteil gelangt wäre. So hat sich die Bundesrepublik Deutschland in keiner Phase ihrer Geschichte als Nachfolgestaat des Deutschen Reiches empfunden. Schulz meinte sodann, seit Mitte der fünfziger Jahre sei die Aussicht auf eine Wiederherstellung der deutschen Einheit in weite Ferne gerückt. Er konzedierte wenigstens noch »gefühlsmäßige und historische gesamtdeutsche Bindungen zwischen den Bürgern der Bundesrepublik und denen im anderen Teil Deutschlands«, doch träten im Bewußtsein der Bürger der Bundesrepublik die gesamtdeutschen Züge des Grundgesetzes gegenüber der eigenstaatlichen Wirklichkeit mehr und mehr zurück[172]. Es war wiederum allein Karl Carstens – und nicht der Berliner Politologe Richard Löwenthal oder Ulrich Scheuner oder Wolfgang Wagner, Herausgeber des *Europa-Archiv* –, der Vorbehalte gegenüber den zweifelhaften Darlegungen von Eberhard Schulz vorbrachte. Nachdrücklich betonte er, es gehe um die Frage, ob die Forderung nach Gewährung des Selbstbestimmungsrechts an die Deutschen in der DDR weiterhin ein Ziel der Politik der Bundesrepublik Deutschland sein solle: »Ich kann daher auch den Schlußfolgerungen des Verfassers . . . nicht zustimmen, die wohl darauf hinauslaufen, daß die Bundesrepublik die Forderung auf Wiedervereinigung und auf Gewährung des Selbstbestimmungsrechts an die Deutschen in der DDR fallenlassen sollte.«[173] Später hat Schulz bezweifelt, ob die These vom

Offenhalten der deutschen Frage dem Grundgesetz gerecht werde. Für ihn war die deutsche Frage seit 1955 geschlossen[174].

Historiker und Politologen, die in den siebziger Jahren und später die Zweistaatlichkeit Deutschlands propagierten, pflegten sich gern auf den Beitrag »Traditionen und Perspektiven der Nationalstaatlichkeit« zu berufen, den der Historiker Lutz Niethammer zusammen mit Ulrich Borsdorf dem Forschungsprojekt der Deutschen Gesellschaft für Auswärtige Politik beigesteuert hat. Beide meinten, die Bevölkerungen in beiden Staaten Deutschlands entsprächen nicht mehr dem Begriff der deutschen Nation – »wohl aber in wachsendem Maße jede einzeln, wenn auch im Fall der DDR mit einer deutlichen Phasenverzögerung«[175]. Die These von der »Bi-Nationalisierung in Deutschland« war – wie bereits ausgeführt – ebenso verfehlt wie Niethammers und Borsdorfs Kennzeichnung der Bundesrepublik als »Krypto-Nation«[176].

Manfred Rexin meinte in seiner Analyse »Die Interessen der DDR«, die von Bonn angestrebten menschlichen Erleichterungen »könnten das Ansehen der Regierenden stärken und, sofern sie nicht allzu lebhafte Hoffnungen auf einen raschen Wandel der politischen Szene im geteilten Deutschland provozieren, dem langsam reifenden Staatsbewußtsein der DDR-Bevölkerung förderlich sein«[177]. Die Frage, ob die Mehrheit der Bevölkerung der DDR nicht lieber ein vereintes Deutschland unter bundesdeutschem Vorzeichen sähe, stellte sich für Rexin nicht.

Hans-Heinrich Mahnke, damals Referent für Staats- und Völkerrecht im Bundesministerium für innerdeutsche Beziehungen, blieb es vorbehalten, die verfassungsrechtlichen Grundlagen der deutschen Frage zurechtzurücken und darauf hinzuweisen, daß die überwiegende Zahl der Staatsrechts-Theoretiker der Bundesrepublik die Auffassung des Bundesverfassungsgerichts von Anfang an geteilt hat, dem Wiedervereinigungsgebot der Präambel des Grundgesetzes verfassungsrechtliche Bedeutung zuzuerkennen[178].

Karl Carstens hat in einer umfangreichen »Zusammenfassung und Stellungnahme« souverän die Ergebnisse der fast dreijährigen Arbeit des Forschungsinstituts der Deutschen Gesellschaft für Auswärtige Politik kommentiert. Für die Zusammensetzung der Arbeitsgruppe war kennzeichnend, daß nur er und Mahnke davon ausgingen, es habe ein Interesse Bonns an der Wiederherstellung der staatlichen Einheit Deutschlands bestanden. Carstens verwies darauf, die Preisgabe des Zieles der Wiederherstellung der Einheit Deutschlands hätte einen »vollständigen Bruch mit einer zwanzigjährigen Politik der Bundesrepublik Deutschland« dargestellt[179]. Er bezog sich auch auf die Aussage Karl Kaisers, der als Nachfolger von Carstens 1972 Direktor des Forschungsinstituts wurde und 1969 empfohlen hatte, beide Staaten in Deutschland sollten einen förmlichen Verzicht auf die staatliche Wiedervereinigung erwägen[180].

Kaiser hatte schon 1965 an der Harvard University in einer Studie viele gängige deutschlandpolitische Irrtümer und Klischees vereint und Bonn »Versagen« vorgeworfen, »den Realitäten der deutschen Teilung klar ins Auge zu sehen«[181]. Mit vielen damals prominenten DDR-Forschern teilte er die trügerische Erwartung auf eine neue und beweglichere Funktionärsschicht in der SED. Die nun von Kaiser entwickelten deutschlandpolitischen »Essentials« sollten umfassen: das Recht der DDR auf »eine eigene Identität, auf eine eigene spezifische Form des politischen Regimes, auf eine separate Staatsorganisation und, wenn nötig, einen von der Bundesrepublik ausgesprochenen Anschlußverzicht, d. h. eine Garantie gegen eine Absorption in einen geeinten deutschen Staat, der von seinem westlichen Teil dominiert wäre«[182].

Damit setzte sich Kaiser nicht nur über das Wiedervereinigungsgebot des Grundgesetzes, sondern auch über das Recht des deutschen Volkes in der DDR auf Selbstbestimmung skrupellos hinweg. Mit Recht warf Carstens ihm vor, auf das Ziel der Wiedervereinigung Deutschlands dürfe aus rechtlichen und moralischen Gründen seitens der Bundesrepublik so lange nicht verzichtet werden, wie nicht feststehe, »daß der in Unfreiheit lebende Teil des deutschen Volkes den Willen zur Wiederherstellung der Einheit verloren hat. So lange werden die Westdeutschen aus Fürsorge für die in der DDR lebenden Deutschen die Option der deutschen Einheit aufgrund freier Selbstbestimmung nicht preisgeben dürfen.«[183]

Mit dieser Feststellung hat Carstens sehr viel mehr Realitätssinn bewiesen als führende DDR-Forscher und -Beobachter – wie Peter Bender, Peter Christian Ludz, Hanns Werner Schwarze und Ernst Richert –, die gemeint hatten, »daß gerade die Artikulierung der

Fürsorgepflicht des deutschen Westens in dem Maß, wie dem das spürbare Unvermögen zu praktischer Auswirkung solchen Führungsanspruchs kontrastierte, erheblich zur Solidarisierung der DDR-Gesellschaft, zur Entwicklung ihres gesellschaftlichen Selbstbewußtseins, zum mindesten zu Ansätzen von Staatsbewußtsein beigetragen hat sowie insbesondere zu dem Bedürfnis, als Gesellschaft, aber auch als Staat als gleichrangig von und mit der Bundesgesellschaft und der BRD respektiert zu werden«[184].

Mit seinen Status-quo-Positionen war Kaiser prädestiniert, ab 1972 als Direktor des Forschungsinstituts der Deutschen Gesellschaft für Auswärtige Politik mit seinem Stellvertreter Eberhard Schulz sicherzustellen, daß die ost- und deutschlandpolitischen Aktivitäten trotz der unabhängig und überparteilich konzipierten Gesellschaft dem Verständnis der SPD/FDP-Bundesregierung entsprachen. Der Bonner Staats- und Völkerrechtler Ulrich Scheuner, Vorsitzender des Wissenschaftlichen Direktoriums, paßte mit seiner Haltung gegenüber der deutschen Frage hervorragend in die politische Linie der Gesellschaft[185].

Wie sehr in den siebziger Jahren das Status-quo-Denken auch in bestimmten Kreisen der CDU an Boden gewonnen hatte, dokumentierte eine Tagung der Konrad-Adenauer-Stiftung Anfang Januar 1979 in Kalifornien, auf der drei bekannte Politologen ihre Argumente gegen eine Wiederherstellung der staatlichen Einheit Deutschlands in Referaten darlegen konnten. So meinte der Amerikaner David Calleo, das Gleichgewicht auf dem europäischen Kontinent sei »heute abhängig von der dauerhaften Teilung Deutschlands, während für das globale Gleichgewicht das Verbleiben jedes der beiden Teile Deutschlands im Einflußbereich der jeweiligen Supermacht erforderlich ist«[186]. Wolfram F. Hanrieder, der geradezu vernarrt in den Status quo war, warf wiederum den früheren Bundesregierungen in unzulässiger Weise eine »starre juristisch-dogmatische Haltung gegenüber der Sowjetunion«[187] vor. Und Karl Kaiser verkündete, angesichts des deutschen Machtpotentials gelte »die deutsche Teilung als Voraussetzung für Stabilität und Frieden in Europa«[188].

Dabei berief sich Kaiser auf den Pariser Publizisten William Pfaff, der 1978 geschrieben hatte, »während Westdeutschland sich gut in Westeuropa einfügt, würde ein vereintes Deutschland dies nicht tun ... Niemand außerhalb Deutschlands hat ein Interesse an einer deutschen Wiedervereinigung.«[189] Kaiser wäre besser beraten gewesen, wenn er gerade auf amerikanischem Boden darauf verwiesen hätte, daß die Nachbarvölker Deutschlands immer wesentlich differenzierter über die Problematik der Wiederherstellung der Einheit Deutschlands gedacht haben. Und dem Deutschland-Bild der *New York Times* kam Kaiser mit seiner Behauptung von Anfang Oktober 1989, wenige Wochen vor dem Fall der Mauer in Berlin, sehr entgegen, das Grundgesetz spreche von »Einheit«, nicht aber von »Wiedervereinigung«[190]. Damit hat er bewußt das vom Bundesverfassungsgericht aus der Präambel des Grundgesetzes entwickelte Wiedervereinigungsgebot negiert.

Was die deutschlandpolitische Einstellung anderer Politikwissenschaftler angeht, so sei noch vermerkt, daß für viele der sicherheitspolitische Aspekt eine zentrale Rolle spielte. So meinte Richard Löwenthal 1970, im Laufe des Vierteljahrhunderts, das seit dem Ende des Zweiten Weltkriegs vergangen sei, »hat die deutsche Teilung sich als Kern einer stabilen machtpolitischen Ordnung Europas erwiesen«[191]. Er vertrat immer die Ansicht, das Ziel der Überwindung der Teilung Deutschlands sei nur im Rahmen einer Überwindung der Teilung Europas zu verwirklichen: »Wir propagieren und fordern weder die Loslösung der DDR vom Warschauer Pakt noch ihre staatliche Wiedervereinigung mit der Bundesrepublik.«[192]

Die deutsche Problematik hat Löwenthal differenzierter betrachtet als die meisten seiner Kollegen. So meinte er 1984, die Bevölkerung in beiden Staaten Deutschlands habe sich ein Bewußtsein der gemeinsamen nationalen Identität bewahrt. Allerdings fügte er hinzu, die neue Form der deutschen Frage sei nicht vom Gedanken der Wiedervereinigung in einem einzigen Nationalstaat getragen. Die überwältigende Mehrheit der Deutschen hätte längst eingesehen, daß die Wiedervereinigung Deutschlands nur gleichzeitig mit der Wiedervereinigung Europas und der Aufgabe der Warschauer-Pakt-Staaten durch die Sowjetunion vollzogen werden könne[193].

Löwenthal erachtete es nicht als richtig, auf die fortbestehenden Rechtspositionen und die Mitverantwortung der drei Westmächte und der UdSSR bei der Lösung der deutschen Frage hinzuweisen. Das in Artikel 7 des Deutschland-Vertrags von 1952/54 enthaltene »Wiedervereinigungsgebot« ließ er ebenso unerwähnt wie andere Politologen. So polemisierte Ernst-Otto Czempiel (Frankfurt/M.) 1980 gegen »juristische Auslegungen« und den »sogenannten Wiedervereinigungsauftrag des Grundgesetzes . . .« Für Czempiel war »unter historischer Perspektive . . . die deutsche Frage durch die Zerschlagung des Deutschen Reiches und seiner Aufteilung in zwei, den beiden Bündnissystemen eingeordnete Teile, *optimal* beantwortet«[194].

Damit verriet Czempiel ein eigenartiges Geschichtsverständnis, das sich auch dadurch auszeichnete, daß er keinen Gedanken auf die Situation der DDR-Bevölkerung verwandte. Auch Theo Stammen (Augsburg) bemühte die deutsche Geschichte, die uns unabweislich lehre, daß Deutschland nicht unteilbar gewesen sei. Und somit bleibt zu fragen, welcher Sinn des Wortes »unteilbar« für uns heute noch übrigbleibe. Stammens Deutung: »Angesichts der Faktizität der Geschichte und der politischen Machtkonstellationen der Gegenwart kann es kaum mehr als ein Aufruf zur Erinnerung und zum Festhalten der nationalen Einheit als geistiger und kultureller Realität sein. Aber mit welcher Zielvorstellung? Ähnliches trifft in noch höherem Maße auf den Begriff ›Wiedervereinigung‹ zu . . .«[195]

Der Konstanzer Politologe Thomas Ellwein hatte gleichfalls mit der deutschen Frage beachtliche Probleme. In seiner weit verbreiteten Studie »Das Regierungssystem der Bundesrepublik Deutschland« warf er 1987 dem Bundesverfassungsgericht vor, bis zu einem gewissen Maße den »Immobilismus der innerdeutschen Politik« zu verantworten, da es stets in seiner Rechtsprechung am Wiedervereinigungsgebot festgehalten habe. Diese Feststellung ist – um es noch einmal zu wiederholen – objektiv falsch, da sich keine Bundesregierung seit Verkündung des Grundvertrags-Urteils vom 31. Juli 1973 in ihrem deutschlandpolitischen Spielraum eingeschränkt gesehen hat. So war auch die weitere Feststellung verfehlt, im Zusammenhang mit der innerdeutschen Politik könne nicht ausgelotet werden, »welche politischen Möglichkeiten wirklich offenstehen, weil sich stets die Frage in den Vordergrund drängt, was man entsprechend der Verfassung politisch überhaupt ›darf‹ . . .«[196]

Es ist schon seltsam, daß selbst in einem solchen Standardwerk die Problematik der deutschen Frage so schief dargestellt und gar nicht gefragt wurde, warum es die DDR-Führung bis in die zweite Hälfte der achtziger Jahre hinein strikt ablehnte, im Sinne des Artikels 1 des Grundvertrags »normale gutnachbarliche Beziehungen« zur Bundesrepublik herzustellen.

Wandlungen war das gesamtdeutsche Denken Kurt Sontheimers (München) unterworfen. So existierten für ihn 1969 nur noch »Rudimente der nationalen Zusammengehörigkeit« der Deutschen. Den Nachweis für diese Aussage mußte er ebenso schuldig bleiben wie für die Richtigkeit seiner Forderung, die Konsequenzen des Jaspersschen Denkens zu ziehen, »nämlich den Anspruch auf Einheit überhaupt aufzugeben und allein auf bessere menschliche Verhältnisse in der DDR zu dringen«[197]. Später hat er sich differenzierter geäußert. Zwar sagte er im November 1988 in seiner »Rede über das eigene Land« in München, es mache wenig Sinn, »vom ›Offenhalten der deutschen Frage‹ zu reden, wie es die gegenwärtige Regierung mit so großem Nachdruck tut«. Es sei »dies nur die Fortsetzung der Illusion oder Heuchelei, mit der man uns seinerzeit – in der Ära Adenauer – einzureden versuchte, die Politik der Westintegration diene der Wiedervereinigung Deutschlands«. Sontheimer fügte hinzu: »Unsere konkrete politische Verantwortung gilt allein der Bundesrepublik. Wenn wir sie hier bei uns richtig wahrnehmen, dann hat dies möglicherweise auch Auswirkungen auf die DDR, aber unsere Verantwortung liegt allein hier, nicht drüben.«[198]

Aus diesen Darlegungen sprach gleichfalls ein hohes Maß von Ignoranz gegenüber der Bevölkerung in der DDR. Ebensowenig überzeugend war Sontheimers Polemik gegen Martin Walsers Bekenntnis zur Einheit Deutschlands. Spätestens im Herbst 1989 dürfte er eingesehen haben, daß seine Bemerkung falsch war, »der Beifall, den man für solche flotten gesamtdeutschen Bekenntnisse einheimst, gilt einer zutiefst unpolitischen Denkweise . . .«[199]

Als Günter Grass am 29. Mai 1967 eine Rede mit dem Titel »Sollen die Deutschen eine Nation bilden?« vor dem Presseclub Bonn hielt, bezog er sich genüßlich auf den Aufsatz »Patriotische Fragezeichen«, den der Berliner Politologe und Zeithistoriker Arnulf Baring 1962 im *Monat* veröffentlicht hatte[200]. Baring hatte bereits damals die Frage gestellt, ob es unseren Landsleuten in der DDR nütze, »wenn wir ihren Staat weiterhin als staats- und völkerrechtlich nicht existent betrachten und ihn ignorieren, isolieren, bekämpfen? Wird nicht durch unsere Politik gerade *die* Richtung in der SED gestärkt, die man mit Ulbrichts Namen verbindet?«[201]

Baring fragte weiter, »wie man die Ursachen der Mauer beseitigen könnte, statt sich auf die Wiederholung der gedankenlos-stereotypen Forderung zu beschränken, daß ›die Mauer weg müsse‹?« Er schloß sein Plädoyer für die politische und wirtschaftliche Stabilisierung der DDR so: »Jede Wiederannäherung in Deutschland setzt die Anerkennung der Spaltung voraus. Das klingt widerspruchsvoll. Aber gibt es heute noch einen anderen Weg?«

Damit erwies sich Baring in gewisser Weise als Vorläufer der dann von Egon Bahr 1963 verkündeten These »Wandel durch Annäherung«. Er darf auch für sich in Anspruch nehmen, über jene deutschlandpolitischen Optionen frühzeitig nachgedacht zu haben, die später von wissenschaftlicher und publizistischer Seite – wie dargelegt – auf breiter Front entwickelt worden sind. Wer die Sanktionierung der Teilung Deutschlands befürwortete, übersah geflissentlich, daß das Wiedervereinigungsgebot des Grundgesetzes diesen Schritt Bonns nicht erlaubte. Auch lag es nicht im Ermessen Bonns, dazu beizutragen, daß in Ost-Berlin die SED-Führung mit Ulbricht und später Honecker an der Spitze durch Funktionäre ersetzt wurde, die eine Politik eingeleitet hätten, in deren Folge die Mauer überflüssig geworden wäre. Ulbricht, Honecker und die übrige Führungsclique wußten nur zu genau, daß eine Politik der inneren Liberalisierung zur Selbstaufgabe des totalitär verfaßten Systems geführt hätte.

Später hat Baring – bedauerlicherweise – gemeint, das im Deutschland-Vertrag von 1952/54 formulierte »Wiedervereinigungsgebot« sei »mehr Absichtserklärung als konkretes Ziel gewesen«[202]. Außerdem empfahl er, »die Bundesrepublik, diesen ›zufälligen Staat‹, hinzunehmen und zu bewahren, sich im Status quo einzurichten und Fragen, die man nicht beantworten könne, gar nicht erst zu stellen«[203].

Jene Historiker, Politologen und Publizisten, die gemeint hatten, die deutschlandrechtlichen Positionen seien teilweise oder vollständig im Laufe der Zeit obsolet geworden, wurden spätestens 1990 eines Besseren belehrt, als die Führungen der drei Westmächte und der

UdSSR keinen Zweifel an ihrer Mitverantwortung für die vertragliche Regelung der deutschen Frage ließen. Daher waren alle Bundesregierungen gut beraten, ihre Deutschland-Politik stets unter Anerkennung der Rechte und Verantwortlichkeiten der Vier Mächte für »Deutschland als Ganzes« zu gestalten. Das höchste deutsche Gericht in Karlsruhe verdient daher nicht Tadel, sondern Lob, da es – gemeinsam mit den meisten deutschen Staats- und Völkerrechtlern – über den genügenden historischen Atem verfügt hat.

9.
Publizistische Fehlurteile
über die DDR

Es ist ein weitverbreiteter Irrtum zu meinen, erst nach der Proklamierung der »neuen Deutschland-Politik« mit der staatlichen und später internationalen Aufwertung der DDR durch die sozial-liberale Koalition im Herbst 1969 habe sich in den westdeutschen Medien weitgehend die Tendenz durchgesetzt, ein schöngefärbtes Bild der DDR zu zeichnen. Bereits in der zweiten Hälfte der sechziger Jahre nahm sowohl in der Wissenschaft als auch in der Publizistik die Neigung zu, die DDR nicht mehr – wie in den fünfziger Jahren – vornehmlich unter dem Aspekt »Unrecht als System« zu analysieren. Damals meinten Publizisten – wie Peter Bender –, die Annäherung der beiden Staaten in Deutschland und die Liberalisierung der DDR durch eine Politik der Stabilisierung der DDR erreichen zu können. Die große Illusion Benders und anderer Beobachter lag darin, daß sie glaubten, »die Anerkennung würde in der DDR die Möglichkeit zu Fortschritten im Innern und Verständigung mit der Bundesrepublik schaffen oder wenigstens erweitern ... Liberalisierung in der DDR verlangt daher Stabilisierung der DDR.«[1]

Theo Sommer frohlockte – um es zu wiederholen – bereits 1966, die öffentliche Meinung sei den Politikern weit voraus und habe die »geistige Wende von der Dogmatik zur Pragmatik längst vollzogen«[2]. Andere Publizisten und Wissenschaftler hatten 1969/70 keine Skrupel, sogar den Bestand der einen deutschen Nation in Frage zu stellen[3]. Eine weitere und fragwürdige Argumentationslinie hatte Ralf Dahrendorf bereits 1965 in seiner umfangreichen Studie »Gesellschaft und Demokratie in Deutschland« mit der Feststellung entwickelt: »Die deutsche Frage ist – davon sind wir ausgegangen – nicht eine politische Frage an andere, sondern eine soziale Frage an uns selbst. Sie verlangt von uns nicht nationale Gesinnung, sondern soziale Aktivität.«[4]

So gab es schon in der zweiten Hälfte der sechziger Jahre eine ganze Reihe bekannter Wissenschaftler und Publizisten, die mit der deutschen Situation nicht fertig zu werden vermochten und aufgrund ihres gebrochenen Geschichtsbewußtseins von der deutschen Geschichte total Abschied nehmen wollten: Finis Germaniae. Michael Freund, der die außergewöhnliche Fähigkeit besaß, aus historischen Einsichten scharfsinnige politische Schlußfolgerungen zu ziehen, hat das Problem, das manche seiner Publizisten-Kollegen nicht zu bewältigen vermochten, schon 1968 auf diese zutreffende Formel gebracht: »Den Deutschen ist im Augenblick die schwerste Aufgabe auferlegt, die einem Volk gestellt werden kann: eine Nation zu bleiben ohne die schützende Hülle eines die ganze Nation umschließenden Staats.«[5]

Bundeskanzler Brandt ist – wie mehrfach betont – im Herbst 1969 diesen ungebetenen Ratgebern der Bonner Deutschland-Politik mit Recht nicht gefolgt. Auch wenn er bewußt den Gebrauch der Formel »Wiedervereinigung« in seiner Regierungserklärung vom 28. Oktober 1969 vermied, ließ er nie einen Zweifel daran, daß das deutsche Volk ein Recht auf Selbstbestimmung hat und eine Nation bildet[6]. In den sechziger Jahren überwogen in der bundesdeutschen Publizistik jene Stimmen, die glaubten, mit mehr Aktionismus, Dynamik und Phantasie könne Bonn in Anlehnung an Egon Bahrs Formel »Wandel durch Annäherung« die deutsche Szenerie grundlegend ändern. Beispielhaft für solche Vorstellungen waren die von Wilhelm Wolfgang Schütz bereits in den fünfziger und verstärkt in den sechziger Jahren unermüdlich produzierten und von einem beachtlichen Teil der überregionalen Presse wohlwollend aufgenommenen Deutschland-Pläne[7]. Schütz' gut gemeinter Ruf nach einer »Reform der Deutschlandpolitik« entsprach beispielsweise den Vorstellungen der *Zeit,* des *Spiegel,* der *Süddeutschen Zeitung,* der *Frankfurter Rundschau* und des *Kölner Stadt-Anzeigers.* Eine nüchterne Prüfung der sowjetischen Interessenlage hingegen mußte damals und später zu dem Ergebnis führen, daß der Kreml weder zu einer Freigabe noch zu einer inneren Liberalisierung der SBZ/DDR bereit war.

In der zweiten Hälfte der sechziger Jahre verstärkten sich in Wissenschaft und Publizistik die Tendenzen, dem DDR-»System« positive Züge abzugewinnen und zumindest einem Teil der DDR-Bevölkerung ein eigenes Staatsbewußtsein zu unterstellen. Es ist Gebhard Schweiglers Verdienst, 1973 mehrere oberflächliche Berichte amerikanischer Journalisten in Frage gestellt zu haben, die nach jeweils kurzen Besuchen der DDR zu weitreichenden Aussagen über die Stabilität des Staates gelangt waren. Das gilt beispielsweise für die Studien von Franz von Nesselrode[8], Josef Wechsberg[9] und Welles Hangen[10]. Professor Jan Edward Smith (Princeton University) wartete 1967 mit der Fehldiagnose auf, in Ostdeutschland bilde sich »ein Gefühl nationaler Identität«[11] heraus.

Besonders grotesk war John Dornbergs 1968 getroffene Feststellung, die DDR, »die letzte grimmige Festung des Stalinismus«, sei »heute ein von Selbstvertrauen und erwachendem Nationalbewußtsein getragener Staat... Aus einem Volk, das wie kaum ein anderes in Osteuropa zutiefst verbittert und enttäuscht war, wurde eine Nation von 17 Millionen Menschen, erfüllt von trotzigem Stolz auf ihre Leistungen...«[12] An anderer Stelle bezeichnete Dornberg die Wiedervereinigung als ein »Fabeltier«[13].

Bezeichnend für den Stimmungsumschwung in der Bundesrepublik Ende der sechziger Jahre war, daß dieser oberflächliche Report nur auf wenig Kritik gestoßen ist. Gunhild Bohm merkte zutreffend an, es sei hinlänglich bekannt, daß die Informationsbeschaffung zu jeder Aussage über ein totalitär verfaßtes System durch dieses System selbst erschwert werde. Dornbergs Analyse beruhe auf Interviews »mit Hunderten von Menschen aus allen Schichten der Bevölkerung«. Genaue Angaben über die interviewten Personen fehlten: »Der saloppe Stil, die bunte Oberflächenbeschreibung können nicht darüber hinwegtäuschen, daß die vorgebliche Repräsentativbefragung methodisch unexakt, ja geradezu fahrlässig durchgeführt wurde – wie auch die Auswertung der Ergebnisse... Die Anmaßung definitiver und globaler Urteile, die Addierungen oft recht platter, lehrformhafter, undifferenzierter Aussagen zur prätentiösen Gesamtschau... ist denn doch mehr als bedenklich.«[14]

Nachdem drei Mitarbeiter der *Zeit* 1964 in ihrem Bericht »Reise in ein fernes Land« festgestellt hatten, in der DDR sei »ein solches Staatsbewußtsein im Entstehen«[15], gelangte der Fernsehjournalist

Hanns Werner Schwarze 1969 in seiner Studie »Die DDR ist keine Zone mehr« zu dem Ergebnis, wer das Selbstbewußtsein der DDR-Bevölkerung übersähe, wäre blind: »Doch es ist Selbstbewußtsein mit dünner Haut und entsprechender Empfindlichkeit.«[16] Das damalige Bundesministerium für innerdeutsche Beziehungen war von Schwarzes Darstellung so fasziniert, daß es 1970 eine Kurzfassung des Buches unter dem Titel »DDR heute« herausbrachte. Allerdings sah es sich genötigt, die kleine Broschüre mit einem Einlegezettel zu versehen und darauf hinzuweisen, es handle sich nicht um eine wissenschaftliche Abhandlung: »Wir glauben, daß diese Schrift zur Belebung der Diskussion um das Verhältnis der beiden deutschen Staaten zueinander beitragen kann, gerade weil darin Meinungen und Thesen vertreten werden, die nicht in jedem Fall die Auffassung des Bundesministeriums wiedergeben.«

In der Tat gehören Schwarzes Beobachtungen zu den wohlwollendsten Analysen der DDR. So scheute er sich nicht, fragwürdige Vergleiche der politischen Systeme in beiden Staaten Deutschlands anzustellen. Beispielsweise schrieb er: »Erstens lenkt die SED den Staat zwar ganz anders, aber nicht weniger erfolgreich, als dies mit dem Staat Bundesrepublik durch die drei demokratischen Parteien geschieht. Zweitens wäre die Frage, was aus der DDR und ihrer führenden Partei würde, wenn die Sowjetunion deren Existenz nicht weiter garantierte, heute durchaus nicht mehr so einfach zu beantworten, wie viele politische Optimisten im Westen meinen. Die Zeit arbeitet auch in diesem Fall für die DDR. Und drittens: Was würde in der Bundesrepublik bei einer großen Wirtschaftskrise wohl aus der parlamentarischen Demokratie ...? All dies rechtfertigt, wie ich meine, die Schlußfolgerung, daß der ostdeutsche Staat inzwischen zwar auf anderen, aber wohl auch ebenso wenig tönernen Füßen steht wie der größere deutsche Staat Bundesrepublik.«[17]

Das Bundesministerium für innerdeutsche Beziehungen war damals also gut beraten, sich von solchen zweifelhaften Aussagen klar zu distanzieren. Ohne jeden Nachweis behauptete Schwarze: »Alleinvertretungsansprüche jeglicher Art wirken auf die DDR-Bürger unglaubwürdig, verprellen sie, beweisen scheinbar die Behauptung, Bonn bedrohe die DDR – und stärken so das Staatsbewußtsein in Ostdeutschland.«[18] Immerhin teilte er nicht den Optimismus Benders und anderer Beobachter, mit einer völkerrechtlichen Anerkennung der DDR durch Bonn könne die SED-Führung zu einer inneren Liberalisierung veranlaßt werden. Schwarzes Fehleinschätzungen der Verhältnisse in der DDR waren gekoppelt mit einem gefährlichen »Relativismus der Systeme«. Schwarze, langjähriger Leiter der Sendung »Kennzeichen D« im ZDF, war 1990 nicht geneigt, die ihm von der Zeitschrift *Der Journalist* gestellte Frage »Wie haben die Medien die Ereignisse bewältigt?« auch nur mit einem Funken von Selbstkritik zu beantworten[19].

Während Schwarze 1969 wenigstens so vorsichtig war, die Frage, ob sich das von ihm in der DDR-Bevölkerung konstatierte Selbstbewußtsein schon zu einem Staatsbewußtsein entwickelt habe, offenzulassen, hatte der Schweizer Journalist Andreas Kohlschütter ein Jahr später keine Skrupel, von einem »DDR-Staatsbewußtsein« auszugehen. Er verstand darunter »eine Haltung, in der sich über das rein alltagsbedingte Zugehörigkeitsgefühl hinaus Zustimmung zur politischen Systemordnung und Identifikation mit dem Staatswesen ausdrücken. Dieses Bewußtsein hat sich seit meiner letzten DDR-Reise im Jahre 1965 auffallend gefestigt und präzisiert. Wie alles in diesem ostdeutschen Neuland ist es nicht frei von Vorbehalten und Zwiespältigkeit.«[20] Er fügte hinzu, in den »bestehenden ostdeutschen Möglichkeiten« könne der »Durchschnittsbürger, auch der Intelligenzler, Technokrat und Wissenschaftler, ein hohes Maß von persönlicher Befriedigung finden – Bildungs- und Forschungsmöglichkeiten, Aufstiegschancen, realisierbare Wohlstandsziele . . .«

Die Tatsache, daß ein guter Teil der bundesdeutschen Medien – vor allem das Fernsehen – ein schiefes, wenn nicht falsches Bild von der DDR-Wirklichkeit in den siebziger und achtziger Jahren gezeichnet hat, bedarf noch der gründlichen Aufarbeitung. Auch wenn die schwierigen Bedingungen nicht übersehen werden dürfen, unter denen westdeutsche Korrespondenten aufgrund der deutsch-deutschen Abmachungen über Arbeitsmöglichkeiten für Journalisten vom 8. November 1972 ihrer Tätigkeit in Ost-Berlin nachgehen konnten[21], war es kein Geheimnis, daß viele Korrespondenten jener Entspannungspolitik huldigten, »die darauf angelegt war, dabei mitzuhelfen, den real existierenden Sozialismus der DDR nicht in Frage zu stellen«[22]. Peter Sweerts-Sporck, Herausgeber des Informationsdienstes *Medien-Kritik*, hat in einer bemerkenswerten Analyse mit dem Titel »Gelobt statt gescholten« einige besonders eklatante Beispiele zusammengestellt, aus denen hervorging, wie bekannte ARD-Korrespondenten in Ost-Berlin – wie Fritz Pleitgen und Lutz Lehmann – über die DDR berichtet haben. Sweerts-Sporcks Schlußfolgerung: »Fernsehberichterstattung aus der DDR, das war immer gefilterte Wirklichkeit, von Korrespondenten vermittelt, die Wohlverhalten, vorauseilende Anpassung an die Zensur praktizierten, um die ihre Karriere fördernde Akkreditierung zu behalten. Und daher erschien Honecker auf den Bildschirmen so, wie er sich dargestellt sehen wollte. Das Bild des Mannes verdrängte das Bild des Systems, das er repräsentierte.«[23]

Fritz Schenk, von 1971 bis 1988 Ko-Moderator des »ZDF-Magazins« und seither Chef vom Dienst in der Chefredaktion des ZDF, ist in seinem kenntnisreichen Referat »Die Darstellung der DDR in den Medien der Bundesrepublik Deutschland« im Januar 1992 zu dem Schluß gelangt, daß die »neue Ost- und Deutschland-Politik« der Brandt/Scheel-Regierung ab 1970 auch einen Wandel in der Fernseh-Berichterstattung – und zwar sowohl über diese Politik selbst als auch über die Vorgänge hinter dem Eisernen Vorhang – markiert habe[24].

Bedauerlich ist, daß bisher nur wenige Journalisten zur Selbstkritik bereit waren. Carola Stern, langjährige Redakteurin beim Westdeutschen Rundfunk in Köln, gehört zu diesen Ausnahmen. Offen bekannte sie, »daß wir Anhänger der Entspannungspolitik waren und sind. Mußte uns eine zu kritische Berichterstattung über die DDR nicht in unerwünschte Nähe zu den Kalten Kriegern bringen? Eine ganze Zeit lang gehörte es in Redaktionsstuben nicht zum guten Ton, allzu ›Unfreundliches‹ über den SED-Staat mitzuteilen. (Das gilt auch für meine Stube.) Wir glichen uns dem allgemeinen Klima an, und so kam es schließlich, daß wir ein viel zu positives Bild der DDR vermittelt haben.«[25]

Klaus Bresser, Chefredakteur des ZDF, hat im Rahmen der Mainzer Tage der Fernsehkritik am 28. Mai 1990 wenigstens zugegeben, der »mainstream« der öffentlichen Meinung über die DDR habe einer »Fiktion« unterlegen: »Der Fiktion einer materiell halbwegs saturierten Gesellschaft, die von der Herrschaft der Nomenklatura längst zu einem Regime von Spezialisten in Wirtschaft, Technik und Forschung übergegangen sei. Diese DDR werde deshalb als zweiter deutscher Staat Bestand haben, vielleicht nicht auf ewig, sicher aber auf lange Zeit.«[26]

Bresser fragte weiter, ob die Journalisten nicht deutlicher hätten sehen und vermitteln müssen, »wie die Menschen in der DDR dachten und empfanden? Meine Antwort: Wir waren zu stark ausgerichtet auf die Sichtweisen der Politik und Lehrmeinungen der Wissenschaft. Wir trauten den Autoritäten, aber nicht unseren eigenen Augen und nicht den Bildern unserer Kameras.«[27]

Peter Sweerts-Sporck nennt Bressers Darstellung einen »deprimierenden Befund: Fernsehjournalisten an der Leine des Zeitgeistes, unfähig, sich vom vorherrschenden politischen Meinungstrend zu lösen, die Realitäten zu erkennen, oder zu feige, über sie zu berichten? Das klingt nach selbstkritischer Bestandsaufnahme kritikbedürftiger Verhaltensweisen von Fernsehjournalisten. Doch meinte Bresser dies tatsächlich so?«[28]

Zwar erwähnte Bresser Gerhard Löwenthal, den Leiter des »ZDF-Magazins«, das am 2. März 1988 nach knapp zwanzigjährigem Bestehen eingestellt wurde. Doch fiel auf, daß in dem zehnminütigen Zusammenschnitt von DDR-Berichten aus dem ZDF-Programm, den Bresser in sein Referat eingefügt hatte, kein politischer Beitrag aus dem »ZDF-Magazin« stammte; alle politischen Themen waren den Sendungen »heute« und »Kennzeichen D« entnommen. Bresser wäre gut beraten gewesen, wenn er zumindest die für das »ZDF-Magazin« verantwortliche Redaktion mit Gerhard Löwenthal und Fritz Schenk gelobt und gefragt hätte, ob es in der Rückschau richtig war, das »ZDF-Magazin« einzustellen und das früher von Hanns Werner Schwarze geleitete »Kennzeichen D« mit seinem sooft geschönten DDR-Bild im Programm zu belassen. Löwenthal, Schenk und ihre Mitarbeiter gehörten zu den wenigen Fernsehjournalisten, die nicht dem »mainstream«, also dem »Zeitgeist«, gefolgt sind und sich wegen ihrer realistischen Berichterstattung über die DDR permanent Anfeindungen ausgesetzt sahen.

Erinnert sei schließlich daran, daß Hermann Meyn, der Vorsitzende des Deutschen Journalisten-Verbandes – der Gewerkschaft der Journalisten –, anläßlich des Verbandstages am 6./7. November 1990 in Bonn in bemerkenswerter Weise Selbstkritik geübt hat: »Ich habe über viele Jahre als Anhänger der sozial-liberalen Entspannungspolitik Kollegen für Kalte Krieger und Ewig-Gestrige gehalten, die eher über prinzipielle Defizite als minimale Veränderungen des Honekker-Regimes berichteten . . . Ich bin mitgeschwommen im publizistischen mainstream meiner politischen Freunde, die Entspannungspolitik mit dem Ziel betrieben, das Los der Menschen zu erleichtern und die DDR so zu stabilisieren, daß sie sich einiges erlauben konnte. Der Unrechtscharakter der SED-Herrschaft war mir zwar stets bewußt, aber ich muß selbstkritisch einräumen: Ich habe mich weniger mit ihm und mehr mit Veränderungen an der Oberfläche befaßt. Mit anderen Worten: Ich habe mich täuschen lassen und habe auch andere getäuscht.«[29]

Obwohl die ARD noch mehr Veranlassung hätte als das ZDF, einmal selbstkritisch die Berichterstattung über die DDR in den siebziger und achtziger Jahren zu reflektieren, sind auch nicht Ansätze dazu sichtbar. Fritz Pleitgen, von September 1977 bis Juni 1982 Leiter des ARD-Studios in Ost-Berlin, hat im August 1982 über seine Erfahrungen berichtet. Dabei bezog er sich auf eine Sendung des Magazins »Kontraste«, in der er zuvor mit seinem Kollegen Lutz Lehmann »klare Verhältnisse zwischen den beiden deutschen Staaten gefordert« hatte: »Auflösung der ebenso überständigen wie uneffektiven Erfassungsstelle Salzgitter, einen Grenzverlauf in der Mitte des Flusses auf dem bislang umstrittenen Elbe-Abschnitt und Nachdenken über Ost-Berlins Forderung nach Respektierung einer DDR-Staatsbürgerschaft«[30].

Peter Merseburger, der das ARD-Studio in Ost-Berlin bis 1987 geleitet hat, meinte noch 1988 in seinen »Innenansichten der anderen deutschen Republik«, erst »wenn die SED ihre DDR lebenswerter macht, wenn sie nach innen mehr Freiheit gewährt, dürfte aus ihr vielleicht so etwas wie ein zweites Österreich werden – kein neutrales, sondern ein sozialistisches, das im eigenen Lager verwurzelt bleibt. Erst mit einer solchen Demokratisierung der DDR nach innen hätte sich die deutsche Frage wirklich von selbst erledigt. Es ist noch ein weiter Weg dahin.«[31]

Michail Gorbatschow und die Mehrheit der DDR-Bevölkerung waren nicht bereit zuzulassen, daß sich die deutsche Frage auf diese Weise selbst erledigte. Klaus Bresser, Lutz Lehmann, Peter Merseburger, Fritz Pleitgen, der Redaktion der ZDF-Sendung »Kennzeichen D« und vielen Redakteuren sowie Mitarbeitern aus dem Fernseh- und Rundfunk-Bereich sei das selbstkritische Wort Thomas Kielingers, des Chefredakteurs der Wochenzeitung *Rheinischer Merkur/Christ und Welt*, ins Stammbuch geschrieben: »Was die Medien der Bundesrepublik an Blindheit und Wunschdenken gegenüber der alten DDR offenbarten, kann eigentlich im nachhinein nur als beschämend bezeichnet werden. Es herrschte die Tendenz, mit der Politik um die Ehre zu wetteifern, möglichst ›stabilitätsorientiert‹ zu berichten – nach dem Motto: Nicht an die wirklichen Verhältnisse rühren, es könnte ja das Feuer an der Lunte sein. Und wer möchte sich schon als Entspannungsgegner oder Antikommunist bezeichnen lassen. Eine Art kollektiver Ängstlichkeit dominierte, wo die Unerschrockenheit des eigenen Urteils und Sehvermögens gewünscht gewesen wäre. So kam es zu freiwillig-unfreiwilligen Täuschungen der Öffentlichkeit (Leser, Zuschauer). Ein blamables Kapitel des deutschen Journalismus.«[32]

Selbstverständlich gab es auch Rundfunkjournalisten, die nicht dem »Zeitgeist« gefolgt waren und unter Entspannungspolitik keineswegs eine kritiklose Berichterstattung über die DDR verstanden. Dazu gehört beispielsweise Konstantin Pritzel, der von 1961 bis zu seiner Pensionierung 1979 zunächst als Leiter der Abteilung Auswertung und später als Kommentator in der Abteilung Ostpolitik beim RIAS Berlin gewirkt hat. Er scheute sich nicht, sich in den siebziger Jahren mit dem Bundesministerium für innerdeutsche Beziehungen und der damaligen Berliner Senatskanzlei unter Peter Herz auseinanderzusetzen. Das war ihm um so höher anzurechnen, als sich der RIAS in der Brandt- und vor allem Schmidt-Ära zusehends einer wohlwollenderen Berichterstattung über die DDR befleißigte. Davon auszunehmen ist neben Pritzel auch Eberhard Körting, der bis zu seinem frühzeitigen Tod am 7. November 1980 die Abteilung Außenpolitik des RIAS geleitet hat. Beim Sender Freies Berlin gehörte Matthias Walden zu den wenigen kritischen und herausragenden Kommentatoren dieser sonst politisch weitgehend angepaßten Rundfunkstation. Vom Deutschlandfunk in Köln sind vor allem Karl Wilhelm Fricke und Peter Joachim Lapp von der Ost-West-Redaktion zu nennen, da sie immer aufmerksam und kritisch die innere Entwicklung der DDR kommentiert haben. Hans-Dieter Schulz vom Berliner Studio des Deutschlandfunks gehörte zu den ausgewiesensten Kennern der DDR-Wirtschaft, der die offizielle Statistik kritisch zu würdigen wußte.

Das vom Fernsehen in den achtziger Jahren vermittelte bundesdeutsche DDR-Bild wurde – wie bereits dargelegt[33] – wesentlich von Günter Gaus, von 1974 bis Anfang 1981 erster Leiter der Ständigen Vertretung der Bundesrepublik Deutschland bei der DDR, und Klaus Bölling, der diese Funktion als Gaus' Nachfolger bis Mai 1982 ausgeübt hat, bestimmt. Gaus hatte 1981 die gespenstische Diskussion darüber ausgelöst, ob es noch opportun sei, am Begriff der deutschen Nation festzuhalten, und gefordert, wir sollten die DDR »innerlich« anerkennen, ohne sich zu fragen, ob und in welchem Umfang die DDR-Bevölkerung selbst ihren Staat akzeptierte. In seinem 1983 erstmals erschienenen Buch »Wo Deutschland liegt«, in dem er vielen Westdeutschen den verfehlten Vorwurf des »totalitären Antikommunismus« machte, plädierte Gaus dann für eine »Entstaatlichung der Nation«. Damals erteilte ihm Alois Mertes im *Spiegel* die richtige Antwort[34]. Selbst Theo Sommer versah seine Rezension in der *Zeit* mit der bemerkenswerten Überschrift »Und wo liegt nun Deutschland?« und fragte: »Entstaatlichte Nation – was verbirgt sich hinter diesem Begriff? So sehr Gaus auch mit der Stange der Phantasie im Nebel des Künftigen herumstochert, er stößt ins Leere. Der Begriff bleibt weithin Hülse.«[35]

Gaus beurteilte in seiner 1986 veröffentlichten Studie »Die Welt der Westdeutschen«, in der er die Formel »Nischengesellschaft« zu begründen suchte, die inneren Verhältnisse der Bundesrepublik sehr viel kritischer als die der DDR. So war es kein Zufall, daß die SED-Führung 1988 entschied, eine DDR-Ausgabe des Gaus-Buches zu publizieren. Diese Ehre wurde nur ganz wenigen bundesdeutschen Autoren zuteil. Doch nicht genug damit: Der einstige junge MfS-Offizier André Stech schrieb sogar eine Diplomarbeit mit dem Titel: »Analyse der Publizistik von Günter Gaus anhand ausgewählter Beispiele unter dem Aspekt der Nutzbarkeit für die Gewinnung von Kräften aus der BRD für die Koalition der Vernunft und des Realismus.« Seinen Ausführungen zufolge werde die Publizistik von Gaus, vornehmlich dessen Buch »Die Welt der Westdeutschen«, als »Pflichtlektüre« für jeden angehenden »Aufklärer« sowie als Gesprächsanleitung bei der Anbahnung von Werbungen für das MfS empfohlen[36].

Gaus' Studien waren teilweise so weltfremd, daß man sich fragte, ob er wirklich über »Deutschland« nachgedacht hatte. So hielt er einen Krieg in Europa für denkbar und vertrat die unrichtige These, die wirtschaftliche Integration der Bundesrepublik in die Europäische Gemeinschaft und der DDR in den östlichen Rat für Gegenseitige Wirtschaftshilfe schlösse jede staatliche Wiedervereinigung Deutschlands aus[37]. Hätte er sich doch nur ein wenig mit den Fakten und juristischen Analysen vertraut gemacht! Bei der Lektüre seiner Studie »Die Welt der Westdeutschen« hatte der Leser manchmal Schwierigkeiten, die Bundesrepublik Deutschland wiederzuerkennen. Hermann Rudolph suchte damals nach den Gründen für »die Grollgebärde, das schäumende Ungenügen, das saugende Abgrund-Gefühl, denen, versteht sich, nichts in der biederen, gewiß ziemlich konformistischen, alles in allem jedoch wahrhaftig erträglichen westdeutschen Nachkriegs-Welt mehr standhält. Was ist geschehen? Ist es das DDR-Erlebnis, das Gaus so gewendet hat?«[38]

Ein weiteres Mal behauptete Gaus, die Westdeutschen hätten die DDR innerlich nicht anerkannt: »Das ist offenbar ein Angelpunkt seines Bildes der Westdeutschen. Aber er trägt weder ihren besonderen Geschichtserfahrungen in der Nachkriegszeit noch dem Umstand Rechnung, daß die DDR weder als ›real existierender Sozialismus‹ noch in ihrer Alltags- und Jedermanns-Realität viel mit jenen Linken gemein hat, in deren Namen Gaus die Mehrheits-Westdeutschen attackiert. Es ist ein Angelpunkt, der ziemlich in der Luft hängt.«[39]

Der Verlag des Buches behauptete in seinem Klappentext, Gaus zeichne »ein Psychogramm der Bundesrepublikaner«. Dazu Rudolph: »Die vollmundige Anpreisung gibt, worauf Gaus-Kritiker bereits hingewiesen haben, ehestens Anlaß zu der Anmerkung, daß es sich vielmehr als ein Psychogramm des Autors und seinesgleichen liest.«[40]

Herbert Kremp meinte in der *Welt* kurz und bündig: »Gaus schreibt eigentlich nur am Rande über ›die Westdeutschen‹, die ihm verkümmert und arrogant erscheinen. Gaus schreibt über Gaus . . . Vieles, was er bemerkt, ist gar nicht falsch, falsch sind nur die Ansatzpunkte, von denen aus er zum Verriß der Welt der Westdeutschen schreitet. Diese Welt ist nicht so verkorkst, wie Gaus sich fühlt.«[41]

In seinen »Kritischen Betrachtungen« über »Die Welt der Westdeutschen« hatte Gaus die Frage gestellt, wohin sich das nationale Selbstverständnis der Mitteldeutschen entwickele, und wiederum seine irreale These von der »entstaatlichten Nation« vertreten. Immerhin lehnte er es jetzt ab, die Frage klar zu beantworten, wie die DDR-Bevölkerung das Gemeinsame und Trennende in Deutschland beurteilte. Mit seinem verstärkten Antiamerikanismus entsprach er dem Zeitgeist[42].

Das inzwischen bekanntgewordene Ausmaß der Kontrolle durch die Organe der Staatssicherheit in der DDR verdeutlicht, daß Gaus' These von der »Nischengesellschaft«, den privaten Freiräumen, nicht der Wirklichkeit entsprach. Auch wenn er bereit war, der SED-Führung soweit wie möglich entgegenzukommen, stand für ihn das Grundgesetz nicht zur Disposition. Dies unterschied ihn von seinem Nachfolger Klaus Bölling, der gleichfalls in den achtziger Jahren maßgeblich das DDR-Bild der bundesdeutschen Medien mitbestimmt hat. In seinem Buch »Die fernen Nachbarn« berichtete Bölling 1983 über seine Erfahrungen als Leiter der Ständigen Vertretung der Bundesrepublik Deutschland bei der DDR, ohne – im Gegensatz zu Gaus – der Versuchung zu unterliegen, »sich in ein weitschweifiges und gequältes Philosophieren über ›Deutschlands Unglück‹ zu verstricken«[43], auch wenn ihn das Deutschland jenseits der Elbe ebenfalls faszinierte. In seinem zu wohlwollenden Honecker-Porträt – »Der Souverän mit dem Strohhut« – meinte Bölling, vielleicht beschäftige »ihn zeitweilig die Vorstellung von einem starken – den Sicherheitsbedürfnissen auch der Sowjetunion genügenden – Gesamtstaat, bevölkert von fleißigen und disziplinierten Deutschen, denen ein ›alternativer‹ preußisch-sozialistischer Lebensstil eines Tages anziehender erscheint als die permissive und auf Konsum orientierte Gesellschaft im Westen«[44].

Bereits damals plädierte Bölling dafür zu prüfen, ob es noch opportun sei, an der im Grundgesetz festgeschriebenen deutschen Staatsangehörigkeit auch für die Bürger der DDR festzuhalten. Der Grundgesetz-Artikel 116, »der von uns verlangt, daß wir die Nachbarn als Deutsche mit allen Rechten und Pflichten behandeln, ist nicht von der Güte der Gesetzestafeln des Moses . . . Das eigentliche Kriterium sind die Bedürfnisse der Regierten. Weder das Politbüro noch das Bundesverfassungsgericht sind, vereinfacht ausgedrückt, die letztlich kompetenten Entscheidungsgremien . . . Wir werden, wenn wir es mit der nationalen Zusammengehörigkeit ernst meinen, immer etwas mehr zu leisten haben, als die andere Seite zu geben bereit ist. Man kann das unsere Erpreßbarkeit nennen. Sie ist nicht unehrenhaft.«[45]

Zwei Jahre später schlug Bölling dann vor, die Präambel des Grundgesetzes zu ändern und das vom Bundesverfassungsgericht aus ihr abgeleitete Wiedervereinigungsgebot aufzugeben; 1989 unterbreitete er nochmals diesen zweifelhaften Plan[46]. Die Bundesregierung Kohl/Genscher und die parlamentarische Opposition der SPD, wenn man von einigen namhaften Politikern absieht, waren gut beraten, das Grundgesetz nicht zur Disposition zu stellen. Die überwältigende Mehrheit der DDR-Bevölkerung hat sich immer als Deutsche im Sinne des Grundgesetzes gefühlt und war auch nicht bereit, eine Gesellschaft anzustreben, die durch einen »alternativen preußisch-sozialistischen Lebensstil« geprägt war.

Nicht nur ein guter Teil der bundesdeutschen Medien, sondern auch viele Schulbücher zeichneten sich durch ein schöngefärbtes Bild der DDR aus. Ein böses Erwachen gab es im Frühjahr 1990, als sich die Bundesregierung entschloß, dreißig Millionen Mark bereitzustellen, um die in der DDR nach der gewaltlosen Revolution untauglich gewordenen Schulbücher durch bundesdeutsche zu ersetzen. Die DDR benötigte damals vor allem Lehrgut über Politik, Gesellschafts- und Gemeinschaftskunde. Mit Recht fragte der *Spiegel:* »Ob die ostdeutschen Pädagogen und Umerzieher zur Demokratie an der Bonner Gabe allzuviel Freude haben, ist zu bezweifeln. Denn aus den DDR-Lektionen der westdeutschen Unterrichtsmaterialien lernen Schüler nicht selten, wie schön es noch gestern im real existierenden Sozialismus war.«[47]

Die friedliche Revolution und der sich rasch anbahnende Kollaps der DDR hatten dazu geführt, daß den 44 im Deutschen Lehrerverband in Bonn zusammengeschlossenen bundesdeutschen Lehrerverbänden massive Klagen von Eltern und Lehrern über dramatische Defizite bundesdeutscher Pädagogen bei der Vermittlung schulischen Wissens über die DDR bekannt geworden sind. Josef Kraus, Präsident des Deutschen Lehrerverbandes, betonte unter Hinweis auf den Beschluß der Kultusminister-Konferenz vom 23. November

1978[48], es räche sich jetzt, daß die deutsche Frage in bundesdeutschen Schulen zwar auf dem Papier existiert habe, insgesamt aber aus dem Bewußtsein von Schülern und Lehrern sowie auch mancher Kultusminister gerückt sei. Einem Teil der Lehrer werde »wohl auch ein Beispiel von Verletzung der Menschenrechte in Südamerika oder in Südafrika leichter präsent gewesen sein als ein solches Beispiel aus der DDR. Insofern ist es kein Wunder, wenn das Thema DDR aus den Köpfen verschwand und schulisch zu einem Thema neben vielen anderen wurde.«[49]

Kraus fügte hinzu, Hauptschuld an einem solchermaßen entstandenen Vakuum an deutschlandpolitischem Wissen und Bewußtsein hätten aber auch Bildungsminister und Bildungstheoretiker, denen die Behandlung der Zweistaatlichkeit ein größeres Anliegen als die Behandlung des Grundgesetz-Auftrages gewesen sei. Dies gelte vor allem für die SPD-Bildungspolitik der siebziger und achtziger Jahre.

Kraus' Darstellung der Behandlung der deutschen Frage in den Schulbüchern war erschreckend. So sah sich die CDU-Opposition im Landtag Nordrhein-Westfalens veranlaßt, Kultusminister Hans Schwier (SPD) auf die schöngefärbte DDR in den Schulbüchern des Landes eindringlich aufmerksam zu machen. Die Kritik des CDU-Schulexperten Herbert Reul zielte nicht auf die notwendigerweise nicht herstellbare Aktualität von Schulbüchern, sondern auf das in der DDR-Revolution zusammengebrochene Bild vom anderen Deutschland, »wie es seit Anfang der achtziger Jahre im Rahmen der emanzipatorischen Pädagogik in den Schulen der sozialdemokratisch regierten Bundesländer verbreitet werde«[50].

Obwohl der Beschluß der bundesdeutschen Kultusminister-Konferenz vom 23. November 1978 nachdrücklich auf die Präambel des Grundgesetzes und das Wiedervereinigungsgebot sowie die durch das Bundesverfassungsgericht im Grundvertrags-Urteil vom 31. Juli 1973 ausgesprochene Konkretisierung hingewiesen hatte[51], kennzeichnet nach den Worten Reuls das Denken in den Schulbüchern »die wertneutrale Darstellung des DDR-Systems und der Verzicht auf eine klare Unterscheidung zwischen der freiheitlichen Demokratie in der Bundesrepublik und dem SED-Regime in der DDR«. Hingegen seien in Baden-Württemberg den Schülern in ihren Schulbüchern Beispiele geliefert worden, um »grundlegende Unterschiede zwi-

schen dem freiheitlich-demokratischen Rechtsstaat und dem totalitären kommunistischen Staat« zu begreifen[52].

Auch der *Spiegel* zeigte anhand einiger markanter Beispiele auf,
wie sehr an westdeutschen Schulen in erster Linie Geschichtsbücher
aus den siebziger Jahren, »der Hochzeit der sozialdemokratisch inspi-
rierten Deutschlandpolitik«, im Gebrauch seien: »Aus jenen Wende-
tagen mithin, in denen vor allem Gutes über das andere Deutschland
auf dem Polit-Lehrplan stand. ›Vorurteilsfrei‹ und ›objektiv‹, bestimmte etwa das nordrhein-westfälische Kultusministerium 1980,
sollte die DDR fortan in Schulbüchern behandelt und möglichst nur
aus ihrem ›Selbstverständnis‹ erklärt werden. Urteile über die DDR,
wie sie noch in den sechziger Jahren des Kalten Krieges üblich waren,
sollte es fürderhin im Unterricht nicht mehr geben.«[53]

Der *Spiegel* zitierte den Eichstädter Politikwissenschaftler Bernhard
Sutor, Herausgeber des Lehr- und Arbeitsbuches für den Politikunterricht »Politik«[54], vor allem in sozialdemokratisch regierten
Ländern sei »schönfärberische Verharmlosung der DDR« gefragt
gewesen. Und der Kölner Pädagogik-Professor Johannes Niermann
charakterisierte die Politik der SPD-Länder von 1970 bis zur Wende
in der SED-Republik: »Die DDR war im Schulbuch mit Samthand-
schuhen anzufassen.«

Dieser bedenkliche Befund offenbart, daß der bemerkenswerte
Beschluß der Kultusminister-Konferenz vom 23. November 1978
»Deutsche Frage im Unterricht« nur unzureichend in den danach
erarbeiteten Schulbüchern verwirklicht worden ist. Nicht nur die
CDU-Opposition im Landtag Nordrhein-Westfalens, sondern auch
der *Spiegel* muß sich fragen, warum man 1990 von der schiefen
Darstellung der deutschen Frage und der DDR in vielen bundesdeutschen Geschichtsbüchern so überrascht worden ist. Es war ja nicht so,
daß die gesamte DDR- und vergleichende Deutschland-Forschung
den totalitären Charakter des DDR-Systems aus dem Auge verloren
hätte[55]. Nun sollten die Kultusminister der alten und neuen Bundesländer schnell darangehen, neue Schulbücher zu erarbeiten und dabei auch zu prüfen, inwieweit sich in den bisher benutzten Darstellungen der »Relativismus der Systeme« niedergeschlagen hat und der
demokratische Verfassungsstaat Bundesrepublik Deutschland unzureichend dargestellt worden ist.

10.
Verdienste und Defizite der SBZ-/DDR- und vergleichenden Deutschland-Forschung

Die Frage, warum die bundesrepublikanische Öffentlichkeit von der Dynamik und dem Ausmaß der Akzeptanzkrise in der DDR so überrascht worden ist, müssen sich auch die wissenschaftlichen Disziplinen stellen, die sich speziell mit der SBZ und späteren DDR befaßt haben. Die weitverbreitete Vorstellung, die DDR-Forschung habe »kläglich versagt«[1], ist ebenso überzogen und falsch wie das Aperçu von Johannes Gross, vier Jahrzehnte habe »es in Bonn ein innerdeutsches Ministerium gegeben mit vielen Beamten, wissenschaftlichen Beiräten, einem ungeheuren Ausstoß an Schriftstücken, Gutachten, Pamphleten, Aufklärungsmaterial. Zur Wiedervereinigung, als sie endlich kam, hat es keinen Gedanken beigesteuert.«[2]

Eine kritische Bestandsaufnahme der Deutschland-Forschung muß drei Gegenstandsbereiche voneinander unterscheiden: »Zu den traditionellen Gebieten zählten Themen, die die Teilung Deutschlands in zwei Staaten und das Verhältnis von Bundesrepublik Deutschland und DDR zueinander behandeln (Deutschlandpolitikforschung) sowie die Analyse des politischen, gesellschaftlichen und wirtschaftlichen Systems der ehemaligen DDR (DDR-Forschung). Hinzugekommen war in den 70er Jahren der Vergleich von Bundesrepublik Deutschland und DDR (vergleichende Deutschlandforschung). Seit den 80er Jahren sind Bemühungen zu verzeichnen, die Bundesrepublik Deutschland insbesondere unter dem Aspekt der deutschen Identität in die Deutschlandforschung einzubringen (Bundesrepublik-Forschung).«[3]

Seit der zweiten Hälfte der siebziger Jahre wird für diese drei

Forschungsbereiche auch gern der Oberbegriff »Deutschland-Forschung« verwandt. Vorausgegangen war im Frühjahr 1968 die Umbenennung der wichtigsten bundesdeutschen Zeitschrift für Fragen der DDR- und Deutschland-Politik von »SBZ-Archiv« in »Deutschland Archiv«. Während es für vergleichbare Gebiete, etwa auf dem der Osteuropa- und Südosteuropa-Forschung, schon seit langem Vereinigungen der kompetenten Wissenschaftler gab, fehlte es bis 1978 an einer entsprechenden interdisziplinär wirkenden Organisation von Persönlichkeiten, die sich mit den besonderen, sich aus der Lage des geteilten Deutschland ergebenden Problemen beschäftigten. Deshalb ergriffen einige Wissenschaftler und an der deutschen Frage interessierte Publizisten die Initiative und gründeten am 19. April 1978 in Berlin die »Gesellschaft für Deutschlandforschung«.

Die friedliche Revolution in der DDR und der Kollaps des SED-Regimes sowie die am 3. Oktober 1990 vollzogene Wiederherstellung der staatlichen Einheit Deutschlands haben weitreichende Auswirkungen auf die herkömmliche Deutschland-Forschung. Auch wenn »die deutsche Frage, in einem engeren Sinne verstanden als das Problem der deutschen Teilung, sich erledigt hat, so bestehen doch weiterhin deutsche Fragen, die den legitimen Gegenstand einer Deutschlandforschung bilden«[4]. In Wissenschaft und Publizistik hat eine lebhafte Diskussion über die Frage nach den Leistungen und Defiziten der Deutschland-Forschung eingesetzt. Die teils berechtigte, teils überspitzte Kritik am zuständigen Bonner Ministerium hat hohe politische Repräsentanten veranlaßt, selbst Stellung zu beziehen.

Deutschland-Forschung hat immer, wenn auch nicht ausschließlich, politikberatenden Charakter gehabt, da die Deutschland-Politik einerseits auf die Wissenschaft einwirkte und andererseits die Forscher die politischen Entscheidungsträger zu beeinflussen suchten. So konnte es nicht ausbleiben, daß sich in der Entwicklung und den Wandlungen der Bonner Deutschland-Politik auch ein guter Teil der Deutschland-Forschung widerspiegelt. Der 28. Oktober 1969, an dem Bundeskanzler Brandt die »neue Deutschland-Politik« verkündete, bildet für beide Bereiche die entscheidende Zäsur.

Die enge Verzahnung von Deutschland-Forschung und dem zuständigen Bonner Ministerium zeigte sich auch darin, daß es mit unterschiedlicher Intensität einerseits selbst um Politikberatung nachsuchte und andererseits eine Vielzahl von Institutionen und Forschern im universitären und außeruniversitären Bereich finanziell unterstützte. Der folgende Überblick, der keinen Anspruch auf Vollständigkeit erhebt, beschränkt sich auf drei wichtige Forschungsbereiche: die politikwissenschaftliche, die Rechts- und die Wirtschaftsforschung. Das Schwergewicht wird dabei auf die Darstellung der politologischen DDR-Forschung gelegt, da vornehmlich ihr der Vorwurf gemacht wird, das politische System der DDR mit seinen repressiven Zügen nur unzureichend analysiert zu haben. Fälschlicherweise wird teilweise auch die DDR-Rechtsforschung pauschal verurteilt. Ebenso unrichtig ist, die gesamte DDR-Wirtschaftsforschung zu bezichtigen, sie habe die wirtschaftliche und soziale Entwicklung der DDR falsch eingeschätzt und unrichtige Prognosen gegeben.

Zur selbstkritischen Reflexion sind nicht nur wichtige Bereiche der Deutschland-, sondern auch der herkömmlichen Osteuropa-Forschung aufgefordert. Viele Sozialwissenschaftler haben beispielsweise die innere Stabilität und Wandlungsfähigkeit des sowjetischen Systems bei weitem überschätzt. Vergleicht man die selbstkritische Diskussion in der Deutschland-Forschung und der »Sowjetologie«, dann darf erstere für sich in Anspruch nehmen, schon sehr viel weiter zu sein[5].

Grundpositionen der Bundesregierungen

Wer von politischer und publizistischer Seite die herkömmliche Deutschland-Forschung pauschal verurteilt und ihr Versagen vorwirft, muß sich zunächst fragen, wie es die Bundesregierungen mit diesem Forschungsbereich gehalten haben. Gern wird übersehen, daß die Deutschland-Forschung – im Gegensatz zur traditionellen Osteuropa-Forschung – an den Universitäten und Hochschulen der Bundesrepublik und Berlins (West) nur eine untergeordnete Rolle gespielt hat. Im universitären Bereich gab es nur wenige Einrichtungen, die sich ausschließlich mit den vielfältigen Aspekten der deutschen Frage beschäftigt haben. Die Mehrzahl der Hochschullehrer, die sich auch dieser Problematik widmeten, taten dies im Rahmen größerer Aufgabenstellungen.

Das Schwergewicht der Förderung durch das Bundesministerium für gesamtdeutsche Fragen, das mit Antritt der sozial-liberalen Bundesregierung im Oktober 1969 in Bundesministerium für innerdeutsche Beziehungen umbenannt worden ist[6], lag lange Zeit fast ausschließlich im Bereich der Ostforschung. Erst unter Minister Wehner wurde 1968 ein koordinierendes Referat für deutschlandpolitische Forschung im Bundeshaus Berlin mit der Aufgabe eingerichtet, »Kontakt zu Institutionen und Wissenschaftlern zu halten und eine Übersicht zu bekommen, was in der Bundesrepublik an relevanter Forschung bearbeitet wird, um gegebenenfalls Lücken aufzuzeigen und durch Eigeninitiative zu schließen«[7]. Gleichzeitig entschloß sich die Große Koalition, am 1. Juli 1969 die Bundesanstalt für Gesamtdeutsche Aufgaben – Gesamtdeutsches Institut zu gründen. Nach dem Errichtungserlaß vom 15. Juni 1969 wurden ihr folgende Aufgaben zugewiesen: »1. Sammlung und wissenschaftliche Auswertung von Informationsmaterial für die politische Arbeit des Bundesministers für gesamtdeutsche Fragen; 2. Festlegung und Verbreitung des gesamtdeutschen Gedankens durch Informationsvermittlung; 3. Förderung von Hilfs- und Betreuungsmaßnahmen.«[8]

Erster Präsident der neuen Bundesanstalt wurde Ludwig Rehlinger, der seit dem 1. Januar 1957 im Bundesministerium für gesamtdeutsche Fragen, zuletzt als Leiter des politischen Referats in der Berliner Abteilung, tätig war. Mitte Dezember 1971 ließ er sich beurlauben und wechselte zu Rainer Barzel in die Fraktionsführung der CDU/CSU, und Mitte März 1972 wurde Detlef Kühn (FDP) mit der Wahrnehmung der Geschäfte des Präsidenten beauftragt[9]. Er blieb Präsident des Gesamtdeutschen Instituts bis zu dessen Auflösung zum Jahresende 1991[10]. Kühn, der unter den Bundesministern Egon Franke (1969 bis Herbst 1982), Rainer Barzel (Oktober 1982 bis März 1983), Heinrich Windelen (März 1983 bis März 1987) und Dorothee Wilms (März 1987 bis zur Auflösung am 18. Januar 1991[11]) fungierte, hat immer am Gedanken der nationalstaatlichen Lösung der deutschen Frage festgehalten.

Sammlung und wissenschaftliche Auswertung der (ausschließlich offenen) Materialien über die DDR erfolgten in Bonn und Berlin. Während man sich in Bonn der Dokumentation und Analyse deutschlandpolitischer Entwicklungen auf den Gebieten der Politik und Zeitgeschichte, der Wirtschaft und der Kultur widmete, lag der Schwerpunkt der Aufgaben der Berliner Abteilung auf der Dokumentation und Analyse der Entwicklungen auf den Gebieten des Rechts und der Verwaltung sowie des Bildungswesens in der DDR[12].

In die politische Schußlinie geriet das Bundesministerium für innerdeutsche Beziehungen vor allem 1991, als nicht nur der Deutschland-Forschung pauschal »Versagen« vorgeworfen, sondern auch dem zuständigen Ministerium nachgesagt wurde, es sei »nichts wert«[13] gewesen. Ausgelöst hatte diese Diskussion Ernst-Otto Maetzke mit seinem Beitrag »Wer wollte, konnte es lesen« in der *FAZ* vom 19. September 1991. Darin stellte er fest, Zustandsbeschreibungen der früheren DDR seien »in den alten Bundesländern nicht opportun« gewesen. Über »die Verhältnisse im damals kommunistisch regierten Teil Deutschlands zu schweigen, schien fast ungeschriebenes Gesetz«[14]. Maetzke hatte eine Auswahl von Zitaten aus Zeitungen der SED zusammengestellt, die in den achtziger Jahren in der *FAZ*-Rubrik »Stimmen der Anderen« veröffentlicht worden waren.

Zu guter Letzt erinnerte ein *FAZ*-Leser an den »Forschungsbeirat für die Wiedervereinigung«[15]. Damit hatte er einen wunden Punkt der offiziellen Deutschland-Politik der SPD, FDP und CDU/CSU angesprochen. Bezeichnend war, daß sich lediglich zwei hohe Repräsentanten der CDU veranlaßt sahen, Stellung zu beziehen, obwohl die SPD hier viel mehr gefordert worden war.

Der »Forschungsbeirat für Fragen der Wiedervereinigung Deutschlands beim Bundesminister für gesamtdeutsche Fragen« wurde am 24. März 1952 vom zuständigen Bundesminister Jakob Kaiser ins Leben gerufen und mit zwei Aufgaben betraut: »1. Eine Klärung der Lage in den einzelnen Wirtschaftszweigen, ihrer Entwicklung, ihrer Kapazitäten sowie ihrer gegenwärtigen Organisation und der für sie geltenden Prinzipien der Wirtschaftsordnung; 2. Die Erstellung eines Sofortprogramms, d. h. die Vorbereitung aller derjenigen Maßnahmen, die im Falle einer Wiedervereinigung alsbald, also etwa innerhalb des ersten Jahres, notwendig sein würden.«[16]

Der Forschungsbeirat bestand neben dem Forscherkreis von zehn Wissenschaftlern aus dem Plenum, in dem 17 Interessenverbände, CDU/CSU, SPD, FDP, Bundesbank, Kreditanstalt für Wiederaufbau und das Statistische Bundesamt vertreten waren. Erster Präsident von 1952 bis 1958 war Friedrich Ernst. Von 1958 bis zur Auflösung präsidierte der CDU-Abgeordnete Johann Baptist Gradl. Über die Arbeit des Forschungsbeirats, die sich weitgehend auf Wirtschaftsfragen beschränkte, informierten die in den Jahren 1952/53 bis 1965/69 vom Bundesministerium für gesamtdeutsche Fragen herausgegebenen Tätigkeitsberichte. In diesen ging es vor allem darum, Vorschläge für die Integration von Wirtschaft und Gesellschaft der beiden Teile Deutschlands zu machen: »Sie sind Material für den Prozeß, mit dem einmal die Wiedervereinigung konkret zu vollziehen sein wird, wenn die politischen Umstände ihn möglich machen. Bei dieser gedanklichen Vorarbeit hat sich der Forschungsbeirat von Prinzipien freiheitlicher Demokratie leiten lassen.«[17]

Der fünfte und letzte Tätigkeitsbericht 1965/69 verzichtete zum ersten Mal darauf, konkrete Empfehlungen für die Praxis einer Wiedervereinigung zu geben. Erstmals wurde jedoch ein neuer Teil mit dem Titel »Das Nebeneinander der Systeme – Vergleiche, Verflechtungen, Ausblicke« aufgenommen. Die Tätigkeitsberichte des Forschungsbeirats gaben für die wirtschaftliche und soziale Entwicklung der DDR in der Periode bis 1969 »ein so umfassendes Bild, wie es an keiner anderen Stelle auch nur annähernd zu finden ist«[18]. Wesentliche Ergänzungen finden sich in den von 1964 bis 1975 erschienenen zehn Bänden der vom Forschungsbeirat herausgegebenen Schriftenreihe »Wirtschaft und Gesellschaft in Mitteldeutschland«.

Im Gegensatz zu den Anfang der siebziger Jahre erarbeiteten Materialien zum Bericht zur Lage der Nation, die einen wertfreien Systemvergleich enthielten, war das Leitbild der Arbeit des Forschungsbeirats »eine betont soziale Markt- und Wettbewerbswirtschaft«. Auch legte er großen Wert auf die Feststellung, es gehe ihm darum, »die Voraussetzung für eine Entwicklung zu schaffen, die von den Deutschen in West- und Mitteldeutschland gemeinsam selbst bestimmt wird. Auf diese Weise wird auch sichergestellt, daß die Wiedervereinigung nicht zu einem ›Anschluß‹ Mitteldeutschlands wird.«[19]

Trotz dieser klaren Zielsetzung wurde der Forschungsbeirat stets von der DDR scharf attackiert. Fritz Schenk hat 1966 in seiner Analyse »Der ›Graue Plan‹« aufgezeigt, in welchem Umfang der Forschungsbeirat der SED-Führung ein Dorn im Auge war[20]. Ministerpräsident Stoph überraschte Bundeskanzler Brandt bei ihrem Treffen am 21. Mai 1970 in Kassel mit der Feststellung: »Die ›Grauen Pläne‹ des bei Ihrer Regierung existierenden Forschungsbeirats – erwiesenermaßen Konzepte eines konterrevolutionären Eindringens in die DDR – sind unverändert in Kraft, ja, die Tätigkeit dieses Gremiums soll nach offiziellen Mitteilungen weiter ausgedehnt werden. Von großkapitalistischen Interessen geleitete Massenmedien – man denke nur an den Springer-Konzern – predigen täglich Feindschaft gegen die DDR und ihre sozialistische Ordnung.«[21]

Bundeskanzler Brandt wies diese Vorwürfe als »absurd« zurück, um aber Stoph mit dem Hinweis zu beruhigen, es werde nun versucht, »einen sehr wichtigen Beitrag für den wissenschaftlichen Systemvergleich der beiden deutschen Staaten zu liefern, auch wenn das dem Stand unserer Zusammenarbeit, wie er heute abzulesen ist, beträchtlich vorgreifen mag«[22].

In einem Teil der bundesdeutschen Medien wurde jedoch schon Ende der sechziger Jahre gefragt, ob der Forschungsbeirat noch zeitgemäß sei[23]. Nachdem seine Tätigkeit bereits mit Beginn der sozialliberalen Koalition 1969/70 systematisch eingeschränkt worden war, tagte das Plenum zuletzt am 13. und 14. September 1974 in Berlin. Drei Tage später verkündete Bundesminister Franke, die deutsche Frage – genauer gesagt, die deutsche Teilung – sei »zu einem verfestigten Bestandteil des internationalen macht- und gesellschaftspolitischen Status quo in Europa geworden« und demzufolge sei »die Beendigung des Teilungszustandes zeitlich nicht abzusehen«[24]. Gegen die Auflösung des Forschungsbeirats protestierten nicht nur Präsident Gradl und die Mitglieder des Beirats, vor allem die Professoren Karl C. Thalheim und Bruno Gleitze (SPD), sondern auch Manfred Abelein im Namen der CDU/CSU-Bundestagsfraktion[25]. Förmlich wurde der Forschungsbeirat durch eine Erklärung des Bundesministers für innerdeutsche Beziehungen vom 8. April 1975 für beendet erklärt[26].

Der frühere Bundesminister für innerdeutsche Beziehungen, Heinrich Windelen, begegnete dem Vorwurf, sein Ministerium sei auf die Wiedervereinigung nicht vorbereitet gewesen, mit der Feststellung, als er 1983 das Ministerium übernommen habe, »war es unmöglich, die Arbeit des Beirats dort wiederaufzunehmen, wo sie abgebrochen worden war. Der letzte Bericht stammte aus dem Jahre 1969, war also 14 Jahre alt. Es gab also keine aktuelle Grundlage für die Fortsetzung des Vorhabens mehr.«[27] Windelen fügte hinzu: »Natürlich wäre es richtig und notwendig gewesen, den ›Forschungsbeirat‹ beizubehalten. Jetzt aber ausgerechnet jene zu schelten, die gegen die Abschaffung opponierten, die die Wiedervereinigung nicht für die ›Lebenslüge der Nation‹ hielten und die im Rahmen des noch Möglichen versuchten, Fehlentscheidungen der Vergangenheit zu korrigieren, halte ich für nicht angemessen. Daß auch ich den Zeitpunkt und das Tempo der Einheit nicht vorausgesehen habe, mögen mir die Kritiker verzeihen.«[28]

Da sich Windelen erst wieder gesicherte Grundlagen für eine operative Deutschland-Politik erarbeiten mußte, berief er am 14. Januar 1985 eine wissenschaftliche Kommission unter dem Vorsitz des Nestors der Deutschland-Forschung, Karl C. Thalheim, der schon maßgeblich im »Forschungsbeirat« mitgearbeitet hatte. Der Kommission gehörten namhafte Nationalökonomen an, die im Dezember 1986 eine umfassende Bestandsaufnahme der Wirtschaftssysteme und Arbeitsverfassungen sowie eine vergleichende Darstellung der wirtschaftlichen und sozialen Entwicklung in beiden Staaten Deutschlands seit 1970 vorlegten. Die »Materialien zum Bericht zur Lage der Nation im geteilten Deutschland 1987« stellte Minister Windelen am 18. Februar 1987 vor.

Noch schärfer als Windelen ging Kurt Plück, von 1982 bis 1989 Leiter der Abteilung »Öffentlichkeitsarbeit, Bildung, Kultur« im Bundesministerium für innerdeutsche Beziehungen, mit der Deutschland-Politik der SPD/FDP-Bundesregierung ins Gericht: »Nach der fundamentalen Änderung der Deutschlandpolitik durch die sozialliberale Koalition (die eine auf die Wiederherstellung der staatlichen Einheit gerichtete Deutschlandpolitik für abwegig hielt) wurde 1974 die Tätigkeit dieses Forschungsbeirats amtlich beendet. Seit jenen Jahren des ›Wandels durch Annäherung‹ verstieß zunehmend gegen den einlullenden Stil der Schönfärberei durch Weglassen, wer die rechtliche, wirtschaftliche und soziale Wirklichkeit der DDR beim Namen nannte. Nicht nur weite Teile der Wissenschaft, der Politik und der Verwaltung fügten sich dem verkündeten Prinzip, es gelte das SED-System zu stabilisieren, um es zu humanisieren und zu pazifizieren (die Erfolge standen in keinem Verhältnis zum Verlust nationalen Bewußtseins). Auch die Medien, deren Vertreter seit 1973 in der DDR akkreditiert waren, haben – mit Ausnahmen – den sichtbaren, unaufhaltsamen Niedergang des ›realen Sozialismus‹ bis weit in die achtziger Jahre nicht zu vermitteln gewußt.«[29]

Auch Plück verwies auf die »nach langen Jahren des Schweigens« 1987 vorgelegten »Materialien zum Bericht zur Lage der Nation im geteilten Deutschland«, um aber zuzugeben, tatsächlich habe »die Wiedervereinigung auch die Anstrengungen überholt, die im innerdeutschen Ministerium in Zusammenarbeit mit der Wissenschaft auf dem Gebiet einer wieder die ganze Realität der Deutschen Frage berücksichtigenden ›Deutschland-Forschung‹ seit 1987 unternommen worden waren. Hier sind tatsächlich vier Jahre ›verschenkt‹ worden . . . Weil fast niemand mit einer baldigen Wiedervereinigung gerechnet hat, wurden die Realitäten in der DDR nicht unter dem Gesichtswinkel betrachtet, welche Probleme damit bei Herstellung der staatlichen Einheit entstehen würden.«

Den Darlegungen Windelens und Plücks ist zuzustimmen, auch wenn sie einer Ergänzung bedürfen. Nicht ihnen, aber der nach der »Wende« im Herbst 1982 von CDU/CSU und FDP gebildeten Bundesregierung ist vorzuwerfen, daß sie nicht von Anfang an eine gründliche Bestandsaufnahme der Deutschland-Forschung vorgenommen hat. Es war ja kein Zufall, daß sich die 1987 vorgelegte umfangreiche und verdienstvolle Studie auf die Darstellung der wirtschaftlichen und sozialen Aspekte im geteilten Deutschland beschränkte und eine Analyse der politischen Systeme bewußt ausgrenzte. Hätte die Bundesregierung Kohl/Genscher den Mut gehabt, auch dieses wichtige Thema wissenschaftlich in Angriff nehmen zu lassen, dann hätte sie die Chance gehabt, in Abkehr von der Methode des wertfreien Vergleichs, die den Materialien zum Bericht der Bundesregierung zur Lage der Nation 1971, 1972 und 1974 zugrunde lag, die politischen Systeme der beiden Staaten in Deutschland realistisch und kritisch analysieren zu lassen.

Im Gegensatz zu ihren seit Herbst 1969 amtierenden Vorgängerinnen darf man der Regierung Kohl/Genscher attestieren, daß sie selbst ein hohes Maß von Diskussionsbreite im Bereich der Deutschland-Politik zuzulassen und auch zu ertragen in der Lage war und wenigstens teilweise den wissenschaftlichen Pluralismus in der DDR- und vergleichenden Deutschland-Forschung wiederhergestellt hat[30]. Diese Haltung dokumentierte die Bundesregierung auch gegenüber der Gesellschaft für Deutschlandforschung. Nachdem im Herbst 1977 einige Wissenschaftler mit der ideellen Unterstützung des damaligen Leiters der Berliner Abteilung des Bundesministeriums für innerdeutsche Beziehungen die Initiative zur Gründung einer solchen Gesellschaft ergriffen hatten, versammelten sie sich am 27. September 1977, um das Vorhaben zu verwirklichen und interessierte Persönlichkeiten für den 27. Oktober 1977 nach Berlin einzuladen. Das Bundesministerium für innerdeutsche Beziehungen unter Egon Franke hatte keine Skrupel, unter Hinweis auf den Abschluß der Arbeiten des von ihm gebildeten, mit erheblichen finanziellen Mitteln geförderten Arbeitskreises für vergleichende Deutschlandforschung die Gründung zu verhindern, indem es ankündigte, der neuen Gesellschaft jede ideelle und materielle Förderung zu versagen[31]. Franke machte durch den damaligen Staatssekretär Dieter Spangenberg sogar den Versuch, dem Ministerialdirektor Hermann Kreutzer und Professor Siegfried Mampel, der zu dieser Zeit noch als Referatsleiter im Gesamtdeutschen Institut in Berlin tätig war, die Beteiligung an der Gründung zu verbieten. Um jede unnötige Konfrontation zu vermeiden, beschloß die zum 27. Oktober 1977 einberufene Versammlung, die Gründung aufzuschieben, um dem Bundesministerium für innerdeutsche Beziehungen Gelegenheit zu geben, seine Bedenken fallenzulassen.

Das Verhalten des Bundesministeriums für innerdeutsche Beziehungen erregte damals erhebliches Aufsehen in der Presse. Die Kommentare wiesen vor allem darauf hin, daß es der damaligen Leitung des Ministeriums vornehmlich darauf ankam, die Entwicklung zu kontrollieren, wobei als Maßstab der Kontrolle politische Gesichtspunkte dienen sollten[32]. Minister Franke scheute sich nicht, sich sogar vor dem Deutschen Bundestag am 24. Januar 1978 höchst abfällig über die Gründung der Gesellschaft zu äußern[33]. Im März 1978 legte der von Franke einberufene »Arbeitskreis für vergleichende Deutschlandforschung« die »Ergebnisse und Empfehlungen aus dem Gutachten zum Stand der DDR- und vergleichenden Deutschlandforschung«, das Professor Peter C. Ludz verfaßt hatte, vor, in denen ein System anspruchsvoller wissenschaftlicher Tagungen vorgeschlagen wurde[34]. Dieser Plan deckte sich mit einem wichtigen Teil des Programms der geplanten Gesellschaft für Deutschlandforschung. So entschloß sich der Gründerkreis am 31. März 1978, für den 19. April 1978 die Gründungsversammlung einzuberufen.

Nun wandte sich Minister Franke nochmals in einem Schreiben vom 5. April 1978 an Professor Mampel, den Sprecher des Gründerkreises, um wiederum die vorgesehene Gründung zu verhindern. Franke ging es darum, eine wissenschaftlich pluralistisch orientierte Gesellschaft für Deutschlandforschung zu verhindern und, soweit wie möglich, alle entsprechenden Pläne in den Händen von Peter C. Ludz zu monopolisieren. Am 19. April 1978 fanden sich in Berlin siebzehn an der deutschen Frage interessierte Wissenschaftler und Publizisten zusammen, gründeten die Gesellschaft für Deutschlandforschung und wählten einen Vorstand. Vorsitzender der Gesellschaft wurde Siegfried Mampel, einer der angesehensten und profiliertesten DDR-Experten und Verfasser der Standardkommentare zu den DDR-Verfassungen von 1949 und 1968/74. Während die *FAZ* diesen Schritt in einem ausführlichen Bericht ebenso positiv beurteilte[35] wie der politische Korrespondent der *Zeit* in Berlin, Joachim Nawrocki – bezeichnenderweise aber nicht in der *Zeit,* sondern in der *Berliner Stimme*[36] –, erschien im *Spiegel* ein hämischer Kommentar unter dem Titel »Der rechte Pfosten«[37].

Gemäß ihrer Satzung versteht die Gesellschaft unter Deutschlandforschung »die gegenwartsbezogene Forschung, die sich auf die beiden Staaten in Deutschland bezieht und sowohl intersystemare als auch intrasystemare Aspekte berücksichtigt«. Die Aufgaben der Gesellschaft wurden wie folgt niedergelegt: »1. Die Gesellschaft für Deutschlandforschung e. V. hat im Bewußtsein der offenen deutschen Frage die Aufgabe, an der gegenwartsbezogenen Deutschlandforschung interessierte Personen zusammenzuführen, diese Forschung zu fördern, darüber wissenschaftliche Erkenntnisse zu verbreiten sowie Beiträge zur vergleichenden Deutschlandforschung zu leisten. Dazu sollen Tagungen und Vorträge sowie Publikationen dienen. 2. Die Gesellschaft arbeitet unabhängig auf der Grundlage des wissenschaftlichen Pluralismus. 3. Die Gesellschaft strebt die Zusammenarbeit mit wissenschaftlichen Institutionen und Persönlichkeiten in der Bundesrepublik Deutschland, in der DDR und im Ausland an.«

Der *Spiegel* kommentierte: »Wo so viel Privatinitiative und Grundgesetztreue beieinander ist, hoffen die Berliner Aktivisten unbeirrt, werde die Republik den finanziellen Beistand auf Dauer nicht versagen. Die hilflosen Reaktionen des zuständigen Bonner Ministeriums lassen solche Hoffnung begründet erscheinen. ›Wenn der Staat sieht, da kommt was raus‹, kalkuliert Mampel, ›dann wird er auch fördern‹.« Genüßlich zitierte das Nachrichtenmagazin einige DDR-Forscher, die der Gesellschaft für Deutschlandforschung nicht beigetreten sind: »So erinnerte der West-Berliner Rechtsprofessor Herwig Roggemann den Kollegen Mampel daran, daß ›die Frage, wie offen die deutsche Frage sei, ihrerseits selbst offen und jedenfalls umstritten‹ ist. Und Politologe Hartmut Zimmermann, am Zentralinstitut der Berliner Freien Universität für den Arbeitsbereich DDR-Forschung zuständig, gab zu bedenken, daß ›jede straffere organisatorische Zusammenfassung‹ die unter DDR-Forschern ohnehin ›bereits vorhandenen Konkurrenzen, Gegensätze und Spannungen verstärken muß‹.«

Daß sich auch Peter Christian Ludz ablehnend gegenüber dem Berliner »Fraktionsunternehmen« äußerte, verstand sich von selbst. Seine Prognose: »Die meisten, die in der DDR- und Deutschlandforschung einen Namen haben, werden nicht kommen«[38], sollte sich allerdings als falsch erweisen.

Die Gesellschaft für Deutschlandforschung hat in ihrer vierzehnjährigen Geschichte eine vielfältige Tätigkeit entwickelt und viel Anerkennung gefunden. Zur Zeit gehören ihr 656 Mitglieder an, darunter auch eine ganze Reihe von Forschern aus den neuen Bundesländern und dem westlichen Ausland. Die Gesellschaft veranstaltet interdisziplinäre Arbeitstagungen, Tagungen der Fachgruppen und Sondertagungen. In ihrer Schriftenreihe sind bisher 33 Bände erschienen. Nach der Herstellung der staatlichen Einheit Deutschlands hat die Gesellschaft am 28. Februar 1991 in Berlin ihre Aufgabenstellung erweitert. Sie geht davon aus, daß in die Ergebnisse ihrer Arbeit immer stärker die Erfahrungen von Fachkollegen aus ganz Deutschland einfließen. Zu den neuen Aufgaben gehören unter anderem die wissenschaftliche Begleitung und Förderung des Vereinigungs- und Integrationsprozesses in Deutschland sowie die Integration von fachlich ausgewiesenen, unbelasteten Wissenschaftlern aus der bisherigen DDR, die sich mit der Deutschland-Forschung befassen. Außerdem will die Gesellschaft einen Beitrag zum Verständnis und zur Förderung des Einigungsprozesses in Deutschland an den Universitäten und Hochschulen und in der Öffentlichkeit leisten sowie die geschichtswissenschaftliche Aufarbeitung der Entwicklung in der SBZ/DDR einschließlich der friedlichen Revolution von 1989 fördern[39].

Die zuständigen Bundesminister Windelen und Wilms haben die Aktivitäten der Gesellschaft für Deutschlandforschung stets nachdrücklich unterstützt. Es ist zu hoffen, daß das nach der Auflösung des Bundesministeriums für innerdeutsche Beziehungen zuständige Bundesministerium des Innern dies ebenso tut, da der Gesellschaft neue Aufgaben zugewachsen sind. Um so unverständlicher ist die Darstellung, die Heinz Peter Hamacher in seiner Studie »DDR-Forschung und Politikberatung 1949–1990« über die Gesellschaft für Deutschlandforschung gegeben hat. Daß die von Peter C. Ludz praktizierte systemimmanente Methode nicht das Nonplusultra der Deutschland-Forschung war, dürfte auch Hamacher eingesehen haben, nachdem die totalitären Züge des politischen Systems der DDR in ihrer ganzen Breite bekanntgeworden sind[40]. Gerade weil die Gesellschaft für Deutschlandforschung von Anfang an den wissenschaftlichen Pluralismus auf ihr Panier geschrieben hat, stand sie auch jenen Politologen und Soziologen offen, die weiterhin die von Peter C. Ludz entwickelte Vorgehensweise für die einzig richtige hielten. Es war vor allem das in der Satzung der Gesellschaft für Deutschlandforschung verankerte Diktum der »offenen deutschen Frage«, das einige wenige DDR-Forscher vom Beitritt in die Gesellschaft abhielt. Darauf wird noch zurückzukommen sein.

Leistungen und Fehleinschätzungen der politologischen DDR-Forschung

Die Entstehung, Entwicklung und methodologischen Probleme der politologischen SBZ- und späteren DDR-Forschung sind Gegenstand zahlreicher Analysen, so daß sie hier nur kurz skizziert zu werden brauchen. Es ist vor allem das Verdienst des Bochumer Politologen Wilhelm Bleek, unvoreingenommen und kritisch diese Problematik wiederholt behandelt zu haben[41]. Das »Deutschland Archiv« hat ständig die Diskussion um das richtige Methoden-Verständnis politologischer Deutschland-Forschung kontrovers behandelt. Auch die strittigen Fragen um die Problematik des System-Vergleichs, die vornehmlich Eckhard Jesse analysiert hat[42], bleiben im folgenden weitgehend ausgespart. Hamachers Studie »DDR-Forschung und Politikberatung 1949–1990« favorisiert die von Ludz entwickelte immanente DDR-Forschung, »die auf DDR-Daten und -Sichtweisen – zum eigenen Schaden der Forscher, wie wir heute wissen – aufgebaut hat«[43]. Darüber hinaus ist die Analyse auch deshalb unzureichend, weil sie die zentrale Frage unbeantwortet läßt, welches wissenschaftliche Konzept die politischen Realitäten der DDR besser in den Griff bekommen hat. Nur ungenügend informiert Hamacher über die Forschungsstätten und Wissenschaftler, die sich in der Vergangenheit mit Deutschland-Forschung befaßt haben[44]. Hier geht es nur darum, zu prüfen, inwieweit die politologische Deutschland-Forschung ein schiefes DDR-Bild gezeichnet hat.

Seit ihrer Konstituierung empfand sich die Bundesrepublik Deutschland bis zur Erreichung der Einheit des Landes als »die alleinige legitimierte staatliche Organisation des deutschen Volkes« (Konrad Adenauer). Der SBZ/DDR wurde die Legitimation abgesprochen, da die Bevölkerung weder 1949 noch später in freien Wahlen ihren Willen bekunden konnte. Die SBZ-Forschung war bis in die sechziger Jahre vornehmlich eine Wiedervereinigungs-Wissenschaft, die – um es zu wiederholen – in dem im März 1952 beim Bundesministerium für gesamtdeutsche Fragen errichteten »Forschungsbeirat für Fragen der Wiedervereinigung Deutschlands« ihren Ausdruck fand.

Der Bau der Mauer in Berlin am 13. August 1961 markiert nicht nur eine wichtige Zäsur in der Deutschland-Politik, sondern hatte auch Auswirkungen auf die bis dahin praktizierte SBZ-Forschung. Die »eigentlichen Geburtshelfer der Neuorientierung der westdeutschen DDR-Forschung«[45] waren aber Ernst Richert und Peter C. Ludz. Richert als ehemaliger und Ludz als damaliger Leiter der Abteilung »Sowjetzone« am Institut für Politische Wissenschaft in Berlin leiteten nach Vorarbeiten von Otto Stammer, Martin Drath und anderen eine neue Phase der SBZ/DDR-Forschung ein, die auf die »wissenschaftliche Anerkennung der DDR«[46] hinauslief. Ebenso wie die offizielle Deutschland-Politik ging die westdeutsche Wissenschaft von einer zeitlich nicht absehbaren Existenz der SBZ/DDR aus.

Am 28. Oktober 1969 attestierte die SPD/FDP-Bundesregierung der DDR erstmals die Staatsqualität, um gleichzeitig den Gedanken an die Einheit der deutschen Nation prononciert vorzutragen. Nun sah sich die herkömmliche DDR-Forschung vor die Aufgabe gestellt, den Verfassungsstaat Bundesrepublik Deutschland mit der DDR zu vergleichen, die nach wie vor durch eine »monistische Herrschaftsstruktur«, einen »totalen Herrschaftsumfang« und eine »totale Herrschaftsausübung«[47] gekennzeichnet war. Die SBZ/DDR-Forschung wurde nun um die Dimension der vergleichenden Deutschland-Forschung erweitert.

Bereits in der zweiten Hälfte der sechziger Jahre war jene Tendenz zu beobachten, die später Richtschnur der von offizieller Seite geförderten vergleichenden Deutschland-Forschung werden sollte: die Abkehr vom herkömmlichen Totalitarismus-Begriff. Peter C. Ludz, von dem damals und verstärkt in den siebziger Jahren die wichtigsten Anstöße für die DDR-Forschung ausgegangen und unter dessen wissenschaftlicher Leitung die 1971, 1972 und 1974 erarbeiteten umfangreichen Materialien zum Bericht der Bundesregierung zur Lage der Nation erstellt worden sind, hatte 1964 den »Entwurf einer soziologischen Theorie totalitär verfaßter Gesellschaft« vorgelegt. Darin war er zu dem Ergebnis gelangt, »die Theorie des Totalitarismus in ihrer tradierten Form« sei »bisher kaum in der Lage gewesen, sozialen Wandel und soziale Konflikte – und damit einen wesentlichen Teil der sozialen Wirklichkeit einer industriellen, totalitär beziehungsweise autoritär verfaßten Gesellschaft – kritisch und metho-

disch abgesichert in den Griff zu bekommen«. Die Gemeinsamkeit
gewisser Normen und Leitbilder von Partei und Gesellschaft in der
DDR ermögliche es, »auf den Wandel auch der totalitären Herrschaft
selbst – und zwar zur autoritären Herrschaft – zu schließen«[48].

In seiner 1968 erschienenen Studie »Parteielite im Wandel« ging
Ludz einen Schritt weiter und konstatierte, die DDR entwickele sich
im Zuge zunehmender Industrialisierung von einem totalitären zu
einem autoritären System. Er prognostizierte, die totale, auf Terror
beruhende Herrschaft durch die SED-Führung sei in weiten Bereichen dem Gebot gewichen, »quasi-pluralistische Kräfte immer wieder ausbalancieren zu müssen«. Seine weitere Kernthese lautete,
das Zentralkomitee der SED habe sich von einem ausschließlichen
»Deklamations- und Akklamationsorgan zu einem Koordinations-,
Transformations- und Konsultationsgremium« gewandelt[49].

Im Anschluß an theoretische Erörterungen amerikanischer Sowjetologen benutzte Ludz den Begriff »konsultativer Autoritaris-
mus«. Mit Recht ist ihm entgegengehalten worden, daß die SED-
Spitze »auf Terror verzichtet, sofern sie ihren Willen auf andere Weise
durchsetzen kann. Aber sie greift darauf zurück, sobald der ›Verein-
barungs-Mechanismus‹ versagt ... Das Instrumentarium des Mas-
senterrors steht auf Abruf voll zur Verfügung (Verteidigungsgesetz,
Geheimpolizei, Spitzel-Apparat, Kampfgruppen der SED), es ist ver-
vollkommnet und verfeinert worden, wie die politischen Strafbestim-
mungen des neuen Strafgesetzbuches zeigen. Die Indoktrination ist
immer noch ein Wesenszug des Systems, auch wenn sich ihr terrori-
stischer Charakter abschwächt.«[50]

Von Anfang an umstritten blieb gleichfalls Ludz' waghalsige Ana-
lyse der Führungsstruktur der SED. Ludz meinte, den Nachweis dafür
erbracht zu haben, »daß die DDR-Gesellschaft in zunehmendem
Maße als ein sich im Prozeß des Wandels sozial stabilisierendes
System angesehen werden kann«. Der herrschenden »strategischen
Führungsgruppe der SED« stellte er die »Repräsentanten der institu-
tionalisierten Gegenelite« gegenüber, zu denen er vor allem Günter
Mittag und Uwe-Jens Heuer rechnete. Diese Kräfte »intendieren eine
Stärkung des politischen und gesellschaftlichen Systems in der DDR.
Sie können als die Wortführer einer neuen politischen Führungs-
gruppe angesehen werden.«[51]

Die Stabilität des sozialen Systems hielt Ludz für so gesichert, daß er die Problematik der politischen Stabilität überhaupt nicht behandelt hat: »Aber auch die relative soziale Stabilität ist im wesentlichen durch einen Gewaltakt erreicht worden: die Einmauerung. Wie stabil diese Konstruktion wirklich ist, kann sich erst erweisen, wenn Alternativen möglich sind.«[52] Mit Recht fragte Ilse Spittmann, die für das »SBZ-Archiv« und spätere »Deutschland Archiv« verantwortliche Redakteurin, wie die von Ludz beschriebene »institutionalisierte Gegenelite« an die Macht kommen könne?

In den siebziger Jahren war Peter C. Ludz der mit Abstand einflußreichste DDR-Forscher. Mit den von ihm inhaltlich, methodisch und politisch bestimmten »Materialien zum Bericht zur Lage der Nation«[53] und dem unter seiner wissenschaftlichen Leitung 1975 erstmals veröffentlichten »DDR-Handbuch«[54] hat er für lange Zeit die wissenschaftlichen Maßstäbe der vergleichenden Deutschland-Forschung gesetzt. Mit den »Materialien« wurde »ein konkretes Informationsbedürfnis befriedigt und zugleich eine neue Stufe der DDR-Forschung erreicht, die sich damit zur vergleichenden Deutschland-Forschung erweitert hatte . . . Während es in den ›Materialien‹ gelungen ist, die verfügbare Datenbasis für wichtige gesellschaftliche Strukturbereiche erheblich zu erweitern, muß gleichzeitig registriert werden, daß nur ansatzweise (das heißt ohne einen entsprechenden theoretischen Bezugsrahmen) Kategorien bereitgestellt wurden, die eine differenzierte Bewertung der Entwicklungsleistungen und -defizite beider deutscher Staaten ermöglicht hätten.«[55]

Konsequent und gegen den Widerspruch mancher Mitarbeiter verfocht Ludz die systemimmanente Methode und teilte den Mitautoren des »DDR-Handbuches« in einem Brief mit, die Redaktion vertrete den Standpunkt, »daß so weit wie möglich Wertungen der Vorrang gegeben werden sollte, die sich am Selbstverständnis der SED/DDR orientieren, das heißt, die die DDR-Realitäten an den theoretischen Postulaten des von der SED propagierten Marxismus-Leninismus messen«[56].

Während sich die Mitarbeiter der »Materialien« Ludz' autoritär vorgetragenem Anspruch, empirisch-deskriptiv vorzugehen und sich der immanenten Interpretation zu bedienen, unterordnen mußten, haben sich »glücklicherweise« längst nicht alle Autoren des »DDR-

Handbuches« an diese Maxime gehalten: »Denn die Vorstellung, durch systemimmanente Darstellungen ein höheres Maß an Objektivität und Wertneutralität erreichen zu können, ist ein Irrtum; allzuleicht geraten solche systemimmanenten Deskriptionen an den Rand der Kritiklosigkeit oder gar in das Fahrwasser marxistisch-leninistischer Ideologien und Wertungen. Hinzu kommt, daß die ›Postulate des von der SED propagierten Marxismus-Leninismus‹ in der DDR doch unzweifelhaft häufig zur Rechtfertigung der Realitäten manipuliert werden.«[57]

Ludz' wissenschaftliches Vorgehen mit den systemimmanenten Beschreibungen und wertfreien Analysen konnte den DDR-Realitäten nicht gerecht werden. Die empirisch-deskriptiv argumentierende DDR-Forschung mußte wegen ihres Verzichts auf die Anwendung bewährter wissenschaftlicher Methoden zu einer unzureichenden Einschätzung der politischen und gesellschaftlichen Gegebenheiten in der DDR führen, zumal sie die Darstellung des politischen Herrschaftssystems entweder gänzlich ausblendete oder nur aus den eigenen Bedingungen und Wirkungsweisen erfaßte.

Ludz ist auch in seinen späteren Publikationen seinem Forschungsansatz treu geblieben[58]. Er mußte sich daher immer wieder fragen lassen, warum herkömmliche Maßstäbe oder ordnungspolitische Fragestellungen nicht geeignet seien, das DDR-System zu analysieren. So wandte sich Hermann Rudolph gegen Ludz' Abneigung gegenüber ordnungspolitischen Begriffen: »Gewiß ist es gerade im Falle der DDR notwendig, zwischen unseren politischen Wunschvorstellungen und politisch-sozialen Zusammenhängen sorgfältig zu trennen. Aber gerade im Hinblick auf das andere Deutschland wäre es auch eine fatale Illusion, anzunehmen, dies ließe sich einfach und ohne Rest vornehmen, ohne sich am Ende um den Gegenstand selbst zu bringen.«[59]

Die einzige systematische, umfassende und für lange Zeit gültige Untersuchung des politischen Herrschaftssystems der DDR bildete Ernst Richerts »Macht ohne Mandat« aus dem Jahre 1958[60]. Unerklärlich bleibt, daß sich Richert in seinem 1964 erschienenen Buch »Das zweite Deutschland – Ein Staat, der nicht sein darf« an viele und richtige Erkenntnisse aus seiner zuvor verfaßten Studie nicht mehr erinnern wollte. Vier Jahre später verstieg er sich zu der Behauptung, bald werde in der deutschen Frage »nichts mehr zu retten sein; die totale gesamtdeutsche Entfremdung ist nur noch eine Frage der Zeit«[61]. Richert hat – ebenso wie Peter C. Ludz – den Aufstieg der pragmatisch orientierten jüngeren Führungskräfte in Wirtschaft und Technik prophezeit sowie Macht und Einfluß der führenden Altfunktionäre in den Spitzengremien der SED bei weitem unterschätzt. Falsch war auch seine These, die Ideologen hätten »keine zentrale Funktion mehr«[62].

Und 1971 war für Richert dann die »Einheit der Nation« ein »obsoletes Thema«[63]. Seine Rezension des 1974 erschienenen Buches von Peter C. Ludz »Deutschlands doppelte Zukunft« in der *Zeit* verriet seine Schwierigkeit insofern, als er sie »Gibt es eine DDR-Nation?« überschrieb und konstatieren mußte, daß Ludz »sehr deutsch« dachte, »man möchte geradezu sagen, in einem Karlsruher Deutsch. Er kann mit dem Spruch des Bundesverfassungsgerichts vom 31. Juli 1973 leben.«[64] Ludz hat sich immer gegen die unsinnige offizielle SED-These von der Herausbildung einer »sozialistischen Nation« in der DDR gewandt.

Daß in der Bundesrepublik Deutschland über das Ausmaß der totalitären Herrschaftsmethoden in der DDR damals und später falsche Vorstellungen bestanden haben, ist insoweit erstaunlich, als namhafte Politikwissenschaftler und Juristen – wie Karl Dietrich Bracher[65], Peter Graf Kielmansegg[66], Martin Drath[67], Siegfried Mampel[68] und Georg Brunner[69] – in fundierten Analysen Wesenszüge des Totalitarismus immer wieder auch am Beispiel der DDR aufgezeigt haben. Der totalitäre Machtanspruch der SED wurde seit der zweiten Hälfte der sechziger Jahre auch deshalb unterbewertet, weil es der »Generation von 1968 nicht nur möglich, sondern geradezu notwendig schien, mit dem Schwinden der abschreckenden Erfahrung des Alt-Totalitarismus die antitotalitäre Ausrichtung der westlichen Gesellschaft überhaupt abzuwerfen. Wenn sie nicht gar die Notwendigkeit von Herrschaft selbst in Frage stellte, verdrängte oder bagatellisierte diese revisionistische Tendenz jedenfalls den grundlegenden Unterschied zwischen den politischen Systemen von Demokratie und Diktatur.«[70]

Dem – im Widerspruch zur Wirklichkeit – von maßgeblichen DDR-Forschern im Verlauf der siebziger Jahre konstatierten Abbau totalitärer Züge des DDR-Systems entsprach das Ringen um das »richtige Demokratie-Verständnis«. Die Auseinandersetzung mit totalitären Regimen und Tendenzen wurde von der Entspannungseuphorie weitgehend relativiert oder gar aus der politischen Diskussion verbannt.

Ein Musterbeispiel wohlwollender Interpretation des DDR-Systems bildet die in mehreren Auflagen zuerst 1972 mit dem anspruchsvollen Titel »Modell DDR – Die kalkulierte Emanzipation« versehene Studie von Rüdiger Thomas. Anmaßend war zunächst seine Feststellung, die DDR sei in den fünfziger und sechziger Jahren »vorwiegend in Kategorien der Freund-Feind-Orientierung durch pauschalierende Disqualifikation dingfest gemacht« worden[71]. Mit Recht betonte Hermann Rudolph, diese Aussage sei »kaum anders denn eben als pauschale Disqualifikation zu nehmen«[72]. Rudolph hat auch immer wieder an die Verdienste der DDR-Forschung in den fünfziger Jahren erinnert. In der Tat hat »die Stunde Null einer ernst zu nehmenden DDR-Betrachtung« nicht erst mit Ernst Richert und Peter Christian Ludz begonnen[73].

Obwohl Thomas eingangs auf die vielfach unzureichende Materialbasis – vornehmlich im Hinblick auf die vorliegenden Ergebnisse empirischer Sozialforschung in der DDR – hingewiesen und den richtigen Schluß gezogen hat, bestimmte Fragen könnten daher keine hinreichend gesicherte Antwort finden, übernahm er ohne Skrupel Richerts unbewiesene Behauptung von einer »vertikalen und horizontalen Kooperations-Solidarität« und Ludz' Formel von einer »partiellen Interessenidentität« in der DDR[74]. Aus der Tatsache, daß 1970 43,1 Prozent der Bevölkerung der DDR jünger als 30 Jahre und mehr als die Hälfte jünger als 35 Jahre waren, zog Thomas den waghalsigen Schluß, damit gewinne auch die Frage nach einem eigenen Staats- und Nationalbewußtsein in der DDR eine neue Dimension. Auch glaubte er, ohne es empirisch nachweisen zu können, von einem »Arrangement von Partei, Staat und Gesellschaft« ausgehen zu können. Die Existenz einer »starken Komponente innergesellschaftlicher Solidarität« verstand sich für Thomas von selbst[75].

Thomas gab ein hervorragendes Beispiel dafür, wie sehr Anfang der siebziger Jahre bereits der »Relativismus der Systeme« verbreitet war. Während nach seiner Ansicht sich die Politik der DDR »vorrangig an der Idee der Gleichheit orientiert« habe, erweise die Bundesrepublik »in der Diskrepanz zwischen der rechtsstaatlich garantierten und weithin funktionsfähigen Freiheit der Meinungsäußerung und dem Ungleichgewicht ökonomischer Verfügungsgewalt durch die Folgenlosigkeit engagierter Reformpolitik, daß der fundamentale Rang der Freiheit zwar erkannt worden ist, ihre konkrete Betätigung durch alle Staatsbürger wegen der Vernachlässigung der Idee der Gleichheit aber eingeschränkt bleiben mußte«[76].

Verständlicherweise lobte Richert nicht nur diese fragwürdigen Darlegungen. Besonders gefiel ihm, daß für Thomas »Nation als metajuristischer, aus der Geschichte geprägter Begriff wenig« besage: »Die deutsche Nation in staatlich geeinter Form figuriert bei ihm als eine kurzfristige und fragwürdige Angelegenheit der Vergangenheit. Das Weitere sollte man seiner Meinung nach künftigen Generationen überlassen.«[77]

Ebenso stark beachtet wurde seinerzeit Gebhard Schweiglers Analyse »Nationalbewußtsein in der BRD und der DDR« aus dem Jahre 1973. Von einem Autor, der die Bundesrepublik Deutschland im Titel seines Buches auf das Kürzel reduzierte, war wenig Gutes zu erwarten. So meinte Schweigler, »die Nation Deutschland dürfte im übrigen ohnehin aufgehört haben zu existieren, wenn sich in beiden Teilen Deutschlands ein auf den eigenen Staat bezogenes Bewußtsein herausgebildet haben wird, das eine Vereinigung mit dem anderen Staat von vornherein ausschließt, es sei denn – möglicherweise – auf der Grundlage der eigenen Gesellschaftsordnung. In dem Augenblick, wo sich die Bevölkerung der DDR und die Bevölkerung der Bundesrepublik mit ihrem Staat identifizieren, mit ihm zufrieden sind und keine radikale Veränderung der Verhältnisse wünschen . . ., scheint eine Wiedervereinigung praktisch ausgeschlossen . . . Es gäbe dann weder ein gesamtdeutsches Staatsnationsbewußtsein noch ein Kulturnationsbewußtsein – Deutschland als Bewußtseinsnation hätte aufgehört zu existieren.«[78]

Diese weitreichenden Aussagen machte Schweigler trotz der richtigen Erkenntnis, für Exaktheit sowie Ausführlichkeit der Darstellung der Entwicklung der öffentlichen Meinung in der DDR sei »die Datenbasis einfach ungenügend«. So warf er Ludz Widersprüche vor, »die entstehen können, wenn man sich auf Mutmaßungen anstatt auf empirisch gesicherte Erkenntnisse stützen muß«[79]. Zwar hat Schweigler – verdienstvollerweise – die meist von westlichen Journalisten verfaßten und oberflächlichen Berichte über kurze Besuche in der DDR zusammengestellt, ohne sie jedoch kritisch genug zu würdigen. Er gelangte nämlich zu dem Ergebnis, »das Nationalstaatsbewußtsein der DDR-Bevölkerung scheint heute bereits so gefestigt zu sein, daß es auch durch eine Politik der Offenheit nicht mehr erschüttert werden könnte«. Ebenso verfehlt war seine Feststellung, »daß die Bundesrepublik Deutschland heute, auch und vor allem im Bewußtsein ihrer Bevölkerung, ein nahezu voll ausgebildeter Nationalstaat«[80] sei.

Es ist schon frappant, zu welchen weitreichenden und falschen Schlußfolgerungen westdeutsche Sozialforscher in den siebziger Jahren gelangt sind, obwohl sie um die unzureichende Datenbasis wußten. Ebenso schlimm war, daß viele Autoren – auch Schweigler – der Bundesrepublik Deutschland vorwarfen, sie habe sich »in ihrem Selbstverständnis als Gegenstück zur DDR« definiert, und dies habe »zur Förderung der Teilung beträchtlich« beigetragen. So gelangte Schweigler 1981 zu dem Schluß, fast alles weise darauf hin, »daß das Problem der Nation in Deutschland sich schließlich dadurch lösen wird, daß zwei neue Nationalstaaten entstehen«[81]. Es war das gute Recht der Bundesrepublik Deutschland, sich als Gegenstück zur DDR zu verstehen. Hier zeigt sich wiederum, wie sehr die Brandtsche »neue Deutschland-Politik« zum »Relativismus der Systeme« in den siebziger Jahren beigetragen hat. Peter C. Ludz, Ernst Richert, Rüdiger Thomas, Gebhard Schweigler und viele andere Analytiker überschätzten damals und später bei weitem den Grad der Interessenidentität zwischen der Bevölkerung und der Partei- und Staatsführung der DDR.

Zu den wenigen Untersuchungen, die nicht Ludz' Diktum, die DDR-Realität sei nur systemimmanent zu erfassen, gefolgt sind, gehört Hermann Rudolphs 1972 erschienene Analyse »Die Gesellschaft der DDR – eine deutsche Möglichkeit?«. Rudolph ist – wie bereits dargelegt – einer der wenigen bundesdeutschen Publizisten, die immer vorsichtig argumentiert und sich – im Gegensatz zu vielen Sozialwissenschaftlern – gehütet haben, aus dem unzureichend vorliegenden empirischen Material voreilige Schlüsse aus der »Bewußtseinslage« der DDR-Bevölkerung zu ziehen. Zwar meinte er 1972, »das Gebäude des Nationalstaates« sei »unheilbar zerfallen«, um aber gleichzeitig darauf hinzuweisen, der »Eifer, mit dem sich die DDR-Führung immer wieder dem Problem der Nation zuwendet«, belege »im übrigen die Fortdauer seiner Geltung«. Auch überschätzte Rudolph die Möglichkeiten der SED-Führung, die inneren Verhältnisse zu konsolidieren und die Bevölkerung zu einem »resignativen Sichabfinden« zu bewegen, ohne aber dabei – wie viele DDR-Beobachter – irgendeinen Zweifel an der Fortdauer der deutschen Nation aufkommen zu lassen[82].

Es ist dem Münchener Politologen Kurt Sontheimer hoch anzurechnen, daß er – Mitautor des erfolgreichen Lehrbuches »Die DDR – Politik, Gesellschaft, Wirtschaft«[83] – nach der gewaltlosen Revolution in der DDR gefragt hat, ob Wissenschaft und Medien bei uns den wirklichen Zustand der DDR verschleiert hätten. Sontheimer bekannte, daß die von ihm und Wilhelm Bleek verfaßte Studie »von der Annahme einer Unumkehrbarkeit der politischen Entwicklung« ausgegangen sei: »Die DDR würde auch in Zukunft ein sozialistischer Staat bleiben. Ich verniedlichte zwar nicht den totalitären Herrschaftscharakter des SED-Staates, doch registrierte ich sorgsam alle Anzeichen, die darauf hindeuteten, daß sich in der DDR ein eigenes sozialistisches Staatsbewußtsein entwickelte, daß die DDR-Bürger sich in ihrer großen Mehrheit mit dem sozialistischen System arrangierten und ihm – auch im Vergleich zur Bundesrepublik – manche positiven Züge abgewinnen konnten.«[84]

Sontheimer wies darauf hin, in den Berichten vieler westlicher Journalisten sei die Tendenz, die Entwicklung der DDR im Rahmen der sozialistischen Welt in vielen Bereichen positiv zu sehen, noch weit stärker zum Ausdruck gekommen. Als Beispiel nannte er den 1986 von Theo Sommer herausgegebenen Band »Reise ins andere Deutschland«, in dem »nichts über die schreckliche Allgegenwärtigkeit des Staatssicherheitsdienstes, nichts über den permanenten Druck, den die SED auf die Bevölkerung ausübte, nichts über den schlimmen Verfall der Städte, nichts, was auf die Brüchigkeit und Hohlheit des Systems aufmerksam machen konnte«, zu lesen gewesen sei.

Das *Zeit*-Team war zehn Tage quer durch die DDR gereist, und

Sommer faßte das Ergebnis der Eindrücke so zusammen: »DDR 1986 ... Es herrscht Bewegung statt Stagnation, die Zaghaftigkeit hat einer selbstbewußten Gelassenheit Platz gemacht, das Grau weicht überall freundlicheren Farben, die niederdrückende Trübsal ist verflogen ... Vor allem wirkt das Land bunter, seine Menschen sind fröhlicher geworden ... Drüben hat sich ein zweites deutsches Wunder vollzogen – ein gedämpftes, gebremstes Wunder, aber dennoch.«[85]

Zutreffend betonte Sontheimer, daß Günter Gaus »diese beschönigende, die repressiven und brutalen Seiten des kommunistischen Herrschaftssystems stark relativierende Sicht der Dinge« in seinem 1983 erschienenen Buch »Wo Deutschland liegt«[86] »am weitesten« getrieben habe: »Seine allzu einfühlsame Darstellung der DDR vermittelte den Eindruck eines anderen Deutschland, dessen positive, ja anheimelnde und traditionell deutsche Züge viel ausgeprägter zu sein schienen als die negativen Seiten.« Sontheimer versuchte auch, die Gründe für die weitverbreitete Fehleinschätzung der inneren Verhältnisse der DDR zu erläutern. Zum ersten habe niemand den von Michail Gorbatschow eingeleiteten Kollaps des gesamten Ostblocks voraussehen können. Zum zweiten »bestand eine vage Sympathie für alles Sozialistische. Die dritte Ursache lag im Bewußtsein der Zugehörigkeit zur deutschen Nation. Da freute man sich als Deutscher, wenn man schon die Teilung als unwiderruflich ansehen mußte, wenigstens darüber, daß es auch einiges Positive über die DDR zu vermelden gab. So kam es zu jener verzerrenden Perspektive.«

Allerdings muß sich Sontheimer daran erinnern lassen, daß er selbst zu früh den Gedanken an den Fortbestand der deutschen Nation aufgegeben und sich mit der staatlichen Teilung des Landes abgefunden hatte. Darüber hinaus hatte er keine Skrupel festzustellen, die Bundesrepublik Deutschland solle nur noch an die eigene Zukunft denken. Das Recht des deutschen Volkes auf Selbstbestimmung spielte zumindest vorübergehend für Kurt Sontheimer keine Rolle[87].

Die Fehleinschätzungen der inneren Situation der DDR und die Unterschätzung oder gar Negierung der repressiven Züge des Herrschaftssystems durch bekannte bundesdeutsche Wissenschaftler hat Sontheimer nur unzureichend umschrieben. Für Theo Sommer,

Günter Gaus und viele andere DDR-Beobachter folgte aus der offiziell vertretenen Entspannungspolitik zwangsläufig, die DDR nicht in Frage zu stellen und dem dort praktizierten »sozialistischen« System soweit wie möglich positive Züge abzugewinnen. Schlimmer ist in diesem Zusammenhang, daran erinnern zu müssen, »wie sehr die in der Brandt- und Schmidt-Ära »geförderte DDR- und Deutschlandforschung sich den Imperativen der Entspannungspolitik zu beugen hatte«. Bestimmte Themen, so der Berliner Wirtschaftswissenschaftler Gert Leptin, »waren politisch nicht erwünscht und wurden darum vom Geldgeber, dem Ministerium für innerdeutsche Beziehungen, auch nicht gefördert... Die Bonner befürchteten durch solche Analysen eine Gefährdung der Entspannungspolitik.«[88]

Es war ja kein Zufall, daß bis weit in die siebziger Jahre Opposition und Staatssicherheit »Themen für Außenseiter«[89] blieben. Obwohl Karl Wilhelm Fricke in den siebziger und achtziger Jahren umfangreiche Monographien zu dieser Problematik vorgelegt hatte, sah er sich genötigt, sein Referat »Macht und Entmachtung des Staatssicherheitsapparates in der DDR« auf der 23. Tagung zum Stand der DDR-Forschung in der Bundesrepublik Deutschland Anfang Juni 1990 in Bonn mit dem Hinweis einzuleiten, seines Wissens sei diese Tagung die erste, »auf der konkret der Staatssicherheitsapparat der DDR thematisiert worden ist. Das Ministerium für Staatssicherheit ist mithin für die wissenschaftliche DDR-Forschung als Forschungsgegenstand erst entdeckt worden, als es nicht mehr existierte – und solange es existiert hat, blieb es als Forschungsgegenstand uninteressant!«[90]

So hat es der Berliner Politologe Gert-Joachim Glaeßner, »einer der wissenschaftlichen Nachfahren Ernst Richerts«[91], in seinem 1977 erschienenen Buch »Herrschaft durch Kader – Leitung der Gesellschaft und Kaderpolitik in der DDR am Beispiel des Staatsapparates« fertiggebracht, das Ministerium für Staatssicherheit nicht ein einziges Mal zu erwähnen – »ein Defizit, das deshalb so unverständlich war, weil Kaderpolitik in der DDR ohne das Ministerium für Staatssicherheit schlicht undenkbar war«[92].

Glaeßners »Defizit – das macht es so exemplarisch – lag keine zufällige Fehleinschätzung zugrunde, sondern ein falscher theoretischer Ansatz, d. h. ein politisch-ideologisches Vorurteil«[93]. Auch in dem von ihm 1988 herausgegebenen umfangreichen Sammelband

»Die DDR in der Ära Honecker – Politik–Kultur–Gesellschaft« blieb das Ministerium für Staatssicherheit ausgespart. In Glaeßners »Sozialismus«-Bild hatte es keinen Platz. So lobte er 1988 die DDR-Forschung, da es ihr gelungen sei, »das in der DDR errichtete Gesellschaftssystem zu ›entdämonisieren‹«. Die DDR-Forschung habe »sich aus der Umklammerung eines platten Antikommunismus gelöst . . .« Zu guter Letzt wies er ihr die Aufgabe zu, »das politische und gesellschaftliche System des ›realen Sozialismus‹« als »eine unter anderen Formen der Organisation hochentwickelter industrieller Gesellschaften zu begreifen und nicht als Abirrung vom rechten Weg der kapitalistischen Tugend . . .«[94] Wer so argumentiert, vermag das Ministerium für Staatssicherheit »nicht als politisches Überwachungs- und Unterdrückungsinstrument der SED zu begreifen, das es war und sein wollte, der muß es ingorieren«[95].

Glaeßner berief sich in seiner zweifelhaften Argumentation auf Hartmut Zimmermann, den langjährigen Leiter des Arbeitsbereichs DDR-Forschung an der Freien Universität Berlin, der 1973 die fragwürdige These vertreten hatte, er verstehe die Erforschung der DDR als einen Beitrag, das politische und gesellschaftliche System der Bundesrepublik zu reformieren, »ohne daß es für diese verbindliche theoretische oder ideologische Grundlagen gibt«[96]. Das war auch gut so.

Zimmermann meinte 1979 ohne jeden empirischen Nachweis, viele DDR-Bürger suchten einen »dritten Weg« zwischen den realen Systemen der DDR und der Bundesrepublik, »der durchaus sozialistische Gehalte aufweist«[97]. Er glaubte damals nicht, es könne Aufgabe deutscher Politik sein, die deutsche Frage offenzuhalten. Dabei bezog er sich auf die These des Hamburger Politologen Michael Hereth, der 1979 ausgeführt hatte, »die Debatte über Wiedervereinigungspolitik, über die deutsche Einheit und die deutsche Frage« sei »mehr als ein außenpolitischer Dauerbrenner von zweifelhaftem Wert, der in der Bundesrepublik immer wieder alte Kontroversen neu aufzulegen erlaubt«. Ein seltsames Verfassungsverständnis verriet Hereths Aussage: »Die Verfassung des Landes verliert so lange ihren Charakter als ernst zu nehmende Ordnung, so lange sie durch das ›Überziel‹ deutsche Einheit gleichsam relativiert wird.«[98] Hereths Beitrag paßte vortrefflich in das Deutschland-Bild der Zeit; mit seiner völlig überzogenen Kritik am Grundvertrags-Urteil des Bundesverfassungsgerichts vom 31. Juli 1973 konnte er sich nur mit Horst Ehmke messen[99].

Vom Kollaps der DDR sind so viele Politologen aus dem Bereich der DDR-Forschung überrascht worden, da sie daran glaubten, »daß eine allmähliche Transformation auch der politischen Strukturen in Gang kommt, ohne daß diese ihre Spezifik verlieren, aber doch so, daß das Leben in ihnen leichter wird«[100]. So warf Glaeßner noch 1989 der bundesdeutschen DDR-Sicht vor, sie begreife die DDR nur als ein politisches und nicht auch als ein soziales System mit spezifischen Problemen. Ebenso werde hier die Tatsache übersehen, »daß sich dieses politische System in den letzten zwanzig Jahren zumindest insoweit geändert hat, daß es die Lebenswelten der Menschen nicht mehr totaler politischer Kontrolle unterwirft und daß auch da, wo Reste dieses Anspruchs noch bestehen, die Menschen sich Nischen individueller und gemeinschaftlicher Lebensgestaltung geschaffen haben . . .«[101]

Diese Einschätzung der inneren Situation der DDR geht ebenso fehl wie Glaeßners Empfehlung nach der friedlichen Revolution in der DDR, es werde Aufgabe für künftige Historiker sein, »die Frage zu klären, wann und warum die politische und gesellschaftliche Entwicklung in der DDR im Laufe der achtziger Jahre in die falsche Richtung gelenkt wurde, warum die SED-Führung unter Erich Honecker den Weg moderater Anpassung des Systems an sich verändernde innergesellschaftliche und äußere Bedingungen verließ, alle Versuche einer Modernisierung des Systems blockierte und dieses zunehmend in Korruption und Mißwirtschaft verstrickt wurde«[102].

Glaeßners »Glaube« an einen gewandelten »Sozialismus« war also grenzenlos. Dabei befand er sich allerdings in guter Gesellschaft – beispielsweise des Marburger Politologen Wilfried von Bredow und des Direktors des vom Bundesforschungsministerium finanzierten Instituts für Gesellschaft und Wissenschaft in Erlangen, Clemens Burrichter, die im Herbst 1988 gemeint hatten, die Bonner Deutschland-Politik sei »konzeptionell, operativ und methodisch . . . an einer Wendemarke angelangt«. Als neues »Konzept« empfahlen beide Autoren: »Die mittelfristigen ost- und deutschlandpolitischen Zielstellungen müssen neu definiert werden. Aus dieser Neudefinition muß hervorgehen, warum welche ›sozialistischen Strukturreformen‹ unterstützenswert sind, was man für solche Unterstützung für die Individuen und die Gesellschaft an Fortschritten erwartet und daß (und warum) angesichts der gegenwärtigen inneren und äußeren Lage weder die Selbstaufgabe der Kommunisten noch die Einheit Deutschlands auf der Tagesordnung der Deutschlandpolitik stehen.«[103]

Die Mehrheit der DDR-Bevölkerung hat 1989 die Bundesregierung davor bewahrt, diesen zweifelhaften Vorschlägen zu folgen. Abschließend bleibt noch darauf hinzuweisen, daß auf den bisher 24 Tagungen von DDR-Forschern »eine Vielfalt von Problembereichen berührt, manch verborgener Winkel der DDR-Gesellschaft gut ausgeleuchtet« wurde: »Themen wie die fehlende Legitimität der DDR, die Wahlen oder der Sicherheitsapparat spielten jedoch gar keine oder so gut wie keine Rolle.«[104]

Unverzeihlich ist allerdings, daß auf der 14. Tagung zum Stand der DDR-Forschung in der Bundesrepublik Deutschland im Juni 1981 Gert-Joachim Glaeßner sein einseitiges Bild von der DDR-Forschung vortragen konnte, ohne daß ihm eine ausgewogene und gerechte Darstellung gegenübergestellt wurde. Damals meinte er, es sei »das leidige Thema Deutschland, deutsche Nation, deutsche Einheit, das den rationalen Umgang mit der DDR zusätzlich erschwert und eine Disziplin wie die DDR-Forschung spezifisch prägt. Ich frage mich, ob die folgende Einschätzung von Günter Gaus nicht auch auf viele DDR-Forscher zutrifft: ›Im Grunde haben wir bei uns die DDR innerlich noch nicht anerkannt. Wir führen – sogar zunehmend wieder – Schattenboxkämpfe aus zurückliegenden Zeiten‹[105].«[106]

Hier irrte Glaeßner insoweit, als durchaus viele DDR-Forscher aus dem politologischen Bereich im Sinne von Gaus gearbeitet haben. Es war und ist gut zu wissen, daß dies für die DDR-Rechtsforschung in keiner Weise zutraf.

Die realistische Einschätzung der DDR
durch die Rechtsforschung

Dem Bundesverfassungsgericht gebührt größter Dank, daß es in seinem Urteil über die Konformität des Grundvertrags mit dem Grundgesetz vom 31. Juli 1973 der Bundesrepublik Deutschland aufgegeben hat, bei der Ausfüllung des Grundvertrags durch Folgeverträge und -vereinbarungen mit der DDR auch folgendes zu beachten: »Ebensowenig darf der Vertrag dahin verstanden werden, daß er die Bundesregierung und alle übrigen Organe in Bund und Ländern von der verfassungsmäßigen Pflicht entbinde, das öffentliche Bewußtsein nicht nur für die bestehenden Gemeinsamkeiten, sondern auch dafür wachzuhalten, welche weltanschaulichen, politischen und sozialen Unterschiede zwischen der Lebens- und *Rechts*ordnung der Bundesrepublik Deutschland und der Lebens- und *Rechts*ordnung der Deutschen Demokratischen Republik bestehen.«[107]

Diese Feststellung gewann vornehmlich deshalb ein so großes Gewicht, da in der vor allem in den siebziger Jahren im »Deutschland Archiv« geführten Diskussion über die Problematik der Deutschland-Forschung dem Recht der DDR überhaupt keine oder eine nur unzureichende Position zugewiesen worden ist. Man mußte den Eindruck gewinnen, als bestehe die Funktion der DDR-Forschung einzig und allein darin, die gesellschaftlichen, sozialen und wirtschaftlichen Aspekte der DDR-Wirklichkeit zu analysieren. Überblickt man die Entwicklung der DDR-Rechtsforschung in der Bundesrepublik Deutschland, so muß man sich auch hier immer vergegenwärtigen, daß die SBZ/DDR-Forschung ihr Entstehen der Spaltung Deutschlands – also einem Politikum[108] – verdankt. Diese Feststellung ist deshalb so wichtig, weil sich in den einzelnen Etappen der Bonner Deutschland-Politik – notwendigerweise – auch die Entwicklung der DDR-Rechtsforschung zu einem guten Teil widerspiegelt.

Bis in die Mitte der fünfziger Jahre stellte sich die Frage, ob eine umfassende und systematische wissenschaftliche Beschäftigung mit der SBZ/DDR notwendig sei, noch nicht. Damals war der Blick in erster Linie auf in beiden Teilen Deutschlands anzutreffende Gemeinsamkeiten, das heißt auf die Einheit Deutschlands gerichtet.

Man hoffte, daß die DDR möglichst bald im Wege freier gesamtdeutscher Wahlen mit der Bundesrepublik wiedervereinigt werde und keinen gesonderten Forschungsgegenstand zu bilden brauche. Die Spaltung des Landes wurde als ein vorübergehender Vorgang gewertet, der es nicht nötig mache, die entstehenden Unterschiede in den Rechts-, Wirtschafts- und Sozialordnungen im einzelnen zu analysieren.

Es bedurfte – verständlicherweise – einiger Jahre, um in der parlamentarisch-demokratisch, freiheitlich und rechtsstaatlich verfaßten Bundesrepublik Deutschland einzusehen, daß es auch zu den gesamtdeutschen Aufgaben gehört, die DDR, die sich seit ihrer Errichtung keiner demokratischen Legitimation erfreuen konnte und deren totalitärer Charakter außer Zweifel stand, auch wissenschaftlich nicht als »Terra incognita« zu behandeln. Erst in der zweiten Hälfte der fünfziger Jahre wurde immer deutlicher, daß die politische Spaltung Deutschlands auch eine Rechtsspaltung zur Folge hatte. Die Beschäftigung mit SBZ/DDR-Rechtsthemen ist seit Anfang der fünfziger Jahre wesentlich durch das Bundesministerium für gesamtdeutsche Fragen gefördert worden; das gilt auch für die Zeit ab Herbst 1969 für das Bundesministerium für innerdeutsche Beziehungen[109].

Die in der politologischen Deutschland-Forschung seit der zweiten Hälfte der sechziger Jahre lebhaft geführte Diskussion um die richtige methodische Vorgehensweise – Wertfreiheit oder Werthaftigkeit – haben DDR-Rechtsforscher teilweise mit Schmunzeln verfolgt. Der Rechtswissenschaftler besitzt gegenüber den meisten anderen Sozialwissenschaftlern einen großen Vorteil, wenn er sich mit der DDR – oder einem anderen östlichen Staat – befaßt: Er hat als einziger die Möglichkeit, auf der sicheren Basis des authentischen Rechtsmaterials zu arbeiten. Ihm stehen neben dem relevanten Normativmaterial die einschlägigen Gerichtsentscheidungen und die wissenschaftliche Literatur zur Verfügung, um die Rechtstheorie und Rechtspraxis dieser Länder zu studieren. Er ist im Gegensatz zu den anderen Sozialwissenschaftlern in der Lage, relevante Aussagen zu machen, auch wenn sie sich auf Vorgänge beziehen, die er nur »von außen« zu beurteilen vermag.

Mit dem Ruf nach »systemimmanenter Analyse« meinte man – wie dargelegt – vor allem auf politologischer und soziologischer Seite den richtigen methodischen Weg gefunden zu haben. Für die DDR-Rechtsforschung wurde diese Problematik erst mit dem Erscheinen der Materialien zum Bericht der Bundesregierung zur Lage der Nation 1972 aktuell. Die »Materialien 1972« machten den Versuch, die geltenden Rechtsordnungen in den beiden Staaten Deutschlands auf der Ebene der Normensysteme gegenüberzustellen. Zur »Methode« hieß es im Vorwort: »Grundsätzlich orientieren sich die ›Materialien‹ an der immanenten Deskription als Methode. Zusammenhänge werden so, wie sie sich im jeweiligen Selbstverständnis der Bundesrepublik Deutschland und der DDR darstellen, zu erfassen gesucht. Die ›Materialien 1972‹ sind geprägt von der beschreibenden Erfassung überwiegend formaler Strukturen der Rechtsordnungen in beiden deutschen Staaten.«[110]

Das unbestreitbare Verdienst der »Materialien 1972« lag darin, daß sie in den Bereichen Verfassung und Staatsrecht, Zivil- und Familienrecht, Wirtschaftsrecht, Arbeitsrecht, Strafrecht und Kriminalität sowie Rechtspflege das in beiden Staaten Deutschlands geltende Recht einander gegenübergestellt haben, wie es in diesem Umfang bis dahin noch nicht geschehen war. Doch durfte und sollte sich der DDR-Rechtsforscher mit einer solchen Sicht begnügen? Schon damals meinten prominente Juristen, eine Beschränkung der DDR-Rechtsforschung – oder gar der gesamten DDR-Forschung – auf eine wertfreie Analyse sei unangebracht und führe zu einer Verwischung der zwischen beiden Rechtsordnungen in Deutschland bestehenden Unterschiede. Im Gegensatz zu vielen Politologen fiel es den Juristen leichter, das Karlsruher Diktum vom 31. Juli 1973 im Auge zu behalten, daß alle Organe in Bund und Ländern verpflichtet seien, »das öffentliche Bewußtsein nicht nur für die Gemeinsamkeiten, sondern auch für die Unterschiede zwischen den Lebens- und Rechtsordnungen der beiden Staaten in Deutschland wachzuhalten«.

Überspitzt formuliert: Eine auf die Darstellung des Selbstverständnisses der DDR reduzierte DDR-Forschung wäre nicht nur langweilig gewesen, sondern hätte auch die Frage impliziert, ob es dann nicht sinnvoller gewesen wäre, sich hier auf die Wiedergabe der dortigen »Erkenntnisse« zu beschränken. Zutreffend betonte beispielsweise Klaus Westen, Ostrechts-Spezialist an der Freien Universität Berlin, es bestehe kein Grund, »sich bei der Beurteilung der mit wissenschaftlichen Methoden erarbeiteten Ergebnisse Zurückhaltung aufzuerlegen. Und ausgerechnet von ›DDR-Forschern‹ Wertungsfreiheit verlangen zu wollen, wäre ein nicht realisierbarer Purismus, der zudem wissenschaftlich unergiebig wäre; ganz abgesehen von der Frage, ob die Enthaltung von jeglicher Wertung nicht gerade dem Wunsch nach Wertung entspricht, weil man eventuell die Dinge ›für sich‹ sprechen lassen will.«[111]

Jene bundesdeutschen Rechtswissenschaftler, die sich mit dem Herrschaftssystem der DDR beschäftigt haben, waren immer bestrebt, auch die Verfassungswirklichkeit in den Griff zu bekommen und kritisch zu werten. So meinte der Kölner Ostrechtler Georg Brunner 1980, gegen einen Verzicht auf den Totalitarismus-Begriff müßten so lange Bedenken angemeldet werden, »bis es gelungen ist, ein besseres, konsensfähiges und zweckdienliches Konzept zu entwickeln. Dieser Zeitpunkt ist noch nicht in Sicht . . .«[112]

Brunner entwickelte im Rahmen einer vergleichenden Regierungslehre den »Typus einer totalitären Diktatur« und fragte: 1. Wer ist Herrschaftsträger (Entscheidungsträger)? 2. Wie groß ist die Reichweite der Herrschaft (der Entscheidungen)? 3. Mit welchen Mitteln wird die Herrschaft ausgeübt (werden die Entscheidungen durchgeführt)? Brunner definierte: »Ein politisches System ist dann eine totalitäre Diktatur, wenn die Entscheidungsmacht in einem Herrschaftszentrum konzentriert ist (monistische Herrschaftsstruktur), die Herrschaft sich auf alle Bereiche des gesellschaftlichen Lebens erstreckt (totaler Herrschaftsumfang) und die Mittel zur Durchführung von Grundentscheidungen der Art und Intensität nach unbegrenzt sind (totale Herrschaftsausübung).«[113]

In seiner detaillierten Analyse gelangte Brunner zu dem Ergebnis, »daß in der DDR alle politische Entscheidungsmacht bei einer kleinen, oligarchischen Personengruppe konzentriert ist, die Herrschaft sich auf alle Bereiche des gesellschaftlichen Lebens erstreckt und die anwendbaren Herrschaftsmittel keinen wirksamen Schranken unterliegen. Dies bedeutet aber nichts anderes, als daß das politische System der DDR – trotz aller Wandlungen, die es in seiner 30jährigen Geschichte zum Besseren und zum Schlechteren durchgemacht hat – nach wie vor eine totalitäre Diktatur darstellt.«[114]

Auch Siegfried Mampel, der Nestor der bundesdeutschen DDR-

Rechtsforschung, hat sich in seinem umfangreichen Schrifttum nie vor Wertungen gescheut. Enzyklopädischen Charakter trägt sein 1972 erschienener Kommentar »Die sozialistische Verfassung der Deutschen Demokratischen Republik«, den er innerhalb von zehn Jahren in einer revidierten und zeitlich fortgeführten Auflage vorlegen konnte[115]. Mit diesem international anerkannten Standardwerk über die Verfassungsordnung der DDR hat Mampel auch einen bahnbrechenden Beitrag zur Theorie und Methodologie der DDR- und vergleichenden Deutschland-Forschung geliefert. Bei der wissenschaftlichen Durchdringung des Verfassungsrechts der DDR geht er zunächst vom Selbstverständnis der politisch Verantwortlichen in der DDR aus, indem er das Rechtssystem anhand von Rechtsnormen und -aussagen aus der DDR selbst analysiert, um dann vergleichend aus »westlicher« Sicht zu argumentieren und zu bewerten. Kein anderer Autor hat beispielsweise so umfassend und nuanciert die »führende Rolle« der SED, von Mampel als »Suprematie« apostrophiert, herausgearbeitet.

Eckhard Jesse meint, die nächsten Jahre dürften für die DDR-Forschung »von der Gretchenfrage bestimmt sein, ob sie versagt habe. Diese Frage läßt sich nicht mit einem pauschalen Ja oder Nein beantworten. Schließlich haben auch jene Forscher, die sich den systemimmanenten Ansatz nicht zu eigen machten, die mangelnde Stabilität der DDR keineswegs erkannt und ihr Ende nicht prognostiziert. Der Totalitarismus-Ansatz basierte gerade auf der Prämisse, das kommunistische Machtmonopol sei unantastbar.«[116]

Dieser Vorwurf kann sich nicht gegen jene bundesdeutschen Staatsrechtler richten, die das Herrschaftssystem der DDR als »totalitäre Diktatur« zu bezeichnen pflegten. Auf jeden Fall haben die Juristen, die sich mit dem »politischen System« der DDR befaßt haben, die innere Situation des zweiten Staates in Deutschland sehr viel realistischer beurteilt als jene Politologen, die sich nicht auf die Analyse des Herrschaftssystems beschränkt, sondern stets auch über die Wandelbarkeit und »Modernisierung« des »real existierenden Sozialismus« spekuliert haben. In Mampels und Brunners Studien über die Verfassungsordnung der DDR wird übrigens das Thema »Staatssicherheit« jeweils behandelt[117].

Ergebnisse der DDR-Wirtschafts-
forschung

Den ausgerechnet in der *Zeit* erhobenen Pauschalvorwurf, die DDR-Forschung habe »kläglich versagt«[118], hat Karl C. Thalheim, einer der Begründer der SBZ- und DDR-Forschung, in aller Schärfe und mit guten Gründen zurückgewiesen: »Sicherlich hat es auch in der wirtschafts- und sozialwissenschaftlichen Forschung über die DDR Irrtümer, Fehlurteile und falsche Prognosen gegeben; aber sie sind keineswegs kennzeichnend für die gesamte Forschung in diesem Bereich.«[119]

Thalheim, der die Arbeit des Forschungsbeirats für Fragen der Wiedervereinigung Deutschlands beim Bundesminister für gesamtdeutsche Fragen/innerdeutsche Beziehungen von Anfang an maßgeblich mitbestimmt hat[120], bemerkt: Wäre diese Institution »nicht 1975 brüsk und ersatzlos aufgelöst worden, so wären bei der jäh erscheinenden Möglichkeit der Vereinigung wesentlich bessere Kenntnisse der zu erwartenden ungemein schwierigen Probleme vorhanden gewesen«[121]. Dabei bezieht er sich auf die Kritik des Berliner Politologen Hartmut Jäckel, der auf »eklatante Schwächen« der von Ernst Richert und Peter C. Ludz in den sechziger Jahren entwickelten Richtung der DDR-Forschung hingewiesen hatte: »Die Fragwürdigkeit einer systemimmanenten und allzu detailverliebten DDR-Forschung, wie sie damals begründet wurde, liegt heute offen zutage. Sie gleicht einem Meßtischblatt, das jedes Gehöft und jede Bodensenke verzeichnet, aber nicht ausweist, daß die ganze Region permanent unter Wasser steht.«[122]

Thalheim konzediert, ohne Zweifel habe es auch in der Beurteilung der DDR-Wirtschaft erhebliche Fehlurteile gegeben, »aber sie kamen nur in relativ seltenen Fällen von ernsthaften Wissenschaftlern«[123]. Thalheims Berliner Kollege Gert Leptin ist hier schon mit seinem Hinweis zitiert worden, in welchem Umfang das Ministerium für innerdeutsche Beziehungen unter Egon Franke die DDR-Forschung politischen Zielen dienstbar gemacht hat. Bestimmte politische Themen waren unerwünscht und wurden daher nicht gefördert. Ebenso habe es sich, so Leptin, mit Konzepten zur Zusammenführung sozialistischer und marktwirtschaftlicher Betriebe verhalten[124]. Auch Thalheim bemerkt, soweit »Wissenschaftler zu einer grundsätzlich kritischen Beurteilung des wirtschaftlichen, sozialen oder politischen Systems, seines Funktionierens und seiner Ergebnisse kamen, waren sie immer in der Gefahr, eines ›primitiven Antikommunismus‹ geziehen zu werden, vor allem natürlich aus der DDR, aber auch aus der Bundesrepublik Deutschland; das hat der Verfasser dieses Aufsatzes nicht selten selbst erleben müssen.«[125]

Es ist schon erstaunlich, daß die SPD, die nach dem »Machtwechsel« im Herbst 1969 nahezu alle der CDU Angehörenden oder ihr Nahestehenden aus wichtigen Ämtern im Ministerium für innerdeutsche Beziehungen entfernt hatte, die gravierenden Vorwürfe Gert Leptins und Karl C. Thalheims unwidersprochen gelassen hat. Wie begründet die Auslassungen Leptins und Thalheims sind, dokumentiert das Schicksal der detaillierten Dokumentation »Politik und Justiz in der DDR« von Karl Wilhelm Fricke, die damals vom Bundesministerium für innerdeutsche Beziehungen finanziert wurde. Fricke hatte Anfang der siebziger Jahre noch wesentlich mehr Dokumente und Zeugenaussagen zusammengetragen, als er 1979 in seiner Studie veröffentlichen konnte. Doch das Ministerium für innerdeutsche Beziehungen erlaubte nicht einmal, das unter großem Aufwand erarbeitete Material wenigstens in Auszügen zu publizieren, sondern hielt es streng unter Verschluß. Nach jahrelangem Drängen konnte Fricke endlich 1979 wenigstens Teile seiner Dokumentation veröffentlichen. Auch wenn persönliche Gründe mit im Spiel waren, räumte Fricke gegenüber der *Welt* Anfang April 1990 ein, habe auch »die Rücksichtnahme auf die offiziellen Beziehungen zur DDR im Zeichen der sozial-liberalen Entspannungspolitik eine Rolle bei diesem Zögern gespielt«[126].

In seiner Rezension der Materialsammlung Frickes meinte seinerzeit Hanns Werner Schwarze in der *Zeit*: »Springers *Welt* weiß zu berichten, daß der Inhalt des Buches der Bundesregierung ›so viel Unbehagen bereitet habe, weil es beweise, daß das SED-Regime ein Regime des institutionalisierten Unrechts ist‹. So einfach wird das, wenn man eine Geschichte politischer Verfolgung mit irritierendem Titel versieht.« Schwarze wußte noch eins draufzusetzen: »Journalisten, Soziologen, Juristen und Politologen mögen darüber streiten, ob

443

und wie Justiz in jeder Gesellschaftsordnung Mittel und Dienerin der Politik sein will oder sein muß. Doch wer den Eindruck erweckt, der inzwischen seit 31 Jahren existierende zweite deutsche Staat sei vorwiegend dank polizeilich-juristisch-administrativer Methoden noch immer vorhanden, verzerrt das Bild. Und er liefert damit Scheinargumente für die bei uns vor allem von konservativen Kräften bewußt verbreitete Simplifikation, die DDR sei nichts weiter als ein von sowjetischen Bajonetten bewachtes großes KZ.«[127]

Die Verhaltensweise des Franke-Ministeriums und Hanns Werner Schwarzes Rezension verdeutlichten den damals weitverbreiteten »Relativismus der Systeme« und die Tendenz, die repressiven Züge des politischen Systems der DDR aus dem bundesdeutschen Bewußtsein soweit wie möglich zu verdrängen.

Neben Karl C. Thalheim hat kürzlich Fred Klinger von der Forschungsstelle für gesamtdeutsche wirtschaftliche und soziale Fragen in Berlin in einem scharfsinnigen Referat das Thema »Die Wirtschaft der DDR aus der Sicht der Bundesrepublik Deutschland« untersucht und darauf hingewiesen, wie sehr die siebziger Jahre zu erheblichen Veränderungen in der DDR-Forschung geführt haben: »Die gesamte Wissenschaftslandschaft der DDR-Forschung wird umgewälzt und neu organisiert. Das für die Wirtschaftswissenschaften institutionell herausragende Ereignis ist die gegen heftige Proteste durchgesetzte Auflösung des Forschungsbeirats. Teile seines wissenschaftlichen Stabes bilden später die Forschungsstelle für gesamtdeutsche wirtschaftliche und soziale Fragen. Die Auflösung erfolgt förmlich zwar erst am 8. April 1975, aber schon in den Jahren zuvor wird der Forschungsbeirat zu wachsender Untätigkeit und in die faktische Bedeutungslosigkeit gezwungen. Weitere Tätigkeitsberichte können nicht mehr erarbeitet werden, und ein Wirtschaftshandbuch zur DDR, das 1971 bereits druckfertig im Manuskript vorliegt, darf auf Weisung des innerdeutschen Ministeriums nicht veröffentlicht werden.«[128]

Über die Vorgehensweise des Franke-Ministeriums ist seinerzeit viel spekuliert worden. Die Lücke wurde im gleichen Jahr mit dem Erscheinen eines anderen Handbuches mit dem Titel »DDR-Wirtschaft – Eine Bestandsaufnahme« geschlossen, das allerdings vom Deutschen Institut für Wirtschaftsforschung in Berlin wissenschaftlich verantwortet und herausgegeben wurde. Die von wissenschaftlichen Kommissionen unter Leitung von Peter C. Ludz 1971, 1972 und 1974 erarbeiteten »Materialien« zum Bericht der Bundesregierung zur Lage der Nation hatten auch weitreichende Auswirkungen auf die bundesdeutsche DDR-Wirtschaftsforschung. So erklärte Bundeskanzler Brandt zu den erstmals vorgelegten »Materialien« in seinem Bericht zur Lage der Nation vom 28. Januar 1971 vor dem Bundestag: »Die Wissenschaftlergruppe hat ihre Arbeit auf solche Lebensbereiche konzentriert, die in einem inneren Zusammenhang miteinander stehen, die sich aber auch für einen fundierten empirischen Vergleich nach dem Stand der Forschung und Statistik überhaupt eignen. Die nach diesen Maßstäben ausgewählten Bereiche, die von der Bevölkerungs- und Erwerbsstruktur über die verschiedenen wirtschaftlichen und sozialen Bereiche bis zur Situation der Jugend reichen, stehen in engem Zusammenhang mit drei Fragen, die für den Wettbewerb der in den beiden Teilen Deutschlands bestehenden Ordnungen wichtig sind, nämlich mit dem Selbstverständnis als industrielle Leistungsgesellschaft, mit Wachstum und Modernisierung des jeweiligen Systems und mit der zunehmenden Bedeutung von Wissenschaft und Forschung, fachlicher und wissenschaftlicher Ausbildung.«[129]

Mit diesen Darlegungen verdeutlichte der Bundeskanzler, wie sehr die von ihm proklamierte »neue Deutschland-Politik« auch eine Abkehr von den vom Forschungsbeirat für Fragen der Wiedervereinigung Deutschlands entwickelten und bewährten Kriterien der Einschätzung der DDR-Wirtschaft implizierte. Brandt hob nun diese unterschiedlichen wirtschaftlichen Systeme in beiden Staaten Deutschlands auf eine Stufe und unterstellte, daß das bis dahin in der DDR praktizierte »System« leistungsorientiert und auf Wachstum und Modernisierung ausgerichtet sei, obwohl der Forschungsbeirat und namhafte Nationalökonomen – wie Karl C. Thalheim, Bruno Gleitze und andere – in den sechziger Jahren in monographischen Abhandlungen immer wieder auf die Fehlentwicklungen der DDR-Wirtschaft aufmerksam gemacht hatten[130]. Brandts Darlegungen über den »Wettbewerb der in den beiden Teilen Deutschlands bestehenden Ordnungen« umschrieben die von Ludz bei der Erarbeitung der »Materialien« angewandte Methode des systemimmanenten Vergleichs.

Geradezu entwaffnend war das Vorwort, das Klaus Dieter Arndt (SPD), der ehemalige Parlamentarische Staatssekretär im Bundeswirtschaftsministerium und spätere Präsident des Deutschen Instituts für Wirtschaftsforschung in Berlin, das selbst in erheblichem Maße an der Erstellung der »Materialien« beteiligt war, zur ersten Auflage des Handbuches »DDR-Wirtschaft« beigesteuert hat: »Wie wertet jetzt der westliche, eben nicht-parteiische, sich nicht absichtlich irrende Wissenschaftler? Beurteilt er das ökonomische System für sich und damit als ineffizient oder als Instrument einer Politik und dann vielleicht als richtig? Die DDR-Wirtschaftsform bei uns ergibt nur eine Lösung: falsch. Die DDR-Wirtschaftsform bei der DDR ergibt zwei Lösungen: eine für die politische Führung . . .: richtig; die zweite überträgt unsere Wertvorstellungen auf die Bürger der Deutschen Demokratischen Republik, was sicherlich kein Fehler ist, und kommt zu: falsch. Die Lösung 2 dominierte in den 50er Jahren. Fast alle Befunde über Wirtschaftslage und Wirtschaftssystem der DDR waren negativ. Gleichzeitig entgingen dieser Form der Diagnose die erhebliche Steigerung der politischen Kraft und die Verbesserung der wirtschaftlichen Position der DDR gegenüber den osteuropäischen Ländern. Nach diesen Fehleinschätzungen der Gesamtlage gewann Lösung 1 laufend an Boden. Der westliche Wissenschaftler stellt heute die Gesamtheit des politisch-ökonomischen Systems der DDR bei der täglichen Analyse nicht mehr in Frage. Er informiert über die Lage, gibt vielleicht Ratschläge, die in das System passen, aber schafft es nicht mit seinen Vorschlägen ab.«[131]

Damit führte Arndt – wie Klinger zutreffend bemerkt – »ein normatives Kriterium, d. h. ein Kriterium der Gesinnung des Wissenschaftlers gegenüber dem DDR-System ins Feld, um zu begründen, wer nun der ›nicht-parteiische‹, ›westliche Wissenschaftler‹ von ›heute‹ sei. Das ist seines Erachtens derjenige Wissenschaftler, dessen Erkenntnisinteresse nicht mehr von einer Infragestellung der DDR als Gesamtsystem geleitet wird. Daß dieser nicht-parteiische Standpunkt seinerseits eine starke, aber nicht explizierte Parteinahme darstellte, bedarf keiner weiteren Erörterung. Es dürfte auch kaum auf zufällige Umstände, sondern eher auf ›parteiische‹ Zweckmäßigkeit zurückzuführen sein, daß in den neuen, von Ludz zusammengestellten wissenschaftlichen Arbeitsgruppen die Personen und Forschungsansätze des ehemaligen Forschungsbeirats keine Rolle mehr spielen.«[132]

Seinerzeit ist außerhalb des Kreises der DDR-Wirtschaftsexperten viel zu wenig beachtet worden, wie sehr die von Bundeskanzler Brandt 1969 proklamierte »neue Deutschland-Politik«, die dem »Relativismus der Systeme« huldigte, durch Ludz' wissenschaftliche Vorgehensweise bei der Erarbeitung der Materialien zum Bericht der Bundesregierung zur Lage der Nation »unterfüttert« worden ist. Auch in der Rückschau erscheint Arndts Differenzierung zwischen parteiischen und nicht-parteiischen Wissenschaftlern erschreckend.

Die Mitarbeiter Arndts, der als Nachfolger Ferdinand Friedensburgs von Anfang 1968 bis zu seinem Tode im Januar 1974 das Deutsche Institut für Wirtschaftsforschung geleitet hat, fühlten sich ihm verpflichtet und übernahmen daher auch das Vorwort unverändert in die 1974 überarbeitete dritte Auflage des Handbuches »DDR-Wirtschaft«. Der wissenschaftliche Pluralismus in der wirtschaftswissenschaftlichen DDR-Forschung konnte durch Arndts Diktum glücklicherweise nicht in Frage gestellt werden, da außerhalb des Deutschen Instituts für Wirtschaftsforschung zahlreiche ausgewiesene Experten wirkten. Ein Teil der wissenschaftlichen Mitarbeiter des ehemaligen Forschungsbeirats erhielt in der »Forschungsstelle für gesamtdeutsche wirtschaftliche und soziale Fragen« mit Sitz in Berlin (West) eine wissenschaftliche Basis. Die Forschungsstelle hat die wirtschaftliche und soziale Entwicklung in der DDR im Vergleich mit der Bundesrepublik Deutschland im Rahmen der beiderseitigen Wirtschafts- und Sozialsysteme ständig analysiert. Das hohe Ansehen der Forschungsstelle im In- und Ausland beruht auch darauf, daß in ihren Leitungsgremien namhafte Hochschullehrer tätig sind[133].

Erst nach der friedlichen Revolution in der DDR und aufgrund der inzwischen zugänglichen offenen Quellen wurde das ganze Ausmaß sichtbar, mit dem die Ost-Berliner Staats- und Stasi-Macht die Erforschung der DDR durch westdeutsche und ausländische Wissenschaftler rigoros verhindert hat. Darüber hinaus ist es der SED-Führung gelungen, »gegenüber der eigenen Bevölkerung und westlichen Beobachtern die vor allem ab Ende der siebziger Jahre zunehmenden Krisen-Symptome der DDR-Wirtschaft zumindest teilweise zu verschleiern«[134].

Über die tatsächliche Wirtschaftskraft der ehemaligen DDR hat das Statistische Bundesamt 1991 unter Heranziehung neuer Quellen eine erste Berechnung vorgelegt, aus der hervorgeht, daß 1990 die Wirtschaftsleistung je Einwohner in der früheren DDR bei knapp einem Drittel derjenigen im Westen lag. Im Vergleich mit der Leistung anderer Staaten der Europäischen Gemeinschaft stand die DDR also nicht, wie bis dahin immer wieder behauptet, auf der gleichen Stufe wie Großbritannien oder Italien, sondern auf der von Portugal und Griechenland. »Der Sozialismus der SED hat nach vierzig Jahren ein auf Entwicklungshilfe angewiesenes Schwellenland zurückgelassen.«[135]

Angesichts der wachsenden wirtschaftlichen und sozialen Funktionsschwierigkeiten in der DDR, die sich im Verlauf der achtziger Jahre immer deutlicher zeigten, kam es in der wirtschaftswissenschaftlichen Forschung zum Schwur. Während die Analysen des Deutschen Instituts für Wirtschaftsforschung zu retten suchten, was zu retten war und die Notwendigkeit, radikale Reformen in der Wirtschaftspolitik der DDR einzuleiten, abschwächten[136], kamen die von einer Wissenschaftlichen Kommission unter Leitung Karl C. Thalheims erarbeiteten »Materialien zum Bericht zur Lage der Nation im geteilten Deutschland 1987« zu dem Ergebnis, ein wesentlicher Teil der Ursachen für den außerordentlich hohen Produktivitätsrückstand der DDR kann »nur bei einer tiefgreifenden wirklichen Reform des Wirtschaftssystems beseitigt werden ... Das ist ... nicht zu erwarten, und die grundlegenden Effizienzschwächen der Wirtschaft der DDR können nicht überwunden werden, wenn das System der ›sozialistischen Planwirtschaft‹ im wesentlichen unverändert bleibt ... Von einem Systemwandel in der Wirtschaft der DDR kann ... bisher nicht die Rede sein, und ein solcher ist auch nicht beabsichtigt.«[137]

Mit Recht fragte Thalheim, ob man in Anbetracht solcher Feststellungen wirklich behaupten könne, »daß die DDR-Forschung versagt habe? Schon die Feststellung eines Produktivitätsrückstandes von fünfzig Prozent mußte jeden in der Bundesrepublik, der davon Notiz nahm, erschrecken lassen; aber es ist davon viel zu wenig Notiz genommen worden. Sonst wäre es klar gewesen, daß eine wirtschaftliche Vereinigung zweier Staaten mit so unterschiedlichem wirtschaftlichen Niveau nicht ohne Steuererhöhungen in dem wesentlich reicheren Teil der Nation möglich sein würde.«[138]

Der erste Teil der »Materialien 1987« ist großenteils von Mitgliedern der »Forschungsstelle für gesamtdeutsche wirtschaftliche und soziale Fragen« in Berlin bearbeitet worden. Mit ihrer Krisenprognose und skeptischen Grundhaltung nahm sie eine dezidierte Außenseiterposition in der bundesdeutschen Forschungslandschaft ein. Es ehrt sie, daß sie in ihrem »Forschungsrahmen 1991/1992« feststellt, die nunmehr seit dem Oktober-Umbruch bekannt gewordenen Daten über Ausmaß und Tiefe der wirtschaftlichen und sozialen Deformation (der DDR) hätten selbst die negativsten Annahmen der Forschungsstelle übertroffen.[139] Das Deutsche Institut für Wirtschaftsforschung hätte sehr viel mehr Veranlassung gehabt, sich zu einer selbstkritischen Reflexion zu entschließen.

11.
Schlußbemerkung

Die in jüngster Zeit in Politik, Wissenschaft und Medien lebhaft und teilweise kontrovers geführte Diskussion darüber, warum der »real existierende Sozialismus« so total zusammengebrochen ist und sich die Wiederherstellung der staatlichen Einheit Deutschlands in einem so rasanten Tempo vollzogen hat, offenbart wenigstens teilweise ein gutes Maß an selbstkritischer Reflexion. Gleichzeitig sind aber auch selbstgerechte Töne nicht zu überhören. Gefordert sind vor allem jene Politiker, Wissenschaftler, Publizisten und Journalisten, die aus unterschiedlichen Erwägungen heraus den Status quo in Europa und damit auch in Deutschland für sakrosankt gehalten haben. Diese weitverbreitete Vorstellung hat maßgeblich dazu beigetragen, daß ein guter Teil der Öffentlichkeit vom »Wunderjahr« 1989 so überrascht worden ist. Wer die widernatürliche Teilung Deutschlands mit Hinweis auf die jüngere Geschichte oder auf sicherheitspolitische Aspekte in Europa für gut oder gar gerecht gehalten hatte, dachte ahistorisch.

Daß gerade in der deutschen Geschichts- und Politikwissenschaft dieses statische Denken so verbreitet war, gehört zu den interessantesten Phänomenen der Nachkriegsgeschichte. Jene Wissenschaftler und Politiker, die stereotyp behauptet hatten, es könne keine Rückkehr zum Bismarck-Staat geben, übersahen zweierlei: einmal die Tatsache, daß niemand in den beiden Staaten Deutschlands eine solche abwegige politische Vision im Auge hatte. Zum anderen verkannten die Verächter einer nationalstaatlichen Lösung der deutschen Frage, daß die Schöpfer des Grundgesetzes nicht auf die Restaurierung des Bismarck-Reiches fixiert waren.

Es ist das große Verdienst Erich Kosthorsts, in seiner differenzierten Analyse »Die Frage der deutschen Einheit im Spannungsfeld politischer Optionen und historischer Traditionen« nachdrücklich darauf hingewiesen zu haben, daß das Motiv der Verfassungsväter »das des Anknüpfens an den Bestand der Weimarer Republik unter Überwindung ihrer Verfassungsmängel und eben nicht an das Bismarck-Reich« gewesen war. Man müsse dies betonen, um einer kritischen Schieflage zu entgehen. Kosthorsts richtige Schlußfolgerung: »Diese Option will gewiß einen deutschen Nationalstaat, läßt jedoch sowohl den Weg dahin wie die Konturen seiner konkreten Ausgestaltung unbestimmt. Der klassische Nationalstaat des 19. Jahrhunderts ist kein verbindliches Leitbild, moderne Strukturen sind durchaus denkmöglich. In dieser Option ist die Deutsche Frage prinzipiell in doppelter Weise offen; jedoch befindet sie sich zugleich praktisch-politisch in einem Dilemma: gebunden in der Statik der gegebenen Mächtekonstellation, in der sie festgezurrt ist, und gleichzeitig auf die weltpolitische Dynamik geschichtlicher Veränderung setzend, in der eine Vollendung nationaler deutscher Einheit gedacht und realisiert werden könnte. Daraus folgt für die deutsche Politik die Aufgabe, die Deutsche Frage offenzuhalten, und das Problem einer angemessenen Operationalisierung.«[1]

Mit diesen knappen Worten hat Erich Kosthorst zutreffend und überzeugend die Problematik der deutschen Frage bis in das Jahr 1989 hinein umschrieben. Wäre dieses flexible Konzept der Offenhaltung der deutschen Frage, dem die Bundesregierung unter Bundeskanzler Kohl mit einigen Abstrichen gefolgt ist, in den achtziger Jahren Allgemeingut gewesen, dann wäre die Öffentlichkeit auf die umwälzenden Ereignisse 1989/90 nicht so unvorbereitet gewesen. Statt dessen entwickelten prominente Historiker und Politikwissenschaftler ihre irrealen Vorstellungen von der »Bi-Nationalisierung« in Deutschland und der Bonner »postnationalen Demokratie«.

Der Zusammenbruch und die Auflösung des Ostblocks bedeuteten für jene Politiker und Wissenschaftler, die die sich am Status quo orientierenden Sicherheitsstrukturen in Europa für unabänderbar gehalten hatten, ein böses Erwachen. Die vornehmlich von der SPD – nicht nur von Egon Bahr – vorgetragene These, die Teilung Deutschlands sei Voraussetzung europäischer Sicherheit und Entspannungspolitik, war immer zweifelhaft und hat sich als falsch erwiesen. Das gilt auch und gerade für die von Bahr 1988 entwickelte These, der europäische Friede sei wichtiger als die deutsche Einheit. Bahr war bereit, das Recht des deutschen Volkes auf Selbstbestimmung in beiden Staaten aufzugeben und den territorialen Besitzstand der UdSSR in Europa in rechtlich verbindlicher Weise zu zementieren, obwohl dem von Stalin errichteten »Ostblock« jede Legitimität fehlte.

Als Bahr 1991 zahlreiche von ihm verfaßte Beiträge aus der Zeit von 1963 bis 1990 in einem Sammelband veröffentlichte, war er – im Gegensatz zu Willy Brandt – nicht bereit, auch nur einen seiner Irrtümer einzugestehen und sein deutschlandpolitisches Konzept zu korrigieren[2]. Erst im März 1992 sah er sich veranlaßt, zumindest einen seiner Irrtümer in den letzten 35 Jahren zuzugeben: »Da der Kern des Ganzen die Sicherheit, die Machtfrage, ist, muß man dafür sorgen, daß es Kriege nicht mehr geben kann. Dann wird die Politik und alles andere hinterherkommen. Einschließlich der deutschen Einheit, einschließlich der Überwindung der Spaltung Ost und West in Europa. Das war falsch. Die Politik hat die Sicherheitsfrage überholt.«[3]

Bahr wußte nun mit einer wesentlich wichtigeren Neuigkeit aufzuwarten. Er habe schon viel früher gesagt: »Unsere eigentliche Aufgabe ist es, Europa oder Rußland von der Krankheit zu befreien, die Kommunismus genannt wird. Ich habe das nur einmal gesagt, das wäre sonst kontraproduktiv gewesen. Ich habe nicht mehr geglaubt, daß ich es erleben würde. Und vor allen Dingen nicht, daß es als Implosion stattfindet, fast ohne Blut und Gewalt.« Bahr fügte hinzu, er habe vor zwanzig Jahren seinem damaligen DDR-Verhandlungspartner Michael Kohl das Ende des Kommunismus vorausgesagt. Mit Recht fragte Robert Leicht, ob die Ostpolitik »wirklich subversiv, als ein Beitrag zum Sturz der kommunistischen Systeme« gemeint gewesen sei: »Mit einer solchen Absicht wäre sie von Anfang an überfordert gewesen. War doch gerade dies ihr Ausgangspunkt: daß man sich auf die Realität dieses Systems erst einmal einstellen, ja daß man seine äußere (und damit notgedrungen auch innere) Stabilisierung bewußt in Kauf nehmen muß, wenn man den Menschen in der DDR helfen will.«[4]

Obwohl Leicht nur Bahr, der seine Aussage eine Woche zuvor im

452

Zeit-Gespräch gemacht hatte, im Visier haben konnte, nannte er ihn nicht beim Namen. Wenn Bahr wirklich seine Ost- und Deutschland-Politik unter diesem subversiven Aspekt verfolgt hat, dann darf man in der Tat von einer politischen Sensation sprechen. Angesichts der Tatsache, daß Bahr in den achtziger Jahren seine Status-quo-Positionen ständig zu untermauern und die Teilung Europas und Deutschlands so weit wie möglich zu zementieren suchte[5], wäre es schön, wenn er einen Zeitzeugen verriete, den man hierzu befragen könnte. Sollte sich Bahrs Aussage bewahrheiten, dann müßte die Ost- und Deutschland-Politik der sozial-liberalen Koalition neu geschrieben werden.

Robert Leicht, der – wie dargelegt[6] – zunächst in der *Süddeutschen Zeitung* und ab 1987 in der *Zeit* jedes Argument verwandt hatte, um die Teilung Deutschlands zu rechtfertigen, ist – im Gegensatz zu Theo Sommer – zu attestieren, daß er bereit ist zu fragen, ob die Ost- und Deutschland-Politik in den siebziger und vor allem achtziger Jahren von richtigen Voraussetzungen ausgegangen ist und die These »Wandel durch Stabilisierung« zutreffend war. War die Annahme, so Leicht, gerechtfertigt, »das totalitäre System könne sich jemals anpassen – und zugleich überleben? Durften die mühsam errungenen humanitären Zugeständnisse wirklich als Beginn des Systemwandels verstanden werden? Stand man in Wirklichkeit nicht doch vor der Alternative: entweder das System stürzen – oder das Defizit an Freiheit und Demokratie hinnehmen? Da der Sturz weder möglich erschien noch in seinen explosiven Dimensionen anzustreben war, sah man sich eben doch auf lange Sicht gezwungen, das Regime abzüglich der ausgehandelten Konzessionen zu stabilisieren.«[7]

Festzuhalten gilt zunächst, daß sich Leicht nicht scheut, vom »totalitären System« der DDR zu sprechen, was eine einschneidende Abkehr von der zuvor verwandten Terminologie der *Zeit* bedeutet. Darüber hinaus – und das ist ebenso wichtig – hat Leicht den zentralen Punkt angesprochen: die in Politik, Wissenschaft und Medien seit der von Egon Bahr 1963 verkündeten Formel »Wandel durch Annäherung« sorgfältig gehegte Illusion, mit einer Politik der Aufwertung und Stabilisierung des SED-Regimes zu einer inneren Liberalisierung der DDR beizutragen. Daß dies wohl der größte Irrtum vieler DDR-Analytiker – von Egon Bahr über Peter Bender, Klaus Bölling, Günter Gaus bis zu zahlreichen prominenten Fernsehjournalisten – war,

453

sollte nicht länger verschwiegen werden. Vielleicht sieht sich auch Bahr eines Tages genötigt, seine »Wandel durch Annäherung«-Formel kritisch zu hinterfragen. Doch wäre es ungerecht, dies nur von den Repräsentanten der im Herbst 1969 eingeleiteten »neuen Ost- und Deutschland-Politik« zu verlangen, da sie sich weitgehend in der von Präsident Kennedy verkündeten und von seinen Nachfolgern weiterverfolgten Status-quo-Politik bewegte. Darüber hinaus müssen sich auch die für die Außenpolitik Verantwortlichen in Paris und London sowie anderen westeuropäischen Hauptstädten fragen, ob ihre Ostpolitik auf den richtigen Prämissen beruht hat.

Bahrs »Subversions«-These hat noch weitere Auswirkungen. Sollte sie zutreffen, dann zerstört Bahr auch das Bild jener DDR-Analytiker aus Wissenschaft und Medien, die an »dritte Wege« und die Reformierbarkeit des in der DDR praktizierten »real existierenden Sozialismus« geglaubt und daraus unterschiedliche Konsequenzen gezogen haben. Während eine Richtung – repräsentiert vor allem durch Theo Sommer und Peter Merseburger – gemeint hatte, nach einer inneren Liberalisierung und Demokratisierung der DDR würde sich langfristig die deutsche Frage von selbst erledigen, plädierten andere wenigstens für die Überwindung der staatlichen Spaltung des Landes unter der Voraussetzung, daß ein »drittes«, ein vom »demokratischen Sozialismus« geprägtes Deutschland entstünde.

Es war schon entwaffnend, daß beispielsweise Peter Bender im Rahmen eines Kolloquiums, das der Bertelsmann-Konzern im September 1990 in den historischen Räumen des Potsdamer Cecilienhofes veranstaltet hat, ausführte, die DDR müßte »doch wohl mehr gewesen sein als Stasi und Privilegien«[8]. In Potsdam hatten sich Schriftsteller, Politiker und Journalisten aus beiden Staaten Deutschlands versammelt, um den totalen Kollaps der DDR zu beklagen und zu behaupten, die Bevölkerung der DDR habe sich »nicht befreit, sondern sei von der übermächtigen Bundesrepublik erobert worden. Von Siegern und Besiegten redete Walter Jens, von einer armen Frau, die einen reichen Mann heiraten müsse, sprach die Politologin Margarita Mathiopoulos; am Ende wurde gar das Bild des Pechvogels bemüht, dem die Datscha über dem Kopf zusammengebrochen sei und der nun um gnädige Aufnahme in das Haus des reichen Vetters nachsuchen müsse.«[9]

454

Günter Gaus verstieg sich zu der unglaublichen Behauptung, »nur die Unfreiheit wird sich ändern«. Und Walter Jens hatte keine Skrupel, das Fernsehbild der historischen Begegnung Kohl und Modrow zu beschwören: »Ich habe mich geschämt, aber nicht für Modrow« – als sei, wie Jens Jessen die beklemmend irreale Atmosphäre in Potsdam beschrieb, »Kohl der Lenker einer autoritären Staatspartei und Modrow der gewählte Regierungschef, oder schlimmer noch: als sei demokratische Legitimität eine Frage von Auftreten und Stil.«[10]

Die Art, wie prominente deutsche Schriftsteller und Publizisten den Vereinigungsprozeß kommentiert haben, ist ebenso unglaublich wie die von ihnen dabei »geborgte Sprache des Schreckens«[11]. Erinnert sei auch daran, daß es Günter Gaus noch Anfang November 1989 für gefährlich hielt, von Wiedervereinigung zu sprechen, und Theo Sommer und Josef Joffe (*Süddeutsche Zeitung*) Unbehagen äußerten, da die Reform der DDR Vorrang vor der Wiedervereinigung habe. Wenn die Demokratisierung der DDR gelinge, sagte Sommer, könnte »sich die Wiedervereinigung als überflüssig erweisen«[12].

Dies geschah im Rahmen einer dreitägigen Tagung der Harvard University, und es war der Mannheimer Politologe Peter Graf Kielmansegg, der Gaus, Sommer und Joffe mit dem richtigen Argument widersprach, schon in der Vergangenheit hätten wir bei unseren realpolitischen Arrangements mit der DDR-Führung »eine Kleinigkeit übersehen, nämlich daß ihr die eigene Bevölkerung die Legitimation verweigert«[13]. Noch einen Schritt weiter ging der Schriftsteller Peter Schneider, der Gaus beschuldigte, sich faktisch zum Komplizen des DDR-Regimes gemacht zu haben – eine Bemerkung, »die Gaus in der Kaffeepause mit einem Wutausbruch quittierte«[14].

Ausgerechnet Günter Grass, der wie kein anderer deutscher Schriftsteller 1989/90 an den Realitäten vorbeigeschrieben hat[15], meinte im Herbst 1991, er hätte sich gewünscht, »daß verantwortliche Politiker in der Bundesrepublik beim deutschen Vereinigungsprozeß, der sehr rasch beschlossen und durchgezogen wurde, doch mal den Rat unter anderem einiger Schriftsteller eingeholt hätten. Gerade aufgrund unserer Arbeit wissen wir genauer als Politiker, daß sich Leben nicht in Legislaturperioden abspielt, daß vierzig Jahre ein Zeitraum sind, den man weder mit Geld noch mit neuen Gesetzen verdecken kann, und daß jeder Politiker, der das ignoriert, dafür bitter bezahlen muß.«[16]

Nein, die Bundesregierung Kohl/Genscher war 1989/90 gut beraten, nicht den verfehlten Vorstellungen und Einschätzungen der DDR-Wirklichkeit durch namhafte Schriftsteller zu folgen. Ungeheuerlich bleibt, mit welcher Arroganz und Ignoranz sich viele deutsche Schriftsteller und Publizisten über den Willen der Mehrheit der DDR-Bevölkerung auch nach der vollzogenen Wiederherstellung der staatlichen Einheit Deutschlands hinweggesetzt haben. Stefan Heym gehört zu den wenigen, die sich zu ihren Fehlern bekannt haben. So erklärte Heym im September 1991, kurz nach dem fehlgeschlagenen Putsch in Moskau, wenn er es sich recht überlege, müsse er »Herrn Kohl noch dankbar sein, daß er sich die DDR so schnell einverleibt hat. Wenn ich mir vorstelle, die DDR wäre noch Teil des Sowjetreiches – was hätte das für Wirren gegeben angesichts der Vorgänge in und um Moskau.«[17]

Zutreffend bemerkte Frank Schirrmacher, man »reibt sich die Augen: die These von der atemlosen, eiligen, hektischen Vereinigung ist das zentrale Argument der Vereinigungsgegner gewesen. Daß alles zu schnell gegangen sei und nicht, wie man heute weiß, viel zu langsam, war der elementare Vorbehalt jener Gruppen, die in Heym eine Vaterfigur fanden . . .«[18]

Der Deutsche Bundestag hat am 12. März 1992 nach einer zu einem guten Teil anspruchsvollen Debatte beschlossen, eine Enquete-Kommission einzusetzen, die die Geschichte der DDR, des SED-Staates, »aufarbeiten« soll. Als Vorsitzender ist der Abgeordnete Rainer Eppelmann vorgesehen, der das Vertrauen beanspruchen kann, »hier das richtige Maß zu finden«[19]. Eppelmann wies darauf hin, unsere Vergangenheit umfasse »zugleich unsere Einsichten, das, was wir gelernt haben, und das, was uns gelehrt wurde. Darum tun wir gut daran, uns unserer Vergangenheit zu stellen – gemeinsam als Ostdeutsche und Westdeutsche, als ein Volk . . . Es geht . . . darum, bewußt, differenziert, sensibel, gerecht und verständnisvoll den Blick zurückzuwenden, damit wir Zukunft gewinnen können . . . Wir müssen bei unserem Blick in die Vergangenheit meiner Meinung nach zwei Erkenntnisse aufarbeiten. Erstens: Wir alle, d. h. alle achtzig Millionen Deutschen, sind Betroffene dieser deutschen Geschichte.

Zweitens: Es kann sich keiner aus seiner, aus dieser Geschichte herausstehlen.«[20]

Die weitere Debatte im Bundestag dokumentierte, daß die geplante Enquete-Kommission vor großen Aufgaben steht. Gerade weil es nicht darum gehen kann, die vierzigjährige Geschichte der DDR isoliert zu behandeln, sondern auch zu prüfen, in welcher Weise die offizielle Bonner Deutschland-Politik auf das SED-Regime eingewirkt und dieses veranlaßt hat, bestimmte Konsequenzen zu ziehen, steht auch die Haltung der Bundesregierungen gegenüber der SBZ/DDR auf dem Prüfstand. Es war Wolfgang Schäuble, der Vorsitzende der CDU/CSU-Bundestagsfraktion, der gleichfalls eine sorgfältige und wahrhaftige Prüfung anmahnte, vor »allzu eilfertiger Überheblichkeit« warnte und von der »Aufarbeitung der Geschichte von SED-Diktatur und Teilung«[21] sprach.

Die Aufarbeitung der totalitären Strukturen der DDR wird auch für jene DDR-Analytiker voller Überraschungen sein, die bereits in den sechziger Jahren oder später den Terminus »totalitär« aus ihrem Wortschatz verbannt hatten. Das gilt gleichfalls für jene, für die »Wandel durch Annäherung« bedeutete, »die angeblich humane Orientierung des Sozialismus für eine – wie immer geartete – gesamtdeutsche Zukunft zu bewahren oder doch (anteilig) zu transportieren«[22]. Politik *und* Wissenschaft stehen vor einer großen Herausforderung und Bewährungsprobe.

Anmerkungen

1. Der Einigungsprozeß (1989/90)

Anmerkungen zu den Seiten 18–24

1 Gaus: Wo Deutschland liegt – eine Ortsbestimmung, S. 8. Vgl. dazu Zastrow: Die »Legende von der Nischengesellschaft« im Sozialismus.
2 Vgl. dazu Hacker: Block-Politik der UdSSR, S. 209–244; ders.: Gorbatschow, S. 30–39.
3 Text der Tischrede R. von Weizsäckers im Kreml, in: Beilage der Zeitschrift *Sowjetunion heute,* Nr. 8, August 1987, S. III–VI (IV). Vgl. dazu auch die ausführliche Darstellung bei Gorbatschow: Perestroika, S. 259–261.
4 Text ebenda, S. VI f. Vgl. dazu Hacker: Ziele, S. 81–84.
5 Text in: *Europa-Archiv,* Jg. 43/1988, S. D 617.
6 Text in: *Bulletin,* Nr. 61 vom 15. 6. 1989 und *Europa-Archiv,* Jg. 44/1989, S. D 382 f.
7 Text der Rede in: Beilage der Zeitschrift *Sowjetunion heute,* Nr. 1, Januar 1989, S. I–VIII (III). Vgl. dazu Hacker: Block-Politik der UdSSR, S. 237–244; ders.: Gorbatschow, S. 32–34.
8 Text in: *Europa-Archiv,* Jg. 44/1989, S. D 381 f.
9 Vgl. dazu die von Ilse Spittmann und Gisela Helwig hrsg. Übersicht »Chronik der Ereignisse in der DDR«, die mit dem 3. 8. 1989 beginnt und mit dem 4. 6. 1990 schließt; Nachweis auf S. 7. Als die ungarische Regierung am 10. 9. 1989 allen Fluchtwilligen aus der DDR die Ausreise in den Westen gestattete, warf die Ost-Berliner Nachrichtenagentur ADN Budapest die Verletzung völkerrechtlicher Verträge sowie eine »direkte Einmischung in die inneren Angelegenheiten« der DDR vor; ebenda, S. 4.
10 Text in: *Neues Deutschland* vom 9. 10. 1989; Auszüge in: *Deutschland Archiv,* Jg. 22/1989, S. 1431–1433 (1432).
11 Text in: *Neues Deutschland,* ebenda; Auszüge in *Deutschland Archiv,* ebenda, S. 1434 f.
12 Ebenda.
13 Vgl. dazu Spittmann und Helwig: Chronik, S. 8–11.
14 Vgl. dazu ebenda, S. 11–14.
15 Ebenda, S. 16.
16 Ebenda, S. 24 f.
17 Text in: *Neues Deutschland* vom 18./19. 11. 1989 und *Deutschland Archiv,*

Jg. 23/1990, S. 122–135 (123 f., 135). Nachdrücklich betonte Modrow, die DDR stehe »zu ihren Verpflichtungen im Warschauer Vertrag«.

18 Vgl. dazu Spittmann und Helwig: Chronik, S. 21.

19 Text der Erklärung der Bundesregierung in: *Bulletin*, Nr. 129 vom 17. 11. 1989, S. 1101–1108.

20 Vgl. dazu Spittmann und Helwig: Chronik, S. 26.

21 Vgl. dazu Bahrmann/Links: Wir sind das Volk, S. 144–147 (146); Spittmann und Helwig, Chronik, S. 30.

22 Vgl. dazu ebenda.

23 Text in: *Bulletin*, Nr. 134 vom 29. 11. 1989, S. 1141–1148 und *Deutschland Archiv*, Jg. 23/1990, S. 149–152. Vgl. dazu Feldmeyer: Kohl nutzt die Stunde; Karutz: Ost-Berlin irritiert; Conrad: Bonn sieht Verständnis für Überlegungen Kohls; Spittmann und Helwig: Chronik, S. 30 f. Festzuhalten gilt, daß in der Bundestagsdebatte der SPD-Abgeordnete Karsten Voigt zutreffend darauf hinwies, zwischen den Ausführungen Hans-Jochen Vogels und Kohls »Zehn-Punkte-Programm« seien »konzeptionelle Differenzen nicht zu erkennen: Deshalb stimmen wir Ihnen in allen zehn Punkten zu.« Text in: BT StenBer., 177. Sitzung vom 28. 11. 1989, S. 13 514; Text der Ausführungen Vogels, ebenda, S. 13 479–13 488. Vgl. zu den Differenzen in der SPD-Führung vor dem Parteitag in Berlin den Bericht »Vogel sucht die SPD in der Deutschlandpolitik zu einen«, in: *FAZ* vom 6. 12. 1989.

24 Vgl. dazu oben, Anm. 6.

25 Vgl. dazu Spittmann und Helwig: Chronik, S. 30 f.

26 Vgl. dazu »Mitterrand enttäuscht über fehlende Absprache«, in: *Süddeutsche Zeitung* vom 2./3. 12. 1989. Wie schwer es der französischen Führung fiel, sich auf die neuen Entwicklungen in der deutschen Frage einzustellen, offenbarte auch Außenminister Dumas in seiner Rede vor der Nationalversammlung vom 13. 12. 1989, in der er das Wort »Wiedervereinigung« vermied: Er wollte das Selbstbestimmungsrecht der Deutschen nicht als »absolutes Prinzip« anerkennen, sondern machte es von der Zustimmung der übrigen europäischen Staaten abhängig. Vgl. die Berichte »Paris: Selbstbestimmungsrecht abhängig von der Zustimmung Europas«, in: *FAZ* vom 14. 12. 1989, und »Gorbatschow warnt vor ›Geschrei über den Sieg im kalten Krieg‹«, ebenda, Ausgabe vom 16. 12. 1989. Angesichts der intransigenten Haltung in Paris erscheint Helmut Schmidts Kritik an Bundeskanzler Kohl überzogen, daß er sein Zehn-Punkte-Programm vom 28. 11. 1989 »ohne jede vorherige Abstimmung mit Präsident Mitterrand öffentlich vortrug«. Vgl. Schmidt: Zur Lage der Nation. Es war weder diplomatisch noch geschickt, daß Präsident Mitterrand vom 20.–22. 12. 1989 der DDR einen Besuch abstattete, in dessen Mittelpunkt ein Gespräch mit Ministerpräsident Modrow stand. In einer Rede vor Studenten in Leipzig am 21. 12. rief Mitterrand die Deutschen auf, bei der Entscheidung über ihre Einheit die bestehenden Grenzen und Realitäten zu achten; beim legitimen Streben nach der deutschen Einheit dürfe das Gleichgewicht in Europa nicht verletzt werden. Nachweis in: *Europa-Archiv*, Jg. 45/1990, S. Z 14. Auf seiner Pressekonferenz am 22. 12. 1989 in Ost-Berlin führte Mitterrand aus: »Von den Verantwortlichen der Regierungskoalition oder der Opposition, die ich getroffen habe, hat mir keiner gesagt, daß er die sofortige Wiedervereinigung wünscht. Alle haben herausgestellt, daß diese Einheit an sich zwar wünschenswert sei, aber die Voraussetzungen dafür nicht gegeben seien.« Text ebenda, S. D 96.

27 Ebenda, S. Z 5.

28 Schewardnadse: Zukunft, S. 240.

29 Ebenda.

30 So der Kommentar »Ablehnung des Kohl-Plans durch Schewardnadse«, in: *NZZ*, Nr. 285 vom 8. 12. 1989; »Bonn im Sog der Wiedervereinigungsdynamik«, ebenda, Nr. 284 vom 7. 12. 1989.

31 Diese Ausführungen machte Gorbatschow im Rahmen seiner gemeinsamen Pressekonferenz mit dem amerikanischen Präsidenten Bush. Text in: *Archiv der Gegenwart* vom 3. 12. 1989, S. 34 015; Auszüge in: *Europa-Archiv*, Jg. 45/1990, S. D 48. Vgl. dazu die Darlegungen des amerikanischen Außenministers, James A. Baker, im Rahmen eines Fernseh-Interviews vom 4. 12. 1989 in Brüssel zur deutschen Frage; Text ebenda, S. D 52–54. Sehr instruktiv dazu Gillessen: Mit amerikanischem Beistand.

32 Zit. in: *Europa-Archiv*, Jg. 45/1990, S. Z 5 f.; »Weitgehende Übereinstimmung zwischen Mitterrand und Gorbatschow«, in: *FAZ* vom 8. 12. 1989.

33 »Deutschland als Hauptthema in Kiew. Gemeinsamkeiten zwischen Gorbatschow und Mitterrand«, in: *NZZ*, Nr. 286 vom 9. 12. 1989: »Der französische Präsident war nuancierter als Gorbatschow, der sichtlich um den Fortbestand der DDR als regierungsfähiger unabhängiger Staat bangte. Aber Mitterrand sah keinen Grund, seine Irritation über den als unzeitgemäß betrachteten Vorstoß von Kohl zu verbergen ... Das neue Lob der Militärblöcke, die nun als unentbehrliche politische Stabilisatoren gesehen werden, obwohl Gorbatschow sie vor kurzem noch auflösen wollte und Frankreich keine Neigung zeigt, sich wieder in die Militärorganisation der NATO zu integrieren, zeigte das gedankliche Vakuum in der Frage der zukünftigen europäischen Neuordnung auf.«

34 Text in: *Neues Deutschland* vom 9./10. 12. 1989; Auszug in: *Deutschland Archiv*, Jg. 23/1990, S. 293–296 (294).

35 Ebenda, S. 295.

36 Text in: *Bulletin*, Nr. 148 vom 20. 12. 1989 und *Deutschland Archiv*, ebenda, S. 317–321 (318). Vgl. dazu auch »Das erste Treffen zwischen Kohl und Modrow«, in: *FAZ* vom 20. 12. 1989; »Kohl in Dresden«, ebenda; »Dresden war ein guter Anfang«, ebenda, Ausgabe vom 21. 12. 1989.

37 Text in: *Bulletin*, Nr. 11 vom 19. 1. 1990, S. 77–80 (80).

38 Vgl. dazu z. B. »Höhere deutschlandpolitische Ambitionen Bonns«, in: *NZZ*, Nr. 15 vom 20. 1. 1990.

39 Text in: *Bulletin*, Nr. 4 vom 11. 1. 1990, S. 25–27 (26). Vgl. dazu die Kommentare »Kohl will am Treffen mit Modrow festhalten – Oppositionsgruppen sollen beteiligt werden«, in: *FAZ* vom 11. 1. 1990; »Kohls Bedingungen«, ebenda.

40 Leider hat Außenminister Schewardnadse in seinem Buch »Die Zukunft gehört der Freiheit« nicht detailliert den Positionswechsel der UdSSR analysiert (vgl. 7. Kap.).

41 So der redaktionelle Vorspann: »Von der Zweistaatlichkeit zur deutschen Einheit. Die deutschlandpolitische Wende in Ost-Berlin und Moskau«, in: *Deutschland Archiv*, Jg. 23/1990, S. 466.

42 Ebenda, S. 466–468.

43 Ebenda, S. 468. Vgl. dazu Rowold: Gorbatschow: Niemand zweifelt an Vereinigung der Deutschen; »Gorbatschow hat ›prinzipiell‹ nichts gegen eine Vereinigung der beiden deutschen Staaten«, in: *FAZ* vom 31. 1. 1990; Riese: Die Geschichte hat sich ans Werk gemacht; Hacker: Lange wurde in Moskau die Existenz einer Deutschen Frage geleugnet.

44 Text des Modrow-Plans in: *Neues Deutschland* vom 2. 1. 1990; *Europa-Archiv*, Jg. 45/1990, S. D 119 f. und *Deutschland Archiv*, Jg. 23/1990, S. 471 f. Vgl. dazu »Sprung auf den Zug«, in: *FAZ* vom 2. 2. 1990; Monika Zimmermann: »Vorschläge Modrows für ein ›einig Vaterland‹«, ebenda; »Vorbehalte gegenüber Modrows Plan in Bonn«, ebenda, Ausgabe vom 3. 2. 1990; »Bundesregierung und Parteien von Modrows Vorstoß überrascht«, ebenda; »Westliche Diplomaten beim DDR-Außenminister«, in: *NZZ*, Nr. 28 vom 4./5. 2. 1990.

45 Vgl. zur Berlin-Politik der UdSSR und DDR bis zum Sommer 1989 Hacker: Die Position der DDR in der Berlin-Frage nach dem Stadt-Jubiläum; ders.: Die Berlin-Politik der UdSSR unter Gorbatschow; Mahnke: Berlin in den innerdeutschen Beziehungen; v. Mangoldt: Zur Rechtslage Berlins; Winters: Die Deutschlandpolitik des Berliner Senats.

46 Text der offiziellen Mitteilung in: *Deutschland Archiv*, Jg. 23/1990, S. 473 f.

47 Text in: *Bulletin*, Nr. 24 vom 13. 2. 1990, S. 189 und *Deutschland Archiv*, ebenda, S. 474.

48 Vgl. dazu Spittmann und Helwig: Chronik, S. 62 f.

49 Vgl. dazu ebenda, S. 63.

50 Vgl. ebenda, S. 65; »Kohl und Modrow kommen auf dem Weg zur Währungsunion nicht weiter«, in: *FAZ* vom 14. 2. 1990.

51 So Schäuble: Der Vertrag, S. 28 f.

52 Ebenda, S. 29.

53 So die DDR-Nachrichtenagentur ADN vom 20. 2. 1990. Vgl. dazu auch die Dokumentation »DDR-Ministerpräsident Modrow in Bonn«, in: *Deutschland Archiv*, Jg. 23/1990, S. 474–480.

54 Vgl. dazu Spittmann und Helwig: Chronik, S. 64–68.

55 Den Text verbreitete die sowjetische Nachrichtenagentur TASS am 7. 10. 1989; zit. in: BPA/Ostinformationen vom 9. 10. 1989, S. 10.

56 So TASS; zit. in: BPA/Ostinformationen vom 20. 12. 1989, S. 11.

57 Zit. ebenda, S. 9.

58 Schewardnadse: Freiheit, S. 240–242.

59 Text in: Beilage der Zeitschrift *Sowjetunion heute*, Nr. 2, Februar 1990, S. 5.

60 Vgl. dazu oben S. 20 mit Anm. 7.

61 Wiedergegeben in: Beilage der Zeitschrift *Sowjetunion heute*, Nr. 2, Februar 1990, S. III.

62 So »Radio Moskau«; zit. in: BPA/Ostinformationen vom 2. 2. 1990; »Westliche Diplomaten beim DDR-Außenminister – Unterschiedliches Echo auf den Modrow-Plan«, in: *NZZ*, Nr. 28 vom 4./5. 2. 1990.

63 Zit. in: Spittmann und Helwig: Chronik, S. 72 f.

64 Text des Interviews in: *FAZ* vom 8. 3. 1990. Nicht vergessen werden sollte, daß einer der besten sowjetischen Deutschland-Kenner, der Historiker Daschitschew, nicht nur 1988 den Abriß der Mauer in Berlin gefordert, sondern auch frühzeitig das Desaster der DDR erkannt hat. Vgl. dazu »Enormer Schaden für Moskau« – Eine sowjetische Denkschrift über die Honecker-DDR: Gefahr für die ›Lebensgrundlagen der UdSSR‹«, in: *Der Spiegel*, Nr. 6/1990, S. 142–158.

65 Vgl. dazu z. B. den Leitartikel »Moskau nach Wahlen gegen den Kommunismus«, in: *NZZ*, Nr. 70 vom 25./26. 3. 1990.

66 Vgl. dazu Spittmann und Helwig: Chronik, S. 77.

67 Vgl. dazu ebenda, S. 84 und die Übersicht »Die Mitglieder der neuen DDR-Regierung«, in: *Deutschland Archiv*, Jg. 23/1990, S. 983–986.

68 So Schäuble: Der Vertrag, S. 51.
69 Vgl. »Die Präambel der Koalitionsvereinbarung: ›Einheit auf der Grundlage des Artikels 23‹«, in: FAZ vom 14. 4. 1990; vollständiger Text der Koalitionsvereinbarung, in: Beilage zu den vom Bundesminister für innerdeutsche Beziehungen hrsg. »Informationen«, Nr. 8/1990 vom 19. 4. 1990.
70 Text in: *Neues Deutschland* vom 20. 4. 1990 und *Deutschland Archiv*, Jg. 23/1990, S. 795–809 (798).
71 Zit. in: Beilage zu den vom Bundesminister für innerdeutsche Beziehungen hrsg. »Informationen«, Nr. 8/1990 vom 19. 4. 1990. Vgl. dazu auch Thaysen: Der runde Tisch.
72 Vgl. dazu Hacker: Identität, S. 56–63.
73 Nachweis oben, Anm. 69.
74 Nachweis oben, Anm. 70.
75 Vgl. dazu die umfassende, mit einer Einführung von Klaus Stern und Bruno Schmidt-Bleibtreu versehene Dokumentation »Staatsvertrag«.
76 Vgl. dazu Mampel: Ende; Hacker: Identität, S. 63 f.
77 Text des Verfassungsgesetzes vom 17. 6. 1990, in: *Deutschland Archiv*, Jg. 23/1990, S. 1300 f. Vgl. dazu Mampel: Ende; Ahlers: Keine neue Verfassung, aber neue Verfassungsgrundsätze.
78 Text der Regierungserklärung in: *Deutschland Archiv*, Jg. 23/1990, S. 795–809 (795). Schon in der Gemeinsamen Erklärung aller sieben Fraktionen der neugewählten DDR-Volkskammer vom 12. 4. 1990 hieß es: »Ausgehend von den sich verändernden Bedingungen in unseren Ländern und den neuen Tendenzen in den internationalen Beziehungen werden wir uns mit den Völkern der Sowjetunion um eine konstruktive Politik für Frieden und internationale Zusammenarbeit bemühen. In diesem Sinne regen wir an, die bestehenden Verträge mit der Sowjetunion allmählich den neuen Realitäten anzupassen.« Text der Gemeinsamen Erklärung in: *Deutschland Archiv*, ebenda, S. 794 f.
79 Vgl. dazu »Gesamtdeutsche Wahlen am 2. Dezember«, in: NZZ, Nr. 152 vom 5. 7. 1990; »Einigkeit Bonns über den 2. Dezember«, ebenda, Nr. 153 vom 6. 7. 1990; *Deutschland Archiv*, Jg. 23/1990, S. 1171 f.; Hacker: Identität, S. 64–66.
80 Vgl. dazu Winters: »Neue Grenzen für die alten Länder Mitteldeutschlands«; *Deutschland Archiv*, ebenda, S. 1321 f.
81 Ebenda.
82 Vgl. dazu ebenda, S. 1332 f. und 1488; Text der Erklärung der Volkskammer, ebenda, S. 1638; Schäuble: Der Vertrag.
83 Vgl. dazu die umfassende, mit einer Einführung von Klaus Stern und Bruno Schmidt-Bleibtreu versehene Dokumentation »Einigungsvertrag und Wahlvertrag«, S. 92 f. (Art. 4 f.).
84 Vgl. dazu den instruktiven Bericht von Leo Wieland: Kontroverse in Ottawa über den Platz eines einigen Deutschland; Gennrich vermittelt einen knappen, aber sehr informativen Überblick über die einzelnen Stationen des Zwei-plus-Vier-Prozesses in seinem Aufsatz »Moskau bewegt sich Schritt für Schritt«: Außenministerkonferenz in Ottawa, in: *Archiv der Gegenwart* vom 12. 2. 1990; S. 34 320 f.; »Perspektiven des ›neuen Europa‹«, in: NZZ, Nr. 37 vom 15. 2. 1990.
85 Vgl. dazu ebenda.
86 Vgl. dazu Wieland, ebenda; ders.: Die Deutschen; Conrad: Nato mit Bonner Fahrplan zur Einheit einverstanden; »Perspektiven des ›neuen Europa‹«, in: NZZ, ebenda (Anm. 84).

87 Text in: *Bulletin,* Nr. 27 vom 20. 2. 1990, S. 215.
88 Zit. in dem Bericht »Genscher zufrieden nach Besuch in London«, in: *FAZ* vom 15. 2. 1990.
89 Vgl. dazu den Bericht »Einheit ist Grundrecht der Deutschen'«, ebenda.
90 Vgl. dazu den Bericht »Breite Zustimmung zum Plan einer Konferenz über die deutsche Einheit«, in: *Der Tagesspiegel* vom 15. 2. 1990.
91 Vgl. dazu *Archiv der Gegenwart* 1990, S. 34 231; »Falin nennt Friedensvertrag für Deutschland notwendig«; in: *FAZ* vom 15. 2. 1990.
92 Schewardnadse: Zukunft, S. 242 f.
93 Zit. in dem Bericht »Schewardnadse relativiert die Forderung nach Neutralität«, in: *FAZ* vom 16. 2. 1990; *Archiv der Gegenwart,* (Anm. 91).
94 Text der Erklärung in: *Europa-Archiv,* Jg. 45/1990, S. D 492 f. (492).
95 Ebenda, S. D 493.
96 Text in: *Bulletin,* Nr. 54 vom 8. 5. 1990, S. 423 mit weiteren Dokumenten.
97 Zit. in: *Archiv der Gegenwart* 1990, S. 34 486 f.; Texte der Erklärungen der Außenminister Genscher, Baker, Dumas und Meckel in: *Europa-Archiv,* Jg. 45/1990, S. D 493–502.
98 Zit. in: *Archiv der Gegenwart,* ebenda, S. 34 488.
99 Schewardnadse: Zukunft, S. 244 f.
100 Text der Erklärung des britischen Außenministeriums in: *Europa-Archiv,* Jg. 45/1990, S. D 503.
101 Vgl. »Abschließende völkerrechtliche Regelung«, in: *Die Welt* vom 14. 5. 1990.
102 So äußerte sich Andrej Gratschow, Stellvertretender Leiter der Abteilung für Internationale Angelegenheiten im Zentralkomitee der KPdSU, am 12. 5. 1990 in einem Interview. Text in: BPA/Ostinformationen vom 14. 5. 1990. Vgl. zur sowjetischen Position auch Ernst Kux: »Sowjetische Stimmen zur deutschen Einheit; Neue Expertenrunde der Sechs in Bonn«, in: *NZZ,* Nr. 118 vom 24./25. 5. 1990.
103 Vgl. »Schewardnadse lehnt deutsche NATO-Mitgliedschaft erneut ab«, in: BPA/ Ostinformationen vom 28. 5. 1990. Auch bei seinem Treffen mit US-Präsident Bush vom 31. 5.–3. 6. 1990 in Washington vermochte sich Gorbatschow über die Mitgliedschaft eines vereinten Deutschland in der NATO nicht zu verständigen. Vgl. dazu die Auszüge aus der gemeinsamen Pressekonferenz beider Präsidenten vom 3. 6. 1990, in: *Europa- Archiv,* Jg. 45/1990, S. D 470–478 (471 f., 475 ff.).
104 »Daschitschew: Deutsche NATO-Mitgliedschaft keine Gefahr für UdSSR«, in: BPA/Ostinformationen, ebenda (Interview mit der *Bild*-Zeitung).
105 Vgl. dazu »Moskau legt Entwurf für Deutschland-Vertrag vor – Der Westen lehnt militärische Obergrenzen ab«, in: *Süddeutsche Zeitung* vom 23./24. 6. 1990; Gennrich: Bonn ist mit den Ergebnissen des Dubliner Gipfels nicht unzufrieden; *Europa Archiv,* Jg. 45/1990, S. Z 148. Vgl. dazu auch die ausführliche Darstellung bei Schewardnadse: Zukunft, S. 247–250.
106 Vgl. dazu »Schewardnadse: Deutschland noch dieses Jahr souverän«, in: *Die Welt* vom 28. 6. 1990.
107 Text der »Londoner Erklärung«, in: *Europa-Archiv,* Jg. 45/1990, S. D 456–460 (457). Vgl. dazu auch Feldmeyer: Signale an die Sowjetunion; Aus London Friedenssignale der Nato an die Länder des Warschauer Paktes, in: *FAZ* vom 7. 7. 1990; Reifenberg: Von der Abschreckung zum Konsens – Die Nato wandelt sich und bleibt unersetzlich.
108 Ebenda.

109 Text in: *Bulletin,* Nr. 93 vom 18. 7. 1990, S. 801–804 (802 f.). Vgl. dazu auch Schewardnadse: Zukunft, S. 251 f. Schäuble berichtet in seinem Buch »Der Vertrag«, S. 20, einzig die amerikanische Regierung sei »zu jedem Zeitpunkt ohne Wenn und Aber« dem Anliegen der deutschen Einheit zugetan gewesen: »Sie stellte zwar auch Fragen zur Endgültigkeit der deutsch-polnischen Grenze. Aber sie war vollauf zufriedengestellt, als ich bei einem Besuch Washingtons im Februar 1990 eine entsprechende Grundgesetzänderung verbindlich zusagte.«

110 Text in: *Europa-Archiv,* Jg. 45/1990, S. D 503 f.

111 Text in: *Bulletin,* Nr. 93 vom 18. 7. 1990. Vgl. zum Verlauf der Konferenz auch Schewardnadse: Zukunft, S. 252–259, wo er auch ausführlich die Antworten aus einem *Spiegel*-Interview wiedergegeben hat.

112 Text der Erklärung Genschers in: *Europa-Archiv,* Jg. 45/1990, S. 504 f.

113 Text in: *Bulletin,* Nr. 134 vom 16. 11. 1990.

114 Vgl. dazu Gennrich: Nach den Verabredungen von Paris ist ein Friedensvertrag nicht mehr nötig.

115 Texte des Vertrags über die abschließende Regelung in bezug auf Deutschland und aller weiteren einschlägigen Dokumente in der von Klaus Stern und Bruno Schmidt-Bleibtreu hrsg. und mit einer Einleitung versehenen Dokumentation »Zwei-plus-Vier-Vertrag«; »Die Einheit Deutschlands feierlich besiegelt«, in: *FAZ* vom 13. 9. 1990; »Souverän«, ebenda; »Deutschland-Vertrag in Moskau unterzeichnet«, in: *NZZ,* Nr. 212 vom 14. 9. 1990. Vgl. dazu auch die Dokumentation in: *Europa-Archiv,* Jg. 45/1990, S. D 504–514.

116 Vgl. zur völkerrechtlichen Problematik Blumenwitz: Der Vertrag vom 12. 9. 1990 über die abschließende Regelung in bezug auf Deutschland; Hummer: Deutsche Wiedervereinigung und alliierte Vorbehaltsrechte – Viermächteverantwortung oder »Europäisierung« der deutschen Frage?; Fiedler: Die Wiedererlangung der Souveränität Deutschlands und die Einigung Europas; Gornig: Die vertragliche Regelung der mit der deutschen Wiedervereinigung verbundenen auswärtigen Probleme. Sehr informativ dazu auch das Gespräch mit W. Daschitschew unter dem Titel »Rückkehr nach Europa – Am Ende zweier Sonderwege«, in: *Blätter für deutsche und internationale Politik,* Jg. 35/1990, S. 1341–1352.

117 Text des deutsch-sowjetischen Partnerschaftsvertrags bei Stern und Schmidt-Bleibtreu: »Zwei-plus-Vier-Vertrag«, S. 95–101 (97). Dort sind auch die weiteren in Bonn unterzeichneten deutsch-sowjetischen Abkommen wiedergegeben.

118 Text in: *Bulletin,* Nr. 137 vom 24. 11. 1990, S. 1409–1415 (1411) mit weiteren Dokumenten. Vgl. dazu »Pariser Gipfeltreffen der Konferenz über Sicherheit und Zusammenarbeit in Europa«, in: *NZZ,* Nr. 267 vom 17. 11. 1990; »Charta von Paris für ein neues Europa«, ebenda, Nr. 272 vom 23. 11. 1990; »Das europäische Friedensfest in Paris«, ebenda, Nr. 274 vom 25./26. 11. 1990. Vgl. dazu auch Schewardnadse: Zukunft, S. 261–264.

119 So Schöpflin: Das Ende des Kommunismus, S. 51.

120 Brzezinski: Östlich von Deutschland, westlich von Rußland, S. 8.

121 Brzezinski, ebenda, S. 10. Ebenso verfehlt war Brzezinskis weitere Prophezeiung: Sollte es in naher Zukunft zu einem massiven revolutionären Ausbruch in dieser Region kommen, hätte die Sowjetunion »keine andere Wahl, als zu intervenieren«. Ebenso äußerte er sich in seinem Artikel »America's New Geostrategy«, S. 687.

122 Winters: Koloß.

123 Schewardnadse: Zukunft, S. 233.
124 Vgl. dazu die detaillierte Darstellung bei Bahrmann/Links: Wir sind das Volk; Leipziger Demontagebuch. Zusammengestellt und mit einer Chronik von W. Schneider. Inzwischen sind weitere Darstellungen über die Entstehung und den Verlauf der revolutionären Ereignisse in der DDR erschienen, die hier nicht aufgeführt werden können.
125 So Knabe: Die deutsche Oktoberrevolution, S. 19. Der von ihm im Dezember 1989 hrsg. Band vereint Beiträge von Oppositionellen und Reformern, die für die weitere Eigenständigkeit der DDR mit verändertem »sozialistischen« Vorzeichen eintreten.
126 So Knabe, ebenda.
127 Vgl. dazu Hacker: Gorbatschow.
128 So der Kommentar »Eingeständnis in Moskau«, in: NZZ, Nr. 284 vom 7. 12. 1989. Vgl. zu Gorbatschows Deutschland-Politik bis Ende 1987 Hacker: Die strategischen Ziele und operativen Instrumente der sowjetischen Deutschland-Politik.
129 Vgl. dazu Hacker: Gorbatschow, S. 39.
130 Vgl. dazu oben S. 20 mit Anm. 7.
131 Vgl. dazu Hacker: Gorbatschow, S. 35 f.
132 Text in: Beilage der Zeitschrift Sowjetunion heute, Nr. 8, August 1989, S. XI–XVI (XI).
133 Text des Kommuniqués in: Neues Deutschland vom 10. 7. 1989 und Deutschland Archiv, Jg. 22/1989, S. 1058–1061 (1060).
134 Zit. auch in der redaktionellen Vorbemerkung zur Dokumentation »Zur Tagung des Politischen Beratenden Ausschusses des Warschauer Pakts in Bukarest«, in: Deutschland Archiv, ebenda, S. 1052.
135 So die redaktionelle Vorbemerkung, ebenda.
136 Text der Rede in: Beilage der Zeitschrift Sowjetunion heute, Nr. 9, September 1989, S. I–VIII (VI f.).
137 Vgl. dazu auch die redaktionelle Vorbemerkung in: Deutschland Archiv, Jg. 22/1989, S. 1053 (Anm. 134).
138 Text des Kommuniqués in: Neues Deutschland vom 28. 10. 1989. Vgl. dazu Hacker: Gorbatschow, S. 35 f.
139 Vgl. dazu Lapp: Rock an der Mauer.
140 Vgl. dazu Helwig: Schadensbegrenzung.
141 Fricke: Die Staatsmacht und die Andersdenkenden, S. 226.
142 Vgl. dazu Kleinschmid: »Symptome eines Syndroms«; Helwig: »Eine Hoffnung lernt gehen«.
143 So Helwig: »Störfälle«; Knabe: Die deutsche Oktoberrevolution, S. 13 f.
144 Zit. in der »Chronik« des Deutschland Archiv, Jg. 22/1989, S. 239. Vgl. dazu Spittmann: Weichenstellung für die neunziger Jahre, S. 1252 f.; Kuppe: Offensiv in die Defensive, S. 3.
145 Vgl. dazu Lapp: DDR-Kommunalwahlen 1989, S. 614–617.
146 So Meissner: Gorbatschows Umbau des Sowjetsystems (II), S. 716.
147 Text in: Neues Deutschland vom 9. 6. 1989; zit. auch in: Deutschland Archiv, Jg. 22/1989, S. 830.
148 Text des Berichts in: Neues Deutschland vom 23. 6. 1989; Auszug in Deutschland Archiv, ebenda, S. 945–956 (948).
149 Text in: Außenpolitische Korrespondenz, Nr. 17 vom 11. 6. 1990, S. 134.

150 Vgl. »Unsere Verbundenheit mit der ČSSR und der 21. August 1968«, in: *Neues Deutschland* vom 18. 8. 1989; »Nur die DDR verteidigt die Niederschlagung des Prager Frühlings«, in: *FAZ* vom 19. 8. 1989. Nach der Öffnung des früheren Militärarchivs der DDR in Potsdam wird die Frage, in welchem Umfang die NVA bei den August-Ereignissen von 1968 in der Tschechoslowakei beteiligt war, neu erörtert. Vgl. dazu Wenzke: Beteiligung; Rehm: Erkenntnisse.

151 Text der Erklärung in: *Deutschland Archiv*, Jg. 23/1990, S. 137.

152 Diese Meldung verbreitete Radio Prag am 3. 12. 1989.

153 Dt. Übersetzung in: *Europa-Archiv*, Jg. 45/1990, S. D 72.

154 So Knabe: Die deutsche Oktoberrevolution, S. 15.

155 Winters: Koloß. Vgl. dazu auch Schewardnadse: Zukunft, S. 257 f., wo er betont, daß vor der Öffnung der Mauer die Frage nach irgendeiner Einmischung der UdSSR in die Belange der DDR oder irgendeines anderen Landes nicht zur Debatte gestanden habe »und auch gar nicht zur Debatte stehen konnte: Damit war es vorbei.«

156 So Knabe: Die deutsche Oktoberrevolution, S. 11 f.

157 Ebenda, S. 12.

2. Die Entwicklung der »deutschen Frage« von 1945 bis 1949

1 Bracher: Die Krise Europas – 1917–1975, S. 186.

2 Rothfels: Geschichtliche Betrachtungen zum Problem der Wiedervereinigung, S. 336.

3 Grosser: Das Bündnis, S. 67.

4 Wien/Darmstadt 1990.

5 So die instruktive Rezension des Laloy-Buches mit dem Titel »Jalta – Legende und Wirklichkeit« in der *NZZ*, Nr. 235 vom 9./10. 10. 1988.

6 Vgl. dazu auch Ernst Weisenfelds Besprechung der Laloy-Studie: Jalta, Polen und die deutsche Teilung.

7 So die Rezension »Jalta – Legende und Wirklichkeit«, in: *NZZ*, Nr. 235 vom 9./10. 10. 1988.

8 Vgl. über die Politik der Alliierten bis zur Konferenz Hacker: Nachkriegsordnung, S. 4–28.

9 So Eschenburg: Deutschland in der Politik der Alliierten, S. 46 f.

10 Geyer: Deutschland als Problem der sowjetischen Europa-Politik am Ende des Zweiten Weltkriegs, S. 53.

11 Daschitschew: Europa im Wandel.

12 Vgl. dazu Hacker: Der Ostblock, S. 326–348.

13 Text des Referats Schdanows bei Meissner: Das Ostpakt-System, S. 89–97. Vgl. dazu Hacker, ebenda, S. 351–359.

14 Schwarz: Die außenpolitischen Grundlagen des westdeutschen Staates, S. 29; Hervorhebung im Text.

15 Loth: Kalter Krieg, S. 278. Unverständlich ist, daß eine so einseitige und wissenschaftlich bedenkliche Sicht in das »Handwörterbuch Internationale Politik« aufgenommen wurde. Ausführlicher breitet Loth sein »Geschichtsbild« in der Studie »Die Teilung der Welt« aus, die zuerst 1980 erschienen (6. Aufl. 1987) und in der deutschen Presse überwiegend positiv aufgenommen worden ist. Vgl. dazu Marko: Die Teilung der Welt, S. 430.

16 Ebenda, S. 432.
17 Vgl. zu den Begriffen »Ost-West-Konflikt« und »Kalter Krieg« Hacker: Ost-West-Konflikt. Über die permanent in den USA geführte Diskussion berichtete ausführlich die *Neue Zürcher Zeitung* unter der Überschrift »Suche nach den Quellen des kalten Krieges – Streit um die nationalen Interessen Amerikas«, Nr. 91 vom 21./22. 4. 1985. Einen guten Überblick vermittelt auch Rohlfes: Weder Krieg noch Frieden, und Doering-Manteuffel: Teilung.
18 Vgl. dazu Papcke: Der Kalte Krieg als Problem der Zeitgeschichtsschreibung.
19 Janßen: Vor einem zweiten Kalten Krieg?
20 Dies geschah mit dem New Yorker Abkommen des Rates der Außenminister vom 4. 5. 1949. Text in: Dokumente zur Berlin-Frage 1944–1966, S. 107–110.
21 So Hillenbrand: Berlin, S. 19.
22 Ebenda.
23 Ebenda, S. 19 mit Anm. 9.
24 Ebenda.
25 So Vogelsang: Das geteilte Deutschland, S. 119; Deuerlein (Hrsg.): DDR – Geschichte und Bestandsaufnahme, S. 7–46.
26 Seine Zugehörigkeit zum deutschen Gesamtstaat wurde von Bayern seit 1945 niemals in Frage gestellt. So lautete Art. 178 der bayerischen Verfassung vom 2. Dezember 1946: »Bayern wird einem künftigen deutschen demokratischen Bundesstaat beitreten.« Vgl. zur Ratifizierung des Grundgesetzes durch die Landtage die Übersicht bei von Beyme: Das politische System der Bundesrepublik Deutschland, S. 18–20.
27 Vgl. dazu Hacker: Rechtsstatus, S. 211–223.
28 Vgl. dazu die mit zu knappen Einleitungen versehenen umfangreichen Dokumentationen, die über die Entwicklung der Parteien in der SBZ/DDR informieren: Weber (Hrsg.): Parteiensystem zwischen Demokratie und Volksdemokratie; Suckut: Blockpolitik in der SBZ/DDR 1945–1949.
29 Vgl. dazu aus dem neueren Schrifttum Staritz: Zur Gründung der SED, S. 38–75.
30 Vgl. dazu aus dem neueren Schrifttum Suckut: Zum Wandel von Rolle und Funktion der Christlich-Demokratischen Union Deutschlands (CDUD) im Parteiensystem der SBZ/DDR (1949–1952); Conze: Jakob Kaiser; sehr instruktiv dazu aufgrund der nach der »Wende in der DDR« zugänglichen Archive Richter: Die Ost-CDU 1948–1952, S. 32–46.
31 So Voslensky: Vier Generäle als Regenten Deutschlands.
32 Djilas: Der Krieg der Partisanen, S. 558.
33 Tulpanow: Deutschland nach dem Kriege (1945–1949), S. 309.
34 Ebenda, S. 312 f. Vgl. zur Auslegung des Potsdamer Abkommens Hacker: Nachkriegsordnung, S. 1–30; ders.: Einführung in die Problematik des Potsdamer Abkommens, S. 5–41.
35 Voslensky: Vier Generäle als Regenten Deutschlands. In der 1990 vom ZDF ausgestrahlten mehrteiligen Sendung »Die Deutsche Einheit – Traum und Wirklichkeit« sagte Voslensky unmißverständlich: »Wir hatten in Moskau nie eine einzige Minute daran gezweifelt, daß es auch in Deutschland zur Gründung einer Volksdemokratie kommt.« Zit. bei Knopp/Kuhn: Die Deutsche Einheit, S. 105.
36 Staritz: Gesamtdeutsche Parteien im Kalkül der Siegermächte, S. 212–216.
37 Ebenda, S. 214, Anm. 42.
38 Zit. bei Wilke: »Es wird zwei Deutschlands geben«.
39 Ebenda.

40 Staritz: SED, S. 689; ders.: Die SED, Stalin und die Gründung der DDR, S. 4.
41 Suckut: Entscheidung, S. 125.
42 SKK = Sowjetische Kontroll-Kommission.
43 Suckut: Entscheidung, S. 144 f.
44 Ebenda, S. 125–127 (126).
45 So Bracher: Weichenstellungen deutscher Politik in den Anfängen der Bundesrepublik (1949–1955), S. 15.

3. Der Stellenwert der Wiedervereinigung in der offiziellen Deutschland-Politik

1 Text in: Parlamentarischer Rat. StenBer. 1.–12. Sitzung. Bonn 1948/49, S. 70. Hervorhebungen im Text.
2 Vgl. zur Rechtsprechung des Bundesverfassungsgerichts unten, Kap. 4.
3 So Rauschning: Rechtstellung Deutschlands, S. XVII.
4 So Kimminich: Deutschland als Rechtsbegriff und die Anerkennung der DDR, S. 438.
5 Hier geht es um die Aussagen des Grundgesetzes vor den mit der Wiederherstellung der staatlichen Einheit am 3. Oktober 1990 vorgenommenen Änderungen.
6 Text der Note in: *Europa-Archiv*, Jg. 21/1966, S. D 171–175 (172). Vgl. zur rechtlichen und politischen Bedeutung der Friedensnote Carstens: Die deutsche Friedensnote vom 25. März 1966; H. Krüger: Die deutsche Friedensnote.
7 Geiger: Zur Rechtslage Deutschlands, S. 2304; ders.: Zur Genesis der Präambel des Grundgesetzes, S. 121–126. Hervorhebung im Text.
8 So Art. 7 Abs. 1 des Deutschland-Vertrages. Die Texte der alliierten Abmachungen und Absprachen sowie der Verträge der drei Westmächte mit der Bundesrepublik Deutschland und der UdSSR mit der DDR sind in zahlreichen Dokumentationen wiedergegeben. Vgl. dazu die Nachweise bei Hacker: Funktion, S. 77, Anm. 6. Text beispielsweise bei Rauschning: Rechtstellung Deutschlands, S. 48.
9 So Grewe: Einführung, S. 14 f.; ders.: Der Alte gab nichts preis.; ders.: Wodurch die Deutschland-Politik geschwächt wird; ders.: Der Alte gab nichts preis.
10 Text in: BT StenBer., 1. Wahlperiode 1949, S. 308.
11 Text des New Yorker Kommuniqués über Deutschland in: *Europa-Archiv*, Jg. 5/1950, S. 3406 f. (3406). Vgl. dazu auch Hacker: Rechtsstatus, S. 354–358.
12 So Grewe: »Hallstein-Doktrin«, Sp. 267.
13 Text in: Die Bemühungen, S. 82.
14 Ebenda, S. 83–90 (88).
15 Ebenda, S. 89.
16 Grewe: »Hallstein-Doktrin«, Sp. 267 f.
17 Ebenda.
18 Vgl. dazu die Nachweise in: Die Auswärtige Politik, S. 364–366, 487–489. Vgl. dazu und zur späteren Anwendung der »Hallstein-Doktrin« Grewe, ebenda, Sp. 268–273. Den innen- und außenpolitischen Kontext und die durch die Politik der Nichtanerkennung bedingten internationalen Verhaltensmuster der beiden Staaten in Deutschland analysiert Heinrich End in: Zweimal deutsche Außenpolitik.
19 Text des Besatzungsstatuts in: *Europa-Archiv*, Jg. 4/1949, S. 2074 f.
20 Text in: *Europa-Archiv*, Jg. 6/1951, S. 3829 f. (3829).

21 So Adenauer bei einem Tee-Empfang am 22. 12. 1950. Text in: Küsters: Adenauer: Teegespräche 1950–1954, S. 33. Vgl. dazu Morsey: Deutschlandpolitik, S. 21 f. Vgl. auch Adenauers Regierungserklärung vom 20. 10. 1953. Auszüge in: Die Auswärtige Politik, S. 242, in der er auf die Bedeutung des Deutschland-Vertrages und die vertragliche Verpflichtung der Westmächte hingewiesen hat, »an der Wiedervereinigung Deutschlands mitzuwirken unter Ausschaltung der Möglichkeit einer Einigung der Westalliierten mit der Sowjetunion auf Kosten Deutschlands.«

22 So Besson: Außenpolitik, S. 129.

23 Adenauer: Erinnerungen 1953–1955, S. 217.

24 Gotto: Sicherheitsfrage, S. 146.

25 So Adenauer in seiner Regierungserklärung vom 20. 10. 1953; Text in: Die Auswärtige Politik, S. 245.

26 Gotto: Sicherheitsfrage, S. 146.

27 So Morsey: Deutschlandpolitik, S. 19.

28 So Foschepoth in seiner Einleitung zum Sammelband »Adenauer und die Deutsche Frage«, S. 14.

29 Morsey: Deutschlandpolitik, S. 19.

30 Gotto: Sicherheitsfrage, S. 138.

31 Steininger: Scheitern, S. 3.

32 Gotto: Sicherheitsfrage, S. 138; Morsey: Deutschlandpolitik, S. 20.

33 Foschepoth in seiner Einleitung zum Sammelband »Adenauer und die Deutsche Frage«, S. 10.

34 Steininger: Chance, S. 126; Hervorhebung im Text.

35 So Morsey: Deutschlandpolitik, S. 17.

36 So Gotto: Deutschlandpolitik, S. 6 f.

37 Steininger: Chance, S. 126.

38 Repgen: Kontroversen, S. 158 f.

39 Ebenda; Hervorhebungen im Text.

40 So Hürten: Adenauers Patriotismus, S. 20. Heinz Hürten hat sein Referat im Rahmen des 10. Rhöndorfer Gespräches am 5. 4. 1989 vorgetragen. In der sich anschließenden Diskussion hat vor allem Horst Osterheld, einer der besten Kenner Adenauers, wesentliche Aussagen gemacht.

41 Morsey: Deutschlandpolitik, S. 16 f.

42 Ebenda, S. 17.

43 J. Weber: Deutschland, S. 7–17. Darin bezieht er sich u. a. auf Christian Hacke, der unter Auslassung wichtiger Quellen meint: Der »raffinierten Diplomatie im Westen stand eine absolut schroffe und abweisende Haltung Adenauers gegenüber, wenn es um Ost- und Deutschlandpolitik ging«. Vgl. Hacke: Weltmacht wider Willen, S. 64. Ebenso verfehlt ist das Urteil von Ludolf Herbst, der Adenauer jede »konstruktive Wiedervereinigungspolitik« abspricht, da er »einseitig für die Westintegration optiert« habe, »und zwar von Anfang an . . . hat diese Politik mit dem Vorwurf zu leben, einen Teil der Nation – der deutschen Schicksalsgemeinschaft – einfach im Stich gelassen zu haben . . .« Vgl. Herbst: Option für den Westen, S. 125 f. Diesen Kritikern des ersten Bundeskanzlers sei empfohlen, die seriöse Adenauer-Forschung und die Neueinschätzung der Deutschland-Politik Stalins durch sowjetische Analytiker zu prüfen.

44 Gotto: Deutschlandpolitik, S. 9; Hervorhebung im Text.

45 Rupieper: Der besetzte Verbündete; ders.: Handlungsspielraum; ders.: Deutschlandnoten.

46 Siebenmorgen: Gezeitenwechsel.
47 Doering-Manteuffel: Teilung; ders.: Die Bundesrepublik Deutschland in der Ära Adenauer; ders.: Konrad Adenauer – Jakob Kaiser – Gustav Heinemann.
48 Schwarz: Reich, S. 563.
49 So Schwarz: Gründerjahre, S. 53–61 (60 f.), wo er ausführlich »Die Ansätze der Außenpolitik: Adenauer und Schumacher« analysiert.
50 Vgl. dazu Hacker: Frage, S. 44–53.
51 So der Titel des von Hans-Peter Schwarz herausgegebenen Bandes 5 der »Rhöndorfer Gespräche«.
52 Vgl. dazu die Nachweise bei Schwarz (Hrsg.): Die Legende von der verpaßten Gelegenheit; Jesse: Weg; Kiefer: Reaktion.
53 Jesse, ebenda, S. 554–556, mit Nachweisen u. a. auf die Schriften Steiningers und Foschepoths.
54 Grewes einschlägige Beiträge »Ein zählebiger Mythos«, »Deutsche Bewußtseinsspaltungen« und »Die ›vertane Chance‹ war nur eine Schimäre« sind wiedergegeben in dem Sammelband: Deutsche Frage.
55 Kiefer: Reaktion, S. 75; Dittmann: Adenauer und die deutsche Wiedervereinigung.
56 So Schwarz: Gründerjahre, S. 158–160.
57 Texte der Aufzeichnungen Krones und der beiden Fassungen des Globke-Plans in: Morsey/Repgen (Hrsg.): Untersuchungen und Dokumente zur Außenpolitik und Biographie. Adenauer-Studien III. Mainz 1974, S. 134–209. Vgl. dazu vor allem die dezidierte Darstellung bei Gotto: Deutschlandpolitik, S. 3–91; Hacker: Deutsche unter sich, S. 27–32.
58 Schwarz: Adenauers Wiedervereinigungspolitik, S. 33. Vgl. dazu auch: Die Auswärtige Politik, S. 66.
59 Adenauer: Erinnerungen 1955–1959, S. 377 f.; Die Auswärtige Politik, S. 49 f.
60 So Schwarz: Adenauers Wiedervereinigungspolitik, S. 48.
61 Text bei Küsters: Adenauer: Teegespräche 1955–1958, S. 97.
62 Ebenda, S. 281.
63 Text bei Küsters: Adenauer: Teegespräche 1959–1961, S. 60 f.
64 Hacke: Deutschlandpolitik, S. 537. Hildebrand berichtet in: Erhard, S. 323: »Nachdem Willy Brandt als Außenminister der Großen Koalition die einschlägigen Regierungsakten studiert hatte, zeigte er sich über das Ausmaß und die Intensität der von Konrad Adenauer betriebenen Ostpolitik erstaunt.«
65 Hacke: Weltmacht wider Willen, S. 63.
66 Ebenda, S. 63–71.
67 Texte beider Dokumente in: Die Auswärtige Politik, S. 384 f.
68 Morsey: Deutschlandpolitik, S. 25 f.
69 Text in: Die Auswärtige Politik, S. 472 f.
70 Ebenda, S. 479–481 (481).
71 Vgl. ebenda, S. 66.
72 Vgl. dazu Hacker: Entwicklung, S. 55–58; Schwarzkopf: Wünsche schaffen Legenden.
73 Vgl. dazu die Nachweise bei Hacker, ebenda, S. 58–60; Morsey: Die Bundesrepublik Deutschland, S. 31–36.
74 Vgl. dazu die Nachweise bei Hacker, ebenda, S. 60–62 und zur Interpretation der Potsdamer Beschlüsse Hacker: Problematik.
75 Kimmel: Die deutsch-französischen Beziehungen, S. 481 f.

76 Meyer-Landrut: Frankreich und die deutsche Einheit.
77 Zit. bei Knopp/Kuhn: Die Deutsche Einheit, S. 138.
78 Ebenda, S. 139.
79 Ebenda, S. 125 f., 139.
80 Ebenda, S. 139.
81 Vgl. dazu oben S. 78–80.
82 Text des Gutachtens mit dem Titel »Enormer Schaden für Moskau« in: *Der Spiegel,* Nr. 6/1990, S. 142–158 (146).
83 Vgl. dazu ebenda, S. 142.
84 Vgl. dazu das *Spiegel*-Interview mit dem sowjetischen Deutschland-Experten Daniil Melnikow unter dem Titel »Stalins gewagtes Spiel« über die Sowjetnote von 1952, in: *Der Spiegel,* Nr. 48/1990, S. 185–190.
85 Melnikow: Illusionen oder eine verpaßte Chance?, S. 601.
86 Wiedergegeben bei von Uthmann: Hat der Westen den Frieden verloren?
87 So Grewe: Vorstellungen, S. 41 f.
88 Vgl. dazu Wettig: Deutschland-Note. Er hat Anfang 1992 einige neue Quellen zum Thema geprüft, ohne jedoch die zuvor geschilderten Meinungsdifferenzen unter sowjetischen Beobachtern der jüngsten Zeit genügend zu berücksichtigen. Vgl. Wettig: Stalin-Note.
89 Text der Rede in: Dokumentation der Zeit, Jg. 1952, S. 1228–1230. Vgl. dazu auch Hacker: Der Kreml und die »deutsche Frage«, S. 51–53. Aufschlußreich ist, daß auch die neuerdings einsichtbaren Akten des Zentralen Parteiarchivs der SED keine Hinweise auf eine Kehrtwendung der Deutschland-Politik Stalins im Frühjahr 1952 enthalten. Vgl. dazu Staritz: SED, S. 693–696.
90 Bucerius: Der Adenauer, S. 68–70 (70). Bucerius hat in der *Zeit* auch später engagiert in die Diskussion über die Stalin-Noten 1952 eingegriffen. Vgl. z. B. »Dann wären nur Scherben geblieben . . .«, »Adenauer, Preußen und der Kreml« und »Die alten Gebetsmühlen«.
91 Text des Interviews mit dem Titel »So ruhige 30 Jahre hatten wir lange nicht«, in: *Der Spiegel,* Nr. 7/1985, S. 124–127 (126). Der *Spiegel* hätte gerne von Kreisky eine Schuldzuweisung an Adenauer vernommen. Vgl. dazu auch Mann: Der Preis war zu hoch; Hillgruber: Eine Chance oder nicht?; ders.: Das Moment des Tragischen.
92 Text der Rede Churchills in: *Europa-Archiv,* Jg. 8/1953, S. 5738–5744.
93 Vgl. dazu vor allem Baring: Der 17. Juni 1953; Spittmann/Fricke (Hrsg.): 17. Juni 1953.
94 Vgl. dazu die Nachweise bei Hacker: Der Kreml und die »deutsche Frage«, S. 59, Anm. 28; Löwenthal: Krieg, S. 17–21. Die seit der »Wende« in der DDR zugänglichen Dokumente hat Monika Kaiser zitiert und kommentiert in: »Wenn wir jetzt nicht korrigieren, kommt eine Katastrophe«.
95 Vgl. dazu die Darstellung bei M. Kaiser, ebenda.
96 Text der Rede in: *Prawda* vom 10. 3. 1983; dt. Übersetzung (Auszug) in: *Ost-Probleme,* Jg. 15/1963, S. 290–301 (294): »Das Zentralkomitee der Partei wies diese verräterischen Vorschläge sofort zurück und erteilte den Provokateuren eine vernichtende Abfuhr.«
97 Vgl. dazu auch Stökl: Russische Geschichte, S. 762 f.
98 Text in: *Europa-Archiv,* Jg. 8/1953, S. 5743 f.; Löwenthal: Krieg, S. 18 f.
99 Steininger: Ein vereintes, unabhängiges Deutschland?, S. 123; Foschepoth: Wie Adenauer Churchill austrickste.

100 Löwenthal in seinem Vorwort zu Baring: Der 17. Juni 1953, S. 16. Weitere Nachweise bei Hacker: Der Kreml und die »deutsche Frage«, S. 58–62.
101 Löwenthal: Krieg, S. 18–21 (18 f.).
102 Vgl. dazu die Nachweise oben, S. 114 f. mit Anm. 91.
103 Vgl. dazu Hacker: Sicherheitspläne, S. 84–86; Löwenthal: Krieg, S. 21 f.
104 Vgl. dazu die Nachweise bei Hacker, ebenda, S. 85–87.
105 Vgl. dazu Hacker: Die Vertragsorganisation des Warschauer Pakts und die DDR; ders.: Die Stellung der DDR im Warschauer Pakt.
106 Text der Genfer Direktive vom 23. 7. 1955 bei E. Jäckel: Frage, S. 116.
107 So Schwarz: Gründerjahre, S. 271–273 (273) unter Hinweis auf Chruschtschows Rede vom 26. 7. 1955 auf dem Rückflug von Genf in Ost-Berlin. Text der Rede in: Dokumente zur Deutschland-Politik. III. Reihe/Band 1, S. 232–236 (234 f.). Vgl. dazu Buchheim: Deutschlandpolitik 1949–1972, S. 74–78; Hacker: Sicherheitspläne, S. 87–89.
108 Vgl. zur Entstehung und Entwicklung der Zwei-Staaten-These Hacker: Rechtsstatus, S. 133–148; Grewe: Deutsche Außenpolitik der Nachkriegszeit, S. 228–239.
109 Adenauer: Erinnerungen 1953–1955, S. 441.
110 Vgl. dazu die ausführliche Darstellung bei Adenauer, ebenda, S. 441–446.
111 Ebenda, S. 461.
112 Ebenda, S. 461–465. Vgl. dazu auch Löwenthal: Krieg, S. 24–27.
113 Text bei E. Jäckel: Frage, S. 127–130; Löwenthal, ebenda, S. 28–31. Weitere Nachweise bei Hacker: Sicherheitspläne, S. 88 f.
114 Das Junktim zwischen der europäischen Sicherheit und der Regelung der Deutschland-Frage hat die Bundesregierung in einer besonders differenzierten Weise in ihrem ausführlichen Memorandum vom 2. 9. 1956 begründet. Text bei E. Jäckel, ebenda, S. 153–160. Vgl. dazu Hacker, ebenda, S. 89 f.
115 Vgl. zur Aufnahme der diplomatischen Beziehungen der Bundesrepublik Deutschland zur UdSSR oben, S. 91 f.
116 So Buchheim: Deutschlandpolitik 1949–1972, S. 93, Anm. 254.
117 Text in: Die Auswärtige Politik, S. 362–364 (363).
118 Vgl. aus der umfangreichen Literatur zur zweiten Berlin-Krise Hillenbrand: Berlin, S. 25–34; Grewe: Deutsche Außenpolitik der Nachkriegszeit, S. 240–248; Meissner, Moskau–Bonn, S. 35–39. Vgl. zum sowjetischen Friedensvertragsentwurf die Nachweise bei Meissner, ebenda, S. 37; Hacker: Rechtsstatus, S. 380–393.
119 Text bei Meissner: Dokumente zur Pariser Gipfelkonferenz, S. 211–215.
120 Text in: *Europa-Archiv*, Jg. 14/1959, S. D 23–33.
121 Vgl. dazu Grewe: Deutsche Außenpolitik der Nachkriegszeit, S. 258–281.
122 So Rühle: Die Mauer von Berlin, S. 17.
123 Ebenda.
124 Ebenda, S. 17 f.
125 Text der Erklärung Ulbrichts vom 15. 6. 1961 in: Dokumente zur Deutschlandpolitik IV. Reihe/Band 6, Zweiter Halbband, S. 934.
126 Text der Mitteilung über eine Beratung der Ersten Sekretäre der Zentralkomitees der Kommunistischen und Arbeiterparteien der Warschauer-Pakt-Mächte und der Erklärung der Regierungen der Warschauer-Pakt-Mächte vom 5. 8. 1961 bei Meissner (Hrsg.): Der Warschauer Pakt, S. 201–204. Die Erklärung der Regierungen der Warschauer-Pakt-Mächte wurde erst am 14. 8. 1961 im *Neuen Deutschland* veröffentlicht.

127 So Hillenbrand: Berlin, S. 31 f.
128 Vgl. dazu Kennedys Rundfunk- und Fernsehansprache vom 25. 7. 1965. Text in: *Europa-Archiv*, Jg. 16/1961, S. D 498–505 (498 f.); Morsey: Deutschlandpolitik, S. 26; Löwenthal: Krieg, S. 54–58; Buchheim: Deutschlandpolitik 1949–1972, S. 104–113.
129 Vgl. dazu vor allem Prowe: Der Brief Kennedys an Brandt vom 18. 8. 1961; Hacker: Frage, S. 53–55. Vgl. zu der damals umstrittenen Passierschein-Regelung vom 18. 12. 1963 Spittmann: Geschäfte mit der Menschlichkeit.
130 Text der Rede in: *Deutschland Archiv*, Jg. 6/1973, S. 862–865. Vgl. dazu auch Prowe: Die Anfänge der Brandtschen Ostpolitik in Berlin 1961–1963.
131 Text in: *Deutschland Archiv*, ebenda, S. 862.
132 Hildebrand: Erhard, S. 87.
133 Ebenda, S. 88.
134 Wiedergegeben bei Weber und Jahn: Synopse, S. 552. Vgl. zu Adenauers »Burgfriedens«-Vorstellungen unten S. 282–285.
135 So Hildebrand: Erhard, S. 89.
136 Text in: *Europa-Archiv*, Jg. 20/1965, S. D 284 f. (285).
137 Hildebrand: Erhard, S. 89.
138 Text in: *Europa-Archiv*, Jg. 20/1965, S. D 285.
139 Kissinger: Allianz, S. 243. Vgl. zu Präsident Kennedys Deutschland-Politik auch Knapp: Ein »Berliner« namens John F. Kennedy.
140 Kissinger, ebenda, S. 260.
141 Vgl. dazu unten Kap. 7 und 8.
142 Schröder: Außenpolitik, S. 740–742. Zu diesem Urteil ist auch Hildebrand in: Erhard, S. 88 f. gelangt.
143 Text der Rede in: Texte, Bd. I, S. 77–83 (81).
144 Text in: *Bulletin*, Nr. 67 vom 27. 6. 1967, S. 569–573 (572). Vgl. dazu auch Buchheim: Deutschlandpolitik 1949–1972, S. 123.
145 Brandt: Entspannungspolitik mit langem Atem, S. 453. Ähnlich äußerte er sich in seinem Beitrag »German Policy toward the East«.
146 Text in: *Europa-Archiv*, Jg. 23/1968, S. D 75–77 (76).
147 Vgl. dazu unten die Kap. 6–8.
148 So Hildebrand: Erhard, S. 329.
149 So Grewe: »Hallstein-Doktrin«, Sp. 270.
150 Ebenda, Sp. 270 f.
151 So Hildebrand: Erhard unter Zitierung W. Brandts, S. 329 f.; Grewe, ebenda, Sp. 271–273; Buchheim: Deutschlandpolitik 1949–1972, S. 126–129.
152 Vgl. dazu das folgende Kapitel. Die Position der FDP in der Zeit der Großen Koalition hat Hildebrand, ebenda, S. 339–352, ausführlich dargestellt.
153 Text in: *Europa-Archiv*, Jg. 24/1969, S. D 179 f.
154 So Buchheim: Deutschlandpolitik 1949–1972, S. 123; Hildebrand: Erhard, S. 326 f. Text der Regierungserklärung vom 13. 12. 1966, in: Texte, Bd. I, S. 7–27 (19).
155 Vgl. dazu die Nachweise in diesem Kap., Anm. 143 f.
156 Vgl. dazu Hacker: Deutsche unter sich, S. 33–36.
157 Texte der Briefe in: Texte, Bd. I, S. 65–70, 124–129, 156 f.
158 Vgl. dazu Hacker: Deutsche unter sich, S. 36–40.
159 Text in: Texte, Bd. II, S. 119–128.
160 Vgl. dazu die Nachweise in diesem Kap., Anm. 6.
161 Text in: Texte, Bd. I, S. 20 f.

162 Hildebrand: Erhard, S. 323–332; Buchheim: Deutschlandpolitik 1949–1972, S. 122–126.
163 W. Brandt: Begegnungen und Einsichten, S. 163–184 (183 f.).
164 Baring: Machtwechsel, S. 134 f.
165 So Krone: Aufzeichnungen, S. 194 (Eintragung vom 8. 8. 1967).
166 So Hildebrand: Erhard, S. 331.
167 Vgl. dazu oben S. 129 f. mit Nachweis in Anm. 143.
168 Vgl. dazu die Nachweise bei Hildebrandt: Erhard, S. 332.
169 Vgl. dazu auch die Grundsatzerklärung der Bundesregierung zur Deutschland- und Friedenspolitik vom 30. 5. 1969; Text in: Texte, Bd. III, S. 254 f.
170 Text in: *Europa-Archiv*, Jg. 24/1969, S. D 180.
171 So v. Weizsäcker: Deutsche Ost- und Westpolitik, S. 41.
172 Text in: Texte, Bd. IV, S. 12.
173 Zit. bei Link: Ära Brandt, S. 163 f.
174 Ebenda, S. 164.
175 Bahr: Vier Jahre Bonner Ostpolitik; zit. auch bei Link, ebenda, S. 167.
176 Baring: Machtwechsel, S. 247 f.
177 Link: Ära Brandt, S. 167.
178 v. Weizsäcker: Deutsche Ost- und Westpolitik, S. 41 f.
179 Text in: Texte, Bd. 12, S. 52.
180 Text in: Texte, Bd. IV, S. 11.
181 Ebenda, S. 38.
182 Zit. bei Link: Ära Brandt, S. 214.
183 Text in: Texte, Bd. IV, S. 11 f.
184 Vgl. zur Umbenennung des Ministeriums die Begründung Bundeskanzler Brandts in seiner Regierungserklärung vom 28. 10. 1969. Text in: Texte, ebenda, S. 13. Der Bundesminister für innerdeutsche Beziehungen, Franke, äußerte sich dazu im Bundestag am 5. 11. 1969. Ebenda, S. 59–61. Vgl. zur Entwicklung des Ministeriums Lapp: Bundesministerium für innerdeutsche Beziehungen.
185 Text in: Texte, ebenda, S. 203–210.
186 Vgl. dazu unten, S. 236–244.
187 Vgl. dazu oben, Kap. 1.
188 Text der Rede in: *Europa-Archiv*, Jg. 27/1972, S. D 25–35 (31).
189 Vgl. dazu unten, S. 236–244.
190 Text des Kasseler Zwanzig-Punkte-Katalogs, in: Texte, Bd. V, S. 100–102 (100).
191 Vgl. dazu Hacker: Rechtsstatus, S. 360–363.
192 Buchheim: Einheit; ders.: Weg.
193 Link: Ära Brandt, S. 214–224.
194 Hacke: Weltmacht wider Willen, S. 171–175.
195 Hanrieder: Deutschland, Kap. 7.
196 So Bahr in seinem Interview vom 15. 7. 1970 mit der *Kölnischen Rundschau*. Text in: Der Vertrag vom 12. 8. 1970, S. 157.
197 So das Prinzip I des 1. Korbes der KSZE-Schlußakte vom 1. 8. 1975. Text bei Volle und Wagner (Hrsg.): KSZE, S. 239. Vgl. dazu aus der umfangreichen Literatur Blumenwitz: Die völkerrechtlichen Aspekte der KSZE-Schlußakte; Hacker: Sicherheitspläne, S. 84–86; ders.: Verzicht auf Eigenständigkeit, S. 48–52.
198 So Zündorf: Die Ostverträge, S. 58.
199 So Zündorf, ebenda; C. Arndt: Die Verträge von Moskau und Warschau, S. 55–68. Vgl. zur Problematik der Vier-Mächte-Verantwortung Hacker: Funktion.

200 Vgl. dazu die Nachweise bei C. Arndt, ebenda, S. 27–30; Zündorf, ebenda, S. 58 f.

201 So L. Mertes: Ein Wort der Anerkennung für den Gegner?

202 Bahr: Brief.

203 Barzel: Der »Brief zur deutschen Einheit« und die Entschließung des Bundestags von 1972. In seinem 1989 erschienenen Buch »Plädoyer für Deutschland«, S. 178, bemerkte Barzel: »In Deutschland ist mehr in Bewegung, als die Anbeter des Status quo, die Verwaltung der scheinbar ruhigen Lage, annehmen oder zu wissen meinen. Der Schein der Ruhe und der Sattheit trügt. Deutschland ist nicht befriedet . . .«

204 Fack: Der Beitrag der Opposition; zit. auch von Barzel: Auf dem Drahtseil, S. 157 f. Auch als Bundesminister für innerdeutsche Beziehungen (Oktober 1982 bis März 1983) legte Barzel großen Wert auf die Feststellung, daß die Ostverträge und der Grundvertrag Modus-vivendi-Charakter hätten. Vgl. dazu Barzel: Gedanken zur Deutschlandpolitik der neuen Bundesregierung, S. 6 f.; Repgen: Gegen Legendenbildung um die Ostverträge.

205 So C. Arndt: Der Weg zur Ratifizierung der Ostverträge.

206 Newsweek vom 1. 1. 1973, S. 12.

207 Bahr: Reden über das eigene Land, S. 108. Vgl. zu den deutschlandpolitischen Wandlungen Brandts und Bahrs unten S. 236–251.

208 Hanrieder: Deutschland, Kap. 6. Seit 1967 lehrt er Politik-Wissenschaft an der kalifornischen Universität Santa Barbara.

209 So überschrieb Luchsinger seine Analyse des Grundvertrags in der NZZ vom 10. 11. 1972.

210 Text der Stellungnahme Frankes in: Der Grundvertrag. Seminar-Material des Gesamtdeutschen Instituts – Bundesanstalt für gesamtdeutsche Aufgaben. Bonn o. J., S. 11 f. Vgl. dazu Hacker: Deutsche unter sich, S. 76–82. Vgl. zur Position der parlamentarischen Opposition Carstens: Die Erfolge östlicher Westpolitik, S. 12.

211 Text des Plädoyers Krieles, in: Cieslar/Hampel/Zeitler: Der Streit um den Grundvertrag, S. 209–228 (212); Der Grundlagenvertrag vor dem Bundesverfassungsgericht, S. 209–226 (211).

212 Vgl. dazu im einzelnen Hacker: SED und nationale Frage; ders.: Das nationale Dilemma der DDR.

213 Vgl. dazu Ress: Rechtslage, Kap. III, S. 495–497. In seiner Studie »Rechtslage« hat Ress der Problematik des »Offenhaltens« der deutschen Frage durch den »Brief zur deutschen Einheit« und andere Dokumente das Kap. II gewidmet; Hacker: Deutsche unter sich, S. 46–48, 121–123, 127–130.

214 Text in: BVfGE, Bd. 36, S. 1–30 (22–24).

215 Text (Auszug) in: Texte, Reihe II/Bd. 2, S. 79.

216 Fack: Realismus in der Ostpolitik.

217 Vgl. z. B. Schmidts Berichte zur Lage der Nation vom 30. 1. 1975, 29. 1. 1976, 9. 3. 1978 und 17. 5. 1979. Texte in: Texte, Reihe II/Bd. 3, S. 9 f., 21–24, Reihe II/Bd. 4, S. 20 f., 43, Reihe II/Bd. 6, S. 120 f., 132, 255 f., 274–278.

218 Zit. oben S. 129 f.

219 Texte der Reden, in: Texte, Reihe II/Bd. 7, S. 226–232.

220 Ebenda, S. 276.

221 Text in: The Economist vom 6. 10. 1979, S. 54; zit. auch bei Link: Ära Schmidt, S. 370.

222 Text des Interviews, in: Gaus: Texte zur deutschen Frage, S. 45–71 (55). Gaus löste mit diesen und anderen Bemerkungen seinerzeit heftige Reaktionen aus. Vgl. dazu unten S. 301–303; Hacker: Stand, S. 104–106.

223 Text, in: Texte, Reihe II/Bd. 8, S. 246 f.
224 Ebenda, S. 399; Hacker: Stand, S. 106 f.
225 Text, in: Texte, ebenda, S. 534 f.
226 Text der Antwort der Bundesregierung vom 20. 7. 1981, ebenda, S. 325.
227 So in einem *Spiegel*-Gespräch. In: *Der Spiegel*, Nr. 3/1979, S. 33 f.; zit. auch ebenda, Nr. 11, S. 44.
228 Vgl. dazu »Deutschlandpolitik: Herbert Wehner legt nach«, ebenda, Nr. 11, S. 29.
229 P. Bender: Neue Ostpolitik, S. 164.
230 Zu undifferenziert hier auch Hanrieder: Deutschland, S. 239–249 und Hacke: Weltmacht wider Willen, S. 287–306. Hingegen betont Link in: Ära Schmidt, S. 370, Schmidt habe »unbeirrt der nationalen Zukunftshoffnung« angehangen.
231 Kohl: Geduld und Mut in der Deutschland-Politik, S. 3; ders.: Ohne die Illusion rascher Erfolge.
232 Rede vor dem Bundestag vom 3. 12. 1981. Text in: BT StenBer., 9. Wahlperiode, S. 4068.
233 Text in: Texte, Reihe III/Bd. 1, S. 9.
234 Text in: *Bulletin*, Nr. 76 vom 12. 7. 1983, S. 707.
235 Text in: *Archiv der Gegenwart* 1983, S. 26 789.
236 R. Meier: Auflösung, S. 646.
237 Text in: Die Auswärtige Politik, S. 153.
238 Text in: *Bulletin*, Nr. 96 vom 12. 9. 1985, S. 838. Vgl. auch Kohls Beitrag »Präambel«.
239 Text, ebenda, S. 839.
240 Vgl. den Nachweis in diesem Kap., Anm. 232.
241 Reißmüller: Der Nationalstaat.
242 Text in: Texte, Reihe III/Bd. 4, S. 90.
243 Ebenda, Reihe III/Bd. 5, S. 274.
244 Vgl. zur Entstehung der »Berichte zur Lage der Nation im gespaltenen Deutschland« Garthe: Berichte zur Lage der Nation, S. 19–27; Hacker: Deutsche unter sich, S. 38–40.
245 Text in: Texte, Reihe III/Bd. 5, S. 195.
246 Text der Rede vom 24. 10. 1988 in: *Europa-Archiv*, Jg. 43/1988, S. D 619–623 (622).
247 Vgl. dazu oben, S. 20 mit Nachweis in Anm. 5.
248 Text in: Texte, Reihe III/Bd. 6, S. 465.
249 Vgl. dazu oben, Kap. 1.
250 Text in: Texte, Reihe III/Bd. 7, S. 232.
251 Text in: BT StenBer., Sitzung vom 5. 9. 1989, S. 11 718.
252 Vgl. dazu oben, S. 55 f. mit Anm. 118.
253 Schöpflin hatte diese Formulierung für das Jahr 1989 verwandt. Nachweis oben, S. 56 mit Anm. 119.

4. Völker- und verfassungsrechtliche Rahmenbedingungen

1 Die Texte der alliierten Abmachungen und Absprachen sind in zahlreichen Dokumentationen wiedergegeben. Nachweise bei Hacker: Funktion, S. 77, Anm. 6. Vgl. beispielsweise die nützliche Dokumentation von Rauschning: Rechtsstellung Deutschlands.

2   So Kimminich: Deutschland, S. 438.
3   Vgl. dazu Hacker: Rechtsstatus, S. 416–418.
4   Vgl. dazu oben, S. 88–90.
5   Vgl. dazu Hacker: Der Kreml und die »deutsche Frage«, S. 72–76.
6   Vgl. dazu Zündorf: Ostverträge, S. 58–60, 69–72, 266–272; Hacker: Funktion.
7   So zutreffend Mahnke: Vertrag, S. 1179.
8   Grewe: Souveränität der Bundesrepublik, S. 233.
9   So Fiedler: Wiedererlangung, S. 686.
10 So Blumenwitz: Grundvertrag, S. 9 f. Weitere Nachweise bei Hacker: Rechts-
    status, S. 441–444.
11 Text in: *Bulletin*, Nr. 121 vom 10. 10. 1990, S. 1266.
12 So Fiedler: Wiedererlangung, S. 688.
13 Nachweis in: *Europa-Archiv*, Jg. 46/1991, S. Z 72 f.
14 Text in: BVfGE, Bd. 5, S. 85–393 (127).
15 So Doehring: Wiedervereinigung, S. 2209 f.; ders.: Präambel; Murswiek: Gewalt,
    S. 51–55; Ress: Wiedervereinigungsgebot, S. 270–274; Fiedler: Integration,
    S. 122–125; H. H. Klein: Einheit, S. 134 f.; E. Klein: Verantwortung.
16 Text in: BVfGE, Bd. 5, S. 127 f.; Hervorhebung im Text.
17 Text in: BVfGE, Bd. 36, S. 1. Zu den unsinnigsten Vorwürfen, die dem Bundesver-
    fassungsgericht gemacht worden sind, gehört jener, es habe die Bonner Politik
    gegenüber der DDR behindert. So schreibt R. Fenner in seiner Bonner politologi-
    schen Dissertation aus dem Jahre 1980: »Die Ursache für die Stagnation in der
    Deutschlandpolitik liegt nicht zuletzt in der Rechtsprechung des Bundesverfas-
    sungsgerichts, die weitere Vereinbarungen erschwert, wenn nicht unmöglich
    macht, weil sie Kompromißlosigkeit zur einzig gültigen Maxime erklärt hat.«
    Diese Behauptung entbehrt jeder Grundlage. Vgl. R. Fenner: Recht oder Politik?,
    S. 327.
18 Text in: BVfGE, Bd. 77, S. 137–167 (150 f.).
19 Text, ebenda, S. 151.
20 Nachweis oben, S. 158 mit Anm. 245.
21 Vgl. dazu Fiedler: Stellung, S. 136 f. Manche bundesdeutsche Autoren übersahen
    gern, daß das Bundesverfassungsgericht in seiner ständigen Rechtsprechung zur
    deutschen Frage mit dem Begriff des »deutschen Staatsvolkes« und nicht dem der
    »deutschen Nation« argumentiert hat. Vgl. dazu Hacker: Deutschlandpolitik,
    S. 241 f.
22 Text in: BVfGE, Bd. 36, S. 19.
23 Vgl. dazu Hacker: Deutsche unter sich, S. 121–123.
24 Text in: BVfGE, Bd. 36, S. 19; Hervorhebungen im Text. Auch in seinem Beschluß
    vom 7. 7. 1975 über die Verfassungsbeschwerden zu den Ostverträgen berief sich
    Karlsruhe pronociert auf die Vier-Mächte-Verantwortung. Text in: BVfGE,
    Bd. 40, S. 172–175.
25 Text in: BVfGE, Bd. 77, S. 160, 167.
26 Vgl. dazu oben, S. 88–90.
27 Vgl. dazu Hacker: Rechtsstatus, S. 423–429.
28 Text in: *Bulletin*, Nr. 24 vom 20. 5. 1972, S. 1059–1061; Nachweise dazu bei Hak-
    ker: Funktion, S. 90.
29 Text in: BVfGE, Bd. 36, S. 26.
30 = das Grundgesetz.
31 Text in: BVfGE, Bd. 36, S. 28 f.

32 Dies behauptet Blumenwitz: Kein Staat auf Rädern. Zutreffend dazu C. Arndt: Grenzen von 1937. Auch in seinem Beschluß über die Verfassungsbeschwerden zu den Ostverträgen vom 7. 7. 1975 stellte das Bundesverfassungsgericht lediglich fest, »die Gebiete östlich von Oder und Neisse« seien »ebenso wie das übrige Reichsgebiet in den Grenzen vom 31. Dezember 1937 von den Siegermächten nicht annektiert worden«. Text in: BVfGE, Bd. 40, S. 157.

33 So Hupka: Recht auf Selbstbestimmung für ganz Deutschland.

34 Grewe: Wenn der Wille zur Einheit erlahmt; ders.: Wodurch die Deutschland-Politik geschwächt wird. Vgl. dazu oben, S. 88–90.

35 Vgl. dazu unten, S. 267–270.

36 Text in: BT StenBer. vom 6. 2. 1985, S. 8812.

37 So Fiedler: Wiedererlangung, S. 688 mit Anm. 40.

5. Die Wiedervereinigungs-Diskussion in den fünfziger Jahren auf der nichtamtlichen Ebene

1 Vgl. zu den Positionen Kennans die gründliche Analyse von Cornides: Kennan.

2 Vgl. dazu die umfassende Dokumentation von Hinterhoff: Disengagement, auf die sich Scheuer an zahlreichen Stellen bezieht. Sehr instruktiv zu den »Disengagement«-Vorstellungen Grewe: Rückblenden, S. 290–300; weitere Nachweise bei Hacker: Frage, S. 47–49.

3 Vgl. die Nachweise bei Scheuer: Voraussetzungen, S. 184.

4 Vgl. dazu oben, S. 103–106.

5 So Scheuer: Voraussetzungen, S. 184; Hacker: Frage, S. 44–51. Dieses Konzept verfochten seitens der SPD vor allem Fritz Erler und Erich Ollenhauer.

6 So Scheuer, ebenda, S. 186 f.; Hervorhebungen im Text.

7 Vgl. dazu die Nachweise oben S. 119–123; Hacker: Sicherheitspläne.

8 Vgl. dazu oben S. 94–102. Einen guten und materialreichen Überblick über Adenauers Widersacher vermittelt Zitelmann in seiner Studie »Adenauers Gegner«, zumal er sich hütet, die These von der »verpaßten Chance« kritiklos zu übernehmen.

9 So Scheuer: Voraussetzungen, S. 181.

10 Schwarz bezeichnet Schütz in: Epochenwechsel, S. 74, als »eine Art Manager der deutschen Wiedervereinigungs-Illusionen«. Vgl. zum Wirken Schütz' die materialreiche Studie von Kreuz, die in der zeitgenössischen Literatur viel zuwenig herangezogen wird.

11 Vgl. dazu die Nachweise bei Scheuer: Voraussetzungen, S. 181.

12 Vgl. zu Sethe die Nachweise bei Scheuer, ebenda; Zitelmann: Adenauers Gegner, S. 149–181. Vgl. aus dem umfangreichen Schrifttum Sethes vor allem: Zwischen Bonn und Moskau; ders.: In Wasser geschrieben – Portraits, Profile, Prognosen. Hrsg. von Karl-Heinz Janßen.

13 Nachweise bei Scheuer, ebenda, S. 181, Anm. 26. Pfleiderer ist vor allem mit seiner Waiblinger Rede vom 6. 6. 1952 und seiner Denkschrift »Vertragspolitik und Ostpolitik« hervorgetreten. Texte beider Dokumente, in: Pfleiderer: Politik für Deutschland, S. 83–99, 100–123.

14 Schwarz: Gründerjahre, S. 149–166.

15 Besson: Außenpolitik, S. 482.

16 Grewe: Rückblenden, S. 219.
17 Besson: Außenpolitik, S. 216. Vgl. dazu oben, S. 122 f.
18 So Löwenthal: Krieg, S. 49 f.
19 Adenauer: Erinnerungen 1959–1963, S. 19.
20 Löwenthal: Krieg, S. 50. Vgl. zum Verlauf der Genfer Konferenz auch die ausführlichen Darstellungen von Schwarz: Epochenwechsel, S. 80–103; Grewe: Rückblenden, S. 385–419.
21 Dessen Vorgänger, John Foster Dulles, war während der Genfer Konferenz am 24. 5. 1959 verstorben.
22 Vgl. Adenauer: Erinnerungen 1959–1963, S. 48–51.
23 Zehrer fungierte von 1947 bis 1953 als Chefredakteur des *Sonntagsblatts* und von 1953 bis 1966 der *Welt*.
24 Augstein ist seit 1947 Herausgeber des Wochenmagazins *Der Spiegel*.
25 So Schwarz: Epochenwechsel, S. 108. Vgl. zu Chruschtschows Pariser Auftritten die Dokumentation in: *Europa-Archiv,* Jg. 15/1960, S. D 137–148 und zur Rede des Kreml-Chefs vom 23. 9. 1960 vor der UNO-Generalversammlung, ebenda, S. Z 153 f.; Löwenthal: Krieg, S. 51–53.
26 Vgl. dazu oben, S. 123–125.
27 So Schwarz: Epochenwechsel, S. 108 f.; Hervorhebung im Text.

6. Die Problematik der Wiederherstellung der staatlichen Einheit Deutschlands aus der Sicht der Parteien und wichtiger gesellschaftlicher Organisationen

1 Vgl. dazu Bieber: Verfassungsentwicklung in der Europäischen Gemeinschaft, S. 81–89.
2 Vgl. dazu Hacker: Deutschlandpolitik, S. 233–241.
3 So Murswiek: Wiedervereinigung Deutschlands und Europäische Integration, S. 29.
4 Vgl. dazu im einzelnen oben, Kap. 1.
5 Die GRÜNEN brauchen hier nicht erwähnt zu werden, da sich für sie aus ihrem strikten Nein gegenüber einer wie auch immer gearteten Wiedervereinigung dieses Problem nicht stellte.
6 Vgl. dazu unten, S. 186 f.
7 Dabei ist zu beachten, daß die GRÜNEN erst seit der Wahl zum 11. Bundestag am 25. 1. 1987 im Parlament vertreten sind.
8 W. Brandt: ». . . was zusammengehört«, S. 39.
9 Vgl. dazu die nützliche Übersicht über die Besetzung der Spitzenpositionen der CDU bei Pütz: Die CDU, S. 172–178.
10 Text bei Kunz: Programme, S. 72–80.
11 Vgl. dazu die Einführung von Kunz, ebenda, S. 52–65; Pütz: Die CDU, S. 87 f.
12 Vgl. dazu Pütz, ebenda, S. 91–105 (89): Das vom 4. Bundesparteitag der CDU im April 1953 beschlossene Programm verzichtete »fast völlig auf grundsätzliche und prinzipielle Aussagen und konzentrierte sich auf aktuelle politische Fragen«.
13 Text der 2. Fassung des »Berliner Programms« bei Kunz: Programme, S. 83; Pütz, ebenda, S. 195.
14 Text bei Kunz, ebenda, S. 113.

15 Text des Referats in: 25. Bundesparteitag der CDU, S. 160–169 (168). In dem Band ist auch die den Referaten folgende Diskussion wiedergegeben.
16 Gasteyger: Weltpolitik, S. 166, 168.
17 Text in: R. v. Weizsäcker (Hrsg.): CDU – Grundsatzdiskussion, S. 163–169 (166 f.).
18 Text, ebenda, S. 169–181 (178 f.). Auch verwies Marx, ebenda, S. 177 f., auf die in der KSZE-Schlußakte vom 1. 8. 1975 verankerte Möglichkeit, Grenzen auf friedliche Weise und in gegenseitigem Einverständnis zu ändern, und nannte ausdrücklich dafür die »Demarkationslinie zur DDR«.
19 Text in: Kunz: Programme, S. 155. Text des Entwurfs, der sich in einigen wichtigen Punkten von der Endfassung unterschied, in: R. v. Weizsäcker: CDU-Grundsatzprogramm, S. 278 f. Erstaunlich bleibt in der Rückschau, daß die CDU am 20. 11. 1979, also zur Zeit des Generalsekretärs Geißler, ein ganztägiges deutschlandpolitisches Symposium mit dem Thema »Die offene deutsche Frage« veranstaltet hat. Texte der Einführungsreferate und Diskussionsbeiträge in: Die offene deutsche Frage. Die Leitung des Symposiums hatte R. v. Weizsäcker, der in seiner Eröffnung, ebenda, S. 8, ausführte: »Natürlich gibt es Meinungsverschiedenheiten zwischen Koalition und Opposition zur Deutschlandpolitik. Als ein Beispiel möchte ich nennen, daß ich keinen Wert darin erkennen kann, wenn der Bundeskanzler neulich ausgerechnet von Berlin aus sich vom Begriff der Wiedervereinigung distanziert hat. Gewiß, niemand von uns denkt an die Rückkehr zu einem alten Nationalstaat des 19. Jahrhunderts ... Aber wir haben nun einmal als demokratische Parteien in unserem Land den Gedanken der Wiedervereinigung entwickelt und vertreten. Wir – die demokratischen Parteien – bieten die Gewähr dafür, daß dieser Begriff keinen Mißdeutungen ausgesetzt ist. Wenn wir aber anfangen, ihn preiszugeben, dann eröffnen wir zunächst die Gefahr, daß er in der Hand anderer doch mißbraucht wird ... Die deutsche Frage ist offen, das sagen wir um Berlins willen, um der Deutschen willen, aber auch um der Europäer im Bereich des Warschauer Paktes willen.«
20 Text in: CDU-Dokumentation 6/1988, S. 17 f.
21 Text des revidierten Entwurfs in: CDU-Dokumentation 12/1988. Vgl. zur Einsetzung des Fachausschusses »Deutschlandpapier nicht aus Wahltaktik«, in: Die Welt vom 4. 3. 1988; Deutschlandpapier auf dem Prüfstand, ebenda, Ausgabe vom 2. 3. 1988; Maetzke: Korrigierter Geißler; Korrekturen in wichtigen Punkten verlangt, in: FAZ vom 12. 3. 1988.
22 Text in: CDU-Dokumentation 19/1988, S. 5 f.
23 Text der Rede in Wilms: Beiträge, S. 39–54 (42, 44, 51).
24 »CDU: Abschied von alten Einheits-Träumen«, in: Der Spiegel, Nr. 7/1988, S. 18–21; Neue Streitkultur, ebenda, S. 22 f. Recht wohlwollend beurteilte Rudolph das CDU-Papier, in: Ein Streit auf unsicherem Boden, während Seiffert mit ihm scharf ins Gericht ging, in: Sie wollen die Einheit nicht. Lamers, Mitglied der Geißler-Kommission, hat den ursprünglichen Entwurf verteidigt, in: Die Nation muß erfahrbar bleiben.
25 Reißmüller: Falsches über Deutschland; v. Loewenstern: Was ängstigt Frau Wilms?; Wilms: Lösung der deutschen Frage nicht im Alleingang; Geißlers Deutschland-Thesen vor Änderungen, in: FAZ vom 23. 3. 1988.
26 Text in: CDU-Dokumentation 19/1988, S. 4 f. Da Geißler auch in der deutschen Frage dem »Zeitgeist« nachlief, war es nicht erstaunlich, daß das Konrad-Adenauer-Haus nach der politischen »Wende« im Oktober 1982 es nicht für nötig erachtete, eine kritische Bestandsaufnahme der Deutschland-Politik vorzunehmen. Geißlers Position gegenüber dem Nationalstaat war immer fragwürdig. Seine Behauptung,

das Nationale habe »keine Zukunft mehr«, ist auch im Februar 1992 verfehlt, da mit der fortschreitenden Integration Europas die Nationalstaaten nicht verschwinden. Vgl. Geißler: Besorgt vor einem deutschen Sparta; dazu Böhm: Nützliches Denunziationswort »Sparta«.

27 Vgl. z. B. Dregger: Macht darf nicht vor Recht gehen. Vgl. zu Dreggers deutschlandpolitischen Positionen Hoff: Überwindung der Teilung als Auftrag der Geschichte. Anfang September 1984 geriet Dregger in die Schlagzeilen, als Ost-Berlin seine bemerkenswerte Aussage zum Vorwand nahm, den geplanten Besuch Honeckers in der Bundesrepublik abzusagen. In einem *Welt*-Interview hatte Dregger ausgeführt: »Unsere Zukunft hängt nicht davon ab, daß Herr Honecker uns die Ehre seines Besuches erweist.« Text in: *Die Welt* vom 23. 8. 1984; Text der Erklärung, die der Leiter der Ständigen Vertretung der DDR in der Bundesrepublik Deutschland, Ewald Moldt, zur Verschiebung der Honecker-Visite am 4. 9. abgegeben hat, in: *Deutschland Archiv*, Jg. 17/1984, S. 1113: »Es ergebe sich, daß Stil und öffentliche Auseinandersetzung in der BRD im Zusammenhang mit dem ursprünglich ins Auge gefaßten Besuch äußerst unwürdig und abträglich, er denke dabei an Dregger, sowie für den Umgang zwischen souveränen Staaten absolut unüblich seien.«

28 Oft wurde Lummers Satz vom 6. 12. 1984 im Berliner Abgeordnetenhaus zitiert: »Die deutsche Frage ist so lange offen, wie das Brandenburger Tor geschlossen ist!« Text in: Abgeordnetenhaus von Berlin, 9. Wahlperiode, 81. Sitzung vom 6. 12. 1984, S. 5114.

29 Vgl. dazu Marx: Was heute auf einmal »Revanchismus« sein soll. Bezeichnenderweise überschreibt Link, in: Ära Brandt, S. 206–213 seine Darstellung über die Ratifizierung der Ostverträge »Die Stunde der Opposition«. Marx gehörte von 1965 bis zu seinem Tode am 12. 7. 1985 dem Bundestag und seit 1966 dem Fraktionsvorstand der CDU an.

30 Text der Rede in: Texte, Reihe III/Bd. 2, S. 257–261 (261); Text der Rede Carstens' vom 17. 6. 1983, ebenda, Reihe III/Bd. 1, S. 122–130.

31 Text der Rede in: Texte, Reihe II/Bd. 8, S. 310–320. Vgl. auch Gradl: Im Interesse der Einheit; ders.: Für deutsche Einheit; ders.: Deutschland als Aufgabe. Über Gradls herausragende Rolle in den internen Diskussionen des Kuratoriums Unteilbares Deutschland berichtet Kreuz in seiner materialreichen Studie: Das Kuratorium Unteilbares Deutschland, S. 209 f. Vgl. zur Gründung des Kuratoriums Unteilbares Deutschland und zum Einfluß des Bundesministers für gesamtdeutsche Fragen, Kaiser, und Gradls auch die ausführliche Darstellung bei Kosthorst: Jakob Kaiser, S. 279–299.

32 Mertes: Verbindliches Ausgangsdatum des Völkerrechts; ders.: Wie relevant ist die deutsche Frage?; ders.: An der Lösung der deutschen Frage soll auch Europa genesen; ders.: Tragweite; vgl. auch das *FAZ*-Interview mit Mertes vom 15. 1. 1984 unter der Überschrift »Mertes: Revanchismus-Vorwürfe sind auch gegen die Westalliierten gerichtet«.

33 So Mertes, ebenda.

34 Mertes: Mit Herz und mit Willkür, S. 54 f.

35 Text in: Scholz: Daran halte ich fest, S. 69–77 (73 f.). Der Sammelband enthält Beiträge Scholz' aus Zeitschriften und Zeitungen.

36 Ebenda, S. 69–77 (73 f.).

37 Text in: Wilms: Beiträge, S. 45. Vgl. dazu auch den Nachweis oben, S. 187 mit Anm. 23.

38 Vgl. dazu Krump: »Wiedervereinigungs-Gebot steht nicht zur Disposition«.

39 Vgl. dazu oben, S. 186–188.
40 Wilms: Präambel, S. 108.
41 Krump: »Wiedervereinigungs-Gebot steht nicht zur Disposition«.
42 Vgl. dazu unten S. 342–345.
43 Windelen: Deutschlandpolitik als Europapolitik, S. 5.
44 Windelen: Verantwortung.
45 v. Weizsäcker: Von Deutschland aus, S. 54: »Damit ist der Kern der Frage getroffen: die Freiheit des Menschen.«
46 Vgl. den Nachweis oben, S. 188, Anm. 28.
47 Text in: Kunz: Programme, S. 221.
48 Ebenda, S. 223.
49 Vgl. zu Strauß' Deutschland-Bild, unten, S. 232–236.
50 Text bei Kunz: Programme, S. 266.
51 Ebenda, S. 268.
52 Text in: Texte, Reihe II/Bd. 6, S. 93–101 (93 f.).
53 Ebenda, S. 99.
54 Ebenda, S. 115.
55 Text auch in: Freiherr zu Guttenberg: Im Interesse der Freiheit, S. 194–248 (197); ders.: Fußnoten, worin u. a. aufschlußreiche Briefwechsel wiedergegeben sind.
56 Vgl. zu den Positionen Jaspers' und Manns unten, S. 280–285.
57 Freiherr zu Guttenberg: Wenn der Westen will, S. 173. Er genoß auch bei der SPD hohes Ansehen. Vgl. dazu H. Schmidts Nachruf »Er war ein Gegner, nicht ein Feind«.
58 Vgl. dazu unten, Kap. 7: Publizistik.
59 Waigel hat auch publizistisch häufig zur deutschen Frage Stellung bezogen. Vgl. z. B. seinen Beitrag »Deutschland nach 25 Jahren Mauer«. Darin plädierte er klar für die Wiedervereinigung und das Recht des deutschen Volkes auf Selbstbestimmung.
60 So Freiherr zu Guttenberg: Wenn der Westen will, S. 174 f.
61 Text in: BT StenBer., 3. Wahlperiode, Sitzung vom 23. 1. 1958, S. 404. Das Protokoll vermerkt hier: Beifall bei der SPD und FDP. Das Zitat Heinemanns findet sich auch bei Freiherr zu Guttenberg, ebenda, S. 174. Vgl. zu Heinemanns Deutschland-Bild Zitelmann: Adenauers Gegner, S. 87–114.
62 Vgl. dazu oben, S. 122 f.
63 Text des Deutschland-Plans in: Europa-Archiv, Jg. 14/1959, S. D 187–191. Vgl. dazu Hacker: Frage, S. 50 f. m.w.N.
64 C. Schmid: Erinnerungen, S. 647–656 (655 f.).
65 So Winkler: Weg.
66 Text in: Kunz: Programme, S. 327. Vgl. dazu Hacker: Frage, S. 51 f. m.w.N.
67 So Winkler: Weg.
68 Text bei Siegler: Wiedervereinigung und Sicherheit Deutschlands, S. 181; Hacker: Frage, S. 52 f.
69 Text in: BT StenBer., 3. Wahlperiode, Sitzung vom 18. 3. 1959, S. 7056 f.
70 Winkler: Weg. Vgl. dazu ausführlicher Schwarz: Epochenwechsel, S. 192–204.
71 Vgl. dazu oben, S. 123–125, 178. Daß der Bundeskanzler nicht bereits am 13. August oder wenigstens unmittelbar danach nach Berlin geflogen ist, um zur Besonnenheit der Bevölkerung beizutragen, hält Osterheld, der von 1960 bis 1969 Leiter des außenpolitischen Büros im Bundeskanzleramt war, für »Adenauers größten Fehler«. Vgl. Osterheld: »Ich gehe nicht leichten Herzens . . .«, S. 50–59.

72 Vgl. dazu oben, S. 130.
73 Vgl. zur Deutschland-Politik der FDP in der Ära Adenauer Glatzeder: Deutschland-Politik.
74 Vgl. dazu unten, S. 220–222.
75 Vgl. dazu oben, S. 136–155.
76 Text in: Texte, Reihe III/Bd. 1, S. 133–143.
77 Ebenda, Reihe III/Bd. 2, S. 45–47 (45).
78 Vgl. dazu »Unbemerkt wurden sich die Parteien einig«, in: *Frankfurter Rundschau* vom 17. 2. 1984, wo der dort wiedergegebene Beschluß des Bundestags mit aufschlußreichen Stellungnahmen versehen worden ist.
79 Vgl. dazu die Dokumentation in: *Archiv der Gegenwart* 1984, S. 27967 f.
80 Text in: *Politik – Informationsdienst der SPD*, Nr. 17/November 1984. Die »Thesen« der SPD plädierten für eine »Respektierung der DDR-Staatsbürgerschaft«, die »Auflösung der Zentralen Erfassungsstelle Salzgitter« und die »Feststellung des Verlaufs der Elbegrenze in beiderseitigem Einvernehmen«. Vgl. zur späteren Haltung der SPD gegenüber der Zentralen Erfassungsstelle Salzgitter und zur Elbegrenze unten, S. 314, 322 f.
81 Vgl. dazu »Deutschlandpolitische Grundsätze der SPD«, in: *FAZ* vom 8. 11. 1984 und »SPD-Papier zur Deutschlandpolitik«, in: *SZ* vom 8. 11. 1984.
82 Text des Irsee-Entwurfs in: Entwurf für ein neues Grundsatzprogramm der Sozialdemokratischen Partei Deutschlands. Hrsg. vom Vorstand der SPD, Abt. Presse- und Information. Bonn 1986, S. 22.
83 Vgl. dazu unten, S. 232–251.
84 Vogel: Zur Deutschlandpolitik, S. 14.
85 Vogel: Bemerkungen zur deutschen Identität.
86 Vgl. die Rede Vogels vor der SPD-Bundestagsfraktion vom 21. 5. 1985. Text in: Informationen der sozialdemokratischen Bundestagsfraktion vom 21. 5. 1985.
87 Vogel: 40 Jahre Präambel des Grundgesetzes, S. 25 f.
88 Ehmke: Vaterland, S. 63. Ehmke blieb es vorbehalten, die zweifelhafte, vom früheren italienischen Außenminister Andreotti entwickelte Zwei-Staaten-These dahingehend zu kommentieren, er habe »den Mut gehabt, einmal ehrlich und offen auszusprechen, was unsere westlichen Verbündeten in der deutschen Frage wirklich denken«. Zit. in: *Archiv der Gegenwart* 1984, S. 28145.
89 Hier verweist Ehmke auf den Tübinger Staats- und Völkerrechtler Oppermann. Vgl. zu Oppermanns Position unten, S. 348 f.
90 Ehmke: Vaterland, S. 63 f.
91 Ebenda, S. 64.
92 Vgl. dazu unten, S. 336–341.
93 Ehmke: Vaterland, S. 72–76 (72, 76). Vgl. auch Ehmkes Rede im Bundestag vom 17. 5. 1979; Text in: Texte, Reihe II/Bd. 7, S. 387–400 (398, 400): »Was ist die innere Dimension der deutschen Frage? Welche Veränderungen im Verhältnis der beiden Gesellschaftsordnungen oder der beiden Ideologien müßten eintreten, wenn man überhaupt von nationaler Einheit reden und sie nicht nur als Wort benutzen will?«
94 Ehmke: Deutschland von außen gesehen, S. 9.
95 Text in: BT StenBer., 11. Wahlperiode, S. 8711.
96 Vgl. dazu m.w.N. Otto: Das Staatsverständnis des Parlamentarischen Rates, S. 58 f.
97 Text des Diskussionsbeitrags von Glotz in: Service der SPD für die Presse, Funk, TV, Nr. 227 vom 13. 3. 1987; ders.: Der Irrweg des Nationalstaats.

98 So Fuhr in seinem Bericht »Der Nationalstaat – eine verblaßte Erinnerung?«; Glotz: Nationalstaat ist gescheitert, in: *Die Welt* vom 14./15. 3. 1987. Vgl. dazu auch den Leserbrief Ottfried Hennigs, des damaligen Parlamentarischen Staatssekretärs beim Bundesminister für innerdeutsche Beziehungen: Wo bleibt die Empörung?; Zehm: Eierkopf und Eierkuchen.

99 Heimann: Die Last der Geschichte. Vgl. dazu Feldmeyer: Die SPD bejaht die Teilung. Es war beruhigend, zu wissen, daß sich Heimanns fragwürdiges Geschichtsbild in der Berliner SPD seinerzeit nicht durchgesetzt hat. Vgl. dazu »Auf das Selbstbestimmungsrecht aller Deutschen nicht verzichten. Ein Positionspapier der Rechten in der Berliner SPD«, in: *FAZ* vom 4. 1. 1988. Schon 1985 ließ sich Heimann zu der fragwürdigen Behauptung hinreißen: »Gäbe es nicht nach wie vor einen irrationalen und fast unausrottbaren Antikommunismus, müßte eigentlich längst klar geworden sein, daß die Interessen Westeuropas und der Sowjetunion weniger konträr als komplementär sind.« Stolz verwies er darauf, daß er zu ähnlichen Schlüssen wie Schmude gekommen sei, der am 17. 5. 1985 für eine Revision der Präambel des Grundgesetzes eingetreten war. Vgl. Heimann: Die beiden deutschen Staaten und die europäische Sicherheit. Vgl. zu Schmudes Position unten, S. 209–212.

100 Heimann: Deutschlandpolitik heute, S. 10.

101 Heimann: Die deutsche Frage und die künftige Ordnung Europas, S. 344.

102 Zit. aus dem Rede-Manuskript von Glotz. In dem einschlägigen Antrag des Bezirksparteitags vom 21./22. 10. 1989 hieß es zu »Deutschland«: »Die kulturellen Bindungen im deutschsprachigen Raum in Mitteleuropa verlangen nicht nach staatlicher Einheit, sondern nach Freizügigkeit der Menschen, nach einem freien Fluß von Information und nach wirtschaftlicher und humanitärer Zusammenarbeit. Es gilt, die Verantwortungsgemeinschaft der beiden gleichberechtigten deutschen Staaten mit Leben zu erfüllen . . .« Vgl. dazu auch »In der SPD Streit über Wiedervereinigung«, in: *Die Welt* vom 23. 10. 1989.

103 So Hofmann: Wider den neudeutschen Patriotismus; Fuhr: Wind aus Osten.

104 So Sommer: Der falsche Mann zur falschen Zeit.

105 Lafontaine: Angst vor den Freunden, S. 81–84.

108 Lafontaine: Die Gesellschaft der Zukunft, S. 146.

107 Lafontaine: Deutsche Wahrheiten, S. 174–184 (183). Nach der Zwei-plus-Vier-Konferenz in Ottawa vom 10.–13. 2. 1990 begriff er ebensowenig wie Bahr, daß die Führungen Polens, der Tschechoslowakei und Ungarns nur ein der NATO angehörendes wiedervereinigtes, nicht aber ein neutrales oder neutralisiertes Deutschland zu konzedieren bereit waren. Vgl. dazu »Lafontaine gegen Nato-Zugehörigkeit eines vereinten Deutschlands«, in: *FAZ* vom 5. 3. 1990. Vgl. zur Konferenz von Ottawa oben, S. 46–48.

108 Vgl. dazu oben, S. 23–31.

109 Text des Papiers in: *FAZ* vom 28. 8. 1987; Brinkel und Rodejohann: Das SPD/SED-Papier, S. 11–21; in dem Sammelband werden zahlreiche Kommentare unterschiedlicher Positionen wiedergegeben.

110 Das SPD/SED-Papier war auch in der SPD von Anfang an umstritten. Vgl. dazu Haack: Kritische Anmerkungen zum »Ideologie-Papier«; G. Schwan: Ein Januskopf – Gefahren und Chancen. Dazu Bahr: Chancen und Gefahren – unsere Zeit als Januskopf; Lölhöffel: Erfolge.

111 Eppler: Wie Feuer und Wasser, S. 104. Vgl. zu Epplers Buch die fundierte und kritische Rezension V. Rühes: Selbsttäuschungen und Irrtümer. Vgl. auch Epp-

lers Gespräch – »Ein System kann das andere nicht abschaffen« – mit Otto Reinhold, der auf seiten der SED maßgeblich das SPD/SED-Papier mitformuliert hat, in: *Der Spiegel*, Nr. 36/1987, S. 27–30.

112 Links blinken, rechts fahren, S. 31.

113 Text in: Texte, Reihe III/Bd. 7, S. 158–170 (165). Vgl. dazu Loewenstern: Noch immer votieren die Deutschen täglich füreinander.

114 Text der Rede in: Texte, Reihe II/Bd. 6, S. 368–379 (375).

115 Vgl. dazu oben, S. 166–172.

116 Text der Rede Schmudes vom 19. 8. 1979 in: *Bulletin* vom 21. 8. 1979.

117 Text in: Informationen der sozialdemokratischen Bundestagsfraktion, Ausgabe 931 vom 17. 5. 1985, S. 1–25 (10 f.).

118 Kahl: Der Eklat unter Schumachers Porträt; Kohl: Das Gebot der Wiedervereinigung darf unter keinen Umständen aufgegeben werden, in: *FAZ* vom 20. 5. 1985.

119 Ziegler: Präambel mit Heiligenschein.

120 R. Meier: Neue Aufregung um die deutsche Frage. Hervorhebung im Text.

121 Text in: Informationen der sozialdemokratischen Bundestagsfraktion, Ausgabe 943 vom 18. 5. 1985.

122 Vgl. Schmude: Deutsche, S. 186–188 (193).

123 Eppler: Ist die DDR zu retten?

124 Vgl. zu den deutschlandpolitischen Positionen Brandts und Strauß' unten, S. 232–244.

125 Horn: »Einigung der zwei deutschen Staaten liegt im Interesse unserer Region«.

126 Text in: Niedersächsischer Landtag, StenBer., 11. Wahlperiode, Sitzung vom 11. 5. 1989, S. 7860.

127 Zit. bei Winters: Die Deutschlandpolitik des Berliner Senats, S. 1230.

128 Text in: Texte, Reihe III/Bd. 7, S. 39. Vgl. dazu auch Reuth: Momper abermals gegen Wiedervereinigung.

129 Momper: Im Gespräch, im Kontakt, in Kooperation jetzt die neuen Fragen regeln. Zwei Tage zuvor, am 16. 11. 1989, hatte Momper vor dem Berliner Abgeordnetenhaus ausgeführt: »Das waren nicht die Tage der Wiedervereinigung, sondern die Tage des Wiedersehens … die DDR befindet sich im gesellschaftlichen Umbruch und braucht unsere Unterstützung. Die DDR braucht nicht die Hilfe, die gönnerhaft ist oder an Vorbedingungen geknüpft wird. Eine solche Einmischung in die Gestaltung ihrer Gesellschaft lehnen die Bürger der DDR zu Recht ab … Ich wünsche einer demokratischen DDR eine faire Chance, die Eigenständigkeit ihrer Wirtschafts- und Gesellschaftsordnung zu entwickeln … Die bei uns geführte Wiedervereinigungsdebatte ist für die in der Demokratiebewegung aktiven Bürger eine akademische Diskussion, die ihrer Realität nicht gerecht wird … Die Demokratiebewegung in der DDR hat ihre Freiheit nicht durchgesetzt, um unter das Patronat eines gesamtdeutschen Staates gestellt zu werden …« Zit. aus dem Redemanuskript, S. 1, 3, 9 f. Es ist schon erstaunlich, wie realitätsfremd selbst der Regierende Bürgermeister von Berlin die Entwicklung der DDR beurteilt hat.

130 Vgl. dazu Reuth: Wendehälse gibt es auch im Westen. Momper hat 1991 ein Buch mit dem Titel »Grenzfall – Berlin im Brennpunkt deutscher Geschichte« veröffentlicht, in dem ausgerechnet er Bundeskanzler Kohl vorwirft, vor den Ereignissen des Herbstes 1989 nicht den Eindruck vermittelt zu haben, »als hätte er die Größe und Weitsicht, das Verhältnis der Deutschen miteinander und zu deren Nachbarn in dieser bewegten Zeit ins Reine zu bringen«. Zit. in Reuths

Rezension »Ein kurzes deutschlandpolitisches Gedächtnis«, in dem er bemerkt: »Vergeblich sucht der Leser die deutschlandpolitischen Irrtümer des Walter Momper. Statt dessen sticht schon beim ersten Blick in das Inhaltsverzeichnis des in fünf Kapitel gegliederten Buches eine überaus kritisch-distanzierte Haltung gegenüber den Machthabern der alten DDR ins Auge, wenn etwa im Zusammenhang mit Honecker vom ›starrsinnigen alten Mann‹ und dessen ›letzten Lügen‹ die Rede ist. Noch gut erinnerlich ist dem Rezensenten die Begeisterung, mit der der Regierende Bürgermeister Momper nach seinem Treffen mit dem DDR-Staatsratsvorsitzenden in Ost-Berlin im Juni 1989 von einer ›neuen Qualität‹ der von ›wechselseitigem Vertrauen‹ geprägten und auf der Grundlage ›fortdauernder Zweistaatlichkeit‹ basierenden Beziehungen sprach.« Auch in anderen Punkten korrigiert Reuth den Versuch Mompers, seine Fehleinschätzungen der DDR und SED zu beschönigen. So erinnert Reuth daran, daß Momper noch bis in den späten Sommer des Jahres 1989 die Auffassung vertrat, daß Bestrebungen, in der DDR eine sozialdemokratische Partei zu gründen, nicht zur Lösung der dortigen innenpolitischen Probleme beitrügen, denn die SED weise bereits heute »sozialdemokratische Elemente« auf: »Momper beließ es seinerzeit jedoch nicht dabei, sondern merkte noch an, es gebe die begründete Aussicht, daß sich die Einheitspartei der DDR in sozialdemokratische Richtung entwickle ... Schwer erträglich wird die Lektüre, wenn Momper in seinem Buch den Eindruck erweckt, er habe den Prozeß der Wiedervereinigung schon früh konstruktiv begleitet, gehörte der Autor doch zu denen, die die wenigen, die nicht müde wurden, die Wiedervereinigung einzufordern, als Angehörige der ›Stahlhelm-Fraktion‹ oder als ›Ewiggestrige‹ brandmarkten ... Geschichtsklitterungen und Auslassungen, von denen hier nur wenige Beispiele angeführt werden können, lassen das Buch des Historikers Momper kaum als Geschichtsbuch taugen ...«

131 Zit. bei Feldmeyer: Die Sozialdemokraten rechnen mit Reformen in der DDR; Schwehn: SPD-Politiker legt Arbeitsprogramm für künftige Deutschlandpolitik vor. Vgl. zur Position Büchlers auch Lölhöffel: Erfolge, der ihn so zitiert: »Wenn die SPD immer nach ihren Grundsätzen gehandelt und die Freiheit an die erste Stelle gesetzt hätte, wären wir nie in Schwierigkeiten gekommen.«

132 Haack: Deutschlandpolitik muß einen langen Atem haben, S. 86 f. Haack erhob am 21. 3. 1992 auf einer Veranstaltung der »Aktion Gemeinsinn« auf der Wartburg in Eisenach schwere Vorwürfe gegen die SPD und den Präses der Synode der EKD, Schmude, da sie sich in den achtziger Jahren vom Festhalten an der deutschen Einheit entfernt und versäumt hätten, »das totalitäre Unrechtssystem der SED-Diktatur beim Namen zu nennen«. In der evangelischen Kirche habe die Tendenz geherrscht, »die Anerkennung der Teilung Deutschlands als geschichtlich notwendigen Friedensbeitrag der Deutschen« anzusehen und den »Antikommunismus als das eigentliche Grundübel der westlichen Gesellschaft« anzuprangern. Vgl. dazu den Bericht von Inacker: Haack wirft Schmude Milde gegen SED vor.

133 Haack: Deutschlandpolitik muß langen Atem haben, S. 86 f.

134 Text in: Texte, Reihe III/Bd. 3, S. 333.

135 Vgl. dazu oben, S. 202.

136 Text (Auszug) in: *FAZ* vom 30. 1. 1989.

137 Herles: Austariert und sprachlich blaß.

138 Zit. bei Süßkind: Differenzen beim Gespräch der SPD mit der SED.

139 Text des Vorstandsbeschlusses, in: *FAZ* vom 29. 6. 1989.
140 Vgl. dazu oben, S. 20 f.
141 Text des Schreibens Sindermanns an Ehmke, in: *SZ* vom 16./17. 9. 1989; Herles: Ost-Berliner Gereiztheiten.
142 So der Kommentar »Deutschlandpolitische Gärung in der SPD«, in: *NZZ*, Nr. 214 vom 16. 9. 1989. Vgl. auch »Reformunfähigkeit als Staatsdoktrin«. Aus der geplanten Rede Horst Ehmkes in Ost-Berlin, in: *FAZ* vom 18. 9. 1989; Herles: Die SPD überdenkt ihre Beziehungen zur SED; ders.: Die SPD will neue Akzente in der Deutschlandpolitik setzen; Hofmann: Deutsche Träume, deutsche Sorgen.
143 Gansel: »Wenn alle gehen wollen, weil die Falschen bleiben . . .« Vgl. dazu auch Süßkind: Ringen um die Politik des Dialogs; Fuhr: Nach einem Irrweg Rufe zur Besinnung.
144 Diesen Passus hat die *Frankfurter Rundschau* aus Platzgründen nicht abgedruckt. N. Gansel war so freundlich, mir (J. H.) auch diesen Schlußteil seiner Analyse zur Verfügung zu stellen.
145 Vgl. »Grundsatzprogramm der SPD«, S. 6, das der Parteitag am 20. 12. 1989 in Berlin angenommen hat.
146 Text der Berliner Erklärung der SPD, in: *Frankfurter Rundschau* vom 12. 12. 1989. Vgl. zu den Differenzen in der SPD-Führung vor dem Parteitag in Berlin den Bericht »Vogel sucht die SPD in der Deutschlandpolitik zu einen«, in: *FAZ* vom 6. 12. 1989; Fuhr: Die SPD formuliert ihre Deutschlandpolitik.
147 Vgl. dazu den Bericht »Die SPD für einen deutschen Staatenbund«, in: *NZZ*, Nr. 285 vom 20. 12. 1989: »Wie schon in den letzten Wochen seit dem Mauer-Durchbruch trat der Ahnvater der Ostpolitik als souveräner Patriarch und gewisse nationale Töne nicht scheuender aufgeklärter Patriot auf.«
148 Text in: Deutschlandpolitik der F.D.P., S. 14–32 f.
149 Vgl. ebenda.
150 Dokumente liberaler Deutschlandpolitik 1966–1990.
151 Zehn Jahre Programmarbeit der F.D.P. 1980–1990.
152 Zur Entspannungs- und Deutschlandpolitik der Liberalen.
153 Text in: Deutschlandpolitik der F.D.P., S. 14.
154 Text in: *Europa-Archiv*, Jg. 15/1960, S. D 191–195.
155 Vgl. dazu oben, S. 122 f.
156 So der Wahlaufruf vom 25. 3. 1961 zur Bundestagswahl 1961. In: Deutschlandpolitik der F.D.P., S. 17.
157 Text ebenda, S. 18.
158 Texte der Waiblinger Rede Pfleiderers vom 6. 6. 1952 und seiner Denkschrift »Vertragswerk und Ostpolitik«, in: Pfleiderer: Politik für Deutschland, S. 83–99, 100–123; Auszüge, ebenda, S. 12 f.
159 Text in: Deutschlandpolitik der F.D.P., S. 18 f. Über die deutschlandpolitischen Positionen der FDP in den Jahren von 1957 bis 1961 informiert die Studie Schollwers: Liberale Opposition gegen Adenauer.
160 Hildebrand: Erhard, S. 339–352 (346) unter Berufung auf Mende: Die FDP, S. 220.
161 Text in: Deutschlandpolitik der F.D.P., S. 26–28.
162 So Mende: Die FDP, S. 220.
163 So Hildebrand: Erhard, S. 346.
164 Vgl. dazu im einzelnen Hildebrand, ebenda, S. 346–348.
165 Text in: Deutschlandpolitik der F.D.P., S. 32 f.

166 Text, ebenda, S. 33–35 (34).
167 Vgl. zur Annäherung von SPD und FDP 1968/69 m.w.N. Hildebrand: Erhard, S. 348–358.
168 Text in: Deutschlandpolitik der F.D.P., S. 35–37.
169 Vgl. dazu im einzelnen oben, S. 140–150.
170 Nachweise in: Deutschlandpolitik der F.D.P.
171 Text, ebenda, S. 16.
172 Vgl. dazu oben, S. 186–188.
173 Text in: Texte, Reihe III/Bd. 2, S. 196–203 (198, 202).
174 Text in: Das Programm der Liberalen, S. 773–778 (773, 775).
175 Zit. in: »Auch Ronneburger kritisiert Motto des Schlesier-Treffens«, in: FAZ vom 14. 1. 1985.
176 Ronneburger: Zum Stand der Deutschlandpolitik; ders.: Deutschlandpolitik als Friedenspolitik; ders.: Deutschlandpolitik heute – Eine Diskussion.
177 Borm: Deutsche oder europäische Einheit?, S. 67 f.
178 Mischnick: Präambel, S. 30.
179 Vgl. dazu Wetzel: Die deutsche Nation braucht ihren Staat; Heß: Nation, S. 304 m.w.N.
180 So Rubin: Zum Geleit, S. 9.
181 Dittberner: Meine Deutsche Frage, S. 16.
182 Adam-Schwaetzer: Die Kontinuität liberaler Außenpolitik, S. 303.
183 Berlin 1991.
184 Text der Erklärung in: Europa-Archiv, Jg. 39/1984, S. D 239–243 (241).
185 Ebenda, S. D 260–264 (263).
186 Stützle: Frieden, Sicherheit, Abrüstung, S. 31 f. Der Autor wurde 1986 Direktor des Stockholm International Peace Research Institute.
187 Stürmer: Realpolitik und Vision, S. 89.
188 Während der 11. Wahlperiode des Bundestags (1987–1990) war Hoppe Vorsitzender des Arbeitskreises Außen-, Sicherheits-, Deutschland-, Europa- und Entwicklungspolitik seiner Partei.
189 Hoppe: Liberale Deutschlandpolitik, S. 32.
190 Hoppe: Johann Baptist Gradl zum 80., S. 14.
191 So Langguth: Deutschlandpolitik, S. 424.
192 Ebenda, S. 424–434.
193 Ebenda, S. 434 f. Vgl. zur Deutschland-Politik der GRÜNEN auch Schweißfurth: Frage; Probst: Deutschlandpolitik; Vollmer: Die Träume der alten Männer; G. Schmidt: Die Grünen, S. 120–125.
194 Initiativkreis Linke Deutschland-Diskussion: Anstoß für eine deutsch-deutsche Alternative, in: Stolz (Hrsg.): Ein anderes Deutschland, S. 153–155. Herbert Ammon, Mitunterzeichner dieses fragwürdigen Dokuments, hat in zahlreichen Beiträgen allein oder zusammen mit Peter Brandt die Problematik »Die Linke und die nationale Frage« behandelt und Vorstellungen über ein vereintes Deutschland außerhalb der »Blöcke« entwickelt. Die nicht nur von linken, sondern auch rechten Autoren unterbreiteten Vorschläge über ein »blockfreies« Deutschland waren stets irreal. Zumeist waren sie auch deshalb verfehlt, da sie das westliche Verteidigungsbündnis NATO mit dem von der UdSSR dominierten Warschauer Pakt immer auf eine Stufe stellten. Kennzeichnend für diese fragwürdigen Vorstellungen war der Brief Robert Havemanns an Leonid Breschnew vom 25. 9. 1981. Vgl. dazu unten, S. 358 f. Ein Musterbeispiel zweifelhafter nationaler

Positionen des linken und rechten Spektrums bilden einige, nicht alle Beiträge in dem Band »Die deutsche Einheit kommt bestimmt«, den Wolfgang Venohr herausgegeben hat. Darin u. a. P. Brandt/Ammon: Patriotismus von Links, wo sie sich mit Recht gegen Peter Benders These von der »Europäisierung Europas« mit dem Argument wenden: »Die ›Europäisierung Europas‹ scheitert ... an der Uneinigkeit der Westeuropäer einerseits, der Hegemonialpraxis der Sowjetunion in Osteuropa andererseits« (S. 149). Besonders zweifelhaft sind in diesem Band die Beiträge von Harald Rüddenklau »Geschichte einer Okkupation« und Theodor Schweisfurth »Das Ziel: Blockfreiheit«. Hermann Rudolph hat den Band »Die deutsche Einheit kommt bestimmt« als ein »katastrophales Buch« bezeichnet, weil es »sämtliche Erfahrungen, die die Deutschen in den letzten zwanzig, dreißig Jahren mit der deutschen Frage gemacht haben, völlig zur Seite schiebt – mit Bekenntnissen, die ja immer etwas Schönes sind, ohne das geringste politische Kalkül oder, wenn es schon eines ist, mit einem Kalkül, das für die Deutschen fatale Folgen haben müßte«. So Rudolph in der Diskussion des 74. Bergedorfer Gesprächskreises mit dem Thema »Die deutsche Frage – neu gestellt« am 13. 11. 1983 in Berlin, Protokoll Nr. 74/1983, S. 47.

195 Probst u. Schnappertz: Ansätze, S. 1054.
196 Schily: Reden über das eigene Land, S. 46 f.
197 Ebenda, S. 49–51.
198 Gansel: »Wenn alle gehen wollen, weil die Falschen bleiben ...«
199 BT StenBer., 11. Wahlperiode, S. 8718.
200 Ebenda, S. 13492.
201 Vgl. »Bonn: Fischers Aufruf Angriff auf Verfassung«, in: *Die Welt* vom 29. 7. 1989.
202 Vgl. »Schily bekräftigt: Präambel ändern«, in: *SZ* vom 22. 9. 1984. Außerdem meinte er: »Es wäre mir herzlich gleichgültig, ob es zwei deutsche Staaten gibt oder nur einen ...«
203 So Regierungssprecher Hans Klein am 28. 7. 1989. Vgl. dazu »Bonn: Fischers Aufruf Angriff auf Verfassung«, in: *Die Welt* vom 29. 7. 1989.
204 Strauß: Sicherheit und Wiedervereinigung, S. 146 f.
205 Text in: BT StenBer., 3. Wahlperiode, S. 868; zit. auch bei Strauß: Entwicklu S. 60.
206 Strauß: Entwurf für Europa, S. 50 f.
207 Vgl. »Zurück ins Kabinett?«, S. 10 f.
208 Strauß: Nation mit neuem Auftrag, S. 16.
209 Strauß: Herausforderung und Antwort, S. 130 f., 136.
210 Ebenda, S. 148, 162–164.
211 Text der Rede Scheels vom 17. 6. 1978, in: Texte, Reihe II/Bd. 68–379.
212 Nachweis bei E. Schulz: Nation, S. 197, Anm. 154. Vgl. zu den schen Positionen Schmudes oben, S. 208–212.
213 E. Schulz, ebenda, S. 195–198 (198). Vgl. dazu auch: »Wer über das geteilte Deutschland nachdenkt«, in: *FAZ* vom
214 So Strauß in seiner »Rede über das eigene Land: Deutsc S. 130.
215 Ebenda, S. 125, 132.
216 So Strauß in seiner Rede vor dem Deutschland CSU. Text in: *Bayernkurier*-Dokumentation vor
217 Strauß: Die Erinnerungen, S. 449–452.

218 Ebenda, S. 455–458 (458). Vgl. dazu Blumenwitz: Bayerns Beiträge zur Deutschlandpolitik.
219 So Schwarz: Brauchen wir ein neues deutschlandpolitisches Konzept?, S. 329.
220 Strauß: Europa: Keine Addition nationaler Trümmer.
221 Zit. nach dem verteilten Rede-Manuskript.
222 Murswiek: Staatsziel, S. 9.
223 Hoagland: Libya: The Germans' Credibility Problem. Vgl. dazu den kritischen
Kommentar Nonnenmachers: Ist Bonn eine Lügenrepublik?
224 Brandt: »Notdach«.
225 Murswiek: Staatsziel, S. 9.
226 Brandt: Von Bonn nach Berlin, S. 113; zit. auch bei Conrad: Brandt.
227 Brandt, ebenda.
228 Vgl. dazu oben, S. 166–170.
229 Brandt: Erklärungen, S. 14.
230 Ebenda, S. 29.
231 Vgl. dazu oben, S. 130.
232 Brandt: Erklärungen, S. 144 f. (145).
233 Brandt: Friedenspolitik in Europa, S. 132.
234 Ebenda, S. 132, 150.
235 Ebenda, S. 120.
236 Vgl. dazu ausführlich oben, S. 140–150.
237 *Newsweek* vom 1. 1. 1973, S. 12.
238 Brandt: Vier Stufen der Vision, S. 186.
239 Löwenthal: Der Traum von der Dritten Kraft.
240 Brandt: Deutscher Patriotismus, S. 43.
241 Vgl. »Wir können nicht an den Großen vorbei«, in: *Der Spiegel*, Nr. 37/1984,
S. 25–28 (27).
242 Vgl. dazu den Nachweis oben, S. 155 mit Anm. 232.
243 Brandt: Chancen, S. 63–67.
244 Text (Auszug) der Rede Honeckers vom 22. 11. 1984, in: *Deutschland Archiv*,
Jg. 18/1985, S. 102–109 (108).
245 Brandt: Chancen, S. 65.
246 Zit. bei Reuth: Brandt: Die deutsche Frage ist nicht offen.
247 Zit. aus dem Rede-Manuskript, S. 19–21; Hervorhebungen im Text.
248 Brandt: »Notdach«; Hervorhebung im Text.
250 Ebenda.
Conrad: Brandt; v. Loewenstern: Kein Mißverständnis; Reuth: Ein verändertes
Vorbild der SPD?; Mißverständnis bei Wiedervereinigung, in: *Die Welt*
251 Vgl. 9. 1988.
252 Brandt: »Notdach«.
253 Brandt: Zinnerungen, S. 156 f.
warnt die Spd am »Wieder«; Fack: Über patriotische Pflichten; Herles: Die SPD
254 Herles: Beginn vor neuer Lebenslüge.
255 Herles: Willy Brandt und Abschluß.
256 Barzel: Brandt und die »Lebenslüge«.
257 Text in: Brandt: »... e »Lebenslüge«.
258 Bahr: Brief. Vgl. dazu im zusammengehört«, S. 39.
259 Vgl. dazu oben, S. 146–1... einzelnen oben, S. 144–146.

260 So Bahr: Vier Jahre Bonner Ostpolitik.
261 Bahr: Die nationale Frage.
262 Seydoux: Botschafter in Deutschland, S. 208.
263 Bahr: Die nationale Frage; ders.: Was wird aus den Deutschen?, S. 10–30.
264 H. Jäckel: Der Gegner als Partner.
265 Text in: Texte, Reihe III/Bd. 8, S. 554–566 (555 f.).
266 Bahr: Entspannung ist unsere einzige Chance, S. 79.
267 Bahr: Chancen, S. 71.
268 Bahr: Mein Deutschland, S. 29.
269 Bahr: Zum europäischen Frieden, S. 95–97.
270 Scholz: Bahr; ders.: Deutsche Frage und europäische Sicherheit.
271 Zit. bei Herles: Bahr.
272 Zit. in: »Bahrs Vorschlag stößt auf Ablehnung«, in: SZ vom 4. 2. 1988.
273 Vgl. dazu m.w.N. oben, S. 207 f.
274 Bahr: Zum europäischen Frieden, S. 43.
275 Ebenda, S. 98.
276 Reinhold: Wichtiger Beitrag und viele Diskussionsfragen, S. 918 f.
277 Zit. bei Feldmeyer: Bahr nennt CDU-Bekenntnis zur Wiedervereinigung Heuchelei; Philipps: Bahr sieht in Teilung auch Chancen.
278 Vgl. dazu oben, S. 186–188.
279 Bahr: Dokumente eines gescheiterten Patrioten.
280 Vgl. dazu oben, S. 186–188.
281 Text in: Reden über das eigene Land: Deutschland, S. 105, 108.
282 Bahr, ebenda, S. 113 f., 120.
283 Bahr: Wiedervereinigungsgebot, S. 185. Bedauerlich ist, daß Thomas Bender in seiner Studie »SPD und europäische Sicherheit«, die die militärpolitischen Positionen der SPD in den achtziger Jahren durchaus kritisch beleuchtet, unzureichend und zu knapp die Problematik der »Erhaltung des Status quo« behandelt hat. Während Willy Brandt unerwähnt bleibt, werden auch die Positionen namhafter Sozialdemokraten unvollständig umschrieben. Das gilt vor allem für Bahr, Ehmke, Eppler, Glotz, Heimann und Schmude.
284 Vgl. »Dann wird die Mauer fallen«, in: Der Spiegel, Nr. 42/1989, S. 29–30 (29 Wie sehr Bahr im Herbst 1989 von der politischen Entwicklung in der D' überrollt wurde, offenbarte auch sein Vorschlag zum falschen Zeitpunkt Vier-Mächte-Konferenz mit den beiden Staaten Deutschlands einzub/ Gaus wollte ihm nicht nachstehen und verband seinen Plan mit dem A/ man könne den Bewegungen in Osteuropa einen »Rahmen ziehen« /t internationale Beschlüsse auf Ost-West-Konferenzen für kontrollieᵏᵉʳ sorgen. Zit. bei Gillessen: Kein Bedarf für eine Viermächte-Koᵤᵤchtet schon ungeheuerlich, wie Gaus noch im November 1989 das Rᵣ der zum Warschauer Pakt gehörenden Staaten auf Selbstbestimᵣᵤch«, in: hat.
285 Vgl. »Das Gebot staatlicher Einheit und das Ziel Europa iᵣ). Frankfurter Rundschau vom 13. 12. 1988. ᵥₒₘ 30. 11. 1988;
286 Text der Rede Walsers in: Über Deutschland reden, S. 7ᵧᵧ
287 Vgl. dazu die Nachweise in: Bundespresseamt/DDR-S Loewenstern: Was regt sich Bahr so auf? ₑₘₑₗ hatten beachtliche
288 Bahr: Sicherheit für und vor Deutschland.
289 Seebacher-Brandt: Linke, S. 48. Die Zeit und d

Schwierigkeiten mit dieser stark beachteten Studie. In der *Zeit* vom 10. 5. 1991 rezensierte Raddatz den Band noch recht wohlwollend. Das war wohl der politischen Redaktion der *Zeit* zuviel, da in der Ausgabe vom 25. 10. 1991 eine Kurzrezension des Buches von Elke Leonhard »Wo sind Schmidts Erben? Die SPD auf dem Weg zur Macht« so eingeleitet wurde: »Nach der kleinen Broschüre aus der Feder von Dr. Brigitte Seebacher-Brandt über das sie sehr bewegende Thema ›Die deutsche Linke und die Vereinigung‹ . . . meldet sich nun eine weitere namhafte Sozialdemokratin zu Wort. ›Wo sind Schmidts Erben?‹ fragt Dr. Elke Leonhard in einem schmalen Büchlein . . . Zum Kern des Konflikts: ›Wer politisch recht hatte, kann heute noch nicht abschließend beurteilt werden.‹ Wenn Sozialdemokratinnen zuviel schreiben . . .« Am 12. 11. 1991 diskutierte Brigitte Seebacher-Brandt mit Peter Glotz in der Friedrich-Ebert-Stiftung in Bonn und begann ihr Referat mit dem Satz: ». . . Es ist lange her, daß ich auf dem Territorium der Friedrich-Ebert-Stiftung auftreten durfte. Der Zeitpunkt liegt weit hinter der deutschen Vereinigung . . .« (Text in: Forschungsinstitut der Friedrich-Ebert-Stiftung: Dr. Brigitte Seebacher-Brandt und Dr. Peter Glotz, M.d.B.: Die deutsche Linke und die Vereinigung, Bonn 1991, S. 3.). Vgl. zu dieser Diskussion den Bericht Werner A. Pergers »Grenze der Höflichkeit«, in: *Die Zeit* vom 15. 11. 1991, der Schwierigkeiten mit der Rednerin offenbarte. Die Rezension, die Joschka Fischer über Brigitte Seebacher-Brandts Studie »Die Linke und die Einheit» im *Spiegel* veröffentlicht hat, verdeutlichte, daß er mit diesem brisanten Thema nicht fertig zu werden vermag. Fischers Urteil, es sei »ein ärgerliches Buch, weil es ein Thema verschenkt und allein davon lebt, daß die Autorin eine prominente Sozialdemokratin ist«, ist pure Polemik und keine sachliche Auseinandersetzung. Neben Frau Seebacher-Brandt ist es Tilman Fichter, Referent an der Parteischule der SPD in Bonn, der in sehr selbstkritischer und differenzierender Weise das Thema »Die westdeutsche Linke und ihr DDR-Traum« behandelt hat. Vgl. Fichter: Sich selbst den Blick auf die Hohlheit des SED-Regimes verstellt; ders.: Demokratisierung statt Spaltung.

290 Seebacher-Brandt, ebenda, S. 49.

291 Text in: 88. Bergedorfer Gesprächskreis am 6. und 7. 9. 1989 in der Bad Godesberger Redoute: Auf dem Wege zu einem neuen Europa? Perspektiven einer gemeinsamen westlichen Ostpolitik, S. 62. Bis weit in das Jahr 1990 unterlag Bahr auch noch einem grundlegenden militärpolitischen Irrtum insofern, als er ausgerechnet führenden sowjetischen Politikern, u. a. Außenminister Schewardnadse, am 1. 3. 1990 in Moskau sagte, für die SPD sei die Mitgliedschaft des ~~geeinten~~ Deutschland in der NATO nicht vorstellbar. Vgl. BPA/Ostinformatio-~~n~~ vom 2. 3. 1990, S. 2 (Radio Moskau/dt.).

~~.~~ ebenda, S. 63.

294 ~~d~~azu m.w.N. Helwig: Kirchen, S. 424; Henkys: Kirche; Goeckel: Church,

295 ~~V~~.A. Reinhold: Jeder dritte Mitteldeutsche ohne Konfession; Höllen: Die

296 Vgl. ~~di~~e Kirche in der DDR.

Vgl. d.w.N. Helwig, ebenda.

297 schwer ~~m~~der: Christen, S. 50 f.

Heinemann: ~~s~~oll: Die schwierige Einigung der Kirchen; Jach: EKD tut sich gende, auf neu~~en~~eren Einheit; Sattler: Die EKD vor der Gretchenfrage.

Vgl. zu Heinemanns Deutschland-Position die hervorra-~~qu~~ellen-Material fußende Darstellung von Josef Müller: Die

492

gesamtdeutsche Volkspartei; dazu Eppler: »Mir graut davor . . .« und Zitelmann: Einheit und Neutralität. Vgl. auch die gesonderte Darstellung bei Zitelmann: Adenauers Gegner, S. 87–114.

298 Heinemann/Posser: Kirche.

299 Heinemann: Kirche, Sp. 2919; Heinemann/Posser: Kirche, Sp. 4012.

300 Wilkens: Einheit, S. 287.

301 Vgl. dazu die Nachweise bei Heinemann: Kirche, Sp. 2919–2930; Heinemann/ Posser: Kirche, Sp. 4012–4019; Helwig: Kirchen, S. 424–426; Wilkens, ebenda, S. 288–299; Spotts: Kirchen.

302 Wilkens, ebenda, S. 292.

303 Vgl. dazu oben, S. 199 f.

304 Wilkens: Einheit, S. 293.

305 Mann: Deutschland, S. 198 f.

306 Müller-Gangloff: Mit der Teilung leben, S. 50 f., 64 f.

307 Grubbe: Die Spaltung als Konsequenz.

308 Text der Denkschrift in: Albertz/Goldschmidt: Konsequenzen, S. 7–20.

309 Albertz: Die offene Wahrheit, S. 179. Noch weiter ging er 1982, als er ausführte: »Und ich sage ganz offen, daß es mir speiübel wird, wenn ich das dauernde Gerede über die Brüder und Schwestern im anderen Teil Deutschlands höre und auch die ganze Nationen-Debatte in einer gewissen Tendenz, wenn z. B. Gaus wagt, bestimmte Vokabeln in Frage zu stellen und dann ein Sturm der Entrüstung bis tief ins sozial-liberale Lager . . .« Vgl. Albertz: Wir sind doch ein besetztes Land, S. 118. Vgl. zu Gaus' Nations-Verständnis unten, S. 301–305.

310 Matthies: Kirche.

311 Vgl. dazu oben, S. 209–211.

312 »Geht es wirklich um die Wiedervereinigung?«

313 Text in: Evangelischer Pressedienst – Dokumentation, Nr. 27/1989, S. 57.

314 Nachweise bei Matthies: Kirche, S. 42, 45. Vgl. auch das Interview, das *Die Welt* in ihrer Ausgabe vom 10. 1. 1989 veröffentlicht hat; Auszug in: Texte, Reihe III/Bd. 7, S. 17–20 (20): Zu den »Realitäten . . . gehört nicht der Begriff der Wiedervereinigung. Er ist politisch falsch, weckt Emotionen und verwirrt die Menschen.«

315 Zit. aus dem Rede-Manuskript, S. 5. Daher kann nicht überraschen, daß Stolpe früher weitgehend der von der SED verkündeten Menschenrechtsdoktrin gefolgt ist. So schrieb er 1981: »Gelegentlich wird von Defiziten bei der Verwirklichung von Menschenrechten in der DDR gesprochen. Dabei ist deutlich, daß diese Fragen in der Regel von einem einseitig individualistischen Menschenrechtsverständnis ausgehen und dieses zum Maßstab allgemeiner Beurteilung machen . . .« Auch hatte er keine Skrupel, die dem Recht auf freie Ausreise diametral widersprechende Praxis der DDR-Führung zu verteidigen. Die Behandlung der Kirchen durch Ost-Berlin begründete er so: »Auseinandersetzungen sind . . . heute und auch in Zukunft nicht völlig vermeidbar. Aber die hohen Aufgaben und ökonomischen Ziele der Gesellschaft zum Wohle aller ihrer Glieder zwingen zu einer praktischen Toleranz. Der gemeinsame sozialistische Aufbau hat Vorrang vor der weltanschaulichen Auseinandersetzung . . . Insgesamt ist festzustellen, daß die universalen Menschenrechte, zu deren innerstaatlicher Achtung sich die DDR völkerrechtlich verpflichtet hat, in ihrer Staats- und Rechtsordnung verbindlich gelten.« Vgl. Stolpe: Universale Menschenrechte, S. 59 f.

316 Zit. ebenda, S. 6, 8. Ders.: Ein deutsches Sommertheater, S. 29: »Die innergesell-

schaftliche Diskussion über den Zukunftswettbewerb der Systeme, der doch wirklich noch nicht verloren ist, der Streit über Ziele und Wege ... sind eine politische Notwendigkeit zur Sicherung des europäischen Friedens geworden ... Denn bei all den vielen Aufrufen, die in diesen Tagen die DDR verändern wollen, erkenne ich einen sozialistischen Grundkonsens ... Die Regierung und alle Parteien der Bundesrepublik schließlich sind gefragt, ob sie Wiedervereinigung trommeln wollen, bis alles in Scherben fällt, oder eine am Wortlaut orientierte Neuinterpretation der Grundgesetz-Präambel versuchen können.«

317 Zit. bei Reuth: Die Idee vom reformierten Sozialismus.

318 Ebenda.

319 J. Motschmann: So nicht, Herr Pfarrer!, S. 179–202 (179).

320 »Die Zukunft der deutschen Frage – 30 Jahre nach der staatlichen Trennung«, in: *Evangelische Kommentare*, Jg. 12/1979, S. 563–565 (563).

321 Zimmermann: DDR, S. 10, 12.

322 Ebenda, S. 13.

323 Text bei Gaus: Texte zur Deutschlandpolitik, S. 55 f.

324 Vgl. dazu m.w.N. unten, S. 301–304.

325 Skriver: Welche Einheit der Nation?, S. 118; Hervorhebungen im Text.

326 So Martin Ziegler, der bis zur endgültigen Vereinigung aller protestantischen Landeskirchen in der EKD das Sekretariat des Kirchenbundes der vormaligen DDR geleitet hat. Text in: *Die Zeit* vom 22. 3. 1990, S. 41–46.

327 Schröder war auch Teilnehmer des *Zeit*-Forums. In mehreren bundesdeutschen Zeitungen hat er immer wieder mit fundierten Beiträgen den Vereinigungsprozeß begleitet.

328 Vgl. dazu Matthies: Schuld offen bekennen; ders.: Im Griff der Stasi; R. Schröder: Soll die Zersetzungsarbeit endlos weitergehen?; U. Hahn: Kirche im Sozialismus.

329 So Henkys: Kirchen, S. 130, dessen Analyse auch die folgenden Zahlen entnommen sind.

330 Vgl. dazu die Nachweise oben, S. 252.

331 Vgl. dazu m.w.N. Zander: Christen, S. 109.

332 Das Zentralkomitee der deutschen Katholiken hat dem Verf. freundlicherweise das einschlägige Material der folgenden Analyse zur Verfügung gestellt.

333 Vgl. dazu m.w.N. Knauft: Deutsche Frage – Stellung der Kirchen, Sp. 1275.

334 Vgl. dazu Knauft, ebenda; Henkys: Kirchen, S. 134.

335 Text in: Texte, Reihe III/Bd. 4, S. 400–407 (406).

336 Text in: Katholische Nachrichten-Agentur, Nr. 32 vom 15. 6. 1989, S. 1 f.

337 So Henkys: Kirchen, S. 134. Vgl. zur Haltung der katholischen Kirche gegenüber dem SED-Regime auch das aufschlußreiche Interview mit dem mehrjährigen Bischof von Berlin und Vorsitzenden der Berliner Bischofskonferenz, Josef Kardinal Meisner, das Martin Lohmann geführt hat: Wir ließen uns nicht unter Druck setzen, in: *Rheinischer Merkur* vom 21. 2. 1992.

338 Vgl. dazu Helwig: Kirchen, S. 429 f. Sehr informativ und materialreich zur Entwicklung der katholischen Kirche in der SBZ/DDR die Beiträge von K. Richter: Die achtziger Jahre; ders.: Die DDR-Katholiken nach der Wende; ders.: Die katholische Kirche in den neuen Bundesländern.

339 So »Umkehren bedeutet den Antikommunismus zu überwinden«. Evangelische Christen formulierten acht Thesen zur Verständigung mit der Sowjetunion: Für einen offenen Dialog mit dem Sozialismus. In: *Frankfurter Rundschau* vom 1. 6. 1987. Ähnlich verfehlt Alt: Frieden ist möglich, S. 65, 68: »Unsere moralische

Überheblichkeit gegen Kommunisten verstellt uns den Blick für die eigenen atomaren Sünden . . . Wir kommen dem Frieden nur näher, wenn wir moralische Überheblichkeit ablegen.« Ebenso anfechtbar war der in der evangelischen Kirche gleichzeitig anzutreffende Antiamerikanismus.

340 So Reusch in seinem Bericht »Mauerreste in manchen Köpfen« über die Generalversammlung der Görres-Gesellschaft vom 28. 9.–2. 10. 1991 in Freiburg i. Br.

341 Vgl. dazu U. Hahn: Noch stehen Mauern. Symptomatisch ist auch, daß kein führendes CDU-Mitglied in die EKD-Synode, das 160köpfige Parlament der 30 Millionen Protestanten in 24 Landeskirchen, berufen worden ist. Selbst Lothar de Maizière wurde abgelehnt. Vgl. dazu Durth: Evangelischer Kirchenbund lehnt Lothar de Maizière ab; Schmude leitet erste gesamtdeutsche EKD-Synode, in: *Welt am Sonntag* vom 30. 6. 1991. Vgl. zum Verlauf des Kirchentages auch Jach: Bleibt die Frage, wer nun als kirchentagsfähig genehm ist; ders.: Deutliche Signale für andere Ordnung. Ob EKD-Präses Schmude die notwendige selbstkritische Neubewertung der Haltung der EKD zur Wiedervereinigung und inneren Situation der DDR in der Vergangenheit zu bewältigen vermag, darf insofern bezweifelt werden, als er, zuletzt im »Evangelischen Pressedienst« vom 8. 1. 1992, auf den »inneren Zusammenhang« zwischen »christlichen Werten« und den »Grundideen« des Sozialismus hingewiesen und vor einer »eifernden und totalen Sozialismus-Verdammung« gewarnt hat. Vgl. dazu Inacker: Haack wirft Schmude Milde gegen SED vor.

342 Vgl. dazu die Angaben in: »Wir informieren über uns«, hrsg. vom Bund der Vertriebenen, Ausgabe 1989.

343 Text in: Satzung. Hrsg. vom Bund der Vertriebenen. Bonn 1989, S. 2; Text der Charta der deutschen Heimat-Vertriebenen, in: Jahresbericht 1990. Hrsg. vom Bund der Vertriebenen. Bonn 1991, S. 60.

344 Vgl. dazu oben, S. 88–90, 166–172.

345 Vgl. dazu oben, S. 162–164.

346 Grewe: Deutschlandvertrag, S. 250.

347 Text in: *Bulletin*, Nr. 109 vom 14. 9. 1990, S. 1154; Stern und Schmidt-Bleibtreu: Zwei-plus-Vier-Vertrag, S. 84.

348 Vgl. dazu Blumenwitz: Oder-Neiße-Linie, S. 522–525; E. Klein: Deutschlands Rechtslage, S. 240–242; Hacker: Friedensvertrag, S. 345–347.

349 Vgl. dazu die Übersicht »Schriften der Kulturstiftung der deutschen Vertriebenen 1992«. Bonn o. J., S. 19–30. Sehr nützlich sind auch die in der Reihe »Forschungsergebnisse der Studiengruppe für Politik und Völkerrecht« veröffentlichten Monographien.

350 Texte in: *Die Quelle*, Jg. 3/1952, S. 171, Jg. 4/1953, S. 155, Jg. 5/1954, S. 146. Erinnert sei auch daran, daß der DGB von Anfang an die Arbeit des Kuratoriums Unteilbares Deutschland gutgeheißen und es finanziell unterstützt hat; der DGB-Vorsitzende gehörte stets den obersten KUD-Gremien an. Vgl. dazu m.w.N. Kreuz: Das Kuratorium Unteilbares Deutschland, S. 222–224. Vgl. zur Haltung der Bundesvereinigung der Deutschen Arbeitgeber gegenüber dem KUD Kreuz, ebenda, S. 224 f.

351 Text in: *Die Quelle*, Jg. 7/1956, S. 145 f.; Hervorhebung im Text.

352 Ebenda, Jg. 8/1957, S. 145.

353 Text in: Deutscher Gewerkschaftsbund (Hrsg.): Erklärung zur Wiedervereinigung Deutschlands. Düsseldorf o. J. (1957).

354 Texte in: *Die Quelle*, Jg. 9/1958, S. 145, Jg. 10/1959, S. 145, Jg. 11/1960, S. 146, Jg.

12/1961, S. 146. In seiner Erklärung zur Deutschland-Frage vom 7. 4. 1959 hatte der DGB seine Position noch präzisiert (Text ebenda, Jg. 10/1959, S. 146).

355 Ebenda, Jg. 13/1962, S. 145.

356 Ebenda, Jg. 14/1963, S. 145.

357 Text in: Protokoll des Außerordentlichen Bundeskongresses des DGB, 21./22. 11. 1963, S. 453.

358 Text in: *Die Quelle*, Jg. 15/1964, S. 147.

359 Vgl. dazu DGB-Bundesvorstand (Hrsg.): DGB-Aktionsprogramm. Düsseldorf, Februar 1971; ders.: DGB-Aktionsprogramm '72. Düsseldorf, Juli 1972; ders.: Aktionsprogramm '79. Düsseldorf o. J.; ders.: Aktionsprogramm '88. Düsseldorf o. J.

360 Text in: DGB-Bundesvorstand (Hrsg.): Grundsatzprogramm des DGB. 4. Außerordentlicher Bundeskongreß. Düsseldorf, 12.–14. 3. 1981, S. 4.

361 Vgl. dazu Wilke: Einheit, S. 76.

362 So äußerte sich Vetter auf einer Veranstaltung anläßlich des 25. Jahrestages der Gründung des Kuratoriums Unteilbares Deutschland in Berlin 1979; Text in: *Politik und Kultur*, Jg. 6/1979, H. 5, S. 71.

363 Breit: Die deutschen Gemeinsamkeiten wahren, S. 74.

364 Breit, ebenda, S. 75. Nach dem Vollzug der Wiederherstellung der Einheit Deutschlands ist es auch notwendig, die Publikationen des DGB kritisch dahingehend zu prüfen, wie sie es mit dieser Problematik gehalten haben. So plädierte Renate Damus noch 1989 in den vom Bundesvorstand des DGB herausgegebenen *Gewerkschaftlichen Monatsheften* dafür, »die Existenz der DDR völkerrechtlich anzuerkennen und damit die Zweistaatlichkeit der deutschen Nation als Konsequenz des von Deutschland entfesselten Zweiten Weltkrieges. Vor dem Hintergrund der politischen Veränderungen in der DDR kann und muß die völkerrechtliche Anerkennung der DDR uneingeschränkt sein. Selbstbestimmung nach innen in der DDR muß einhergehen (Verzicht auf eine wie immer geartete Vereinigung), damit unsere Nachbarn in Ost und West nicht der Gefahr einer deutschen politischen und ökonomischen Hegemonie ausgesetzt sind . . .« Vgl. Damus: Selbstbestimmung des Volkes der DDR, S. 758. Diese Ausführungen gehören zu den auch außerhalb des DGB anzutreffenden Fehleinschätzungen der inneren Situation der DDR. Damus übersah, daß die Bevölkerung der DDR die Vereinigung mit der Bundesrepublik gewollt und die aufgrund der Volkskammerwahl vom 18. 3. 1990 gebildete und legitimierte DDR-Regierung mehrheitlich für die Wiedervereinigung gemäß Art. 23 Grundgesetz votiert hat. Diese Analyse paßte jedoch gut in das Deutschland-Bild des DGB.

365 So Wilke: Einheit, S. 81.

366 Ebenda.

367 Nachweis bei Wilke, ebenda.

368 Vgl. dazu im einzelnen Wilke: Linksschwung; ders.: Einheitsgewerkschaft zwischen Demokratie und antifaschistischem Bündnis.

369 So Wilke: Einheit, S. 82.

370 Zit. bei Vogt: DGB.

371 Vgl. dazu Seideneck: Die soziale Einheit gestalten; Vogt, ebenda. Wie sehr der FDGB immer eine »feste Stütze des bürokratisch-diktatorischen Regimes der SED und ihres ›realen Sozialismus‹« war, dokumentiert W. Müller in seinem Beitrag »Zur Geschichte des FDGB«.

372 Vgl. dazu die Nachweise oben, S. 273 f. mit den Anm. 363 f.
373 Murmann: Auftrag.
374 Vgl. auch Breit: Deutsche Einigung – ohne und gegen die Gewerkschaften?
375 Harry Tisch war der Vorsitzende des FDGB.
376 Seideneck: Die soziale Einheit gestalten, S. 5.

7. Die öffentliche Diskussion

1 Vgl. dazu m.w.N. oben, S. 124–127.
2 Vgl. dazu m.w.N. oben, S. 125 f.
3 Vgl. dazu oben, S. 126 f.
4 Adenauer: Erinnerungen. Bd. III: 1955–1959, S. 377 f.
5 Text in: BT StenBer., 3. Wahlperiode, Sitzung vom 20. 3. 1958, S. 847.
6 Ebenda, Sitzung vom 25. 3. 1958, S. 1103. Vgl. dazu auch »Was uns quält«, in: *Der Spiegel*, Nr. 15/1958, S. 13 f.
7 Vgl. dazu den Nachweis oben, S. 232 f.
8 So Schwarz: Epochenwechsel, S. 66 f.
9 Jaspers: Freiheit und Wiedervereinigung, S. 110.
10 Ebenda, S. 34.
11 Vgl. dazu m.w.N. Gotto: Deutschland-Politik, S. 70–75.
12 Schwarz: Epochenwechsel, S. 302.
13 Schwarz: Adenauers Wiedervereinigungspolitik, S. 47.
14 Ebenda, S. 48.
15 Mann: Deutschland, S. 198.
16 Ebenda, S. 199 f.
17 Ebenda, S. 200–203.
18 Sommer: Denken, S. 14.
19 Vgl. zu Müller-Gangloffs zweifelhaften Thesen oben, S. 255 f.
20 Sommer: Denken, S. 33.
21 Lindemann: Das antiquierte Grundgesetz, S. 252 f.
22 Lindemann: Die neuen Lehren und Lehrer, S. 148.
23 Lindemann: Das antiquierte Grundgesetz, S. 250 f.
24 Vgl. Müller-Gangloff: Mit der Teilung leben. Vgl. auch die Nachweise oben, S. 255 f.
25 So K. Kaiser: Die deutsche Frage – rekapituliert (Teil I), S. 757.
26 Vgl. dazu oben, S. 130 f.
27 Gradl: Ist Wiedervereinigung aktuell?, S. 207.
28 P. Bender: Offensive Entspannung, S. 99–108 (108).
29 K. Kaiser: Die deutsche Frage – rekapituliert (Teil III), S. 42 mit Anm. 32.
30 Vgl. dazu unten, S. 424–427.
31 P. Bender: Offensive Entspannung, S. 99–108.
32 K. Kaiser: Die deutsche Frage – rekapituliert (Teil III), S. 43; P. Bender, ebenda, S. 74–99.
33 Eschenburg: Die DDR respektieren, S. 169; P. Bender: Verzögerte Einsichten, S. 27: »Bonn wird die Staatlichkeit der DDR respektieren müssen . . ., denn nur eine selbstbewußtere SED und eine weiter stabilisierte DDR werden entspannungsfähig und entspannungswillig sein.«
34 K. Kaiser: Die deutsche Frage rekapituliert (Teil III), S. 56.

35 Vgl. dazu unten, S. 424–427.
36 Heigert: Träume, S. 261–273.
37 Ebenda, S. 273.
38 Ebenda, S. 263 f.
39 Jaspers: Freiheit und Wiedervereinigung, S. 34.
40 Heigert: Träume, S. 262.
41 Lindemann: Unerfüllte Nation.
42 Heigert: Einheit ist kein Grundrecht; Hervorhebung im Text.
43 Ebenda; Hervorhebung im Text.
44 Ebenda.
45 Sommer: Geteilt, aber nicht getrennt.
46 Bracher: Die zweite Demokratie, S. 197 f.
47 Bracher, Vorwort zu: Nach 25 Jahren, S. 7 f.
48 Lindemann: Überlegungen zur Bonner Deutschlandpolitik 1945–1970, S. 79, 82.
49 Deutschlandpolitischer Arbeitskreis (Hrsg.): 30 Thesen zur Deutschlandpolitik, S. 22.
50 Vgl. ebenda, S. 24, 45 f.
51 Vgl. ebenda, S. 75.
52 Vgl. dazu oben, S. 255 f.
53 Text in: Albertz/Goldschmidt (Hrsg.): Konsequenzen, S. 7–20 (19).
54 Vgl. ebenda, S. 15.
55 Vgl. dazu im einzelnen oben, S. 136–150.
56 Vgl. dazu oben, S. 166–172.
57 Kimminich: Urteil, S. 659.
58 Vgl. dazu oben, S. 168–170.
59 Vgl. dazu den Bericht »Biermann: Nicht Urheber des ›Manifestes‹ «, in: SZ vom 14./15. 1. 1978.
60 Vgl. »Einheitsfront gegen die Störenfriede«, in: Der Spiegel, Nr. 2/1978, S. 17–26 (18). Der Spiegel veröffentlichte das »Manifest« in seinen Nrn. 1, S. 21–24, und 2, S. 26–30 des Jg. 1978.
61 Vgl. dazu unten, Kap. 9.
62 Bahr: Kein Grund zur Wende in der Deutschlandpolitik.
63 Vgl. »Wir sind gegen die Einparteien-Diktatur«. Das Manifest der ersten organisierten Opposition in der DDR. In: Der Spiegel, Nr. 1/1978, S. 21–24 (24). Vgl. dazu Hacker: Neue Chancen für die nationale Frage?; ders.: Das »Manifest« bringt Bonn aus dem Gleichschritt.
64 Vgl. dazu Hacker: Neue Chancen für die nationale Frage?; ders.: Das »Manifest« bringt Bonn aus dem Gleichschritt.
65 Vgl. »Wir können nur von gleich zu gleich verkehren«, in: Der Spiegel, Nr. 6/1977, S. 21–24 (22 f.).
66 Vgl. dazu oben, S. 184 f.
67 Erdmann: Die Nation im geteilten Deutschland, S. 208.
68 Erdmann, ebenda, S. 207. Vgl. dazu C.-C. Kaiser: Sturm um Deutschlandpolitik.
69 Sommer: Deutschland – Traum oder Alptraum?
70 Sommer: Deutschland in den achtziger Jahren, S. 26.
71 Gaus: »Die Elbe – ein deutscher Strom, nicht Deutschlands Grenze«. In: Die Zeit vom 30. 1. 1981; wiedergegeben in Gaus: Texte zur deutschen Frage, S. 45–71 (51, 55 f.).
72 Winkler: Nation – ja, Nationalstaat – nein; Hervorhebung im Text.

73 H. Mommsen: Aus Eins mach Zwei.
74 Rudolph: Wovor wir nicht fortlaufen können; ders.: Zwischen Trennen und Verbundensein; Leicht: Turbulenz um den Begriff.
75 Vgl. dazu m.w.N. Hacker: Stand, S. 104 f. mit Anm. 112; »Nächstes Stockwerk«, in: Der Spiegel, Nr. 45/1981, S. 24–26.
76 Zit. in »Gaus und die Nation«, in: Der Spiegel, Nr. 6/1981, S. 14 f.
77 Vgl. dazu oben, S. 152 f. mit Anm. 223.
78 Vgl. dazu oben, S. 247 f.
79 Gaus: Tor zu neuen Antworten; ders.: Acht Thesen zur Belebung der deutsch-deutschen Beziehungen; ders.: »Unser westliches System erleichtert zukunftsträchtige Vorleistungen«. Im November 1989 machte Gaus – bezeichnenderweise in einem Interview der Zeitung International Herald Tribune – den Vorschlag, eine Vier-Mächte-Konferenz unter Beteiligung Bonns und Ost-Berlins sollte u. a. über die »Konsolidierung der Reformen nicht nur in der DDR, sondern auch in Ungarn und Polen« beraten. Auch nach dem Fall der Mauer vermochte sich Gaus eine Entwicklung auf eine Wiederherstellung der staatlichen Einheit Deutschlands nicht vorzustellen. Vgl. »Reunification: A Concern That Goes Beyond the Germanys, in: International Herald Tribune vom 13. 11. 1989. Vgl. dazu auch oben, S. 249 mit Anm. 284.
80 Bölling: Die offene deutsche Frage, S. 53; ders.: Deutsche auf Bewährung.
81 Bölling: Begriff und Wirklichkeit des Nationalen in der deutschen Gegenwart, S. 246.
82 Bölling: Die offene deutsche Frage, S. 53.
83 Bölling: Deutsche Einheit? Deutsche Zweiheit!
84 Sommer: Hausieren mit einem alten Hut.
85 Sommer: Die Einheit gegen Freiheit tauschen.
86 Bucerius: Die Nation aufkündigen? Hervorhebung im Text.
87 Sommer: Wie offen ist die deutsche Frage? Bucerius: Die deutsche Einheit ist unaufhaltsam.
88 Sommer: Quo vadis Germania?
89 Sommer: Starrheit ist nicht gleich Stabilität.
90 Gräfin Dönhoff: Mauer und Einheit: Zeit zum Umdenken.
91 Gräfin Dönhoff: Ein Dach für ganz Europa.
92 Michnik: Liegt die Existenz der DDR im Interesse Polens?
93 Leicht: Balancieren mit dem Gewicht der Geschichte.
94 Leicht: Gute Deutsche und gute Europäer?
95 Pfaff: Bonn muß der Einheit abschwören; ders.: German Challenge: Problem of Europe. Pfaffs Absage an ein vereintes Deutschland aus dem Jahre 1978 nahm Karl Kaiser dankbar auf, um ausgerechnet auf einer Konferenz der Konrad-Adenauer-Stiftung Anfang Januar 1979 in Kalifornien seine zweifelhaften Teilungs-Vorstellungen zu untermauern. Vgl. K. Kaiser: Die neue Ostpolitik, S. 247.
96 Mathiopoulos: Peace Would Settle the German Question.
97 Mathiopoulos: Auf die Einheit verzichten – Statt Wiedervereinigung ein Friedensvertrag für Europa.
98 Vgl. dazu beispielsweise »Einigkeit . . . macht gefährlich«, in: Die Zeit vom 24. 7. 1987.
99 Sommer: Der Geist ist ein Wühler.
100 Vgl. z. B. Augstein: Wer brüllt, wer reckt, wer schläft?; ders.: Jahrhundert der Wahrheit; ders.: »Ja, wenn Hitler nicht Hitler gewesen wäre«.

101 Augstein, ebenda; ders.: Träume vom »europäischen Dach«; ders.: Andreotti im Kühlschrank.
102 Augstein: Wer brüllt, wer reckt, wer schläft?
103 Augstein: Vereinigung der Sieger?
104 Augstein: Was man nicht sagen darf.
105 P. Bender: Geisterkampf um die Nation, S. 48.
106 Seiffert: Eine Nummer zu klein, S. 46.
107 Seiffert: »Die Mauer überflüssig machen«, S. 41; ders.: »Die Mauer als Brett vor dem Kopf«. Seiffert ist immer für die Wiederherstellung der staatlichen Einheit Deutschlands eingetreten. Vgl. aus seinem umfangreichen Schrifttum: Europa braucht seine Nationalstaaten; ders.: Das ganze Deutschland; ders.: Die Deutschen und Gorbatschow; ders.: Sie wollen die Einheit nicht; ders.: Deutschland ist nicht befriedet; ders.: SED und nationale Frage; ders.: Kein Ende, sondern geduldige Weiterführung zielstrebiger Deutschlandpolitik; ders.: Selbstbestimmungsrecht und deutsche Vereinigung.
108 R. Meier: Der »Spiegel« – ein deutsches Zerrbild?; R. Schneider: Mißgelaunte Propheten: »Rudolf Augsteins unbedingte Option für die deutsche Einheit ist die Konstante der von ihm geschaffenen Zeitschrift und seiner eigenen politischen Biographie.«
109 H. Schuster: Die Erben der Nation; Hervorhebungen im Text.
110 Leicht: Die neue Welle alter Träume. In seiner Analyse »Das Grundgesetz bleibt unversehrt« betonte er noch 1972, daß der Grundvertrag nicht nur den Fortbestand des Deutschen Reiches, sondern auch das Gebot der nationalen und staatlichen Einheit nicht in Frage stelle.
111 Vgl. dazu ausführlicher unten, Kap. 8.
112 Balancieren mit dem Gewicht der Geschichte; Hervorhebungen im Text.
113 Vgl. dazu m.w.N. oben, S. 155–157 und unten, S. 319 f.
114 Vgl. dazu oben, S. 307 mit Anm. 94.
115 Vgl. dazu oben, S. 291 f.
116 So der Bericht »Grass und Heym« in: FAZ vom 18. 12. 1991. Zu unkritisch der Bericht »Deutschland im Winter« von M. Oehlen im Kölner Stadt-Anzeiger vom 18. 12. 1991.
117 Vgl. dazu beispielsweise Fack: Es geht aufwärts; Köcher: Aufwind für die Bonner Koalition; Noelle-Neumann: Demoskopische Geschichtsstunde.
118 Zit. in dem Bericht »Sturm auf Goethe. Deutsche vorerst nur in Riga/Pläne des Goethe-Instituts«, in: FAZ vom 6. 12. 1991.
119 Rudolph: Schimäre Wiedervereinigung.
120 Vgl. dazu m.w.N. oben, S. 186–188.
121 Rudolph: Ein Streit auf unsicherem Boden; ders.: Das Miteinander steht noch aus.
122 Vgl. dazu m.w.N. Hacker: Deutsche unter sich, S. 86–90; ders.: Stand, S. 110–112; Maetzke: Eine Sieger-Grenze; ders.: Eine Grenze besonderer Art. Wichtige Beiträge Langens sind im Literaturverzeichnis dieser Studie aufgeführt.
123 Fest: Von der Unverlorenheit der deutschen Frage.
124 Reißmüller: Warum soll Deutschland gespalten bleiben?
125 Ebenda.
126 Reißmüller, ebenda; ders.: Zu wenig Nachdenken über Deutschland; ders.: Falsches über Deutschland; ders.: Freiheit und Einheit; ders.: Erst Größenwahn, dann Selbstvergessenheit; ders.: Der Nationalstaat; ders.: Man spricht wieder von

der Einheit; ders.: Ein Staat für die Nation; Fack: Die Einheit hat ihren Preis; ders.: Die Deutschen gewinnen die Einheit in Freiheit.

127 Text der Rede mit dem Titel »Die Zeit zum Handeln ist gekommen«, in: *Das Parlament* vom 20./27. 7. 1985.

128 Text der Rede in: Texte, Reihe III/Bd. 5, S. 107–121 (108) und in: F. Stern: Der Traum vom Frieden und die Versuchung der Macht, S. 243–259.

129 Maetzke: Näher an der Realität; Fack: Die Einheit hat ihren Preis; Loewenstern: Die gestohlene Erfahrung. Erinnert sei auch daran, daß sich Maetzkes kritische Kommentierung der innerdeutschen Szenerie vor und nach dem Abschluß des Grundvertrags vom 21. 12. 1972 wohltuend von der des Bonner Korrespondenten Dettmar Cramer unterschied, die manchmal den Charakter einer Hofberichterstattung hatte. Vgl. z. B. Maetzkes Würdigung des Grundvertrags: Ein Vertrag und viel Kleingedrucktes. Nachweise über Bonner »Hofberichterstattung« bei Hacker: Deutsche unter sich, S. 155 mit Anm. 253.

130 Adam: Vergessene Opfer.

131 Bracher: Traum und Verblendung.

132 Vgl. dazu oben, S. 186–188.

133 Kremp: Wir brauchen unsere Geschichte, S. 161.

134 Ebenda, S. 157–173; ders.: Die neue historische Neugierde der Deutschen.

135 Schell: »Unsere Politik zielt auf die Einheit in Freiheit«.

136 Ebenda; Nachweis des Ehmke-Zitats oben, S. 204 mit Anm. 88.

137 Zit. bei Schell, ebenda.

138 Walden: Statt eines Vorwortes, S. 20.

139 Ebenda.

140 Vgl. dazu Schell: Die Menschen erreichen; E. Cramer: Freiheit für alle.

141 In ihrer Ausgabe vom 9. 8. 1989 veröffentlichte *Die Welt* zahlreiche Leserbriefe unter der Überschrift: »Ohne Anführungszeichen«.

142 So überschrieb Alois Rummel seinen Nachruf auf Ludolf Herrmann; Schreiber: Anwalt der Kultur des Politischen. Die Wochenzeitung *Deutsche Zeitung/Christ und Welt* zeichnete sich in den siebziger Jahren durch eine hervorragende und kritische deutschlandpolitische Berichterstattung aus. Vgl. z. B. die Kommentare von Dietrich Schwarzkopf: Was wird das für ein Grundvertrag?; ders.: Die Nation wird verleugnet; Bernsdorf: Katzenjammer nach Ost-Euphorie.

143 Vgl. dazu oben, S. 157 mit Anm. 239.

144 Herrmann: Geschäfte im Wartesaal zur Einheit. Herrmann hatte 1974 den Mut, Richard Löwenthals Studie »Vom kalten Krieg zur Ostpolitik« kritisch zu rezensieren, was ihm der angegriffene Autor sehr verübelt hat. Vgl. Herrmann: Ist der kalte Krieg zu Ende?; Löwenthal: Ostpolitik – »Ist der kalte Krieg zu Ende?«

145 Stürmer: Frage.

146 Stürmer: Abschied.

147 Vgl. dazu unten, S. 371–373.

148 Vgl. dazu den nützlichen, vom *Rheinischen Merkur* herausgegebenen Band »Zurück zu Deutschland«.

149 Kielinger: Kollektive Ängstlichkeit; ders.: Die Einheit verspielt?; ders.: Freiheit – Die deutsche Frage unter lauter zertrümmerten Tabus. Vgl. zur Position Neumaiers: Der Gast, der aus der Kälte kommt; ders.: Die Einheit verspielt? Vereint unter Geeinten.

150 U. Hahn: Nach der Wende; ders.: Christ im verminten Land; ders.: Noch stehen Mauern; ders.: Kirche im Sozialismus.

151 Vgl. dazu die Nachweise in der hervorragenden Studie von Sauer/Plumeyer: Der Salzgitter Report, S. 244–247.

152 So beispielsweise C.-C. Kaiser: Ein Symbol als Hindernis.

153 Vgl. dazu die Nachweise bei Sauer/Plumeyer: Der Salzgitter Report, S. 235–248.

154 Ebenda, S. 7–9. Vgl. zur jüngsten Entwicklung der Erfassungsstelle Frenzel: Nach 30jähriger Sammeltätigkeit sind die Staatsanwälte am Zug.

155 C.-C. Kaiser: Zweifel an den kleinen Schritten.

156 C.-C. Kaiser: Der Ton ist gereizt; Leicht: Zehn Punkte für ein Miteinander; de Weck: Hintergedanken und Hinterlist.

157 Vgl. Sommer: Wenn das Volk die Bühne stürmt; ders.: Wem gehört die deutsche Frage?

158 Leicht: Zehn Punkte für ein Miteinander; ders.: Wo Deutschland seine Zukunft hat. Allerdings unterlag auch Leicht dem Irrtum, nach dem Treffen Bundeskanzler Kohls mit Ministerpräsident Modrow in Dresden müßten »alle, die nicht nur die Konföderation, sondern gar die Einheit näher kommen sehen wollen, jetzt auf die Stabilisierung der DDR hinwirken«.

159 So Hofmann: Kurze Freude und zähes Erwachen.

160 Augstein, Berlin, Berlin, S. 18.

161 Sie würde den Rahmen dieser Studie sprengen.

162 So das Thema des Referats von Chefredakteur Bresser. Text in: Hall (Hrsg.): Fernseh-Kritik. Der Band enthält auch die anderen Referate sowie die Protokolle der Podiumsgespräche und der sich daraus anschließenden Podiums-Diskussionen.

163 Kunert: Der Sturz vom Sockel.

164 Jessen: Kaste.

165 Stuttgart u. a. 1991.

166 Text der Rede Reagans, in: *Europa-Archiv*, Jg. 42/1987, S. D 410–414 (412). Darin zitierte der amerikanische Präsident auch das Wort Bundespräsident von Weizsäckers: »Die deutsche Frage ist so lange offen, als das Brandenburger Tor zu ist.« Nachweis oben, S. 193 mit Anm. 46. Leider können im Rahmen dieser Studie die Positionen der drei Westmächte zur deutschen Frage nicht detailliert erörtert werden. Nochmals sei betont, daß die amerikanische Führung – im Gegensatz zur einflußreichen Presse – frühzeitig für die Wiederherstellung der staatlichen Einheit Deutschlands eingetreten ist. So meinte der frühere amerikanische Botschafter Richard Burt im Mai 1987: »Wir müssen nach Wegen zur Überwindung der deutschen Teilung und des sogenannten Eisernen Vorhangs in Europa suchen. Wenn wir unsere Kräfte nur auf Rüstungskontrolle konzentrieren, werden wir nicht zur eigentlichen Ursache der Ost-West-Spannungen kommen.« Vgl. »Burt: Beseitigung der deutschen Teilung muß Ziel der Strategie des Westens sein«, in: *FAZ* vom 23. 5. 1987; Reißmüller: Zu wenig Nachdenken über Deutschland; Burt verlangt »tatsächliche Veränderungen«, in: *FAZ* vom 11. 1. 1988; Feldmeyer: Bonn und Deutschland. Vgl. auch die programmatische Rede, die der amerikanische Präsident Bush am 31. 5. 1989 zum Thema »Für ein ungeteiltes freies Europa« in Mainz gehalten hat: »Der Kalte Krieg begann mit der Teilung Europas. Er kann nur beendet werden, wenn die Teilung Europas aufgehoben ist … An keinem Ort wird die Teilung zwischen Ost und West deutlicher sichtbar als in Berlin. Dort trennt eine brutale Mauer Nachbarn und Brüder. Diese Mauer steht als Monument für das Scheitern des Kommunismus. Sie muß fallen.« Text in: *Bulletin*, Nr. 54 vom 2. 6. 1989, S. 484–488 (485 f.). Weitere Nachweise bei Hacker: Überlegungen, S. 420 f.

167 So äußerte sich Gorbatschow am 6. 10. 1989 vor westlichen Journalisten in Ost-Berlin. Heinz Geyr hat darauf hingewiesen, daß die korrekte Übersetzung der Formulierung Gorbatschows lautet: »Es werde für den gefährlich, der nicht auf das Leben reagiert.« Geyr: Originalton Gorbatschow.

168 Text in Brandt: »was … zusammengehört«, S. 39.

169 Kiesel: Die Intellektuellen, S. 49; Henrich: Eine Republik Deutschland, S. 12 f.; Darnton: Ein Zusammenbruch geborgter Legitimität; Lepenies: Ressentiment und Überheblichkeit.

170 Kunert: Traumverloren.

171 Fest: Schweigende Wortführer. Weitere Nachweise bei Kiesel: Die Intellektuellen.

172 Noack: Deutschland, deine Intellektuellen, S. 127. Sehr instruktiv dazu auch Lasky: Wortmeldung zu einer Revolution.

173 Kubys Streitschrift »Der Preis der Einheit« ist so polemisch, destruktiv und einseitig, daß sich eine Auseinandersetzung mit ihr nicht lohnt. Vgl. zu Kuby R. Schneider: Mißgelaunte Propheten: »Tatsache und Tempo der Vereinigung wurden nicht von Helmut Kohl, sie wurden von den ostelbischen Deutschen bestimmt. Kuby konzediert das indirekt, wenn er noch post festum für den weiteren Erhalt der Mauer plädiert und damit zugleich jene Menschenverachtung fortschreibt, deren sich die alte SED zum Zwecke ihrer Machtsicherung bediente.«

174 Walser: Über Deutschland reden, S. 89.

175 Nachweis oben, S. 241 mit Anm. 243.

176 Nachweis oben, S. 249 mit Anm. 281. Die *Frankfurter Rundschau*, die in ihrer Ausgabe vom 13. 12. 1988 den ersten Teil der Rede Bahrs unter dem Titel »Das Gebot staatlicher Einheit und das Ziel Europa im Widerspruch« veröffentlichte, meinte, »mit seiner radikalen Absage an eine Wiedervereinigung der beiden deutschen Staaten« habe Bahr einen »bemerkenswerten Beitrag« geleistet.

177 Nachweis oben, S. 234 f. mit Anm. 215.

178 Nachweis oben, S. 230 mit Anm. 196 f.

179 Gaus: Reden über das eigene Land: Deutschland, S. 138. Vgl. zu Gaus' abstruser These von der »Ent-Staatlichung der Nation« A. Mertes; Nachweis oben, S. 190 f.

180 Gaus: Unser nobler Irrtum.

181 In der Ausgabe vom 4. 11. 1988.

182 So Walser: Über Deutschland reden, S. 87.

183 Reich-Ranicki: Deutsche Leiden.

184 Walser: Über Deutschland reden, S. 87 f.

185 Ebenda, S. 101 f. (101).

186 Ebenda, S. 115.

187 Ebenda, S. 116–126 (119).

188 Grass: Kulturelle Arbeit im Ausland; ders.: Deutscher Lastenausgleich, S. 10, 15, 58–71.

189 Grass: Deutscher Lastenausgleich, S. 62.

190 Ebenda, S. 7. Vgl. zu Grass' Deutschland-Positionen die detaillierte Darstellung bei Kiesel: Die Intellektuellen.

191 Zitelmann: Denk ich an Deutschland …; ders.: Die deutsche Frage, S. 345–349.

192 Grass: Deutscher Lastenausgleich, S. 11.

193 Augstein/Grass: Deutschland, einig Vaterland?, S. 55; Grass: Schreiben nach Auschwitz.

194 Augstein, ebenda, S. 56.

195   Habermas: Die nachholende Revolution, S. 219 f.; ders.: Vergangenheit als Zukunft, S. 69.
196   Wiedergegeben in: *SZ* vom 16./17. 6. 1990. Vgl. auch Jens' Rede: »Das Land der Sieger weitab von der Paulskirche, weitab von Weimar« in München, S. 88 f.: »Ich *akzeptiere* die Teilung Deutschlands und halte sie für irreversibel: Buchenwald mag ein Museum sein, das die Bürger beider deutscher Staaten, ein ›Nie wieder!‹ verlangend, zum Gedenken ermahnt.« Hervorhebung im Text.
197   Kiesel: Die Intellektuellen, S. 54, gibt zahlreiche Literaturhinweise.
198   Augstein/Grass: Deutschland, einig Vaterland?, S. 55.
199   Grass: Schreiben nach Auschwitz, S. 43.
200   Wolffsohn: Keine Angst vor Deutschland!, S. 183.
201   Wucher: Rhetorisch konstruierte Widerstandslegende.
202   So Kiesel: Die Intellektuellen, S. 53 mit Nachweis in Anm. 17.
203   So Baron in seiner Rezension »Geschichte und Starrsinn«.
204   So Jessen: Kaste.
205   Habermas: Der DM-Nationalismus. Vgl. zu Habermas' Position auch die fundierte Kritik von Bubner: Philosophen und die deutsche Einheit; Zitelmann: Denk ich an Deutschland . . .; Seebacher-Brandt: Ein Linker träumt vom Überleben der DDR.
206   Habermas: Die andere Zerstörung der Vernunft.
207   R. Schröder: Es ist doch nicht alles schlecht.
208   Jessen: Kaste; Kunert: Der Sturz vom Sockel; ders.: Mythos Deutschland; ders.: Homunculus kehrt zurück.
209   P. Schneider: Die Angst der Deutschen vor den Idealen. Vgl. zur Haltung prominenter DDR-Intellektueller die Reden Christoph Heins, Stefan Heyms und Christa Wolfs auf dem Berliner Alexanderplatz vom 4. 11. 1989. Texte in: Zanetti: Der Weg zur deutschen Einheit, S. 202–206. So sagte Heym: »Der Sozialismus – nicht der Stalinsche, der Richtige –, den wir endlich erbauen wollen, zu unserem Nutzen und zum Nutzen ganz Deutschlands, dieser Sozialismus ist nicht denkbar ohne Demokratie . . .« (ebenda, S. 204). Vgl. dazu und zur Rolle der Schriftsteller in der DDR S. Brandt: Privilegiert, gegängelt und gebeutelt.
210   Vgl. dazu unten, Kap. 9 und 10.
211   Über die Arbeit der Evangelischen Akademien berichtet regelmäßig das *Deutsche Allgemeine Sonntagsblatt*.
212   Vgl. dazu im einzelnen oben, S. 255 f.
213   Vgl. dazu die Nachweise oben, S. 280–324.
214   Vgl. dazu im einzelnen unten, S. 428 f.
215   Text in: Texte, Bd. IV, S. 40. Vgl. zur Problematik des »Relativismus der Systeme« die dezidierte Darstellung bei Kriele: Die Menschenrechte zwischen Ost und West, S. 53–60.
216   Vgl. dazu den Nachweis oben, S. 167 f. mit Anm. 17.
217   Text in: BVfGE, Bd. 30, S. 17 f.
218   Text in: Geschichte in Wissenschaft und Unterricht, Jg. 30/1979, S. 343–356 (343); gekürzte Fassung, in: *FAZ* vom 6. 2. 1979.
219   Vgl. den Nachweis oben, S. 204 mit Anm. 91.
220   Janßen: Chauvinismus in der Schule. Unter Berufung auf Janßens Darlegungen ist auch H. Mommsens Kritik, in: Problem, überspitzt.
221   Vgl. dazu oben, Kap. 2.
222   Vgl. dazu im einzelnen Hacker: SED und nationale Frage.

**Wir haben
uns gern
für Sie bemüht**

Bücher

aller Literaturgebiete
Romane, Erzählungen
Klassiker
Fachbücher
für Schule und Beruf
Kunst- und Bildbände
Taschenbücher aller Verlage
Schulbücher u. Sprachführer
Fremdsprachliche Literatur
Zeitschriftenabonnements

Taschenbücher

Spezialabteilung für Taschenbücher und Paperbacks
Große Auswahl
auch an englischen und
französischen
Taschenbüchern

Landkarten

Autokarten, Atlanten
und Globen
Amtliche Karten des
Landesvermessungsamtes
Organisationskarten
Bezirks- und Bürokarten
Markierungsmaterial

Reiseführer

Wander- und Campingführer
Wanderkarten
Stadtpläne u. Spezialkarten

223 Rohlfes: Anmerkungen, S. 361; Lessing: Beschluß; Freytag: Durchführung; Lau: Umsetzung; Kühn: Aufgaben, S. 57 f.; ders.: Deutschlandpolitische Bildung. Zu den instruktivsten und materialreichsten Analysen des Beschlusses der Kultus-minister-Konferenz vom 23. 11. 1978 gehören die Beiträge von Bodensieck: Wiedervereinigungsgebot und Fortschreibung, da sie auch die Vorgeschichte der beiden Staaten in Deutschland ausführlich schildern. Als einziger Autor hat Bodensieck darauf hingewiesen, daß Richard Löwenthal in seiner ausführlichen Analyse »Vom kalten Krieg zur Ostpolitik« bewußt das Grundvertrags-Urteil des Bundesverfassungsgerichts vom 31. 7. 1973 unerwähnt gelassen hat. Damit dokumentierte Löwenthal wiederum seine zweifelhafte Haltung gegenüber Rechtspositionen. Vgl. Bodensieck: Wiedervereinigungsgebot, S. 222; ders.: Fort-schreibung.

224 Marienfeld/Overesch: Deutschlandbild, S. 37.

225 Ebenda, S. 40–60.

226 Ebenda, S. 60–76.

227 Ebenda, S. 60–99 (95).

228 Text in: Deutscher Bundestag – Presse- und Informationszentrum (Hrsg.): Zur Sache 2/78. Materialreiche Stellungnahmen zum Thema »Die Lage in der Bun-desrepublik Deutschland« legten Erich Kosthorst (Münster) und Karl Borcher-ding (München) vor.

229 Text in: Deutscher Bundestag – Presse- und Informationszentrum (Hrsg.): Zur Sache 2/1981.

230 Text in: Bundesministerium für innerdeutsche Beziehungen in Zusammenarbeit mit dem Gesamtdeutschen Institut – Bundesanstalt für gesamtdeutsche Aufga-ben (Hrsg.): Informationen, Nr. 11/1980.

231 Kühn: Deutschlandpolitische Bildung, S. 172.

232 Vgl. dazu unten, Kap. 9.

8. Positionen einschlägiger wissenschaftlicher Disziplinen

1 Scheuch: Wie deutsch sind die Deutschen?

2 Nachweise bei Scheuch, ebenda, S. 213–222. Er verweist darauf, daß die Addition der hier wiedergegebenen Meinungsumfrage für Spanien 99 Prozent ergibt. Vgl. zum Deutschland-Bild im Ausland auch Wolffsohn: Keine Angst vor Deutsch-land!, S. 162–178.

3 Nachweis bei Scheuch, ebenda, S. 222.

4 Ebenda.

5 Herdegen: Einstellung zur deutschen Einheit m.w.N. S. 272–283 (280); Scheuch, ebenda, S. 196–213.

6 Herdegen, ebenda, S. 279.

7 Noelle-Neumann: Die demoskopische Deutschstunde, S. 74–93. Sehr instruktiv auch die Beiträge in: Demoskopische Geschichtsstunde.

8 So Rottmann: Obsolet-Werden, S. 1106 f.

9 Vgl. zu Ehmkes Verfassungsverständnis oben, S. 204 f.

10 Vgl. den Nachweis oben, S. 328 mit Anm. 187.

11 So Jaspers in dem am 10. 8. 1960 gesendeten Rundfunk-Gespräch mit Thilo Koch. Text in: Augstein/Grass: Deutschland, einig Vaterland?, S. 19: Vgl. zu Jaspers' Position auch oben, S. 281 f. mit den Anm. 9 f.

12 So Bartelsperger: Verfassung, S. 1285.
13 Isensee: Wege, S. 300 f. m.w.N.
14 So Stern: Einleitung zu »Staatsvertrag«, S. 10 f.; ders.: Einführung zu »Zwei-plus-Vier-Vertrag«, S. 4. Vgl. zu den deutschlandrechtlichen Aussagen des Bundesverfassungsgerichts oben, S. 166–172.
15 Murswick: Staatsziel m.w.N. Vgl. dazu auch oben, S. 236 f. mit den Anm. 222–225.
16 Nachweis oben, S. 305, Anm. 88.
17 Stern: Einführung zu »Staatsvertrag«, S. 10, Anm. 23.
18 Vgl. dazu ausführlicher oben, S. 162–166.
19 Scheuner: Normative Gewährleistungen und Bezugnahmen auf Fakten im Verfassungstext, S. 340.
20 Tomuschat: Auswärtige Gewalt und verfassungsgerichtliche Kontrolle, S. 804. Besonders fragwürdig hierzu Forsthoff: Der Staat der Industriegesellschaft, S. 61 f.:»Inzwischen hat das Grundgesetz seinen provisorischen Charakter verloren. Die Bundesrepublik hat auf die Wiedervereinigung im Sinne eines konstitutionellen Rechtsgebots verzichtet. Das ist geschehen, ohne die Präambel des Grundgesetzes, welcher das Bundesverfassungsgericht Rechtsverbindlichkeit zuerkannt hat, und die sich zur Wiedervereinigung bekennt, zu ändern.« Auf Scheuner, Tomuschat und Forsthoff beruft sich der Hamburger Staats- und Völkerrechtler Hans-Peter Ipsen in: Über das Grundgesetz – nach 25 Jahren, S. 301 f.; ders.: 40 Jahre Grundgesetz der Bundesrepublik Deutschland, S. 34–36. Die Geschichte hat dem Bundesverfassungsgericht und der überwiegenden Mehrheit der deutschen Staats- und Völkerrechtler recht gegeben.
21 Vgl. dazu aus dem umfangreichen Schrifttum m.w.N. H. H. Klein: Einheit.
22 Vgl. dazu oben, S. 185 f.
23 Scheuner: Gedanke, S. 23 f.
24 Text in: BVfGE, Bd. 77, S. 151. Vgl. dazu auch oben, S. 169 f.
25 Text der Äußerung in: Frowein u. a.: Deutschlands aktuelle Verfassungslage, S. 162.
26 Rottmann: Obsolet-Werden, S. 1106 f.
27 Ebenda, S. 1104–1106. Vgl. dazu auch H. H. Klein: Einheit, S. 133–137.
28 Oppermann: Das Ende der Bundesrepublik Deutschland?, S. 155 f.
29 Text in: BVfGE, Bd. 36, S. 35.
30 Oppermann: Staatliche Einheit oder innere Freiheit?, S. 691.
31 Oppermann: »Deutschland als Ganzes«, S. 381 f. Fälschlicherweise meinte er, der in zentralen Abmachungen der Alliierten von 1944/45 verwandte Rechtsbegriff »Deutschland als Ganzes« habe »eine Art ›staatsrechtlicher Aufladung‹ « erfahren. Sehr instruktiv dazu Ress: Rechtslage, S. 225 f. m.w.N.
32 Zuleeg: Präambel, S. 157.
33 Ress: Rechtslage, S. 214–228 (216); ders.: Grundlagen; Hacker: Funktion.
34 Nachweis oben, S. 168, Anm. 19.
35 Vgl. dazu oben, S. 209 f. mit den Anm. 117–121.
36 Vgl. dazu oben, S. 304 mit den Anm. 80–83.
37 Vgl. dazu m.w.N. Hacker: Deutschlandpolitik, S. 233–242.
38 Vgl. dazu den instruktiven Beitrag von Dorothee Wilhelm: Präambel, m.w.N.
39 Zit. in: SPD-Linke gegen Wiedervereinigung, in: Die Welt vom 25. 2. 1986.
40 So Wilhelm: Präambel, S. 272.
41 Geiger: Zur Genesis der Präambel des Grundgesetzes, S. 124; Hervorhebung im

Text; ders.: Zur Rechtslage Deutschlands; ders.: Die Entstehung der Präambel des Grundgesetzes und deren Bindungswirkung: H. H. Klein: Einheit.

42 Gräfin Dönhoff: Von der Geschichte längst überholt. Im Gegensatz dazu beispielsweise Fack: Deutschland und Europa. Weitere Nachweise bei Hacker: Deutschlandpolitik.

43 E. Klein: Staatsräson, S. 467.

44 Vgl. z. B. Freund: Lebt Deutschland noch?, S. 72, wo er von den »Fiktionen der Juristen über den Fortbestand eines tatsächlich untergegangenen Reiches spricht«; Erdmann: Die Nation im geteilten Deutschland, S. 207; Sternberger: Verfassungspatriotismus, S. 19. Weitere Beispiele bei E. Klein, ebenda; Hansen: Die Kapitulation und die Regierung Dönitz, S. 37–39. Differenzierter dazu Schieder: Die deutsche Frage, S. 310; Birke, in: Nation ohne Haus, S. 42, verweist immerhin auf das Grundvertrags-Urteil des Bundesverfassungsgerichts vom 31. 7. 1973, ohne jedoch zuvor den 1944/45 von den Hauptsiegermächten festgelegten Rechtsstatus für Deutschland ausreichend darzulegen. Völlig unterbewertet werden die rechtlichen Aspekte in der lesenswerten Studie von Wolfgang Krieger »General Lucius C. Clay und die amerikanische Deutschlandpolitik 1945–1949«.

45 Vgl. dazu oben, S. 144–147.

46 Kosthorst: Zeitgeschichte und deutsche Frage vor der jungen Generation; ders.: Frage; ders.: Die deutsche Frage in der politischen Bildung.

47 Conze: Jakob Kaiser – Politiker zwischen Ost und West 1945–1949; Kosthorst: Jakob Kaiser – Bundesminister für gesamtdeutsche Fragen. Vgl. zur neueren Forschung über Kaiser M. Richter: Die Ost-CDU 1948–1952; Zitelmann: Adenauers Gegner, S. 29–52.

48 So der Titel seines Beitrags in der FAZ vom 30. 1. 1982.

49 Hillgruber: Deutsche Frage, S. 14.

50 Hillgruber: Westorientierung, S. 162.

51 Craig: Über die Deutschen; ders.: »Wir haben doch einiges Gute getan«.

52 Rudolf von Thadden lehrt Geschichte an der Universität Göttingen. Vgl. zu v. Thaddens Deutschland-Bild: Gesellschaftsbewußtsein und Identitätsproblem der Deutschen; ders.: Deutsches Geschichtsbewußtsein als historisches Problem.

53 So Adam in seinem Tagungsbericht »Unruhige Deutsche«.

54 Gruner, einer der besten Kenner des Deutschen Bundes, hat in zahlreichen Aufsätzen seine Modell-Vorstellungen entwickelt, denen die sanfte Revolution in der DDR im Herbst 1989 keine Realisierungschance bot. Vgl. Gruner: Der Deutsche Bund – Modell für eine Zwischenlösung?; ders.: Die Verfassungsordnung des Deutschen Bundes – Modell für die Wiedervereinigung?; ders.: Denken. Vgl. jetzt seine umfangreiche und materialreiche Studie »Deutschland mitten in Europa«.

55 Zit. bei Sobczyk: Zusammenfassung der Schlußdiskussion, S. 448–450.

56 Zit. ebenda, S. 450.

57 Zit. ebenda, S. 450–452.

58 So der fragwürdige Titel eines Buches von S. Haffner.

59 Nipperdey: Die deutsche Einheit in historischer Perspektive, S. 214 f.

60 Ebenda, S. 215.

61 Ebenda, S. 216.

62 Ebenda, S. 217.

63 Nipperdey: Die Deutschen wollen und dürfen eine Nation sein. Vgl. auch das Interview »Der Abschied von der Utopie wird unsere Zeit bestimmen« mit Nipper-

dey in der *Welt* vom 3. 12. 1990. Vgl. auch die aufschlußreiche Analyse Franz Herres: Der Nationalstaat.
64 Conze: Deutsche Einheit – Erbe und Aufgabe, S. 27 f.
65 Conze: Der 17. Juni – Tag der deutschen Freiheit und Einheit, S. 51–53. Vgl. dazu auch Heimpel: Die Wiedervereinigung im Spiegel der Geschichte.
66 Conze: Die deutsche Nation – Ergebnis der Geschichte, S. 89.
67 Graf Kielmansegg: Was ist vom Reich geblieben? Vgl. zur geschichtlichen Einordnung der Reichsgründung auch Schieder: Das Deutsche Reich in seinen nationalen und universalen Beziehungen 1871 bis 1945.
68 Text des Briefes in: Befreiung – 1981, Nr. 22/23, S. 165 f.
69 Vgl. beispielsweise Schweisfurth: Das Ziel: Blockfreiheit. Weitere Nachweise oben, S. 229 mit Anm. 194.
70 Wehler: Wir brauchen keinen neuen deutschen Sonderweg.
71 Wehler: Den rationalen Argumenten standhalten. Sehr instruktiv zu Wehlers Geschichtsbild Harold James: Die Nemesis der Einfallslosigkeit.
72 Wehler: Wider die falschen Apostel.
73 H. Mommsen: Auf der Suche nach der Nation, S. 567.
74 H. Mommsen: Problem, S. 80.
75 H. Mommsen: Aus Eins mach Zwei.
76 Vgl. dazu oben, S. 140–155.
77 H. Mommsen: Problem, S. 83.
78 Noelle-Neumann: Eine demoskopische Deutschstunde, S. 74–93. Sehr instruktiv dazu auch Hentschel: Vierzig Jahre nach Kriegsende.
79 Noelle-Neumann, ebenda, S. 86 f.
80 H. Mommsen: Die Nation ist tot, S. 37 f.; ders.: Suche nach der verlorenen Geschichte, S. 160 f.
81 Diwald: Die Anerkennung, S. 12, 136.
82 Lindemann: Die Sache mit der Nation, S. 171.
83 Mohler: Was die Deutschen fürchten, S. 146.
84 Diwald: Thesen zur nationalen Identität, S. 17–35.
85 Diwald: Wir sind auch heute noch ein Volk, S. 11–13.
86 Harpprecht: Der Nationalstaat liegt nicht im Interesse der Nation, S. 15–17.
87 Ménudier: Die deutsche Nation ist verspielt, S. 19–27; ders.: Das Deutschlandproblem aus französischer Sicht; ders.: Die deutsche Frage aus der heutigen Sicht Frankreichs. Ménudier hatte bis zum 3. Oktober 1990 mit seinen verbohrten Vorstellungen über die deutsche Geschichte ebenso große Schwierigkeiten wie mit der Tatsache, daß die Mehrheit der Franzosen seinem Deutschland-Bild nicht zu folgen bereit war. Ménudier war aber gerade wegen seines kompromißlosen Eintretens für den Fortbestand der Teilung Deutschlands ein gern gesehener Gast in deutschen Medien und Akademien. Dem Politologen Alfred Grosser ist hingegen zu danken, daß er in den französischen Medien stets ein sehr viel zutreffenderes Bild über Deutschland gezeichnet hat.
88 Zit. bei Knopp/Quandt/Scheffler (Hrsg.): Nation Deutschland?, S. 57.
89 Kocka: Nation und Gesellschaft, S. 23–25.
90 Ebenda, S. 22.
91 Kosthorst: Frage, S. 19–22.
92 Kocka: Nur keinen neuen Sonderweg.
93 Kocka: Revolution und Nation 1989, S. 497; ders.: Überraschung und Erklärung.
94 Winkler: Wandlungen des deutschen Nationalismus, S. 973.

95 Winkler: Sind die Deutschen Nationalisten?
96 Vgl. dazu oben, S. 358 f., mit Nachweis in Anm. 68.
97 Winkler: Sind die Deutschen Nationalisten?
98 Vgl. dazu den Nachweis oben, S. 353, mit Anm. 43.
99 Vgl. dazu oben, S. 145–147.
100 Feldmeyer: Dürfen sich die Deutschen mit der Gegenwart arrangieren?
101 Winkler: Zwei Nationen in Deutschland; ders.: Der deutsche Sonderweg.
102 Winkler: Auf ewig in Hitlers Schatten?, S. 163.
103 Repgen: Das Böse braucht keine Vergleiche zu scheuen.
104 Winkler: Das ganze Zitat stellt richtig.
105 Repgen: Die Antwort des Autors.
106 Winkler: Bismarcks Schatten, S. 121; Hervorhebung im Text.
107 Winkler: Die Mauer wegdenken.
108 Ebenda.
109 Winkler: Der Staatenbund als Bewährungsprobe.
110 Winkler: Nationalismus, S. 17 f.; Hervorhebung im Text.
111 Winkler, ebenda, S. 18.
112 Vgl. dazu unten, S. 427–432.
113 Winkler: Der Staatenbund als Bewährungsprobe.
114 Vgl. dazu oben, S. 342–345.
115 Stürmer: Diskussionsbeitrag, in: Weigelt (Hrsg.): Deutsche Frage und Westbindung, S. 113.
116 Stürmer, ebenda, S. 143.
117 Kosthorst: Frage, S. 26.
118 Vgl. dazu oben, S. 319 f. mit Anm. 146.
119 Stürmer: Frage.
120 Stürmer: Abschied.
121 Fiedler: Integration, S. 125.
122 Nachweis bei Stürmer: Jenseits des Nationalstaats, S. 131, Anm. 17.
123 Stürmer: Eine Nation auf der Suche nach sich selbst, S. 67–72.
124 Gradl, in: Weigelt (Hrsg.): Patriotismus in Europa, S. 87 f. Stürmers Beiträge auf verschiedenen Foren der CDU zeigen, in welchem Ausmaß sie die nationalstaatliche Lösung der deutschen Frage zu relativieren bereit war.
125 Vgl. Stürmer: Deutsche Fragen oder die Suche nach der Staatsräson; der Band faßt in der FAZ erschienene Beiträge der Jahre 1985 bis 1988 zusammen.
126 Stürmer: Nation und Demokratie, S. 27. Vgl. dazu auch Kosthorst: Frage, S. 26. Unverständlich ist, wie Stürmer am 8. 11. 1989, einen Tag vor der Öffnung der Mauer, in einem Vortrag im Berliner Reichstag meinen konnte, heute richte »sich die Hoffnung mehr auf die Nation als auf den Nationalstaat«. Vgl. Stürmer: Die deutsche Frage in der europäischen Geschichte 1648–1945, S. 15.
127 Nolte: Deutschland und der Kalte Krieg, S. 557.
128 Nolte: Was ist bürgerlich?, S. 104.
129 Nolte: Europa und die deutsche Frage in historischer Perspektive, S. 41.
130 Vgl. dazu oben, S. 56–58.
131 Nolte: Lehrstück oder Tragödie?, S. VIII.
132 Vgl. dazu oben, S. 293.
133 Bracher: Identität.
134 Bracher: Politik und Zeitgeist, S. 401.
135 So Grosser: Das Deutschland im Westen, S. 106.

136 Bracher: Politik und Zeitgeist, S. 405.
137 A. Schwan: Nationale Identität in Deutschland und Europa, S. 205.
138 Bracher: Politik und Zeitgeist, S. 405.
139 Ebenda, S. 406.
140 Bracher: Traum und Verblendung; ders.: Kein Anlaß zu Teuto-Pessimismus; ders.: Der deutsche Einheitsstaat – ein Imperativ der Geschichte?
141 Wormit: Den Blick nicht trüben lassen.
142 Bracher: Identität; Hervorhebung im Text.
143 Kosthorst: Frage, S. 32.
144 Ebenda, S. 33.
145 Schulze: Fragen, die wir stellen müssen; Hervorhebungen im Text.
146 Schulze: Gibt es überhaupt eine deutsche Geschichte?, S. 63–70.
147 Schulze: Mit dem Segen der Nachbarn.
148 Vgl. zu W. J. Mommsens Position: Nation und Nationalbewußtsein in der Gegenwart; ders.: Die Idee der deutschen Nation in Geschichte und Gegenwart; ders.: Wandlungen der nationalen Identität der Deutschen; ders.: Die Deutschen auf der Suche nach nationaler Identität, S. 11, wo er die zweifelhafte These aufstellt: »Wenn nicht alles täuscht, so ist die Geschichte der deutschen Frage in ihre Normallage zurückgekehrt, nämlich in die einer deutschen Kulturnation, die in mehrere deutsche Staaten gespalten ist. In langfristiger Perspektive sieht es so aus, daß die Phase des konsolidierten integralen Nationalstaates (1871–1933) nur eine Episode in der langen Geschichte der deutschen Nation gewesen ist.« Diese keinesfalls originelle Vorstellung hat sich – wie dargelegt – als ahistorisch erwiesen. Differenzierter zur deutschen Frage hat sich der Münchener Historiker Christian Meier immer wieder geäußert. Vgl. seine Beiträge in: Deutsche Einheit als Herausforderung. Auf Kritik stieß Meiers Analyse »Sozialistische Identität? – Vielleicht bleibt die deutsche Frage noch lange offen«. Vgl. dazu Gerd Heinrich: Landschaften und Nischen, der betont: »Weder der ›Verfassungspatriotismus‹ des Westens noch der ›Sozialismus‹ im Osten Deutschlands nehmen entgegen dem Votum Christian Meiers eine identitätsstiftende oder identitätsabsichernde Rolle ein. Es führt zu Mißverständnissen, ›Staat‹ und ›Sozialismus‹ bei dieser Frage weitgehend in eins zu setzen.«
149 Vgl. zu den nationalen Positionen namhafter Politologen unten, S. 383–393.
150 Vgl. die detaillierten Nachweise bei Mayer: Prinzip Nation, S. 210, Anm. 202; ders.: Die Nationale Frage in Deutschland.
151 Kosthorst: Frage, S. 34.
152 Nachweise oben, S. 75 f. Vgl. zu Loths Geschichtsverständnis auch Papcke: Problem.
153 Loth: Konflikt, S. 24.
154 Gaus: Wo Deutschland liegt.
155 Loth: Konflikt, S. 25; ders.: Deutsche Einheit, Europäisches Haus.
156 Loth: Das Ende der Nachkriegsordnung, S. 7, Anm. 7.
157 Haffner: Die Deutschen und ihre Nation, S. 66 f.
158 Haffner: Von Bismarck zu Hitler, S. 319 f.
159 Text bei Volle/Wagner: KSZE, S. 239. Vgl. dazu m.w.N. Hacker: Verzicht auf Eigenstaatlichkeit.
160 Haffner: Von Bismarck zu Hitler, S. 324.
161 Gruner: Europa, S. 53; ders.: Der Deutsche Bund; ders.: Die Verfassungsordnung des Deutschen Bundes; ders.: Denken.

162 Gruner: Die deutsche Frage, S. 204–206 (205).
163 Vgl. dazu oben, S. 355.
164 Kosthorst: Frage, S. 27.
165 Hofstätter: Vielheit an Stelle von Einheit; Ruffmann: Europäisierung, S. 29.
166 Mann: Gedanken zum Grundvertrag, S. 3.
167 So Scheuner: Zur Anlage und zum Gang der Untersuchung, S. 9. Scheuner hat die Arbeitsgruppe geleitet.
168 Schulz: An Ulbricht führt kein Weg mehr vorbei, S. 19, 22.
169 Schulz: Wahrung des Friedens, S. 23.
170 Carstens, ebenda, S. 33.
171 Schulz: Die Weiterentwicklung der deutschen Frage, S. 158.
172 Ebenda, S. 159.
173 Carstens, ebenda, S. 174 f.
174 Schulz: Stellung, S. 121 f. Die Gegenposition vertrat vor dem gleichen Gremium Hacker: Stellung, S. 134.
175 Niethammer/Bordorf: Traditionen, S. 72.
176 Ebenda, S. 82–87.
177 Rexin: Die Interessen der DDR, S. 111. Er war damals als Journalist (beim ZDF) tätig. Rexin, Unterzeichner der »Denkschrift für eine realistische Deutschlandpolitik« vom 17. 6. 1969, die für eine Anerkennung des Status quo in Europa plädiert hatte (vgl. oben, S. 255 f. mit Anm. 308), gehörte vor der politischen »Wende« im Herbst 1969 zu den Befürwortern einer völkerrechtlichen Anerkennung der DDR – in der irrigen Meinung, dieser Schritt würde auf lange Sicht das »Selbstwertgefühl der politischen Führung in Ost-Berlin im Verhältnis zu den Sowjets stärken«. Vgl. Rexin: Voraussetzungen und Wirkungen der Anerkennung der DDR, S. 75.
178 Mahnke: Verfassungsrechtliche Bindungen, S. 188–191. Vgl. zur Position des Bundesverfassungsgerichts oben, S. 166–172.
179 Carstens: Zusammenfassung und Stellungnahme, S. 263 f.
180 K. Kaiser: Außenpolitik, S. 362 f.
181 Vgl. dazu die Nachweise oben, S. 287–289.
182 K. Kaiser: Außenpolitik, S. 362.
183 Carstens: Zusammenfassung und Stellungnahme, S. 293 f.
184 So Richert im Anschluß an Carstens' Darlegungen, ebenda, S. 296. Vgl. zu Richerts Bedeutung für die DDR-Forschung unten, S. 423, 426–429.
185 Vgl. zu den deutschlandpolitischen Positionen Scheuners oben, S. 185 f. und 347 f.
186 Calleo: Deutschland und das Gleichgewicht der europäischen Mächte, S. 10.
187 Hanrieder: Die westdeutsche Außenpolitik 1949–1979, S. 39.
188 K. Kaiser: Die neue Ostpolitik, S. 247.
189 Pfaff: German Challenge.
190 K. Kaiser: Unity, Not Reunification, for Germany. Wie sehr Kaiser bei seiner unwissenschaftlichen und unseriösen Argumentation in der von ihm ausgelösten Diskussion über Konrad Adenauers Einstellung zur Grenzfrage mit den Rechtsgrundlagen auf Kriegsfuß stand, offenbarte seine Behauptung, die Territorialfrage sei mit dem Potsdamer Abkommen vom 2. 8. 1945 geregelt worden. So äußerte er sich in einem Interview im »Deutschlandfunk« vom 11. 7. 1989; Text in: BPA- Nachrichtenabteilung, Ref. II 5 – Rundfunk-Auswertung Deutschland, S. 8 f. Grewe, mit den Rechtsgrundlagen Deutschlands bestens vertraut, erteilte Kaiser eine geharnischte Antwort. Vgl. Grewe: Eine unsinnige Behaup-

tung und eine falsch gelesene Quelle; ders.: Der Alte gab nichts preis. Wenig überzeugend auch Kaisers Beitrag: Die Bundesregierung stellt keine Ansprüche ...

191 Löwenthal: Europa und die deutsche Teilung, S. 327.

192 Löwenthal: »Wiedervereinigung«, Selbstbestimmung und nationale Substanz, S. 311.

193 Löwenthal: The German Question Transformed, S. 303 f. Vgl. dazu v. Bredow: Deutschland – ein Provisorium?, S. 140–142; ders.: Die Entspannungspolitik in der Außenpolitik der Bundesrepublik Deutschland. Daß Löwenthal angesichts seiner unerklärlichen Aversionen gegenüber den Rechtspositionen in der deutschen Frage die Rechtsprechung des Bundesverfassungsgerichts auch in diesem Beitrag unerwähnt gelassen hat, versteht sich von selbst. Vgl. dazu auch oben, S. 339, mit Anm. 223.

194 Czempiel: Das Trauma Europas?, S. 99–102; Hervorhebung im Text.

195 Stammen: Problematische Identität, S. 13 f.

196 Ellwein/Hesse: Das Regierungssystem der Bundesrepublik Deutschland, S. 24.

197 Sontheimer: Volk und Nation im Nachkriegsdeutschland, S. 104. Den Grundvertrag hat er differenzierter beurteilt: »Zu diesem Grundvertrag muß derjenige ja sagen, der die Nation als konkrete Verpflichtung begreift und dem es darauf ankommt, die schwindelnde nationale Substanz nicht noch weiterer Erosion auszusetzen.« So Sontheimer: Das notwendige Ja.

198 Sontheimer: Reden über Deutschland, S. 45.

199 Sontheimer, ebenda. Auch für Wilhelm Bruns, bis zu seinem Tode Abteilungsleiter im Forschungsinstitut der Friedrich-Ebert-Stiftung, Bonn, schien eine Wiedervereinigung ausgeschlossen: »Sie kann kein operatives Ziel sein.« Dabei bezog er sich auf eine 1973 erschienene Studie Antje Mattfelds, in der die Autorin das innerdeutsche Verhältnis so gesehen hat: »Es werden sich mit großer Wahrscheinlichkeit Beziehungen herausbilden, die sich von solchen zwischen zwei beliebigen Staaten ohne nationale Bande nicht unterscheiden.« Mattfeld: Modelle einer Normalisierung zwischen den beiden deutschen Staaten, S. 175. Bruns: Deutsch-deutsche Beziehungen. 3. erw. und aktualisierte Aufl., S. 95–99. Ähnlicher Formulierungen bediente sich Bruns in seiner 1989 erschienenen Analyse »Von der Deutschlandpolitik zur DDR-Politik?«, in der er nochmals betonte, »die Wiedervereinigung« könne »kein operatives Ziel der Deutschlandpolitik der Bundesregierung sein. Den Stellenwert der Wiedervereinigung kann man wohl am treffendsten als rhetorische Brücke zwischen der Verhandlungspolitik und den Imperativen der Verfassung bezeichnen« (S. 215). Der Vollständigkeit halber sei hier nochmals an die wirklichkeitsfremden »Dritte Weg«-Vorschläge erinnert, von denen jene abwegig waren, die von einer »Konvergenz der Systeme in West und Ost« ausgingen. Ein Musterbeispiel dafür war die Position des Berliner Politologen Ossip K. Flechtheim, der 1983 meinte: »Läßt sich der Dritte Weg nicht auf einen Kompromiß zwischen Kapitalismus und Sozialismus in Gestalt der sogenannten sozialen Marktwirtschaft reduzieren, so denken wir bei dem Begriff auch an eine Synthese von sozialistischen und demokratischen Elementen, wie sie im Osten und im Westen zu finden sind.« Flechtheim plädierte für eine »Finnlandisierung« oder »Österreichisierung« Europas. Vgl. Flechtheim: Eine Pax Germanica als Dritter Weg. Daß auch bekannte Sowjetologen vor Irrtümern bei der Beurteilung der deutschen Frage selbst Ende 1989 nicht gefeit waren, offenbarte Wolfgang Leonhard in einem Interview, das –

bezeichnenderweise – die *Gewerkschaftlichen Monatshefte* publiziert haben. Darin meinte er, die DDR-Bürger und -Bürgerinnen hätten »jetzt wahrhaftig andere Sorgen . . . Für die DDR-Bevölkerung steht eine Frage im Zentrum: die Demokratisierung der DDR . . . Nur wenn sich die Mehrheit der Bevölkerung beider deutscher Staaten für eine Wiedervereinigung aussprechen sollte, steht dieses Thema auf der Tagesordnung.« Vgl. Leonhard: Die Wiedervereinigung steht nicht auf der Tagesordnung, S. 755.

200 Grass: Deutscher Lastenausgleich, S. 102.

201 Baring: Patriotische Fragezeichen, S. 12; Hervorhebung im Text.

202 So äußerte sich Baring anläßlich einer Tagung zu Ehren Gordon Craigs Ende 1983 in Berlin. Zit. bei Adam: Unruhige Deutsche. Und bei der von der Harvard University Ende Oktober 1989 veranstalteten Konferenz über die deutsche Frage stellte sich Baring als Angehöriger der »Jalta-Generation« vor, die sich mit der Teilung Deutschlands abgefunden habe. Zit. bei v. Uthmann: Zwei Betten und ein Traum.

203 Zit. bei Adam, ebenda.

9. Publizistische Fehlurteile über die DDR

1 Vgl. dazu und zur Gegenposition Hacker: Deutsche unter sich, S. 134–138.

2 Vgl. dazu oben, S. 285 f. mit Anm. 18.

3 Vgl. dazu oben, S. 301–303.

4 Dahrendorf: Gesellschaft und Demokratie in Deutschland, S. 480. Auch später offenbarte Dahrendorf beachtliche Schwierigkeiten mit der Bewältigung der deutschen Frage. So äußerte er sich über »Deutschlandpolitik im europäischen Kräfteverhältnis« im Rahmen der Öffentlichen Anhörungen des Ausschusses für innerdeutsche Beziehungen des Deutschen Bundestages am 26. 9. 1977 dahingehend, daß das Bundesverfassungsgericht in seinem Grundvertrags-Urteil vom 31. 7. 1973 »eine ernsthafte Erörterung verschiedener Motive« der Deutschland-Politik »praktisch untersagt« habe, um hinzuzufügen: »Für mich besteht nach zahlreichen Reisen und vielen Jahren außerhalb der deutschen Grenzen nicht der geringste Zweifel daran, daß die Nachbarn Deutschlands kein Interesse an der Wiedervereinigung haben, ja daß schon zaghafte Schritte in die Richtung ihrer Interessenlage widersprechen.« Vgl. Dahrendorf: Deutschlandpolitik im europäischen Kräfteverhältnis, S. 16, 19. Auch er gehörte also zu jenen, die zwischen den Positionen mancher Regierungen westeuropäischer Staaten und der Mehrheit der dort lebenden Bevölkerung nicht zu differenzieren wußten.

5 Freund: Sind die Deutschen noch eine Nation?

6 Vgl. dazu im einzelnen oben, S. 140–150.

7 Vgl. zu Schütz oben, S. 175 mit Anm. 10 und die Nachweise im Schrifttumsverzeichnis.

8 Nesselrode: Germany's Other Half.

9 Wechsberg: Journey through the Land of Eloquent Silence.

10 Hangen: The Muted Revolution.

11 Smith: Germany Beyond the Wall, S. 68. Weitere Nachweise bei Schweigler: Nationalbewußtsein, S. 82 f.

12 Dornberg: Deutschlands andere Hälfte, S. 9.

13 Ebenda, S. 299.

14 Bohm: Ein Amerikaner – zweimal Deutschland. Auch in den späteren Jahren haben amerikanische Autoren sowohl die innere Situation der DDR als auch die Problematik der Wiederherstellung der staatlichen Einheit Deutschlands falsch eingeschätzt. Vgl. beispielsweise Livingston: East Germany Between Moscow and Bonn, der 1972 eine zunehmende Identifizierung der DDR-Bevölkerung mit ihrem Staat konstatierte. Ähnlich wie Richert und Ludz stellte er eine Entwicklung vom totalitären zum autoritären »System« fest, um die fragwürdige These hinzuzufügen, die Gesellschaft der DDR zeichne sich durch einen »hohen Grad sozialer Gleichheit und Mobilität« aus. Darüber hinaus meinte Livingston, aus der früheren Feindschaft gegenüber dem SED-Regime entwickelten sich über eine »passive Akzeptanz« eine »positive Loyalität und ein Sinn für eine separate nationale Identität« der DDR. Probleme mit der deutschen Frage hatte stets auch der angesehene Historiker und Diplomat George F. Kennan, der Anfang April 1989 vor dem Außenpolitischen Ausschuß des amerikanischen Senats seine Vorstellungen entwickelte und ausführte, die Wiedervereinigung könne »kein vordringliches, ernsthaftes Ziel westdeutscher Politik oder der NATO-Taktik sein, und sie ist es auch nicht«. Kennans Darlegungen paßten gut in das Deutschland-Bild der Zeit, die Kennans Ausführungen im April 1989 in zwei Ausgaben unter dem Titel »Leichter mit der Teilung leben« dem deutschen Leser vertraut machte. Man kann der amerikanischen Führung gar nicht dankbar genug sein, daß sie 1989/90 nicht dem vor allem in den beiden wichtigsten Zeitungen New York Times und Washington Post vorherrschenden Deutschland-Bild und den Vorstellungen Kennans gefolgt ist. Zu den wenigen amerikanischen Kommentatoren, die sich frühzeitig auf die sich abzeichnende Wiederherstellung der staatlichen Einheit Deutschlands einzustellen wußten, gehört Henry A. Kissinger, dessen Kommentare in den USA weit verbreitet sind und in Deutschland exklusiv in der Welt am Sonntag nachgedruckt werden.

15 Gräfin Dönhoff/Leonhardt/Sommer: Reise in ein fernes Land, S. 104; zit. bei Schweigler: Nationalbewußtsein, S. 82.

16 Schwarze: Die DDR ist keine Zone mehr, S. 105.

17 Ebenda, S. 345 f. Vgl. dazu auch H. Jäckel: Unser schiefes DDR-Bild, S. 1559.

18 Schwarze, ebenda, S. 482.

19 Schwarze: Kein Loblied auf die Zunft.

20 Kohlschütter: Sie sagen »Ja« zu ihrem Staat.

21 Text in: Verträge, S. 69–76.

22 Sweerts-Sporck: Gelobt statt gescholten, S. 84.

23 Ebenda, S. 86. K. W. Fricke wußte schon 1968 von einem eklatanten Fall der Manipulation des ARD-Magazins »Panorama« unter Leitung Merseburgers mit einem Beitrag Lutz Lehmanns zu berichten. Vgl. Fricke: Manipulation auf dem Bildschirm.

24 Zit. aus dem Rede-Manuskript, S. 9.

25 C. Stern: Dem Klima angeglichen. Sehr selbstkritisch auch: Schmitz: Linke.

26 Bresser: Fernsehen, S. 39.

27 Ebenda, S. 40.

28 Sweerts-Sporck: Gelobt statt gescholten, S. 87.

29 Zit. aus dem Rede-Manuskript; wiedergegeben auch bei Sweerts- Sporck, ebenda, S. 83.

30 Pleitgen: Die Sicherheit war mit Sicherheit dabei.

31 Merseburger: Grenzgänger, S. 315.

514

32 Kielinger: Kollektive Ängstlichkeit.
33 Vgl. dazu oben, S. 301–304.
34 Vgl. dazu oben, S. 190 mit Anm. 34.
35 Sommer: Und wo liegt nun Deutschland? Vgl. dazu auch die Rezension Kremps »Älterer Student, zum Schauen bestellt«: Gaus erwähne »keinen einzigen Buchtitel und keine einzige verlegerische Leistung, an denen in der DDR fürwahr kein Mangel herrscht. Gaus bietet somit ein radikal verkürztes Bild vom anderen Teil Deutschlands: Er beschreibt einen politisch-soziologischen Rumpf.«
36 Zit. bei Reuth: »Die Welt der Westdeutschen« als Pflichtlektüre für Westdeutsche.
37 Gaus: Wo Deutschland liegt, S. 175.
38 Rudolph: Groll-Gebärde und Abgrund-Gefühle; R. Meier: Zweimal Nachdenken über Deutschlands Teilung.
39 Rudolph, ebenda.
40 Ebenda.
41 Kremp: Tennis mit Gleichgesinnten; Hofmann: Unterwegs in eine böse Zukunft.
42 Gaus: Die Welt der Westdeutschen, S. 209–224.
43 So R. Meier in seiner Rezension: Zweimal Nachdenken über Deutschlands Teilung.
44 Bölling: Die fernen Nachbarn, S. 108.
45 Ebenda, S. 92 f.
46 Vgl. dazu die Nachweise oben, S. 304. Bereits 1983 hatte Bölling gemeint, ». . . über das Thema ›Wiedervereinigung‹ ist mit Sicherheit die Zeit hinweggegangen«. Bölling: Begriff und Wirklichkeit des Nationalen in der deutschen Gegenwart, S. 242.
47 Vgl. »Frei von Pornographie«, in: *Der Spiegel*, Nr. 21/1990, S. 47.
48 Kraus: Thema.
49 Ebenda.
50 Breuer: DDR.
51 Nachweis oben, S. 337, Anm. 217.
52 Breuer: DDR.
53 Vgl. »Frei von Pornographie«, in: *Der Spiegel*, Nr. 21/1990, S. 47.
54 Sutor (Hrsg.): Politik.
55 Vgl. dazu unten, Kap. 10.

10. Verdienste und Defizite der SBZ/DDR- und vergleichenden Deutschland-Forschung

1 So C. Becker: Kläglich versagt.
2 Gross: Geschichte hat kein Libretto.
3 Bleek: Deutschlandforschung, S. 154 f.
4 So Bleek, ebenda, S. 155.
5 Die Kommunismus-Forschung und speziell die »Sowjetologie« lassen bisher wenig Selbstkritik erkennen. Klaus von Beyme gebührt das Verdienst, wohl als erster diese Problematik behandelt zu haben. Vgl. v. Beyme: Die vergleichende Politikwissenschaft und die Paradigmenwechsel in der politischen Theorie. Vgl. auch Gerhard Simon: Der jähe Zusammenbruch des Sowjetsystems. Auch für die »Sowjetologie« stellt sich die Frage, ob sie nicht jahrzehntelang die Möglichkeiten, das sowjetische System zu reformieren, bei weitem überschätzt hat. Das gilt für

prominente Sowjetologen – wie Boris Meissner, Wolfgang Leonhard und Richard Löwenthal. Seit der zweiten Hälfte der fünfziger Jahre teilten sie und viele andere – auch amerikanische Wissenschaftler – die Überzeugung von dem zunehmenden Erstarken gesellschaftlicher Kräfte, die infolge der Erfordernisse und unter der Einwirkung einer modernen Industriegesellschaft sowie zur Überwindung bestimmter Diskrepanzen nach einer fortschreitenden Emanzipation und auch weiterer Reformen drängen. Wilhelm Löser, der lange Zeit die bewährten *Ost-Probleme* redigiert hat, meinte schon 1961, die Annahme (des fortschreitenden Emanzipationsprozesses) sei nur sinnvoll, wenn damit gemeint sei, daß diese Kräfte einen Einbruch in das von der Partei totalitär und universell beanspruchte politische Monopol erstrebten und dazu imstande seien. Er gehörte zu den wenigen Analytikern, die die Chancen hierfür wesentlich weniger günstig beurteilten als etwa Meissner und Leonhard, die an vielen Stellen und quasi als Fazit und Ausblick dieser Hoffnung Nahrung gaben. Vgl. dazu die Nachweise bei Hacker: Die Sowjetunion unter Chruschtschow. Es wäre Aufgabe der Deutschen Gesellschaft für Osteuropakunde, dieses zentrale Thema in seiner ganzen Breite zu behandeln. Bisher zeigt sie unter der Geschäftsführung Ernst von Eickes nicht Ansätze dazu. Die amerikanische »Sowjetologie« ist hier sehr viel selbstkritischer. Vgl. dazu das international besetzte Symposion »Wer hatte recht, wer unrecht und warum?«, in: *Europäische Rundschau*, Jg. 19/1991, S. 89–124. Vgl. zu dieser Problematik auch den hervorragenden und materialreichen Beitrag C. Fenners: Das Ende des »realen Sozialismus« und die Aporien vergleichender Politikwissenschaft, in dem er u. a. die unterschiedlichen Positionen Ludz' und v. Beymes einander gegenüberstellt.

6   Vgl. dazu Rüß: Anatomie, S. 69 f.
7   Ebenda, S. 97–99 (99).
8   Ebenda, S. 76–83 (83).
9   Ebenda, S. 83 f.
10 Vgl. dazu Feldmeyer: Das Gesamtdeutsche Institut hat seine Aufgabe erfüllt; Rudolph: Abschied nach erfüllter Aufgabe; Kuppe: Noch sind nicht alle Aufgaben erledigt.
11 Vgl. zur Entwicklung des Ministeriums Lapp: Bundesministerium für innerdeutsche Beziehungen. \
12 Vgl. dazu die ausführliche Darstellung in: Gesamtdeutsches Institut – Bundesanstalt für gesamtdeutsche Aufgaben: Aus der Tätigkeit des Gesamtdeutschen Instituts 1969 bis 1991. Dokumentation. Bonn 1991.
13 So Elfgen: Das innerdeutsche Ministerium war nichts wert. Vgl. dazu auch C. Becker: Kläglich versagt; Gross: Geschichte hat kein Libretto.
14 Maetzke: Wer wollte, konnte es lesen.
15 Reichstein: Da war ein »Forschungsbeirat für die Wiedervereinigung«.
16 Text in: Forschungsbeirat für Fragen der Wiedervereinigung Deutschlands beim Bundesminister für gesamtdeutsche Fragen: Erster Tätigkeitsbericht 1952/53, S. 10. Vgl. zur Entstehung und Entwicklung des Forschungsbeirats bis 1970 Rüß: Anatomie, S. 94–97.
17 So der Fünfte Tätigkeitsbericht 1965/69, S. 17.
18 Thalheim: J. B. Gradls Bedeutung für die DDR-Forschung, S. 21.
19 So der Vierte Tätigkeitsbericht des Forschungsbeirats 1961–1965, S. 17.
20 Schenk: Der »Graue Plan«.
21 Text in: Texte, Bd. 5, S. 114 f.

22 Ebenda, S. 129.
23 Nachweise bei Rüß: Anatomie, S. 96 f.
24 Erklärung Bundesminister Frankes vom 17. 9. 1974. Vgl. dazu auch Nawrocki: Kühler Abschied.
25 Text in: CDU/CSU-Fraktion – Presserat – vom 16. 9. 1974; Furch: Verhinderte Vorbereitung.
26 Vgl. dazu Gradl: Vor- und Nachwort, S. 7–11 (8).
27 Windelen: Gründliches im innerdeutschen Ministerium.
28 Ebenda.
29 Plück: Die frühere DDR war psychosozial ausgeblendet.
30 Vgl. dazu unten, S. 442–449.
31 Text in: Pressemitteilung des Bundesministeriums für innerdeutsche Beziehungen vom 21. 10. 1977.
32 Vgl. Götz: Das innerdeutsche Ministerium legt sich quer; »Unglaubliche Einmischung«, in: *Die Welt* vom 29. 10. 1977: »Die Stellungnahme aus Bonn löste unter den Initiatoren des Gründerkreises heftige Kritik aus. Der Ostrechts-Experte der Kölner Universität, Jens Hacker, sprach von einer ›unglaublichen Einmischung‹. Professor Förster aus Berlin erklärte: ›Die in der Pressemitteilung enthaltenen Sätze grenzen an eine Beschränkung der Grundrechte‹.«
33 Text in: Pressemitteilung des Bundesministeriums für innerdeutsche Beziehungen vom 25. 1. 1978.
34 Ludz: Ergebnisse und Empfehlungen aus dem Gutachten zum Stand der DDR- und vergleichenden Deutschlandforschung. März 1978, S. 47 (Manuskript).
35 Götz: Eine Chance für die Deutschlandforschung.
36 Nawrocki: Der Widerspenstigen Lähmung. Nawrocki hatte sich 1973 nachdrücklich in der *Zeit* gegen die vom Bundesministerium für innerdeutsche Beziehungen verfügten finanziellen Kürzungen der DDR- Forschung gewandt. Vgl. Nawrocki: Bekenntnisse statt Erkenntnisse.
37 In der Nr. 20/1978, S. 80–83.
38 Zit. ebenda, S. 81.
39 Vgl. »Die Aufgaben der Gesellschaft für Deutschlandforschung im geeinten Deutschland«, in: *Deutschland Archiv*, Jg. 24/1991, S. 667.
40 Hamacher: DDR-Forschung, S. 111–115.
41 Bleek: Entwicklung; ders.: Deutschlandforschung.
42 Jesse: Systemvergleich: Politisches System. Seltsam, daß ein mit der deutschen Problematik so vertrauter Autor wie Jesse meinen konnte, »behutsam sollte man … mit dem Wort von der ›Offenheit der deutschen Frage‹ umgehen«. Vgl. Jesse: Bundesrepublik Deutschland und Deutsche Demokratische Republik, S. 448.
43 So Mayer: DDR-Forschung und die Vereinigung Deutschlands. Vgl. dazu auch die Rezension von Heitzer, in: *Zeitschrift für Geschichtswissenschaft*, Jg. 40/1992, S. 80–87.
44 Hamacher: DDR-Forschung, S. 144 f.
45 So Bleek: Entwicklung, S. 24; ders.: Deutschlandforschung, S. 155 f.
46 So Bleek, ebenda, S. 25.
47 So Brunner: System, S. 46 f.
48 Ludz: Entwurf, S. 49 f.
49 Ludz: Parteielite im Wandel, S. 11–14 (14), 93–101, 325 f.
50 Spittmann: DDR-Forschung im Wandel, S. 40.

51 Ludz: Parteielite im Wandel, S. 325–327 (327).
52 Spittmann: DDR-Forschung im Wandel, S. 40. Kritisch zu Ludz auch Zehm: »Schöne neue Welt« in Mitteldeutschland.
53 Bundesministerium für innerdeutsche Beziehungen (Hrsg.): Bericht der Bundesregierung und Materialien zur Lage der Nation 1971; Bericht der Bundesregierung und Materialien zur Lage der Nation 1972; Materialien zum Bericht zur Lage der Nation 1974.
54 DDR-Handbuch. Wissenschaftliche Leitung: P. C. Ludz unter Mitwirkung von J. Kuppe. Köln 1975.
55 So Thomas: DDR-Forschung, S. 131.
56 Zit. bei Nawrocki: SED, Deutschland und Sicherheitspolitik, S. 627.
57 So Nawrocki, ebenda.
58 Vgl. beispielsweise Ludz: Deutschlands doppelte Zukunft; ders.: Die DDR zwischen Ost und West.
59 Rudolph: Die DDR nach der Mauer.
60 2., erw. und überarb. Aufl. 1963.
61 Richert: Die DDR-Elite oder Unsere Partner von morgen?, S. 9.
62 Ebenda, S. 77.
63 Richert: Die SED hat Kummer mit den Arbeitern.
64 Richert: Gibt es eine DDR-Nation?
65 Bracher hat die »Totalitarismus«-Forschung immer wieder angeregt und befruchtet. Vgl. vor allem seinen Beitrag »Der umstrittene Totalitarismus«.
66 Graf Kielmansegg: Krise der Totalitarismustheorie?
67 Drath: Totalitarismus in der Volksdemokratie.
68 Der gesamten Forschungsarbeit Mampels lag das Totalitarismus-Konzept zugrunde. Vgl. auch Mampel: Versuch eines Ansatzes für eine Theorie des Totalitarismus.
69 Brunner: Abkehr vom Totalitarismus?; ders.: Das politische System der DDR.
70 So Bracher: Die Aktualität des Totalitarismusbegriffes, S. 23. Einen guten Überblick über die Entwicklung und Möglichkeiten zur Neukonzeption des »Totalitarismus« gibt Marquardt in seiner Studie »Der Totalitarismus – ein gescheitertes Herrschaftssystem«. Sehr instruktiv dazu auch Jesse: Der Totalitarismus-Ansatz nach dem Zusammenbruch des real-existierenden Sozialismus.
71 Thomas: Modell DDR, S. 9.
72 Rudolph: Von der Schwierigkeit zur Beschreibung der DDR.
73 Ebenda.
74 Thomas: Modell DDR, S. 63.
75 Ebenda, S. 65.
76 Ebenda, S. 116 f.
77 Richert: Die Realitäten eines Phänomens.
78 Schweigler: Nationalbewußtsein, S. 80.
79 Ebenda, S. 81.
80 Ebenda, S. 104, 195; ders.: Zum Nationalbewußtsein in der DDR. Kritisch dazu auch Winkler: Nationalismus, S. 17 f.
81 Schweigler: Nation, S. 255 f. Ein seltsames »Nations«-Verständnis verriet auch Carl Christoph Schweitzer in seiner Studie »Die deutsche Nation – Aussagen von Bismarck bis Honecker«, in der er meinte, »echte Zweifel« daran anmelden zu müssen, »daß es geboten scheint, an einem Begriff ›deutsche Nation‹ festzuhalten« (S. 613). Völlig ungenügend stellt Werner Weidenfeld die Wand-

lungen der SED-Positionen zur »deutschen Nation« in seinem Beitrag »Nation« im »Handwörterbuch zur deutschen Einheit«, S. 482, dar; auch unterstellt er der DDR- Bevölkerung ein »Staatsbewußtsein« (S. 17 f.). Bleek hatte 1987 keine Skrupel zu fragen, »ob der Begriff der Nation heute noch eine sinnvolle Kategorie für das Selbstverständnis der Deutschen ist«. Bleek: Nation, Deutsche, S. 406.

82 Rudolph: Die Gesellschaft der DDR – eine deutsche Möglichkeit?, S. 137.
83 5., erw., neubearb. Aufl. 1979.
84 Sontheimer: Real war nur der schöne Schein.
85 Sommer: Am Staate mäkeln, doch ihn tragen, S. 19 f., 39.
86 Vgl. dazu oben, S. 402–405.
87 Vgl. dazu oben, S. 391.
88 Zit. nach C. Becker: Kläglich versagt.
89 So C. Fenner: Ende, S. 35. Vgl. dazu auch den hervorragenden Überblick von Jesse: Oppositionelle in der DDR.
90 Fricke: Macht, S. 116.
91 Fricke: Ministerium, S. 11.
92 Ebenda.
93 Ebenda, S. 12.
94 Glaeßner: Die Mühen der Ebene, S. 273 f.
95 Fricke: Ministerium, S. 12.
96 H. Zimmermann: Zu einigen innenpolitischen Aspekten der DDR-Forschung, S. 713.
97 H. Zimmermann: DDR, S. 7.
98 Hereth: Das Gerede von der Einheit.
99 Vgl. zu Ehmkes Verfassungsverständnis oben, S. 204 f.
100 So H. Zimmermann: DDR, S. 13.
101 Glaeßner: Die andere deutsche Republik, S. 15.
102 Glaeßner: Vom »realen Sozialismus« zur Selbstbestimmung, S. 3.
103 Bredow/Burrichter: »Die Politik der kleinen Schritte droht, im Kreise herumzuführen«.
104 So Jesse: Wie man eine Chimäre zum Leben erweckt. Die Vorbereitung der DDR-Forschertagungen bot oft Anlaß zu Kritik. Vgl. dazu auch Oschlies: Linke Utopien, vom Westen bezahlt; dazu Spittmann: Sachlich Falsches zur DDR-Forschertagung.
105 Gaus: Texte zur deutschen Frage, S. 51. Vgl. zu Gaus ausführlicher oben, S. 301–304, 402–405.
106 Glaeßner: Politische und konzeptionelle Probleme der DDR- und Kommunismus-Forschung, S. 18.
107 Text in: BVfGE, Bd. 36, S. 34; Hervorhebung vom Verf.
108 Vgl. dazu Auerbach: Die DDR-Forschung in Gefahr; Westen: Bemerkungen.
109 Vgl. dazu im einzelnen Hacker: Methodik, S. 205–211; Schroeder: Die Entwicklung der DDR-Rechts-Forschung in der Bundesrepublik Deutschland. Gefördert wurde vor allem der Untersuchungsausschuß Freiheitlicher Juristen in Berlin, der zu jenen Organisationen gehört, die seit dem 1. 7. 1969 im Gesamtdeutschen Institut – Bundesanstalt für gesamtdeutsche Aufgaben – zusammengefaßt wurden. Hinzuweisen ist außerdem auf den Königsteiner Kreis mit Sitz in Frankfurt/M., eine »Vereinigung von Juristen, Volkswirten und Beamten aus der SBZ«, die sich seit ihrer Gründung den Rechtsproblemen der Wiedervereinigung

gewidmet hat. Dies ist auch und gerade das Verdienst des am 5. 1. 1991 verstorbenen Göttinger Staats- und Völkerrechtlers Gottfried Zieger.

110 Bundesminister für innerdeutsche Beziehungen (Hrsg.): Bericht der Bundesregierung und Materialien zur Lage der Nation 1972, S. 19.

111 So Westen: Bemerkungen, S. 810.

112 Brunner: System, S. 46 f.

113 Ebenda, S. 47.

114 Ebenda, S. 57. Immer noch lesenswert Draths Analyse: Totalitarismus in der Volksdemokratie.

115 Mampel: Die sozialistische Verfassung der Deutschen Demokratischen Republik. 2., völlig neu bearb. und erw. Aufl. 1982. Über Mampels umfangreiches Schrifttum informiert die ihm zum 70. Geburtstag gewidmete und von Gottfried Zieger hrsg. Festschrift »Recht, Wirtschaft, Politik im geteilten Deutschland«, S. 637–657.

116 Jesse: Systemvergleich: Politisches System, S. 651. Von den bundesdeutschen Rechtswissenschaftlern, die sich mit dem Verfassungssystem der DDR beschäftigt haben, ist nur Roggemann dem »systemimmanenten« Ansatz gefolgt. Vgl. Roggemann: Die DDR-Verfassungen; dazu kritisch F.-C. Schroeder: Nicht mehr und noch nicht.

117 Das gilt auch für Roggemanns Darstellung, ebenda, S. 134–136. Im Gegensatz zur politologischen DDR-Forschung gelang es bundesdeutschen Juristen sehr viel besser und klarer, das Abhängigkeitsverhältnis der DDR von der UdSSR darzustellen. Die Gesellschaft für Deutschlandforschung widmete bereits ihre erste wissenschaftliche Tagung im Februar 1979 dem Thema »Die DDR – Partner oder Satellit des Sowjetunion?« Vgl. dazu das von Mampel und Thalheim herausgegebene Jahrbuch 1979 der Gesellschaft. Vgl. dazu und zur Problematik der Rechtsnatur der »sozialistischen Gemeinschaft« Hacker: Der Ostblock, Kapitel IX. So war es kein Zufall, daß sich der Kollaps der DDR abzeichnete, als der »Protektor« UdSSR das Schutzverhältnis beendete.

118 C. Becker: Kläglich versagt.

119 Thalheim: Aufgaben, S. 1083.

120 Vgl. zum »Forschungsbeirat . . .« oben, S. 413–417.

121 Thalheim: Aufgaben, S. 1084.

122 H. Jäckel: Unser schiefes DDR-Bild, S. 1559 f.

123 Thalheim: Aufgaben, S. 1085.

124 Zit. von C. Becker: Kläglich versagt. Vgl. auch die Nachweise oben, S. 433.

125 Thalheim: Aufgaben, S. 1085.

126 So Neander: Neuland? Alles war längst bekannt.

127 Schwarze: Klassenjustiz im Kalten Krieg.

128 Klinger: Wirtschaft, S. 16 f.

129 Text in: Texte, Bd. 7, S. 9.

130 Vgl. dazu die Titel vom Forschungsbeirat beim Bundesminister für gesamtdeutsche Fragen/innerdeutsche Beziehungen herausgegebenen Reihe »Wirtschaft und Gesellschaft in Mitteldeutschland«.

131 K. D. Arndt: Vorwort, S. 21 f.

132 Klinger: Wirtschaft, S. 21 f.

133 Vgl. dazu Thalheims detaillierte Übersicht »Zur Entwicklung und Gegenwartslage der wirtschaftswissenschaftlichen DDR- Forschung«.

134 Vgl. dazu Buck: Lieber Bankrott als ehrlich.

135 So Buck, ebenda.
136 Vgl. dazu die Beispiele bei Klinger: Wirtschaft, S. 25–28.
137 Bundesministerium für innerdeutsche Beziehungen (Hrsg.): Materialien zum Bericht zur Lage der Nation im geteilten Deutschland 1987, S. 163. Vgl. dazu auch Merkel/Wahl: Das geplünderte Deutschland.
138 Thalheim: Aufgaben, S. 1084.
139 Forschungsstelle für gesamtdeutsche wirtschaftliche und soziale Fragen (Hrsg.): Forschungsrahmen 1991/1992, S. 4. Vgl. dazu auch Götz: »Gesamtdeutsche Eröffnungsbilanz«.

11. Schlußbemerkung

1 Kosthorst: Frage, S. 33.
2 Vgl. dazu oben, S. 250.
3 Hofmann: Indem ich durch diese Hölle gegangen bin.
4 Leicht: Trübungen auf der Netzhaut.
5 Vgl. zu Bahrs deutschlandpolitischen Wandlungen oben, S. 244–251.
6 Vgl. dazu die Nachweise oben, S. 307, 311 f., 324.
7 Leicht: Trübungen auf der Netzhaut. Vgl. dazu auch Hirsch: Der falsche Weg: Politik von oben; Templin: Das schlechte Vorbild der Anpassung; Fack: Umgang mit der Vergangenheit.
8 Zit. bei Jessen: Auch tote Götter regieren.
9 Zit. ebenda.
10 Zit. ebenda.
11 So Schirrmacher: Stukas und Panzer.
12 Zit. bei v. Uthmann: Zwei Betten und ein Traum.
13 Zit. ebenda.
14 Zit. ebenda. Die bundesdeutschen Apologeten der staatlichen Teilung Deutschlands wären auch gut beraten gewesen, das Diktum zu beachten, das der in der DDR lebende Schriftsteller Rolf Schneider in seinem bemerkenswerten »Spiegel«-Essay im Dezember 1988 ausgesprochen hat: »Es gibt keine moralische Begründung der deutschen Zweistaatlichkeit, allenfalls gibt es eine solche durch Faktizität. Die Frage lautet, ob man sich mit ihr abfinden soll oder darf, wobei über die Antwort sowohl innerhalb deutscher Grenzen nachgedacht werden muß wie außerhalb.« Vgl. R. Schneider: Die deutsche Nation als Gefühl, S. 30.
15 Vgl. dazu die Nachweise oben, S. 328–331.
16 Vgl. das Zeit-Gespräch mit Günter Grass und Christoph Hein mit dem Titel »Es gibt sie längst, die neue Mauer«, in: Die Zeit vom 7. 2. 1992.
17 Zit. bei Schirrmacher: Eilige Wortführer.
18 Zit. ebenda.
19 So Fack: Den Auftrag abstecken; v. Loewenstern: Eppelmann, geh du voran; ders.: Die ersten Alibis; Rudolph: Was machen wir mit unserer Geschichte?; Hofmann: Mühsamer Prolog der Deutschen.
20 BT StenBer., 12. Wahlperiode, S. 6711 f.
21 Ebenda, S. 6227 f.
22 So Scholz: Gottesdienst im Fadenkreuz.

Literaturverzeichnis*

1. Monographien sowie Beiträge in Zeitschriften und Zeitungen

Abendroth, Wolfgang: »Entkrampfung« oder Entspannung? Illusion der »Alleinvertretung« oder Annäherung der beiden deutschen Staaten? In: Leonhard Froese (Hrsg.): Was soll aus Deutschland werden? Neue Aspekte zur Deutschlandpolitik. München 1968, S. 58–83.

Adam, Konrad: Unruhige Deutsche. Eine Tagung zu Ehren Gordon Craigs in Berlin. In: *Frankfurter Allgemeine Zeitung* vom 5. Dezember 1983.

Adam, Konrad: Vergessene Opfer. In: *Frankfurter Allgemeine Zeitung* vom 17. Juni 1991.

Adam-Schwaetzer, Irmgard: Die Kontinuität liberaler Außenpolitik. In: Wolfgang Mischnick (Hrsg.): Verantwortung für die Freiheit – 40 Jahre F.D.P. Stuttgart 1989, S. 297–307.

Adenauer, Konrad: Erinnerungen 1945–1953, 1965; Erinnerungen 1953–1955, 1966; Erinnerungen 1955–1959, 1967; Erinnerungen 1959–1963. Fragmente, 1968. Stuttgart.

Ahlers, Detlev: Keine neue Verfassung, aber neue Verfassungsgrundsätze. In: *Die Welt* vom 19. Juni 1990.

Albertz, Heinrich: Die offene Wahrheit. In: Heinrich Albertz/Dietrich Goldschmidt (Hrsg.): Konsequenzen oder Thesen. Analysen und Dokumente zur Deutschlandpolitik. Reinbek bei Hamburg 1969, S. 179–182.

Albertz, Heinrich: Von der Nation – und von Wichtigerem. In: Walter Jens (Hrsg.): In letzter Stunde – Aufruf zum Frieden. München 1982, S. 135–142.

Albertz, Heinrich: Wir sind doch ein besetztes Land. Anmerkungen einer bitteren Realität. In: Dieter Hoffmann-Axthelm/Eberhard Knödler-Bunte (Hrsg.): Wie souverän ist die Bundesrepublik? *Ästhetik und Kommunikation*. Sonderheft. Berlin 1982, S. 115–118.

Albertz, Heinrich/Dietrich Goldschmidt (Hrsg.): Konsequenzen oder Thesen. Analysen und Dokumente zur Deutschlandpolitik. Reinbek 1969 (Konsequenzen).

Albrecht, Ulrich/Jürgen Graalfs/Detlef Lehnert/Rudolf Steinke: Deutsche Fragen – Europäische Antworten. Schriftenreihe des Arbeitskreises atomwaffenfreies Europa e. V., Band 2. Berlin 1983.

Alt, Franz: Frieden ist möglich. Die Politik der Bergpredigt. München/Zürich 1983.

---

* Längere Titel werden in den Anmerkungen gelegentlich in einer Kurzfassung wiedergegeben, die im Literaturverzeichnis in Klammern enthalten ist.

Ammon, Herbert: Europäischer Frieden und Deutsche Frage. In: *Die Neue Gesellschaft,* Jg. 31/1984, S. 703–711.

Ammon, Herbert: Weder Deutschland- noch Europapolitik. Kritische Anmerkungen zu Reimund Seidelmann. In: *Deutschland Archiv,* Jg. 18/1985, S. 1186–1191.

Ammon, Herbert/Peter Brandt: Wege zur Lösung der »deutschen Frage« – Der emanzipatorische Anspruch der Linken unter dem Zwang zur Realpolitik. In: *Befreiung – Zeitschrift für Politik und Wissenschaft,* Jg. 1981, Nr. 21, S. 38–71.

Arndt, Claus: Ergebnisse der Entspannungspolitik in Deutschland. In: *Politik und Kultur,* Jg. 6/1979, H. 2, S. 70–75.

Arndt, Claus: Die Verträge von Moskau und Warschau. Politische, verfassungsrechtliche und völkerrechtliche Aspekte. 2. durchges. und aktualisierte Aufl. Bonn-Bad Godesberg 1982.

Arndt, Claus: Grenzen von 1937. In: *Die Welt* vom 23. August 1983 (Leserbrief).

Arndt, Claus: Der Weg zur Ratifizierung der Ostverträge. In: *Frankfurter Allgemeine Zeitung* vom 3. September 1990 (Leserbrief).

Arndt, Klaus Dieter: Vorwort zu: DDR – Wirtschaft. Eine Bestandsaufnahme. Hrsg. vom Deutschen Institut für Wirtschaftsforschung. Frankfurt 1971; 2., überarb. und erw. Aufl. 1974.

Asmus, Ronald D.: A United Germany. In: *Foreign Affairs,* Vol. 69/1990, S. 63–76.

Auerbach, Ludwig: Die DDR-Forschung in Gefahr. Wege und Irrwege staatlicher Forschungspolitik. In: *Die Zeit* vom 8. März 1974.

Augstein, Rudolf: Spiegelungen. München 1964.

Augstein, Rudolf: Konrad Adenauer und seine Epoche. In: Die Ära Adenauer – Einsichten und Ausblicke. Frankfurt/M. 1964, S. 30–83.

Augstein, Rudolf: Wer brüllt, wer reckt, wer schläft? In: *Der Spiegel,* Nr. 1/1984, S. 22–23.

Augstein, Rudolf: Träume vom »europäischen Dach«. In: *Der Spiegel,* Nr. 37/1984, S. 18.

Augstein, Rudolf: Andreotti im Kühlschrank. In: *Der Spiegel,* Nr. 39/1984, S. 22.

Augstein, Rudolf: Reden über das eigene Land: Deutschland. In: Reden über das eigene Land: Deutschland 2. München 1984, S. 11–32.

Augstein, Rudolf: Die neue »Auschwitz-Lüge«. In: *Der Spiegel,* Nr. 40/1986, S. 62–63.

Augstein, Rudolf: Das Europa ohne Schatten. In: *Der Spiegel,* Nr. 36/1987, S. 22.

Augstein, Rudolf: »Ja, wenn Hitler nicht gewesen wäre«. In: *Der Spiegel,* Nr. 14/1988, S. 230–234.

Augstein, Rudolf: Jahrhundert der Wahrheit. In: *Der Spiegel,* Nr. 15/1988, S. 20.

Augstein, Rudolf: Vereinigung der Sieger? In: *Der Spiegel,* Nr. 50/1989, S. 18.

Augstein, Rudolf: Was man nicht sagen darf. In: *Der Spiegel,* Nr. 51/1989, S. 18.

Augstein, Rudolf: Berlin, Berlin. In: *Der Spiegel,* Nr. 5/1990, S. 18.

Augstein, Rudolf/Günter Grass: Deutschland, einig Vaterland? Ein Streitgespräch. Göttingen 1990.

Außenpolitische Perspektiven des westdeutschen Staates. Band 1: Das Ende des Provisoriums. 1971; Band 2: Das Vordringen neuer Kräfte. 1972; Band 3: Der Zwang zur Partnerschaft. 1972. Schriften des Forschungsinstituts der Deutschen Gesellschaft für Auswärtige Politik, Band 30/1, 30/2, 30/3. München und Wien.

Bachmann, Siegfried: Deutschlandbild und Deutsche Frage in Unterrichtswerken für berufsbildende Schulen der Bundesrepublik Deutschland (Unterrichtsfach: Sozialkunde, Gemeinschaftskunde, Politik o. ä.). In: Wolfgang Jacobmeyer (Hrsg.): Deutschlandbild und Deutsche Frage in den historischen, geographischen und so-

523

zialwissenschaftlichen Unterrichtswerken der Bundesrepublik Deutschland und der Deutschen Demokratischen Republik von 1949 bis in die 80er Jahre. Braunschweig 1986, S. 431–514.

Bärwald, Helmut: Das Ostbüro der SPD – 1946–1971 Kampf und Niedergang. Krefeld 1991.

Bahr, Egon: Vier Jahre Bonner Ostpolitik. In: *Die Zeit* vom 14. Dezember 1973.

Bahr, Egon: Kein Grund zur Wende in der Deutschlandpolitik. In: *Vorwärts* vom 19. Januar 1978.

Bahr, Egon: Was wird aus den Deutschen? Fragen und Antworten. Reinbek bei Hamburg 1982.

Bahr, Egon: Die nationale Frage: In: *Die Zeit* vom 19. März 1982.

Bahr, Egon: Entspannung ist unsere einzige Chance. Den Grundvertrag weiter ausfüllen. In: Ulrich Albrecht/Jürgen Graalfs/Detlef Lehnert/Rudolf Steinke (Hrsg.): Deutsche Fragen – Europäische Antworten. Berlin 1983, S. 76–84.

Bahr, Egon: Die Chancen der Geschichte in der Teilung suchen. In: Sicherheit und Frieden, Jg. 3/1985, S. 70–72 (Chancen).

Bahr, Egon: Mein Deutschland. In: *Puls Nachrichtenmagazin,* Jg. 1/1987, H. 1, S. 29–30.

Bahr, Egon: Chancen und Gefahren – Unsere Zeit als Januskopf. In: *Frankfurter Allgemeine Zeitung* vom 2. Oktober 1987.

Bahr, Egon: Reden über das eigene Land: Deutschland. In: Reden über das eigene Land: Deutschland 6. München 1988, S. 103–121.

Bahr, Egon: Zum europäischen Frieden. Eine Antwort auf Gorbatschow. Berlin 1988.

Bahr, Egon: Dokumente eines gescheiterten Patrioten. In: *Frankfurter Allgemeine Zeitung* vom 2. November 1988 (Rezension des von Christian Hacke herausgegebenen Buches: Jakob Kaiser. Wir haben Brücke zu sein. Reden, Äußerungen und Aufsätze zur Deutschlandpolitik. Köln 1988).

Bahr, Egon: Das Wiedervereinigungsgebot des Grundgesetzes und was daraus wurde. In: Manfred Buchwald (Hrsg.): In bester Verfassung? Anmerkungen zum 40. Geburtstag des Grundgesetzes. Gerlingen 1989, S. 184–195 (Wiedervereinigungsgebot).

Bahr, Egon: Der Brief zur »deutschen Einheit« und die Präambel des Grundlagenvertrags. In: *Frankfurter Allgemeine Zeitung* vom 20. September 1990 (Leserbrief) (Brief).

Bahr, Egon: Sicherheit für und vor Deutschland. Vom Wandel durch Annäherung zur Europäischen Sicherheitsgemeinschaft. München 1991.

Bahrmann, Hannes/Christoph Links: Wir sind das Volk. Die DDR im Aufbruch – Eine Chronik. Berlin, Weimar, Wuppertal 1990.

Bahro, Rudolf: Die Alternative – Zur Kritik des real existierenden Sozialismus. Köln und Frankfurt/M. 1977.

Baring, Arnulf: Patriotische Fragezeichen. In: *Der Monat,* Jg. 14/1962, H. 167, S. 7–13.

Baring, Arnulf: Der 17. Juni. Mit einem Vorwort von Richard Löwenthal. Köln/Berlin 1965.

Baring, Arnulf: Westdeutsche Außenpolitik in der Ära Adenauer. In: *Politische Vierteljahresschrift,* Jg. 19/1968, S. 45–55.

Baring, Arnulf: Die Wurzeln der Bonner Ostpolitik. In: *Europäische Rundschau,* Jg. 2/1974, H. 4, S. 59–72.

Baring, Arnulf: Deutschland und der Kalte Krieg. Rezension des gleichnamigen Buches von Ernst Nolte. In: *Süddeutsche Zeitung* vom 8./9. Februar 1975.

Baring, Arnulf: Machtwechsel – Die Ära Brandt-Scheel. Stuttgart 1982.

Baring, Arnulf in Zusammenarbeit mit Volker Zastrow: Unser neuer Größenwahn – Deutschland zwischen Ost und West. Stuttgart 1988; 2. Aufl. 1989.

Baron, Ulrich: Geschichte und Starrsinn. Gegen die Deutsche Einheit: Günter Grass in Rede, Aufsätzen, Gesprächen 1989–1991. In: *Rheinischer Merkur* vom 10. Januar 1992.

Bartlsperger, Richard: Verfassung und verfassunggebende Gewalt im vereinten Deutschland. In: *Deutsches Verwaltungsblatt,* Jg. 105/1970, S. 1285–1301 (Verfassung).

Barzel, Rainer: Gesichtspunkte eines Deutschen. Düsseldorf und Wien 1968.

Barzel, Rainer: Es ist noch nicht zu spät. München/Zürich 1976.

Barzel, Rainer: Auf dem Drahtseil. München/Zürich 1978.

Barzel, Rainer: Gedanken zur Deutschlandpolitik der neuen Bundesregierung. In: *Politik und Kultur,* Jg. 10/1983, H. 1, S. 3–8.

Barzel, Rainer: Für Deutschland gewonnen, aber selber verloren. In: *Rheinischer Merkur/Christ und Welt* vom 1. August 1986.

Barzel, Rainer: Plädoyer für Deutschland. Berlin/Frankfurt M. 1989.

Barzel, Rainer: Der »Brief zur deutschen Einheit« und die Entschließung des Bundestags von 1972. In: *Frankfurter Allgemeine Zeitung* vom 20. September 1990 (Leserbrief).

Barzel, Rainer: Brandt und die »Lebenslüge«. In: *Frankfurter Allgemeine Zeitung* vom 14. Januar 1991 (Leserbrief).

Bauer, Jürgen: Aktivitäten des BDI in den neuen Bundesländern. In: Aus Politik und Zeitgeschichte. Beilage zur Wochenzeitung *Das Parlament,* B 13 vom 22. März 1991, S. 12–19.

Baule, Bernward: »Wir sind das Volk!« Politische Bedingungsfelder der Freiheitsrevolution in der DDR. In: Konrad Löw (Hrsg.): Ursachen und Verlauf der deutschen Revolution 1989. Berlin 1991, S. 17–44.

Becker, Carola: Kläglich versagt. Was die DDR-Forscher im Westen hinderte, die Wahrheit zu erkennen. In: *Die Zeit* vom 24. Mai 1991, S. 74.

Becker, Josef: Was Kirkpatrick und Herwarth besprachen. In: *Frankfurter Allgemeine Zeitung* vom 30. Januar 1992 (Leserbrief).

Becker, Josef/Andreas Hillgruber (Hrsg.): Die Deutsche Frage im 19. und 20. Jahrhundert. Referate und Diskussionsbeiträge eines Augsburger Symposions, 23. bis 25. September 1981. München 1983.

Becker, Winfried: Revolution. In: Staatslexikon in 5 Bänden. Hrsg. von der Görres-Gesellschaft. 7. völlig neu bearb. Aufl. 4. Band. Freiburg 1988, Sp. 892–900.

Becker, Winfried: Keine Zeit für Atempausen. Der Historiker Arnulf Baring über die neuen Pflichten des wiedervereinigten Deutschland. In: *Rheinischer Merkur* vom 20. Dezember 1991.

Bender, Peter: Offensive Entspannung – Möglichkeit für Deutschland. 4. Aufl. Köln/Berlin 1965.

Bender, Peter: Die DDR nicht isolieren. In: Theo Sommer (Hrsg.): Denken an Deutschland. Zum Problem der Wiedervereinigung – Ansichten und Einsichten. Hamburg 1966, S. 121–132.

Bender, Peter: Verzögerte Einsichten – Wandlungen der Deutschlandpolitik? In: *Der Monat,* Jg. 19/1967, H. 221, S. 21–27.

Bender, Peter: Entspannung – ohne DDR? In: *Die Zeit* vom 14. April 1967.

Bender, Peter: Zehn Gründe für die Anerkennung der DDR. In: *Der Monat,* Jg. 20/1968, H. 238, S. 5–11.

Bender, Peter: Zehn Gründe für die Anerkennung der DDR. Frankfurt/M. 1968.

Bender, Peter: Die DDR in der Defensive – Gewinn und Verlust des Grundvertrages. In: *Merkur,* Jg. 27/1973, S. 601–608.

Bender, Peter: Die Deutschen werden wieder deutscher. In: *Deutschland Archiv,* Jg. 11/1978, S. 449–452.

Bender, Peter: Geisterkampf um die Nation. In: *Der Spiegel,* Jg. 35/1981, Nr. 9, S. 48–49.

Bender, Peter: Das Ende des ideologischen Zeitalters – Die Europäisierung Europas. Berlin 1981.

Bender, Peter: Amerikanische Deutschlandpolitik: Ein realistisches Wiedervereinigungskonzept hat es nie gegeben. In: *Deutschland Archiv,* Jg. 17/1984, S. 830-833.

Bender, Peter: Neue Ostpolitik. Vom Mauerbau zum Moskauer Vertrag. München 1986.

Bender, Peter: Das russische und das deutsche Problem. In: *Merkur,* Jg. 41/1987, S. 357–367.

Bender, Peter: Demokratie oder Verfall – Zur Lage im östlichen Europa. In: *Merkur,* Jg. 42/1988, S. 1003–1008.

Bender, Peter: Deutsche Parallelen. Anmerkungen zu einer gemeinsamen Geschichte zweier getrennter Staaten. Berlin 1989.

Bender, Peter: Ein Magnet, stärker als die Macht. Was in den alten Deutschlandplänen reine Utopie blieb, wird jetzt von der Wirklichkeit überholt. In: *Die Zeit* vom 9. Februar 1990.

Bender, Thomas: SPD und europäische Sicherheit. Sicherheitskonzept und Struktur des Sicherheitssystems in den achtziger Jahren. München 1991.

Benz, Wolfgang/Günter Plum/Werner Röder: Einheit der Nation. Diskussionen und Konzeptionen zur Deutschlandpolitik der großen Parteien seit 1945. Stuttgart 1978.

Bernhardt, Rudolf: Deutschland nach dreißig Jahren Grundgesetz. In: Veröffentlichungen der Vereinigung der Deutschen Staatsrechtslehrer. H. 38. Berlin/New York 1980, S. 7–54.

Bernhardt, Rudolf: Die deutsche Teilung und der Status Gesamtdeutschlands. In: Josef Isensee/Paul Kirchhof (Hrsg.): Handbuch des Staatsrechts der Bundesrepublik Deutschland. Band I: Grundlagen von Staat und Verfassung. Heidelberg 1987, S. 321–350.

Bernstorf, Martin: Katzenjammer nach Ost-Euphorie. Die Fallstricke im Grundvertrag machen sich jetzt schon bemerkbar. In: *Deutsche Zeitung/Christ und Welt* vom 16. März 1973.

Berschin, Helmut: Ein Geisterreich wie Utopia? In: *Der Spiegel,* Nr. 50/1978, S. 68–74.

Berschin, Helmut: Der deutsche Geist und die Nation. In: *Die politische Meinung,* Jg. 37/1992, H. 266, S. 85–89.

Bertram, Christoph: The German Question. In: *Foreign Affairs,* Vol. 69/1990, S. 45–62.

Besson, Waldemar: Die Außenpolitik der Bundesrepublik. Erfahrungen und Maßstäbe. München 1970 (Außenpolitik).

Beyme, Klaus von: Das politische System der Bundesrepublik Deutschland. Eine Einführung. 2. Aufl. München 1980.

Beyme, Klaus von: Die vergleichende Politikwissenschaft und die Paradigmenwechsel in der politischen Theorie. In: *Politische Vierteljahresschrift,* Jg. 31/1990, S. 457–474.

Beyme, Klaus von: Requisiten für eine Demokratie. In: *Die Welt* vom 11. Januar 1992.

Bieber, Roland: Verfassungsentwicklung in der Europäischen Gemeinschaft. Formen und Verfahren. In: Jürgen Schwarze/Roland Bieber (Hrsg.): Eine Verfassung für Europa. Von der Europäischen Gemeinschaft zur Europäischen Union. Baden-Baden 1984.

Bingen, Dieter: Ostverträge. In: Werner Weidenfeld/Karl Rudolf Korte (Hrsg.): Handwörterbuch der deutschen Einheit. Lizenzausgabe für die Bundeszentrale für politische Bildung. Bonn 1991; Frankfurt/M. 1992, S. 539–548.

Birke, Adolf M.: Nation ohne Haus. Deutschland 1945–1961. Berlin 1989.

Birke, Adolf M.: Britain and German Unity. In: Politics and Society in Germany, Austria and Switzerland. Vol. 4/1991, S. 1–19.

Birrenbach, Kurt: Meine Sondermissionen. Rückblick auf zwei Jahrzehnte bundesdeutscher Außenpolitik. Düsseldorf und Wien 1984.

Bleek, Wilhelm: Zwischendeutsche Vergleiche. Politische Probleme und politikwissenschaftliche Möglichkeiten. In: *Deutschland Archiv*, Jg. 15/1982, S. 717–739.

Bleek, Wilhelm: Die Entwicklung des zwischenstaatlichen Systemvergleichs im Spannungsfeld von Politik und Wissenschaft. In: Gutmann/Mampel (Hrsg.): Probleme systemvergleichender Betrachtung. Berlin 1986, S. 15–54 (Entwicklung).

Bleek, Wilhelm: Plädoyer für eine ganze Deutschlandforschung. In: *Deutschland Archiv*, Jg. 19/1986, S. 136–142.

Bleek, Wilhelm: Nation, Deutsche. In: Kurt Sontheimer/Hans H. Röhring (Hrsg.): Handbuch des politischen Systems der Bundesrepublik Deutschland. München 1987, S. 400–407.

Bleek, Wilhelm: Wenn das Objekt einer Wissenschaft sich auflöst. Gibt es eine Zukunft für die DDR-Forschung? In: *Frankfurter Allgemeine Zeitung* vom 11. Mai 1990.

Bleek, Wilhelm: Deutschlandforschung. In: Werner Weidenfeld/Karl-Rudolf Korte (Hrsg.): Handwörterbuch zur deutschen Einheit. Lizenzausgabe für die Bundeszentrale für politische Bildung. Bonn 1991; Frankfurt/M. 1992, S. 154–161.

Bloemer, Klaus: Das gesamtdeutsche Risiko. In: *Der Monat*, Jg. 18/1966, H. 213, S. 10–15.

Blumenwitz, Dieter: Der Grundvertrag zwischen der Bundesrepublik Deutschland und der DDR. In: *Politische Studien*, Jg. 24/1973, S. 3–10 (Grundvertrag).

Blumenwitz, Dieter: Die völkerrechtlichen Aspekte der KSZE-Schlußakte. In: Die KSZE und die Menschenrechte. Politische und rechtliche Überlegungen zur zweiten Etappe. Hrsg. vom Göttinger Arbeitskreis. Berlin 1977, S. 53–71.

Blumenwitz, Dieter: Kein Staat auf Rädern. In: *Die Welt* vom 30. Juli 1983.

Blumenwitz, Dieter: Bayerns Beiträge zur Deutschlandpolitik. In: Karl Carstens/Alfons Goppel/Henry Kissinger/Golo Mann: Franz Josef Strauß – Erkenntnisse, Standpunkte, Ausblicke. München 1985, S. 197–208.

Blumenwitz, Dieter: Der Nationenbegriff und die deutsche Frage. In: *Zeitschrift für Politik*, Jg. 32/1985, S. 268–278.

Blumenwitz, Dieter: Die Offenheit der deutschen Frage als Problem des Völkerrechts. In: Klaus Weigelt (Hrsg.): Deutsche Frage und Westbindung. Melle 1986, S. 17–26.

Blumenwitz, Dieter: Die Überwindung der deutschen Teilung und die Vier Mächte. Hrsg. von der Kulturstiftung der deutschen Vertriebenen. Berlin 1990.

Blumenwitz, Dieter: Der Vertrag vom 12. 9. 1990 über die abschließende Regelung in bezug auf Deutschland. In: *Neue Juristische Wochenschrift*, Jg. 43/1990, S. 3041–3048.

Blumenwitz, Dieter: Wie offen ist die Verfassungsfrage nach der Herstellung der staatlichen Einheit Deutschlands? In: Aus Politik und Zeitgeschichte. Beilage zur Wochenzeitung *Das Parlament*, B 49 vom 29. November 1991, S. 3–11.

Blumenwitz, Dieter: Oder-Neiße-Linie. In: Werner Weidenfeld/Karl-Rudolf Korte (Hrsg.): Handwörterbuch zur deutschen Einheit. Lizenzausgabe für die Bundeszentrale für politische Bildung. Bonn 1991; Frankfurt/M. 1992, S. 517–527.

Bodensieck, Heinrich: Das Wiedervereinigungsgebot im westdeutschen Geschichtsunterricht. In: *Geschichte in Wissenschaft und Unterricht*, Jg. 31/1980, S. 205–229 (Wiedervereinigungsgebot).

Bodensieck, Heinrich: Chauvinistische Fortschreibung des deutschlandpolitischen Bildungsauftrags? Zum KMK-Beschluß »Deutsche Frage im Unterricht« 1978. In: *Materialien zur Politischen Bildung*, Jg. 1980, H. 4, S. 53–61 (Fortschreibung).

Bodenstedt, Wolfgang: Pech mit der Wirklichkeit. In: *Frankfurter Allgemeine Zeitung* vom 13. Februar 1992 (Leserbrief).

Böhm, Wilfried: Nützliches Denunziationswort »Sparta«. In: *Frankfurter Allgemeine Zeitung* vom 13. Februar 1992 (Leserbrief).

Bölling, Klaus: »Wir können der DDR nichts diktieren«. Staatssekretär Klaus Bölling über seine Erfahrungen als Ständiger Vertreter in Ost-Berlin. In: *Der Spiegel*, Nr. 20/1982, S. 24–29.

Bölling, Klaus: Die fernen Nachbarn. Erfahrungen in der DDR. Hamburg 1983.

Bölling, Klaus: »Honecker ist kein Träumer«. Ex-Staatssekretär Klaus Bölling über die Zukunft der deutsch-deutschen Beziehungen. In: *Der Spiegel*, Nr. 14/1984, S. 20–21.

Bölling, Klaus: Die offene deutsche Frage. In: *Der Spiegel*, Nr. 18/1985, S. 52–53.

Bölling, Klaus: Deutsche auf Bewährung. In: *Der Spiegel*, Nr. 44/1985, S. 104–105.

Bölling, Klaus: Begriff und Wirklichkeit des Nationalen in der deutschen Gegenwart. In: Otto Büsch/James J. Sheehan (Hrsg.): Die Rolle der Nation in der deutschen Geschichte und Gegenwart. Beiträge zu einer internationalen Konferenz in Berlin (West) vom 16. bis 18. Juni 1983. Berlin 1985, S. 241–247.

Bölling, Klaus: Deutsche Einheit? Deutsche Zweiheit! Die Präambel des Grundgesetzes ist nicht mehr zeitgemäß. In: *Die Zeit* vom 2. Juni 1989.

Bohm, Gunhild: Ein Amerikaner – zweimal Deutschland. In: *Frankfurter Allgemeine Zeitung* vom 27. Juni 1969.

Bohrer, Karl Heinz: Warum wir keine Nation sind. Warum wir eine werden sollten. In: *Frankfurter Allgemeine Zeitung* vom 13. Januar 1990.

Borcherding, Karl: Die deutsche Frage in der politischen Bildung: Die Lage in der Bundesrepublik Deutschland. In: Die deutsche Frage in der politischen Bildung. Öffentliche Anhörung des Ausschusses für innerdeutsche Beziehungen des Deutschen Bundestages 1978. Hrsg. vom Deutschen Bundestag – Presse- und Informationsabteilung. Bonn 1978, S. 41–51, 53–66, 122–129.

Borm, William: Deutsche oder europäische Einheit? In: Hans Wolfgang Rubin (Hrsg.): Freiheit, Recht und Einigkeit. Zur Entspannungs- und Deutschlandpolitik der Liberalen. Baden-Baden 1980, S. 65–70.

Bracher, Karl Dietrich: Weichenstellungen deutscher Politik in den Anfängen der Bundesrepublik (1949–1955). In: Die moderne Demokratie und ihr Recht. Festschrift für Gerhard Leibholz zum 65. Geburtstag. 2. Band: Staats- und Verfassungsrecht. Tübingen 1968, S. 15–34.

Bracher, Karl Dietrich: Die zweite Demokratie – Emanzipation vom Gestern. In: Das 198. Jahrzehnt. Eine Teamprognose für 1970 bis 1980. Hamburg 1969, S. 179–198.

Bracher, Karl Dietrich: Vorwort, in: Karl Dietrich Bracher (Hrsg.): Nach 25 Jahren – Eine Deutschland-Bilanz. 2. Aufl. München 1970, S. 5–8.

Bracher, Karl Dietrich: Die Krise Europas – 1917–1975. Propyläen Geschichte Europas. Bd. 6. Berlin 1976.

Bracher, Karl Dietrich: Die Krise Europas und die Aktualität von 1917. Gedanken zum Zusammenhang unserer Epoche. In: *Frankfurter Allgemeine Zeitung* vom 5. November 1977.

Bracher, Karl Dietrich: Der umstrittene Totalitarismus: Erfahrung und Aktualität. In: Manfred Funke (Hrsg.): Totalitarismus – Ein Studien-Reader zur Herrschaftsanalyse moderner Diktaturen. Düsseldorf 1978, S. 81–101.

Bracher, Karl Dietrich: Europa in der Krise. Innengeschichte und Weltpolitik seit 1917. Frankfurt/M./Berlin/Wien 1979.

Bracher, Karl Dietrich: Das Modewort Identität und die deutsche Frage. Exkurs über jüngere und jüngste Kontroversen. In: *Frankfurter Allgemeine Zeitung* vom 9. August 1986 (Identität).

Bracher, Karl Dietrich: Politik und Zeitgeist – Tendenzen der siebziger Jahre. In: Karl Dietrich Bracher/Wolfgang Jäger/Werner Link: Republik im Wandel 1969–1974. Die Ära Brandt. Stuttgart/Mannheim 1986, S. 285–406.

Bracher, Karl Dietrich: Identitätsfrage und Entspannungsdenken in der neueren Deutschland-Diskussion. In: *Politik und Kultur,* Jg. 14/1987, H. 2, S. 19–35.

Bracher, Karl Dietrich: Die Aktualität des Totalitarismus-Begriffes. In: Konrad Löw (Hrsg.): Totalitarismus. Berlin 1988, S. 19–27.

Bracher, Karl Dietrich: Traum und Verblendung. Fritz Sterns Deutungen der deutschen Geschichte. In: *Frankfurter Allgemeine Zeitung* vom 1. September 1988 (Rezension des Buches von Fritz Stern: Der Traum vom Frieden und die Versuchung der Macht. Berlin 1988).

Bracher, Karl Dietrich: Kein Anlaß zu Teuto-Pessimismus. Europäische Integration und nationale Politik – ein Widerspruch? In: *Süddeutsche Zeitung* vom 24. Mai 1989, Beilage, S. XIV.

Bracher, Karl Dietrich: Der deutsche Einheitsstaat – Ein Imperativ der Geschichte? In: *Basler Zeitung* vom 17. Februar 1990.

Bracher, Karl Dietrich: Zeitgeschichtliche Anmerkungen zum »Zeitenbruch« von 1989/90. In: *Neue Zürcher Zeitung* vom 20./21. Januar 1991.

Brandt, Peter: Die deutsche Linke und ihre nationale Frage. In: *Vorwärts,* Nr. 1/1990, S. 8 f.

Brandt, Peter/Herbert Ammon (Hrsg.): Die Linke und die nationale Frage. Dokumente zur deutschen Einheit seit 1945. Reinbek bei Hamburg 1981.

Brandt, Peter/Herbert Ammon: Patriotismus von Links. In: Wolfgang Venohr (Hrsg.): Die deutsche Einheit kommt bestimmt. Bergisch Gladbach 1982, S. 119–159.

Brandt, Sabine: Privilegiert, gegängelt und gebeutelt. Das SED-Regime und die Rolle der Schriftsteller. In: *Frankfurter Allgemeine Zeitung* vom 16. Dezember 1989.

Brandt, Willy: Von Bonn nach Berlin. Eine Dokumentation zur Hauptstadtfrage. Berlin 1957.

Brandt, Willy: Entspannungspolitik mit langem Atem. In: *Außenpolitik,* Jg. 18/1967, S. 449–454.

Brandt, Willy: German Policy toward the East. In: *Foreign Affairs,* Vol. 46/1967/68, S. 476–486.

Brandt, Willy: Grundsätzliche Erklärungen während des ersten Jahres im Auswärtigen Amt. Berlin 1968 (Erklärungen).

Brandt, Willy: Friedenspolitik in Europa. Frankfurt/M. 1968.

Brandt, Willy: Über den Tag hinaus – Eine Zwischenbilanz. Hamburg 1974.

Brandt, Willy: Begegnungen und Einsichten – Die Jahre 1960–1975. Hamburg 1976.

Brandt, Willy: Vier Stufen der Vision. Rezension des Buches von Peter Bender: »Das Ende des ideologischen Zeitalters«. In: *Der Spiegel,* Nr. 23/1981, S. 186–189.

Brandt, Willy: Deutscher Patriotismus. In: *Der Spiegel,* Nr. 5/1982, S. 42–43.

Brandt, Willy: Die Chancen der Geschichte suchen. In: Reden über das eigene Land: Deutschland 2. München 1984, S. 57–70 (Chancen).

Brandt, Willy: Deutsche Wegmarken. Rede in Berlin vom 11. September 1988 (Rede-Manuskript).

Brandt, Willy: Ein »Notdach«, unter dem der Rechtsstaat sich entwickeln konnte.

40 Jahre Grundgesetz. In: *Frankfurter Rundschau* vom 15. September 1988 (»Notdach«).

Brandt, Willy: Zweifel am »Wieder«. In: *Frankfurter Allgemeine Zeitung* vom 27. September 1989 (Leserbrief).

Brandt, Willy: Wenn Europa wieder zusammenwächst. Die Deutschen dürfen sich bei der Ausgestaltung ihrer Einheit nicht verheddern. In: *Die Zeit* vom 17. November 1989.

Brandt, Willy: Erinnerungen. Frankfurt/M. 1989; 5. Aufl. 1990.

Brandt, Willy: ». . . was zusammengehört«. Reden zu Deutschland. Bonn 1990.

Bredow, Wilfried von: Die Grundverpflichtung, eine Nation zu sein. In: *Liberal,* Jg. 17/1975, S. 420–434.

Bredow, Wilfried von: Vom Ende der Deutschlandpolitik. In: *Liberal,* Jg. 21/1979, S. 421–430.

Bredow, Wilfried von: Die Entspannungspolitik in der Außenpolitik der Bundesrepublik Deutschland. In: *Liberal,* Jg. 22/1980, S. 904–912.

Bredow, Wilfried von: Deutschland – ein Provisorium? Berlin 1985.

Bredow, Wilfried von/Clemens Burrichter: Die Politik der kleinen Schritte droht, im Kreise herumzuführen. Von Wendemarken, tiefgreifenden Reformphasen und einem Appell zur Weiterentwicklung der Deutschlandpolitik. In: *Frankfurter Rundschau* vom 8. November 1988.

Breit, Ernst: Die deutschen Gemeinsamkeiten wahren. In: Dieter Haack/Hans-Günter Hoppe/Eduard Lindner/Wolfgang Seiffert (Hrsg.): Das Wiedervereinigungsgebot des Grundgesetzes. Köln 1989, S. 73–79.

Breit, Ernst: Deutsche Einigung – ohne und gegen die Gewerkschaften? In: *Gewerkschaftliche Monatshefte,* Jg. 41/1990, S. 129–132.

Breit, Ernst: Gewerkschaften in der Kritik – Rückblick und Ausblick. In: *Gewerkschaftliche Monatshefte,* Jg. 41/1990, S. 258–262.

Bresser, Klaus: Das Fernsehen als Medium und Faktor der revolutionären Prozesse in Osteuropa und der DDR. In: Peter Christian Hall (Hrsg.): Fernseh-Kritik – Revolutionäre Öffentlichkeit. Das Fernsehen und die Demokratisierung im Osten. Mainzer Tage der Fernsehkritik. Band XXIII. Mainz 1990, S. 33–44 (Fernsehen).

Bresser, Klaus: Nur keine Ruhe im Land. In: *Der Journalist,* Jg. 41/1990, Nr. 8 (August), S. 30–31.

Breuer, Helmut: Schöngefärbte DDR in NRW-Schulbüchern. Düsseldorfer CDU-Opposition fordert Überarbeitung. In: *Die Welt* vom 1. Februar 1990 (DDR).

Brinkel, Wolfgang/Jo Rodejohann (Hrsg.): Das SPD/SED-Papier. Der Streit der Ideologien und die gemeinsame Sicherheit. Freiburg i. Br. 1988.

Brocke, Rudolf Horst: Deutschlandpolitische Positionen der Bundestagsparteien – Synpose. Bd. 1 der Erlanger Beiträge zur Deutschlandpolitik. Erlangen o. J. (1985).

Brocke, Rudolf Horst: Deutschlandpolitik der SPD. In: Werner Weidenfeld/Karl Rudolf Korte (Hrsg.): Handwörterbuch zur deutschen Einheit. Lizenzausgabe für die Bundeszentrale für politische Bildung. Bonn 1991; Frankfurt/M. 1992, S. 216–228.

Brunner, Georg: Kontrolle in Deutschland. Eine Untersuchung zur Verfassungsordnung in beiden Teilen Deutschlands. Köln 1972.

Brunner, Georg: Abkehr vom Totalitarismus? – Wandlungen im Herrschaftssystem osteuropäischer Staaten. In: Manfred Funke (Hrsg.): Totalitarismus – Ein Studien-Reader zur Herrschaftsanalyse moderner Diktaturen. Düsseldorf 1978, S. 129–146.

Brunner, Georg: Einführung in das Recht der DDR. 2., neu bearb. und erw. Aufl. München 1979.

Brunner, Georg: Das politische System der DDR. In: Politische Systeme in Deutschland. Hrsg. vom Göttinger Arbeitskreis. Berlin 1980, S. 41–57 (System).

Bruns, Wilhelm: Deutsch-deutsche Beziehungen – Prämissen, Probleme, Perspektiven. Opladen 1978; 3., erw. und aktualisierte Aufl. 1982.

Bruns, Wilhelm: Von der Deutschland-Politik zur DDR-Politik? Prämissen, Probleme, Perspektiven. Opladen 1989.

Brzezinski, Zbigniew: Östlich von Deutschland, westlich von Rußland. In: Europäische Rundschau, Jg. 16/1988, H. 4, S. 3–12.

Brzezinski, Zbigniew: America's New Geostrategy. In: Foreign Affairs, Vol. 66/1988, S. 680–689.

Bubner, Rüdiger: Philosophen und die deutsche Einheit. In: Philosophische Rundschau, Jg. 38/1991, S. 1–13.

Bucerius, Gerd: Der Adenauer – Subjektive Beobachtungen eines unbequemen Weggenossen. Hamburg 1975.

Bucerius, Gerd: Die deutsche Einheit ist unaufhaltsam. In: Die Zeit vom 24. August 1984.

Bucerius, Gerd: Dann wären nur Scherben geblieben . . . In: Die Zeit vom 29. November 1985.

Bucerius, Gerd: Adenauer, Preußen und der Kreml. Über den Umgang mit der Geschichte – eine Polemik unter Freunden. In: Die Zeit vom 28. März 1986.

Bucerius, Gerd: Die Nation aufkündigen? Zur jüngsten Diskussion über die Wiedervereinigung. In: Die Zeit vom 3. Juli 1987.

Bucerius, Gerd: Aus der Vergangenheit nichts gelernt? Die Sozialdemokraten haben den Dialog mit der SED auf die falsche Grundlage gestellt. In: Die Zeit vom 11. September 1987.

Bucerius, Gerd: Die andere Hälfte verstoßen? Gegen die Preisgabe des Wiedervereinigungsanspruchs. In: Die Zeit vom 30. Juni 1989.

Bucerius, Gerd: Die alten Gebetsmühlen. Eine Antwort auf Rolf Steiningers Aufsatz »Deutschland – ein Blick zurück«. In: Die Zeit vom 29. Juni 1990.

Bucerius, Gerd: Voller Hohn – Eine Antwort auf Günter Grass. In: Die Zeit vom 19. Oktober 1990.

Bucerius, Gerd: Wolkenschiebereien. In: Die Zeit vom 24. Mai 1991.

Bucerius, Gerd: Abweichende Meinung. In: Die Zeit vom 11. Oktober 1991.

Buchheim, Hans: Zur Einheit muß für uns untrennbar die Freiheit gehören. Die wahre Lage der Nation. In: Frankfurter Allgemeine Zeitung vom 21. Februar 1972 (Einheit).

Buchheim, Hans: Gibt es noch einen Weg zur Einheit der Deutschen in Freiheit? In: Politische Studien, Jg. 24/1973, S. 181–188 (Weg).

Buchheim, Hans: Deutschlandpolitik 1949–1972 – Der politisch-diplomatische Prozeß. Stuttgart 1984.

Buchheim, Hans: Wenn Einheit nur um den Preis der Freiheit zu haben wäre. In: Frankfurter Allgemeine Zeitung vom 3. März 1988.

Buchheim, Hans (Hrsg.): Der Patriotismus Konrad Adenauers. Rhöndorfer Gespräche. Band 10. Bonn 1990.

Buck, Hansjörg F.: Lieber bankrott als ehrlich. Das Erbe der Diktatur (IX): Wie die SED-Führung die Wirtschaft der DDR wissentlich ruiniert hat. In: Rheinischer Merkur/ Christ und Welt vom 17. Juni 1991.

Buczylowski, Ulrich: Kurt Schumacher und die deutsche Frage. Sicherheitspolitik und strategische Offensiv-Konzeption vom August 1950 bis September 1951. Stuttgart-Degerloch 1973.

Bücking, Hans-Jörg: Der Rechtsstatus des Deutschen Reiches. Berlin 1979.

Bücking, Hans-Jörg: Wiedervereinigung Deutschlands und die Einigung Westeuropas – ein Widerspruch? In: Jens Hacker/Siegfried Mampel (Hrsg.):Europäische Integration und deutsche Frage. Berlin 1989, S. 65–113.

Calleo, David: Deutschland und das Gleichgewicht der europäischen Mächte. In: Wolfram F. Hanrieder/Hans Rühle (Hrsg.): Im Spannungsfeld der Weltpolitik: 30 Jahre deutsche Außenpolitik (1949–1979). Stuttgart 1981, S. 9–30.

Calleo, David: Einheit ja, Frankenstein-Monster nein. Es wäre weder für die Deutschen noch für Europa gut, wenn Deutschland zu groß wird. In: *Die Zeit* vom 5. Januar 1990.

Carstens, Karl: Die deutsche Friedensnote vom 25. März 1966. In: Ludwig Erhard. Beiträge zu seiner politischen Biographie. Festschrift zum 75. Geburtstag. Frankfurt/M./Wien 1972, S. 383–392.

Carstens, Karl: Zusammenfassung und Stellungnahme. In: Außenpolitische Perspektiven des westdeutschen Staates. Band 3: Der Zwang zur Partnerschaft. Schriften des Forschungsinstituts der Deutschen Gesellschaft für Auswärtige Politik e. V., Band 30/3. München/Wien 1972, S. 251–295.

Carstens, Karl: Die Erfolge östlicher Westpolitik. Politische Wirkungen des Grundvertrages. In: *Die politische Meinung,* Jg. 18/1973, H. 147, S. 5–15.

Conrad, Bernt: Brandt, eine Lebenslüge und die Wiedervereinigung. In: *Die Welt* vom 16. September 1988 (Brandt).

Conrad, Bernt: Bonn sieht Verständnis für Überlegungen Kohls. In: *Die Welt* vom 30. November 1989.

Conrad, Bernt: NATO mit Bonner Fahrplan zur Einheit einverstanden. In: *Die Welt* vom 13. Februar 1990.

Conze, Werner: Deutsche Einheit – Erbe und Aufgabe. München 1956.

Conze, Werner: Der 17. Juni – Tag der deutschen Freiheit und Einheit. Frankfurt/M./Bonn 1960; Text auch in: *Das Parlament* vom 1. Juli 1959.

Conze, Werner: Die deutsche Nation – Ergebnis der Geschichte. Göttingen 1963; 2. Aufl. 1965.

Conze, Werner: Jakob Kaiser – Politiker zwischen Ost und West 1945–1949. Stuttgart u. a. 1969.

Conze, Werner: Deutsches Selbstbewußtsein heute. In: *Politik und Kultur,* Jg. 9/1982, H. 5, S. 3–21.

Conze, Werner: Staats- und Nationalpolitik. Kontinuitätsbruch und Neubeginn. In: Werner Conze/M. Rainer Lepsius (Hrsg.): Sozialgeschichte der Bundesrepublik Deutschland. Beiträge zum Kontinuitätsproblem. Stuttgart 1983, S. 441–467.

Cornides, Wilhelm: Die Weltmächte und Deutschland. Geschichte der jüngsten Vergangenheit 1945–1955. Tübingen 1957.

Cornides, Wilhelm: George Kennan und die Probleme des Friedens in Europa. Materialien zur Beurteilung der Reith Lectures. In: *Europa-Archiv,* Jg. 13/1958, S. 10 503–10 516 (Kennan).

Craig, Gordon A.: »Wir haben doch einiges Gute getan«. *Spiegel*-Gespräch in: *Der Spiegel,* Nr. 27/1983, S. 78–86.

Craig, Gordon A.: Amerikanische Außenpolitik und Deutschland 1919–1983. Einige Überlegungen. In: Henning Köhler (Hrsg.): Deutschland und der Westen. Berlin 1984, S. 200–213.

Craig, Gordon A.: Über die Deutschen. München 1985 (Titel der am. Originalausgabe: The Germans. New York 1982).

Cramer, Dettmar: Deutschland nach dem Grundvertrag. Bonn 1973.

Cramer, Dettmar: Die deutsche Frage bleibt offen. In: *Europäische Rundschau*, Jg. 7/1979, H. 4, S. 27–35.

Cramer, Dettmar: In einem »Nachbarland«. In: *Politik und Kultur*, Jg. 16/1989, H. 2, S. 3–7.

Cramer, Dettmar: Presse und Präambel. In: Dieter Haack/Hans- Günter Hoppe/Eduard Lintner/Wolfgang Seiffert (Hrsg.): Das Wiedervereinigungsgebot des Grundgesetzes. Köln 1989, S. 155–170.

Cramer, Ernst: Freiheit für alle. In: *Welt am Sonntag* vom 6. August 1989.

Czempiel, Ernst-Otto: Das Trauma Europas? Die deutsche Frage in der internationalen Politik. In: *Materialien zur Politischen Bildung*, Jg. 1980, H. 4, S. 98–103.

Dähn, Horst: Konfrontation oder Kooperation? Das Verhältnis von Staat und Kirche in der SBZ/DDR 1945–1980. Mit einem Vorwort von Reinhard Henkys. Opladen 1982.

Dahrendorf, Ralf: Gesellschaft und Demokratie in Deutschland. München 1965.

Dahrendorf, Ralf: Deutschlandpolitik im europäischen Kräfteverhältnis. Öffentliche Anhörungen des Ausschusses für innerdeutsche Beziehungen des Deutschen Bundestages 1977 zum Thema »Deutschlandpolitik«. In: *Zur Sache*, H. 4/1977, Bonn 1977, S. 13–22, 33–46, 65–70.

Dahrendorf, Ralf: Wandel, Annäherung und der entscheidende Unterschied. In: *Die Zeit* vom 4. Juli 1986.

Dahrendorf, Ralf: Politik. Eine Kolumne. »Eine deutsche Identität«. In: *Merkur*, Jg. 44/1990, S. 231–235.

Dahrendorf, Ralf: Die Sache mit der Nation. In: *Merkur*, Jg. 44/1990, S. 823–834.

Damus, Renate: Selbstbestimmung des Volkes der DDR. In: *Gewerkschaftliche Monatshefte*, Jg. 40/1989, S. 756–762.

Darnton, Robert: Ein Zusammenbruch geborgter Legitimität. Die deutsche Revolution 1989 entsprach nicht den Handbüchern und Wünschen der Intellektuellen. In: *Frankfurter Allgemeine Zeitung* vom 7. November 1990.

Daschitschew, Wjatscheslaw: Europa im Wandel. In: *Sowjetunion heute*, Jg. 35/1990, Nr. 7, S. 5.

Daschitschew, Wjatscheslaw: »Enormer Schaden für Moskau«. Eine sowjetische Denkschrift über die Honecker-DDR: Gefahr für die »Lebensgrundlagen der UdSSR«. In: *Der Spiegel*, Nr. 6/1990, S. 142–158.

Dawydow, Jurj P./Dimitrij W. Trenin: Die Haltung der Sowjetunion gegenüber der Deutschen Frage. In: *Europa-Archiv*, Jg. 45/1990, S. 251–263.

DDR-Handbuch. Wissenschaftliche Leitung: Peter Christian Ludz unter Mitwirkung von Johannes Kuppe. 1975; 2., völlig überarb. und erw. Aufl. 1979; 3. überarb. und erw. Auflage in zwei Bänden: Wissenschaftliche Leitung: Hartmut Zimmermann unter Mitarbeit von Horst Ulrich und Michael Fehlauer. 1985. Köln.

DDR-Wirtschaft – Eine Bestandsaufnahme. Hrsg. vom Deutschen Institut für Wirtschaftsforschung. Frankfurt/M. 1974; aktualisierte Ausgabe unter dem Titel »Handbuch DDR-Wirtschaft«. Reinbek bei Hamburg 1977.

Deuerlein, Ernst (Hrsg.): DDR – Geschichte und Bestandsaufnahme. München 1966.

Diedrich, Thorsten: Der 17. Juni 1953 in der DDR. Bewaffnete Gewalt gegen das Volk. Berlin 1991.

Diestelkamp, Bernhard: Rechtsgeschichte als Zeitgeschichte. Historische Betrachtungen zur Entstehung und Durchsetzung der Theorie vom Fortbestand des Deutschen Reiches als Staat nach 1945. In: *Zeitschrift für Neuere Rechtsgeschichte*, Jg. 7/1985, S. 181–207.

Dittberner, Jürgen: Meine Deutsche Frage. In: *Politik und Kultur,* Jg. 7/1980, H. 3, S. 14–19.

Dittmann, Knud: Adenauer und die deutsche Wiedervereinigung. Düsseldorf 1981.

Diwald, Hellmut: Die Anerkennung – Bericht zur Klage der Nation. München und Eßlingen 1970.

Diwald, Hellmut: Geschichte der Deutschen. 2. Aufl. Frankfurt/M./Berlin/Wien 1978.

Diwald, Hellmut: Deutschland – was ist es? Thesen zur nationalen Identität. In: Wolfgang Venohr (Hrsg.): Die deutsche Einheit kommt bestimmt. Bergisch Gladbach 1982, S. 17–35.

Diwald, Hellmut: Wir sind auch heute noch ein Volk. In: Guido Knopp/Siegfried Quandt/Herbert Scheffler (Hrsg.): Nation Deutschland? I. Hambacher Disput. Paderborn 1984, S. 11–13.

Djilas, Milovan: Der Krieg der Partisanen – Memoiren – 1941–1945. Wien u. a. 1977.

Doehring, Karl: Wiedervereinigung Deutschlands und die europäische Integration als Inhalte der Präambel des Grundgesetzes. In: *Deutsches Verwaltungsblatt,* Jg. 94/1979, S. 633–639 (Präambel).

Doehring, Karl: Die Wiedervereinigung Deutschlands und die europäische Integration. In: *Neue Juristische Wochenschrift,* Jg. 35/1982, S. 2209–2214 (Wiedervereinigung).

Dönhoff, Marion Gräfin: Die Bundesrepublik in der Ära Adenauer – Kritik und Perspektiven. Reinbek bei Hamburg 1963.

Dönhoff, Marion Gräfin: Von der Schwäche starker Politik. Das Streben nach Überlegenheit gefährdet die Chance, aus der Geschichte zu lernen. In: *Die Zeit* vom 21. März 1986.

Dönhoff, Marion Gräfin: Mauer und Einheit: Zeit zum Umdenken. Das Berliner Jubiläum und die deutsche Frage. In: *Die Zeit* vom 24. April 1987.

Dönhoff, Marion Gräfin: Ein Dach für ganz Europa. Unser Ziel: Nicht »Wiedervereinigung«, sondern Annäherung zwischen Ost und West. In: *Die Zeit* vom 1. April 1988.

Dönhoff, Marion Gräfin: Von der Geschichte längst überholt. Wiedervereinigung oder Europäische Union – keine Alternative mehr. In: *Die Zeit* vom 20. Januar 1989.

Dönhoff, Marion Gräfin: Am Ende aller Geschichte? Die Niederlage des Marxismus bedeutet nicht den Triumph des Kapitalismus. In: *Die Zeit* vom 22. September 1989.

Dönhoff, Marion Gräfin/Rudolf Walter Leonhardt/Theo Sommer: Reise in ein fernes Land. Bericht über Kultur, Wirtschaft und Politik in der DDR. Hamburg 1964; 11. Aufl. 1971.

Doering-Manteuffel, Anselm: Die deutsche Teilung, der Kalte Krieg und die Deutschlandpolitik der Sowjetunion 1945–1952. In: *Geschichte in Wissenschaft und Unterricht,* Jg. 38/1987, S. 744–753 (Teilung).

Doering-Manteuffel, Anselm: Die Bundesrepublik Deutschland in der Ära Adenauer – Außenpolitik und innere Entwicklung 1949–1963. Darmstadt 1983; 2. unv. Aufl. 1988.

Doering-Manteuffel, Anselm: Konrad Adenauer – Jakob Kaiser – Gustav Heinemann: Deutschlandpolitische Positionen in der CDU. In: Jürgen Weber (Hrsg.): Die Republik der fünfziger Jahre – Adenauers Deutschlandpolitik auf dem Prüfstand. München 1989, S. 18–46.

Dornberg, John: Deutschlands andere Hälfte. Profil und Charakter der DDR. Wien 1968 (englische Ausgabe: The other Germany. Garden City 1968).

Dowe, Dieter/Kurt Klotzbach: Programmatische Dokumente der deutschen Sozialdemokratie. 3., überarb. und aktualisierte Aufl. Bonn 1990.

Drath, Martin: Totalitarismus in der Volksdemokratie. Einleitung zu Ernst Richert: Macht ohne Mandat – Der Staatsapparat in der Sowjetischen Besatzungszone Deutschlands. Köln und Opladen 1958; 2., erw. und überarb. Aufl. 1963, S. XI–XXXVI.

Dregger, Alfred: Macht darf nicht vor Recht gehen. In: *Rheinischer Merkur/Christ und Welt* vom 26. Oktober 1985.

Durth, K. Rüdiger: Evangelischer Kirchenbund lehnt Lothar de Maizière ab. In: *Kölnische Rundschau* vom 28. Juni 1991.

Ehmke, Horst: Was ist des Deutschen Vaterland? In: Jürgen Habermas (Hrsg.): Stichworte zur »Geistigen Situation der Zeit«. Band 1: Nation und Republik. Frankfurt/M. 1979, S. 51–76 (Vaterland).

Ehmke, Horst: Politik als Herausforderung. Reden, Vorträge, Aufsätze 1975–1979. Karlsruhe 1979.

Ehmke, Horst: Was ist des Deutschen Vaterland? In: *Politik und Kultur*, Jg. 7/1980, H. 2, S. 3–16.

Ehmke, Horst: Deutschland von außen gesehen. In: *Politik und Kultur*, Jg. 12/1985, H. 2, S. 3–12.

Ehmke, Horst: Frieden und Freiheit als Ziele der Entspannungspolitik. In: Horst Ehmke/Karlheinz Koppe/Herbert Wehner (Hrsg.): Zwanzig Jahre Ostpolitik – Bilanz und Perspektiven. Bonn 1986, S. 279–291.

Ehmke, Horst: Deutsche »Identität« und unpolitische Tradition. In: *Die Neue Gesellschaft/Frankfurter Hefte*, Jg. 35/1988, S. 339–356.

Eitel, Antonius: Die Ostverträge und die Einheit Deutschlands. In: Dieter Blumenwitz/ Gottfried Zieger (Hrsg.): 40 Jahre Bundesrepublik Deutschland – Verantwortung für Deutschland. Köln 1989, S. 27–35.

Eisenmann, Peter: Die Wiedervereinigungsproblematik in der deutsch-deutschen Auseinandersetzung seit den 70er Jahren. In: *Politik und Kultur*, Jg. 12/1985, H. 5, S. 25–36.

Eisenmann, Peter: Die DDR in der politischen Bildung. Vortrag auf der wissenschaftlichen Expertentagung: »Die Aufarbeitung der DDR-Geschichte und SED-Herrschaft in Wissenschaft und Publizistik der Bundesrepublik Deutschland« am 22. Januar 1992 in Wildbad Kreuth (Manuskript).

Elfgen, Monika: Das innerdeutsche Ministerium war nichts wert. In: *Frankfurter Allgemeine Zeitung* vom 30. September 1991 (Leserbrief).

Ellwein, Thomas: Innenpolitische Voraussetzungen und Schwierigkeiten der Deutschlandpolitik. In: Leonhard Froese (Hrsg.): Was soll aus Deutschland werden? Neue Aspekte zur Deutschlandpolitik. München 1968, S. 84–106.

Ellwein, Thomas/Joachim Jens Hesse: Das Regierungssystem der Bundesrepublik Deutschland. 6., neubearb. und erw. Aufl. Sonderausgabe des Textteils. Opladen 1988.

End, Heinrich: Zweimal deutsche Außenpolitik. Internationale Dimensionen des innerdeutschen Konflikts 1949–1972. Köln 1973.

Engel, Joachim/Walter Sperling: Deutschlandbild und Deutsche Frage in den geographischen Unterrichtswerken der Bundesrepublik Deutschland und der Deutschen Demokratischen Republik. In: Wolfgang Jacobmeyer (Hrsg.): Deutschlandbild und Deutsche Frage in den historischen, geographischen und sozialwissenschaftlichen Unterrichtswerken der Bundesrepublik Deutschland und der Deutschen Demokratischen Republik von 1949 bis in die achtziger Jahre. Braunschweig 1986, S. 371–430.

Eppler, Erhard: Spannungsfelder, Stuttgart 1968.

Eppler, Erhard: Wie Feuer und Wasser – Sind Ost und West friedensfähig? Reinbek bei Hamburg 1988.

Eppler, Erhard: Links blinken, rechts fahren. In: *Der Spiegel*, Nr. 29/1988, S. 30–31.

Eppler, Erhard: Ist die DDR zu retten? Im Experiment eines demokratischen Sozialismus liegt eine Chance für den anderen deutschen Staat. In: *Die Zeit* vom 24. November 1989.

Eppler, Erhard: »Mir graut davor . . .« Gustav Heinemann glaubte nicht an den Erfolg einer neuen Partei. In: *Die Zeit* vom 25. Oktober 1991 (Rezension der Studie von Josef Müller: Entstehung und Politik unter dem Primat nationaler Wiedervereinigung 1950–1957. Düsseldorf 1990).

Eppler, Erhard: Die Geschichte im Rückspiegel. Erst der Dialog mit der Diktatur ermöglichte den Wandel im Osten. In: *Die Zeit* vom 28. Februar 1992.

Erdmann, Karl Dietrich: Das notwendige Nein. In: *Deutsches Allgemeines Sonntagsblatt* vom 6. Mai 1973.

Erdmann, Karl Dietrich: Die Nation im geteilten Deutschland. Referat auf dem 25. Bundesparteitag der Christlich Demokratischen Union Deutschlands. Niederschrift. Düsseldorf, 7.–9. März 1977. Hrsg.: CDU-Bundesgeschäftsstelle. Bonn 1977, S. 204–215.

Erdmann, Karl Dietrich: Drei Staaten – zwei Nationen – ein Volk? Überlegungen zu einer deutschen Geschichte seit der Teilung. In: *Geschichte in Wissenschaft und Unterricht*, Jg. 36/1985, S. 671–683.

Eschenburg, Theodor: Die DDR respektieren. In: Theo Sommer (Hrsg.): Denken an Deutschland. Zum Problem der Wiedervereinigung – Ansichten und Einsichten. Hamburg 1966, S. 141–174.

Eschenburg, Theodor: Jahre der Besatzung 1945–1949. Mit einem einleitenden Essay von Eberhard Jäckel. Stuttgart 1983.

Eschenburg, Theodor: Deutschland in der Politik der Alliierten. In: Josef Foschepoth (Hrsg.): Kalter Krieg und Deutsche Frage – Deutschland im Widerstreit der Mächte 1945–1952. Göttingen/Zürich 1985, S. 35–49.

Fack, Fritz Ullrich: Der Beitrag der Opposition. In: *Frankfurter Allgemeine Zeitung* vom 12. April 1972.

Fack, Fritz Ullrich: Die historische Dimension. In: *Frankfurter Allgemeine Zeitung* vom 11. November 1972.

Fack, Fritz Ullrich: Realismus in der Ostpolitik. In: *Frankfurter Allgemeine Zeitung* vom 14. Mai 1974.

Fack, Fritz Ullrich: Die Einheit hat ihren Preis. In: *Frankfurter Allgemeine Zeitung* vom 16. März 1988.

Fack, Fritz Ullrich: Deutschland und Europa. In: *Frankfurter Allgemeine Zeitung* vom 24. Dezember 1988.

Fack, Fritz Ullrich: Über patriotische Pflichten. In: *Frankfurter Allgemeine Zeitung* vom 19. September 1989.

Fack, Fritz Ullrich: Schmerzliche Wahrheit. In: *Frankfurter Allgemeine Zeitung* vom 5. März 1990.

Fack, Fritz Ullrich: Die Deutschen gewinnen die Einheit in Freiheit. Die Nation findet wieder zusammen. In: *Frankfurter Allgemeine Zeitung* vom 2./3. Oktober 1990.

Fack, Fritz Ullrich: Es geht aufwärts. In: *Frankfurter Allgemeine Zeitung* vom 15. Januar 1992.

Fack, Fritz Ullrich: Den Auftrag abstecken. In: *Frankfurter Allgemeine Zeitung* vom 13. März 1992.

Fack, Fritz Ullrich: Umgang mit der Vergangenheit. In: *Frankfurter Allgemeine Zeitung* vom 23. März 1992.

Falcke, Heino: Die unvollendete Befreiung. München 1990.

Falcke, Heino: Die Kirchen, die Umwälzung in der DDR und die Vereinigung Deutschlands. München 1991.

Feldmeyer, Karl: Dürfen sich die Deutschen mit der Gegenwart arrangieren? Eine Diskussion in Loccum über »Die deutsch-deutsche Frage«. In: *Frankfurter Allgemeine Zeitung* vom 17. Dezember 1981.

Feldmeyer, Karl: »Dem Herrn Andreotti ist es halt passiert«. Wer denkt was über den Wunsch der Deutschen nach Einheit? In: *Frankfurter Allgemeine Zeitung* vom 29. September 1984.

Feldmeyer, Karl: Die Aufgaben der Heutigen? In: *Frankfurter Allgemeine Zeitung* vom 12. Januar 1987.

Feldmeyer, Karl: Die SPD bejaht die Teilung. In: *Frankfurter Allgemeine Zeitung* vom 4. Januar 1988.

Feldmeyer, Karl: Bonn und Deutschland. In: *Frankfurter Allgemeine Zeitung* vom 29. Juni 1988.

Feldmeyer, Karl: Bahr nennt CDU-Bekenntnis zur Wiedervereinigung Heuchelei. In: *Frankfurter Allgemeine Zeitung* vom 20. Juli 1988.

Feldmeyer, Karl: Die Sozialdemokraten rechnen mit Reformen in der DDR. In: *Frankfurter Allgemeine Zeitung* vom 30. Dezember 1988.

Feldmeyer, Karl: Was die Flüchtlinge verändern. In: *Frankfurter Allgemeine Zeitung* vom 26. August 1989.

Feldmeyer, Karl: Kohl nutzt die Stunde. In: *Frankfurter Allgemeine Zeitung* vom 30. November 1989.

Feldmeyer, Karl: Signale an die Sowjetunion. In: *Frankfurter Allgemeine Zeitung* vom 7. Juli 1990.

Feldmeyer, Karl: Das Gesamtdeutsche Institut hat seine Aufgabe erfüllt. In: *Frankfurter Allgemeine Zeitung* vom 29. November 1991.

Fenner, Christian: Das Ende des »realen Sozialismus« und die Aporien vergleichender Politikwissenschaft. In: Uwe Backes/Eckhard Jesse (Hrsg.): Jahrbuch Extremismus & Demokratie, Jg. 3/1991, Bonn, S. 33–51 (Ende).

Fenner, Reinhard: Recht oder Politik? – Die deutsche Frage vor dem Bundesverfassungsgericht. Phil.Diss. an der Universität Bonn 1980.

Fest, Joachim: Von der Unverlorenheit der deutschen Frage. Eine sechsbändige Geschichte der Deutschen und ihrer Nation weist auf ein altes Dilemma. In: *Frankfurter Allgemeine Zeitung* vom 28. September 1982.

Fest, Joachim: Tod einer Ideologie. In: *Frankfurter Allgemeine Zeitung* vom 25. Juli 1989.

Fest, Joachim: Schweigende Wortführer – Überlegungen zu einer Revolution ohne Vorbild. In: *Frankfurter Allgemeine Zeitung* vom 30. Dezember 1989.

Fest, Joachim: Der zerstörte Traum. Vom Ende des utopischen Zeitalters. Berlin 1991.

Fetscher, Iring: Revolution. In: Dieter Nohlen: Pipers Wörterbuch zur Politik. Band I: Politikwissenschaft. München 1985, S. 870–873.

Fichter, Tilman: Sich selbst den Blick auf die Hohlheit des SED-Regimes verstellt. Die westdeutsche Linke und ihr DDR-Traum. In: *Frankfurter Allgemeine Zeitung* vom 25. Juli 1990.

Fichter, Tilman: Demokratisierung statt Spaltung. In: *Die Neue Gesellschaft/Frankfurter Hefte*, Jg. 37/1990, S. 697–701.

Fiedler, Wilfried: Die staats- und völkerrechtliche Stellung der Bundesrepublik Deutschland. In: *Juristenzeitung*, Jg. 43/1988, S. 132–138 (Stellung).

Fiedler, Wilfried: Europäische Integration und deutschlandpolitische Optionen – eine Alternative? In: Jens Hacker/Siegfried Mampel (Hrsg.): Europäische Integration und deutsche Frage. Jahrbuch 1988 der Gesellschaft für Deutschlandforschung. Berlin 1989, S. 115–131 (Integration).

Fiedler, Wilfried: Die Nation als Rechtsbegriff – Bemerkungen zu ihrem völkerrechtlichen Stellenwert. In: Erik Jayme/Heinz-Peter Mansel (Hrsg.): Nation und Staat im Internationalen Privatrecht. Heidelberg 1990, S. 45–56.

Fiedler, Wilfried: Die Wiedererlangung der Souveränität Deutschlands und die Einigung Europas. Zum Zwei-Plus-Vier-Vertrag vom 12. 9. 1990. In: *Juristenzeitung*, Jg. 46/1991, S. 685–692 (Wiedererlangung).

Fischer, Alexander: Die Sowjetunion und die »deutsche Frage« – 1945–1949. In: Die Deutschlandfrage und die Anfänge des Ost-West-Konflikts 1945–1949. Hrsg. vom Göttinger Arbeitskreis. Berlin 1984, S. 41–57.

Fischer, Alexander (Hrsg.) unter Mitarbeit von Nikolaus Katzer: Ploetz – Die Deutsche Demokratische Republik. Daten, Fakten, Analysen. Mit Graphiken und Tabellen. Freiburg/Würzburg 1988.

Fischer, Joschka: Die Wichtel in der Toskana. Joschka Fischer über Brigitte Seebacher-Brandts »Die Linke und die Einheit«. In: *Der Spiegel*, Nr. 42/1991, S. 66–70.

Flechtheim, Ossip: Eine Pax Germanica als Dritter Weg. In: Ulrich Albrecht/Jürgen Graalfs/Detlef Lehnert/Rudolf Steinke (Hrsg.): Deutsche Fragen – Europäische Antworten. Berlin 1983, S. 121–127.

Förster, Peter/Günter Roski: DDR zwischen Wende und Wahl – Meinungsforscher analysieren den Umbruch. München 1990.

Forsthoff, Ernst: Der Staat der Industriegesellschaft. München 1971.

Foschepoth, Josef: Wie Adenauer Churchill austrickste. In: *Die Zeit* vom 4. Mai 1984.

Foschepoth, Josef (Hrsg.): Adenauer und die Deutsche Frage. Göttingen 1988.

Freiwald, Helmut/Gebhard Moldenhauer: Deutschlandbild und Deutsche Frage in Unterrichtswerken sowie in ausgewählten Richtlinien des Faches Sozialkunde/Politik/Gemeinschaftskunde für die gemeinbildenden Schulen in der Bundesrepublik Deutschland. In: Wolfgang Jacobmeyer (Hrsg.): Deutschlandbild und Deutsche Frage in den historischen, geographischen und sozialwissenschaftlichen Unterrichtswerken der Bundesrepublik Deutschland und der Deutschen Demokratischen Republik von 1949 bis in die achtziger Jahre. Braunschweig 1986, S. 243–370.

Frenzel, Ivo: Nach 30jähriger Sammeltätigkeit sind die Staatsanwälte am Zug. Zentrale Erfassungsstelle Salzgitter vor der »Abwicklung«. In: *Süddeutsche Zeitung* vom 21. Januar 1992.

Freund, Michael: Lebt Deutschland noch? Zur Frage des Fortbestandes des »Deutschen Reiches«. In: *Die Gegenwart*, Jg. 9/1954, S. 72–76.

Freund, Michael: Sind die Deutschen noch eine Nation? In: *Die Welt* vom 9. März 1968.

Freytag, Hans-Joachim: Die Durchführung des KMK-Beschlusses »Die deutsche Frage im Unterricht« in Schleswig-Holstein. In: *Politik und Kultur*, Jg. 7/1980, H. 6, S. 65–73 (Durchführung).

Fricke, Karl Wilhelm: Manipulation auf dem Bildschirm. Ein »Panorama«-Beitrag als Beispiel. In: *Die politische Meinung*, Jg. 13/1968, H. 125, S. 109–113.

Fricke, Karl Wilhelm: Warten auf Gerechtigkeit. Kommunistische Säuberungen und Rehabilitierungen. Bericht und Dokumentation. Köln 1971.

Fricke, Karl Wilhelm: Politik und Justiz in der DDR. Zur Geschichte der politischen Verfolgung 1945–1968. Bericht und Dokumentation. Köln 1979.

538

Fricke, Karl Wilhelm: Kaderpolitik und Staatssicherheit in der DDR. In: Dieter Voigt (Hrsg.): Die Gesellschaft der DDR. Untersuchungen zu ausgewählten Bereichen. Band X der Schriftenreihe der Gesellschaft für Deutschlandforschung. Berlin 1984, S. 47–64.

Fricke, Karl Wilhelm: Opposition und Widerstand in der DDR – Ein politischer Report. Köln 1984.

Fricke, Karl Wilhelm: Zur Menschen- und Grundrechtssituation politischer Gefangener in der DDR. Köln 1986.

Fricke, Karl Wilhelm: Die Staatsmacht und die Andersdenkenden. In: *Deutschland Archiv*, Jg. 21/1988, S. 225–226.

Fricke, Karl Wilhelm: Der Einfluß der Staatssicherheit auf die politische Strafjustiz der DDR als Beispiel totalitärer Herrschaftspraxis. In: Konrad Löw (Hrsg.): Totalitarismus. Berlin 1988, S. 91–107.

Fricke, Karl Wilhelm: Die DDR-Staatssicherheit. 3. aktualisierte und erg. Aufl. Köln 1989.

Fricke, Karl Wilhelm: Die demokratische Revolution in der DDR. In: Jahrbuch Extremismus & Demokratie, Jg. 2/1990, S. 77–95.

Fricke, Karl Wilhelm: Macht und Entmachtung des Staatssicherheitsapparates in der DDR. In: Die DDR auf dem Weg zur deutschen Einheit – Probleme, Perspektiven, offene Fragen. 23. Tagung zum Stand der DDR-Forschung in der Bundesrepublik Deutschland 5.–8. Juni 1990. Edition Deutschland Archiv. Köln 1990, S. 116–127 (Macht).

Fricke, Karl Wilhelm: MfS intern. Macht, Strukturen, Auflösung der DDR-Staatssicherheit. Analyse und Dokumentation. Köln 1991.

Fricke, Karl Wilhelm: Das Ministerium für Staatssicherheit als Gegenstand von Forschung und Publizistik. Vortrag auf der Expertentagung »Die Aufarbeitung der DDR-Geschichte und SED-Herrschaft in Wissenschaft und Publizistik der Bundesrepublik Deutschland« der Akademie für Politik und Zeitgeschehen der Hanns-Seidel-Stiftung in Wildbad Kreuth vom 22. bis 24. Januar 1992 (Manuskript) (Ministerium).

Froese, Leonhard: Reform der Deutschland- und Ost-Politik? In: *Frankfurter Hefte*, Jg. 21/1966, S. 377–382.

Froese, Leonhard: Das Postulat der »Anerkennung« – Ein Plädoyer gegen die Wiedervereinigung? In: Leonhard Froese (Hrsg.): Was soll aus Deutschland werden? Neue Aspekte zur Deutschlandpolitik. München 1968, S. 9–40.

Fromme, Friedrich Karl: Ein Wort kommt in Mode. In: *Frankfurter Allgemeine Zeitung* vom 17. Oktober 1989.

Fromme, Friedrich Karl: Daß der Sozialismus die bessere Lebensform sei. Konnte sich ein Volk das auf die Dauer gefallen lassen? – Wie die ideologische Legitimation der kommunistischen Herrschaft zerbröckelte. In: *Frankfurter Allgemeine Zeitung* vom 29. September 1990.

Frowein, Jochen Abr./Josef Isensee/Christian Tomuschat/Albrecht Randelzhofer: Deutschlands aktuelle Verfassungslage. Berichte und Diskussion auf der Sondertagung der Vereinigung der Deutschen Staatsrechtslehrer in Berlin am 27. April 1990. Veröffentlichungen der Vereinigung der Deutschen Staatsrechtslehrer. H. 49. Berlin/New York 1990.

Fuhr, Eckhard: Der Nationalstaat – Eine verblaßte Erinnerung? In: *Frankfurter Allgemeine Zeitung* vom 16. März 1987.

Fuhr, Eckhard: Die SPD und Deutschland. In: *Frankfurter Allgemeine Zeitung* vom 9. August 1988.

Fuhr, Eckhard: Nach einem Irrweg Rufe zur Besinnung. Schmerzliche Erfahrungen der SPD mit ihrer Deutschlandpolitik. In: *Frankfurter Allgemeine Zeitung* vom 22. September 1989.

Fuhr, Eckhard: Was die Linke verdrängt. In: *Frankfurter Allgemeine Zeitung* vom 13. Oktober 1989.

Fuhr, Eckhard: Die SPD formuliert ihre Deutschlandpolitik. In: *Frankfurter Allgemeine Zeitung* vom 19. Dezember 1989.

Fuhr, Eckhard: Zum westeuropäischen Biedermeier. In: *Frankfurter Allgemeine Zeitung* vom 20. Dezember 1989.

Fuhr, Eckhard: Von der Spaltung zur Einheit. Stationen der deutschen Geschichte von 1949 bis 1990. In: *Frankfurter Allgemeine Zeitung* vom 24. August 1990.

Fuhr, Eckhard: Wind aus Osten – Glotz und Schmid hadern mit der Nation. In: *Frankfurter Allgemeine Zeitung* vom 2. Oktober 1990.

Fuhr, Eckhard: Ins Abseits geführt. In: *Frankfurter Allgemeine Zeitung* vom 5. Dezember 1990.

Fuhr, Eckhard: Selbstsüchtig – Die Sonderrolle der Deutschen. In: *Frankfurter Allgemeine Zeitung* vom 25. Januar 1991.

Funke, Manfred (Hrsg.): Totalitarismus – Ein Studien-Reader zur Herrschaftsanalyse moderner Diktaturen. Düsseldorf 1978.

Furch, Anton: Verhinderte Vorbereitung. In: *Die Welt* vom 20. Februar 1990 (Leserbrief).

Furet, François: Die Demokratie ist die Zukunft des Kommunismus. Ein Gespräch mit dem Historiker François Furet, Paris. In: *Politische Studien*, Jg. 42/1991, S. 331–339.

Gansel, Norbert: »Wenn alle gehen wollen, weil die Falschen bleiben ...« Norbert Gansel fordert von SPD Umdenken in der Deutschlandpolitik: Statt »Wandel durch Annäherung« – »Wandel durch Abstand«. In: *Frankfurter Rundschau* vom 13. September 1989.

Garthe, Michael: Berichte zur Lage der Nation. In: Werner Weidenfeld/Karl-Rudolf Korte (Hrsg.): Handwörterbuch zur deutschen Einheit. Frankfurt/M. 1992; Lizenzausgabe für die Bundeszentrale für politische Bildung. Bonn 1991, S. 19–27.

Gasteyger, Curt: Die beiden deutschen Staaten in der Weltpolitik. München 1976 (Weltpolitik).

Gasteyger, Curt: Die Rolle der DDR im sozialistischen Lager. Referat auf dem 25. Bundesparteitag der CDU – Düsseldorf, 7.–9. 3. 1977. Hrsg.: CDU-Bundesgeschäftsstelle. Bonn 1977, S. 160–169; Nachdruck der Rede unter dem Titel »Den Preis für Verunsicherung und Verhärtung ...«, in: *Frankfurter Rundschau* vom 17. März 1977.

Gaus, Günter: Texte zur deutschen Frage. Mit den wichtigsten Dokumenten zum Verhältnis der beiden deutschen Staaten. Darmstadt und Neuwied 1981.

Gaus, Günter: Wo Deutschland liegt – Eine Ortsbestimmung. Hamburg 1983.

Gaus, Günter: Rede über das eigene Land: Deutschland. In: Reden über das eigene Land: Deutschland. München 1983, S. 121–142; Abdruck des Schlußteils unter dem Titel »Unser nobler Irrtum«, in: *Süddeutsche Zeitung* vom 26./27. November 1983.

Gaus, Günter: Politik zwischen West und Ost. Die Ostpolitik, die deutsch-deutschen Beziehungen, die »deutsche Frage«. In: *Die neue Gesellschaft/Frankfurter Hefte*, Jg. 32/1985, S. 992–1001.

Gaus, Günter: Die Welt der Westdeutschen – Kritische Betrachtungen. Köln 1986.

Gaus, Günter: Acht Thesen zur Belebung der deutsch-deutschen Beziehungen. In: *Deutsches Allgemeines Sonntagsblatt* vom 9. Februar 1986 (Teil I); »Unser westliches

System erleichtert zukunftsträchtige Vorleistungen«, ebenda, Ausgabe vom 16. Februar 1986 (Teil II).

Gaus, Günter: Tor zu neuen Antworten. In: *Deutsches Allgemeines Sonntagsblatt* vom 10. Mai 1987.

Geiger, Willi: Zur Rechtslage Deutschlands. In: *Neue Juristische Wochenschrift*, Jg. 36/1983, S. 2302–2304.

Geiger, Willi: Zur Genesis der Präambel des Grundgesetzes. In: *Europäische Grundrechte-Zeitschrift*, Jg. 13/1986, S. 121–126.

Geiger, Willi: Der Grundlagenvertrag und die Einheit Deutschlands. In: Dieter Blumenwitz/Gottfried Zieger (Hrsg.): 40 Jahre Bundesrepublik Deutschland – Verantwortung für Deutschland. Köln 1989, S. 53–64.

Geiger, Willi: Die Entstehung der Präambel des Grundgesetzes und deren Bindungswirkung. In: Dieter Haack/Hans-Günter Hoppe/Eduard Lintner/Wolfgang Seiffert (Hrsg.): Das Wiedervereinigungsgebot des Grundgesetzes. Köln 1989, S. 121–133.

Geißler, Heiner: Besorgt vor einem deutschen Sparta. In: *Frankfurter Allgemeine Zeitung* vom 6. Februar 1992 (Leserbrief).

Gennrich, Claus: Kohls Beharren auf dem Wiedervereinigungsziel ist nur ein neues Stück einer alten Linie. In: *Frankfurter Allgemeine Zeitung* vom 14. Juli 1983.

Gennrich, Claus: Mertes: Die Revanchismus-Vorwürfe sind auch gegen die Westalliierten gerichtet. In: *Frankfurter Allgemeine Zeitung* vom 15. Januar 1984.

Gennrich, Claus: Bonn ist mit den Ergebnissen des Dubliner Gipfels nicht unzufrieden. In: *Frankfurter Allgemeine Zeitung* vom 29. Juni 1990.

Gennrich, Claus: Nach den Verabredungen von Paris ist ein Friedensvertrag nicht mehr nötig. In: *Frankfurter Allgemeine Zeitung* vom 19. Juli 1990.

Gennrich, Claus: Moskau bewegt sich Schritt für Schritt. In: *Frankfurter Allgemeine Zeitung* vom 10. September 1990.

Genscher, Hans-Dietrich: Deutsche Außenpolitik. Stuttgart 1977.

Genscher, Hans-Dietrich: Deutsche Außenpolitik – Ausgewählte Grundsatzreden 1975–1980. Stuttgart 1981.

Genscher, Hans-Dietrich: Kontinuität und Wandel. Moderne Außenpolitik in der Perspektive 2000. In: Hans-Dietrich Genscher (Hrsg.): Nach vorn gedacht ... Perspektiven deutscher Außenpolitik. Bonn 1987, S. 9–25.

Genscher, Hans-Dietrich: Unterwegs zur Einheit. Reden und Dokumente aus bewegter Zeit. Berlin 1991.

Geyer, Dietrich: Deutschland als Problem der sowjetischen Europa-Politik am Ende des Zweiten Weltkrieges. In: Josef Foschepoth (Hrsg.): Kalter Krieg und Deutsche Frage. Deutschland im Widerstreit der Mächte 1945–1952. Göttingen/Zürich 1985, S. 50–65.

Geyr, Heinz: Originalton Gorbatschow. In: *Frankfurter Allgemeine Zeitung* vom 5. Dezember 1991 (Leserbrief).

Gillessen, Günther: Deutschland in Europa. In: *Frankfurter Allgemeine Zeitung* vom 21. September 1989.

Gillessen, Günther: Kein Bedarf für eine Viermächte-Konferenz. Die Entwicklung in der DDR nicht behindern. In: *Frankfurter Allgemeine Zeitung* vom 15. November 1989.

Gillessen, Günther: Mit amerikanischem Beistand. In: *Frankfurter Allgemeine Zeitung* vom 3. Mai 1990.

Glaeßner, Gert-Joachim: Herrschaft durch Kader. Leitung der Gesellschaft und Kaderpolitik in der DDR am Beispiel des Staatsapparates. Opladen 1977.

Glaeßner, Gert-Joachim: Politische und konzeptionelle Probleme der DDR- und Kommunismus-Forschung. In: Der X. Parteitag der SED. 35 Jahre SED-Politik. Versuch einer Bilanz. 14. Tagung zum Stand der DDR-Forschung in der Bundesrepublik Deutschland 9. bis 12. Juni 1981. Edition Deutschland Archiv 1981, S. 3–20.

Glaeßner, Gert-Joachim: Sozialistische Systeme. Einführung in die Kommunismus- und DDR-Forschung. Opladen 1982.

Glaeßner, Gert-Joachim: Die Ost- und Deutschlandpolitik. In: Gert-Joachim Glaeßner/ Jürgen Holz/Thomas Schlüter (Hrsg.): Die Bundesrepublik in den siebziger Jahren. Versuch einer Bilanz. Opladen 1984, S. 237–262.

Glaeßner, Gert-Joachim: Analyse kommunistischer Systeme. In: Dirk Berg-Schlosser/ Ferdinand Müller-Rommel (Hrsg.): Vergleichende Politikwissenschaft – Ein einführendes Handbuch. Opladen 1987, S. 201–224.

Glaeßner, Gert-Joachim (Hrsg.): Die DDR in der Ära Honecker. Politik – Kultur – Gesellschaft. Opladen 1988.

Glaeßner, Gert-Joachim: Die Mühen der Ebene – DDR-Forschung in der Bundesrepublik. In: *Deutschland Archiv*, Jg. 21/1988, S. 267–275.

Glaeßner, Gert-Joachim: Die andere deutsche Republik. Gesellschaft und Politik in der DDR. Wiesbaden 1989.

Glaeßner, Gert-Joachim: Vom »realen Sozialismus« zur Selbstbestimmung. Ursachen und Konsequenzen der Systemkrise in der DDR. In: Aus Politik und Zeitgeschichte. Beilage zur Wochenzeitung *Das Parlament*, B 1–2 vom 5. Januar 1990, S. 3–20.

Glaeßner, Gert-Joachim: Vortrag auf dem Bremer Symposium über DDR- und Deutschlandforschung am 15. und 16. Oktober 1990. Text in: *Deutschland Archiv*, Jg. 23/1990, S. 1863–1868.

Glaeßner, Gert-Joachim: Der schwierige Weg zur Demokratie. Vom Ende der DDR zur deutschen Einheit. Opladen 1991.

Glaeßner, Gert-Joachim: Verfassungsgebot versus Realpolitik? Zur Entwicklung des innerdeutschen Verhältnisses. In: Werner Süß (Hrsg.): Die Bundesrepublik in den achtziger Jahren – Innenpolitik, Politische Kultur, Außenpolitik. Opladen 1991, S. 253–268.

Glaeßner, Gert-Joachim: Einheit oder Zwietracht? Bundesrepublik – DDR – deutsche Perspektiven. In: Rolf Reißig/Gert-Joachim Glaeßner (Hrsg.): Das Ende eines Experiments. Umbruch in der DDR und deutsche Einheit. Berlin 1991, S. 119–147.

Glaetzeder, Sebastian J.: Die Deutschlandpolitik der FDP in der Ära Adenauer. Konzeptionen in Entstehung und Praxis. Baden-Baden 1980 (Deutschlandpolitik).

Glotz, Peter: Die Malaise der Linken. In: *Der Spiegel*, Nr. 51/1987, S. 128–145.

Glotz, Peter: Der Irrweg des Nationalstaats – Europäische Reden an ein deutsches Publikum. Stuttgart 1990.

Goeckel, Robert F.: Zehn Jahre Kirchenpolitik unter Honecker. In: *Deutschland Archiv*, Jg. 14/1981, S. 940–947.

Goeckel, Robert F.: The Lutheran Church and the East German State. Political Conflict and Change under Ulbricht and Honecker. Ithaca and London 1990 (Church).

Götz, Hans-Herbert: Das innerdeutsche Ministerium legt sich quer. Gründung der Gesellschaft für Deutschlandforschung verschoben. In: *Frankfurter Allgemeine Zeitung* vom 29. Oktober 1977.

Götz, Hans-Herbert: Eine Chance für die Deutschlandforschung. Neue Gesellschaft in Berlin gegründet/Namhafte Wissenschaftler. In: *Frankfurter Allgemeine Zeitung* vom 21. April 1978.

Götz, Hans-Herbert: »Gesamtdeutsche Eröffnungsbilanz«. 16. Symposion der Forschungsstelle für gesamtdeutsche wirtschaftliche und soziale Fragen in Berlin. In: *Deutschland Archiv*, Jg. 24/1991, S. 86–88.

Goetze, Clemens v.: Die Rechte der Alliierten auf Mitwirkung bei der deutschen Einigung. In: *Neue Juristische Wochenschrift*, Jg. 43/1990, S. 2161–2168.

Gorbatschow, Michail: Perestroika – Die zweite russische Revolution. Eine neue Politik für Europa und die Welt. München 1987.

Gornig, Gilbert: Der Zwei-plus-vier-Vertrag unter besonderer Berücksichtigung grenzbezogener Regelungen. In: *Recht in Ost und West*, Jg. 35/1991, S. 97–106.

Gornig, Gilbert: Die vertragliche Regelung der mit der deutschen Vereinigung verbundenen auswärtigen Probleme. In: *Außenpolitik*, Jg. 42/1991, S. 3–12.

Gosewinkel, Dieter: Adolf Arndt. Die Wiederbegründung des Rechtsstaats aus dem Geist der Sozialdemokratie (1945–1961). Bonn 1991.

Gotto, Klaus: Adenauers Deutschland- und Ostpolitik 1954–1963. In: Rudolf Morsey/Konrad Repgen (Hrsg.): Untersuchungen und Dokumente zur Ostpolitik und Biographie. Adenauer-Studien III. Mainz 1974, S. 3–91 (Deutschland-Politik).

Gotto, Klaus: Die Sicherheits- und Deutschlandfrage in Adenauers Politik 1954/55. In: Bruno Thoß/Hans-Erich Volkmann (Hrsg.): Zwischen Kaltem Krieg und Entspannung. Sicherheits- und Deutschlandpolitik der Bundesrepublik im Mächtesystem der Jahre 1953–1956. Boppard am Rhein 1988, S. 137–151 (Sicherheitsfrage).

Gotto, Klaus: Der Realist als Visionär. Die Wiedervereinigungspolitik Konrad Adenauers. In: *Die politische Meinung*, Jg. 35/1990, H. 249, S. 6–13.

Gradl, Johann Baptist: Ist Wiedervereinigung aktuell? Rede auf dem Parteitag der Exil-CDU in Coburg am 12. Mai 1963. Text in: Hans-Adolf Jacobsen/Otto Stenzl (Hrsg.): Deutschland und die Welt. Zur Außenpolitik der Bundesrepublik 1945–1963. München 1964, S. 204–214.

Gradl, Johann Baptist: Im Interesse der Einheit. Zeugnisse eines Engagements. Hrsg. und eingeleitet von Karl Willy Beer. Stuttgart 1971.

Gradl, Johann Baptist: Ausgangsposition, nicht Endstation: Deutschlandpolitik auf der Grundlage der Verträge. In: *Politik und Kultur*, Jg. 1/1974, H. 1, S. 13–23.

Gradl, Johann Baptist: Elemente künftiger Deutschlandpolitik. In: *Politik und Kultur*, Jg. 1/1974, H. 5/6, S. 3–11.

Gradl, Johann Baptist: Für deutsche Einheit. Zeugnisse eines Engagements. Hrsg. und eingeleitet von Karl Willy Beer. Stuttgart 1975.

Gradl, Johann Baptist: Vor- und Nachwort. In: Die DDR nach 25 Jahren. Hrsg. vom Forschungsbeirat für Fragen der Wiedervereinigung Deutschlands beim Bundesminister für innerdeutsche Beziehungen. Berlin 1975, S. 7–11.

Gradl, Johann Baptist: Auf lange Sicht. In: *Politik und Kultur*, Jg. 3/1976, H. 2, S. 21–29.

Gradl, Johann Baptist: Nation auf dem Prüfstand. In: *Politik und Kultur*, Jg. 4/1977, H. 3, S. 22–30.

Gradl, Johann Baptist: Anfang unter dem Sowjetstern. Die CDU 1945–1948 in der sowjetischen Besatzungszone Deutschlands. Köln 1981.

Gradl, Johann Baptist: Deutschland als Aufgabe. Politik und Nationalpädagogik. Reden, Essays und Interviews 1975–1985. Hrsg. und eingeleitet von Christian Hacke. Köln 1986.

Gradl, Johann Baptist: Diskussionsbeitrag. In: Klaus Weigelt (Hrsg.): Patriotismus in Europa. Festgabe für Bruno Heck zum 70. Geburtstag. Bonn 1988, S. 87–89.

Grass, Günter: Kulturelle Arbeit im Ausland. Nationsbegriff aus der Kultur. In: *Politik und Kultur*, Jg. 7/1980, H. 4, S. 3–12.

Grass, Günter: Schreiben nach Auschwitz – Frankfurter Poetik-Vorlesung. Frankfurt/M. 1990.

Grass, Günter: Deutscher Lastenausgleich. Wider das dumpfe Einheitsgebot – Reden und Gespräche. Frankfurt/M. 1990.

Grass, Günter: Gegen die verstreichende Zeit. Reden, Aufsätze und Gespräche 1989–1991. Hamburg 1991.

Greiffenhagen, Martin/Sylvia Greiffenhagen/Rainer Prätorius (Hrsg.): Handwörterbuch zur politischen Kultur der Bundesrepublik Deutschland. Opladen 1991.

Grewe, Wilhelm G.: Einführung zu Hans Kutscher/Wilhelm Grewe: Bonner Vertrag. München und Berlin 1952.

Grewe, Wilhelm G.: Souveränität der Bundesrepublik. In: *Archiv des öffentlichen Rechts,* Jg. 80/1955–56, S. 231–240.

Grewe, Wilhelm G.: Deutsche Außenpolitik der Nachkriegszeit. Stuttgart 1960.

Grewe, Wilhelm G.: Spiel der Kräfte in der Weltpolitik. Theorie und Praxis der internationalen Beziehungen. Düsseldorf/Wien 1970.

Grewe, Wilhelm G.: »Hallstein-Doktrin«. In: Staatslexikon. Hrsg. von der Görres-Gesellschaft. 6., völlig neu bearb. und erw. Aufl. 10. Band, 2. Ergänzungsband. Freiburg 1970, Sp. 266–273.

Grewe, Wilhelm G.: Rückblenden 1976–1951. Frankfurt/M./Berlin/Wien 1979.

Grewe, Wilhelm G.: Korreferat zum Referat von Hans-Peter Schwarz: Die deutschlandpolitischen Vorstellungen Konrad Adenauers 1955–1958. In: Hans-Peter Schwarz (Hrsg.): Entspannung und Wiedervereinigung. Deutschlandpolitische Vorstellungen Konrad Adenauers 1955–1958. Rhöndorfer Gespräche. Band 2. Stuttgart und Zürich 1979, S. 41–55 (Vorstellungen).

Grewe, Wilhelm G.: Wenn der Wille zur Einheit erlahmt. Die Deutschen müssen sich wieder mehr für die deutsche Frage interessieren. In: *Frankfurter Allgemeine Zeitung* vom 24. Oktober 1983.

Grewe, Wilhelm G.: Wodurch die Deutschland-Politik geschwächt wird. In: *Frankfurter Allgemeine Zeitung* vom 2. Dezember 1983 (Leserbrief).

Grewe, Wilhelm G.: Die deutsche Frage in der Ost-West-Spannung. Zeitgeschichtliche Kontroversen der achtziger Jahre. Herford 1986 (Deutsche Frage).

Grewe, Wilhelm G.: Alte Hüte in wolkiger Drapierung. In: *Frankfurter Allgemeine Zeitung* vom 5. Juni 1987 (Leserbrief).

Grewe, Wilhelm G.: Nochmals über alte Hüte. In: *Frankfurter Allgemeine Zeitung* vom 21. Juli 1987 (Leserbrief).

Grewe, Wilhelm G.: Ursache oder Folge der Ost-West-Spannungen? In: *Frankfurter Allgemeine Zeitung* vom 29. März 1988 (Leserbrief).

Grewe, Wilhelm G.: Adenauer und die Wiedervereinigung. In: *Frankfurter Allgemeine Zeitung* vom 16. Juni 1989 (Leserbrief).

Grewe, Wilhelm G.: Der Alte gab nichts preis. In: *Rheinischer Merkur/Christ und Welt* vom 28. Juli 1989.

Grewe, Wilhelm G.: Eine unsinnige Behauptung und eine falsch gelesene Quelle. Über Adenauers angeblichen Verzicht auf die Ostgebiete. In: *Frankfurter Allgemeine Zeitung* vom 19. Oktober 1989.

Grewe, Wilhelm G.: Konföderation, Grenzfrage und Friedensregelung. In: *Die Welt* vom 21. Dezember 1989.

Grewe, Wilhelm G.: Deutschlandvertrag. In: Werner Weidenfeld/Karl-Rudolf Korte (Hrsg.): Handwörterbuch zur deutschen Einheit. Frankfurt/M. 1992; Lizenzausgabe für die Bundeszentrale für politische Bildung. Bonn 1991, S. 244–252.

Grewe, Wilhelm G.: Teilung und Vereinigung Deutschlands als europäisches Problem. Bonn 1991.

Gross, Johannes: Mißtrauen gegen die Freiheit. Was die deutsche Vereinigung bedeutet. In: *Frankfurter Allgemeine Zeitung* vom 30. Januar 1990.

Gross, Johannes: Geschichte hat kein Libretto. In: *Frankfurter Allgemeine Zeitung* vom 28. März 1991.

Grosser, Alfred: Deutschlandbilanz – Geschichte Deutschlands seit 1945. München 1970.

Grosser, Alfred: Das Bündnis – Die westeuropäischen Länder und die USA seit dem Krieg. München/Wien 1978.

Grosser, Alfred: Geschichte Deutschlands seit 1945 – Eine Bilanz. München 1974; 9. Aufl. 1981.

Grosser, Alfred: Das Deutschland im Westen – Eine Bilanz nach 40 Jahren. München/Wien 1985.

Grubbe, Peter: Die Spaltung als Konsequenz. Nachdenken über Nicht-Wiedervereinigung. In: *Die Zeit* vom 5. November 1965 (Rezension der Studie von Erich Müller-Gangloff: Mit der Teilung leben – eine gemeindeutsche Aufgabe. München 1965).

Gruner, Wolf D.: Der Deutsche Bund – Modell für eine Zwischenlösung? In: *Politik und Kultur*, Jg. 9/1982, H. 5, S. 22–42.

Gruner, Wolf D.: Europa, Deutschland und die internationale Ordnung im 19. Jahrhundert. In: *Politik und Kultur*, Jg. 11/1984, H. 2, S. 24–53 (Europa).

Gruner, Wolf D.: Die deutsche Frage. Ein Problem der europäischen Geschichte seit 1800. München 1985.

Gruner, Wolf D.: Die Verfassungsordnung des Deutschen Bundes – Modell für die Wiedervereinigung? In: *Politik und Kultur*, Jg. 13/1986, H. 4, S. 64–92.

Gruner, Wolf D.: Die deutsche Frage – ein europäisches Problem? In: Irma Hanke/Hannemor Keidel (Hrsg.): Unruhe ist die erste Bürgerpflicht. Politik und Politikvermittlung in den 80er Jahren. Festgabe für Rudolf Schuster zum 60. Geburtstag. Baden-Baden 1988, S. 31–53.

Gruner, Wolf D.: Föderatives Denken und bündische Formen deutscher Staatlichkeit: Überlegungen zur europäischen Dimension deutscher Geschichte und zur deutschen Dimension europäischer Geschichte. In: *Politik und Kultur*, Jg. 16/1989, H. 3, S. 11–28 (Denken).

Gruner, Wolf D.: Deutschland mitten in Europa. Aspekte und Perspektiven der deutschen Frage in Geschichte und Gegenwart. Hamburg 1992.

Guttenberg, Karl Theodor Freiherr zu: Wenn der Westen will. Plädoyer für eine mutige Politik. Stuttgart 1964.

Guttenberg, Karl Theodor Freiherr zu: Im Interesse der Freiheit. Hrsg. von Paul Pucher. Stuttgart/Bonn 1970.

Guttenberg, Karl Theodor Freiherr zu: Fußnoten. Stuttgart 1971; Berlin 1972.

Haack, Dieter: Gemeinsamkeiten der Deutschlandpolitik. In: *Politik und Kultur*, Jg. 13/1986, H. 5, S. 17–24.

Haack, Dieter: Deutschlandpolitik muß einen langen Atem haben. In: *Politik und Kultur*, Jg. 14/1987, H. 4, S. 83–88.

Haack, Dieter: Kritische Anmerkungen zum Ideologie-Papier. In: *Deutschland Archiv*, Jg. 21/1988, S. 40–47.

Haack, Dieter: Wir haben das Unrecht verharmlost. In: *Rheinischer Merkur* vom 27. März 1992.

Haack, Dieter/Hans-Günter Hoppe/Eduard Lintner/Wolfgang Seiffert (Hrsg.): Das Wiedervereinigungsgebot des Grundgesetzes. Köln 1989.

Haberl, Otmar: Kalter Krieg. In: Andreas Boeckh (Hrsg.): Internationale Beziehungen. Band 5 von »Pipers Wörterbuch zur Politik«. München/Zürich 1984, S. 274–280.

Habermas, Jürgen: Eine Art Schadensabwicklung. Frankfurt/M. 1987.

Habermas, Jürgen: Die nachholende Revolution. Kleine politische Schriften VII. Frankfurt/M. 1990.

Habermas, Jürgen: Vergangenheit als Zukunft. Zürich 1990.

Habermas, Jürgen: Der DM-Nationalismus. Weshalb es richtig ist, die deutsche Einheit nach Artikel 146 zu vollziehen, also einen Volksentscheid über eine neue Verfassung anzustreben. In: *Die Zeit* vom 30. März 1990.

Habermas, Jürgen: Die andere Zerstörung der Vernunft. Über die Defizite der deutschen Vereinigung und über die Rolle der intellektuellen Kritik. Aus der Niederschrift eines Gesprächs. In: *Die Zeit* vom 10. Mai 1991.

Hacke, Christian: Die Ost- und Deutschlandpolitik der CDU/CSU. Wege und Irrwege der Opposition seit 1969. Köln 1975.

Hacke, Christian: Weltmacht wider Willen. Die Außenpolitik der Bundesrepublik Deutschland. Stuttgart 1988.

Hacke, Christian (Hrsg.): Jakob Kaiser. Wir haben Brücke zu sein. Reden, Äußerungen und Aufsätze zur Deutschlandpolitik. Köln 1988.

Hacke, Christian: »Jakob Kaiser, ein deutscher Patriot im Gegenstrom der Nachkriegspolitik«. In: *Politik und Kultur,* Jg. 15/1988, H. 4, S. 3–13.

Hacke, Christian: Die Deutschlandpolitik der Bundesrepublik Deutschland. In: Werner Weidenfeld/Hartmut Zimmermann (Hrsg.): Deutschland-Handbuch – Eine doppelte Bilanz 1949–1989. Hrsg. von der Bundeszentrale für politische Bildung. Bonn 1989, S. 535–550.

Hacke, Christian: CDU und die deutsche Frage. In: Dieter Blumenwitz/Gottfried Zieger (Hrsg.): Die deutsche Frage im Spiegel der Parteien. Köln 1989, S. 89–97.

Hacke, Christian: Deutschlandpolitik der CDU/CSU. In: Werner Weidenfeld/Karl-Rudolf Korte (Hrsg.): Handwörterbuch zur deutschen Einheit. Lizenzausgabe für die Bundeszentrale für politische Bildung. Bonn 1991; Frankfurt/M. 1992, S. 190–201.

Hacker, Jens: Die Sowjetunion in der Ära Chruschtschow. Aspekte der sowjetischen Wirklichkeit. In: *Der Monat,* Jg. 14/1961, H. 158, S. 69–84.

Hacker, Jens: Zehn Gründe gegen die Anerkennung – Ein Plädoyer in Sachen Völkerrecht. In: *Die politische Meinung,* Jg. 13/1968, H. 125, S. 93–103.

Hacker, Jens: Der Rechtsstatus Deutschlands aus der Sicht der DDR. Köln 1974 (Rechtsstatus).

Hacker, Jens: Zur Funktion und Methodik der DDR-Rechtsforschung. In: *Osteuropa-Recht,* Jg. 21/1975, S. 204–222 (Methodik).

Hacker, Jens: Das nationale Dilemma der DDR. In: Boris Meissner/Jens Hacker: Die Nation in östlicher Sicht. Berlin 1977, S. 40–68.

Hacker, Jens: Deutsche unter sich – Politik mit dem Grundvertrag. Stuttgart 1977.

Hacker, Jens: Einführung in die Problematik des Potsdamer Abkommens. In: Friedrich Klein/Boris Meissner (Hrsg.): Das Potsdamer Abkommen und die Deutschlandfrage. I. Teil: Geschichte und rechtliche Grundfragen. Wien 1977, S. 5–41 (Problematik).

Hacker, Jens: Stellung der DDR im östlichen System und ihr Handlungsspielraum gegenüber der Bundesrepublik Deutschland. In: Deutschlandpolitik. Öffentliche Anhörungen des Ausschusses für innerdeutsche Beziehungen des Deutschen Bundestages 1977. Herausgeber: Deutscher Bundestag – Presse- und Informationszentrum. Bonn 1977, S. 83–89, 97–106, 127–136 (Stellung).

Hacker, Jens: Neue Chancen für die nationale Frage? Das gesamtdeutsche Vakuum in Bonner und DDR-Sicht. In: *Die politische Meinung*, Jg. 23/1978, H. 177, S. 41–53.

Hacker, Jens: Das »Manifest« bringt Bonn aus dem Gleichschritt. In: *Die Welt* vom 16. Januar 1978.

Hacker, Jens: Verzicht auf Eigenständigkeit: Die Entspannungspolitik der DDR. In: Hans-Peter Schwarz/Boris Meissner (Hrsg.): Entspannungspolitik in Ost und West. Köln 1979, S. 37–54.

Hacker, Jens: Die Vertragsorganisation des Warschauer Pakts und die Rolle der DDR. In: Die nationale Volksarmee der DDR im Rahmen des Warschauer Paktes. Hrsg. vom Arbeitskreis für Wehrforschung. München 1980, S. 9–49.

Hacker, Jens: Die Stellung der DDR im Warschauer Pakt. In: Gernot Gutmann/Maria Haendcke-Hoppe (Hrsg.): Die Außenbeziehungen der DDR. Jahrbuch 1980 der Gesellschaft für Deutschlandforschung. Heidelberg 1981, S. 187–218.

Hacker, Jens: Stand und Perspektiven der deutsch-deutschen Beziehungen. In: Die außenpolitische Lage Deutschlands am Beginn der achtziger Jahre. Hrsg. vom Göttinger Arbeitskreis. Berlin 1982, S. 61–114 (Stand).

Hacker, Jens: Die politischen Beziehungen der DDR und der UdSSR. Ebenda, S. 137–190.

Hacker, Jens: Der Ostblock – Entstehung, Entwicklung und Struktur 1939–1980. Baden-Baden 1983; Studienausgabe 1985.

Hacker, Jens: Der Kreml und die »deutsche Frage«. In: Guido Knopp (Hrsg.): Wir und die Russen – Fakten–Chancen–Illusionen. Aschaffenburg 1983, S. 32–80.

Hacker, Jens: Die deutschlandrechtliche und deutschlandpolitische Funktion der Vier-Mächte-Verantwortung. In: Dieter Blumenwitz/Boris Meissner (Hrsg.): Staatliche und nationale Einheit Deutschlands – ihre Effektivität. Köln 1984, S. 75–96 (Funktion).

Hacker, Jens: Die Bundesrepublik Deutschland in den außenpolitischen Überlegungen der Sowjetunion. In: *Politische Studien*, Jg. 37/1986, S. 409–422 (Überlegungen).

Hacker, Jens: Die DDR in den block- und außenpolitischen Überlegungen der Sowjetunion. In: *Politische Studien*, Jg. 37/1986, S. 574–587.

Hacker, Jens: Sicherheitspläne und KSZE-Prozeß sowie ihre Auswirkung auf die deutsche Frage. In: Dieter Blumenwitz/Boris Meissner (Hrsg.): Die Überwindung der europäischen Teilung und die deutsche Frage. Köln 1986, S. 83–101 (Sicherheitspläne).

Hacker, Jens: SED und nationale Frage. In: Ilse Spittmann (Hrsg.): Die SED in Geschichte und Gegenwart. Edition Deutschland Archiv. Köln 1987, S. 43–64.

Hacker, Jens: Die Nachkriegsordnung für Deutschland auf den Konferenzen von Jalta und Potsdam. In: Winfried Becker (Hrsg.): Die Kapitulation von 1945 und der Neubeginn in Deutschland. Symposion an der Universität Passau 30.–31. Oktober 1985. Köln/Wien 1987, S. 1–30 (Nachkriegsordnung).

Hacker, Jens: Die rechtliche und politische Funktion eines Friedensvertrages mit Deutschland. In: Aus Politik und Zeitgeschichte. Beilage zur Wochenzeitung *Das Parlament*, B 50 vom 12. Dezember 1987, S. 3–18.

Hacker, Jens: Ost-West-Konflikt. In: Staatslexikon. Hrsg. von der Görres-Gesellschaft. 7., völlig neu bearb. Aufl. Band 4. Freiburg i. Br. 1988, Sp. 251–256.

Hacker, Jens: Die Position der DDR in der Berlin-Frage nach dem Stadt-Jubiläum. In: *Politik und Kultur*, Jg. 15/1988, H. 6, S. 3–21.

Hacker, Jens: Die strategischen Ziele und operativen Instrumente der sowjetischen Deutschland-Politik. In: Ludwig Mailinger (Hrsg.): Die deutsche Frage im Spannungsfeld von Sicherheits- und Außenpolitik in Europa. Akademie für Politik und Zeitgeschehen der Hanns-Seidel-Stiftung. München 1988, S. 73–100.

Hacker, Jens: Block-Politik der UdSSR. In: Rolf Schlüter (Hrsg.)· Wirtschaftsreformen im Ostblock in den 80er Jahren. Paderborn 1988, S. 209–244.

Hacker, Jens: Die deutsche Frage aus der Sicht der SPD. In: Dieter Blumenwitz/ Gottfried Zieger (Hrsg.): Die deutsche Frage im Spiegel der Parteien. Köln 1989, S. 39–65 (Frage).

Hacker, Jens: Die Berlin-Politik der UdSSR unter Gorbatschow. In: *Außenpolitik*, Jg. 40/1989, S. 243–260.

Hacker, Jens: Michail Gorbatschow und die engere »sozialistische Gemeinschaft«. In: Aus Politik und Zeitgeschichte. Beilage zur Wochenzeitung *Das Parlament*, B 19–20 vom 4. Mai 1990, S. 30–39 (Gorbatschow).

Hacker, Jens: Lange wurde in Moskau die Existenz einer Deutschen Frage geleugnet. In: *Frankfurter Allgemeine Zeitung* vom 28. Mai 1990.

Hacker, Jens: Deutschlandpolitik: Positionen im Rahmen einer europäischen Lösung. In: Ulrich Sarcinelli (Hrsg.): Demokratische Streitkultur. Theoretische Grundpositionen und Handlungsalternativen in Politikfeldern. Opladen 1990, S. 232–249.

Hacker, Jens: Die Entwicklung bis zum Grundlagenvertrag. In: Maria Haendcke-Hoppe/Erika Lieser-Triebnigg (Hrsg.): 40 Jahre innerdeutsche Beziehungen. Berlin 1990, S. 33–88 (Entwicklung).

Hacker, Jens: Friedensvertrag. In: Werner Weidenfeld/Karl-Rudolf Korte (Hrsg.): Handwörterbuch zur deutschen Einheit. Frankfurt/M. 1992; Lizenzausgabe für die Bundeszentrale für politische Bildung. Bonn 1991, S. 338–347.

Hacker, Jens: Grundlagenvertrag. Ebenda, S. 362–369.

Hacker, Jens: Deutsche Identität und deutsche Verfassung. Welche Verfassung wird einem deutschen Staat nach der Vereinigung von Bundesrepublik Deutschland und DDR am besten gerecht? In: Peter Eisenmann/Gerhard Hirscher (Hrsg.): Die deutsche Identität und Europa. Mainz 1991, S. 43–76 (Identität).

Hacker, Jens: The Dissolving of Germany's Dual Statehood and the USSR. In: Politics and Society in Germany, Austria, and Switzerland, Vol. 4/1991, S. 34–47.

Haffner, Sebastian: Die bedingungslose Integration. In: Karl Dietrich Bracher (Hrsg.): Nach 25 Jahren – eine Deutschland-Bilanz. 2. Aufl. München 1970, S. 9–27.

Haffner, Sebastian: Die Deutschen und ihre Nation. In: *Politik und Kultur*, Jg. 10/1983, H. 4, S. 60–67.

Haffner, Sebastian: Von Bismarck zu Hitler – Ein Rückblick. München 1987 und 1989.

Haftendorn, Helga: Sicherheit und Entspannung. Zur Außenpolitik der Bundesrepublik Deutschland 1955–1982. Baden-Baden 1983.

Haftendorn, Helga: Wurzeln der Ost- und Entspannungspolitik der Sozial-Liberalen Koalition. In: Horst Ehmke/Karl-Heinz Koppe/Herbert Wehner (Hrsg.): Zwanzig Jahre Ostpolitik – Bilanz und Perspektiven. Bonn 1986, S. 17–28.

Hahn, Udo: Nach der Wende. Der Weg der evangelischen Kirche in der DDR. In: *Die politische Meinung*, Jg. 35/1990, H. 250, S. 83–88.

Hahn, Udo: Christ im verminten Land. Als »Kirche im Sozialismus« manövrierte sich der Protestantismus in der Ex-DDR in eine Sackgasse. In: *Rheinischer Merkur/Christ und Welt* vom 24. Mai 1991.

Hahn, Udo: Noch stehen Mauern. 24. Deutscher Evangelischer Kirchentag. In: *Rheinischer Merkur/Christ und Welt* vom 14. Juni 1991.

Hahn, Udo: Kirche im Sozialismus. Aus den Stasi-Akten wächst ein Alptraum. In: *Rheinischer Merkur* vom 17. Januar 1992.

Hall, Peter Christian (Hrsg.): Fernseh-Kritik – Revolutionäre Öffentlichkeit. Das Fernsehen und die Demokratisierung im Osten. Mainzer Tage der Fernseh-Kritik. Band XXIII. Mainz 1990.

Hamacher, Heinz Peter: DDR-Forschung und Politikberatung 1949–1990. Ein Wissenschaftszweig zwischen Selbstbehauptung und Anpassungszwang. Köln 1991 (DDR-Forschung).

Hangen, Welles: The Muted Revolution. East Germany's Challenge to Russia and the West. New York 1966.

Hanrieder, Wolfram F.: Die stabile Krise. Ziele und Entscheidungen der bundesrepublikanischen Außenpolitik 1949–1969. Düsseldorf 1971 (Titel der Originalausgabe: The Stable Crisis. Two Decades of German Policy. New York 1970).

Hanrieder, Wolfram F.: Fragmente der Macht. Die Außenpolitik der Bundesrepublik. München 1981.

Hanrieder, Wolfram F.: Die westdeutsche Außenpolitik 1949–1979. Möglichkeiten und Notwendigkeiten. In: Wolfram F. Hanrieder/Hans Rühle (Hrsg.): Im Spannungsfeld der Weltpolitik: 30 Jahre deutsche Außenpolitik (1949–1979). Stuttgart 1981, S. 31–63.

Hanrieder, Wolfram F.: Deutschland, Europa, Amerika. Die Außenpolitik der Bundesrepublik Deutschland 1949–1989. Vom Autor aus dem Amerikanischen übertragen und überarbeitet. Paderborn 1991 (Titel der Originalausgabe: Germany, America, Europe: Forty Years of German Foreign Policy. New Haven, Conn. 1989) (Deutschland).

Hansen, Reimer: Das Ende des Dritten Reiches. Die deutsche Kapitulation 1945. Stuttgart 1966.

Hansen, Reimer: Die deutsche Kapitulation 1945. In: Kurt Jürgensen/Reimer Hansen (Hrsg.): Historisch-politische Streiflichter. Geschichtliche Beiträge zur Gegenwart. Neumünster 1971, S. 235–256.

Hansen, Reimer: Die Kapitulation und die Regierung Dönitz. In: Winfried Becker (Hrsg.): Die Kapitulation von 1945 und der Neubeginn in Deutschland. Symposion an der Universität Passau 30.–31. 10. 1985. Köln/Wien 1987, S. 31–43.

Harpprecht, Klaus: Der Nationalstaat liegt nicht im Interesse der Nation. In: Guido Knopp/Siegfried Quandt/Herbert Scheffler (Hrsg.): Nation Deutschland? I. Hambacher Disput. Paderborn 1984, S. 15–17.

Havemann, Robert: Brief an Leonid Breschnew vom 25. 9. 1981. Text in: *Befreiung*, Jg. 1981, Nr. 22–23, S. 165–166.

Heigert, Hans: Deutschlands falsche Träume oder: Die verführte Nation. Hamburg 1967 (Träume).

Heigert, Hans: Einheit ist kein Grundrecht. In: *Süddeutsche Zeitung* vom 22./23. September 1984.

Heimann, Gerhard: Deutschlandpolitik heute – Eine Diskussion. In: *Politik und Kultur*, Jg. 11/1984, H. 3, S. 7–10.

Heimann, Gerhard: Die deutsche Frage und die künftige Ordnung Europas. In: *Die Neue Gesellschaft/Frankfurter Hefte*, Jg. 32/1985, S. 343–355.

Heimann, Gerhard: Die beiden deutschen Staaten und die europäische Sicherheit. Vortrag vor der Friedrich-Ebert-Stiftung in Bonn am 22. Mai 1985 (Manuskript).

Heimann, Gerhard: Die europäische Mitte und die Zukunft Berlins. In: *Die Neue Gesellschaft/Frankfurter Hefte*, Jg. 33/1986, S. 590–593.

Heimann, Gerhard: Die Last der Geschichte. Die Linke darf Fragen nach der deutschen

Identität und der Mitte Europas nicht ausweichen. In: Sozialdemokratischer Pressedienst vom 26. Juni 1987.

Heimann, Gerhard: Die Auflösung der Blöcke und die Europäisierung Deutschlands. In: *Europa-Archiv*, Jg. 45/1990, S. 167–172.

Heimpel, Hermann: Gedanken zu einer Selbstbesinnung der Deutschen. Göttingen 1954 (Sonderdruck aus: Die Sammlung 1954, H. 9).

Heimpel, Hermann: Die Wiedervereinigung im Spiegel der Geschichte. In: Die Sammlung 1955, H. 10, S. 425–429; Vorabdruck unter dem Titel: Nicht bequem machen, in: *Frankfurter Allgemeine Zeitung* vom 25. Juni 1955.

Hein, Christoph: Rede auf dem Alexanderplatz. Berlin, 4. November 1989. In: Benno Zanetti: Der Weg zur deutschen Einheit. München 1991, S. 202–203.

Heinemann, Gustav: Staatliche Formen deutscher Nation. In: *Politik und Kultur*, Jg. 1/1974, H. 2, S. 3–6.

Heinemann, Gustav W.: Wiedervereinigung Deutschlands. II. Die Stellungnahme der Kirche. In: Hermann Kunst/Roman Herzog/Wilhelm Schneemelcher (Hrsg.): Evangelisches Staatslexikon. 2., vollständig neu bearb. und erw. Aufl. Stuttgart/Berlin 1975, Sp. 2917–2930 (Kirche).

Heinemann, Gustav W./Diether Posser: Wiedervereinigung Deutschlands. II. Die Stellungnahme der Kirche. In: Roman Herzog/Hermann Kunst/Klaus Schlaich/Wilhelm Schneemelcher (Hrsg.): Evangelisches Staatslexikon. 3., neu bearb. Aufl. Stuttgart 1987, Band II, Sp. 4010–4019 (Kirche).

Heinrich, Arthur/Klaus Naumann (Hrsg.): Alles Banane – Ausblicke auf das endgültige Deutschland. Köln 1990.

Heinrich, Gerd: Landschaften und Nischen. Es gibt keine »sozialistische Identität« der Deutschen in der DDR. In: *Frankfurter Allgemeine Zeitung* vom 12. Januar 1990.

Heitmann, Clemens: FDP und neue Ostpolitik. Zur Bedeutung der deutschlandpolitischen Vorstellungen der FDP von 1966 bis 1972. Sankt Augustin 1989.

Heitzer, Heinz: Rezension des Buches von Heinz Peter Hamacher: DDR-Forschung und Politikberatung 1946–1990. Ein Wissenschaftszweig zwischen Selbstbehauptung und Anpassung. Köln 1991. In: *Zeitschrift für Geschichtswissenschaft*, Jg. 40/1992, S. 80–87.

Heitzer, Heinz/Gerhard Lozek: Kritische Bemerkungen zur bundesdeutschen DDR-Forschung. In: Aus Politik und Zeitgeschichte. Beilage zur Wochenzeitung *Das Parlament*, B 34 vom 18. August 1989, S. 18–27.

Helwig, Gisela: Schadensbegrenzung. In: *Deutschland Archiv*, Jg. 20/1987, S. 1233–1234.

Helwig, Gisela: »Eine Hoffnung lernt gehen«. In: *Deutschland Archiv*, Jg. 21/1988, S. 236–238.

Helwig, Gisela: »Störfälle«. In: *Deutschland Archiv*, Jg. 21/1988, S. 340–344.

Helwig, Gisela: Kirchen. In: Werner Weidenfeld/Karl-Rudolf Korte (Hrsg.): Handwörterbuch zur deutschen Einheit. Lizenzausgabe für die Bundeszentrale für politische Bildung. Bonn 1991; Frankfurt/M. 1992, S. 424–431 (Kirchen).

Henkys, Reinhard: Die evangelischen Kirchen in der DDR. Beiträge zu einer Bestandsaufnahme. München 1982.

Henkys, Reinhard: Evangelische Kirche. In: Gisela Helwig/Detlef Urban (Hrsg.): Kirchen und Gesellschaft in beiden deutschen Staaten. Edition Deutschland Archiv. Köln 1987, S. 45–90.

Henkys, Reinhard: Kirchen und Religionsgemeinschaften. In: Alexander Fischer

(Hrsg.): Ploetz – die Deutsche Demokratische Republik. Daten, Fakten, Analysen. Würzburg 1987, S. 130–134 (Kirchen).

Henkys, Reinhard: Die Evangelische Kirche in der DDR. In: Werner Weidenfeld/ Hartmut Zimmermann (Hrsg.): Deutschland-Handbuch. Eine doppelte Bilanz 1949–1989. Band 275 der Schriftenreihe der Bundeszentrale für politische Bildung. Bonn 1989, S. 193–202 (Kirche).

Hennig, Ottfried: Wo bleibt die Empörung? In: Die Welt vom 17. März 1987 (Leserbrief).

Hennig, Ottfried: Reden zur Deutschen Frage. Hrsg. vom Bundesministerium für innerdeutsche Beziehungen. Bonn 1988.

Henrich, Dieter: Eine Republik Deutschland. Reflexionen auf dem Weg aus der deutschen Teilung. Frankfurt/M. 1990.

Hentschel, Hartmut: Vierzig Jahre nach Kriegsende – Was ist heute deutsches Nationalgefühl? In: Klaus Weigelt (Hrsg.): Deutsche Frage und Westbindung. Melle 1986, S. 129–138.

Heppel, Hans/Gerhard Hirscher/Rainer Kunz/Theo Stammen: Programme der politischen Parteien in der Bundesrepublik Deutschland. Bayerische Landeszentrale für politische Bildung. München 1983.

Herbst, Ludolf: Vom Marshall-Plan bis zum deutsch-französischen Vertrag. Option für den Westen. München 1989.

Herdegen, Gerhard: Perspektiven und Begrenzungen. Eine Bestandsaufnahme der öffentlichen Meinung zur deutschen Frage. Teil 1: Nation und deutsche Teilung. In: Deutschland Archiv, Jg. 20/1987, S. 1259–1273; Teil 2: Kleine Schritte und fundamentale Fragen. Ebenda, Jg. 21/1988, S. 391–403.

Herdegen, Gerhard: Einstellungen zur deutschen Einheit. In: Werner Weidenfeld/Karl-Rudolf Korte (Hrsg.): Handwörterbuch zur deutschen Einheit. Lizenzausgabe für die Bundeszentrale für politische Bildung. Bonn 1991; Frankfurt/M. 1992, S. 272–283.

Hereth, Michael: Das Gerede von der Einheit. Verfassungsgebot und politische Realität – Was ist unser Vaterland? In: Die Zeit vom 8. Juni 1979.

Herles, Helmut: Westbindung ist eine historische Grundsatz-Entscheidung. »Seeheimer Kreis« der SPD will Schwerpunkte eines neuen Parteiprogramms setzen/»Deutsches Selbstbewußtsein«. In: Frankfurter Allgemeine Zeitung vom 14. Dezember 1987.

Herles, Helmut: Bahr kann mit der Forderung nach separaten Friedensverträgen nicht durchdringen. Ein deutschlandpolitisches Selbstgespräch in der SPD. In: Frankfurter Allgemeine Zeitung vom 23. April 1988 (Bahr).

Herles, Helmut: Brandt: Einheit statt Wiedervereinigung. In: Frankfurter Allgemeine Zeitung vom 16. September 1988.

Herles, Helmut: Austariert und sprachlich blaß. Was die SPD mit ihrem neuen Programm verändert. In: Frankfurter Allgemeine Zeitung vom 30. Januar 1989.

Herles, Helmut: Die SPD überdenkt ihre Beziehungen zur SED. In: Frankfurter Allgemeine Zeitung vom 14. September 1989.

Herles, Helmut: Ost-Berliner Gereiztheiten: Die DDR-Führung lädt die Delegation der SPD aus. In: Frankfurter Allgemeine Zeitung vom 16. September 1989.

Herles, Helmut: Die SPD will neue Akzente in der Deutschlandpolitik setzen. In: Frankfurter Allgemeine Zeitung vom 19. September 1989.

Herles, Helmut: Vogel bestätigt Veränderungen der Deutschlandpolitik der SPD. In: Frankfurter Allgemeine Zeitung vom 20. September 1989.

Herles, Helmut: Vogel sucht die SPD in der Deutschlandpolitik zu einen. In: Frankfurter Allgemeine Zeitung vom 6. Dezember 1989.

Herles, Helmut: Die SPD warnt die SED vor neuer Lebenslüge. Die drei Buchstaben/ Wehners prophetische Worte. In: *Frankfurter Allgemeine Zeitung* vom 8. Dezember 1989.

Herles, Helmut: Beginn und Abschluß. In: *Frankfurter Allgemeine Zeitung* vom 3. Dezember 1990.

Herles, Helmut: Willy Brandt und die »Lebenslüge«. Was der SPD-Ehrenvorsitzende wirklich gesagt hat. In: *Frankfurter Allgemeine Zeitung* vom 15. Dezember 1990.

Herre, Franz: Nation ohne Staat. Die Entstehung der deutschen Frage. Köln/Berlin 1967.

Herre, Franz: Der Nationalstaat. In: *Zur Debatte – Themen der Katholischen Akademie in Bayern*, Jg. 20/1990, Nr. 5, S. 13–16.

Herrmann, Ludolf: Ist der kalte Krieg zu Ende? In: *Deutsche Zeitung* vom 11. Oktober 1974.

Herrmann, Ludolf: Ostpolitik – »Ist der kalte Krieg zu Ende?« In: *Deutsche Zeitung* vom 18. April 1975.

Herrmann, Ludolf: Geschäfte im Wartesaal zur Einheit. Entgegnung auf Thesen des Kanzlers und seines Beraters Michael Stürmer. In: *Rheinischer Merkur/Christ und Welt* vom 21. September 1985.

Herwarth, Hans von: Von Adenauer zu Brandt. Berlin/Frankfurt/M. 1990.

Heß, Jürgen C.: Die Bundesrepublik Deutschland auf dem Wege zur Nation? In: *Neue Politische Literatur*, Jg. 26/1981, S. 292–324 (Nation).

Heyde, Annette von der: Deutschlandpolitik der Grünen. In: Werner Weidenfeld/Karl-Rudolf Korte (Hrsg.): Handwörterbuch zur deutschen Einheit. Lizenzausgabe für die Bundeszentrale für politische Bildung. Bonn 1991; Frankfurt/M. 1992, S. 209–216.

Heydemann, Günther: Partner oder Konkurrent? Das britische Deutschlandbild und die Chequers-Ridley-Affäre 1989–1991 (ungedrucktes Manuskript).

Heym, Stefan: Welches Deutschland soll es sein? In: *Gewerkschaftliche Monatshefte*, Jg. 40/1989, S. 718–722.

Heym, Stefan: Rede auf dem Alexanderplatz. Berlin, 4. 11. 1989. In: Benno Zanetti: Der Weg zur deutschen Einheit. München 1991, S. 204.

Hildebrand, Klaus: Von Erhard zur Großen Koalition 1963–1969. Mit einem einleitenden Essay von Karl Dietrich Bracher. Stuttgart/Wiesbaden 1984 (Erhard).

Hillenbrand, Martin J.: Berlin: Politische Situation, Sicherheit und symbolische Bedeutung. In: Martin J. Hillenbrand (Hrsg.): Die Zukunft Berlins. Berlin 1981, S. 11–56.

Hillgruber, Andreas: Zerbricht die Nation? Versuch einer Bestimmung des deutschen Nationalbewußtseins. In: *Frankfurter Allgemeine Zeitung* vom 27. November 1976.

Hillgruber, Andreas: Deutsches Nationalbewußtsein. In: *Geschichte/Politik und ihre Didaktik*, Jg. 4/1976, S. 55–65.

Hillgruber, Andreas: Die deutsche Frage – Vom unvollendeten und unvollendbaren deutschen Nationalstaat. In: *Frankfurter Allgemeine Zeitung* vom 30. Januar 1982.

Hillgruber, Andreas: Die Deutsche Frage im 19. und 20. Jahrhundert – Zur Einführung in die nationale und internationale Problematik. In: Josef Becker/Andreas Hillgruber (Hrsg.): Die Deutsche Frage im 19. und 20. Jahrhundert. Referate und Diskussionsbeiträge eines Augsburger Symposions 23. bis 25. September 1981. München 1983, S. 3–15 (Deutsche Frage).

Hillgruber, Andreas: Ein Pfad und drei Holzwege. Was Amerika in der deutschen Frage falsch gemacht hat. In: *Die Welt* vom 7. Januar 1984; Nachdruck in: *Deutschland Archiv*, Jg. 17/1984, S. 368–373.

Hillgruber, Andreas: Die Last der Nation. Fünf Beiträge über Deutschland und die Deutschen. Düsseldorf 1984.

Hillgruber, Andreas: Westorientierung – Neutralitätsüberlegungen – gesamtdeutsches Bewußtsein. In: Henning Köhler (Hrsg.): Deutschland und der Westen. Berlin 1984, S. 159–168 (Westorientierung).

Hillgruber, Andreas: Deutschland und die Deutschen – »Gescheiterte Großmacht« – gescheiterte Nation? In: Politik und Kultur, Jg. 11/1984, H. 6, S. 37–57.

Hillgruber, Andreas: Eine Chance oder nicht? In: Frankfurter Allgemeine Zeitung vom 18. Februar 1986.

Hillgruber, Andreas: Das Moment des Tragischen. In: Die Welt vom 20. Mai 1989 (Leserbrief).

Hillgruber, Andreas: Deutschland in der Weltpolitik des 19. und 20. Jahrhunderts. Rückschau und Ausblick. In: Werner Conze und Volker Hentschel: Ploetz – Deutsche Geschichte. Epochen und Daten. Mit einer Einführung von Carlo Schmid. Fünfte, erw. und aktualisierte Aufl. Würzburg 1991, S. 372–386.

Hinterhoff, Eugène: Disengagement. With a Forward by Sir John Slessor. London 1959.

Hinze, Albrecht: Eine Gesellschaft verliert ihren tragischen Glanz. Der Zusammenbruch der DDR entzog sich jeder wissenschaftlichen Vorhersage. In: Süddeutsche Zeitung vom 23. März 1991.

Hirsch, Helga: Der falsche Weg: Politik von oben. Die westliche »Realpolitik« hat den Umbruch im Osten verzögert. In: Die Zeit vom 21. Februar 1992.

Hoagland, Jim: Libya: The Germans' Credibility Problem. In: Washington Post vom 26. Januar 1989.

Höllen, Martin: Die Katholische Kirche in der DDR. In: Werner Weidenfeld/Hartmut Zimmermann (Hrsg.): Deutschland-Handbuch. Eine doppelte Bilanz 1949–1989. Band 275 der Schriftenreihe der Bundeszentrale für politische Bildung. Bonn 1989, S. 174–184.

Hoff, Klaus: Überwindung der Teilung als Auftrag der Geschichte. Die Deutschland-Politik Alfred Dreggers. In: Günter Reichert/Dieter Weirich/Werner Wolf (Hrsg.): Alfred Dregger – Streiter für Deutschland. Berlin/Frankfurt/M. 1991, S. 254–277.

Hoffmann-Axthelm, Dieter/Eberhard Knödler-Bunte (Hrsg.): Wie souverän ist die Bundesrepublik? Berlin 1982.

Hofmann, Gunter: Unterwegs in eine böse Zukunft. Günter Gaus gegen die »Subjektivität der Mehrheit«, die als die »herrschende Objektivität« auftritt. In: Die Zeit vom 7. November 1986 (Rezension des Buches von Günter Gaus: Die Welt der Westdeutschen. Kritische Betrachtungen. Köln 1986).

Hofmann, Gunter: Soll das alles wieder ein Provisorium sein? Die Bonner Parteien und die Deutschlandpolitik – ein Bild der Verwirrung. In: Die Zeit vom 29. September 1989.

Hofmann, Gunter: Kurze Freude und zähes Erwachen. Bonn hat über die deutsche Frage seit jeher mehr geredet als nachgedacht. In: Die Zeit vom 17. November 1989.

Hofmann, Gunter: Deutsche Träume, deutsche Sorgen. Die Sozialdemokraten zwischen Willy Brandt und Oskar Lafontaine. In: Die Zeit vom 22. Dezember 1989.

Hofmann, Gunter: Wider den neudeutschen Patriotismus. Oskar Lafontaine und Peter Glotz schreiben gegen den herrschenden Zeitgeist an. In: Die Zeit vom 9. November 1990.

Hofmann, Gunter: Annäherungen an Deutschland. Willy Brandt, Richard von Weizsäcker, Hans-Dietrich Genscher: drei Patrioten, die an Europa glauben. In: Die Zeit vom 28. Dezember 1990.

Hofmann, Gunter: Indem ich durch diese Hölle gegangen bin. Egon Bahr im Zeit-Gespräch. In: Die Zeit vom 13. März 1992.

Hofmann, Gunter: Mühsamer Prolog der Deutschen. Bei der Aufarbeitung der Vergangenheit stehen viele Wahrheiten gegeneinander. In: *Die Zeit* vom 20. März 1992.

Hofstätter, Peter R.: Vielheit an Stelle von Einheit. In: *Rheinischer Merkur/Christ und Welt* vom 21. August 1987.

Hoppe, Hans-Günter: Johann Baptist Gradl zum 80. In: *Politik und Kultur*, Jg. 11/1984, H. 2, S. 13–15.

Hoppe, Hans-Günter: Liberale Deutschlandpolitik. In: *Politik und Kultur*, Jg. 13/1986, H. 5, S. 25–32.

Horn, Gyula: »Einigung der zwei deutschen Staaten liegt im Interesse unserer Region«. Rede anläßlich der Verleihung des Internationalen Karlspreises der Stadt Aachen. In: *Frankfurter Allgemeine Zeitung* vom 26. Mai 1990.

Hürten, Heinz: Adenauers Patriotismus. In: Hans Buchheim (Hrsg.): Der Patriotismus Konrad Adenauers. Rhöndorfer Gespräche. Band 10. Bonn 1990, S. 17–33.

Hummer, Waldemar: Deutsche Wiedervereinigung und alliierte Vorbehaltsrechte – Viermächte-Verantwortung oder »Europäisierung« der deutschen Frage? In: *Österreichische Zeitschrift für Politikwissenschaft*, Jg. 19/1990, S. 203–228.

Huntemann, Georg: Abgeschlafft erklingt die linke Kirchentagsmelodie. In: *Welt am Sonntag* vom 9. Juni 1991.

Hupka, Herbert: Recht auf Selbstbestimmung für ganz Deutschland. In: *Frankfurter Allgemeine Zeitung* vom 10. November 1983 (Leserbrief).

Inacker, Michael J.: Haack wirft Schmude Milde gegen SED vor. In: *Welt am Sonntag* vom 22. März 1982.

Ipsen, Hans-Peter: Über das Grundgesetz – nach 25 Jahren. In: *Die Öffentliche Verwaltung*, Jg. 27/1974, S. 289–303.

Ipsen, Hans-Peter: 40 Jahre Grundgesetz der Bundesrepublik Deutschland. In: *Jahrbuch des Öffentlichen Rechts der Gegenwart*. Neue Folge/Band 38. Tübingen 1989, S. 1–43.

Isensee, Josef: Verfassungsrechtliche Wege zur deutschen Einheit. In: *Zeitschrift für Parlamentsfragen*, Jg. 21/1990, S. 309–332 (Wege).

Jach, Michael: Bleibt die Frage, wer nun als kirchentagsfähig genehm ist. In: *Die Welt* vom 10. Juni 1991.

Jach, Michael: Deutliche Signale für andere Ordnung. In: *Die Welt* vom 10. Juni 1991.

Jach, Michael: EKD tut sich schwer mit der inneren Einheit. In: *Die Welt* vom 1. Juli 1991.

Jacobmeyer, Wolfgang (Hrsg.): Deutschlandbild und Deutsche Frage in den historischen, geographischen und sozialwissenschaftlichen Unterrichtswerken der Bundesrepublik Deutschland und der Deutschen Demokratischen Republik von 1949 bis in die achtziger Jahre. Braunschweig 1986.

Jacobsen, Hans-Adolf: Mißtrauische Nachbarn. Zur Struktur der deutsch-sowjetischen Beziehungen 1955–1985. In: Manfred Funke/Hans-Adolf Jacobsen/Hans-Helmuth Knütter/Hans-Peter Schwarz (Hrsg.): Demokratie und Diktatur – Geist und Gestalt politischer Herrschaft in Deutschland und Europa. Festschrift für Karl Dietrich Bracher. Düsseldorf 1987, S. 424–443.

Jäckel, Eberhard (Hrsg.): Die deutsche Frage 1952–1956. Notenwechsel und Konferenzdokumente der vier Mächte. Frankfurt/M./Berlin 1957 (Frage).

Jäckel, Hartmut: Der Gegner als Partner. Egon Bahr und das Dilemma einer überzeugenden Friedensstrategie. In: *Die Zeit* vom 21. Mai 1982 (Rezension des Buches von Egon Bahr: Was wird aus den Deutschen? Fragen und Antworten. Reinbek bei Hamburg 1982).

Jäckel, Hartmut: Das Ende der Selbsttäuschungen. Gedanken zur deutschen Frage. In: *Der Tagesspiegel* vom 26. November 1989.

Jäckel, Hartmut: Unser schiefes DDR-Bild. Anmerkungen zu einem noch nicht verjährten publizistischen Sündenfall. In: *Deutschland Archiv*, Jg. 23/1990, S. 1557–1565.

Jäckel, Hartmut: Schiefe Bilder und der getrübte Blick aufs Ganze. Die DDR-Berichterstattung: Anmerkungen zu einem publizistischen Sündenfall. In: *Frankfurter Rundschau* vom 11. August 1990.

Jänicke, Martin: Die DDR konföderationsfähig machen. In: Theo Sommer (Hrsg.): Denken an Deutschland. Zum Problem der Wiedervereinigung – Ansichten und Einsichten. Hamburg 1966, S. 133–140.

James, Harold: Die Nemesis der Einfallslosigkeit. Die Nation galt als erfunden, nur die Gesellschaft als real: Warum die Revolution die deutschen Historiker unvorbereitet traf. In: *Frankfurter Allgemeine Zeitung* vom 17. September 1990.

Janßen, Karl-Heinz: Trauer um Deutschland. In: *Die Zeit* vom 26. Juni 1970.

Janßen, Karl-Heinz: Die Einheit der Nation: etwas Vergehendes? In: *Die Zeit* vom 6. Februar 1976.

Janßen, Karl-Heinz: Chauvinismus in der Schule. Die deutsche Frage im Unterricht. Schablonen aus Bonn. In: *Die Zeit* vom 8. Dezember 1978.

Janßen, Karl-Heinz: Vor einem zweiten Kalten Krieg? Ein notwendiger Beitrag zur Entspannungspolitik. In: *Die Zeit* vom 5. September 1980.

Jaspers, Karl: Freiheit und Wiedervereinigung. Über Aufgaben deutscher Politik. München 1960.

Jaspers, Karl: Schriften zur deutschen Politik 1945–1965. München 1966.

Jaspers, Karl: Provokationen – Gespräche und Interviews. Hrsg. von Hans Saner. München 1969.

Jauch, Ernst-Alfred/Gisela Helwig: Katholische Kirche. In: Gisela Helwig/Detlef Urban (Hrsg.): Kirchen und Gesellschaft in beiden deutschen Staaten. Edition Deutschland Archiv. Köln 1987, S. 7–43.

Jeismann, Karl-Ernst/Erich Kosthorst: Deutschlandbild und Deutsche Frage in den Geschichtlichen Unterrichtswerken der Deutschen Demokratischen Republik. In: Wolfgang Jacobmeyer (Hrsg.): Deutschlandbild und Deutsche Frage in den historischen, geographischen und sozialwissenschaftlichen Unterrichtswerken der Bundesrepublik Deutschland und der Deutschen Demokratischen Republik von 1949 bis in die 80er Jahre. Braunschweig 1986, S. 119–241.

Jens, Walter (Hrsg.): In letzter Stunde – Aufruf zum Frieden. München 1982.

Jens, Walter: Das Land der Sieger – weitab von der Paulskirche, weitab von Weimar. In: Reden über das eigene Land: Deutschland 6. 2. Aufl. München 1989, S. 73–95.

Jens, Walter: Plädoyer gegen die Preisgabe der DDR-Literatur. In: *Süddeutsche Zeitung* vom 16./17. Juni 1990.

Jesse, Eckhard (Hrsg.): Bundesrepublik Deutschland und Deutsche Demokratische Republik. Die beiden deutschen Staaten im Vergleich. Berlin 1980; 4. erw. Aufl. 1985.

Jesse, Eckhard: Die deutsche Frage rediviva. Eine Auseinandersetzung mit der neueren Literatur. In: *Deutschland Archiv*, Jg. 17/1984, S. 397–414.

Jesse, Eckhard: DDR-Literatur – Zwischenbilanz 1985. In: *Zeitschrift für Parlamentsfragen*, Jg. 16/1985, S. 125–138.

Jesse, Eckhard: Die deutsche Frage – ein Thema mit vielen Facetten. Unterrichtsmodell. In: *Politische Bildung*, Jg. 20/1987, S. 65–85.

Jesse, Eckhard: Kommentierte Literaturübersicht. Ebenda, S. 86–91.

Jesse, Eckhard: Die »Totalitarismus-Doktrin« aus DDR-Sicht. In: Konrad Löw (Hrsg.): Totalitarismus. Berlin 1988, S. 63–87.

Jesse, Eckhard: Der »dritte Weg« in der deutschen Frage. Über die Aktualität, Problematik und Randständigkeit einer deutschlandpolitischen Position. In: *Deutschland Archiv*, Jg. 22/1989, S. 543–559 (Weg).

Jesse, Eckhard: Wie man eine Chimäre zum Leben erweckt. Hat die DDR-Forschung versagt? – Kritische Bestandsaufnahme einer ängstlichen Wissenschaft. In: *Frankfurter Allgemeine Zeitung* vom 24. August 1990.

Jesse, Eckhard: Oppositionelle in der DDR: gestern Widerstand, heute Opposition. In: *Zeitschrift für Parlamentsfragen*, Jg. 21/1990, S. 137–146.

Jesse, Eckhard: Der Totalitarismus-Ansatz nach dem Zusammenbruch des real-existierenden Sozialismus. In: *Die Neue Gesellschaft/Frankfurter Hefte*, Jg. 38/1991, S. 983–992.

Jesse, Eckhard (Hrsg.): Dritter Weg. In: Werner Weidenfeld/Karl-Rudolf Korte (Hrsg.): Handwörterbuch zur deutschen Einheit. Frankfurt/M. 1992; Lizenzausgabe für die Bundeszentrale für politische Bildung. Bonn 1991, S. 252–259.

Jesse, Eckhard: Systemvergleich: Politisches System. Ebenda, S. 644–653.

Jesse, Eckhard: Schwäche eines Herrschaftssystems – Untersuchungen über die DDR. In: *Neue Zürcher Zeitung*, Nr. 6 vom 10. Januar 1992.

Jessen, Jens: Auch tote Götter regieren. Streit der Intellektuellen auf einer Tagung in Potsdam. In: *Frankfurter Allgemeine Zeitung* vom 16. September 1990.

Jessen, Jens: Eine Kaste wird entmachtet. Die deutschen Intellektuellen als Hüter der Zweistaatlichkeit. In: *Frankfurter Allgemeine Zeitung* vom 29. September 1990 (Kaste).

Joffe, Josef: DDR – ein Zerrbild zerbricht. In: *Süddeutsche Zeitung* vom 18. Juni 1990.

Jüttner, Alfred: Die deutsche Frage. Eine Bestandsaufnahme. Köln 1971.

Juling, Peter: Deutschlandpolitik der FDP. In: Werner Weidenfeld/Karl-Rudolf Korte (Hrsg.): Handwörterbuch zur deutschen Einheit. Lizenzausgabe für die Bundeszentrale für politische Bildung. Bonn 1991; Frankfurt/M. 1992, S. 202–208.

Kahl, Werner: Der Eklat unter Schumachers Porträt. Verblüffung über Schmudes Angriff auf die Grundgesetz-Präambel. In: *Die Welt* vom 20. Mai 1985.

Kaiser, Carl-Christian: Sturm um Deutschlandpolitik. Die Union hängt noch an ihren überständigen Thesen. In: *Die Zeit* vom 11. März 1977.

Kaiser, Carl-Christian: Politik im Wartestand. Zur Lage der Nation: Nichts geht vor dem Herbst. In: *Die Zeit* vom 24. Juni 1983.

Kaiser, Carl-Christian: Ein Symbol als Hindernis. In der Deutschlandpolitik pendelt die Union zwischen Prinzipien und Pragmatismus. In: *Die Zeit* vom 10. Januar 1986.

Kaiser, Carl-Christian: Zweifel an den kleinen Schritten. Bonn sucht nach Antworten auf die dramatischen Herausforderungen in der Deutschlandpolitik. In: *Die Zeit* vom 6. Oktober 1989.

Kaiser, Carl-Christian: Der Ton ist gereizt. Helmut Kohls Zehn-Punkte-Katalog hat zu Spannungen innerhalb der Koalition geführt. In: *Die Zeit* vom 8. Dezember 1989.

Kaiser, Karl: Die deutsche Frage – rekapituliert. I Teilung und Entspannung. In: *Frankfurter Hefte*, Jg. 20/1965, S. 752–762; II Wiedervereinigung und europäisches Gleichgewicht, ebenda, S. 861–870; III Ansatzpunkte einer deutschen Wiedervereinigungspolitik, ebenda, Jg. 21/1966, S. 40–56.

Kaiser, Karl: Deutsche Außenpolitik nach der tschechoslowakischen Krise von 1968. In: *Europa-Archiv*, Jg. 24/1969, S. 353–364 (Außenpolitik).

Kaiser, Karl: Die neue Ostpolitik. In: Wolfram F. Hanrieder/Hans Rühle (Hrsg.): Im

Spannungsfeld der Weltpolitik: Dreißig Jahre deutsche Außenpolitik (1949–1979). Bonn 1981, S. 233–250.

Kaiser, Karl: Die Bundesregierung stellt keine Ansprüche . . . Konrad Adenauer und die Oder-Neiße-Linie: Frühe Einsichten in die Grenzen deutscher Politik. In: *Die Zeit* vom 29. September 1989.

Kaiser, Karl: Unity, Not Reunification, for Germany. In: *The New York Times* vom 6. Oktober 1989.

Kaiser, Monika: »Wenn wir jetzt nicht korrigieren, kommt eine Katastrophe«. Der 17. Juni und das »Berija-Dokument«. In: *Die Welt* vom 17. Juni 1991.

Karutz, Hans-R.: Ost-Berlin irritiert: Vom Kanzler überrascht. In: *Die Welt* vom 30. November 1989.

Kennan, George F.: Leichter mit der Teilung leben. Vier Jahrzehnte nach Kriegsende ergeben sich neue Chancen für das Ost-West-Verhältnis. In: *Die Zeit* vom 14. und 21. April 1989.

Kewenig, Wilhelm: Quo vadis Berlin? Berlin, Deutschland, Europa – Auf der Suche nach einem deutschlandpolitischen Konzept der 90er Jahre. In: *Die Zeit* vom 20. Februar 1987.

Kiefer, Markus: Die Reaktion auf die »Stalin-Noten« in der zeitgenössischen deutschen Publizistik. Zur Widerlegung einer Legende. In: *Deutschland Archiv*, Jg. 22/1989, S. 56–76 (Reaktion).

Kielinger, Thomas: Die Einheit verspielt? Universal, nicht national. In: *Rheinischer Merkur/Christ und Welt* vom 17. Juni 1988.

Kielinger, Thomas: Freiheit – Die deutsche Frage unter lauter zertrümmerten Tabus. In: *Rheinischer Merkur/Christ und Welt* vom 22. September 1989.

Kielinger, Thomas: Kollektive Ängstlichkeit. In: *Der Journalist*, Jg. 41/1990, Nr. 8 (August), S. 30.

Kielmansegg, Peter Graf: Was ist vom Reich geblieben? In: *Die Zeit* vom 15. Januar 1971.

Kielmansegg, Peter Graf: Krise der Totalitarismustheorie? In: Manfred Funke (Hrsg.): Totalitarismus – Ein Studien-Reader zur Herrschaftsanalyse moderner Diktaturen. Düsseldorf 1978, S. 61–79.

Kiesel, Helmuth: Die Intellektuellen und die deutsche Einheit. In: *Die politische Meinung*, Jg. 36/1991, H. 264, S. 49–62 (Die Intellektuellen).

Kimmel, Adolf: Die deutsch-französischen Beziehungen (I). In: *Neue politische Literatur*, Jg. 35/1990, S. 472–483.

Kimminich, Otto: Deutschland als Rechtsbegriff und die Anerkennung der DDR. In: *Deutsches Verwaltungsblatt*, Jg. 85/1970, S. 437–445 (Deutschland).

Kimminich, Otto: Ein Staat auf Rädern? Zur verfassungsrechtlichen Lage der Bundesrepublik Deutschland. In: *Politische Studien*, Jg. 23/1972, Oktober, Sonderheft, S. 11–25.

Kimminich, Otto: Wird Deutschland als Ganzes durch den Grundvertrag beerdigt? In: *Die Welt* vom 15. November 1972.

Kimminich, Otto: Das Urteil über die Grundlagen der staatsrechtlichen Konstruktion der Bundesrepublik Deutschland. In: *Deutsches Verwaltungsblatt*, Jg. 88/1973, S. 656–662 (Urteil).

Kimminich, Otto: Grundvertrag. Anhang zum »Kommentar zum Bonner Grundgesetz« (Bonner Kommentar). Hamburg 1974.

Kimminich, Otto: Die Rechtslage Deutschlands nach Grundgesetz und Grundvertrag. In: *Politische Studien*, Jg. 31/1980, S. 367–378.

Kissinger, Henry A.: Was wird aus der westlichen Allianz? Wien/Düsseldorf 1965 (Allianz).

Kissinger, Henry A.: Wege zur deutschen Einheit. In: Theo Sommer (Hrsg.): Denken an Deutschland. Zum Problem der Wiedervereinigung – Ansichten und Einsichten. Hamburg 1966, S. 77–90.

Kissinger, Henry A.: Memoiren 1968–1973. München 1979.

Kissinger, Henry A.: Auch ein vereinigtes Deutschland muß NATO-Mitglied sein. In: *Welt am Sonntag* vom 10. Dezember 1989.

Kissinger, Henry A.: Vereinigtes neutrales Deutschland würde Hegemonialmacht. In: *Welt am Sonntag* vom 4. Februar 1990.

Kissinger, Henry A.: Die Bundesrepublik hat es nicht verdient, von ihren Freunden als besiegtes Land behandelt zu werden. In: *Welt am Sonntag* vom 15. April 1990.

Klein, Eckart: Nation und Demokratie – Sachzusammenhänge und deutsche Frage. In: Gottfried Zieger (Hrsg.): Recht, Wirtschaft, Politik im geteilten Deutschland. Festschrift für Siegfried Mampel. Köln u. a. 1983, S. 345–360.

Klein, Eckart: Die Verantwortung der Bundesrepublik Deutschland für Deutschland als Ganzes. In: Gottfried Zieger/Boris Meissner/Dieter Blumenwitz (Hrsg.): Deutschland als Ganzes – Rechtliche und historische Überlegungen. Köln 1985, S. 159–173 (Verantwortung).

Klein, Eckart: Die Staatsräson der Bundesrepublik Deutschland. In: Kay Hailbronner/Georg Ress/Thorsten Stein (Hrsg.): Staat und Völkerrechtsordnung. Festschrift für Karl Doehring. Berlin u. a. 1989, S. 459–478 (Staatsräson).

Klein, Eckart: Deutschlands Rechtslage. In: Werner Weidenfeld/Karl-Rudolf Korte (Hrsg.): Handwörterbuch zur deutschen Einheit. Lizenzausgabe für die Bundeszentrale für politische Bildung. Bonn 1991; Frankfurt/M. 1992, S. 236–244.

Klein, Hans: Es begann im Kaukasus. Der entscheidende Schritt in die Einheit Deutschlands. Berlin/Frankfurt/M. 1991.

Klein, Hans H.: ». . . die Einheit und Freiheit Deutschlands zu vollenden« – Geltung und Bestand des Wiedervereinigungsgebots –. In: Hans Joachim Faller/Paul Kirchhof/Ernst Traeger (Hrsg.): Verantwortlichkeit und Freiheit – Die Verfassung als wertbestimmte Ordnung. Festschrift für Willi Geiger zum 80. Geburtstag. Tübingen 1989, S. 132–144 (Einheit).

Kleinschmidt, Harald: »Symptome eines Syndroms«. In: *Deutschland Archiv*, Jg. 21/1988, S. 232–235.

Kleßmann, Christoph: Zwei Staaten, eine Nation – Deutsche Geschichte 1955–1970. Band 265 der Schriftenreihe der Bundeszentrale für politische Bildung. Bonn 1988.

Kleßmann, Christoph: Sozialdemokratie und deutsche Frage zwischen Kaltem Krieg und neuer Ostpolitik. In: Dieter Dowe (Hrsg.): Sozialdemokratie und Nation in Geschichte und Gegenwart. Friedrich-Ebert-Stiftung. Bonn 1990, S. 39–51.

Klinger, Fred: Die Wirtschaft der DDR aus der Sicht der Bundesrepublik Deutschland. Referat auf der Expertentagung »Die Aufarbeitung der DDR-Geschichte und SED-Herrschaft in Wissenschaft und Publizistik der Bundesrepublik Deutschland«, veranstaltet von der Akademie für Politik und Zeitgeschehen der Hanns-Seidel-Stiftung vom 22.–24. Januar 1992 im Bildungszentrum Wildbad Kreuth (Vortrags-Manuskript) (Wirtschaft).

Knabe, Hubertus: Die deutsche Oktoberrevolution. In: Hubertus Knabe (Hrsg.): Aufbruch in eine andere DDR. Reformer und Oppositionelle zur Zukunft ihres Landes. Reinbek bei Hamburg 1989, S. 9–20.

Knabe, Hubertus: Politische Opposition in der DDR – Ursprünge, Programmatik,

Perspektiven. In: Aus Politik und Zeitgeschichte. Beilage zur Wochenzeitung *Das Parlament*, B 1–2 vom 5. Januar 1990, S. 21–32.

Knapp, Manfred: Ein »Berliner« namens John F. Kennedy. Zur Deutschland- und Europa-Politik der Kennedy-Administration. In: *Frankfurter Hefte*, Jg. 29/1974, S. 326–336.

Knauft, Wolfgang: Deutsche Frage – Stellung der Kirchen. In: Staatslexikon. Hrsg. von der Görres-Gesellschaft. 7., völlig neu bearb. Aufl. Band 1. Freiburg/Basel/Wien 1985, Sp. 1274–1276.

Knopp, Guido/Siegfried Quandt/Herbert Scheffler (Hrsg.): Nation Deutschland? I. Hambacher Disput. Paderborn 1984.

Knopp, Guido/Ekkehard Kuhn: Die Deutsche Einheit – Traum und Wirklichkeit. Erlangen 1990.

Kocka, Jürgen: Nation und Gesellschaft. Historische Überlegungen zur »deutschen« Frage. In: *Politik und Kultur*, Jg. 8/1981, H. 1, S. 3–25.

Kocka, Jürgen: Deutsche Identität und historischer Vergleich. Nach dem »Historikerstreit«. In: Aus Politik und Zeitgeschichte. Beilage zur Wochenzeitung *Das Parlament*, B 40–41 vom 30. September 1988, S. 15–28.

Kocka, Jürgen: Nur keinen neuen Sonderweg. Jedes Stück Entwestlichung wäre als Preis für die deutsche Einheit zu hoch. In: *Die Zeit* vom 19. Oktober 1990.

Kocka, Jürgen: Revolution und Nation 1989. Zur historischen Einordnung der gegenwärtigen Ereignisse. In: Tel Aviver Jahrbuch für deutsche Geschichte, Jg. XIX/1990, S. 479–499.

Kocka, Jürgen: Die Geschichtswissenschaft in der Vereinigungskrise. In: *Initial 1991*, H. 2, S. 132–136.

Kocka, Jürgen: Überraschung und Erklärung. Was die Umbrüche von 1989/90 für die Gesellschaftsgeschichte bedeuten könnten (Manuskript).

Kocka, Jürgen: Droht eine neue Nationalgeschichte? (Manuskript).

Köcher, Renate: Aufwind für die Bonner Koalition. In: *Frankfurter Allgemeine Zeitung* vom 15. Januar 1992.

Köhler, Anne/Richard Hilmer: Jugend und die deutsche Einheit. In: Werner Weidenfeld/Karl-Rudolf Korte (Hrsg.): Handwörterbuch zur deutschen Einheit. Lizenzausgabe für die Bundeszentrale für politische Bildung. Bonn 1991; Frankfurt/M. 1992, S. 413–423.

Kohl, Helmut: Geduld und Mut in der Deutschlandpolitik. In: *Politik und Kultur*, Jg. 2/1975, H. 5, S. 3–7.

Kohl, Helmut: Bundestagsreden und Zeitdokumente. Vorwort vom Bundestagspräsidenten Karl Carstens. Hrsg. von Horst Teltschik. Bonn 1978.

Kohl, Helmut: Perspektiven deutscher Außenpolitik für die achtziger Jahre. In: Helmut Kohl (Hrsg.): Der neue Realismus – Außenpolitik nach Iran und Afghanistan. Düsseldorf 1980, S. 211–227.

Kohl, Helmut: Ohne die Illusion rascher Erfolge. Die deutsche Frage bleibt eine Kernfrage Europas. In: *Lutherische Monatshefte*, Jg. 20/1981, S. 261–263.

Kohl, Helmut: Die Präambel des Grundgesetzes aus der Sicht der CDU. In: Dieter Haack/Hans-Günter Hoppe/Eduard Lintner/Wolfgang Seiffert (Hrsg.): Das Wiedervereinigungsgebot des Grundgesetzes. Köln 1989, S. 13–20 (Präambel).

Kohlschüter, Andreas: Sie sagen »Ja« zu ihrem Staat. Die Bewohner der DDR fühlen sich nicht mehr länger im Wartesaal. In: *Die Zeit* vom 7. August 1970.

Kosthorst, Erich: Die Teilung Deutschlands und die Entstehung zweier deutscher Staaten. Eine didaktische Analyse. In: *Politik und Kultur*, Jg. 1/1974, H. 3, S. 14–33.

Kosthorst, Erich: Zeitgeschichte und Zeitperspektive. Versuch einer didaktischen Ortsbestimmung. In: Aus Politik und Zeitgeschichte. Beilage zur Wochenzeitung *Das
Parlament*, B 22 vom 31. Mai 1975, S. 3–10.

Kosthorst, Erich: Zeitgeschichte und deutsche Frage vor der jungen Generation. In:
Politik und Kultur, Jg. 3/1976, H. 6, S. 17–26.

Kosthorst, Erich: Die Teilung Deutschlands und die Entstehung zweier deutscher
Staaten. In: Aus Politik und Zeitgeschichte. Beilage zur Wochenzeitung *Das Parlament*, B 2 vom 15. Januar 1977, S. 36–44.

Kosthorst, Erich: Die deutsche Frage in der politischen Bildung: Die Lage in der
Bundesrepublik Deutschland. In: Die deutsche Frage in der politischen Bildung.
Öffentliche Anhörung des Ausschusses für innerdeutsche Beziehungen des Deutschen Bundestages 1978. Hrsg. vom Deutschen Bundestag – Presse- und Informationszentrum. Bonn 1978, S. 27–40, 66–77, 115–122.

Kosthorst, Erich: Jakob Kaiser – Bundesminister für gesamtdeutsche Fragen 1949–
1957. 2. Aufl. Stuttgart 1985.

Kosthorst, Erich: Die Frage der deutschen Einheit im Spannungsfeld politischer Optionen und historischer Traditionen. In: Karl-Ernst Jeismann (Hrsg.): Einheit – Freiheit –
Selbstbestimmung. Die Deutsche Frage im historisch-politischen Bewußtsein. Band
255 der Schriftenreihe der Bundeszentrale für politische Bildung. Bonn 1987, S. 19–
42 (Frage).

Kosthorst, Erich/Karl Deppe: Die Teilung Deutschlands und die Entstehung zweier
deutscher Staaten. Paderborn 1977.

Kraus, Josef: Wie das Thema DDR aus den Köpfen bundesdeutscher Lehrer verschwand. In: *Welt am Sonntag* vom 28. Januar 1990 (Thema).

Kreisky, Bruno: Deutschland viergeteilt. In: *Der Monat*, Jg. 22/1970, H. 260, S. 20–27.

Kreisky, Bruno: Zwischen den Zeiten. Berlin 1986.

Kremp, Herbert: Älterer Student, zum Schauen bestellt. Beschwörung des Idylls:
Günter Gaus denkt darüber nach, »wo Deutschland liegt«. In: *Die Welt* vom 12. Ok-
tober 1983 (Rezension des Buches von Günter Gaus: Wo Deutschland liegt – Eine
Ortsbestimmung. Hamburg 1983).

Kremp, Herbert: »Klare Liebe zu Bach und Beethoven«. Über die Eigenschaften Honek-
kers – Klaus Böllings mitteldeutsche Erinnerungen. In: *Die Welt* vom 24. Dezember
1983 (Rezension des Buches von Klaus Bölling: Die fernen Nachbarn. Hamburg
1983).

Kremp, Herbert: Die neue historische Neugier der Deutschen. In: *Welt am Sonntag* vom
22. Februar 1987.

Kremp, Herbert: Tennis mit Gleichgesinnten. Kritik aus dem Stehkragen: Günter Gaus
und die »Welt der Westdeutschen«. In: *Die Welt* vom 26. Februar 1987 (Rezension
des Buches von Günter Gaus: Die Welt der Westdeutschen – Kritische Betrachtungen. Köln 1986).

Kremp, Herbert: Wir brauchen unsere Geschichte – Nachdenken über Deutschland.
Berlin/Frankfurt/M. 1988.

Kremp, Herbert: Bastelstunde mit Deutschlands Geschichte. In: *Die Welt* vom 24. April
1991.

Kreuz, Leo Ferdinand: Das Kuratorium Unteilbares Deutschland. Untersuchungen zu
einer deutschlandpolitisch tätigen Institution. Phil. Diss. Universität Bonn. Bonn
1979.

Krieger, Wolfgang: General Lucius D. Clay und die amerikanische Deutschlandpolitik
1945–1949. Stuttgart 1987.

Kriele, Martin: Die Menschenrechte zwischen Ost und West. Köln 1977.

Krockow, Christian Graf von: Nation als Problem – Die Deutschen vor ihrer Geschichte. In: *Politik und Kultur*, Jg. 1/1974, H. 4, S. 24–42.

Krone, Heinrich: Aufzeichnungen zur Deutschland- und Ostpolitik 1954–1969. In: Rudolf Morsey/Konrad Repgen (Hrsg.): Untersuchungen und Dokumente zur Ostpolitik und Biographie. Adenauer-Studien III. Mainz 1974, S. 134–201 (Aufzeichnungen).

Krüger, Herbert: Die deutsche Friedensnote. Würdigung – Widerhall – Einordnung in die weltpolitische Großlage. In: *Moderne Welt*, Jg. 7/1966, S. 349–367.

Krump, Hans: »Wiedervereinigungs-Gebot steht nicht zur Disposition«. Senator Scholz kritisiert Wilms-Äußerungen in Paris. In: *Die Welt* vom 30.–31. Januar 1988.

Kuby, Erich: Der Preis der Einheit. Hamburg 1990.

Kühn, Detlef: Deutschland und die deutsche Nation im Unterricht. In: Aus Politik und Zeitgeschichte. Beilage zur Wochenzeitschrift *Das Parlament*, B 49 vom 10. Dezember 1977, S. 3–10.

Kühn, Detlef: Deutschlandforschung an den Hochschulen der Bundesrepublik Deutschland. In: *Politik und Kultur*, Jg. 6/1979, H. 6, S. 40–44.

Kühn, Detlef: Aufgaben und Chancen einer modernen Nationalpädagogik. In: *Politik und Kultur*, Jg. 10/1983, H. 5, S. 52–62 (Aufgaben).

Kühn, Detlef: Die FDP und die Deutschlandpolitik. In: Dieter Blumenwitz/Gottfried Zieger (Hrsg.): Die deutsche Frage im Spiegel der Parteien. Köln 1989, S. 83–87.

Kühn, Detlef: Deutschlandpolitische Bildung. In: Dieter Haack/Hans-Günter Hoppe/Eduard Lintner/Wolfgang Seiffert (Hrsg.): Das Wiedervereinigungsgebot des Grundgesetzes. Köln 1989, S. 171–185.

Kühnl, Reinhard: Nation – Nationalismus – Nationale Frage. Was ist das und was soll das? Köln 1986.

Küsters, Hanns Jürgen (Bearbeiter): Adenauer: Teegespräche 1950–1954, 1984; Teegespräche 1955–1958, 1986; Teegespräche 1959–1961, 1988. Berlin.

Kuhlmann, Andreas: Nachgeholte Legitimation. Gibt es demokratisches Defizit der deutschen Einigung? In: *Frankfurter Allgemeine Zeitung* vom 19. Dezember 1990.

Kunert, Günter: Traumverloren. Die Idee des Sozialismus scheitert. In: *Frankfurter Allgemeine Zeitung* vom 30. November 1989.

Kunert, Günter: Der Sturz vom Sockel. Zum Streit der deutschen Autoren. In: *Frankfurter Allgemeine Zeitung* vom 3. September 1990.

Kunert, Günter: Mythos Deutschland. Einige Bemerkungen zum Nachtleuchten des vergangenen Übels. In: *Frankfurter Allgemeine Zeitung* vom 29. Dezember 1990.

Kunert, Günter: Homunculus kehrt zurück. Das Rätsel der DDR-Identität. In: *Frankfurter Allgemeine Zeitung* vom 11. Dezember 1991.

Kunz, Rainer/Herbert Maier/Theo Stammen: Programme der politischen Parteien in der Bundesrepublik Deutschland. Dritte überarb. Aufl. München 1979 (Kunz: Programme).

Kunze, Reiner: Gegenseitig überfordert? Ein Gespräch mit Wolfgang Kraus. In: *Die politische Meinung*, Jg. 36/1991, H. 265, S. 37–44.

Kuppe, Johannes: Offensiv in die Defensive. In: *Deutschland Archiv*, Jg. 22/1989, S. 1–7.

Kuppe, Johannes: Die deutsch-deutschen Beziehungen aus der Sicht der DDR. In: Werner Weidenfeld/Hartmut Zimmermann (Hrsg.): Deutschland-Handbuch – Eine doppelte Bilanz 1949–1989. Hrsg. von der Bundeszentrale für politische Bildung. Bonn 1989, S. 551–567.

Kuppe, Johannes: Noch sind nicht alle Aufgaben erledigt. Gesamtdeutsches Institut in Bonn aufgelöst. In: *Das Parlament*, Nr. 52–53 vom 20./27. Dezember 1991, S. 16.

Kupper, Siegfried: Überlegungen zur zukünftigen Entwicklung der Deutschlandforschung. In: *Deutschland Archiv*, Jg. 24/1991, S. 529–532.

Kux, Ernst: Sowjetische Stimmen zur deutschen Einheit. In: *Neue Zürcher Zeitung*, Nr. 112 vom 17. Mai 1990.

Lafontaine, Oskar: Angst vor den Freunden. Die Atomwaffenstrategie der Supermächte zerstört die Bündnisse. Reinbek bei Hamburg 1983.

Lafontaine, Oskar: Die Gesellschaft der Zukunft – Reformpolitik in einer veränderten Welt. Hamburg 1988.

Lafontaine, Oskar: Probleme und Perspektiven der Deutschlandpolitik. Vortrag im Forschungsinstitut der Friedrich-Ebert-Stiftung am 17. September 1990 in Bonn. Bonn 1990.

Lafontaine, Oskar: Deutsche Wahrheiten – Die nationale und die soziale Frage. Hamburg 1990.

Laloy, Jean: Wie Stalin Europa spaltete. Die Wahrheit über Jalta. Wien/Darmstadt 1990 (Französische Ausgabe: Yalta hier, aujourd'hui, demain. Paris 1988).

Lamers, Karl: Die Nation muß erfahrbar bleiben. In: *Rheinischer Merkur/Christ und Welt* vom 15. April 1988.

Langen, Claus-Einar: Wem gehört die Elbe zwischen Schnackenburg und Lauenburg? In: *Frankfurter Allgemeine Zeitung* vom 8. Oktober 1974.

Langen, Claus-Einar: Gibt Bonn den Gebietsforderungen Ost-Berlins in der Elbe nach? In: *Frankfurter Allgemeine Zeitung* vom 24. Oktober 1974.

Langen, Claus-Einar: Eine Bonner Dokumentation unterstützt Ost-Berlins Forderungen auf der Elbe. In: *Frankfurter Allgemeine Zeitung* vom 14. Juni 1975.

Langen, Claus-Einar: Die Fehler der Bundesregierung bei der Grenzfeststellung an der Elbe. In: *Frankfurter Allgemeine Zeitung* vom 19. Dezember 1975.

Langen, Claus-Einar: Schwierige Phase in den Elbe-Verhandlungen. In: *Frankfurter Allgemeine Zeitung* vom 8. Juli 1976.

Langen, Claus-Einar: Nichts spricht für eine Demarkationslinie in der Mitte der Elbe. In: *Frankfurter Allgemeine Zeitung* vom 14. August 1976.

Langguth, Gerd: Der grüne Faktor – Von der Bewegung zur Partei? Osnabrück 1984.

Langguth, Gerd: Die Deutschlandpolitik der GRÜNEN. In: Manfred Langner (Hrsg.): Die GRÜNEN auf dem Prüfstand – Analyse einer Partei. Bergisch Gladbach 1987, S. 423–480 (Deutschlandpolitik).

Langner, Manfred (Hrsg.): Die GRÜNEN auf dem Prüfstand. Analyse einer Partei. Mit einem Vorwort von Hans-Peter Schwarz. Bergisch Gladbach 1987.

Lapp, Peter Joachim: Rock an der Mauer. In: *Deutschland Archiv*, Jg. 20/1987, S. 682–684.

Lapp, Peter Joachim: DDR-Kommunalwahlen 1989. In: *Deutschland Archiv*, Jg. 22/1989, S. 614–617.

Lapp, Peter Joachim: Bundesministerium für innerdeutsche Beziehungen. In: Werner Weidenfeld/Karl-Rudolf Korte (Hrsg.): Handwörterbuch zur deutschen Einheit. Lizenzausgabe für die Bundeszentrale für politische Bildung. Bonn 1991; Frankfurt/ M. 1992, S. 55–60.

Lasky, Melvin J.: Wortmeldung zu einer Revolution. Der Zusammenbruch der kommunistischen Herrschaft in Ostdeutschland. Berlin 1991.

Lau, Karlheinz: Die Umsetzung des KMK-Beschlusses »Die deutsche Frage im Unterricht« im Lande Berlin. In: *Politik und Kultur*, Jg. 8/1981, H. 4, S. 79–84 (Umsetzung).

Leber, Georg: Rede zum Gedenken an den 17. Juni 1953 im Deutschen Bundestag vom 17. Juni 1985. Text in: Texte, Reihe III/Band 3, S. 327–338.

Leicht, Robert: Das Grundgesetz bleibt unversehrt. Analyse des Grundvertrags. In: *Süddeutsche Zeitung* vom 11./12. November 1972.

Leicht, Robert: Turbulenz um den Begriff: Zwei Staaten einer Nation. Der Grundlagenvertrag entschärft eine problematische Kategorie. In: *Süddeutsche Zeitung* vom 3. April 1981.

Leicht, Robert: Die neue Welle alter Träume. Das Wiedererwachen nationaler Erwartungen aus dem deutschen Drang nach dem Unmöglichen. In: *Süddeutsche Zeitung* vom 5./6. Juni 1982.

Leicht, Robert: Balancieren mit dem Gewicht der Geschichte. Zur Diskussion über die offene deutsche Frage. In: *Süddeutsche Zeitung* vom 29./30. September 1984.

Leicht, Robert: Was vierzig Jahre danach bleibt. In: *Süddeutsche Zeitung* vom 18. Januar 1985.

Leicht, Robert: Gute Deutsche und gute Europäer? Nach Erich Honeckers Besuch in Bonn: Staunen und Sorgen der Nachbarn. In: *Die Zeit* vom 11. September 1987.

Leicht, Robert: Zehn Punkte für ein Miteinander. Zusammenarbeit, Konföderation, am Ende Wiedervereinigung – Konsens im Bundestag. In: *Die Zeit* vom 1. Dezember 1989.

Leicht, Robert: Wo Deutschland seine Zukunft hat. Nach dem Dresdner Treffen: Ein Aufatmen geht durchs geteilte Land. In: *Die Zeit* vom 22. Dezember 1989.

Leicht, Robert: Trübungen auf der Netzhaut. Weshalb die im Prinzip richtige Ostpolitik am Ende zu partieller Betriebsblindheit führte. In: *Die Zeit* vom 20. März 1992.

Leipziger Demontagebuch. Zusammengestellt und mit einer Chronik von Wolfgang Schneider. Leipzig und Weimar 1990.

Leonhard, Elke: Wo sind Schmidts Erben? Die SPD auf dem Weg zur Macht. Stuttgart 1991.

Leonhard, Wolfgang: Die Wiedervereinigung steht nicht auf der Tagesordnung. Wolfgang Leonhard über die Demokratisierung der DDR. In: *Gewerkschaftliche Monatshefte*, Jg. 40/1989, S. 747–756.

Leonhard, Wolfgang: Das kurze Leben der DDR. Berichte und Kommentare aus vier Jahrzehnten. Stuttgart 1990.

Lepenies, Wolf: Ressentiment und Überheblichkeit. Die Intellektuellen im deutschen Einigungsprozeß. In: *Frankfurter Allgemeine Zeitung* vom 7. März 1992.

Lessing, Clemens: Zum Beschluß der Kultusministerkonferenz vom 23. 11. 1978 »Die deutsche Frage im Unterricht«. In: Clemens Lessing/Kurt Gerhard Fischer (Hrsg.): Deutsche Fragen in Geschichte, Politik und politischer Bildung. Stuttgart 1982, S. 13–19 (Beschluß).

Liesert, Ulrike/Wolfgang Merkel (Hrsg.): Die Politik zur deutschen Einheit – Probleme, Strategien, Kontroversen. Opladen 1991.

Lindemann, Helmut: Die neuen Lehren und Lehrer – Deutsche Mentalität im Wandel. In: Helmut Hammerschmidt (Hrsg.): Zwanzig Jahre danach – eine deutsche Bilanz 1945–1965. München/Wien/Basel 1965, S. 133–149.

Lindemann, Helmut: Das antiquierte Grundgesetz. Plädoyer für eine zeitgemäße Verfassung. Hamburg 1966.

Lindemann, Helmut: Unerfüllte Nation – Alle theoretischen Pfeiler unseres Staates wanken. In: *Die Zeit* vom 16. Februar 1968 (Rezension u. a. des Buches von Hans Heigert: Deutschlands falsche Träume – oder: Die verführte Nation. Hamburg 1967).

Lindemann, Helmut: Überlegungen zur Bonner Deutschlandpolitik 1945–1970. In: Karl Dieter Bracher (Hrsg.): Nach 25 Jahren – Eine Deutschland-Bilanz. 2. Aufl. München 1970, S. 62–82.

Lindemann, Helmut: Die Sache mit der Nation. München 1970.

Link, Werner: Außen- und Deutschlandpolitik in der Ära Brandt 1969–1974. In: Karl Dietrich Bracher/Wolfgang Jäger/Werner Link: Republik im Wandel 1969–1974 – Die Ära Brandt. Stuttgart/Mannheim 1986, S. 163–282 (Ära Brandt).

Link, Werner: Außen- und Deutschlandpolitik in der Ära Schmidt 1974–1982. In: Wolfgang Jäger/Werner Link: Republik im Wandel 1974–1982 – Die Ära Schmidt. Mit einem abschließenden Essay von Joachim C. Fest. Stuttgart/Mannheim 1987, S. 275–432 (Ära Schmidt).

Link, Werner: Der Ost-West-Konflikt. Die Organisation der internationalen Beziehungen im 20. Jahrhundert. 2., überarb. und erw. Aufl. Stuttgart u. a. 1988.

Lintner, Eduard: Die Präambel und unsere westlichen Verbündeten. In: Dieter Haack/Hans-Günter Hoppe/Eduard Lintner/Wolfgang Seiffert (Hrsg.): Das Wiedervereinigungsgebot des Grundgesetzes. Köln 1989, S. 209–218.

Livingston, Robert: East Germany Between Moscow and Bonn. In: *Foreign Affairs*, Vol. 50/1972, No. 2, S. 297–309.

Lölhöffel, Helmut: Erfolge feiern und Fehler verdrängen. Die SPD wird von ihrer DDR-Politik eingeholt und tut sich schwer mit der Aufarbeitung. In: *Frankfurter Rundschau* vom 14. Februar 1992 (Erfolge).

Löw, Konrad: Die bundesdeutsche politikwissenschaftliche DDR-Forschung und die Revolution in der DDR. In: *Zeitschrift für Politik*, Jg. 38/1991, S. 237–254.

Loewenstern, Enno von: Was ängstigt Frau Wilms? In: *Die Welt* vom 1. Februar 1988.

Loewenstern, Enno von: Das vordringlichste Ziel. In: *Die Welt* vom 13. April 1988.

Loewenstern, Enno von: Kein Mißverständnis. In: *Die Welt* vom 16. September 1988.

Loewenstern, Enno von: Was regt sich Bahr so auf? In: *Die Welt* vom 29. November 1988.

Loewenstern, Enno von: Die gestohlene Erfahrung. In: *Die Welt* vom 17. Juni 1991.

Loewenstern, Enno von: Noch immer votieren die Deutschen täglich füreinander. Epplers große Rede vom 17. Juni und die Konsequenzen. In: *Die Welt* vom 19. Juni 1989.

Loewenstern, Enno von: Die ersten Alibis. In: *Die Welt* vom 13. März 1992.

Loewenstern, Enno von: Eppelmann, geh du voran. In: *Die Welt* vom 14. März 1992.

Löwenthal, Richard: Europa und die deutsche Teilung. In: Walther Hofer (Hrsg.): Europa und die Einheit Deutschlands. Eine Bilanz nach 100 Jahren. Köln 1970, S. 305–329.

Löwenthal, Richard: »Wiedervereinigung«, Selbstbestimmung und nationale Substanz. In: Außenpolitische Perspektiven des westdeutschen Staates. Band 3: Der Zwang zur Partnerschaft. Schriften des Forschungsinstituts der Deutschen Gesellschaft für Auswärtige Politik e. V., Band 30/3. München/Wien 1972, S. 309–312.

Löwenthal, Richard: Vom kalten Krieg zur Ostpolitik. Stuttgart 1974 (Krieg).

Löwenthal, Richard: Ostpolitik – »Ist der kalte Krieg zu Ende?« In: *Deutsche Zeitung* vom 18. April 1975 (Leserbrief).

Löwenthal, Richard: Der Traum von der Dritten Kraft. Ein neuer Versuch, Europa als eigenständigen weltpolitischen Faktor zu denken. In: *Die Zeit* vom 10. April 1981 (Rezension des Buches von Peter Bender: Das Ende des ideologischen Zeitalters – Die Europäisierung Europas. Berlin 1981).

Löwenthal, Richard: Weltpolitische Betrachtungen. Essays aus zwei Jahrzehnten. Hrsg. und eingeleitet von Heinrich August Winkler. Göttingen 1983.

Loewenthal, Richard: The German Question Transformed. In: *Foreign Affairs*, Vol. 63/1984, S. 303–315.

Löwenthal, Richard: Westbindung und Identität der Deutschen. Eine Antwort an Peter Glotz. In: *Die Neue Gesellschaft*, Jg. 31/1984, S. 437–440.

Lohmann, Martin: Christen mit Distanz? Kritische Anmerkungen zur Rolle der katholischen Kirche in der DDR. In: *Die politische Meinung*, Jg. 35/1990, H. 250, S. 89–95.

Loth, Wilfried: Kalter Krieg. In: Wichard Woyke (Hrsg.): Handwörterbuch Internationale Politik. 3. aktualisierte und erw. Aufl. Opladen 1986, S. 277–283.

Loth, Wilfried: Die Teilung der Welt – Geschichte des Kalten Krieges 1941–1955. 6. Aufl. München 1987.

Loth, Wilfried: Ost-West-Konflikt und deutsche Frage – Historische Ortsbestimmungen. München 1989 (Konflikt).

Loth, Wilfried: Deutsche Einheit, Europäisches Haus. Von der europäischen Dimension der deutschen Einigung. In: Arthur Heinrich/Klaus Neumann (Hrsg.): Alles Banane – Ausblicke auf das endgültige Deutschland. Köln 1990, S. 29–38.

Loth, Wilfried: Das Ende der Nachkriegsordnung. In: Aus Politik und Zeitgeschichte. Beilage zur Wochenzeitung *Das Parlament*, B 18 vom 26. April 1991, S. 3–10.

Luchsinger, Fred: Besiegelte Zweistaatlichkeit Deutschlands. In: *Neue Zürcher Zeitung* vom 10. November 1972.

Luchsinger, Fred: Realitäten und Illusionen. *NZZ*-Leitartikel zur internationalen Politik 1963–1983. Zürich 1983.

Ludz, Peter Christian: Entwurf einer soziologischen Theorie totalitär verfaßter Gesellschaft. In: Peter Christian Ludz (Hrsg.): Studien und Materialien zur Soziologie der DDR. Köln und Opladen 1964, S. 11–58 (Entwurf).

Ludz, Peter Christian: Parteielite im Wandel. Funktionsaufbau, Sozialstruktur und Ideologie der SED-Führung. Eine empirisch-systematische Untersuchung. Köln und Opladen 1968; 3. durchges. Aufl. 1970.

Ludz, Peter Christian: Die soziologische Analyse der DDR-Gesellschaft. In: Wissenschaft und Gesellschaft in der DDR. München 1971, S. 11–23.

Ludz, Peter Christian: Deutschlands doppelte Zukunft. Bundesrepublik und DDR in der Welt von morgen. Ein politischer Essay. München 1974.

Ludz, Peter Christian: Politische Ziele der SED und gesellschaftlicher Wandel in der DDR – Ein Rückblick. In: Die DDR nach 25 Jahren. Hrsg. vom Forschungsbeirat für Fragen der Wiedervereinigung Deutschlands beim Bundesminister für innerdeutsche Beziehungen. Berlin 1974, S. 65–79.

Ludz, Peter Christian: Die DDR zwischen Ost und West. Politische Analysen 1961 bis 1976. München 1977.

Luhmann, Niklas: Dabeisein und Dagegensein. Anregungen zu einem Nachruf auf die Bundesrepublik. In: *Frankfurter Allgemeine Zeitung* vom 21. August 1990.

Luhmann, Niklas: Nachruf auf die Bundesrepublik Deutschland. In: *Frankfurter Allgemeine Zeitung* vom 22. September 1990.

Maetzke, Ernst-Otto: Ein Vertrag und viel Kleingedrucktes. Die Leistungen der DDR sind schwer einklagbar. In: *Frankfurter Allgemeine Zeitung* vom 10. November 1972.

Maetzke, Ernst-Otto: Eine Sieger-Grenze. In: *Frankfurter Allgemeine Zeitung* vom 14. Januar 1976.

Maetzke, Ernst-Otto: Eine Grenze besonderer Art. In: *Frankfurter Allgemeine Zeitung* vom 1. September 1976.

Maetzke, Ernst-Otto: Näher an der Realität. In: *Frankfurter Allgemeine Zeitung* vom 19. Juni 1987.

Maetzke, Ernst-Otto: Korrigierter Geißler. In: *Frankfurter Allgemeine Zeitung* vom 23. März 1988.

Maetzke, Ernst-Otto: Über Deutschland nachdenklicher. In: *Frankfurter Allgemeine Zeitung* vom 16. Juni 1988.

Maetzke, Ernst-Otto: Wer wollte, konnte es lesen. Die Zeitungen der SED enthielten viel Informatives über die frühere DDR. In: *Frankfurter Allgemeine Zeitung* vom 19. September 1991.

Mahncke, Dieter: Die Ostpolitik der Bundesrepublik Deutschland seit dem Regierungswechsel 1982. In: *Politik und Kultur,* Jg. 14/1987, H. 1, S. 33–50.

Mahnke, Hans-Heinrich: Verfassungsrechtliche Bindungen. In: Außenpolitische Perspektiven des westdeutschen Staates. Band 2: Das Vordringen neuer Kräfte. Schriften des Forschungsinstituts der Deutschen Gesellschaft für Auswärtige Politik e. V. Band 30/2. München/Wien 1972, S. 183–198.

Mahnke, Hans-Heinrich: Der Vertrag über die Grundlagen der Beziehungen zwischen der Bundesrepublik und der DDR. Anmerkungen zum Urteil des Bundesverfassungsgerichts. In: *Deutschland Archiv,* Jg. 6/1973, S. 1163–1180 (Vertrag).

Mahnke, Hans-Heinrich: Berlin in den innerdeutschen Beziehungen. In: Maria Haendcke–Hoppe/Erika Lieser-Triebnigg (Hrsg.): 40 Jahre innerdeutsche Beziehungen. Jahrbuch 1989 der Gesellschaft für Deutschland-Forschung. Berlin 1990, S. 99–117.

Maier, Gerhart: Die Wende in der DDR. Hrsg. von der Bundeszentrale für politische Bildung. Bonn 1991.

Maizière, Lothar de: Vorwort zu Heiner Sauer/Hans-Otto Plumeyer: Der Salzgitter Report. Die Zentrale Erfassungsstelle berichtet über Verbrechen im SED-Staat. Esslingen/München 1991, S. 7–9.

Mampel, Siegfried: Die Verfassung der sowjetischen Besatzungszone Deutschlands. Frankfurt/M./Berlin 1962; 2., neu bearb. und erg. Aufl. 1966.

Mampel, Siegfried: Die sozialistische Verfassung der Deutschen Demokratischen Republik. Kommentar. Frankfurt/M. 1972; 2., völlig neu bearb. und erw. Aufl. 1982.

Mampel, Siegfried: Versuch eines Ansatzes für eine Theorie des Totalitarismus. In: Konrad Löw (Hrsg.): Totalitarismus. Berlin 1988, S. 13–15.

Mampel, Siegfried: Gedanken zu Verfassungsfragen. In: *Staat und Recht,* Jg. 39/1990, S. 435–447.

Mampel, Siegfried: Das Ende der sozialistischen Verfassung der DDR. In: *Deutschland Archiv,* Jg. 23/1990, S. 1377–1396.

Mampel, Siegfried/Karl C. Thalheim (Hrsg.): Die DDR – Partner oder Satellit der Sowjetunion? Jahrbuch 1979 der Gesellschaft für Deutschlandforschung. München 1980.

Mangoldt, Hans von: Zur Rechtslage Berlins. In: *Recht in Ost und West,* Jg. 34/1990, S. 1–12.

Mann, Golo: Hat Deutschland eine Zukunft? In: *Die Zeit* vom 7. September 1962; gekürzte Wiedergabe in: Hans-Adolf Jacobsen/Otto Stenzl (Hrsg.): Deutschland und die Welt. Zur Außenpolitik der Bundesrepublik 1949–1963. München 1964, S. 197–203 (Deutschland).

Mann, Golo: Der Staatsmann und sein Werk. In: Die Ära Adenauer – Einsichten und Ausblicke. Frankfurt/M. 1964, S. 170–183.

Mann, Golo: Gedanken zum Grundvertrag. In: *Neue Rundschau,* Jg. 84/1973, S. 1–8.

Mann, Golo: Konrad Adenauer – Staatsmann der Sorge. In: *Frankfurter Allgemeine Zeitung* vom 14. Februar 1976.

Mann, Golo: Der Preis war zu hoch. In: *Die Welt* vom 24. Mai 1986 (Leserbrief).

Marienfeld, Wolfgang: Die »Einheit der Nation« in der Schulgeschichtsschreibung beider deutscher Staaten seit 1945. In: Karl-Ernst Jeismann (Hrsg.): Einheit – Freiheit – Selbstbestimmung. Die Deutsche Frage im historisch-politischen Bewußtsein. Band 255 der Schriftenreihe der Bundeszentrale für politische Bildung. Bonn 1987, S. 43–61.

Marienfeld, Wolfgang/Manfred Overesch: Deutschlandbild und Deutsche Frage in den Geschichtsbüchern der Bundesrepublik Deutschland und den Richtlinien der Länder. In: Wolfgang Jacobmeyer (Hrsg.): Deutschlandbild und Deutsche Frage in den historischen, geographischen und sozialwissenschaftlichen Unterrichtswerken der Bundesrepublik Deutschland und der Deutschen Demokratischen Republik von 1949 bis in die 80er Jahre. Braunschweig 1986, S. 1–118 (Deutschlandbild).

Marko, Kurt: Die Teilung der Welt. Ein »kurzer Lehrgang« der Demagogie. Anmerkungen zu Wilfried Loths »Geschichte des Kalten Krieges 1941–1955«. In: *Zeitschrift für Politik*, Jg. 29/1982, S. 429–435.

Marko, Kurt: Auf wolkigem Prüfstand: Der Ost-West-Konflikt. In: *Europäische Rundschau*, Jg. 10/1982, S. 145–148.

Marquardt, Bernhard: Die DDR auf dem Weg vom totalitären zum autoritären Staat? In: Konrad Löw (Hrsg.): Totalitarismus. Berlin 1988, S. 108–134.

Marquardt, Bernhard: Der Totalitarismus – ein gescheitertes Herrschaftssystem. Eine Analyse der Sowjetunion und anderer Staaten Ost-Mitteleuropas. Bochum 1991.

Martin, Ernst: Zwischenbilanz: Deutschlandpolitik der 80er Jahre. Stuttgart 1986.

Marx, Werner: Deutsche Ostpolitik nach 1969. In: Gerhard Mayer-Vorfelder/Hubertus Zuber: Union alternativ. Stuttgart-Degerloch 1976, S. 85–97.

Marx, Werner: Deutschland in der Welt. In: Richard von Weizsäcker (Hrsg.): CDU – Grundsatzdiskussion. Beiträge aus Wissenschaft und Politik. München 1977, S. 169–181.

Marx, Werner: Was heute auf einmal »Revanchismus« sein soll. In: *Frankfurter Allgemeine Zeitung* vom 1. August 1984.

Mathiopoulos, Margarita: Peace Would Settle the German Question. In: *International Herald Tribune* vom 1. November 1989; dt. Fassung: Auf die Einheit verzichten – Statt Wiedervereinigung ein Friedensvertrag für Europa. In: *Die Zeit* vom 17. November 1989.

Mattfeld, Antje: Modelle einer Normalisierung zwischen den beiden deutschen Staaten. Eine rechtliche Betrachtung. Düsseldorf 1973.

Matthies, Helmut: Evangelische Kirche und die Frage der Nation. In: Der Christ im vereinten Deutschland. Studientagung der Evangelischen Notgemeinschaft in Deutschland e. V. vom 13.–14. 4. 1991 im Berliner Reichstag. Heppenheim 1991, S. 41–48 (Kirche).

Matthies, Helmut: Im Griff der Stasi. Aufregung in der EKD über ein brisantes kirchliches Enthüllungsbuch. In: *idea-spectrum*, Nr. 50 vom 11. Dezember 1991, S. 1–3.

Matthies, Helmut: Schuld offen bekennen. Die Evangelische Kirche vor einer ihrer größten Zerreißproben. In: *idea-spectrum*, Nr. 51/52 vom 19. Dezember 1991, S. 1–7.

Mayer, Tilman: Die Nationale Frage in Deutschland. In: *Neue Politische Literatur*, Jg. 28/1983, S. 295–324.

Mayer, Tilman: Prinzip Nation: Dimensionen der nationalen Frage, dargestellt am Beispiel Deutschlands. Opladen 1986.

Mayer, Tilman: Jakob Kaiser – Gewerkschafter und Patriot. Eine Werkauswahl. Mit einer Einleitung von Tilman Mayer. Köln 1988.

Mayer, Tilman: DDR-Forschung und die Vereinigung Deutschlands. Viele Fragen warten noch immer auf eine Antwort. In: General-Anzeiger (Bonn) vom 12. September 1991 (Rezension des Buches von Heinz Peter Hamacher: DDR-Forschung und Politikberatung 1949–1990. Ein Wissenschaftszweig zwischen Selbstbehauptung und Anpassung. Köln 1991).

Meier, Christian: Sozialistische Identität. Vielleicht bleibt die deutsche Frage noch lange offen. In: Frankfurter Allgemeine Zeitung vom 23. November 1989.

Meier, Christian: Deutsche Einheit als Herausforderung. Welche Fundamente für welche Republik? München 1990.

Meier, Christian: Die Nation, die keine sein will. München 1991.

Meier, Reinhard: Die allmähliche Auflösung der deutschen Frage. In: Europa-Archiv, Jg. 39/1984, S. 644–656 (Auflösung).

Meier, Reinhard: Werden die Deutschen mißverstanden? Die Friedensdiskussion und die nationale Frage. In: Neue Zürcher Zeitung, Nr. 31 vom 8. Februar 1984.

Meier, Reinhard: Zweimal Nachdenken über Deutschlands Teilung. Die DDR-Erfahrungen von Gaus und Bölling. In: Neue Zürcher Zeitung, Nr. 38 vom 16. Februar 1984.

Meier, Reinhard: Neue Aufregung um die deutsche Frage. Scharfe Kritik an Äußerungen eines SPD-Politikers. In: Neue Zürcher Zeitung, Nr. 114 vom 21. Mai 1985.

Meier, Reinhard: Der »Spiegel« – ein deutsches Zerrbild? Schwankender Stellenwert eines schillernden Magazins. In: Neue Zürcher Zeitung, Nr. 292 vom 17. Dezember 1986.

Meimeth, Michael/Werner Link: Ost-West-Konflikt. In: Werner Weidenfeld/Karl-Rudolf Korte (Hrsg.): Handwörterbuch zur deutschen Einheit. Lizenzausgabe für die Bundeszentrale für politische Bildung. Bonn 1991; Frankfurt/M. 1992, S. 548–557.

Meissner, Boris: Das Ostpakt-System. Dokumentensammlung. Frankfurt/M./Berlin 1955.

Meissner, Boris (Hrsg.): Der Warschauer Pakt. Dokumentensammlung. Köln 1962.

Meissner, Boris: Dokumente zur Pariser Gipfelkonferenz. Band II: Die Genfer Außenministerkonferenz 1959 und die Diskussion über die Rechtslage Deutschlands und Berlins. Dokumentensammlung. Hamburg o. J.

Meissner, Boris: Moskau – Bonn. Die Beziehungen zwischen der Sowjetunion und der Bundesrepublik Deutschland. 1955–1973. Dokumentation. Band 1. Köln 1975.

Meissner, Boris: Gorbatschows Umbau des Sowjetsystems (II). In: Osteuropa, Jg. 39/1989, S. 702–719.

Melnikow, Daniil E.: Illusionen oder eine verpaßte Chance? Zur sowjetischen Deutschlandpolitik 1945–1952. In: Osteuropa, Jg. 41/1991, S. 593–601 (Text in stark gekürzter Fassung in: Der Spiegel, Nr. 49/1990).

Mende, Erich: Die FDP. Daten, Fakten, Hintergründe. Stuttgart 1972.

Ménudier, Henri: Das Deutschlandproblem aus französischer Sicht. In: Politik und Kultur, Jg. 10/1983, H. 6, S. 20–37.

Ménudier, Henri: Die deutsche Nation ist verspielt. In: Guido Knopp/Siegfried Quandt/Herbert Scheffler (Hrsg.): Nation Deutschland? I. Hambacher Disput. Paderborn 1984, S. 19–27.

Ménudier, Henri: Die deutsche Frage aus der heutigen Sicht Frankreichs. In: Hannelore Horn/Siegfried Mampel (Hrsg.): Die deutsche Frage aus der heutigen Sicht des

Auslandes. Schriftenreihe der Gesellschaft für Deutschlandforschung. Band 19. Berlin 1987, S. 25–50.

Merkel, Wilma/Stefanie Wahl: Das geplünderte Deutschland. Die wirtschaftliche Entwicklung im östlichen Teil Deutschlands von 1949 bis 1989. Schriften des Instituts für Wirtschaft und Gesellschaft, Bonn. Bonn 1991.

Merseburger, Peter: Grenzgänger – Innenansichten der anderen deutschen Republik. München 1988; 2. Aufl. 1989.

Merseburger, Peter: Der lange Weg zur Normalität. In: *Deutsches Allgemeines Sonntagsblatt* vom 18. Januar 1991.

Mertes, Alois: Wie relevant ist die deutsche Frage? In: *Politik und Kultur,* Jg. 7/1980, H. 2, S. 17–30.

Mertes, Alois: Deutschland- und Ostpolitik der achtziger Jahre. In: *Politik und Kultur,* Jg. 8/1981, H. 2, S. 20–38.

Mertes, Alois: Verbindliches Ausgangsdatum des Völkerrechts. In: *Frankfurter Allgemeine Zeitung* vom 12. August 1983 (Leserbrief).

Mertes, Alois: Mit Herz und mit Willkür. In: *Der Spiegel,* Nr. 45/1983, S. 53–57 (Rezension des Buches von Günter Gaus: Wo Deutschland liegt – Eine Ortsbestimmung. Hamburg 1983).

Mertes, Alois: Die Tragweite und Bedeutung der Berliner Vier-Mächte-Erklärung für Deutschland. In: Die Berliner Erklärung vom 15. Juni 1945 zu Deutschland. Dokumentation eines Symposiums des Bundes der Vertriebenen und der Kulturstiftung der deutschen Vertriebenen 1985 in Bonn. Bearbeitet von Odo Ratza. Hrsg. von der Kulturstiftung der deutschen Vertriebenen. Bonn 1985, S. 15–23 (Tragweite).

Mertes, Alois: An der Lösung der deutschen Frage soll auch Europa genesen. die Interdependenz von Bündnis und Wiedervereinigung aus Sicht der Bundesregierung. In: *Sicherheit und Frieden,* Jg. 3/1985, S. 73–76.

Mertes, Ludwig: Ein Wort der Anerkennung für den Gegner? In: *Frankfurter Allgemeine Zeitung* vom 7. August 1990 (Leserbrief).

Meyer-Landrut, Nikolaus: Frankreich und die deutsche Einheit. Die Haltung der französischen Regierung und Öffentlichkeit zu den Stalin-Noten 1952. München 1988.

Michnik, Adam: Liegt die Existenz der DDR im Interesse Polens? In: *Der Spiegel,* Nr. 42/1989, S. 49 und 52.

Mischnik, Wolfgang: Die Präambel des Grundgesetzes für die Bundesrepublik Deutschland aus der Sicht der FDP. In: Dieter Haack/Hans-Günter Hoppe/Eduard Lintner/Wolfgang Seiffert (Hrsg.): Das Wiedervereinigungsgebot des Grundgesetzes. Köln 1989, S. 29–33 (Präambel).

Mischnik, Wolfgang (Hrsg.): Verantwortung für die Freiheit – 40 Jahre F.D.P. Stuttgart 1989.

Mohler, Armin: Was die Deutschen fürchten. Angst vor der Politik, Angst vor der Geschichte, Angst vor der Macht. Stuttgart 1965.

Mommsen, Hans: Zum Problem des deutschen Nationalbewußtseins in der Gegenwart. In: *Der Monat,* Jg. 31/1979, Nr. 274, S. 75–83 (Problem).

Mommsen, Hans: Auf der Suche nach der Nation. In: *Evangelische Kommentare,* Jg. 12/1979, S. 565–567.

Mommsen, Hans: Nationalismus und transnationale Integrationsprozesse in der Gegenwart. In: Aus Politik und Zeitgeschichte. Beilage zur Wochenzeitung *Das Parlament,* B 9 vom 1. März 1980, S. 3–14.

Mommsen, Hans: Aus Eins mach Zwei. Die Bi-Nationalisierung Rest-Deutschlands. In: *Die Zeit* vom 6. Februar 1981.

Mommsen, Hans: Wie souverän ist die Bundesrepublik? In: Dieter Hoffmann-Axt-helm/Eberhard Knödler-Bunte (Hrsg.): Wie souverän ist die Bundesrepublik? Berlin 1982, S. 31–33.

Mommsen, Hans: Die Nation ist tot. Es lebe die Region. In: Guido Knopp/Siegfried Quandt/Herbert Scheffler (Hrsg.): Nation Deutschland? I. Hambacher Disput. Paderborn 1984, S. 35–38.

Mommsen, Hans: Suche nach der »verlorenen Geschichte«? Bemerkungen zum historischen Selbstverständnis der Bundesrepublik Deutschland. In: *Merkur*, Jg. 40/1986, S. 864–874. Nachdruck in: »Historikerstreit«. Die Dokumentation der Kontroverse um die Einzigartigkeit der nationalsozialistischen Judenvernichtung. 3. Aufl., München 1987, S. 156–173.

Mommsen, Wolfgang J.: Nation und Nationalbewußtsein in der Gegenwart. In: *Politik und Kultur*, Jg. 1/1974, H. 2, S. 16–28.

Mommsen, Wolfgang J.: Die deutsche Frage als nationales und als europäisches Problem. In: *Politik und Kultur*, Jg. 4/1977, H. 1, S. 3–23.

Mommsen, Wolfgang J.: Die Deutschen auf der Suche nach nationaler Identität oder: Was ist der Deutschen Vaterland? (Folge 2). In: *EG-Magazin*, Jg. 1981, H. 10, S. 10/11.

Mommsen, Wolfgang J.: Wandlungen der nationalen Identität. In: Werner Weidenfeld (Hrsg.): Die Identität der Deutschen. Band 200 der Schriftenreihe der Bundeszentrale für politische Bildung. Bonn 1983, S. 170–192.

Mommsen, Wolfgang J.: Die Deutschen und ihre Geschichte. In: *Politik und Kultur*, Jg. 15/1988, H. 1, S. 3–20.

Mommsen, Wolfgang J.: Die Idee der deutschen Nation in Geschichte und Gegenwart. In: *Gewerkschaftliche Monatshefte*, Jg. 41/1990, S. 263–273.

Mommsen, Wolfgang J.: Wandlungen der nationalen Identität der Deutschen. In: Wolfgang J. Mommsen: Nation und Geschichte. München 1990, S. 55–86.

Momper, Walter: Rede vom 10. November 1989 in Berlin. Text in: Texte zur Deutschlandpolitik, Reihe III/Bd. 7, S. 395–403.

Momper, Walter: Grenzfall. Berlin im Brennpunkt deutscher Geschichte. München 1991.

Morsey, Rudolf: Die Bundesrepublik Deutschland. Entstehung und Entwicklung bis 1969. München 1987.

Morsey, Rudolf: Die Deutschlandpolitik Adenauers. In: Alexander Fischer (Hrsg.): Vierzig Jahre Deutschlandpolitik im internationalen Kräftefeld. Edition Deutschland Archiv. Köln 1989, S. 16–31 (Deutschlandpolitik).

Motschmann, Jens: So nicht, Herr Pfarrer! Was wird aus der evangelischen Kirche? Berlin/Frankfurt/M. 1991.

Motschmann, Jens: Evangelische Kirche und Wiedervereinigung. In: Konrad Löw (Hrsg.): Ursachen und Verlauf der deutschen Revolution 1989. Berlin 1991, S. 65–84.

Motschmann, Klaus: Evangelische Kirche und politischer Totalitarismus – Kontinuität und Wandel. In: Konrad Löw (Hrsg.): Totalitarismus. Berlin 1988, S. 213–223.

Müller, Hans-Peter: Die »Oktober-Revolution« und das Ende des FDGB. In: Konrad Löw (Hrsg.): Ursachen und Verlauf der deutschen Revolution 1989. Berlin 1991, S. 85–103.

Müller, Helmut L.: Der »dritte Weg« als deutsche Gesellschaftsidee. In: Aus Politik und Zeitgeschichte. Beilage zur Wochenzeitung *Das Parlament*, B 27 vom 7. Juli 1984, S. 27–38.

Müller, Josef: Die gesamtdeutsche Volkspartei. Entstehung und Politik unter dem Primat nationaler Wiedervereinigung 1950–1957. Düsseldorf 1990.

Müller, Werner: DDR. In: Martin Greiffenhagen/Sylvia Greiffenhagen/Rainer Prätorius (Hrsg.): Handwörterbuch zur politischen Kultur der Bundesrepublik Deutschland – Ein Lehr- und Nachschlagewerk. Opladen 1981, S. 114–117.

Müller, Werner: Zur Geschichte des FDGB – eine vorläufige Bilanz. In: *Gewerkschaftliche Monatshefte*, Jg. 41/1990, S. 340–352.

Müller, Werner: Neuere Literatur zur Geschichte und Politik der DDR. In: *Neue Politische Literatur*, Jg. 36/1991, S. 58–75.

Müller-Gangloff, Erich: Mit der Teilung leben – eine gemeindeutsche Aufgabe. München 1965.

Münch, Ingo von: Ein Staat, eine Nation – oder ein Nichts? Zur Entwicklung zweier Begriffe. In: *Die Zeit* vom 8. März 1985.

Murmann, Klaus: Zwischen Auftrag und Utopie. Die Bedeutung des Wiedervereinigungsgebotes für die Wirtschaft. In: Dieter Haack/Hans-Günter Hoppe/Eduard Lintner/Wolfgang Seiffert (Hrsg.): Das Wiedervereinigungsgebot des Grundgesetzes. Köln 1989, S. 67–72 (Auftrag).

Murswiek, Dietrich: Die verfassunggebende Gewalt nach dem Grundgesetz für die Bundesrepublik Deutschland. Berlin 1978 (Gewalt).

Murswiek, Dietrich: Wiedervereinigung Deutschlands und Europäische Integration. Das Verhältnis zweier Verfassungsziele zueinander. In: Dieter Blumenwitz (Hrsg.): Europäische Aspekte der deutschen Frage. Bonn 1985, S. 28–30.

Murswiek, Dietrich: Das Staatsziel der Einheit Deutschlands nach 40 Jahren Grundgesetz. Vortrag gehalten in der Karl Friedrich von Siemens-Stiftung am 31. Mai 1989 in München. München 1989 (Staatsziel).

Murswiek, Dietrich: Wiedervereinigung als Staatsziel? In: *Politik und Kultur*, Jg. 17/1990, H. 2, S. 19–36.

Nawrocki, Joachim: Bekenntnisse statt Erkenntnisse. In: *Die Zeit* vom 6. Juli 1973.

Nawrocki, Joachim: Kühler Abschied. Das Ende des Forschungsbeirats: Ein Opfer der Entspannungspolitik? In: *Die Zeit* vom 20. September 1974.

Nawrocki, Joachim: SED, Deutschland- und Sicherheitspolitik. In: *Deutschland Archiv*, Jg. 9/1976, S. 627–630.

Nawrocki, Joachim: Der Widerspenstigen Lähmung. In: *Berliner Stimme*, Nr. 21 vom 27. Mai 1978.

Neander, Joachim: Honecker nahm es hin. In: *Die Welt* vom 9. September 1987.

Neander, Joachim: Neuland? Alles war längst bekannt. Karl-Wilhelm Frickes detaillierte Dokumentation »Politik und Justiz in der DDR«. In: *Die Welt* vom 9. April 1990.

Nesselrode, Franz von: Germany's Other Half. A Journalist's Appraisal of East Germany. London/New York/Toronto 1963.

Neumaier, Eduard: Der Gast, der aus der Kälte kommt. Erich Honeckers Besuch zwingt die Deutschen, sich mit der Teilung ihres Landes auseinanderzusetzen. In: *Rheinischer Merkur/Christ und Welt* vom 4. September 1987.

Neumaier, Eduard: Die Einheit verspielt? Vereint unter Geeinten. In: *Rheinischer Merkur/Christ und Welt* vom 17. Juni 1988.

Niclauß, Karlheinz: Kontroverse Deutschlandpolitik. Die politische Auseinandersetzung in der Bundesrepublik. Beiheft 3 zu »Dokumente zur Deutschlandpolitik«. Frankfurt/M. 1977.

Niethammer, Lutz unter Mitarbeit von Ulrich Borsdorf: Traditionen und Perspektiven der Nationalstaatlichkeit. In: Außenpolitische Perspektiven des westdeutschen Staates. Bd. 2: Das Vordringen neuer Kräfte. München/Wien 1972, S. 13–107 (Traditionen).

Nipperdey, Thomas: Nachdenken über die deutsche Geschichte. Essays. München 1986; darin: Die deutsche Einheit in historischer Perspektive, S. 206–217.

Nipperdey, Thomas: Die Deutschen wollen und dürfen eine Nation sein. In: *Frankfurter Allgemeine Zeitung* vom 13. Juli 1990.

Nipperdey, Thomas: Wo aber Einheit ist, wächst das Spaltende auch. In: *Frankfurter Allgemeine Zeitung* vom 29. Oktober 1990.

Nipperdey, Thomas: Der Abschied von der Utopie wird unsere Zeit bestimmen. Interview. In: *Die Welt* vom 3. Dezember 1990.

Noack, Paul: Deutschland, deine Intellektuellen. Die Kunst, sich ins Abseits zu stellen. Stuttgart/München/Landsberg 1991.

Noack, Paul: Hallstein-Doktrin. In: Werner Weidenfeld/Karl-Rudolf Korte (Hrsg.): Handwörterbuch zur deutschen Einheit. Lizenzausgabe für die Bundeszentrale für politische Bildung. Bonn 1991; Frankfurt/M. 1992, S. 369–376.

Noelle-Neumann, Elisabeth: Eine demoskopische Deutschstunde. Osnabrück 1983.

Noelle-Neumann, Elisabeth: Demoskopische Geschichtsstunde. Vom Wartesaal der Geschichte zur Deutschen Einheit. Zürich 1991.

Nolte, Ernst: Was ist bürgerlich? Und andere Artikel, Abhandlungen, Auseinandersetzungen. Stuttgart 1979.

Nolte, Ernst: Deutschland und der Kalte Krieg. Zweite, neu bearb. Aufl. Stuttgart 1985.

Nolte, Ernst: Europa und die deutsche Frage in historischer Perspektive. In: Jens Hacker/Siegfried Mampel (Hrsg.): Europäische Integration und deutsche Frage. Berlin 1989, S. 25–42.

Nolte, Ernst: Lehrstück oder Tragödie? Beiträge zur Interpretation der Geschichte des 20. Jahrhunderts. Köln/Weimar/Wien 1991.

Nonnenmacher, Günther: Ist Bonn eine Lügenrepublik? Wie aus der Libyen-Affäre eine Grundsatzkritik am westdeutschen Staat gemacht wird. In: *Frankfurter Allgemeine Zeitung* vom 28. Januar 1989.

Odin, Karl-Alfred: Zu zaghaft gegen die Gottvergessenheit. Der Protestantismus und seine Herausforderungen. In: *Rheinischer Merkur* vom 27. Dezember 1991.

Oehlen, Martin: Deutschland im Winter. Die Schriftsteller Günter Grass und Stefan Heym diskutierten in Brüssel über die Bundesrepublik. In: *Kölner Stadt-Anzeiger* vom 18. Dezember 1991.

Oevermann, Ulrich: Zwei Staaten oder Einheit? Der »dritte Weg« als Fortsetzung des deutschen Sonderweges. In: *Merkur*, Jg. 44/1990, S. 91–106.

Offe, Claus: Vom taktischen Gebrauchswert nationaler Gefühle. Warum die Beschwörung des »Glücks« der deutschen Einheit den dringend notwendigen demokratischen Konstitutionsprozeß nicht ersetzen kann. In: *Die Zeit* vom 14. Dezember 1990.

Opp, Karl-Dieter: DDR '89. Zu den Ursachen einer spontanen Revolution. In: *Kölner Zeitschrift für Soziologie und Sozialpsychologie*, Jg. 43/1991, S. 302–321.

Oppermann, Thomas: Das Ende der Bundesrepublik Deutschland? Die verfassungspolitische Perspektive der Ostverträge. In: *Internationales Recht und Diplomatie*, Jg. 1972, S. 153–156 (Ende).

Oppermann, Thomas: »Deutschland als Ganzes«. Sinnwandel eines völkerrechtlichen Begriffes. In: Dieter Blumenwitz/Albrecht Randelzhofer (Hrsg.): Festschrift für Friedrich Berber zum 65. Geburtstag. München/Wien 1973, S. 377–388.

Oppermann, Thomas: Staatliche Einheit oder innere Freiheit? Zu den langfristigen Perspektiven der nationalen Frage in Deutschland. In: *Europa-Archiv*, Jg. 33/1978, S. 681–692.

Oppermann, Thomas: Beim Klang der Hymnen hatte ich das Gefühl, das war die Besiegelung der deutschen Teilung. Interview. In: *Die Welt* vom 12. September 1987.

Oschlies, Wolf: Linke Utopien, vom Westen bezahlt. Skandal bei der DDR-Forschertagung in Bonn: Die Wende fand nicht statt. In: *Rheinischer Merkur/Christ und Welt* vom 15. Juni 1990.

Osterheld, Horst: »Ich gehe nicht leichten Herzens . . .« Adenauers letzte Kanzlerjahre – ein dokumentarischer Bericht. 2. Aufl. Mainz 1987.

Otto, Volker: Das Staatsverständnis des Parlamentarischen Rates. Ein Beitrag zur Entstehungsgeschichte des Grundgesetzes für die Bundesrepublik Deutschland. Düsseldorf 1971.

Overesch, Manfred: Der 17. Juni und die Deutsche Frage in den Schulgeschichtsbüchern der Bundesrepublik. Ein Forschungshinweis. In: Ilse Spittmann-Rühle/Gisela Helwig (Hrsg.): Die DDR vor den Herausforderungen der achtziger Jahre. 16. Tagung zum Stand der DDR-Forschung in der Bundesrepublik Deutschland 24. bis 27. Mai 1983. Köln 1983, S. 18–20.

Papcke, Sven: Der Kalte Krieg als Problem der Zeitgeschichtsschreibung. In: *Europa-Archiv*, Jg. 45/1990, S. 623–631.

Pauels, Heinrich: Welches Deutschlandbild erhält die junge Generation heute? In: *Politik und Kultur*, Jg. 4/1977, H. 4, S. 46–53.

Perger, Werner A.: Grenze der Höflichkeit. In: *Die Zeit* vom 15. November 1991.

Pertini, Sandro: Rede des italienischen Staatspräsidenten vor dem Europäischen Parlament am 11. Juni 1985. Text in: *Das Parlament* vom 20./27. Juli 1985.

Pfaff, William: German Challenge: Problem of Europe. In: *International Herald Tribune* vom 1. Dezember 1978.

Pfaff, William: Bonn muß der Einheit abschwören. In: *Die Zeit* vom 8. September 1989.

Pfleiderer, Karl Georg: Politik für Deutschland. Reden und Aufsätze 1948–1956. Stuttgart 1961.

Pflüger, Friedbert: Die Deutschen sind sich näher gekommen. Wille zur konkreten Zusammenarbeit ist da. In: *Die Welt* vom 25. Februar 1989.

Pflüger, Friedbert: Deutschlandpolitik 1982–1990. In: Werner Weidenfeld/Karl-Rudolf Korte (Hrsg.): Handwörterbuch zur deutschen Einheit. Lizenzausgabe für die Bundeszentrale für politische Bildung. Bonn 1991; Frankfurt/M. 1992, S. 183–191.

Philipps, Peter: Bahr sieht in Teilung auch Chancen. In: *Die Welt* vom 20. Juli 1988.

Pleitgen, Fritz: Die Sicherheit war mit Sicherheit dabei. Die Erfahrungen eines Korrespondenten in der DDR (I). In: *Die Zeit* vom 20. August 1982.

Plück, Kurt: Die deutsche Frage aus der Sicht der Bundesregierung. In: Klaus Lange (Hrsg.): Aspekte der deutschen Frage. Herford 1986, S. 307–321.

Plück, Kurt: Die frühere DDR war psychosozial ausgeblendet. In: *Frankfurter Allgemeine Zeitung* vom 10. Oktober 1991 (Leserbrief).

Poppe, Peter: Wer war denn das Volk? Eine erste soziologische Studie über den Umbruch in der ehemaligen DDR. In: *Frankfurter Allgemeine Zeitung* vom 30. Januar 1991.

Posser, Diether: Wiedervereinigung Deutschlands. I. Geschichte und politische Aspekte. In: Hermann Kunst/Roman Herzog/Wilhelm Schneemelcher (Hrsg.): Evangelisches Staatslexikon. 2., vollständig neu bearb. und erw. Aufl. Stuttgart/Berlin 1975, Sp. 2904–2917; fortgeführt in: R. Herzog/H. Kunst/Klaus Schlaich/W. Schneemelcher (Hrsg.): Evangelisches Staatslexikon. 3., neu bearb. Aufl. Stuttgart 1987, Band II, Sp. 3993–4009.

Pritzel, Konstantin: Die »DDR« als Forschungsthema. In: *Deutsche Fragen*, Jg. 13/1967, S. 203–205.

Probst, Lothar: Deutschlandpolitik und die Deutsche Frage aus der Sicht der GRÜNEN. In: Dieter Blumenwitz/Gottfried Zieger (Hrsg.): Die deutsche Frage im Spiegel der Parteien. Köln 1989, S. 121–124 (Deutschlandpolitik).

Probst, Lothar/Jürgen Schnappertz: Ansätze und Perspektiven grüner Politik in den deutsch-deutschen Beziehungen. In: *Deutschland Archiv*, Jg. 19/1986, S. 1053–1063 (Ansätze).

Prowe, Diethelm: Die Anfänge der Brandtschen Ostpolitik in Berlin 1961–1963. In: Wolfgang Benz/Hermann Graml (Hrsg.): Aspekte der deutschen Außenpolitik im 20. Jahrhundert. Aufsätze. Hans Rothfels zum Gedächtnis. Stuttgart 1976, S. 249–286.

Prowe, Diethelm: Der Brief Kennedys an Brandt vom 18. August 1961. Eine zentrale Quelle zur Berliner Mauer und der Entstehung der Brandtschen Ostpolitik. In: *Vierteljahrshefte für Zeitgeschichte*, Jg. 33/1985, S. 373–383.

Pütz, Helmuth: Die CDU. Entwicklung, Organisation und Politik der Christlich Demokratischen Union Deutschlands. 4. Aufl. Düsseldorf 1985.

Raddatz, Fritz J.: Linke Weltfremdheit. In: *Die Zeit* vom 10. Mai 1991 (Rezension der Studie von Brigitte Seebacher-Brandt: Die Linke und die Einheit. Berlin 1991).

Raiser, Ludwig: Der Beitrag der Evangelischen Kirche in Deutschland zur Wiedervereinigung. In: Leonhard Froese (Hrsg.): Was soll aus Deutschland werden? Neue Aspekte zur Deutschlandpolitik. München 1968, S. 133–157.

Rauscher, Anton: Katholische Kirche und Totalitarismus. In: Konrad Löw (Hrsg.): Totalitarismus. Berlin 1988, S. 200–212.

Rauschning, Dietrich: Rechtsstellung Deutschlands. Völkerrechtliche Verträge und andere rechtsgestaltende Akte. 2., erw. Aufl. München 1989.

Rehm, Walter: Neue Erkenntnisse über die Rolle der NVA bei der Besetzung der ČSSR im August 1968. In: *Deutschland Archiv*, Jg. 24/1991, S. 173–185 (Erkenntnisse).

Reich-Ranicki, Marcel: Deutsche Leiden – Gespräche mit Schriftstellern. In: *Frankfurter Allgemeine Zeitung* vom 17. Dezember 1986.

Reichstein, Eberhard: Da war ein »Forschungsbeirat für die Wiedervereinigung«. In: *Frankfurter Allgemeine Zeitung* vom 5. Oktober 1991 (Leserbrief).

Reifenberg, Jan: Von der Abschreckung zum Konsens – Die NATO wandelt sich und bleibt unersetzlich. In: *Frankfurter Allgemeine Zeitung* vom 25. August 1990.

Reinhold, Alfred: Jeder dritte Mitteldeutsche ohne Konfession. In: *Deutschland Archiv*, Jg. 2/1969, S. 1117–1121.

Reinhold, Otto: Wichtiger Beitrag und viele Diskussionsfragen. Zu Egon Bahrs Buch »Zum europäischen Frieden«. In: *Die Neue Gesellschaft/Frankfurter Hefte*, Jg. 35/1988, S. 915–919.

Reißmüller, Johann Georg: Warum soll Deutschland gespalten bleiben? In: *Frankfurter Allgemeine Zeitung* vom 16. Juli 1985.

Reißmüller, Johann Georg: Der Nationalstaat. In: *Frankfurter Allgemeine Zeitung* vom 10. September 1985.

Reißmüller, Johann Georg: Zu wenig Nachdenken über Deutschland. In: *Frankfurter Allgemeine Zeitung* vom 1. Juni 1987.

Reißmüller, Johann Georg: Falsches über Deutschland. In: *Frankfurter Allgemeine Zeitung* vom 27. Januar 1988.

Reißmüller, Johann Georg: Freiheit und Einheit. In: *Frankfurter Allgemeine Zeitung* vom 9. März 1988.

574

Reißmüller, Johann Georg: Erst Größenwahn, dann Selbstvergessenheit. In: *Frankfurter Allgemeine Zeitung* vom 16. Januar 1989.

Reißmüller, Johann Georg: Ein Staat für die Nation. In: *Frankfurter Allgemeine Zeitung* vom 14. August 1989.

Reißmüller, Johann Georg: Man spricht wieder von der Einheit. In: *Frankfurter Allgemeine Zeitung* vom 10. Oktober 1989.

Repgen, Konrad: Konrad Adenauer und die Wiedervereinigung Deutschlands in einem freien vereinten Europa. In: Klaus Weigelt (Hrsg.): Heimat und Nation. Zur Geschichte und Identität der Deutschen. Mainz 1984, S. 302–314.

Repgen, Konrad: Reichskonkordats-Kontroversen und historische Logik. In: Manfred Funke/Hans-Adolf Jacobsen/Hans-Helmuth Knütter/Hans-Peter Schwarz (Hrsg.): Demokratie und Diktatur. Geist und Gestalt politischer Herrschaft in Deutschland und Europa. Band 250 der Schriftenreihe der Bundeszentrale für politische Bildung. Bonn 1987, S. 158–177 (Kontroversen).

Repgen, Konrad: Das Böse braucht keine Vergleiche zu scheuen. In: *Rheinischer Merkur/ Christ und Welt* vom 2. Oktober 1987.

Repgen, Konrad: Die Antwort des Autors. Zum Leserbrief von Professor H. August Winkler zum Historikerstreit. In: *Rheinischer Merkur/Christ und Welt* vom 13. November 1987 (Leserbrief).

Repgen, Konrad: Gegen Legendenbildung um die Ostverträge. In: *Frankfurter Allgemeine Zeitung* vom 3. September 1990 (Leserbrief).

Ress, Georg: Die Rechtslage Deutschlands nach dem Grundlagenvertrag vom 21. Dezember 1972. Berlin/Heidelberg/New York 1978 (Rechtslage).

Ress, Georg: Das Wiedervereinigungsgebot des Grundgesetzes. In: Gottfried Zieger (Hrsg.): Fünf Jahre Grundvertragsurteil des Bundesverfassungsgerichts. Symposium 2.–4. Oktober 1978. Köln u. a. 1979, S. 265–292 (Wiedervereinigungsgebot).

Ress, Georg: Grundlagen und Entwicklung der innerdeutschen Beziehungen. In: Josef Isensee/Paul Kirchhof (Hrsg.): Handbuch des Staatsrechts der Bundesrepublik Deutschland. Band I: Grundlagen von Staat und Verfassung. Heidelberg 1987, S. 449–546 (Grundlagen).

Reusch, Ulrich: Mauerreste in manchen Köpfen. Die Katholiken und die Vereinigung Deutschlands: Anmerkungen anläßlich der diesjährigen Vollversammlung der Görres-Gesellschaft. In: *Rheinischer Merkur/Christ und Welt* vom 18. Oktober 1991.

Reuth, Ralf Georg: Brandt: Die deutsche Frage ist nicht offen.»Illusion und Selbstbetrug«/Eine Rede in Berlin. In: *Frankfurter Allgemeine Zeitung* vom 5. Oktober 1987.

Reuth, Ralf Georg: Ein verändertes Geschichtsbild der SPD? Über zwei Reden des Ehrenvorsitzenden Brandt in Berlin. In: *Frankfurter Allgemeine Zeitung* vom 16. September 1988.

Reuth, Ralf Georg: Momper abermals gegen Wiedervereinigung. In: *Frankfurter Allgemeine Zeitung* vom 23. Oktober 1989.

Reuth, Ralf Georg: Wendehälse gibt es auch im Westen. Wie sich Berlins Regierender Bürgermeister Momper allmählich von der SED entfernt. In: *Frankfurter Allgemeine Zeitung* vom 26. Januar 1990.

Reuth, Ralf Georg: Die Idee vom reformierten Sozialismus. So mancher hat lange an der deutschen Zweistaatlichkeit gehangen. In: *Frankfurter Allgemeine Zeitung* vom 18. Februar 1991.

Reuth, Ralf Georg: »Die Welt der Westdeutschen« als Pflichtlektüre für Spione. Die Brückenfunktion des ehemaligen Ständigen Vertreters der Bundesregierung in der DDR für die Stasi. In: *Frankfurter Allgemeine Zeitung* vom 11. April 1991.

Reuth, Ralf Georg: Ein kurzes deutschlandpolitisches Gedächtnis. Walter Mompers »Grenzfall«. In: *Frankfurter Allgemeine Zeitung* vom 28. Dezember 1991.

Reuth, Ralf Georg: Ein Verfechter des demokratischen Sozialismus in der DDR. Stolpes Sympathie für Gorbatschows Reformkurs ließ den SED-Staat mißtrauisch werden. In: *Frankfurter Allgemeine Zeitung* vom 4. Februar 1992.

Rexin, Manfred: Voraussetzungen und Wirkungen der Anerkennung der DDR. In: Heinrich Albertz/Dietrich Goldschmidt: Konsequenzen – Thesen, Analysen, Dokumente zur Deutschlandpolitik. Reinbek bei Hamburg 1959, S. 58–76.

Rexin, Manfred: Tendenzen der Außenpolitik. In: Karl Dietrich Bracher (Hrsg.): Nach 25 Jahren – Eine Deutschland-Bilanz. 2. Aufl. München 1970, S. 43–61.

Rexin, Manfred: Die Interessen der DDR. In: Außenpolitische Perspektiven des westdeutschen Staates. Band 3: Der Zwang zur Partnerschaft. Schriften des Forschungsinstituts der Deutschen Gesellschaft für Auswärtige Politik e. V., Band 30/3. München/Wien 1972, S. 89–111.

Rheinischer Merkur (Hrsg.): Zurück zu Deutschland. Umsturz und demokratischer Aufbruch in der DDR. Bonn 1990.

Richert, Ernst: Macht ohne Mandat. Der Staatsapparat in der Sowjetischen Besatzungszone Deutschlands. Mit einer Einleitung von Martin Drath. Köln und Opladen 1958; 2. erw. und überarb. Aufl. 1963.

Richert, Ernst: Das zweite Deutschland – Ein Staat, der nicht sein darf. Köln 1964.

Richert, Ernst: Mehr Macht für die Manager. Die DDR ist ein »funktionstüchtiges Gebilde«. In: *Die Zeit* vom 17. November 1967 (Rezension des Buches von Peter C. Ludz: Parteielite im Wandel. Köln und Opladen 1968).

Richert, Ernst: Die DDR-Flite oder Unsere Partner von morgen? Reinbek bei Hamburg 1968.

Richert, Ernst: Die SED hat Kummer mit den Arbeitern. Hemmschuhe gegen die Annäherung der beiden deutschen Staaten. In: *Die Zeit* vom 29. Januar 1971.

Richert, Ernst: Die Realitäten eines Phänomens. In: *Die Zeit* vom 15. Dezember 1972 (Rezension der Bücher von Kurt Sontheimer/Wilhelm Bleek: Die DDR – Politik, Gesellschaft, Wirtschaft. Hamburg 1972 und Rüdiger Thomas: Modell DDR – Die kalkulierte Emanzipation. München 1972).

Richert, Ernst: Gibt es eine DDR-Nation? In: *Die Zeit* vom 12. April 1974 (Rezension des Buches von Peter C. Ludz: Deutschlands doppelte Zukunft. Bundesrepublik und DDR in der Welt von morgen. Ein politischer Essay. München 1974).

Richter, Klemens: Die achtziger Jahre – eine neue Phase im DDR-Katholizismus. In: *Deutschland Archiv*, Jg. 22/1989, S. 1231–1240.

Richter, Klemens: Die DDR-Katholiken nach der Wende. In: *Deutschland Archiv*, Jg. 23/1990, S. 1594–1603.

Richter, Klemens: Die katholische Kirche in den neuen Bundesländern. In: *Deutschland Archiv*, Jg. 24/1991, S. 564–570.

Richter, Michael: Die Ost-CDU 1948–1952 – Zwischen Widerstand und Gleichschaltung. 2. korrigierte Aufl. Düsseldorf 1991.

Riese, Hans-Peter: Die Geschichte hat sich ans Werk gemacht. Der Wandel der sowjetischen Position zur Deutschen Frage. In: *Europa-Archiv*, Jg. 45/1990, S. 117–126.

Röder, Hans-Jürgen: Kirche im Sozialismus. Zum Selbstverständnis der evangelischen Kirchen in der DDR. In: Reinhard Henkys (Hrsg.): Die evangelischen Kirchen in der DDR. Beiträge zu einer Bestandsaufnahme. München 1982, S. 62–85.

Roggemann, Herwig: Die DDR-Verfassungen. Einführung in das Verfassungsrecht der DDR. Grundlagen und neuere Entwicklung. 4., neu bearb. und erw. Aufl. Berlin 1989.

Rohlfes, Joachim: Anmerkungen zum KMK-Beschluß »Die Deutsche Frage im Unterricht«. In: *Geschichte in Wissenschaft und Unterricht*, Jg. 30/1979, S. 357–361 (Anmerkungen).

Rohlfes, Joachim: Weder Krieg noch Frieden: Ost-West-Konflikt und Kalter Krieg. In: *Geschichte in Wissenschaft und Unterricht*, Jg. 37/1986, S. 265–293.

Ronneburger, Uwe: Zum Stand der Deutschlandpolitik. In: *Politik und Kultur*, Jg. 9/1982, H. 6, S. 28–37.

Ronneburger, Uwe: Deutschlandpolitik als Friedenspolitik. In: *Politik und Kultur*, Jg. 10/1983, H. 4, S. 21–27.

Ronneburger, Uwe: Deutschlandpolitik heute – Eine Diskussion. In: *Politik und Kultur*, Jg. 11/1984, H. 3, S. 11–14.

Rothfels, Hans: Geschichtliche Betrachtungen zum Problem der Wiedervereinigung. In: *Vierteljahrshefte für Zeitgeschichte*, Jg. 6/1958, S. 327–339.

Rottmann, Joachim: Über das Obsolet-Werden von Verfassungsnormen. In: Festschrift für Wolfgang Zeidler. Band 2. Berlin/New York 1987, S. 1097–1117 (Obsolet-Werden).

Rowold, Manfred: Gorbatschow: Niemand zweifelt an Vereinigung der Deutschen. In: *Die Welt* vom 31. Januar 1990.

Rubin, Hans Wolfgang: Zum Geleit. In: Hans Wolfgang Rubin (Hrsg.): Freiheit, Recht und Einigkeit. Zur Entspannungs- und Deutschlandpolitik der Liberalen. Baden-Baden 1980, S. 9–10.

Rudolph, Hermann: Die Gesellschaft der DDR – eine deutsche Möglichkeit? Anmerkungen zum Leben im anderen Deutschland. München 1972.

Rudolph, Hermann: Von der Schwierigkeit zur Beschreibung der DDR. In: *Frankfurter Allgemeine Zeitung* vom 22. Januar 1973 (Rezension der Bücher von Kurt Sontheimer/Wilhelm Bleek: Die DDR – Politik, Gesellschaft, Wirtschaft. Hamburg 1972, und Rüdiger Thomas: Modell DDR – Die kalkulierte Emanzipation. München 1972).

Rudolph, Hermann: Was ist an der DDR anzuerkennen? Die Normalität eines anormalen Staates. In: *Frankfurter Allgemeine Zeitung* vom 5. Oktober 1974.

Rudolph, Hermann: Was an der DDR zu erforschen ist. In: *Frankfurter Allgemeine Zeitung* vom 17. April 1975.

Rudolph, Hermann: Die DDR nach der Mauer. In: *Frankfurter Allgemeine Zeitung* vom 1. Februar 1978 (Rezension des Buches von Peter C. Ludz: Die DDR zwischen Ost und West. Politische Analysen 1961 bis 1976. München 1977).

Rudolph, Hermann: Wovor wir nicht fortlaufen können. In: *Die Zeit* vom 6. März 1981.

Rudolph, Hermann: Zwischen Trennen und Verbundensein. In: *Die Zeit* vom 17. April 1981.

Rudolph, Hermann: Die deutsche Frage – neu gestellt? Zur Kritik des neuen Patriotismus vor dem Hintergrund von Jakob Kaisers Brückenkonzept. In: *Deutschland Archiv*, Jg. 17/1984, S. 286–294.

Rudolph, Hermann: Groll-Gebärde und Abgrund-Gefühle. Günter Gaus' Kritik an der »Welt der Westdeutschen«. In: *Süddeutsche Zeitung* vom 24. März 1987.

Rudolph, Hermann: Schimäre Wiedervereinigung. In: *Süddeutsche Zeitung* vom 20./21. Juni 1987.

Rudolph, Hermann: Das Miteinander steht noch aus. In: *Süddeutsche Zeitung* vom 10. August 1987.

Rudolph, Hermann: Des Kanzlers Fußvolk fühlt sich vernachlässigt. Die Geißler-

Papiere sollen CDU auf ihren Parteitag vorbereiten und wieder selbstbewußt machen. In: *Süddeutsche Zeitung* vom 27./28. Februar 1988.

Rudolph, Hermann: Ein Streit auf unsicherem Boden. In: *Süddeutsche Zeitung* vom 9./10. April 1988.

Rudolph, Hermann: Die DDR – doppelt belagert. In: *Süddeutsche Zeitung* vom 18. Juli 1989.

Rudolph, Hermann: Am Ende, noch kein Anfang. In: *Süddeutsche Zeitung* vom 21./22. Oktober 1989.

Rudolph, Hermann: Anschluß oder Einheit? In: *Süddeutsche Zeitung* vom 3./4. Februar 1990.

Rudolph, Hermann: Abschied nach erfüllter Aufgabe. Das Gesamtdeutsche Institut wird aufgelöst. In: *Der Tagesspiegel* vom 31. Dezember 1991.

Rudolph, Hermann: Was machen wir mit unserer Geschichte? In: *Der Tagesspiegel* vom 13. März 1992.

Rüddenklau, Harald: Geschichte einer Okkupation. In: Wolfgang Venohr (Hrsg.): Die deutsche Einheit kommt bestimmt. Bergisch Gladbach 1982, S. 61–79.

Rühe, Volker: Keine Dauerlösung. Aber der Vertrag ist eine gute Grundlage. In: *Die Zeit* vom 9. August 1985.

Rühe, Volker: Selbsttäuschungen und Irrtümer. In: *Frankfurter Allgemeine Zeitung* vom 26. Januar 1989 (Rezension des Buches von Erhard Eppler: Wie Feuer und Wasser. Sind Ost und West friedensfähig? Reinbek bei Hamburg 1988).

Rühl, Lothar: Zeitenwende in Europa. Der Wandel der Staatenwelt und der Bündnisse. Stuttgart 1990.

Rühle, Jürgen: Die Mauer von Berlin. In: Jürgen Rühle/Gunter Holzweißig: 13. August 1961. Die Mauer von Berlin. Edition Deutschland Archiv. Köln 1981, S. 7–20.

Rüß, Gisela: Anatomie einer politischen Verwaltung. Das Bundesministerium für gesamtdeutsche Fragen – Innerdeutsche Beziehungen 1949–1970. München 1973 (Anatomie).

Ruffmann, Karl-Heinz: Zur Europäisierung der deutschen Frage in historisch-politischer Perspektive. In: *Politik und Kultur,* Jg. 13/1986, H. 3, S. 19–30 (Europäisierung).

Rummel, Alois: Eine brillante Feder wider den Zeitgeist. In: *Rheinischer Merkur/Christ und Welt* vom 15. Februar 1986.

Rumpf, Helmut: Die Frage nach der deutschen Nation. In: *Zeitschrift für Politik,* Jg. 18/1971, S. 146–159.

Rumpf, Helmut: Die Nation in rechtlicher Sicht. In: Nation und Selbstbestimmung in Politik und Recht. Berlin 1984, S. 7–22.

Rupieper, Hermann-Josef: Zu den sowjetischen Deutschlandnoten 1952 – Das Gespräch Stalin-Nenni. In: *Vierteljahrshefte für Zeitgeschichte,* Jg. 33/1985, S. 547–557 (Deutschland-Noten).

Rupieper, Hermann-Josef: Der deutschlandpolitische Handlungsspielraum der Bundesregierung 1945–1955. In: Jürgen Weber (Hrsg.): Die Republik der fünfziger Jahre. Adenauers Deutschlandpolitik auf dem Prüfstand. München 1989, S. 71–87 (Handlungsspielraum).

Rupieper, Hermann-Josef: Der besetzte Verbündete. Die amerikanische Deutschlandpolitik von 1949 bis 1955. Opladen 1991.

Safire, William: The Germanys: Trying Reunification on the Sly . . . In: *International Herald Tribune* vom 14. August 1984.

Sattler, Dietrich: Die EKD vor der Gretchenfrage. In: *Deutsches Allgemeines Sonntagsblatt* vom 28. Juni 1991.

Sauer, Heiner/Hans-Otto Plumeyer: Der Salzgitter Report. Die Zentrale Erfassungsstelle berichtet über Verbrechen im SED-Staat. Esslingen/München 1991.

Schäfers, Bernhard: Der Vereinigungsprozeß in sozialwissenschaftlichen Deutungsversuchen. In: *Gegenwartskunde*, Jg. 40/1991, S. 273–284.

Schäuble, Wolfgang: Die deutsche Frage im europäischen und weltpolitischen Rahmen. In: *Europa-Archiv*, Jg. 41/1986, S. 341–348.

Schäuble, Wolfgang: Die innerdeutschen Beziehungen. 25 Jahre nach dem Bau der Berliner Mauer. In: *Politik und Kultur*, Jg. 13/1986, H. 4, S. 20–28.

Schäuble, Wolfgang: Der Vertrag. Wie ich über die deutsche Einheit verhandelte. Hrsg. und mit einem Vorwort von Dirk Koch und Klaus Wirtgen. Stuttgart 1991.

Scheel, Walter (Hrsg.): Nach dreißig Jahren. Die Bundesrepublik Deutschland – Vergangenheit, Gegenwart, Zukunft. Stuttgart 1979.

Scheel, Walter: Zur 25. Wiederkehr des 17. Juni 1953. Ansprache des Bundespräsidenten zum 25. Jahrestag des »Tages der deutschen Einheit« am 17. Juni 1978 im Plenarsaal des Deutschen Bundestages. In: Texte zur Deutschlandpolitik. Reihe II/ Band 6, S. 368–379.

Schell, Manfred: Die Menschen erreichen. In: *Die Welt* vom 2. August 1989.

Schell, Manfred: »Unsere Politik zielt auf die Einheit in Freiheit«. In: *Die Welt* vom 17. November 1990.

Schenk, Fritz: Magie der Planwirtschaft. Köln 1960.

Schenk, Fritz: Im Vorzimmer der Diktatur. 12 Jahre Pankow. Köln/Berlin 1962.

Schenk, Fritz: Schreckgespenst »Grauer Plan«. In: *Die Welt* vom 10. September 1966.

Schenk, Fritz: Der »Graue Plan«. Die SED-Kampagne gegen den Forschungsbeirat für Fragen der Wiedervereinigung. Sonderdruck aus dem *SBZ-Archiv*. Hrsg. vom Bundesministerium für gesamtdeutsche Fragen, Bonn und Berlin. Köln 1966.

Schenk, Fritz: Das rote Wunder. Die zentrale Planwirtschaft als Machtmittel der SED-Politik. Stuttgart-Degerloch 1969.

Schenk, Fritz: Mein doppeltes Vaterland. 3., überarb. und erw. Aufl. Würzburg 1989.

Schenk, Fritz: Die Darstellung der DDR in den Medien der Bundesrepublik Deutschland. Referat auf der Expertentagung »Die Aufarbeitung der DDR-Geschichte und SED-Herrschaft in Wissenschaft und Publizistik der Bundesrepublik Deutschland«, veranstaltet von der Akademie für Politik und Zeitgeschehen der Hanns-Seidel-Stiftung in Wildbad Kreuth vom 22.–24. Januar 1992 (Manuskript).

Scheuch, Erwin K.: Was ist deutsch heute? In: *Politik und Kultur*, Jg. 4/1977, H. 1, S. 24–39.

Scheuch, Erwin K.: Nationalismus von links. Die Westbindung der Bundesrepublik als Ursache? In: *Frankfurter Allgemeine Zeitung* vom 2. August 1983.

Scheuch, Erwin K.: Wie deutsch sind die Deutschen? Eine Nation wandelt ihr Gesicht. Bergisch Gladbach 1991.

Scheuer, Gernot: Materielle Voraussetzungen für eine Wiedervereinigung Deutschlands in der Sicht nichtamtlicher Vorschläge. In: *Europa-Archiv*, Jg. 15/1960, S. 177–191 (Voraussetzungen).

Scheuner, Ulrich: Zur Anlage und zum Gang der Untersuchung. In: Außenpolitische Perspektiven des westdeutschen Staates. Band 1: Das Ende des Provisoriums. München/Wien 1971, S. 9–10.

Scheuner, Ulrich: Normative Gewährleistungen und Bezugnahmen auf Fakten im Verfassungstext. Ein Beitrag zur Auslegung des Grundgesetzes. In: Norbert Achterberg (Hrsg.): Öffentliches Recht und Politik. Festschrift für Hans Ulrich Scupin zum 70. Geburtstag. Berlin 1973, S. 323–341.

Scheuner, Ulrich: Deutschland in der Welt. In: Richard von Weizsäcker (Hrsg.): CDU-Grundsatzdiskussion. Beiträge aus Wissenschaft und Politik. München 1977, S. 163–169.

Scheuner, Ulrich: Das Problem der Nation und des Verhältnisses zur Bundesrepublik Deutschland. In: Hans-Adolf Jacobsen/Gert Leptin/Ulrich Scheuner/Eberhard Schulz (Hrsg.): Drei Jahrzehnte Außenpolitik der DDR. Bestimmungsfaktoren, Instrumente, Aktionsfelder. München/Wien 1979, S. 85–108.

Scheuner, Ulrich: Der Gedanke der nationalen Einheit im Verhältnis der beiden deutschen Staaten. In: *Politik und Kultur*, Jg. 7/1980, H. 1, S. 3–25 (Gedanke).

Schewardnadse, Eduard: Die Zukunft gehört der Freiheit. Reinbek bei Hamburg 1991 (Zukunft).

Schieder, Theodor: Das Deutsche Reich in seinen nationalen und universalen Beziehungen 1871 bis 1945. In: Theodor Schieder/Ernst Deuerlein (Hrsg.): Reichsgründung 1870/71 – Tatsachen, Kontroversen, Interpretationen. Stuttgart 1970, S. 422–454.

Schieder, Theodor: Die deutsche Frage. In: Forum heute. 50 maßgebliche Persönlichkeiten zu 50 grundlegenden Themen unserer Zeit. Eine Sammlung von 50 Sonderbeiträgen aus Meyers Enzyklopädischem Lexikon. Mannheim/Wien/Zürich 1971–1975, S. 306–312.

Schiedermair, Hartmut: Die deutsche Frage im Streit der Fakultäten. In: Festschrift für Wolfgang Zeidler. Bd. 2. Berlin/New York 1987, S. 1031–1057.

Schily, Otto: Reden über das eigene Land: Deutschland. In: Reden über das eigene Land: Deutschland 2. München 1984, S. 37–51.

Schirrmacher, Frank: Eilige Wortführer – Stefan Heym dankt Helmut Kohl. In: *Frankfurter Allgemeine Zeitung* vom 11. September 1991.

Schirrmacher, Frank: Stukas und Panzer – Die geborgte Sprache des Schreckens. In: *Frankfurter Allgemeine Zeitung* vom 11. Januar 1992.

Schlarp, Karl-Heinz: Alternativen zur deutschen Außenpolitik 1952–1954: Karl-Georg Pfleiderer und die »deutsche Frage«. In: Wolfgang Benz/Hermann Graml (Hrsg.): Aspekte deutscher Außenpolitik im 20. Jahrhundert. Aufsätze. Hans Rothfels zum Gedächtnis. Stuttgart 1976, S. 211–248.

Schmid, Carlo: Erinnerungen. Bern/München/Wien 1979.

Schmidt, Giselher: Die GRÜNEN – Porträt einer alternativen Partei. Krefeld 1986.

Schmidt, Helmut: Verteidigung oder Vergeltung. Ein deutscher Beitrag zum strategischen Problem der NATO. Stuttgart 1961.

Schmidt, Helmut: Beiträge. Stuttgart 1967.

Schmidt, Helmut: Er war ein Gegner, nicht ein Feind. In: *Die Zeit* vom 13. Oktober 1972.

Schmidt's calculabilities. Interview mit Bundeskanzler Helmut Schmidt. In: *The Economist* vom 6. Oktober 1979, S. 47–54 (2. Teil).

Schmidt, Helmut: »Leistung liegt im Deutschen drin«. Spiegel-Gespräch. In: *Der Spiegel*, Nr. 3/1979, S. 32–45.

Schmidt, Helmut: Gespräche um des Friedens willen. Das Gefühl der Gemeinsamkeit lebt. In: *Die Zeit* vom 16. September 1983.

Schmidt, Helmut: Vorwort zu Theo Sommer (Hrsg.): Reise ins andere Deutschland. Reinbek bei Hamburg 1986, S. 9–13.

Schmidt, Helmut: Was ist des Deutschen Vaterland? Ein endgültiger Verzicht auf die Einheit würde nur das Mißtrauen unserer Nachbarn in Ost und West verstärken. In: *Die Zeit* vom 14. Juli 1989.

Schmidt, Helmut: Ein Aufstand gegen Zwang und Lüge. Der Umbruch in der DDR und die Westdeutschen. In: *Die Zeit* vom 10. November 1989.

Schmidt, Helmut: Schritt um Schritt zur Einheit. Verständigung mit den Nachbarn. Solidarität im Innern: Was Bonn und Ost-Berlin als nächstes anstreben müssen. In: *Die Zeit* vom 23. März 1990.

Schmidt, Helmut: Zur Lage der Nation. Die innere Einigung wird nur gelingen, wenn die Deutschen in Ost und West Anstrengung wie Risiko gemeinsam tragen. In: *Die Zeit* vom 3. Oktober 1991.

Schmitz, Michael: Wie Linke sich verrannten. Die Berichterstattung aus der DDR – Selbstkritik eines Journalisten. In: *Die Zeit* vom 14. Februar 1992 (Linke).

Schmoll, Heike: Die schwierige Einigung der Kirchen. Das Wiedererstehen der gesamtdeutschen EKD verlangt noch viel gegenseitiges Verständnis. In: *Frankfurter Allgemeine Zeitung* vom 2. März 1991.

Schmoll, Heike: Zu selbstkritischem Nachdenken aufgerüttelt. Brüsewitz' Selbstverbrennung aus Protest gegen Regierung und Kirche. In: *Frankfurter Allgemeine Zeitung* vom 17. August 1991.

Schmoll, Heike: Die Unterwanderung der evangelischen Kirche. Der Staatssicherheitsdienst hat viele unter Druck gesetzt. In: *Frankfurter Allgemeine Zeitung* vom 10. Dezember 1991.

Schmude, Jürgen: Eine deutsche Nation – eine deutsche Kultur. Rede beim 6. Heimattreffen des Bundes der Mitteldeutschen, Landesverband Nordrhein-Westfalen am 19. August 1979 in Dortmund. Text in: *Bulletin des Presse- und Informationsamtes der Bundesregierung*, Nr. 98 vom 21. August 1979, S. 917–920.

Schmude, Jürgen: Grundlagen und aktuelle Möglichkeiten der Deutschlandpolitik. In: *Politik und Kultur*, Jg. 10/1983, H. 4, S. 9–20.

Schmude, Jürgen: Was erwarten die beiden deutschen Staaten voneinander? In: *Die Neue Gesellschaft*, Jg. 31/1984, S. 690–695.

Schmude, Jürgen: »Geht es wirklich um die Wiedervereinigung?« In: *Die Welt* vom 15. Oktober 1985.

Schmude, Jürgen: Deutsche in zwei Staaten – Was treibt sie zusammen, was treiben sie miteinander? In: Horst Ehmke/Karlheinz Koppe/Herbert Wehner (Hrsg.): Zwanzig Jahre Ostpolitik – Bilanz und Perspektiven. Bonn 1986, S. 185–194 (Deutsche).

Schmude, Jürgen: Nach Enttäuschungen auch Ermutigungen in der Deutschlandpolitik. In: *Politik und Kultur*, Jg. 13/1986, H. 4, S. 37–46.

Schmude, Jürgen: Die Einheit in der Teilung. Wenn die Grenzen nicht mehr trennen, kann die staatliche Spaltung zur Nebensache werden. In: *Die Zeit* vom 27. November 1987.

Schmude, Jürgen: Soll Wahrheit Übel, soll Täuschung Wohltat sein? In: *Politik und Kultur*, Jg. 16/1989, H. 2, S. 8–18.

Schmude, Jürgen: Was heißt hier Wendehals? Die Diskussion um die Einheit muß entgiftet werden. In: *Die Zeit* vom 9. März 1990.

Schneider, Peter: Die Angst der Deutschen vor den Idealen. Warum die vergrößerte Bundesrepublik sich nicht in ihrem politischen Schrebergarten verstecken kann. In: *Frankfurter Allgemeine Zeitung* vom 13. Mai 1991.

Schneider, Rolf: Die deutsche Nation als Gefühl. In: *Der Spiegel*, Nr. 49/1988, S. 30–31.

Schneider, Rolf: Mißgelaunte Propheten. Die deutsche Einheit im Widerstreit der Meinungen. In: *Die Zeit* vom 23. November 1990.

Schöllgen, Gregor: Geirrt, weil er Realist war. In: *Die Zeit* vom 5. Juli 1991 (Rezension des Buches von Egon Bahr: Sicherheit für und vor Deutschland. Vom Wandel durch Annäherung zur Europäischen Sicherheitsgemeinschaft. München 1991).

Schöpflin, George: Das Ende des Kommunismus. In: *Europa-Archiv*, Jg. 45/1990, S. 51–60.

Schollwer, Wolfgang: Auf der Suche nach neuen Wegen. Die Zeit der Kanzlerschaft Adenauers und Erhards (1949–1966). In: Hans Wolfgang Rubin (Hrsg.): Freiheit, Recht und Einigkeit. Zur Entspannungs- und Deutschlandpolitik der Liberalen. Baden-Baden 1980, S. 111–127.

Schollwer, Wolfgang: Liberale Opposition gegen Adenauer. Aufzeichnungen 1957–1961. Hrsg. von Monika Faßbender. München 1990.

Scholz, Rupert: Der Weg zur Einheit über den Nationalstaat ist nicht verboten. In: *Frankfurter Allgemeine Zeitung* vom 16. Oktober 1985 (Weg).

Scholz, Rupert: An der deutschen Frage führt kein Weg zu einer wirklichen Entspannung vorbei. In: *Die Welt* vom 5. September 1986 (Frage).

Scholz, Rupert: Daran halte ich fest. Berliner Positionen zu Nation, Demokratie, Rechtsstaat. Stuttgart 1988.

Scholz, Rupert: Wo Egon Bahr sucht, ist der europäische Frieden gewiß nicht zu entdecken. In: *Die Welt* vom 31. März 1988 (Rezension des Buches von Egon Bahr: Zum europäischen Frieden – Eine Antwort auf Gorbatschow. Berlin 1988) (Bahr).

Scholz, Rupert: Deutsche Frage und europäische Sicherheit. Sicherheitspolitik in einem sich einigenden Deutschland und Europa. In: *Europa-Archiv*, Jg. 45/1990, S. 239–246.

Scholz, Rupert: Gottesdienst im Fadenkreuz. Kirchen im Sozialismus: Balanceakt zwischen Opportunismus und Opposition. In: *Die Welt* vom 21. März 1992.

Schreiber, Mathias: Anwalt der Kultur des Politischen. Zum Tode des Publizisten Ludolf Herrmann. In: *Frankfurter Allgemeine Zeitung* vom 12. Februar 1986.

Schroeder, Friedrich-Christian: Die Entwicklung der DDR-Rechts-Forschung in der Bundesrepublik Deutschland. In: *Deutschland Archiv*, Jg. 19/1986, S. 947–953.

Schroeder, Friedrich-Christian: Nicht mehr und noch nicht – Das Verfassungsrecht in der DDR. In: *Frankfurter Allgemeine Zeitung* vom 17. November 1989 (Rezension des Buches von Herwig Roggemann: Die DDR-Verfassungen. Einführung in das Verfassungsrecht der DDR. Grundlagen und neuere Entwicklung. 4. Aufl. Berlin 1989).

Schröder, Gerhard: Außenpolitik im Übergang Adenauer-Erhard. In: Dieter Blumenwitz/Klaus Gotto/Hans Maier/Konrad Repgen/Hans-Peter Schwarz (Hrsg.): Konrad Adenauer und seine Zeit. Politik und Persönlichkeit des ersten Bundeskanzlers. Beiträge von Weg- und Zeitgenossen. Stuttgart 1976, S. 719–745 (Außenpolitik).

Schröder, Richard: Zu Hause in aller Welt, doch fremd im eigenen Land. Die Kunstfigur des sozialistischen Menschen – Über die neue Bedeutung von Solidarität und Vaterland. In: *Frankfurter Allgemeine Zeitung* vom 7. Dezember 1990.

Schröder, Richard: Denken im Zwielicht. Vorträge und Aufsätze aus der alten DDR. Tübingen 1990.

Schröder, Richard: Soll die Zersetzungsarbeit endlos weitergehen? Wie man zum Mitarbeiter des Staatssicherheitsdienstes gepreßt werden konnte, was erwartet wurde und warum man es tat. In: *Frankfurter Allgemeine Zeitung* vom 2. Januar 1991.

Schröder, Richard: Es ist doch nicht alles schlecht. Einspruch gegen Jürgen Habermas: Auch im Faktischen steckt manchmal ein bißchen Vernunft. In: *Die Zeit* vom 31. Mai 1991.

Schröder, Richard: Die Kirchen unter Schock und Streß. In: *Die Zeit* vom 22. November 1991.

Schueler, Hans: Karlsruhe: Die falsche Adresse. Goppels nutzlose Klage gegen den Grundvertrag. In: *Die Zeit* vom 1. Juni 1973.

Schueler, Hans: Das Orakel des Zweiten Senats. Die Verfassungsrichter in Karlsruhe versagten vor einem Politikum. In: *Die Zeit* vom 8. Juni 1973.

Schütt-Wetschky, Eberhard: Vergleich Bundesrepublik Deutschland – Deutsche Demokratische Republik. Zur Kritik der systemimmanenten Methode. In: *Deutschland Archiv,* Jg. 21/1988, S. 754–761.

Schütz, Wilhelm Wolfgang: Die Stunde Deutschlands. Möglichkeiten einer Politik der Wiedervereinigung. Stuttgart 1954.

Schütz, Wilhelm Wolfgang: Das Gesetz des Handelns. Zerrissenheit und Einheit unserer Welt. Frankfurt/M. 1958.

Schütz, Wilhelm Wolfgang: Schritte zur Wiedervereinigung. Göttingen/Berlin/Frankfurt/M. 1959.

Schütz, Wilhelm Wolfgang: Reform der Deutschlandpolitik. Köln/Berlin 1965.

Schütz, Wilhelm Wolfgang: Im Streit der Meinungen. Stimmen zur »Reform der Deutschlandpolitik«. Köln o. J.

Schütz, Wilhelm Wolfgang: Strategie für Deutschland – Anregungen für eine deutsche Wiedervereinigungspolitik. In: *Die Zeit* vom 10. Dezember 1965.

Schütz, Wilhelm Wolfgang: Modelle der Deutschlandpolitik. Wege zu einer neuen Außenpolitik. Köln/Berlin 1966.

Schütz, Wilhelm Wolfgang: Der uneigentliche Punkt – Ein politischer Dialog. Köln/Berlin 1967.

Schütz, Wilhelm Wolfgang: Deutschland-Memorandum – Eine Denkschrift und ihre Folgen. Frankfurt/M. 1968.

Schuller, Wolfgang: Wieder Wiedervereinigung? In: *Der Staat,* Bd. 26/1987, S. 421–431.

Schuller, Wolfgang: Alle Deutschen stehen vor einem Neuanfang. Plädoyer für ein einheitliches demokratisches Deutschland. In: *Frankfurter Allgemeine Zeitung* vom 16. Dezember 1989.

Schuller, Wolfgang: »Wir waren blind, ungläubig und langsam«. Die westdeutsche Zeitgeschichtsforschung hat von der DDR weggeguckt. In: *Frankfurter Allgemeine Zeitung* vom 18. März 1991.

Schulz, Eberhard: An Ulbricht führt kein Weg mehr vorbei. Provozierende Thesen zur deutschen Frage. Hamburg 1967.

Schulz, Eberhard: Wahrung des Friedens und Die Weiterentwicklung der deutschen Frage. In: Außenpolitische Perspektiven des westdeutschen Staates. Band 1: Das Ende des Provisoriums. München/Wien 1971, S. 19–33, 158–174.

Schulz, Eberhard: Stellung der DDR im östlichen System und ihr Handlungsspielraum gegenüber der Bundesrepublik Deutschland. In: Zur Sache 4/77: Deutschlandpolitik. Öffentliche Anhörungen des Ausschusses für innerdeutsche Beziehungen des Deutschen Bundestages 1977. Herausgeber: Deutscher Bundestag – Presse- und Informationszentrum. Bonn 1977, S. 77–82, 90–97, 119–127 (Stellung).

Schulz, Eberhard: Die deutsche Nation in Europa. Internationale und historische Dimensionen. Bonn 1982 (Nation).

Schulz, Eberhard: Sowjetische Deutschland-Politik: Noch immer unentschlossen? In: *Deutschland Archiv,* Jg. 20/1987, S. 940–949.

Schulz, Eberhard/Peter Danylow: Bewegung in der deutschen Frage? Die ausländischen Besorgnisse über die Entwicklung in den beiden deutschen Staaten. 2., erw. Aufl. Bonn 1984.

Schulze, Hagen: Europa und die deutsche Frage in historischer Perspektive. In: *Politik und Kultur,* Jg. 10/1983, H. 5, S. 40–51.

Schulze, Hagen: Fragen, die wir stellen müssen. Keine historische Haftung ohne nationale Identität. In: *Die Zeit* vom 26. September 1986.

Schulze, Hagen: Gibt es überhaupt eine deutsche Geschichte? Berlin 1989.

Schulze, Hagen: Mit dem Segen der Nachbarn. Deutschland, im Westen fest verankert, kann den Ausgleich zwischen Ost und West fördern. In: *Die Zeit* vom 30. November 1990.

Schulze, Hagen: In manchem überholt, aber nicht überwunden. Über Geschichte und Zukunft des Nationalstaates. In: *Frankfurter Allgemeine Zeitung* vom 27. April 1991.

Schulze-Fielitz, Helmuth: Staatsrechtslehrertagung 1989 in Hannover. In: *Neue Juristische Wochenschrift,* Jg. 43/1990, S. 31–34.

Schuster, Dieter: Zur Geschichte des 1. Mai in Deutschland. Hrsg. vom DGB-Bundesvorstand. Düsseldorf 1991.

Schuster, Hans: Zwei Schritte vor – einen zurück. In: *Süddeutsche Zeitung* vom 29./30. Juli 1972.

Schuster, Hans: Der Vorzug, nicht ganz souverän zu sein. In: *Süddeutsche Zeitung* vom 7. November 1972.

Schuster, Hans: Eine verläßliche Entscheidung. In: *Süddeutsche Zeitung* vom 6. Juni 1973.

Schuster, Hans: Die Erben der Nation. In: *Süddeutsche Zeitung* vom 16./18. Juni 1978.

Schuster, Rudolf: Verfahrensvorschläge zur Wiedervereinigung Deutschlands – 1949–1959. Hrsg. vom Forschungsinstitut der Deutschen Gesellschaft für Auswärtige Politik. Bonn o. J.

Schuster, Rudolf: Deutschlands staatliche Existenz im Widerstreit politischer und rechtlicher Gesichtspunkte 1945–1963. München 1963.

Schuster, Rudolf: Vom Dissens in der Deutschlandpolitik. In: *Politik und Kultur,* Jg. 5/1978, H. 4, S. 63–69.

Schwan, Alexander: Nationale Identität in Deutschland und Europa – Zum nationalen Selbstverständnis des deutschen Volkes und seiner Nachbarn. In: Klaus Weigelt (Hrsg.): Heimat und Nation – Zur Geschichte und Identität der Deutschen. Mainz 1984, S. 189–205.

Schwan, Gesine: Sozialismus in der Demokratie? Theorie einer konsequent sozialdemokratischen Politik. Stuttgart u. a. 1982.

Schwan, Gesine: Ein Januskopf – Gefahren und Chancen. Analyse des gemeinsamen Dokumentes von SPD und SED. In: *Frankfurter Allgemeine Zeitung* vom 23. September 1987.

Schwan, Gesine: Souveräner Alleingang zurück zu Bismarck. Das Deutsch-Nationale in der SPD: Auseinandersetzung mit Egon Bahrs sicherheits- und deutschlandpolitischem Konzept. In: *Rheinischer Merkur/Christ und Welt* vom 6. Mai 1988.

Schwarz, Hans-Peter: Zur Außenpolitik der Bundesrepublik Deutschland. Literatur zum politischen System Westdeutschlands II. In: *Politische Vierteljahresschrift,* Jg. 19/1968, S. 82–98.

Schwarz, Hans-Peter: Die außenpolitischen Grundlagen des westdeutschen Staates. In: Richard Löwenthal/Hans-Peter Schwarz (Hrsg.): Die zweite Republik. 25 Jahre Bundesrepublik Deutschland – eine Bilanz. Stuttgart 1974, S. 27–63.

Schwarz, Hans-Peter: Die nationale Frage – morgen. 6 Thesen zur Positionsbestimmung nach 25 Jahren. In: *Die politische Meinung,* Jg. 19/1974, H. 154, S. 9–33.

Schwarz, Hans-Peter: Die Ost-West-Spannungen als Orientierungsrahmen westdeutscher Außenpolitik. In: Hans-Peter Schwarz (Hrsg.): Handbuch der deutschen Außenpolitik. München 1975, S. 465–479.

Schwarz, Hans-Peter: Adenauers Wiedervereinigungspolitik. Zwischen nationalem Wollen und realpolitischem Zwang. In: *Die politische Meinung,* Jg. 20/1975, H. 163, S. 33–54.

Schwarz, Hans-Peter (Hrsg.): Konrad Adenauer – Reden 1917–1967. Eine Auswahl. Stuttgart 1975.

Schwarz, Hans-Peter: Deutschlandpolitik im europäischen Kräfteverhältnis. Öffentliche Anhörungen des Ausschusses für innerdeutsche Beziehungen des Deutschen Bundestages. In: *Zur Sache,* 4/1977, S. 22–31, 38–46, 70–76.

Schwarz, Hans-Peter: Brauchen wir ein neues deutschlandpolitisches Konzept? In: *Europa-Archiv,* Jg. 32/1977, S. 327–338.

Schwarz, Hans-Peter: Die westdeutsche Außenpolitik – Historische Lektionen und politische Generationen. In: Walter Scheel (Hrsg.): Nach dreißig Jahren. Die Bundesrepublik Deutschland – Vergangenheit, Gegenwart, Zukunft. Stuttgart 1979, S. 145–173.

Schwarz, Hans-Peter: Vom Reich zur Bundesrepublik. Deutschland im Widerstreit der außenpolitischen Konzeptionen in den Jahren der Besatzungsherrschaft 1945–1949. 2. erw. Aufl. Stuttgart 1980 (Reich).

Schwarz, Hans-Peter: Die Ära Adenauer – Gründerjahre der Republik 1949–1957. Mit einem einleitenden Essay von Theodor Eschenburg. Stuttgart/Wiesbaden 1981 (Gründerjahre).

Schwarz, Hans-Peter (Hrsg.): Die Legende von der verpaßten Gelegenheit. Band 5 der »Rhöndorfer Gespräche«. Stuttgart/Zürich 1982.

Schwarz, Hans-Peter: Die Ära Adenauer – Epochenwechsel 1957–1963. Mit einem einleitenden Essay von Johannes Gross. Stuttgart/Wiesbaden 1983 (Epochenwechsel).

Schwarze, Hanns Werner: Die DDR ist keine Zone mehr. Köln/Wien 1969; 3. Aufl. 1970.

Schwarze, Hanns Werner: DDR heute. Köln/Berlin 1970.

Schwarze, Hanns Werner: Klassenjustiz im Kalten Krieg. DDR-Rechtsprechung – Trotz mancher Einwände: eine Fundgrube. In: *Die Zeit* vom 28. März 1980 (Rezension des Buches von Karl Wilhelm Fricke: Politik und Justiz in der DDR. Zur Geschichte der politischen Verfolgung 1945–1968. Köln 1979).

Schwarze, Hanns Werner: Kein Loblied auf die Zunft. In: *Der Journalist,* Jg. 41/1990, Nr. 8 (August), S. 31.

Schwarzkopf, Dietrich: Wünsche schaffen Legenden. Eine versäumte Gelegenheit, die keine war. In: *Die politische Meinung,* Jg. 8/1963, H. 90, S. 33–48.

Schwarzkopf, Dietrich: Das Wollen und das Können – Deutsche Außenpolitik 1965. In: Helmut Hammerschmidt (Hrsg.): Zwanzig Jahre danach – eine deutsche Bilanz – 1945–1965. München/Wien/Basel 1965, S. 403–423.

Schwarzkopf, Dietrich: Was wird das für ein Grundvertrag? Eine Analyse der Voraussetzungen der neuen Bahr-Kohl-Runde. In: *Deutsche Zeitung/Christ und Welt* vom 18. August 1972.

Schwarzkopf, Dietrich: Die Nation wird verleugnet. Eine Analyse des innerdeutschen Abkommens. In: *Deutsche Zeitung/Christ und Welt* vom 17. November 1972.

Schwehn, Klaus J.: SPD-Politiker legt Arbeitsprogramm für künftige Deutschlandpolitik vor. In: *Die Welt* vom 28. Dezember 1988.

Schwehn, Klaus J.: SPD-Führung beharrt auf knapper Deutschland-Passage. In: *Die Welt* vom 19. Oktober 1989.

Schweigler, Gebhard: Nationalbewußtsein in der BRD und der DDR. Düsseldorf 1973 (Nationalbewußtsein).

Schweigler, Gebhard: Nationalstaatsbewußtsein in der DDR. In: Aus Politik und Zeitgeschichte. Beilage zur Wochenzeitung *Das Parlament*, B 28 vom 14. Juli 1973, S. 23–38.

Schweigler, Gebhard: Zum Nationalbewußtsein in der DDR. In: *Politik und Kultur*, Jg. 4/1977, H. 1, S. 61–68.

Schweigler, Gebhard: Nation. In: Martin Greiffenhagen/Sylvia Greiffenhagen/Rainer Prätorius (Hrsg.): Handwörterbuch zur politischen Kultur der Bundesrepublik Deutschland. Opladen 1981, S. 253–257.

Schweigler, Gebhard: Normalität in Deutschland. In: *Europa-Archiv*, Jg. 44/1989, S. 173–182.

Schweigler, Gebhard: Was deutsch ist, bestimmen wir. Reißt zum Schluß auseinander, was zusammengehört? In: *Süddeutsche Zeitung* vom 31. Mai 1990.

Schweisfurth, Theodor: Das Ziel: Blockfreiheit. In: Wolfgang Venohr (Hrsg.): Die deutsche Einheit kommt bestimmt. Bergisch Gladbach 1982, S. 81–101.

Schweisfurth, Theodor: Die Perspektive Blockfreiheit. In: Guido Knopp/Siegfried Quandt/Herbert Scheffler (Hrsg.): Nation Deutschland? I. Hambacher Disput. Paderborn 1984, S. 39–43.

Schweisfurth, Theodor: Die deutsche Frage aus der Sicht der Grünen. In: Dieter Blumenwitz/Gottfried Zieger (Hrsg.): Die deutsche Frage im Spiegel der Parteien. Köln 1989, S. 109–121 (Frage).

Schweitzer, Carl Christoph: Die deutsche Nation – Aussagen von Bismarck bis Honekker. Köln 1976.

Seebacher-Brandt, Brigitte: Ein Linker träumt vom Überleben der DDR. In: *Rheinischer Merkur/Christ und Welt* vom 14. September 1990 (Rezension des Buches von Jürgen Habermas: Die nachholende Revolution. Frankfurt/M. 1990).

Seebacher-Brandt, Brigitte: Die Linke und die Einheit. Berlin 1991 (Linke).

Seebacher-Brandt, Brigitte/Peter Glotz: Die deutsche Linke und die Vereinigung. Hrsg. vom Forschungsinstitut der Friedrich-Ebert-Stiftung, Bonn 1991.

Seidel, Bruno/Siegfried Jenkner (Hrsg.): Wege der Totalitarismus-Forschung. Darmstadt 1968.

Seideneck, Peter: Die soziale Einheit gestalten. Über die Schwierigkeiten des Aufbaus gesamtdeutscher Gewerkschaften. In: Aus Politik und Zeitgeschichte. Beilage zur Wochenzeitung *Das Parlament*, B 13 vom 22. März 1991, S. 3–11.

Seiffert, Wolfgang: Kein Ende, sondern geduldige Weiterführung zielstrebiger Deutschlandpolitik. In: *Liberal*, Jg. 21/1979, S. 578–585.

Seiffert, Wolfgang: Mehr als nur Freizügigkeit. In: *Der Spiegel*, Nr. 33/1980, S. 20–24.

Seiffert, Wolfgang: Polen bedroht das Machtmonopol der SED. In: *Der Spiegel*, Nr. 43/1980, S. 35–39.

Seiffert, Wolfgang: Eine Nummer zu klein. In: *Der Spiegel*, Nr. 7/1981, S. 46–47.

Seiffert, Wolfgang: SED und nationale Frage. In: Wolfgang Venohr (Hrsg.): Die deutsche Einheit kommt bestimmt. Bergisch Gladbach 1982, S. 161–179.

Seiffert, Wolfgang: Die DDR kämpft um ihre Existenz. In: *Der Spiegel*, Nr. 41/1983, S. 64, 67.

Seiffert, Wolfgang: »Die Mauer überflüssig machen«. Wolfgang Seiffert über Klaus Böllings Erfahrungen in der DDR. In: *Der Spiegel*, Nr. 52/1983, S. 40–41.

Seiffert, Wolfgang: »Jetzt ist Honecker gefordert«. In: *Der Spiegel*, Nr. 23/1984, S. 36–38.

Seiffert, Wolfgang: Eine verlorene Schlacht. In: *Der Spiegel*, Nr. 37/1984, S. 20.

Seiffert, Wolfgang: Europa braucht seine Nationalstaaten. Die Einheit ist nur in der Vielfalt möglich. In: *Frankfurter Allgemeine Zeitung* vom 25. Februar 1986.

Seiffert, Wolfgang: Das ganze Deutschland – Perspektiven der Wiedervereinigung. München/Zürich 1986.

Seiffert, Wolfgang: »Die Mauer als Brett vor dem Kopf«. In: *Der Spiegel*, Nr. 34/1986, S. 34, 36.

Seiffert, Wolfgang: Sie wollen die Einheit nicht. In: *Rheinischer Merkur/Christ und Welt* vom 8. April 1988.

Seiffert, Wolfgang: Deutschland ist nicht befriedet. In: *Rheinischer Merkur/Christ und Welt* vom 7. Juli 1989.

Seiffert, Wolfgang: Die Deutschen und Gorbatschow – Chancen für einen Interessenausgleich. Erlangen 1989.

Seiffert, Wolfgang: Selbstbestimmungsrecht und deutsche Vereinigung. Das Selbstbestimmungsrecht einer geteilten Nation. Baden-Baden 1992.

Sethe, Paul: Zwischen Bonn und Moskau. Frankfurt/M. 1956.

Sethe, Paul: In Wasser geschrieben – Porträts, Profile, Prognosen. Hrsg. von Karl-Heinz Janßen. Frankfurt/M. 1968.

Seydoux, François: Botschafter in Deutschland – Meine zweite Mission 1965–1970. Frankfurt/M. 1978.

Siebenmorgen, Peter: Gezeitenwechsel – Aufbruch zur Entspannungspolitik. Bonn 1990.

Siegler, Heinrich von: Wiedervereinigung und Sicherheit Deutschlands. 4. erw. Aufl. Bonn u. a. 1960.

Silex, Karl: Adenauer und Korea. In: Die Ära Adenauer – Einsichten und Ausblicke. Frankfurt/M. 1964, S. 143–146.

Simon, Gerhard: Der jähe Zusammenbruch des Sowjetsystems. Ein Staatsstreich am Anfang, ein Staatsstreich am Ende. In: *Neue Zürcher Zeitung* vom 15./16. September 1991.

Simon, Gerhard: Sieben Thesen zur politischen Situation. In: Die Sowjetunion Anfang 1991: Zurück zur Diktatur? Sonderveröffentlichung des Bundesinstituts für ostwissenschaftliche und internationale Studien. Köln 1991, S. 27–35.

Skriver, Ansgar: Welche Einheit der Nation? In: *Lutherische Monatshefte*, Jg. 20/1981, S. 117–118.

Smith, Jean Edward: Germany Beyond the Wall. People, Politics and Prosperity. Boston/Toronto 1967.

Sobczyk, Peter: Zusammenfassung der Schlußdiskussion. In: Josef Becker/Andreas Hillgruber (Hrsg.): Die Deutsche Frage im 19. und 20. Jahrhundert. Referate und Diskussionsbeiträge eines Augsburger Symposions 23. bis 25. September 1981. München 1983, S. 443–457.

Sommer, Theo: Die permanenten Provisorien. In: Marion Gräfin Dönhoff/Rudolf Walter Leonhardt/Theo Sommer: Reise in ein fernes Land. Bericht über Kultur, Wirtschaft und Politik in der DDR. Hamburg 1964; 11. Aufl. 1971, S. 144–147.

Sommer, Theo: Denken an Deutschland. In: Theo Sommer (Hrsg.): Denken an Deutschland. Zum Problem der Wiedervereinigung – Ansichten und Einsichten. Hamburg 1966, S. 11–34 (Denken).

Sommer, Theo: Geteilt, aber nicht getrennt. In: Das 198. Jahrzehnt. Eine Teamprognose für 1970 bis 1980. Hamburg 1969, S. 237–260.

Sommer, Theo: Deutschlandpolitik – die letzte Etappe. In: *Die Zeit* vom 11. August 1972.

Sommer, Theo: Deutschland zu zweit. Der Grundvertrag: ein Anfang, kein Ende. In: *Die Zeit* vom 11. Mai 1973.

Sommer, Theo: Prozeß-Possen. Bayerns zweiter Vorstoß in Karlsruhe. In: *Die Zeit* vom 15. Juni 1973.

Sommer, Theo: Grundelemente deutscher Sicherheitspolitik. In: Edgar Joseph Feuchtwanger (Hrsg.): Deutschland – Wandel – Bestand. Eine Bilanz nach 100 Jahren. Frankfurt/M. 1976, S. 155–170.

Sommer, Theo: Deutschland – Traum oder Alptraum? In: *Die Zeit* vom 8. Dezember 1978.

Sommer, Theo: Deutschland in den achtziger Jahren. In: *Europäische Rundschau*, Jg. 7/1979, H. 4, S. 19–26.

Sommer, Theo: Bewahren, um erneuern zu können. In: *Die Zeit* vom 25. Mai 1979.

Sommer, Theo: Und wo liegt nun Deutschland? Die Ortsbestimmung des Günter Gaus bleibt seltsam vage. In: *Die Zeit* vom 14. Oktober 1983.

Sommer, Theo: Wie offen ist die deutsche Frage? Ein Dekalog für verantwortungsvolle Patrioten. In: *Die Zeit* vom 17. August 1984.

Sommer, Theo: Hausieren mit einem alten Hut. Zur Bonner Geisterdiskussion über die Wiedervereinigung. In: *Die Zeit* vom 29. Mai 1987.

Sommer, Theo: Die Einheit gegen Freiheit tauschen. Umrisse einer neuen Deutschlandpolitik: Wir müssen uns ehrlich machen. In: *Die Zeit* vom 26. Juni 1987.

Sommer, Theo: Quo vadis Germania? Eine Standortbestimmung der Bundesrepublik nach den Besuchen von Bush und Gorbatschow. In: *Die Zeit* vom 23. Juni 1989.

Sommer, Theo: Starrheit ist nicht gleich Stabilität. *Zeit*-Gespräch mit Egon Bahr, der unter Brandt die »neue Ostpolitik« entwarf. In: *Die Zeit* vom 1. September 1989.

Sommer, Theo: Am Staate mäkeln, doch ihn tragen. In: Theo Sommer (Hrsg.): Reise ins andere Deutschland. Mit einem Vorwort von Helmut Schmidt. Reinbek bei Hamburg 1986 und 1989, S. 18–39.

Sommer, Theo: Kleine Schritte oder große Luftsprünge? Deutschlandpolitik zwischen Torschlußpanik und Anschlußeuphorie – Das Ziel muß bleiben: Wandel ohne Explosion. In: *Die Zeit* vom 22. September 1989.

Sommer, Theo: Wenn das Volk die Bühne stürmt. Die doppelte deutsche Frage und des Kanzlers unbefriedigende Antwort. In: *Die Zeit* vom 8. Dezember 1989.

Sommer, Theo: Wem gehört die deutsche Frage? Nationales Interesse und europäisches Gleichgewicht: ein schwieriger Ausgleich. In: *Die Zeit* vom 15. Dezember 1989.

Sommer, Theo: Vom Aufbruch zum Zusammenbruch? Die DDR vor der Wahl: Evolution oder Eruption. In: *Die Zeit* vom 26. Januar 1990.

Sommer, Theo: Der Geist ist ein Wühler. Deutschland zu zweit oder einig Vaterland: Von den Schwierigkeiten, Geschichte zu prognostizieren – Eine Selbstbefragung. In: *Die Zeit* vom 11. Mai 1990.

Sommer, Theo: Der falsche Mann zur falschen Zeit. Oskar Lafontaine wird den Sozialdemokraten zur Last. In: *Die Zeit* vom 1. Juni 1990.

Sontheimer, Kurt: Volk und Nation im Nachkriegsdeutschland. In: *Die Mitarbeit – Zeitschrift zur Gesellschafts- und Kulturpolitik*, Jg. 18/1969, S. 98–113.

Sontheimer, Kurt: Deutschland zwischen Demokratie und Antidemokratie. Studien zum politischen Bewußtsein der Deutschen. München 1971.

Sontheimer, Kurt: Das notwendige Ja. In: *Deutsches Allgemeines Sonntagsblatt* vom 6. Mai 1973.

Sontheimer, Kurt: Reden über Deutschland. In: Reden über das eigene Land: Deutschland 6. 2. Aufl. München 1989, S. 37–66 (stark gekürzte Fassung unter dem Titel

»Von deutscher Normalität – Rede wider Katastrophenwahn und Unvernunft«, in: *Frankfurter Allgemeine Zeitung* vom 10. Dezember 1988).

Sontheimer, Kurt: Real war nur der schöne Schein. In: *Rheinischer Merkur/Christ und Welt* vom 23. Februar 1990.

Sontheimer, Kurt: Nationalstaat und vereintes Europa. In: *Die Welt* vom 23. Januar 1991.

Sontheimer, Kurt/Wilhelm Bleck: Die DDR. Politik – Gesellschaft – Wirtschaft. 5. erw., neu bearb. Aufl. Hamburg 1979.

Spittmann, Ilse: Geschäfte mit der Menschlichkeit. In: *SBZ-Archiv*, Jg. 15/1964, S. 1–3.

Spittmann, Ilse: DDR-Forschung im Wandel. In: *SBZ-Archiv*, Jg. 19/1968, S. 36–40.

Spittmann, Ilse: Weichenstellung für die neunziger Jahre. In: *Deutschland Archiv*, Jg. 21/1988, S. 1249–1253.

Spittmann, Ilse: Die DDR unter Honecker. Köln 1990.

Spittmann, Ilse: Sachlich Falsches zur DDR-Forschertagung. In: *Rheinischer Merkur/ Christ und Welt* vom 6. Juli 1990 (Leserbrief).

Spittmann, Ilse: Tag der deutschen Einheit. In: Werner Weidenfeld/Karl-Rudolf Korte (Hrsg.): Handwörterbuch zur deutschen Einheit. Lizenzausgabe für die Bundeszentrale für politische Bildung. Bonn 1991; Frankfurt/M. 1992, S. 660–667.

Spittmann, Ilse: Mauer. In: Werner Weidenfeld/Karl-Rudolf Korte (Hrsg.): Handwörterbuch zur deutschen Einheit. Lizenzausgabe für die Bundeszentrale für politische Bildung. Bonn 1991; Frankfurt/M. 1992, S. 466–474.

Spittmann, Ilse/Karl Wilhelm Fricke (Hrsg.): 17. Juni 1953 – Arbeiteraufstand in der DDR. Edition Deutschland Archiv. Köln 1982.

Spittmann, Ilse/Gisela Helwig (Hrsg.): Chronik der Ereignisse in der DDR. Edition Deutschland Archiv. 4. erw. Aufl. 1990 (Chronik).

Spotts, Frederic: Kirchen und Politik in Deutschland. Stuttgart 1976 (Kirchen).

Springer, Axel: 25 Jahre – nur ein kurzer Seufzer der Geschichte. In: *Welt am Sonntag* vom 6. September 1970.

Springer, Axel: Aus Sorge um Deutschland. Zeugnisse eines engagierten Berliners. Vorwort von Matthias Walden. Stuttgart 1980.

Stammen, Theo: Problematische Identität – Anmerkungen zur Geschichte der Deutschen Frage. In: *Politik und Kultur*, Jg. 11/1984, H. 5, S. 3–14.

Staritz, Dietrich: Gesamtdeutsche Parteien im Kalkül der Siegermächte – Die Kontroverse über eine Parteiengesetzgebung im Alliierten Kontrollrat. In: Josef Foschepoth (Hrsg.): Kalter Krieg und deutsche Frage – Deutschland im Widerstreit der Mächte 1945–1952. Göttingen 1985, S. 198–216.

Staritz, Dietrich: Die SED und die Opposition. In: Ilse Spittmann (Hrsg.): Die SED in Geschichte und Gegenwart. Edition Deutschland Archiv. Köln 1987, S. 78–97.

Staritz, Dietrich: Zur Gründung der SED. Forschungsstand, Kontroversen, offene Fragen. In: Dietrich Staritz/Hermann Weber (Hrsg.) unter Mitwirkung von Manfred Koch: Einheitsfront – Einheitspartei. Kommunisten und Sozialdemokraten in Ost- und Westeuropa 1944–1988. Köln 1989.

Staritz, Dietrich: Unstrittig ist die Wende, strittig, wohin sie führen soll. In: *Frankfurter Rundschau* vom 1. Dezember 1989.

Staritz, Dietrich: Zur Geschichte der DDR. In: Werner Weidenfeld/Hartmut Zimmermann (Hrsg.): Deutschland-Handbuch – Eine doppelte Bilanz 1949–1989. Band 275 der Schriftenreihe der Bundeszentrale für politische Bildung. Bonn 1989, S. 69–85.

Staritz, Dietrich: Die SED, Stalin und der »Aufbau des Sozialismus« in der DDR. Aus den Akten des Zentralen Partei-Archivs. In: *Deutschland Archiv,* Jg. 24/1991, S. 686–700 (SED).

Staritz, Dietrich: Die SED, Stalin und die Gründung der DDR. Aus den Akten des Zentralen Partei-Archivs. In: Aus Politik und Zeitgeschichte. Beilage zur Wochenzeitung *Das Parlament,* B 5 vom 25. Januar 1991, S. 3–16.

Steininger, Rolf: Ein vereintes, unabhängiges Deutschland? Winston Churchill, Der Kalte Krieg und die deutsche Frage im Jahre 1953. In: *Militärgeschichtliche Mitteilungen,* Jg. 34/1983, S. 105–144.

Steininger, Rolf: Eine Chance zur Wiedervereinigung? Die Stalin-Note. Darstellung und Dokumentation auf der Grundlage unveröffentlichter britischer und amerikanischer Akten. Bonn 1985.

Steininger, Rolf: Das Scheitern der EVG und der Beitritt der Bundesrepublik zur NATO. In: Aus Politik und Zeitgeschichte. Beilage zur Wochenzeitung *Das Parlament,* B 17 vom 27. April 1985, S. 3–18 (Scheitern).

Steininger, Rolf: Eine vertane Chance. Die Stalin-Note vom 10. März 1952 und die Wiedervereinigung. Eine Studie auf der Grundlage unveröffentlichter britischer und amerikanischer Akten. Berlin/Bonn 1986 (Chance).

Steininger, Rolf: Deutschland – ein Blick zurück. Hätte den Deutschen in der Ostzone vierzig Jahre Teilung erspart bleiben können? In: *Die Zeit* vom 15. Juni 1990.

Stern, Carola: Dem Klima angeglichen. In: *Der Journalist,* Jg. 41/1990, Nr. 8, S. 32.

Stern, Fritz: Der Traum vom Frieden und die Versuchung der Macht. Deutsche Geschichte im 20. Jahrhundert. Berlin 1988.

Stern, Klaus/Bruno Schmidt-Bleibtreu: Staatsvertrag zur Währungs-, Wirtschafts- und Sozialunion. München 1990 (Staatsvertrag).

Stern, Klaus/Bruno Schmidt-Bleibtreu: Einigungsvertrag und Wahlvertrag. München 1990.

Stern, Klaus/Bruno Schmidt-Bleibtreu: Zwei-plus-Vier-Vertrag. Partnerschaftsverträge, EG-Maßnahmenpaket mit Begründungen und Materialien. München 1991.

Sternberger, Dolf: Verfassungspatriotismus. Frankfurt/M. 1990.

Stobbe, Dietrich: Außenpolitische Kontinuität – ein deutscher Wunschtraum? In: *Die Neue Gesellschaft,* Jg. 31/1984, S. 102–109.

Stökl, Günther: Russische Geschichte – Von den Anfängen bis zur Gegenwart. 3., erw. Aufl. Stuttgart 1973.

Stolpe, Manfred: Universale Menschenrechte. In: Christa Lewek/Manfred Stolpe/Joachim Garstecki (Hrsg.): Menschenrechte in christlicher Verantwortung. 2. Aufl. Berlin (Ost) 1981, S. 51–62.

Stolpe, Manfred: Ein deutsches Sommertheater. In: *Der Spiegel,* Nr. 39/1989, S. 28–29.

Stolpe, Manfred: Das zweite Jahr der Einheit wird der Härtetest. Betrachtungen an der deutschen Ostgrenze. In: *Frankfurter Rundschau* vom 13. Oktober 1991.

Stolz, Rolf (Hrsg.): Ein anderes Deutschland. Grün-alternative Bewegung und neue Antworten auf die deutsche Frage. Berlin 1985.

Stolz, Rolf: Der deutsche Komplex. Alternativen zur Selbstverleugnung. Erlangen 1990.

Strauß, Franz Josef: Sicherheit und Wiedervereinigung. In: *Außenpolitik,* Jg. 8/1957, S. 140–147.

Strauß, Franz Josef: Entwurf für Europa. Stuttgart 1966.

Strauß, Franz Josef: Zurück ins Kabinett? Ein Interview mit dem Vorsitzenden der CSU. In: *Die Zeit* vom 8. April 1966.

Strauß, Franz Josef: Nation mit neuem Auftrag. Die Einheit der Deutschen im geeinten Europa. In: *Die politische Meinung*, Jg. 12/1967, H. 120, S. 13–20.

Strauß, Franz Josef: Herausforderung und Antwort – Ein Programm für Europa. Stuttgart 1968.

Strauß, Franz Josef: Rede über das eigene Land: Deutschland. In: Reden über das eigene Land: Deutschland 2. München 1984, S. 103–138.

Strauß, Franz Josef: Europa: Keine Addition nationaler Trümmer. In: *Die Welt* vom 2. April 1986.

Strauß, Franz Josef: Staatspolitische Entwicklung der Bundesrepublik Deutschland und Deutsche Frage. In: Es geht um Deutschland in Europa. München 1986, S. 33–65 (Entwicklung).

Strauß, Franz Josef: Die Erinnerungen. Berlin 1989.

Studnitz, H. G. von: Die Versuchungen des Forschungsbeirates. In: *Außenpolitik*, Jg. 9/1958, S. 19–28.

Stürmer, Michael: Jenseits des Nationalstaats. Bemerkungen zum deutschen Kontinuitätsproblem. In: *Politik und Kultur*, Jg. 2/1975, H. 3/4, S. 119–138.

Stürmer, Michael: Diskussionsbeitrag im Rahmen einer Tagung des Bamberger Arbeitskreises: »Zur deutschen Nation«. In: *Politik und Kultur*, Jg. 3/1976, H. 1, S. 62–67.

Stürmer, Michael: Nationalstaat und Klassengesellschaft im Zeitalter des Bürgers – Ein Versuch. In: Lothar Albertin/Werner Link (Hrsg.): Politische Parteien auf dem Weg zur parlamentarischen Demokratie in Deutschland. Düsseldorf 1981, S. 11–29.

Stürmer, Michael: Die deutsche Frage als europäisches Problem. Ein Sonderweg deutscher Geschichte? In: Klaus Weigelt (Hrsg.): Heimat und Nation – Zur Geschichte und Identität der Deutschen. Mainz 1984, S. 286–301.

Stürmer, Michael: Die deutsche Frage stößt auf harte Grenzen. In: *Rheinischer Merkur/ Christ und Welt* vom 17. August 1985 (Frage); Teil II: Abschied von falschen Illusionen, ebenda, Ausgabe vom 24. August 1985 (Abschied).

Stürmer, Michael: Mitten in Europa: Versuchung und Verdammnis der Deutschen. In: Karl Carstens/Alfons Goppel/Henry Kissinger/Golo Mann (Hrsg.): Franz Josef Strauß – Erkenntnisse, Standpunkte, Ausblicke. München 1985, S. 306–323.

Stürmer, Michael: Dissonanzen des Fortschritts. München 1986.

Stürmer, Michael: Wohin treibt das deutsche Nationalgefühl? In: Klaus Weigelt (Hrsg.): Deutsche Frage und Westbindung. Forschungsbericht 53 der Konrad-Adenauer-Stiftung. Melle 1986, S. 119–128.

Stürmer, Michael: Suche nach der verlorenen Erinnerung. In: *Das Parlament*, Jg. 36/1986, Nr. 20–21, S. 1.

Stürmer, Michael: Realpolitik und Vision. Perspektiven der Deutschlandpolitik. In: Hans-Dietrich Genscher (Hrsg.): Nach vorn gedacht ... Perspektiven deutscher Außenpolitik. Stuttgart 1987, S. 73–89.

Stürmer, Michael: Zu gut für diese Welt. Rezension des Buches »Die Welt der Westdeutschen« von Günter Gaus. In: *Der Spiegel*, Nr. 5/1987, S. 44–46.

Stürmer, Michael: Nation und Demokratie. Zur Substanz des deutschen Nationalbewußtseins. In: *Die politische Meinung*, Jg. 32/1987, H. 230, S. 15–27.

Stürmer, Michael: Deutsche Fragen oder die Suche nach der Staatsräson. Historisch-politische Kolumnen. München 1988.

Stürmer, Michael: Eine Nation auf der Suche nach sich selbst. In: Klaus Weigelt (Hrsg.): Patriotismus in Europa. Festgabe für Bruno Heck zum 70. Geburtstag. Bonn 1988, S. 60–73.

Stürmer, Michael: Die deutsche Frage in der europäischen Geschichte 1648–1945. In:

Vierzig Jahre Deutschland-Politik im internationalen Kräftefeld. Hrsg. von Alexander Fischer. Edition Deutschland Archiv. Köln 1989, S. 8–15.

Stützle, Walter: Frieden, Sicherheit, Abrüstung. Gedanken zur Sicherheitspolitik der Bundesrepublik. In: Hans-Dietrich Genscher (Hrsg.): Nach vorn gedacht ... Perspektiven deutscher Außenpolitik. Bonn 1987, S. 27–37.

Suckut, Siegfried: Zum Wandel von Rolle und Funktion der Christlich-Demokratischen Union Deutschlands (CDUD) im Parteiensystem der SBZ/DDR (1945–1952). In: Hermann Weber (Hrsg.): Parteiensystem zwischen Demokratie und Volksdemokratie. Dokumente und Materialien zum Funktionswandel der Parteien und Massenorganisationen in der SBZ/DDR 1945–1950. Köln 1982, S. 117–128.

Suckut, Siegfried: Blockpolitik in der SBZ/DDR 1945–1949. Die Sitzungsprotokolle des zentralen Einheitsfront-Ausschusses. Quellenedition. Köln 1986.

Suckut, Siegfried: Die Entscheidung zur Gründung der DDR. Die Protokolle der Beratungen des SED-Parteivorstandes am 4. und 9. Oktober 1949. In: *Vierteljahrshefte für Zeitgeschichte,* Jg. 39/1991, S. 125–146 (Dokumentation, S. 146–175) (Entscheidung).

Süßkind, Martin E.: Differenzen beim Gespräch der SPD mit der SED. In: *Süddeutsche Zeitung* vom 8. Juni 1989.

Süßkind, Martin E.: Ringen um die Politik des Dialogs. Die SPD diskutiert über ihren Deutschlandkurs. In: *Süddeutsche Zeitung* vom 15. September 1989.

Sutor, Bernhard (Hrsg.): Politik – Ein Lehr- und Arbeitsbuch für den Politikunterricht (Sozialkunde, Gesellschaftslehre, Politische Gemeinschaftskunde) auf der Sekundarstufe II der allgemeinbildenden und beruflichen Schulen. 2., neu bearb. Aufl. Paderborn u. a. 1987 (Politik).

Sweerts–Sporck, Peter: Gelobt statt gescholten. In: *Die politische Meinung,* Jg. 36/1991, H. 257, S. 83–88.

Sywottek, Arnold: Über die Anfänge der DDR-Forschung. In: *Deutsche Studien,* Jg. 28/1990, S. 222–235.

Templin, Wolfgang: Das schlechte Vorbild der Anpassung. Die Realpolitik des Westens vernachlässigte früher die Opposition – und behindert heute die innere Einigung. In: *Die Zeit* vom 13. März 1992.

Teppe, Karl: Das deutsche Identitätsproblem. Eine historisch-politische Provokation. In: Aus Politik und Zeitgeschichte. Beilage zur Wochenzeitung *Das Parlament,* B 20–21 vom 22. Mai 1976, S. 29–39.

Thadden, Rudolf von: Gesellschaftsbewußtsein und Identitätsproblem der Deutschen. In: *Politik und Kultur,* Jg. 7/1980, H. 3, S. 3–13.

Thadden, Rudolf von: Deutsches Geschichtsbewußtsein als historisches Problem. In: *Politik und Kultur,* Jg. 9/1982, H. 1, S. 3–12.

Thalheim, Karl C.: Um die Zukunft unserer Gesellschafts- und Wirtschaftsordnung. In: Aus Politik und Zeitgeschichte. Beilage zur Wochenzeitung *Das Parlament,* B 20 vom 19. Mai 1973, S. 3–21.

Thalheim, Karl C.: Zur Entwicklung und Gegenwartslage der wirtschaftswissenschaftlichen DDR-Forschung. In: Gottfried Zieger (Hrsg.): Recht, Wirtschaft, Politik im geteilten Deutschland. Festschrift für Siegfried Mampel zum 70. Geburtstag am 13. September 1983. Köln u. a. 1983, S. 251–270.

Thalheim, Karl C.: J. B. Gradls Bedeutung für die DDR-Forschung. In: *Politik und Kultur,* Jg. 11/1984, H. 2, S. 19–23.

Thalheim, Karl C.: Die Aufgaben einer wirtschafts- und sozialwissenschaftlichen Vereinigungsforschung. In: *Deutschland Archiv,* Jg. 24/1991, S. 1083–1091 (Aufgaben).

Thaysen, Uwe: Der Runde Tisch. Oder: Wo blieb das Volk? Der Weg der DDR in die Demokratie. Opladen 1990.

Thomas, Rüdiger: Modell DDR. Die kalkulierte Emanzipation. München 1972; 6. Aufl. 1977.

Thomas, Rüdiger: Von der DDR-Forschung zur kooperativen Deutschland-Forschung. Bilanz und Perspektive eines umstrittenen Wissenschaftsfeldes. In: *Zeitschrift für Parlamentsfragen,* Jg. 21/1990, S. 126–136 (DDR-Forschung).

Thomas, Rüdiger: DDR: Politisches System. In: Werner Weidenfeld/Karl-Rudolf Korte (Hrsg.): Handwörterbuch zur deutschen Einheit. Lizenzausgabe für die Bundeszentrale für politische Bildung. Bonn 1991; Frankfurt/M. 1992, S. 99–116.

Tomuschat, Christian: Auswärtige Gewalt und verfassungsgerichtliche Kontrolle. Einige Bemerkungen zum Verfahren über den Grundvertrag. In: *Die Öffentliche Verwaltung,* Jg. 26/1973, S. 801–808.

Tomuschat, Christian: Die rechtliche Bedeutung der Vier-Mächte-Verantwortung. In: Gottfried Zieger (Hrsg.): Fünf Jahre Grundvertragsurteil des Bundesverfassungsgerichts. Symposion 2.–4. Oktober 1978. Köln u. a. 1979, S. 71–93.

Türcke, Christoph: Selbstzufriedenheit der Demokratie. Was es kostet, intellektuelles Gewissen der Nation zu sein – eine Antwort an Jürgen Habermas. In: *Die Zeit* vom 13. April 1990.

Tulpanow, Sergej: Deutschland nach dem Kriege (1945–1949). Erinnerungen eines Offiziers der Sowjetarmee. Berlin 1986.

Uschakow, Alexander: Das Ende des »Wettstreits der Systeme«. Vortrag auf der Expertentagung »Die Aufarbeitung der DDR-Geschichte und SED-Herrschaft in Wissenschaft und Publizistik« der Hanns-Seidel-Stiftung in Wilbad Kreuth vom 22. bis 24. Januar 1992 (Manuskript).

Uthmann, Jörg von: Hat der Westen den Frieden verloren? Blick in amerikanische Zeitschriften. In: *Frankfurter Allgemeine Zeitung* vom 1. Februar 1986.

Uthmann, Jörg von: Zwei Betten und ein Traum. Harvard diskutiert drei Tage lang über die deutsche Frage. In: *Frankfurter Allgemeine Zeitung* vom 2. November 1989.

Venohr, Wolfgang (Hrsg.): Die deutsche Einheit kommt bestimmt. Bergisch Gladbach 1982.

Venohr, Wolfgang: Deutschlands Mittellage. Betrachtungen zur ungelösten deutschen Frage. In: *Deutschland Archiv,* Jg. 17/1984, S. 820–829.

Vetter, Heinz Oskar: Ausführungen auf einer Veranstaltung anläßlich des 25. Jahrestages der Gründung des Kuratoriums Unteilbares Deutschland in Berlin 1979. Text in: *Politik und Kultur,* Jg. 6/1979, H. 5, S. 70–75.

Vetter, Heinz Oskar: Zum deutsch-deutschen Verhältnis. In: *Politik und Kultur,* Jg. 7/1980, H. 1, S. 26–29.

Völkel, Walter: Von der DDR- zur Vereinigungsforschung. In: *Deutschland Archiv,* Jg. 24/1991, S. 263–267.

Vogel, Hans-Jochen: Zur Deutschlandpolitik. In: *Politik und Kultur,* Jg. 10/1983, H. 1, S. 9–21.

Vogel, Hans-Jochen: Bemerkungen zur deutschen Identität. In: *Die Neue Gesellschaft/Frankfurter Hefte,* Jg. 33/1986, S. 879–882.

Vogel, Hans-Jochen: 40 Jahre Präambel des Grundgesetzes. In: Dieter Haack/Hans-Günter Hoppe/Eduard Lintner/Wolfgang Seiffert (Hrsg.): Das Wiedervereinigungsgebot des Grundgesetzes. Köln 1989, S. 21–27.

Vogelsang, Thilo: Das geteilte Deutschland. 11. Aufl. München 1982.

Vogt, Eberhard: DGB: Die Wende verschlafen, aber nun beim FDGB-Vermögen hellwach. In: *Die Welt* vom 10. Januar 1991 (DGB).

Voigt, Karsten D.: Friedenspflicht und ideologischer Streit: Sozialdemokratie und Sozialismus heute. In: Florian Gerster/Dietrich Stobbe (Hrsg.): Die linke Mitte heute. Bonn 1989, S. 173–189.

Voigt, Karsten D.: Deutschlandpolitische Perspektiven der Linken. In: Dieter Dowe (Hrsg.): Sozialdemokratie und Nation in Geschichte und Gegenwart. Forum Deutsche Einheit. Perspektiven und Argumente. Nr. 2. Friedrich-Ebert-Stiftung. Bonn 1990, S. 53–69.

Volle, Hermann/Wolfgang Wagner (Hrsg.): KSZE – Konferenz über Sicherheit und Zusammenarbeit in Europa. Bonn 1976 (KSZE).

Vollmer, Antje: Die Träume der alten Männer. In: *Neues Deutschland* vom 6./7. Januar 1990.

Voslensky, Michael: Vier Generäle als Regenten Deutschlands. Vor 40 Jahren löste sich mit dem Auszug der Sowjetdelegation der Alliierte Kontrollrat in Berlin auf. In: *Süddeutsche Zeitung* vom 19./20. März 1988.

Wagner, Helmut: Die Deutsche Frage. Historische Entschlüsselung eines politischen Dilemmas. In: *Neue Deutsche Hefte*, Jg. 34/1987, S. 227–252.

Waigel, Theo: Deutschland nach 25 Jahren Mauer. In: *Politik und Kultur*, Jg. 13/1986, H. 4, S. 47–53.

Waigel, Theo: Die Präambel des Grundgesetzes aus der Sicht der CSU. In: Dieter Haack/Hans-Günter Hoppe/Eduard Lintner/Wolfgang Seiffert (Hrsg.): Das Wiedervereinigungsgebot des Grundgesetzes. Köln 1989, S. 35–40.

Walden, Matthias: Keine Alternative. In: Die Ära Adenauer. Einsichten und Ausblicke. Frankfurt/M. 1964, S. 160–169.

Walden, Matthias: Das gebrochene Versprechen. Der Grundvertrag bedeutet den Triumph Ost-Berlins. In: *Die Welt* vom 22. Dezember 1972.

Walden, Matthias: »Konvergenz« – nicht nur eine Theorie? In: Aus Politik und Zeitgeschichte. Beilage zur Wochenzeitung *Das Parlament*, B 19 vom 12. Mai 1973, S. 15–23.

Walden, Matthias: Kassandra-Rufe. Deutsche Politik in der Krise. München/Wien 1975.

Walden, Matthias: Statt eines Vorwortes: Wer ist Axel Springer? In: Axel Springer: Aus Sorge um Deutschland – Zeugnisse eines engagierten Berliners. Stuttgart 1980, S. 13–22.

Walser, Martin: Das Fremdwort der Saison. In: Martin Walser (Hrsg.): Die Alternative oder Brauchen wir eine neue Regierung? Reinbek bei Hamburg 1961, S. 124–130.

Walser, Martin: Über den Leser – Soviel man in einem Festzelt sagen soll. In: *Literatur konkret*, Herbst 1978, S. 59–61.

Walser, Martin: Händedruck mit Gespenstern. In: Jürgen Habermas (Hrsg.): Stichworte zur »geistigen Situation der Zeit«. 1. Band: Nation und Republik. Frankfurt/M. 1979, S. 39–50.

Walser, Martin: Über Deutschland reden. In: Reden über das eigene Land: Deutschland 6. 2. Aufl. München 1989, S. 13–30; ungekürzte Wiedergabe in: *Die Zeit* vom 4. November 1988 und Martin Walser: Über Deutschland reden. Frankfurt/M. 1989, S. 76–100.

Walser, Martin: 6. Oktober 1989. In: *Frankfurter Allgemeine Zeitung* vom 8. Oktober 1989; Nachdruck in: Über Deutschland reden, ebenda, S. 101–102.

Walser, Martin: 11. November 1989. In: *Frankfurter Allgemeine Zeitung* vom 11. November 1989; Nachdruck, ebenda, S. 115.

Walser, Martin: Vom Stand der deutschen Dinge. In: *Frankfurter Allgemeine Zeitung* vom 5. Dezember 1989; Nachdruck unter dem Titel »Deutsche Sorgen«, ebenda, S. 116–126.

Walser, Martin: Vormittag eines Schriftstellers. Über Deutschland reden – und die Folgen: Warum einer keine Lust mehr hat, am Streit der Meinungen teilzunehmen. In: *Die Zeit* vom 14. Dezember 1990.

Weber, Hermann: Parteiensystem zwischen Demokratie und Volksdemokratie. Dokumente und Materialien zum Funktionswandel der Parteien und Massenorganisationen in der SBZ/DDR 1945–1950. Köln 1982.

Weber, Jürgen: Deutschland – aber wo liegt es? Zur Einführung. In: Jürgen Weber (Hrsg.): Die Republik der fünfziger Jahre. Adenauers Deutschlandpolitik auf dem Prüfstand. München 1989, S. 7–17 (Deutschland).

Weber, Werner/Werner Jahn: Synopse zur Deutschlandpolitik 1941 bis 1973. Göttingen 1973 (Synopse).

Wechsberg, Josef: Journey through the Land of Eloquent Silence – East Germany Revisited. Boston/Toronto 1964.

Weck, Roger de: Hintergedanken und Hinterlist. Der neue Zankapfel Deutschland: In Straßburg stritten Kohl und Mitterrand. In: *Die Zeit* vom 15. Dezember 1989.

Wehler, Hans-Ulrich: Wir brauchen keinen neuen deutschen Sonderweg. Antwort eines Historikers auf den Neutralismus der Friedensbewegung. In: *Frankfurter Allgemeine Zeitung* vom 15. September 1982.

Wehler, Hans-Ulrich: Den rationalen Argumenten standhalten. Geschichtsbewußtsein in Deutschland: Entstehung, Funktion, Ideologisierung. In: *Das Parlament*, Jg. 36/1986, Nr. 20–21, S. 2.

Wehler, Hans-Ulrich: Wider die falschen Apostel. Der Verfassungs- und Sozialstaat schafft Loyalität und Staatsbürgerstolz. In: *Die Zeit* vom 9. November 1990.

Weidenfeld, Werner: Die Frage nach der Einheit der deutschen Nation. München/Wien 1981.

Weidenfeld, Werner (Hrsg.): Die Identität der Deutschen. Band 200 der Schriftenreihe der Bundeszentrale für politische Bildung. Bonn 1983.

Weidenfeld, Werner: Der alte deutsche Nationalstaat kommt nie wieder. In: *Rheinischer Merkur/Christ und Welt* vom 5. Oktober 1985.

Weidenfeld, Werner: Deutschland 1989: Konturen im Rückblick auf vierzig Jahre. In: Werner Weidenfeld/Hartmut Zimmermann (Hrsg.): Deutschland-Handbuch – Eine doppelte Bilanz 1949–1989. Band 275 der Schriftenreihe der Bundeszentrale für politische Bildung. Bonn 1989, S. 13–31.

Weidenfeld, Werner: Nation. In: Werner Weidenfeld/Karl-Rudolf Korte (Hrsg.): Handwörterbuch zur deutschen Einheit. Lizenzausgabe für die Bundeszentrale für politische Bildung. Bonn 1991; Frankfurt/M. 1992, S. 479–486.

Weigelt, Klaus (Hrsg.): Heimat und Nation. Zur Geschichte und Identität der Deutschen. Mainz 1984.

Weigelt, Klaus (Hrsg.): Deutsche Frage und Westbindung. Forschungsbericht 53 der Konrad-Adenauer-Stiftung. Melle 1986.

Weigelt, Klaus (Hrsg.): Patriotismus in Europa. Festgabe für Professor Dr. Bruno Heck zum 70. Geburtstag. Bonn 1988.

Weisenfeld, Ernst: Jalta, Polen und die deutsche Teilung. In: *Die Zeit* vom 11. November 1988.

Weizsäcker, Richard von: Deutsche Ost- und Westpolitik. In: Dietrich Rollmann (Hrsg.): Die CDU in der Opposition – Eine Selbstdarstellung. Hamburg 1970, S. 35–46.

Weizsäcker, Richard von (Hrsg.): CDU – Grundsatzdiskussion. Beiträge aus Wissenschaft und Politik. München 1977.

Weizsäcker, Richard von: Nur Zusammenarbeit schafft Frieden. Ostpolitik und die deutsche Frage: eine nüchterne Kursbestimmung. In: *Die Zeit* vom 30. September 1983.

Weizsäcker, Richard von: Die deutsche Geschichte geht weiter. Berlin 1983; Taschenbuchausgabe München 1985.

Weizsäcker, Richard von: Von Deutschland aus. Berlin 1985.

Wenzke, Rüdiger: Zur Beteiligung der NVA an der militärischen Opperation von Warschauer-Pakt-Streitkräften gegen die ČSSR 1968. In: *Deutschland Archiv*, Jg. 24/1991, S. 1179–1186 (Beteiligung).

Westen, Klaus: Ketzerische Bemerkungen zur DDR-Forschung. In: *Deutschland Archiv*, Jg. 3/1970, S. 806–811 (Bemerkungen).

Wettig, Gerhard: Die sowjetische Deutschland-Note vom 10. März 1952 – Wiedervereinigungsgebot oder Propaganda-Aktion? In: *Deutschland Archiv*, Jg. 15/1982, S. 130–148 (Deutschland-Note).

Wettig, Gerhard: Die Stalin-Note vom 10. März 1952 als geschichtswissenschaftliches Problem. Ein gewandeltes Problemverständnis. In: *Deutschland Archiv*, Jg. 25/1992, S. 157–167 (Stalin-Note).

Wetzel, Günter: Die deutsche Nation braucht ihren Staat. Es geht nicht um eine Rückwendung ins 19. Jahrhundert. In: *Frankfurter Allgemeine Zeitung* vom 28. Dezember 1989.

Wieland, Leo: Kontroverse in Ottawa über den Platz eines einigen Deutschland. In: *Frankfurter Allgemeine Zeitung* vom 13. Februar 1990 (Kontroverse).

Wieland, Leo: Die Deutschen vereinbaren mit den Vier Mächten Gespräche über Einheit und Sicherheit. In: *Frankfurter Allgemeine Zeitung* vom 15. Februar 1990 (Die Deutschen).

Wilhelm, Dorothee: Ist die Präambel des Bonner Grundgesetzes abänderbar? Zur Abschaffung des Wiedervereinigungsgebots. In: *Zeitschrift für Rechtspolitik*, Jg. 19/1986, S. 267–273 (Präambel).

Wilke, Manfred: Einheitsgewerkschaft zwischen Demokratie und antifaschistischem Bündnis. Die Diskussion über die Einheitsgewerkschaft im DGB seit 1971. Melle 1985.

Wilke, Manfred: Linksschwung. Die Bündnispolitik der DGB-Funktionäre. In: *Die politische Meinung*, Jg. 31/1986, H. 227, S. 56–65.

Wilke, Manfred: Die DKP und die Gewerkschaften. In: *Jahrbuch Extremismus & Demokratie*, Band 1/1989, S. 185–195.

Wilke, Manfred: Einheit der Gewerkschaften. Der Prozeß der deutsch-deutschen Neuorganisation. In: *Die politische Meinung*, Jg. 35/1990, H. 250, S. 75–82 (Einheit).

Wilke, Manfred: Öffnung der Giftschränke. In: *Rheinischer Merkur/Christ und Welt* vom 23. November 1990.

Wilke, Manfred: Die bundesdeutschen Parteien und die demokratische Revolution in der DDR – oder: Die Bewährung des demokratischen Kernstaates. In: Konrad Löw (Hrsg.): Ursachen und Verlauf der deutschen Revolution 1989. Berlin 1991, S. 105–122.

Wilke, Manfred: »Es wird zwei Deutschlands geben« – Entscheidung über die Zusammensetzung der Kader. In: *Frankfurter Allgemeine Zeitung* vom 30. März 1991.

Wilke, Manfred/Hans-Peter Müller: SED-Politik gegen die Realitäten. Verlauf und Funktion der Diskussion über die westdeutschen Gewerkschaften in SED und KPD/DKP 1961 bis 1972. Köln 1990.

Wilkens, Erwin: Die Einheit der EKD und die politische Teilung Deutschlands. Volk, Nation und Vaterland in kirchenpolitischer Sicht. In: Horst Zilleßen (Hrsg.): Volk – Nation – Vaterland. Der deutsche Protestantismus und der Nationalismus. Gütersloh 1970, S. 285–299 (Einheit).

Wilkens, Erwin: Die Evangelische Kirche in Deutschland. In: Werner Weidenfeld/Hartmut Zimmermann (Hrsg.): Deutschland-Handbuch. Eine doppelte Bilanz 1949–1989. Band 275 der Schriftenreihe der Bundeszentrale für politische Bildung. Bonn 1989, S. 185–192.

Wilms, Dorothee: Zur Deutschlandpolitik der Bundesregierung. In: *Politik und Kultur*, Jg. 15/1988, H. 5, S. 3–10.

Wilms, Dorothee: Lösung der deutschen Frage nicht im Alleingang. In: *Frankfurter Allgemeine Zeitung* vom 2. Februar 1988 (Leserbrief).

Wilms, Dorothee: Beiträge zur Deutschlandpolitik 1988. Hrsg. vom Bundesministerium für innerdeutsche Beziehungen. Bonn 1989 (Beiträge).

Wilms, Dorothee: Die Präambel und die innerdeutschen Beziehungen. In: Dieter Haack/Hans-Günter Hoppe/Eduard Lintner/Wolfgang Seiffert (Hrsg.): Das Wiedervereinigungsgebot des Grundgesetzes. Köln 1989, S. 99–109 (Präambel).

Windelen, Heinrich: Deutschlandpolitik als Europapolitik. In: *Politik und Kultur*, Jg. 10/1983, H. 4, S. 3–8.

Windelen, Heinrich: Gemeinsame Verantwortung für den Frieden in Europa. Erklärung des Bundesministers für innerdeutsche Beziehungen am Vorabend des 17. Juni 1985 zum Tag der deutschen Einheit. Text in: Texte, Reihe III/Band 3, S. 325–326 (Verantwortung).

Windelen, Heinrich: Tag der deutschen Einheit. In: Es geht um Deutschland. München 1986, S. 96–107.

Windelen, Heinrich: Gründliches im innerdeutschen Ministerium. In: *Frankfurter Allgemeine Zeitung* vom 15. Oktober 1991 (Leserbrief).

Winkler, Heinrich August: Wandlungen des deutschen Nationalismus. In: *Merkur*, Jg. 33/1979, S. 963–973.

Winkler, Heinrich August: Der deutsche Sonderweg: Eine Nachlese. In: *Merkur*, Jg. 35/1981, S. 793–804.

Winkler, Heinrich August: Nation – ja, Nationalstaat – nein. In: *Die Zeit* vom 13. Februar 1981.

Winkler, Heinrich August: Zwei Nationen in Deutschland. In: *Frankfurter Allgemeine Zeitung* vom 2. Januar 1982 (Leserbrief).

Winkler, Heinrich August: Sind die Deutschen Nationalisten? Die Bonner Ostpolitik liegt auch im europäischen Interesse. In: *Die Zeit* vom 29. Januar 1982.

Winkler, Heinrich August: Der Weg nach und seit Godesberg – Die Geschichte der SPD in der Bundesrepublik. In: *Frankfurter Allgemeine Zeitung* vom 1. Dezember 1984 (Weg).

Winkler, Heinrich August: Das ganze Zitat stellt richtig. Zum Beitrag »Das Böse braucht keinen Vergleich zu scheuen« über den Historikerstreit. In: *Rheinischer Merkur/Christ und Welt* vom 23. Oktober 1987 (Leserbrief).

Winkler, Heinrich August: Auf ewig in Hitlers Schatten? Zum Streit über das Geschichtsbild der Deutschen. In: *Frankfurter Rundschau* vom 14. November 1986 (Nachdruck in: »Historikerstreit«. Die Dokumentation der Kontroverse um die Einzigartigkeit der nationalsozialistischen Judenvernichtung. München/Zürich. 3. Aufl. München 1987, S. 256–263).

Winkler, Heinrich August: Bismarcks Schatten. Ursachen und Folgen der deutschen Katastrophe. In: *Die Neue Gesellschaft/Frankfurter Hefte*, Jg. 35/1988, S. 111–121.

Winkler, Heinrich August: Die Mauer wegdenken. Was die Bundesrepublik für die Demokratisierung der DDR tun kann. In: *Die Zeit* vom 11. August 1989.

Winkler, Heinrich August: Der Staatenbund als Bewährungsprobe. Das erreichbare und angestrebte Maß an Einheit verträgt keinen Aufschub mehr. In: *Süddeutsche Zeitung* vom 16. Februar 1990.

Winkler, Heinrich August: Sozialdemokratie, Nation und Republik: Die Erfahrung von Weimar. In: Dieter Dowe (Hrsg.): Sozialdemokratie und Nation in Geschichte und Gegenwart. Forum Deutsche Einheit. Perspektiven und Argumente, Nr. 2. Friedrich-Ebert-Stiftung. Bonn 1990, S. 23–38.

Winkler, Heinrich August: Nationalismus, Nationalstaat und nationale Frage in Deutschland seit 1945. In: Aus Politik und Zeitgeschichte. Beilage zur Wochenzeitung *Das Parlament*, B 40 vom 27. September 1991, S. 12–24 (Nationalismus).

Winters, Peter Jochen: Irrtümer der Deutschland-Politik. In: *Frankfurter Allgemeine Zeitung* vom 6. Februar 1978.

Winters, Peter Jochen: Die Deutschlandpolitik des Berliner Senats. In: *Deutschland Archiv*, Jg. 22/1989, S. 1226–1230.

Winters, Peter Jochen: Am 9. November fiel der tönerne Koloß in sich zusammen. In: *Frankfurter Allgemeine Zeitung* vom 9. November 1990 (Koloß).

Winters, Peter Jochen: Referat auf dem Bremer Symposium über DDR- und Deutschlandforschung am 15. und 16. Oktober 1990. Text in: *Deutschland Archiv*, Jg. 23/1990, S. 1868–1873.

Winters, Peter Jochen: Neue Grenzen für die alten Länder Mitteldeutschlands. In: *Frankfurter Allgemeine Zeitung* vom 23. Juli 1990.

Wittstock, Uwe: Die Dichter und ihre Richter. Literaturstreit im Namen der Moral: Warum die Schriftsteller aus der DDR als Sündenböcke herhalten müssen. In: *Süddeutsche Zeitung* vom 13./14. Oktober 1990.

Wolf, Christa: Rede auf dem Alexanderplatz. Berlin, 4. 11. 1989. In: Benno Zanetti: Der Weg zur deutschen Einheit. München 1991, S. 205–206.

Wolffsohn, Michael: Keine Angst vor Deutschland! Erlangen 1990.

Wormit, Hans-Georg: Den Blick nicht trüben lassen. In: *Frankfurter Allgemeine Zeitung* vom 4. September 1986 (Leserbrief).

Wucher, Albert: Rhetorisch konstruierte Widerstandslegende. In: *Süddeutsche Zeitung* vom 21. Juni 1990 (Leserbrief).

Wuthe, Gerhard: Deutsche Einheit – Ein wesentliches Element sozialdemokratischer Identität. Anmerkungen zur Kritik Theodor Schweisfurths am Deutschland-Abschnitt des Irseer Programmentwurfs. In: *Deutschland Archiv*, Jg. 21/1988, S. 1172–1176.

Wuthe, Gerhard: Einheit der Nation – Traum oder Trauma der Sozialdemokratie? In: *Deutschland Archiv*, Jg. 24/1991, S. 1170–1179.

Zander, Helmut: Die Christen und die Friedensbewegungen in beiden deutschen Staaten – Beiträge zu einem Vergleich für die Jahre 1978–1987. Berlin 1989 (Christen).

Zanetti, Benno: Der Weg zur Deutschen Einheit – 9. November 1989 – 3. Oktober 1990. Mit den wichtigsten Reden. München 1991.

Zastrow, Volker: Die Legende von der »Nischengesellschaft« im Sozialismus. In: *Frankfurter Allgemeine Zeitung* vom 12. Juli 1990.

Zehm, Günter: »Schöne neue Welt« in Mitteldeutschland. Ulbricht und die Eule der Minerva – Wie soll eine Wissenschaft von der Sowjetzone beschaffen sein? In: *Die Welt* vom 20. März 1965.

Zehm, Günter: Die Wiedervereinigung – Eine neue Februar-Revolution. Zu einem klaren polnischen Appell und einem diffusen deutschen Buch. In: *Die Welt* vom 29. April 1982.

Zehm, Günter: Das Beste und die Bestie. In: *Die Welt* vom 27. August 1985.

Zehm, Günter: Eierkopf und Eierkuchen. In: *Die Welt* vom 16. März 1987.

Zieger, Gottfried (Hrsg.): Recht, Wirtschaft, Politik im geteilten Deutschland. Festschrift für Siegfried Mampel zum 70. Geburtstag am 13. September 1983. Köln u. a. 1983.

Ziegler, Gerhard: Präambel mit Heiligenschein. In: *Frankfurter Rundschau* vom 22. Mai 1985.

Zimmermann, Hartmut: Zu einigen innenpolitischen Aspekten der DDR-Forschung. In: *Deutschland Archiv*, Jg. 6/1973, S. 713–717.

Zimmermann, Hartmut: 30 Jahre DDR – Über den Umgang mit der »offenen deutschen Frage«. Gibt es eine Renaissance des Nationalismus unter linken Vorzeichen? 6. Forum »Berliner Dialog« der Friedrich-Ebert-Stiftung in Berlin am 15. Juni 1979 (DDR).

Zimmermann, Hartmut: Deutschland 1989: Probleme und Tendenzen nach 40 Jahren Zweistaatlichkeit. In: Werner Weidenfeld/Hartmut Zimmermann (Hrsg.): Deutschland-Handbuch – Eine doppelte Bilanz 1949–1989. Band 275 der Schriftenreihe der Bundeszentrale für politische Bildung. Bonn 1989, S. 699–718 (Deutschland 1989).

Zimmermann, Monika: Vorschläge Modrows für ein »einig Vaterland«. In: *Frankfurter Allgemeine Zeitung* vom 2. Februar 1990.

Zitelmann, Rainer: Denk ich an Deutschland ... Martin Walser, Günter Grass und Jürgen Habermas zur »deutschen Frage«. In: *Süddeutsche Zeitung* vom 24. Juli 1990.

Zitelmann, Rainer: Die deutsche Frage – Analysen und Standpunkte. In: *Zeitschrift für Politik*, Jg. 37/1990, S. 322–349.

Zitelmann, Rainer: Einheit und Neutralität. Die Gesamtdeutsche Volkspartei. In: *Frankfurter Allgemeine Zeitung* vom 19. März 1991 (Rezension der Studie von Josef Müller: Die Gesamtdeutsche Volkspartei. Entstehung und Politik unter dem Primat nationaler Wiedervereinigung 1950–1957. Düsseldorf 1990).

Zitelmann, Rainer: Adenauers Gegner – Streiter für die Einheit. Erlangen 1991.

Zitelmann, Rainer: Können ihr Volk nicht leiden. Ein Buch über die deutschen Intellektuellen. In: *Frankfurter Allgemeine Zeitung* vom 15. Juli 1991 (Rezension der Studie Paul Noacks: Deutschland, deine Intellektuellen. Die Kunst, sich ins Abseits zu stellen. Stuttgart/München/Landsberg 1991).

Zitelmann, Rainer: Unbequeme Fragen. In: *Die Welt* vom 13. Oktober 1991.

Zitelmann, Rainer: Das große Schweigen geht zu Ende. Jürgen Habermas, die Linke und die neue Weltlage. In: *Rheinischer Merkur/Christ und Welt* vom 13. Dezember 1991 (Rezension des Buches von Jürgen Habermas: Vergangenheit als Zukunft. Zürich 1991).

Zündorf, Benno: Die Ostverträge. Die Verträge von Moskau, Warschau, Prag, das Berlin-Abkommen und die Verträge mit der DDR. München 1979.

Zuleeg, Manfred: Kommentierung der Präambel und der Art. 23 und 146. In: Kommentar zum Grundgesetz für die Bundesrepublik Deutschland (Reihe Alternativ-Kommentare). 2. Aufl. Neuwied 1989.

2. Dokumentationen

Auswärtiges Amt (Hrsg.): Außenpolitik der Bundesrepublik Deutschland. Vom Kalten Krieg zum Frieden in Europa. Dokumente von 1949–1989. München 1990; Umbruch in Europa. Die Ereignisse im 2. Halbjahr 1989. Eine Dokumentation. Bonn 1990; Deutsche Außenpolitik 1990/91. Auf dem Weg zu einer europäischen Friedensordnung. Eine Dokumentation. München 1991.

Bund der Vertriebenen (Hrsg.): Satzung. Bonn 1989.

Bund der Vertriebenen (Hrsg.): Wir informieren über uns. Bonn 1989.

Bund der Vertriebenen (Hrsg.): Jahresbericht 1990. Bonn 1991.

Bundesministerium für gesamtdeutsche Fragen (Hrsg.): Forschungsbeirat für Fragen der Wiedervereinigung Deutschlands beim Bundesminister für gesamtdeutsche Fragen: Erster Tätigkeitsbericht 1952/1953 (Auszug). Bonn 1954; Zweiter Tätigkeitsbericht 1954/1956. Bonn 1957; Dritter Tätigkeitsbericht 1957/1961. Bonn und Berlin 1961; Vierter Tätigkeitsbericht 1961–1965. Bonn und Berlin 1965; Fünfter Tätigkeitsbericht 1965/1969. Bonn und Berlin 1969.

Bundesministerium für gesamtdeutsche Fragen (Hrsg.): SBZ von A bis Z. Ein Taschen- und Nachschlagebuch über die Sowjetische Besatzungszone Deutschlands. Zehnte, überarb. und erw. Aufl. Bonn 1966.

Bundesministerium für innerdeutsche Beziehungen (Hrsg.): Bericht der Bundesregierung und Materialien zur Lage der Nation 1971. 1971; Bericht der Bundesregierung und Materialien zur Lage der Nation 1972. 1972; Materialien zum Bericht zur Lage der Nation 1974. 1974. Materialien zum Bericht zur Lage der Nation im geteilten Deutschland 1987. 1987. Bonn.

Bundesministerium für innerdeutsche Beziehungen (Hrsg.): Dokumente zur Deutschlandpolitik. Reihe III./Bände 1–4; Reihe IV/Band 6. Frankfurt/M./Berlin 1961–1969, 1975.

25. Bundesparteitag der Christlich Demokratischen Union Deutschlands. Niederschrift. Düsseldorf, 7.–9. März 1977. Hrsg.: CDU. Bonn 1977.

CDU-Dokumentation 6/1988: Unsere Verantwortung in der Welt. Christlich-demokratische Perspektiven zur Außen-, Sicherheits-, Europa- und Deutschlandpolitik. Diskussionsentwurf der vom Bundesvorstand eingesetzten Kommission; CDU-Dokumentation 12/1988: Unsere Verantwortung in der Welt. Christlich-demokratische Perspektiven zur Deutschland-, Außen-, Sicherheits-, Europa- und Entwicklungspolitik. Leitantrag des CDU-Bundesvorstandes an den 36. Bundesparteitag; CDU-Dokumentation 19/1988: Unsere Verantwortung in der Welt. Christlich-demokratische Perspektiven zur Deutschland-, Außen-, Sicherheits-, Europa- und Entwicklungspolitik. Beschluß des 36. Bundesparteitages der CDU.

Cieslar, Eve/Johannes Hampel/Franz-Christoph Zeitler: Der Streit um den Grundvertrag – Eine Dokumentation. München/Wien 1973.

Das Programm der Liberalen. Zehn Jahre Programmarbeit der F.D.P. 1980 bis 1990. Hrsg. von der Friedrich-Naumann-Stiftung. Baden-Baden 1990.

Der Grundlagenvertrag vor dem Bundesverfassungsgericht. Dokumentation zum Urteil vom 31. Juli 1973 über die Vereinbarkeit des Grundlagenvertrags mit dem Grundgesetz. Hrsg. vom Presse- und Informationsamt der Bundesregierung in Zusammenarbeit mit dem Bundesverfassungsgericht. Karlsruhe und Heidelberg o. J. (1973).

Der Vertrag vom 12. August 1970 zwischen der Bundesrepublik Deutschland und der Sowjetunion. Hrsg. vom Presse- und Informationsamt der Bundesregierung. Bonn 1970 (Der Vertrag vom 12. 8. 1970).

Deutscher Bundestag – Presse- und Informationszentrum (Hrsg.): Deutschlandpolitik. Öffentliche Anhörungen des Ausschusses für innerdeutsche Beziehungen des Deutschen Bundestages 1977. *Zur Sache* 4/77. Bonn 1977.

Deutscher Bundestag – Presse- und Informationszentrum (Hrsg.): Die deutsche Frage in der politischen Bildung. Öffentliche Anhörungen des Ausschusses für innerdeutsche Beziehungen des Deutschen Bundestages 1978. *Zur Sache* 2/78. Bonn 1978.

Deutscher Bundestag – Presse- und Informationszentrum (Hrsg.): Deutsche Geschichte und politische Bildung. Öffentliche Anhörungen des Ausschusses für innerdeutsche Beziehungen des Deutschen Bundestages 1981. *Zur Sache* 2/81. Bonn 1981.

Deutscher Gewerkschaftsbund (Hrsg.): Erklärung zur Wiedervereinigung Deutschlands. Düsseldorf o. J. (1957).

Deutscher Gewerkschaftsbund-Bundesvorstand (Hrsg.): DGB-Aktionsprogramm. Düsseldorf, Februar 1971.

Deutscher Gewerkschaftsbund-Bundesvorstand (Hrsg.): DGB-Aktionsprogramm '72. Düsseldorf, Juli 1972.

Deutscher Gewerkschaftsbund-Bundesvorstand (Hrsg.): DGB-Aktionsprogramm '79. Düsseldorf o. J.

Deutscher Gewerkschaftsbund-Bundesvorstand (Hrsg.): DGB-Aktionsprogramm '88. Düsseldorf o. J.

Deutscher Gewerkschaftsbund-Bundesvorstand (Hrsg.): Grundsatzprogramm des Deutschen Gewerkschaftsbundes. 4. Außerordentlicher Bundeskongreß. Düsseldorf 12.–14. 3. 1981. Düsseldorf o. J.

Deutschlandpolitik der F.D.P. Daten und Dokumente von 1945 bis heute. Hrsg. von der Bundesgeschäftsstelle der Freien Demokratischen Partei. Bonn 1972.

Deutschlandpolitischer Arbeitskreis (Hrsg.): 30 Thesen für eine neue Deutschlandpolitik. Hamburg 1969.

Die Auswärtige Politik der Bundesrepublik Deutschland. Hrsg. vom Auswärtigen Amt unter Mitwirkung eines wissenschaftlichen Beirats. Köln 1972 (Die Auswärtige Politik).

Die Bemühungen der deutschen Regierung und ihrer Verbündeten um die Einheit Deutschlands 1955–1966. Hrsg. vom Auswärtigen Amt. Bonn 1966 (Die Bemühungen).

Die Deutschlandpolitik der Liberalen. Dokumente liberaler Deutschlandpolitik 1966–1990. Thomas-Behler-Haus, Bonn. 1990.

Die offene deutsche Frage – Deutschlandpolitisches Symposium, Bonn 20. November 1979. Dokumente zur Deutschlandpolitik. Hrsg.: CDU Bundesgeschäftsstelle. Bonn o. J.

Dokumente zur Berlin-Frage 1944–1966. Hrsg. vom Forschungsinstitut der Deutschen Gesellschaft für Auswärtige Politik, Bonn, in Zusammenarbeit mit dem Senat von Berlin. 3., durchgesehene und erw. Aufl. München 1967.

Forschungsbeirat für Fragen der Wiedervereinigung Deutschlands beim Bundesminister für gesamtdeutsche Fragen/innerdeutsche Beziehungen (Hrsg.): Wirtschaft und Gesellschaft in Mitteldeutschland. Band 1–10. Berlin 1964–1971.

Gesamtdeutsches Institut – Bundesanstalt für gesamtdeutsche Aufgaben: Aus der Tätigkeit des Gesamtdeutschen Instituts – 1969 bis 1991. Dokumentation. Bonn 1991.

Grundsatzprogramm der Sozialdemokratischen Partei Deutschlands. Beschlossen vom Programm-Parteitag der Sozialdemokratischen Partei Deutschlands am 20. Dezember 1989 in Berlin. Hrsg. vom Vorstand der SPD. Bonn o. J.

601

Kulturstiftung der deutschen Vertriebenen (Hrsg.): Schriften der Kulturstiftung der deutschen Vertriebenen 1992. Bonn o. J.

Parlamentarischer Rat. Stenographische Berichte. 1.–12. Sitzung. Bonn 1948/49.

Protokoll des Außerordentlichen Bundeskongresses des DGB, 21./22. November 1963. Hrsg.: DGB-Bundesvorstand. Düsseldorf o. J.

Texte zur Deutschlandpolitik. Hrsg. vom Bundesministerium für gesamtdeutsche Fragen (Bände I und II), vom Bundesministerium für innerdeutsche Beziehungen (ab Band III). Bonn und Berlin 1968 ff. (Texte).

Unrecht als System. Dokumente über planmäßige Rechtsverletzungen im sowjetischen Besatzungsgebiet. Hrsg. vom Bundesministerium für gesamtdeutsche Fragen. Teile I–III: 1949–1958. Bonn; Teil IV: 1958–1961. Berlin.

Verträge, Abkommen und Vereinbarungen zwischen der Bundesrepublik Deutschland und der Deutschen Demokratischen Republik. Mit Anhang: Das Viermächte-Abkommen über Berlin vom 3. September 1971. Hrsg. vom Presse- und Informationsamt der Bundesregierung. Bonn 1973 (Verträge).

Zentralkomitee der deutschen Katholiken – Generalsekretariat: Nation – Nationalstaat. Ein Diskussionsbeitrag der Kommission 1 »Politik, Verfassung, Recht«. Dokumentation vom 16. Oktober 1986.

Zentralkomitee der deutschen Katholiken – Generalsekretariat: Wiedervereinigung und Verfassung. Dokumentation vom 24. Juni 1991.

Abkürzungsverzeichnis

a.a.O.	am angegebenen Ort
Abs.	Absatz
ADN	Allgemeiner Deutscher Nachrichtendienst
am.	amerikanisch
Anm.	Anmerkung
ARD	Arbeitsgemeinschaft der öffentlich-rechtlichen Rundfunkanstalten Deutschlands
Art.	Artikel
Aufl.	Auflage
Bd.	Band
BDI	Bundesverband der Deutschen Industrie
BdV	Bund der Vertriebenen
BfGA	Bundesanstalt für gesamtdeutsche Aufgaben
BPA	Bundespresseamt
BRD	Bundesrepublik Deutschland
BT StenBer.	Deutscher Bundestag – Stenographischer Bericht
Bulletin	Bulletin des Presse- und Informationsamtes der Bundesregierung
BVfGE	Entscheidungen des Bundesverfassungsgerichts
CDU	Christlich-Demokratische Union
CDUD	Christlich-Demokratische Union Deutschlands
ČSSR	Tschechoslowakische Sozialistische Republik
CSU	Christlich-Soziale Union
DA	Demokratischer Aufbruch
DBD	Demokratische Bauernpartei Deutschlands
DDR	Deutsche Demokratische Republik
DFD	Demokratischer Frauenbund Deutschlands
DGB	Deutscher Gewerkschaftsbund
d. h.	das heißt
DKP	Deutsche Kommunistische Partei
DM	Deutsche Mark

DSU	Deutsche Soziale Union
dt.	deutsch
durchges.	durchgesehen
Ed.	Editor
EG	Europäische Gemeinschaft
EKD	Evangelische Kirche in Deutschland
engl.	englisch
erg.	ergänzt
Euratom	Europäische Atomgemeinschaft
EVG	Europäische Verteidigungsgemeinschaft
EWG	Europäische Wirtschaftsgemeinschaft
f.	folgend
FA	Fernausgabe
FAZ	Frankfurter Allgemeine Zeitung
FDGB	Freier Deutscher Gewerkschaftsbund
FDP	Freie Demokratische Partei
frz.	französisch
GG	Grundgesetz
H.	Heft
hrsg.	herausgegeben
IG	Industriegewerkschaft
i. S.	im Sinne
Jg.	Jahrgang
jur.	juristisch
Kap.	Kapitel
KMK	Kultusminister-Konferenz
KPD	Kommunistische Partei Deutschlands
KPdSU	Kommunistische Partei der Sowjetunion
KSZE	Konferenz über Sicherheit und Zusammenarbeit in Europa
KUD	Kuratorium Unteilbares Deutschland
KZ	Konzentrationslager
MdB	Mitglied des Bundestags
MfS	Ministerium für Staatssicherheit
m.w.N.	mit weiteren Nachweisen
NATO	North Atlantic Treaty Organization
NDPD	National-Demokratische Partei Deutschlands
neubearb.	neubearbeitet
Nr.	Nummer
NRW	Nordrhein-Westfalen
NVA	Nationale Volksarmee
NZZ	Neue Zürcher Zeitung
o. J.	ohne Jahr

604

PDS	Partei des Demokratischen Sozialismus
RGW	Rat für Gegenseitige Wirtschaftshilfe
S.	Seite
SBZ	Sowjetisch besetzte Zone Deutschlands
SDI	Strategic Defense Initiative
SED	Sozialistische Einheitspartei Deutschlands
SKK	Sowjetische Kontroll-Kommission
SMAD	Sowjetische Militär-Administration in Deutschland
Sp.	Spalte
SPD	Sozialdemokratische Partei Deutschlands
Stasi	Staatssicherheitsdienst
StenBer.	Stenographischer Bericht
SZ	Süddeutsche Zeitung
Texte	Texte zur Deutschlandpolitik (vgl. dazu das Literaturverzeichnis)
u. a.	unter anderem
überarb.	überarbeitet
UdSSR	Union der Sozialistischen Sowjetrepubliken
UFV	Unabhängiger Frauenverband
UNO	United Nations Organization
USA	United States of America
Verf.	Verfasser
Veröff.	Veröffentlichung
vgl.	vergleiche
Vol.	Volume
WEU	Westeuropäische Union
ZDF	Zweites Deutsches Fernsehen
Zif.	Ziffer
zit.	zitiert
ZK	Zentralkomitee

Sachregister*

---

* Das Sachregister beschränkt sich auf wenige Stichworte und erfaßt nicht immer wiederkehrende Termini, Begriffe und Institutionen – wie Bundesverfassungsgericht, Grundgesetz, Grundvertrag, Nation, Ostverträge, Selbstbestimmungsrecht und Wiedervereinigungsgebot.

608

Personenregister

Abelein, Manfred 151, 188, 415
Adam, Konrad 316
Adamec, Ladislav 65
Adam-Schwaetzer, Irmgard 225
Adenauer, Konrad 41, 85 f., 90 f.,
   93–106, 109 f., 113 f., 118, 120,
   126–129, 156, 174 f., 177 ff., 182,
   188 f., 191, 198, 241, 254 f.,
   278–285, 294 f., 308, 324, 356,
   422
Albertz, Heinrich 255 f., 375
Albrecht, Ernst 314
Ammon, Herbert 229
Andreotti, Giulio 206, 211 f., 234/235,
   307, 315, 317, 342, 348, 381
Apel, Hans 201
Arndt, Claus 146
Arndt, Klaus Dieter 446 f.
Arnold, Michael 25
Attlee, Clement 71
Augstein, Rudolf 178, 196, 284, 308 f.,
   324, 329 f.
Axen, Hermann 250

Bachmann, Siegfried 340
Bahr, Egon 14, 124 ff., 135, 138 ff., 142–
   146, 180 f., 202, 219, 232, 234, 236,
   238, 243–251, 278, 286, 299, 303, 305,
   317, 324, 327, 334, 367, 369, 392, 395,
   451–454
Bahro, Rudolf 297
Baker, James 46 f., 54
Baring, Arnulf 135, 138, 354, 391 f.

Barzel, Rainer 145, 151, 182, 188, 244,
   412
Bender, Peter 154, 239 f., 288, 309, 315,
   321, 334 f., 369, 375, 387, 394, 398,
   453 f.
Berija, Lavrentij P. 112 f., 116 f.
Bernstein, Eduard 199
Besson, Waldemar 176 f., 284, 379
Bismarck, Klaus von 312
Bismarck, Otto von 155, 157, 311, 356,
   360, 362, 368
Bleek, Wilhelm 422, 431
Bohm, Gunhild 396
Bölling, Klaus 304, 324, 334, 350, 403,
   405 f., 453
Borm, William 224 f., 259
Borsdorf, Ulrich 384, 386
Bracher, Karl Dietrich 68, 292 ff., 316,
   373, 375 ff., 427
Brandt, Willy 14, 85, 124 ff., 129 f., 135–
   143, 145 f., 149 f., 153 f., 156, 158,
   177, 180 f., 183, 194, 199 f., 202, 211,
   215, 217 ff., 222, 232, 236–244,
   249 ff., 256, 280, 288, 298, 325 f.,
   334 f., 362, 367, 382, 384, 395, 410,
   415, 445, 447, 452
Bredow, Wilfried von 435
Breit, Ernst 273 f., 276 f.
Brentano, Heinrich von 92, 121
Breschnew, Leonid 334, 358, 366, 380
Bresser, Klaus 399 ff.
Brunner, Georg 427, 440 f.
Brzezinski, Zbigniew 56 f., 375

Jens Motschmann

So nicht, Herr Pfarrer!

Was wird aus der evangelischen Kirche?

333 Seiten, gebunden

Anbiederung an den Zeitgeist, Politisierung und Ideologisierung haben die evangelische Kirche ihrer Gemeinde entfremdet und zu einer bedrohlichen Austrittswelle geführt. »Die Kirche ist krank, sie leidet seit Jahren an der ›Schwindsucht‹«, konstatiert der Bremer Pfarrer Jens Motschmann. In diesem engagierten Plädoyer für eine neue Reformation analysiert und dokumentiert der streitbare Kirchenmann den dramatischen Prozeß einer Selbstzerstörung, rechnet schonungslos mit seinen vermeintlich »fortschrittlichen« Kollegen ab und zeigt Wege zum Überleben der »Volkskirche« auf. »Der evangelische Pastor hat ein Stück Kirchengeschichte geschrieben, das jeder Christ, dem es um die Erhaltung des Glaubens und der abendländischen Kultur ernst ist, lesen und bedenken sollte.«

Deutsche Tagespost

Ullstein